제 2 판

민법 판례 노트

사안 및 해결

김동훈 저

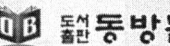
동방문화사

제2판 머 리 말

민법판례노트 제1판을 낸 지 꼭 3년만에 제2판을 출간하게 되었다. 본래 저자의 강의 시간에 사용하는 보조교재의 의미로 만든 것인데 생각보다 일반 독자들도 적지 않게 구입한 것을 보며 이러한 성격의 교재가 법학도들에게 유용한 것이라는 확신을 갖게 되었다.

제2판에서는 지난 3년간(2019년 하반기 – 2022년 상반기)의 대법원 판결들 중에서 엄선한 60여개의 사안들을 새로이 보강하였다. 해가 갈수록 대법원에서 이론적인 면에서도 신선하고 의미있는 판결들이 많이 나오고 있어 이들을 반영하다 보니 많은 수의 새로운 사안들이 선택되었다. 그러나 교재의 분량을 줄이는 의미도 담아 기존의 사안들 중에서 사례로서의 가치가 좀 떨어지거나 새로운 사안으로 대체해도 좋을 것들은 과감히 삭제하였다. 그럼에도 총 면수는 40여면 정도 늘어나게 되었다.

아무쪼록 본 교재가 민법(재산법)이라는 큰 산을 넘고자 애쓰는 법학도들의 공부에서 좋은 부교재가 되기를 바라며, 역시 제2판의 출간을 독려해준 동방문화사 주형구 사장께 감사를 표한다.

2022년 8월

김 동 훈

머 리 말

　민법공부에서 판례의 중요성은 새삼 언급할 필요도 없다. 그러나 강의교재에서 소개되는 판례는 주로 판례요지의 전달이나 이론적 전개에 필요한 인용위주로 되어 있어 별도의 판례학습이 필요하다. 이러한 수요에 맞추어 시중에 '민법판례 100선' 등과 같은 몇 권의 판례교재도 나와있다. 그러나 이러한 판례교재는 대개 복잡다단한 사실관계가 크게 가공되지 않은 채로 소개되거나 판례의 법리설시 부분의 인용도 방만하여 초학도들이 친숙하게 가까이하면서 기본법리의 실제 적용을 이해하는데에는 부족함이 있다고 생각되었다.

　이 교재는 필자가 학부강의시에 강의의 보조자료로 배포하던 판례자료를 수합하고 전체적으로 다듬은 것이다. 매 주제마다 기본강의를 한 후 학생들이 그러한 법리들과 조문들이 실제 분쟁의 해결에 있어 어떻게 작동되는가를 접하면서 강의를 통해 익힌 법리의 이해를 더 깊이 하도록 도와주고자 한 것이었다.

　그러한 목적을 위하여 본 교재에서는 민법 중 재산법 분야(총칙, 채권, 물권)에서 대략 460여개의 대법원 판례를 골라 압축된 사안과 판결에 나타난 해결의 법리를 제시하였다. 특히 사안의 작성에 많은 수고를 들였는데, 판결문에 나타난 사실관계는 많은 경우 복잡다단한 것이어서 그 중 관련된 주제의 법리에 비추어 의미있는 부분을 중심으로 재구성하되 가능한 한 콤팩트한 구성이 되도록 하였다. 그러면서도 거래의 실제를 느껴볼 수 있는 부분이라고 판단되는 내용은 구체적으로 살리기도 하였다. 특히 사실관계를 제시하고 일방의 주장과 상대방의 항변을 대립하여 제시함으로써 법리적 쟁점이 분명히 드러나도록 배려하였다. 이른바 'legal mind'의 양성은 로마법적 용어를 빌리면 'actio'와 'exeptio'의 치열한 대립속에서 연단을 거치며 형성된다고 믿기 때문이다. 사실 원판결문을 기초로 이러한 사안들을 재구성하는 작업은 마치 스포츠선수들이 웨이트 트레이닝을 하듯 법적 사고의 근육단련을 위해서 일상적으로 행하여져야 하는 훈련이 되어야 할 것이다. 본 교재는 초학자들이 그런 단계로 나아갈 수 있도록 도움을 주고자 하는 것이다.

　고심 끝에 본 교재의 제목을 '민법판례노트'라고 정하였다. 외국의 로스쿨에서 학생들을 위하여 'case note'나 'case briefs' 등의 교재가 널리 이용되고 있는 것을 염두에 둔 바도 있다. 본 교재의 특색이나 이용법과 관련하여 몇 가지만 첨언하면,

1. 모든 사안작성은 출처가 제시된 대법원 판결원문을 바탕으로 하였으며 1990년대부터 2019년 상반기까지 30여년간의 판결을 대상으로 하되 가능한 한 근래의 판결을 우선적으로 택하였다. 끝없이 변천하는 판례의 살아있는 모습을 보여주기 위해서는 최근의 판결이 더 의미가 있기 때문이다. 무수한 판례의 더미속에서 법리적으로나 학습용으로나 의미있는 판결을 선택하는 작업은 기본적으로 주관적인 것이지만, 균형있고 의미있는 선택이 될 수 있도록 노력하였다. 특히 자주 거론되지 않는 민법의 조문이 근거가 되는 판례들도 선별하여 민법전의 활용도를 부각시키고자 하였다.

2. [사안]은 위에서 말한대로 사실관계, 일방의 주장, 상대방의 항변을 기본형으로 하여 작성되었다. 당사자들은 친밀감을 높이기 위하여 김, 박, 최 그리고 A사, B사 등으로 표시하였다. 일별의 독해로 파악이 이루어질 수 있도록 가능한 한 의미있는 내용을 담으면서 최소의 분량을 유지하고자 하였으나 부득이 길어진 경우도 있다. 사안의 작성에 담긴 저자의 수고가 잘 활용되었으면 좋겠다.

3. [해결]은 사안에 대해 적용된 조문 및 법리와 결정이 담겨있는데. 이 부분은 저자의 평가는 자제하고 최대한 판결의 해당부분을 그대로 인용하여 살리고자 하였다. 특히 전원합의체 판결 등과 같이 판결의 설시부분에 학습에 중요한 내용이 담겨있으면 다소 길더라도 충분히 인용하기도 하였다. 또 사안에 대해 법리적용의 결과까지 제시한 경우가 많지만 법리만 제시하고 독자의 판단에 맡긴 경우도 있다.

4. [유제]는 [사안]과 유사한 사례를 다룬 판결이면서 소개할만한 의미가 있다거나 법리의 중요성이 있는 경우에 이어서 추가적으로 제시되었다. 그 외에 제한적으로 관련 판례요지나 판결표시 또는 법령 등이 소개된 경우도 있다.

5. 전체적인 강의목차는 민법총칙 - 채권총론 - 채권각론 - 물권법의 순으로 하였고 각 편에서도 저자가 임의적으로 법전이나 교과서 등의 배열과는 달리 주제와 순서를 정하였다. 특히 물권법에서 그러한데, 학생들에게 쉽게 다가가기 위한 저자 나름의 노력이다. 또 책의 성격상 민법 재산법 부분의 모든 주제가 균형적으로 또 망

라적으로 다루어진 것은 아니다. 예컨대 채권총론에서 채권자대위권이나 채권자취소권 부분, 채권각론에서 조합계약 등은 다루어지지 않았다.

아무쪼록 본 교재가 학생들이 기본강의교재로 공부하면서 항시 옆에 두고 같이 읽어보게 되는 보조교재가 되기를 바란다. 그리하여 민법의 법리에 대한 이해가 깊어지고 민법공부에 흥미가 더 생기고 또 깊이있는 판례공부로 인도하는 입문서가 되기를 바란다. 더운 여름에 작업이 이루어지도록 독촉해준 동방문화사 조형근 사장께 감사말씀을 드린다.

2019년 8월

김 동 훈

 차 례

제1편 민법총칙

민법서론 - 민법의 법원(法源) ··· 3
제1강 신의성실의 원칙 ·· 10
제2강 권리남용금지의 원칙 ·· 24
제3강 제한능력자의 법률행위 ·· 30
제4강 사회질서위반의 법률행위 ·· 36
제5강 효력규정(강행법규)과 단속규정 ·· 47
제6강 비정상적 의사표시 ·· 60
제7강 법률행위의 대리 ·· 80
제8강 법률행위의 무효·취소·조건·기한 ·· 95
제9강 소멸시효 ·· 106
제10강 법인 ·· 114

제2편 채권총론

제1강 채권의 목적 ·· 123
제2강 채무불이행의 요건 ·· 132
제3강 손해배상의 개념과 범위 ·· 151
제4강 손해배상액의 예정과 위약벌 ·· 162
제5강 수 인의 채권자 및 채무자 ·· 169
제6강 채권의 양도, 채무의 인수 ·· 184
제7강 채권의 소멸 ·· 202

제3편 채권각론

제1강 계약의 성립 ·· 221

제2강 계약의 효력 ·· 231
제3강 계약의 해제 ·· 243
제4강 증여·매매총칙 ·· 255
제5강 매도인의 담보책임 ··· 263
제6강 임대차계약 ·· 273
제7강 도급계약 ··· 283
제8강 위임계약, 화해계약 등 ······································· 292
제9강 사무관리 ··· 301
제10강 부당이득(1) - 요건과 효과 ······························· 306
제11강 부당이득(2) - 비채(非債)변제 ··························· 313
제12강 부당이득(3) - 불법원인급여 ······························ 317
제13강 불법행위 일반 ·· 325
제14강 현대적 불법행위 ··· 341

제4편 물권법

제1강 부동산물권의 양도와 등기 ·································· 355
제2강 부동산취득시효 ·· 373
제3강 부동산소유권의 행사와 제한 ······························· 384
제4강 공동소유 ··· 398
제5강 지상권 ··· 406
제6강 전세권 ··· 413
제7강 부동산유치권 ··· 419
제8강 부동산담보법 - 저당권, 가등기담보 ···················· 427
제9강 동산 및 권리에 대한 물권 ·································· 448

제1편 민법총칙

민법서론 – 민법의 법원(法源)

> 관습법의 효력 (1), (2), (3)
>
> ■ 제1조에 규정된 민법의 법원 중 관습법의 성립 여부에 관하여 그 간 몇 차례의 중요한 대법원 전원합의체 판결이 있었다. 아래에서 3개의 전원합의체 판결을 소개하며 그에 나타난 대법원의 논리를 정리하였다.

1. 관습법의 효력(1)

> [사안] 김이 소유하고 있는 X임야에 1990.11.경 박이 자신의 어머니의 Y분묘를 설치하였다. 최근들어 김이 박에게 Y분묘의 철거를 요구하자 박은 지금까지 20년 이상 Y분묘를 수호·관리하면서 분묘와 그 기지(基地)를 점유하여 왔는바, 자신은 관습법에 의하여 Y분묘에 대한 분묘기지권을 시효로 취득하였다고 주장한다. (대법원 2017.1.19. 선고 2013다17292 전원합의체 판결)

[해결] (다수의견) (가) 대법원은 분묘기지권의 시효취득을 우리 사회에 오랜 기간 지속되어 온 관습법의 하나로 인정하여, 20년 이상의 장기간 계속된 사실관계를 기초로 형성된 분묘에 대한 사회질서를 법적으로 보호하였고, 민법 시행일인 1960.1.1.부터 50년 이상의 기간 동안 위와 같은 관습에 대한 사회 구성원들의 법적 확신이 어떠한 흔들림도 없이 확고부동하게 이어져 온 것을 확인하고 이를 적용하여 왔다.

 대법원이 오랜 기간 동안 사회 구성원들의 법적 확신에 의하여 뒷받침되고 유효하다고 인정해 온 관습법의 효력을 사회를 지배하는 기본적 이념이나 사회질서의 변화로 인하여 전체 법질서에 부합하지 않게 되었다는 등의 이유로 부정하게 되면, 기존의 관습법에 따라 수십 년간 형성된 과거의 법률관계에 대한 효력을 일시에 뒤흔드는 것이 되어 법적 안정성을 해할 위험이 있으므로, 관습법의 법적 규범으로서의 효력을 부정하기 위해서는 관습을 둘러싼 전체적인 법질서 체계와 함께 관습법의 효력을 인정한 대법원판례의 기초가 된 사회 구성원들의 인식·태도나 사회적·문화적 배경 등에 의미 있는 변화가 뚜렷하게 드러나야 하고, 그러한 사정이 명백하지 않다면 기존의 관습법에 대하여 법적 규범으로서의 효력을 유지할 수 없게 되었다고 단정하여서는 아니 된다.

(나) 우선 2001.1.13.부터 시행된 '장사(葬事) 등에 관한 법률'(이하 '葬事法')의 시행으로 분묘기지권 또는 그 시효취득에 관한 관습법이 소멸되었다거나 그 내용이 변경되었다는 주장은 받아들이기 어렵다. 장사법의 관련규정들을 종합해보면 동법의 시행 후 설치된 분묘에 관하여만 적용한다고 명시하고 있어서, 동법의 시행 전에 설치된 분묘에 대한 분묘기지권의 존립 근거가 위 법률의 시행으로 상실되었다고 볼 수 없다.

또한 분묘기지권을 둘러싼 전체적인 법질서 체계에 중대한 변화가 생겨 분묘기지권의 시효취득에 관한 종래의 관습법이 헌법을 최상위 규범으로 하는 전체 법질서에 부합하지 아니하거나 정당성과 합리성을 인정할 수 없게 되었다고 보기도 어렵다.

마지막으로 화장률 증가 등과 같이 전통적인 장사방법이나 장묘문화에 대한 사회 구성원들의 의식에 일부 변화가 생겼더라도 여전히 우리 사회에 분묘기지권의 기초가 된 매장문화가 자리 잡고 있고 사설묘지의 설치가 허용되고 있으며, 분묘기지권에 관한 관습에 대하여 사회 구성원들의 법적 구속력에 대한 확신이 소멸하였다거나 그러한 관행이 본질적으로 변경되었다고 인정할 수 없다.

(다) 그렇다면 타인 소유의 토지에 분묘를 설치한 경우에 20년간 평온, 공연하게 분묘의 기지를 점유하면 지상권과 유사한 관습상의 물권인 분묘기지권을 시효로 취득한다는 점은 오랜 세월 동안 지속되어 온 관습 또는 관행으로서 법적 규범으로 승인되어 왔고, 이러한 법적 규범이 장사법 시행일인 2001.1.13. 이전에 설치된 분묘에 관하여 현재까지 유지되고 있다고 보아야 한다.

(반대의견) (가) 현행 민법 시행 후 임야를 비롯한 토지의 소유권 개념 및 사유재산제도가 확립되고 토지의 경제적인 가치가 상승함에 따라 토지 소유자의 권리의식이 향상되고 보호의 필요성이 커졌으며, 또한 상대적으로 매장을 중심으로 한 장묘문화가 현저히 퇴색함에 따라, 토지 소유자의 승낙 없이 무단으로 설치된 분묘까지 취득시효에 의한 분묘기지권을 관습으로 인정하였던 사회적·문화적 기초는 상실되었고 이러한 관습은 전체 법질서와도 부합하지 않게 되었다.

(나) 비록 토지 소유자의 승낙이 없이 무단으로 설치한 분묘에 관하여 분묘기지권의 시효취득을 허용하는 것이 과거에 임야 등 토지의 소유권이 확립되지 않았던 시대의 매장문화를 반영하여 인정되었던 관습이더라도, 이러한 관습은 적어도 소유권의 시효취득에 관한 대법원 1997.8.21. 선고 95다28625 전원합의체 판결이 이루어지고 2001.1.13. 장사법(법률 제6158호)이 시행될 무렵에는 재산권에 관한 헌법 규정이나 소유권의 내용과 취득시효의 요건에 관한 민법 규정, 장사법의 규율 내용 등을 포함하여 전체 법질서에 부

합하지 않게 되어 정당성과 합리성을 유지할 수 없게 되었다.

전통적인 조상숭배사상, 분묘설치의 관행 등을 이유로 타인 소유의 토지에 소유자의 승낙 없이 분묘를 설치한 모든 경우에 분묘기지권의 시효취득을 인정해 왔으나, 장묘문화에 관한 사회 일반의 인식 변화, 장묘제도의 변경 및 토지 소유자의 권리의식 강화 등 예전과 달라진 사회현실에 비추어 볼 때, 분묘기지권 시효취득의 관습에 대한 우리 사회 구성원들이 가지고 있던 법적 확신은 상당히 쇠퇴하였고, 이러한 법적 확신의 실질적인 소멸이 장사법의 입법에 반영되었다고 볼 수 있다.

(다) 따라서 토지 소유자의 승낙이 없음에도 20년간 평온, 공연한 점유가 있었다는 사실만으로 사실상 영구적이고 무상인 분묘기지권의 시효취득을 인정하는 종전의 관습은 적어도 2001.1.13. 장사법(법률 제6158호)이 시행될 무렵에는 사유재산권을 존중하는 헌법을 비롯한 전체 법질서에 반하는 것으로서 정당성과 합리성을 상실하였을 뿐 아니라 이러한 관습의 법적 구속력에 대하여 우리 사회 구성원들이 확신을 가지지 않게 됨에 따라 법적 규범으로서 효력을 상실하였다. 그렇다면 2001.1.13. 당시 아직 20년의 시효기간이 경과하지 아니한 분묘의 경우에는 법적 규범의 효력을 상실한 분묘기지권의 시효취득에 관한 종전의 관습을 가지고 분묘기지권의 시효취득을 주장할 수 없다.

2. 관습법의 효력(2)

> [사안] A종회는 용인 이씨(李氏) 시조 길권의 18세손 말손을 중시조로 하는 종중이고, 이녀(李女)들은 말손의 후손인 여성들로서 용인 이씨 33세손이며, A종회의 종중규약에는 "본회는 용인 이씨 사맹공의 후손으로서 성년이 되면 회원자격을 가진다."고 규정되어 있다. 이녀들은 규약에서 회원 자격을 남자로 제한하고 있지 않으므로 자신들도 A종회의 회원(종원) 자격을 갖는다고 주장한다. 그러나 A종회는, 종래 관습상 종중은 공동선조의 분묘수호와 제사 및 종원 상호간의 친목을 목적으로 공동선조의 후손 중 성년인 남자를 종원으로 하여 구성되는 종족의 자연적 집단으로서 혈족이 아닌 자나 여성은 종중의 구성원이 될 수 없는 바, 비록 A종회의 종중규약이 회원의 자격을 명시적으로 남자로 제한하고 있지는 않다고 하더라도 이로 인하여 여성도 종회의 회원 자격을 갖는다고 할 수는 없다고 하여 이를 배척한다. (대법원 2005.7.21. 선고 2002다1178 전원합의체 판결)

[해결] (1) 관습법이란 사회의 거듭된 관행으로 생성한 사회생활규범이 사회의 법적 확신과 인식에 의하여 법적 규범으로 승인·강행되기에 이른 것을 말하고, 그러한 관습법은 법원(法源)으로서 법령에 저촉되지 아니하는 한 법칙으로서의 효력이 있는 것이고, 또 사회

의 거듭된 관행으로 생성한 어떤 사회생활규범이 법적 규범으로 승인되기에 이르렀다고 하기 위하여는 헌법을 최상위 규범으로 하는 전체 법질서에 반하지 아니하는 것으로서 정당성과 합리성이 있다고 인정될 수 있는 것이어야 하고, 그렇지 아니한 사회생활규범은 비록 그것이 사회의 거듭된 관행으로 생성된 것이라고 할지라도 이를 법적 규범으로 삼아 관습법으로서의 효력을 인정할 수 없다.

(2) 사회의 거듭된 관행으로 생성된 사회생활규범이 관습법으로 승인되었다고 하더라도 사회 구성원들이 그러한 관행의 법적 구속력에 대하여 확신을 갖지 않게 되었다거나, 사회를 지배하는 기본적 이념이나 사회질서의 변화로 인하여 그러한 관습법을 적용하여야 할 시점에 있어서의 전체 법질서에 부합하지 않게 되었다면 그러한 관습법은 법적 규범으로서의 효력이 부정될 수밖에 없다.

(3) (다수의견) 종원의 자격을 성년 남자로만 제한하고 여성에게는 종원의 자격을 부여하지 않는 종래 관습에 대하여 우리 사회 구성원들이 가지고 있던 법적 확신은 상당 부분 흔들리거나 약화되어 있고, 무엇보다도 헌법을 최상위 규범으로 하는 우리의 전체 법질서는 개인의 존엄과 양성의 평등을 기초로 한 가족생활을 보장하고, 가족 내의 실질적인 권리와 의무에 있어서 남녀의 차별을 두지 아니하며, 정치·경제·사회·문화 등 모든 영역에서 여성에 대한 차별을 철폐하고 남녀평등을 실현하는 방향으로 변화되어 왔으며, 앞으로도 이러한 남녀평등의 원칙은 더욱 강화될 것인바, 종중은 공동선조의 분묘수호와 봉제사 및 종원 상호간의 친목을 목적으로 형성되는 종족단체로서 공동선조의 사망과 동시에 그 후손에 의하여 자연발생적으로 성립하는 것임에도, 공동선조의 후손 중 성년 남자만을 종중의 구성원으로 하고 여성은 종중의 구성원이 될 수 없다는 종래의 관습은, 공동선조의 분묘수호와 봉제사 등 종중의 활동에 참여할 기회를 출생에서 비롯되는 성별만에 의하여 생래적으로 부여하거나 원천적으로 박탈하는 것으로서, 위와 같이 변화된 우리의 전체 법질서에 부합하지 아니하여 정당성과 합리성이 있다고 할 수 없으므로, 종중 구성원의 자격을 성년 남자만으로 제한하는 종래의 관습법은 이제 더 이상 법적 효력을 가질 수 없게 되었다.

(별개의견) 남계혈족 중심의 사고가 재음미·재평가되어야 한다는 점에 대하여는 수긍한다 하더라도 종중의 시조 또는 중시조가 남자임을 고려할 때, 종중에 있어서의 남녀평등의 관철의 범위와 한계에 대하여는 보다 신중한 검토가 필요하고, 특히 종중은 다른 나라에서 유래를 찾아보기 어려운 우리나라에 독특한 전통의 산물이므로, 헌법 제9조에 비추어 우리의 전통문화가 현대의 법질서와 조화되면서 계승·발전되도록 노력하여야 할 것인바, 고유한 의미의 종중에 있어서 종원의 가장 주요한 임무는 공동선조에 대한 제사를 계속 실천하는 일이고, 따라서 종원은 기제·묘제의 제수, 제기 구입, 묘산·선영 수호, 제각 수리 등을 비롯한 제사에 소요되는 물자를 조달·부담하는 것이 주된 임무였으며, 종원의 이러한 부담행위는 법률적으로 강제되는 것이 아니고 도덕적·윤리적 의무에 불과하여,

그들의 권리가 실질적으로 침해되는 바가 없었으므로 법률이 간섭하지 않더라도 무방하다고 보기 때문에 종래의 관습법상 성년 남자는 그 의사와 관계없이 종중 구성원이 된다고 하는 부분은 현재로서는 문제될 것이 없고, 결국 관습법과 전통의 힘에 의하여 종래의 종중관습법 중 아직까지는 용인되는 부분이 있을 수 있다는 것을 이유로, 그러한 바탕 없이 새롭게 창설되는 법률관계에 대하여서까지 다수의견이 남녀평등의 원칙을 문자 그대로 관철하려는 것은 너무 기계적이어서 찬성할 수 없다.

(4) (다수의견) 종중이란 공동선조의 분묘수호와 제사 및 종원 상호간의 친목 등을 목적으로 하여 구성되는 자연발생적인 종족집단이므로, 종중의 이러한 목적과 본질에 비추어 볼 때 공동선조와 성과 본을 같이 하는 후손은 성별의 구별 없이 성년이 되면 당연히 그 구성원이 된다고 보는 것이 조리에 합당하다.

(별개의견) 일반적으로 어떤 사적 자치단체의 구성원의 자격을 인정함에 있어서 구성원으로 포괄되는 자의 신념이나 의사에 관계없이 인위적·강제적으로 누구든지 구성원으로 편입되어야 한다는 조리는 존재할 수 없으며 존재하여서도 안 되는데, 주지하는 바와 같이 결사의 자유는 자연인과 법인 등에 대한 개인적 자유권이며, 동시에 결사의 성립과 존속에 대한 결사제도의 보장을 뜻하는 것이고, 그 구체적 내용으로서는 조직강제나 강제적·자동적 가입의 금지, 즉 가입과 탈퇴의 자유가 보장되는 것을 말하며, 특히 종중에서와 같이 개인의 양심의 자유·종교의 자유가 보장되어야 할 사법적(私法的) 결사에 있어서는 더욱 그러하다는 점 등에서 공동선조와 성과 본을 같이 하는 후손은 성별의 구별 없이 성년이 되면 조리에 따라 당연히 그 구성원이 된다고 보는 다수의견의 견해에는 반대하고, 성년 여자가 종중에의 가입의사를 표명한 경우 그 성년 여자가 당해 종중 시조의 후손이 아니라는 등 그 가입을 거부할 정당하고 합리적인 이유가 없는 이상 가입의사를 표명함으로써 종중 구성원이 된다고 보아야 한다.

(다수의견에 대한 보충의견) 별개의견이 본인의 의사와 관계없이 종중 구성원이 되는 점에 대하여 결사의 자유와 양심의 자유 등을 들어서 부당하다고 비판하는 것은 종중의 본질과 종중이 통상적인 사단법인 또는 비법인사단과 구별되는 특성을 고려하지 않은 것일 뿐만 아니라, 본인의 의사와 관계없이 종중 구성원이 되는 점이 왜 성년 남자에게는 문제될 것이 없고 성년 여성에게만 문제가 되는지 납득하기 어렵고, 성별에 의하여 종원 자격을 달리 취급하는 것은 정당성과 합리성이 없다.

(5) 종중 구성원의 자격에 관한 대법원의 견해의 변경은 관습상의 제도로서 대법원판례에 의하여 법률관계가 규율되어 왔던 종중제도의 근간을 바꾸는 것인바, 대법원이 이 판결에서 종중 구성원의 자격에 관하여 '공동선조와 성과 본을 같이 하는 후손은 성별의 구별 없이 성년이 되면 당연히 그 구성원이 된다.'고 견해를 변경하는 것은 그동안 종중 구성원에 대한 우리 사회일반의 인식 변화와 아울러 전체 법질서의 변화로 인하여 성년 남자만을 종중의 구성원으로 하는 종래의 관습법이 더 이상 우리 법질서가 지향하는 남녀

평등의 이념에 부합하지 않게 됨으로써 그 법적 효력을 부정하게 된 데에 따른 것일 뿐만 아니라, 위와 같이 변경된 견해를 소급하여 적용한다면, 최근에 이르기까지 수십 년 동안 유지되어 왔던 종래 대법원판례를 신뢰하여 형성된 수많은 법률관계의 효력을 일시에 좌우하게 되고, 이는 법적 안정성과 신의성실의 원칙에 기초한 당사자의 신뢰보호를 내용으로 하는 법치주의의 원리에도 반하게 되는 것이므로, 위와 같이 변경된 대법원의 견해는 이 판결 선고 이후의 종중 구성원의 자격과 이와 관련하여 새로이 성립되는 법률관계에 대하여만 적용된다고 함이 상당하다.

(6) 대법원이 '공동선조와 성과 본을 같이 하는 후손은 성별의 구별 없이 성년이 되면 당연히 그 구성원이 된다.'고 종중 구성원의 자격에 관한 종래의 견해를 변경하는 것은 결국 종래 관습법의 효력을 배제하여 당해 사건을 재판하도록 하려는 데에 그 취지가 있고, 원고들이 자신들의 권리를 구제받기 위하여 종래 관습법의 효력을 다투면서 자신들이 피고 종회의 회원(종원) 자격이 있음을 주장하고 있는 이 사건에 대하여도 위와 같이 변경된 견해가 적용되지 않는다면, 이는 구체적인 사건에 있어서 당사자의 권리구제를 목적으로 하는 사법작용의 본질에 어긋날 뿐만 아니라 현저히 정의에 반하게 되므로, 원고들이 피고 종회의 회원(종원) 지위의 확인을 구하는 이 사건 청구에 한하여는 위와 같이 변경된 견해가 소급하여 적용되어야 할 것이다.

3. 관습법의 효력(3)

[사안] 김은 자신이 X토지의 진정한 상속인이며 박은 허위의 호적부상 기재와 호적정정허가결정에 터잡아 상속을 원인으로 하여 X토지에 관하여 소유권이전등기를 마친 후 이를 다시 최에게 이전등기를 하였는바, 최 명의의 소유권이전등기가 원인무효라고 주장하면서 최에 대하여 진정명의회복을 원인으로 한 소유권이전등기절차의 이행을 구한다. 그러나 최는, 가짜상속인 박으로부터 X토지를 전득한 자신으로부터 이전등기를 구하는 소는 민법이 정하는 상속회복청구의 소에 해당하는데, 피상속인의 실제 사망일은 민법 시행 전이므로 민법 시행 전의 상속회복청구권의 소멸기간에 관한 관습법이 적용되어야 하고, 그에 따르면 상속회복청구권은 상속이 개시된 날로부터 20년이 경과하면 소멸되었다고 보아야 할 것인데, 그 상속이 개시된 6·25 사변 무렵으로부터 20년이 경과한 후 소가 제기되었으므로 이 소는 부적법하여 각하되어야 한다고 항변한다. (대법원 2003.7.24. 선고 2001다48781 전원합의체 판결)

[해결] (다수의견) 사회의 거듭된 관행으로 생성한 어떤 사회생활규범이 법적 규범으로 승인되기에 이르렀다고 하기 위하여는 그 사회생활규범은 헌법을 최상위 규범으로 하는 전

체 법질서에 반하지 아니하는 것으로서 정당성과 합리성이 있다고 인정될 수 있는 것이어야 하고, 그렇지 아니한 사회생활규범은 비록 그것이 사회의 거듭된 관행으로 생성된 것이라고 할지라도 이를 법적 규범으로 삼아 관습법으로서의 효력을 인정할 수 없는바, 제정 민법이 시행되기 전에 존재하던 관습 중 "상속회복청구권은 상속이 개시된 날부터 20년이 경과하면 소멸한다."는 내용의 관습은 이를 적용하게 되면 20년의 경과 후에 상속권 침해가 있을 때에는 침해행위와 동시에 진정상속인은 권리를 잃고 구제를 받을 수 없는 결과가 되므로 소유권은 원래 소멸시효의 적용을 받지 않는다는 권리의 속성에 반할 뿐 아니라 진정상속인으로 하여금 참칭상속인에 의한 재산권침해를 사실상 방어할 수 없게 만드는 결과로 되어 불합리하고, 헌법을 최상위 규범으로 하는 법질서 전체의 이념에도 부합하지 아니하여 정당성이 없으므로, 위 관습에 법적 규범인 관습법으로서의 효력을 인정할 수 없다.

(반대의견) 법원으로서는 관습법이 다른 법령에 의하여 변경·폐지되거나 그와 모순·저촉되는 새로운 내용의 관습법이 확인되기 전까지는 이에 기속되어 이를 적용하여야 하고, 만일 관습법이 헌법에 위반된다면 그 이유로 이를 적용하지 아니할 수 있을 뿐이지 막연히 불합리하다거나 정당성이 없다는 등의 사유를 이유로 판례변경을 통하여 그 적용을 배제할 수는 없는바, 법원은 대법원 1981.1.27. 선고 80다1392 판결에 의해 "상속회복청구권은 상속이 개시된 날부터 20년이 경과하면 소멸한다."는 내용의 관습이 관습법으로 성립하여 존재하고 있음을 확인·선언한 이래 여러 차례에 걸쳐 이를 재확인하여 왔으며, 한편 민법 시행 전의 폐지된 조선민사령은 상속에 관한 사항은 관습에 의한다고 규정하였고, 민법은 부칙 제25조 제1항에서 "이 법 시행 전에 개시된 상속에 관하여는 이 법 시행일 후에도 구법의 규정을 적용한다."라고 규정하였으며, 1977.12.31. 법률 제3051호로 개정된 민법 부칙 제5항 및 1990.1.13. 법률 제4199호로 개정된 민법 부칙 제12조 제1항에서도 각각 같은 내용의 경과규정을 두고 있으므로, 위 관습법이 다른 법령에 의하여 변경·폐지되거나 그와 모순·저촉되는 새로운 내용의 관습법이 확인되지 아니한 이상 법원으로서는 민법 시행 전에 있어서의 상속에 관한 법률관계에 해당하는 상속회복청구에 대하여 위 관습법을 적용할 수밖에 없다.

(반대의견에 대한 보충의견) 관습법은 성문법률을 보충하는 효력을 가지는 것이기는 하지만 법률의 효력을 가지는 것이어서 그러한 관습법에 위헌적 요소가 있는 경우 우리의 성문법률 위헌심사제도 아래에서는 헌법재판소를 통한 위헌선언이 이루어질 길이 없고 법원에 의하여 위헌성이 판정되고 그의 적용이 배제되어야 할 터이므로 그렇게 되면 실질상 위헌법률선언과 같은 결과를 낳을 것인바, 그 경우에는 헌법상 법치주의 원칙에서 나온 법적 안정성 내지 신뢰보호원칙에 바탕을 둔 위헌결정의 불소급효원칙의 정신에 따라 그 선언이 있는 날 이후로만 그 관습법의 효력이 상실되도록 함이 상당하다.

제1강 신의성실의 원칙

신의칙과 사적자치 /신의칙 적용의 예외성 /금반언(禁反言)의 원칙 /강행법규 위반의 주장이 신의칙에 반하는지 여부 /사정변경의 원칙 /실효(失效)의 원칙 /신의칙상 고지의무 /비례의 원칙

■ 민법 전체에 적용되는 일반조항으로서의 신의칙이 민법의 최고의 지도원리인 사적자치의 원칙과 어떠한 관계에 서느냐 하는 것은 중요하고 흥미로운 문제인데 이를 다룬 최근의 전원합의체 판결, 또 신의칙과 같은 일반조항에 의한 통제는 예외적이어야 한다는 판결을 소개한다. 그리고 신의칙의 하부원칙들로 인정되고 있는 금반언의 원칙, 사정변경의 원칙, 실효의 원칙 등을 다룬다. 신의칙상 의무이행과 관련하여서는 고지의무의 문제가 판례에 자주 나타난다. 그 외 강행법규 위반과 신의칙의 관계, 비례의 원칙 등을 소개한다.

[판결요지] 민법상 신의성실의 원칙은, 법률관계의 당사자는 상대방의 이익을 배려하여 형평에 어긋나거나 신뢰를 저버리는 내용 또는 방법으로 권리를 행사하거나 의무를 이행하여서는 안 된다는 추상적 규범을 말하는 것으로서, 신의성실의 원칙에 위배된다는 이유로 그 권리행사를 부정하기 위하여는 상대방에게 신의를 공여하였거나 객관적으로 보아 상대방이 신의를 가짐이 정당한 상태에 이르러야 하고 이와 같은 상대방의 신의에 반하여 권리를 행사하는 것이 정의관념에 비추어 용인될 수 없는 정도의 상태에 이르러야 한다.

1. 신의칙과 사적자치

[사안] 김은 변호사 박에게 소송을 의뢰하면서 소송위임계약에서 변호사 보수(착수보수금과 부가가치세)로 3,850만 원을 약정하고 2천만원을 선지급하고 소송을 진행하였으나 패소하였다. 김은 보수가 부당하게 과다하여 신의성실의 원칙에 반한다는 이유로 변호사 보수는 2,000만 원으로 감액되어야 하고 감액된 변호사 보수 채권이 모두 변제되어 소멸하였다고 주장한다. 그러나 박은 1년이 넘는 소송기간, 다수의 준비서면 제출 등의 소송수행에 들인 노력을 내세우며 보수의 잔금지급을 청구한다. (대법원 2018.5.17. 선고 2016다35833 전원합의체 판결)

[해결] 변호사의 소송위임 사무처리 보수에 관하여 변호사와 의뢰인 사이에 약정이 있는 경우 위임사무를 완료한 변호사는 원칙적으로 약정 보수액 전부를 청구할 수 있다. 다만 의뢰인과의 평소 관계, 사건 수임 경위, 사건처리 경과와 난이도, 노력의 정도, 소송물 가액, 의뢰인이 승소로 인하여 얻게 된 구체적 이익, 그 밖에 변론에 나타난 여러 사정을 고려하여, 약정 보수액이 부당하게 과다하여 신의성실의 원칙이나 형평의 관념에 반한다고 볼 만한 특별한 사정이 있는 경우에는 예외적으로 적당하다고 인정되는 범위 내의 보수액만을 청구할 수 있다. 그런데 이러한 보수 청구의 제한은 어디까지나 계약자유의 원칙에 대한 예외를 인정하는 것이므로, 법원은 그에 관한 합리적인 근거를 명확히 밝혀야 한다. 이러한 법리는 대법원이 오랜 시간에 걸쳐 발전시켜 온 것으로서, 현재에도 여전히 그 타당성을 인정할 수 있다. 그 이유는 아래와 같다.

(가) 사적 자치와 계약자유의 원칙은 사법(私法)의 기본원리로서 사법적인 법률관계를 규율하는 기초를 형성하고 있다. 그러나 이러한 원칙이 아무런 제한 없이 절대적으로 인정되는 것은 아니다. 우리 민법은 통칙에서 신의성실과 권리남용의 금지를 민법의 중요한 원칙으로 선언하고 있다. 신의성실의 원칙은 법질서 전체를 관통하는 일반 원칙으로서 실정법이나 계약을 형식적이고 엄격하게 적용할 때 생길 수 있는 부당한 결과를 막고 구체적 타당성을 실현하는 작용을 한다. 사적 자치나 계약자유도 신의칙에 따라 제한될 수 있고, 구체적 사안에서 그 적용 범위가 문제 될 뿐이다.

(나) 위임이나 신탁과 같은 계약은 당사자 사이의 신뢰관계를 기초로 상대방의 권리와 이익을 보호하는 데에 목적이 있으므로, 단순히 급부의 교환에 그치는 매매와 같은 계약에 비하여 신의칙과 형평의 관념이 강하게 작용한다. 의뢰인이 변호사에게 소송을 위임하는 경우 변호사는 전문적인 법률지식을 활용하여 일체의 소송행

위를 할 수 있다. 특히 변호사법은 법률사무 전반을 변호사에게 독점시키되, 변호사는 기본적 인권을 옹호하고 사회정의를 실현함을 사명으로 하고, 공공성을 지닌 법률 전문직으로서 독립하여 자유롭게 직무를 수행한다고 선언하면서 여러 규정을 통해 직무에 관한 고도의 공공성과 윤리성을 요구하고 있다. 이처럼 변호사의 직무수행이 영리추구가 목적인 상인의 영업활동과 중대한 차이가 있다는 점은 소송위임계약에 관하여 신의칙을 적용할 때에도 고려하여야 한다.

(다) 소송위임사무 등 법률서비스의 제공은 고도의 전문지식이 필요한 것으로 원칙적으로 변호사만이 할 수 있다. 법률전문가인 변호사와 의뢰인 사이에는 소송의 쟁점, 법리, 절차, 난이도 등에 관한 정보의 불균형이 존재할 수밖에 없다. 변호사 보수가 반드시 일반적인 수요와 공급의 법칙에 따라 적정 수준으로 결정되고 있다고 볼 수는 없다. 변호사 보수에 대한 예측가능성을 확보할 수 있는 장치도 충분히 마련되어 있지 않다. 이는 과거뿐만 아니라 변호사 시험제도의 실시 등으로 다수의 변호사가 배출되고 있는 현 상황에서도 여전히 마찬가지이다.

(라) 우리 민법은 위임에 따른 보수를 제한하는 명시적 규정이 없다. 변호사 보수에 관하여 공서양속에 관한 민법 제103조나 불공정 법률행위에 관한 민법 제104조를 적용하여 구체적으로 타당한 결론을 도출하는 데에는 한계가 있다. 또한 민법 제103조나 제104조에 따른 효과는 법률행위의 전부 무효가 원칙이므로 이 규정들을 통하여 변호사 보수 제한에 관한 적정한 결론을 도출하기도 어렵고, 신의칙을 적용하여 그 보수를 제한하는 것에 비하여 우월하다고 보기도 어렵다.

위 두 조항의 요건을 충족하지는 않지만 소송위임계약에서 정보 불균형, 교섭력의 차이 등으로 말미암아 약정 보수액이 지나치게 많아 그 청구를 예외적으로 제한할 필요가 있는 경우가 있다. 특히 소송위임계약 이후의 소송 경과에 따라 당사자들이 예상할 수 없는 사정변경이 생겨 당초 약정한 보수액이 과도하게 불합리하다고 판단되는 경우도 있다. 이러한 경우 신의칙은 법 규정의 흠결을 보충하여 구체적 타당성을 도출하는 기능을 할 수 있다. 과도한 변호사 보수 청구를 적정한 수준으로 제한하는 것은 당사자의 진정한 의사에 부합할 뿐만 아니라, 당사자 사이에 보수에 관한 약정이 없는 경우 변호사가 위임인을 상대로 적정 보수를 청구할 수 있다는 것과도 균형이 맞는다.

(마) 법원이 적정한 결론을 도모한다는 구실로 신의칙에 기대어 당사자 사이의 계약 내용을 함부로 수정·변경하는 것은 당연히 경계하여야 한다. 그러나 대법원은 변호사 보수 청구 제한의 법리를 발전시켜 오면서, 이러한 법리가 계약자유의 원칙을 제한·수정하는 예외적인 것이므로 그 적용에 신중을 기하여야 한다는 입장을 밝혀 왔고, 보수 청구를 제한하는 경우 그에 관한 합리적 근거를 명확히 밝혀야 한다고 판단해 왔다. 이러한 판례를 통하여 변호사 보수에 대해 신의칙을 적용함으로써

생길 수 있는 우려는 해소되었다고 볼 수 있다.

　　(별개의견)　다수의견은 신의성실의 원칙이나 형평의 관념에 근거하여, 당사자가 계약으로 정한 변호사보수액이 부당하게 과다하다고 인정되면 이를 감액할 수 있다고 한다. 그러나 다수의견은 계약을 지키지 않겠다는 당사자의 손을 들어주어 우리 민법의 기본 원리인 사적 자치의 원칙과 법적 안정성을 해치고, 법원 즉 국가에 계약을 수정할 권한을 인정하는 결과가 되어 자유민주주의와 시장경제질서를 천명한 헌법 원리에 어긋나는 문제점을 드러내고 있다…민법은 반사회질서의 법률행위(제103조), 불공정한 법률행위(제104조) 등 법률행위의 무효사유를 개별적·구체적으로 규정하고 있다. 또한 '손해배상의 예정액이 부당히 과다한 경우에는 법원은 적당히 감액할 수 있다'고 하는 민법 제398조 제2항과 같이 명시적으로 계약의 내용을 수정할 수 있다고 규정하는 법률 조항도 존재한다. 그러나 신의칙과 관련하여서는 민법 제2조 제1항에서 '권리의 행사와 의무의 이행은 신의에 좇아 성실히 하여야 한다'라고 규정하고, 제2항에서 '권리는 남용하지 못한다'라고 규정할 뿐 이를 법률행위의 무효사유로 규정하고 있지는 않다. 그러므로 민법 제2조의 신의칙 또는 민법에 규정되어 있지도 않은 형평의 관념은 당사자 사이에 체결된 계약을 무효로 선언할 수 있는 근거가 될 수 없다. 그럼에도 신의칙 또는 형평의 관념 등 일반 원칙에 의해 개별 약정의 효력을 제약하려고 시도하는 것은 앞에서 본 헌법적 가치에 정면으로 반한다.…약속을 지키지 않고 약정보수액의 감액을 요구하는 당사자의 주장은 약속이 지켜지리라고 믿은 상대방의 신뢰보다 우선할 수 없고, 신의칙이 그 도구가 되어서도 안 된다. 자신이 지급하기로 약정한 대가를 지급하지 않으려는 의뢰인의 행태야말로 신의칙에 반하는 것이다.…다수의견은 법원이 주어진 소명에 충실하지 못하게 된다는 결과 그 이상의 심각한 문제를 안고 있다. 바로 법원이 당사자가 정한 계약 내용을 수정할 수 있는 권한을 법률상 근거 없이 스스로 창설했다는 문제이다… 개별적·구체적인 법률의 근거 없이 신의칙에 기대어 계약 내용을 수정할 수 있다는 발상은 매우 위험하다. 만약 신의칙이 계약 수정의 근거 규정이 될 수 있다면 민법 규정 중 상당수는 없어도 무방하다. 법원은 신의칙만으로도 얼마든지 스스로 합당하다고 인정하는 결론을 내리는 것이 가능하기 때문이다. 신의칙에 관한 민법 제2조는 그 개념이 추상적인 일반 조항이다. 구체적인 사안에서 법원이 이러한 일반 조항을 적용할 때에는, 분명한 이유를 대기 어려운 어떤 결론을 정당화하기 위한 편의적인 적용, 즉 '일반조항으로의 도피'가 되지 않도록 주의하여야 한다.… 계약서의 문언상 명백하고 당사자가 확실하게 알고 있는 계약의 내용에 대해서까지 법원의 판단을 받게 함으로써 법률관계의 불확실성을 야기하고, 법적 분쟁의 증가를 초래한다. 법원에 가서 신의칙을 주장하면 보수액이 감액될 수 있다는 희망을 가지게 함으로써 결국 계약대로 이행하지 않아도 된다는 인식을 법원이 앞장서서 만들고 있는 것은 아닌지

우려된다.....계약의 본질적 부분인 급부와 반대급부의 등가관계에 대한 구체적이고도 직접적인 통제라는 방법을 통하여 일반적으로 이루어지게 되면, 이는 사적 자치를 근본적으로 허무는 것이어서 우리 헌법질서 아래에서 정당화될 수 없다.

2. 신의칙 적용의 예외성

> [사안] 한국전력공사(한전)는 A사와 체결한 전기공급계약에 따라 약정 기간 동안 실제로 공급한 전기에 대한 요금 중 계산의 착오를 후에 발견하고 착오로 청구하지 않았던 요금의 추가지급을 구한다. 이에 대하여 A사는, 자신이 착오를 유발한 것도 아니며, 공급자가 부과한 요금액을 신뢰하였고, 한전이 계기배수에 대한 점검을 게을리하여 1년 4개월 동안이나 잘못 산정한 전기요금을 부과한 점 등을 고려하면, 한전이 자신에게 잘못 계산된 전기요금과 다시 계산한 전기요금의 차액 전부를 청구하는 것은 신의성실의 원칙이나 형평의 원칙에 반한다며 이를 1/2로 감액하여 줄 것을 청구한다. 그러나 한전은, 유효하게 성립한 전기공급계약에서 정한 자신의 의무를 이행하고 상대방에게 그 반대급부의 이행을 청구하는 것일 뿐이며, 계약상 착오로 인한 추가청구시 요금감면에 대한 조항도 없으며, A사의 잘못 부과된 요금에 대한 신뢰로 인해 계약의 내용이 변경될 사정이 생긴다고 할 수 없다고 항변한다. (대법원 2016.12.1. 선고 2016다240543 판결)

[해결] 유효하게 성립한 계약상의 책임을 공평의 이념 또는 신의칙과 같은 일반원칙에 의하여 제한하는 것은 사적 자치의 원칙이나 법적 안정성에 대한 중대한 위협이 될 수 있으므로, 채권자가 유효하게 성립한 계약에 따른 급부의 이행을 청구하는 때에 법원이 그 급부의 일부를 감축하는 것은 원칙적으로 허용되지 않는다.

> [유제] 김은 A사의 이사로 재직하고 있으면서 A사가 사채를 발행하지 못하면 부도가 날 수밖에 없어 회사나 채권자 박의 연대보증 요구를 거절할 수 없는 상황에서 다른 이사들과 같이 A사의 채무에 대하여 연대보증을 하였고, 회사 부도 무렵 퇴직하였다. 박이 김에게 보증책임을 묻자, 김은 IMF사태의 영향으로 연 21~27%의 높은 연체이율이 적용되었고, 공동연대보증인 중 한 사람이 사망하여 자신을 포함한 나머지 연대보증인들이 분담 부분이 많아지게 된 점 등 여러 사정을 감안할 때, 신의칙상 자신의 보증책임을 25% 범위 내로 제한함이 상당하다고 한다. 그러나 박은 그러한 사정만으로는 보증책임의 범위를

제한할 사유로 삼을 수는 없고, 신의칙에 비추어 연대보증인인 김의 책임을 제한할 정도의 특별한 사정이 인정되지 아니한다고 항변한다. (대법원 2004.1.27. 선고 2003다45410 판결)

[해결] 채권자와 채무자 사이에 계속적인 거래관계에서 발생하는 불확정한 채무를 보증하는 이른바 계속적 보증의 경우뿐만 아니라 특정채무를 보증하는 일반보증의 경우에 있어서도, 채권자의 권리행사가 신의칙에 비추어 용납할 수 없는 성질의 것인 때에는 보증인의 책임을 제한하는 것이 예외적으로 허용될 수 있을 것이나, 일단 유효하게 성립된 보증계약에 따른 책임을 신의칙과 같은 일반원칙에 의하여 제한하는 것은 자칫 잘못하면 사적 자치의 원칙이나 법적 안정성에 대한 중대한 위협이 될 수 있으므로 신중을 기하여 극히 예외적으로 인정하여야 할 것이다.

3. 금반언(禁反言)의 원칙

[사안] 김은 X상가의 소유자인 박으로부터 이를 임차하고 계약서에 확정일자를 받았다. 박은 A저축은행으로부터 대출을 받으면서 X상가에 대하여 근저당권을 설정해 주었다. 그 무렵 김은 박의 부탁에 따라 A은행에 "X상가에 무상거주함을 확인하고, 만일 기재 내용과 실제가 상이하여 발생되는 손해에 대하여 전적으로 민·형사상 책임을 질 것을 확약한다"는 취지의 문서('무상거주확인서')를 작성해 주었다. 그 후 박이 대출원리금을 변제하지 못하자, A저축은행은 X상가에 관하여 임의경매신청을 하면서 김의 배당 및 권리 자격을 제외해 달라는 취지의 권리(임차인)배제신청서에 위 무상거주확인서를 첨부하여 경매법원에 제출하였다. X상가는 경매절차에서 B사에 낙찰되었는데, B사의 건물인도청구에 대하여 김은 대항력있는 임차인임을 내세우며 임차보증금반환과 동시이행할 것을 항변한다. (대법원 2016.12.1. 선고 2016다228215 판결)

[해결] 근저당권자가 담보로 제공된 건물에 대한 담보가치를 조사할 당시 대항력을 갖춘 임차인이 그 임대차 사실을 부인하고 그 건물에 관하여 임차인으로서의 권리를 주장하지 않겠다는 내용의 무상임대차 확인서를 작성해 주었고, 그 후 개시된 경매절차에 그 무상임대차 확인서가 제출되어 매수인이 그 확인서의 내용을 신뢰하여 매수신청금액을 결정하는 경우와 같이, 임차인이 작성한 무상임대차 확인서에서 비롯된 매수인의 신뢰가 매각절차에 반영되었다고 볼 수 있는 사정이 존재하는 경우에는, 임차인이 제3자인 매수인의 건

물인도청구에 대하여 대항력 있는 임대차를 주장하여 임차보증금반환과의 동시이행의 항변을 하는 것은 금반언 또는 신의성실의 원칙에 반하여 허용될 수 없다.

> [유제 1] 김은 박에게 X기계를 소유권유보부로 할부 판매하였음에도 박으로 하여금 A은행으로부터 금융의 편의를 받도록 도와줄 목적으로 X기계의 매매대금을 전액 영수하였다는 내용의 세금계산서를 발급하여 주었다. A은행은 이를 신뢰한 나머지 그것을 기초로 X기계에 담보권설정 및 대출행위를 하게 되었다. 후에 A은행의 담보권 실행에 대하여 김은 X기계가 자신의 소유라고 주장하면서 그 담보권의 효력을 다툰다. (대법원 1995.12.22. 선고 94다37103 판결)

[해결] 김은 A은행이 신뢰할 수 있는 외관을 스스로 만들어 내었다 할 것이며, 김이 담보권 실행 후에 X기계가 자신의 소유라고 주장하면서 담보권의 효력을 다투는 것은 A은행의 신뢰를 배반하여 A은행에게 회복할 수 없는 손해를 입히는 것이어서 신의칙에 현저히 반한다.

> [유제 2] 김은 박의 소유주택을 임차보증금 4천만원에 임차하고 확정일자를 갖추었다. 그 후 동 주택에 대하여 경매절차가 개시되자 김은 임대차기간이 만료된 계약서를 첨부하여 배당요구를 하였다. 그 후 동 주택에 대해 법원의 낙찰허가결정이 확정된 후에 이르러 김은 그 임대차가 아직 종료하지 아니하였다는 새로운 사유를 주장하면서 낙찰대금으로부터 우선변제를 받는 대신에 낙찰자인 최에 대하여 임차인으로서의 대항력을 행사하겠다고 한다. 그러나 최는 김에게 동 주택의 명도를 요구한다. (대법원 2001.9.25. 선고 2000다24078 판결)

[해결] 임대차가 종료된 경우에 배당요구를 한 임차인은 우선변제권에 의하여 낙찰대금으로부터 임차보증금을 배당받을 수 있으므로, 이와 같은 경우에 일반 매수희망자(낙찰자 포함)는 그 주택을 낙찰받게 되면 그 임대차에 관한 권리·의무를 승계하지 않을 것이라는 신뢰 하에 입찰에 참가하게 되는 것인바, 이러한 믿음을 기초로 하여 낙찰자가 임대차보증금을 인수하지 않을 것이라는 전제하에 낙찰이 실시되어 최고가 매수희망자를 낙찰자로 하는 낙찰허가결정이 확정되었다면, 그 후에 이르러 임차인이 배당요구시의 주장과는 달리 자신의 임대차기간이 종료되지 않았음을 주장하면서 우선변제권의 행사를 포기하고 명도를 구하는 낙찰자에게 대항력을 행사하는 것은, 임차인의 선행행위를 신뢰한 낙찰자에게 예측하지 못한 손해를 입게 하는 것이어서 금반언 및 신의칙에 위배되어 허용될 수 없다.

4. 강행법규 위반의 주장이 신의칙에 반하는지 여부

> **[사안]** 택시 운송사업을 하는 甲 주식회사의 노사가 택시운행을 통해 벌어들인 운송수입금에서 사납금을 회사에 납입하고 남은 초과운송수입금만을 가져가기로 하는 이른바 도급제 방식의 근로계약과 월급제 방식의 근로계약 중 근로자들이 개별적으로 선택하는 근로계약을 체결하기로 하였다. 이에 甲 회사의 택시운전근로자인 乙 등이 甲 회사와 도급제 방식의 근로계약을 체결하였는데, 그 후 乙 등이 위 근로계약이 최저임금법에 위배된다고 주장하며 甲 회사를 상대로 미지급 최저임금 등의 지급을 구한다. 甲 회사는 乙 등이 자신들의 의사에 따라 고정급을 전혀 받지 않는 도급제 방식의 근로계약을 체결하였음에도 이후 그 근로계약이 최저임금법에 위반한다고 주장하는 것은 신의칙에 위배되어 허용될 수 없다고 주장한다. (대법원 2018.7.11. 선고 2017다263703 판결)

[해결] 최저임금법 제6조 제1항은 "사용자는 최저임금의 적용을 받는 근로자에게 최저임금액 이상의 임금을 지급하여야 한다."라고 규정하고, 제3항은 "최저임금의 적용을 받는 근로자와 사용자 사이의 근로계약 중 최저임금액에 미치지 못하는 금액을 임금으로 정한 부분은 무효로 하며, 이 경우 무효로 된 부분은 이 법으로 정한 최저임금액과 동일한 임금을 지급하기로 한 것으로 본다."라고 규정하고 있다. 또 개정 최저임금법은 특례 조항을 통해 생산고에 따른 임금을 최저임금에 산입할 수 없게 한 것은 택시운전근로자가 받는 임금 중 고정급의 비율을 높여 운송수입금이 적은 경우에도 최저임금액 이상의 임금을 받을 수 있도록 보장함으로써 보다 안정된 생활을 영위할 수 있도록 하려는 데에 있다. 따라서 특례 조항을 적용한 결과 최저임금액에 미달하는 금액을 임금으로 정한 근로계약 부분은 강행규정에 반하여 무효이다. 단체협약 등 노사합의의 내용이 근로기준법 등의 강행규정을 위반하여 무효인 경우에, 그 무효를 주장하는 것이 신의칙에 위배되는 권리의 행사라는 이유로 이를 배척한다면 강행규정으로 정한 입법 취지를 몰각시키는 결과가 되므로, 신의칙을 적용하기 위한 일반적인 요건을 갖춤은 물론 강행규정성에도 불구하고 신의칙을 우선하여 적용하는 것을 수긍할 만한 특별한 사정이 있는 예외적인 경우에 해당하지 않는 한 그러한 주장이 신의칙에 위배된다고 볼 수 없다.

5. 사정변경의 원칙

> **[사안]** 김은 해외이주 알선업체인 A주식회사와 미국 비숙련 취업이민을 위한 알선업무계약을 체결한 후 이민허가를 받고 이에 따라 A회사에 3만 달러로 정한 국외알선수수료를 모두 지급하였는데, 주한 미국대사관이 돌연 김에 대한 이민비자 인터뷰에서 추가 행정검토 및 이민국 이송 결정을 하여 비자발급 절차가 중단되었으며 그 재개 여부도 알 수 없게 되었다. 김은, 위 계약은 성립의 기초가 되었던 비자발급 절차나 기간에 관한 사정이 현저히 변경되었고, 당사자가 계약의 성립 당시 이를 전혀 예견할 수 없었으며, 계약을 유지해도 체결한 목적을 달성할 수 없거나 당사자의 이해에 중대한 불균형을 초래하는 경우에 해당하므로, 사정변경을 이유로 동 계약을 해지한다며 이미 지급한 수수료의 반환을 청구한다. (대법원 2021.6.30. 선고 2019다276338 판결)

[해결] 판례는 계약을 체결할 때 예견할 수 없었던 사정이 발생함으로써 야기된 불균형을 해소하고자 신의성실 원칙의 파생원칙으로서 사정변경의 원칙을 인정하고 있다. 즉, 계약 성립의 기초가 된 사정이 현저히 변경되고 당사자가 계약의 성립 당시 이를 예견할 수 없었으며, 그로 인하여 계약을 그대로 유지하는 것이 당사자의 이해에 중대한 불균형을 초래하거나 계약을 체결한 목적을 달성할 수 없는 경우에는 계약준수 원칙의 예외로서 사정변경을 이유로 계약을 해제하거나 해지할 수 있다. 여기에서 말하는 사정이란 당사자들에게 계약 성립의 기초가 된 사정을 가리키고, 당사자들이 계약의 기초로 삼지 않은 사정이나 어느 일방당사자가 변경에 따른 불이익이나 위험을 떠안기로 한 사정은 포함되지 않는다.

사정변경에 대한 예견가능성이 있었는지는 추상적·일반적으로 판단할 것이 아니라, 구체적인 사안에서 계약의 유형과 내용, 당사자의 지위, 거래경험과 인식가능성, 사정변경의 위험이 크고 구체적인지 등 여러 사정을 종합적으로 고려하여 개별적으로 판단하여야 한다. 이때 합리적인 사람의 입장에서 볼 때 당사자들이 사정변경을 예견했다면 계약을 체결하지 않거나 다른 내용으로 체결했을 것이라고 기대되는 경우 예견가능성이 없다고 볼 수 있다. 경제상황 등의 변동으로 당사자에게 손해가 생기더라도 합리적인 사람의 입장에서 사정변경을 예견할 수 있었다면 사정변경을 이유로 계약을 해제하거나 해지할 수 없다.

> **[유제]** 김은 X토지에 대한 개발제한구역 지정이 해제됨에 따라 건축이 가능한 토지로 알고 당시의 객관적인 시가보다 훨씬 비싼 가격에 X토지를 제주도로부터 매수하였는데, 그 후 제주도에 의하여 X토지가 공공공지로 지정되어 건축개발이 불가능해

지고, 공공공지 개발계획에 따라 X토지가 수용될 상황이 되는 등 매매계약 당시에 김이 예상하지도 않았고 예상할 수도 없었던 현저한 사정변경이 생겼고, 이러한 사정변경은 김에게 책임을 돌릴 수 없는 것으로서, 이로 인해 김에게 매매계약 당시에는 예상하지 못한 엄청난 손해가 발생하게 되어 매매계약을 그대로 유지하는 것은 신의칙에 반한다며, 김은 사정변경 또는 신의칙을 사유로 하여 매매계약의 해제를 주장한다. 그러나 제주도는 매매계약은 일반 매수예상자들을 대상으로 한 공개매각절차를 거쳐 이루어진 것으로서, 공개매각조건에는 X토지가 개발제한구역에 속해 있고, 토지의 매각 후 행정상의 제한 등이 있을 경우 제주도가 이에 대하여 책임을 지지 아니한다는 내용이 명시되어 있으며, 매매계약에서도 제주도는 토지의 인도 후에 발생한 일체의 위험부담에 대하여 책임지지 않는다는 내용이 명시되어 있었고 토지상의 건축가능 여부에 관하여는 논의가 없었다고 항변한다. (대법원 2007.3.29. 선고 2004다31302 판결)

[해결] 사안에서 토지상의 건축가능 여부는 김이 토지를 매수하게 된 주관적인 목적에 불과할 뿐 매매계약의 성립에 있어 기초가 되었다고 보기 어렵다 할 것이므로, 매매계약 후 X토지가 공공공지에 편입됨으로써 김이 의도한 음식점 등의 건축이 불가능하게 되었다 하더라도 이러한 사정변경은 매매계약을 해제할 만한 사정변경에 해당된다고 할 수 없고, 이러한 사정변경으로 인하여 김이 의도한 주관적인 매수목적을 달성할 수 없게 되어 손해를 입었다 하더라도 매매계약의 효력을 그대로 유지하는 것이 신의칙에 반한다고 볼 수도 없다.

6. 실효(失效)의 원칙

[사안] 김은 숙직실에서 포커도박을 하다가 적발되어 입건되자 1999.1. 일신상의 사정으로 인하여 부득이하게 사직을 원한다는 내용의 사직원을 A사에 제출하였고 A사는 이를 근거로 하여 김을 의원면직하였다. 그 후 2004.5. 김은 위 사직원은 A사의 직원의 협박에 따라 김의 형이 김의 동의 없이 작성·제출한 것이므로 위 의원면직은 무효라는 등의 이유로 의원면직의 무효확인 및 의원면직의 다음날부터 복직될 때까지 봉급 상당액의 지급을 구한다. 그러나 A사는 징계절차에서의 파면가능성의 고지가 협박이라 할 수 없고, 비록 김의 형이 사직원을 제출하였더라도 김이 아무런 이의 없이 정상적인 퇴직금을 수령한 점 등을 고려하면 A사로서도 김이 의원면직을 유효한 것으로 받아들이고 그에 대하여 다투지 않을 것으로 신뢰하는 것이 상

당하다고 보이므로, 김이 위와 같은 의사 내지 신뢰에 반하여 의원면직일로부터 5년여가 경과한 후에 이를 다투면서 소를 제기하는 것은 신의칙 내지 금반언의 원칙에 반하는 것으로서 부적법하다고 항변한다. (대법원 2005.10.28. 선고 2005다45827 판결)

[해결] 일반적으로 권리의 행사는 신의에 좇아 성실히 하여야 하고 권리는 남용하지 못하는 것이므로 권리자가 실제로 권리를 행사할 수 있는 기회가 있었음에도 불구하고 상당한 기간이 경과하도록 권리를 행사하지 아니하여 의무자인 상대방으로서도 이제는 권리자가 권리를 행사하지 아니할 것으로 신뢰할 만한 정당한 기대를 가지게 된 다음에 새삼스럽게 그 권리를 행사하는 것이 법질서 전체를 지배하는 신의성실의 원칙에 위반하는 것으로 인정되는 결과가 될 때에는 이른바 실효의 원칙에 따라 그 권리의 행사가 허용되지 않는다고 보아야 할 것이다. 또한, 실효의 원칙이 적용되기 위하여 필요한 요건으로서의 실효기간(권리를 행사하지 아니한 기간)의 길이와 의무자인 상대방이 권리가 행사되지 아니하리라고 신뢰할 만한 정당한 사유가 있었는지의 여부는 일률적으로 판단할 수 있는 것이 아니라 구체적인 경우마다 권리를 행사하지 아니한 기간의 장단과 함께 권리자측과 상대방측 쌍방의 사정 및 객관적으로 존재한 사정 등을 모두 고려하여 사회통념에 따라 합리적으로 판단하여야 할 것이다

7. 신의칙상 고지의무

[사안] A건설사는 김 등에게 아파트를 분양하면서 아파트단지의 바로 뒤편 야산에 분묘 기수가 4,300여 기에 이르는 대규모의 공동묘지가 조성되어 있는 사실을 알면서도, 수분양자에게 제작·배포한 아파트에 대한 광고전단이나 분양안내책자 및 조감도 등에는 공동묘지가 조성되어 있는 곳은 수목이 식재된 야산으로만 나타나 있을 뿐이고 공동묘지는 표시되어 있지 아니하였다. 후에 이 사실을 알게 된 수분양자 김 등은 사회의 통념상으로는 공동묘지가 주거환경과 친한 시설이 아니어서 분양계약의 체결 여부 및 가격에 상당한 영향을 미치는 요인일 뿐만 아니라 대규모 공동묘지를 가까이에서 조망할 수 있는 곳에 아파트단지가 들어선다는 것은 통상 예상하기 어렵다는 점까지를 감안할 때 공동묘지의 존재사실을 잘 알고 있었던 A사로서는 이미 그 사실을 알고 있었던 수분양자들을 제외한 나머지 수분양자들에게 위와 같은 공동묘지의 존재사실을 고지할 신의칙상의 의무가 있다고 주장한다. 그러나 A사는 공동묘지는 그 규모와 위치에 비추어 현장을 방문하여 확인하거나 인근 주민

들에게 탐문하는 방법으로 쉽게 그 존재를 알 수 있는 것으로 보여지고 또 실제 현장을 방문한 수분양자들 중 상당수는 공동묘지의 존재를 알았을 것으로 추측된다는 점 및 위 공동묘지의 존재는 이로 인하여 장차 분양계약의 효력이나 이에 따른 채무의 이행에 장애를 가져와 수분양자가 분양목적물에 대한 권리를 확보하지 못할 위험이 생길 사정에 해당하지도 아니한다는 점을 들어 수분양자들 모두에 대한 관계에서 고지의무의 존재를 부정하고 따라서 부작위에 의한 기망행위에 해당하지 아니한다고 항변한다. (대법원 2007.6.1. 선고 2005다5812 판결)

[해결] 부동산 거래에 있어 거래 상대방이 일정한 사정에 관한 고지를 받았더라면 그 거래를 하지 않았을 것임이 경험칙상 명백한 경우에는 신의성실의 원칙상 사전에 상대방에게 그와 같은 사정을 고지할 의무가 있으며, 그와 같은 고지의무의 대상이 되는 것은 직접적인 법령의 규정뿐 아니라 널리 계약상, 관습상 또는 조리상의 일반원칙에 의하여도 인정될 수 있고, 일단 고지의무의 대상이 되는 사실이라고 판단되는 경우 이미 알고 있는 자에 대하여는 고지할 의무가 별도로 인정될 여지가 없지만, 상대방에게 스스로 확인할 의무가 인정되거나 거래관행상 상대방이 당연히 알고 있을 것으로 예상되는 예외적인 경우가 아닌 한, 실제 그 대상이 되는 사실을 알지 못하였던 상대방에 대하여는 비록 알 수 있었음에도 알지 못한 과실이 있다 하더라도 그 점을 들어 추후 책임을 일부 제한할 여지가 있음은 별론으로 하고 고지할 의무 자체를 면하게 된다고 할 수는 없다.

[유제] A건설회사는 공항단지 인근에 건설중인 오피스텔을 분양하면서 교섭단계에 있는 김 등에게 PMS(모노레일) 설치에 관한 정확하고도 충분한 정보를 구체적으로 확인해 보려는 별다른 노력도 기울여 보지 아니하고 '2005년 PMS 완공 예정'이라는 잘못된 정보를 제공하였고 김 등은 이를 믿고 오피스텔을 분양받았다. 그 후 PMS 설치가 이루어지지 아니하자, 김 등은 PMS가 만일 2005년까지 완공되지 아니하거나 아예 시공조차 되지 아니한다면, 공항과 1.2㎞ 이상 떨어져 있는 오피스텔을 분양받기 주저하거나 적어도 분양가액과 같은 가격으로는 오피스텔을 분양받지 않으려고 하였을 것이므로, A사의 잘못된 정보제공은 통상의 선전·영업활동을 넘어서서 수분양자들에게 의사결정에 영향을 줄 수 있는 중요한 사정에 관한 신의칙상 고지의무 내지 설명의무를 위반한 것이라며, A사는 자신의 신의칙상 고지의무 내지 설명의무 위반으로 인하여 불리한 계약을 체결하게 된 김 등의 손해를 배상할 책임이 있다고 주장한다. (대법원 2009.8.20. 선고 2008다19355 판결)

[해결] A사가 모노레일의 설치에 관하여 그 실현 여부를 정확하게 확인하려는 별다른 노력을 하지 아니한 채 광고를 통하여 잘못된 정보를 제공한 것은 분양계약의 교섭단계에 있는 김 등에 대하여 그 의사결정에 영향을 줄 수 있는 중요한 사정에 관한 신의칙상의 고지의무 등을 위반한 것으로서 A사는 김 등에게 민법상의 불법행위책임을 진다.

8. 비례의 원칙

[사안] 김 등은 세무사 박과 세무대리계약을 체결하여 세금을 환급받았다. 박이 약정 보수를 청구하자 김 등은, 세무대리는 의뢰인들이 세금환급 가능성 여부를 모르는 상태에서 박의 적극적 제안에 의해서 이루어진 점, 박과 계약을 체결한 위임인 수가 김 등을 포함하여 약 25,000명에 이르러 위임인당 환급액은 소액이나 계약에 따른 약정보수금의 총액은 약 22억 원에 달하는 점 등을 거론하며 박의 약정 보수액은 부당히 과다하다며 그 감액을 청구한다. 그러나 박은 세무사의 경우 신의성실의 원칙 등에 근거하여 약정보수액의 감액을 허용하여서는 안 된다며 항변한다. (대법원 2006.6.15. 선고 2004다59393 판결)

[해결] 세무사의 세무대리업무처리에 대한 보수에 관하여 의뢰인과의 사이에 약정이 있는 경우 그 대리업무를 종료한 세무사는 약정된 보수액을 전부 청구할 수 있는 것이 원칙이지만, 대리업무수임의 경위, 보수금의 액수, 세무대리업무의 내용 및 그 업무처리과정, 난이도, 노력의 정도, 의뢰인이 세무대리의 결과 얻게 된 구체적 이익과 세무사보수규정, 기타 변론에 나타난 제반 사정을 고려하여 그 약정된 보수액이 부당하게 과다하여 신의성실의 원칙이나 형평의 원칙에 반하는 특별한 사정이 있는 경우에는 예외적으로 상당하다고 인정되는 범위 내의 보수액만을 청구할 수 있다고 할 것이고 이를 초과하는 보수금약정은 무효로 보아야 한다.

[유제] 임차인 김은 임대건물을 명도하며 임차보증금의 반환을 구하자 임대인 박은 김이 설치한 전기시설을 원상회복하지 않은 채로의 명도는 적법한 명도의무의 이행의 제공이라고 볼 수 없다며 동시이행의 항변권을 행사하여 임차보증금 전액의 반환을 거절한다. 그러나 김은 원상회복에 소요되는 금액은 30여만원인데 비해 박이 부담하는 1억2천만원의 잔존 임대보증금의 반환을 거절하는 것은 신의칙에 반한다고 항변한다. (대법원 1999.11.12. 선고 99다34697 판결)

[해결] 동시이행의 항변권은 근본적으로 공평의 관념에 따라 인정되는 것인데, 위와 같이 임차인이 불이행한 원상회복의무는 사소한 부분이고, 그로 인한 손해배상액 역시 근소한 금액인 경우에까지 임대인이 그를 이유로 하여, 임차인이 그 원상회복의무를 이행할 때까지, 혹은 임대인이 현실로 목적물의 명도를 받을 때까지 그 원상회복의무 불이행으로 인한 손해배상액 부분을 넘어서 거액의 잔존 임대차보증금 전액에 대하여 그 반환을 거부할 수 있다고 하는 것은 오히려 공평의 관념에 반하는 것이 되어 부당하고, 그와 같은 임대인의 동시이행의 항변은 신의칙에 반하는 것이 되어 허용할 수 없다. 박은 원상회복비용을 공제한 임대보증금 잔액을 반환하여야 한다.

제2강 권리남용금지의 원칙

권리행사의 남용의 요건 /공익에 반하는 권리행사와 권리남용 /인륜에 반하는 행위 /이익이 없는 자의 권리행사 /소멸시효의 항변과 권리남용 /상계권의 행사와 권리남용

■ 신의칙의 하부원칙이면서 민법전에 별도로 규정된 권리남용 금지의 원칙은 특히 토지소유권의 행사와 관련하여 자주 적용되었다. 그 외에도 인륜에 반하는 행위라든가 돌아올 이익이 없는데도 행하는 권리의 행사의 문제 등 다양한 모습으로 나타난다. 그리고 민법상의 구체적인 권리들의 행사시에 형식적 요건은 갖추었더라도 권리남용의 법리로 통제되는 경우들이 적지 않다. 그 중 소멸시효의 항변과 상계권의 남용을 다룬 판결을 대표적인 예로 살펴본다.

1. 권리행사의 남용의 요건

[사안] 김 소유의 대지 지상에 다가구주택이 건축되어 있고 그 잔여 토지가 공로에 이르는 통로로 사용되고 있었는데, 박이 그 인근 대지에 구 건물을 철거하고 상가를 신축하면서 위 통로 쪽으로 출입구를 설치하였으나, 상가 신축 과정에서 박과 갈등을 빚게 된 김은 상가의 출입구 현관문 앞에 블록담장을 설치하였다. 이에 박은 상가 출입구를 봉쇄하는 형태로 축조되어 있는 위 블록담장에 그 외의 다른 용도가 없는 점, 상가와 블록담장 사이의 간격은 50㎝ 정도에 불과하여 통행에 매우 불편한 상태인 점, 인근 주민들은 모두 위 통로를 이용하고 있는 점, 블록담장 설치로 인하여 김이 얻는 이익이 거의 없고 위 잔여 토지 부분이 통로 이외의 다른 용도로 사용될 가능성도 없는 점 등에 비추어 보면, 김이 블록담장을 설치한 행위는 외형상은 권리의 행사로 보이나 실질적으로는 그 부지가 자신의 소유임을 기화로 박 소유의 상가의 사용·수익을 방해

하고 나아가 박에게 고통이나 손해를 줄 목적으로 행한 것이라고 볼 수밖에 없으므로, 김의 블록담장 설치행위는 권리행사의 한계를 벗어난 것으로서 권리남용에 해당한다고 주장한다. (대법원 2010.12.9. 선고 2010다59783 판결)

[해결] 권리의 행사가 주관적으로 오직 상대방에게 고통을 주고 손해를 입히려는 데 있을 뿐 이를 행사하는 사람에게는 아무런 이익이 없고, 객관적으로 사회질서에 위반된다고 볼 수 있으면, 그 권리의 행사는 권리남용으로서 허용되지 아니하고, 그 권리의 행사가 상대방에게 고통이나 손해를 주기 위한 것이라는 주관적 요건은 권리자의 정당한 이익을 결여한 권리행사로 보여지는 객관적인 사정에 의하여 추인할 수 있으며, 어느 권리행사가 권리남용이 되는가의 여부는 개별적이고 구체적인 사안에 따라 판단되어야 한다. 사안을 이에 비추어보면 김의 담장설치행위는 권리남용에 해당한다고 보인다. 토지 소유자가 자신 소유의 토지 위에 공작물을 설치한 행위가 인근 건물의 소유자에 대한 관계에서 권리남용에 해당하고, 그로 인하여 인근 건물 소유자의 건물 사용·수익이 실질적으로 침해되는 결과를 초래하였다면, 인근 건물 소유자는 건물 소유권에 기한 방해제거청구권(제214조)을 행사하여 토지 소유자를 상대로 그 공작물의 철거를 구할 수 있다.

[유제 1] 김은 박이 김 소유의 토지의 약 0.3㎡를 침범하여 건물을 지었다며 자신의 건물의 확장공사를 위하여 필요하니 그 건물부분을 철거하고 대지를 인도하여 줄 것을 청구한다. 이에 박은 침범부분이 극히 작고 김의 건물확장에 쓰임새가 없으며 반면에 박으로서는 위 대지의 건물을 부분철거하게 되면 그 철거에 상당한 비용이 소요되고 철거 후에도 그 잔존건물의 효용이 크게 감소될 것이라며 김의 권리행사가 떳떳한 것이라고 볼 수 없다고 항변한다. (대법원 1993.5.14. 선고 93다4366 판결)

[해결] 사안의 사정을 종합하면 김의 권리행사가 박에게 고통이나 손해를 주기 위한 것으로 볼 여지가 크며 박의 권리남용의 항변이 인정될 수 있다.

[유제 2] X토지에는 9층짜리 Y건물이 건축되고 있었는데 김은 X토지에 대한 경매가 진행 중에 Y건물에 대한 권리를 70억원에 인수하였고 약 15억원을 추가로 들여 Y건물을 완공하였다. 그런데 X토지에 대한 경매에 참여하여 약 16억원에 이를 낙찰받은 박은 김에게 Y건물의 철거와 X토지의 인도를 청구한다. 그러나 김은 Y건물

> 의 철거로 인한 박의 이익보다 김의 손해가 현저히 큰 점, Y건물이 철거되면 수분양자나 하도급업체들이 피해를 입고 사회경제적 손실이 큰 점, 박이 김에게 X토지를 고가에 매각하기 위해 경락받았다고 보이는 점, Y건물을 철거하여도 6층 이하의 건물밖에 지을 수 없어 박에게 아무런 이익이 없는 점, 동 분쟁에 대한 법원의 화해권고에도 응하지 않는 박의 청구는 오직 김에게 손해를 입히려 하는 것이라는 점 등을 들어 박의 토지인도청구가 권리남용에 해당한다고 주장한다. 그러나 박은 김이 Y건물에 대한 권리를 인수할 당시 경매진행 중이어서 동 건물이 철거될 수도 있음을 알았으며, 그 밖의 주장도 김의 일방적인 추정에 불과하다고 항변한다. (대법원 2010.2.25. 선고 2009다58173 판결)

[해결] 비록 그 권리의 행사에 의하여 권리행사자가 얻는 이익보다 상대방이 잃을 손해가 현저히 크다고 하여도 그러한 사정만으로는 이를 권리남용이라 할 수 없다. 사안에서 Y건물의 철거와 X토지의 인도를 구하는 박의 청구를 권리남용에 해당하는 것으로 보기는 어렵다.

2. 공익에 반하는 권리행사와 권리남용

> **[사안]** 甲 시가 乙 사찰로 출입하는 유일한 통행로로서 사찰의 승려, 신도, 탐방객 및 인근 주민들이 이용하고 있던 도로를 법에 따라 농어촌도로로 지정하고 30년 이상 관리하고 있었는데, 이 도로가 있는 임야를 임의경매절차에서 매수한 丙이 甲 시를 상대로 도로의 철거 및 인도 그리고 일반인의 통행금지를 구한다. 甲 시는 이 도로는 공로에 해당하며 이러한 이용상황을 알면서도 이를 매수한 丙이 도로의 철거·인도를 구하는 것은 권리남용이라고 항변한다. (대법원 2021.3.11. 선고 2020다229239 판결)

[해결] 어떤 토지가 개설경위를 불문하고 일반 공중의 통행에 공용되는 도로, 즉 공로가 되면 그 부지의 소유권 행사는 제약을 받게 되며, 이는 소유자가 수인하여야 하는 재산권의 사회적 제약에 해당한다. 따라서 공로 부지의 소유자가 이를 점유·관리하는 지방자치단체를 상대로 공로로 제공된 도로의 철거, 점유 이전 또는 통행금지를 청구하는 것은 법질서상 원칙적으로 허용될 수 없는 '권리남용'이라고 보아야 한다. 또한 일반인은 공로를 통행할 자유가 있으므로 이러한 통행의 자유를 침해하였다면 이는 민법상 불법행위에 해당하며, 침해를 받은 자로서는 방해의 배제나 장래에 생길 방해를 예방하기 위하여 통행

방해 행위의 금지를 소구할 수 있다.

> **[유제]** 도로로 이용되고 있는 X토지의 소유자인 김은 도로 관리청인 A시를 상대로 토지 인도를 구한다. A시는, X토지는 오래전부터 도로로 이용되었고 김은 경매절차에서 이를 알면서 매수한 점, 김은 A시에 높은 금액의 보상금을 요구하였으나 A시가 응하지 않자 토지 인도를 구한 점, X토지는 도로의 일부로 고가도로를 연결하는 지점에 위치하고 있어 차량 통행에 필수적이고 통행량도 많은 점, X토지가 인도되면 교통에 큰 지장이 초래되는 반면 주변 현황에 비추어 김이 이를 다른 용도로 사용하기 어려운 점 등에 비추어 김의 토지 인도 청구가 권리남용에 해당한다고 항변한다. (대법원 2021.11.11. 선고 2020다254280 판결)

[해결] 소유권에 기초를 둔 토지 인도 청구가 권리남용에 해당하는지는 토지 취득 경위와 이용현황 등에 비추어 토지 인도에 따른 소유자의 이익과 상대방의 손해 사이에 얼마나 큰 차이가 있는지, 토지 소유자가 인도 청구를 하는 실제 의도와 목적이 무엇인지, 소유자가 적절한 가격으로 토지를 매도해 달라는 상대방의 요구에 정당한 이유 없이 불응하며 상대방에게 부당한 가격으로 토지를 매수할 것을 요구하고 있는지, 토지에 대한 법적 규제나 토지 이용현황 등에 비추어 다른 용도로 사용할 수 있는지, 토지 인도로 말미암아 사회 일반에 중대한 불이익이 발생하는지, 인도 청구 이외에 다른 권리구제수단이 있는지 등 여러 사정을 종합적으로 고려해서 판단해야 한다.

3. 인륜에 반하는 행위

> **[사안]** 외국에 이민을 가 있어 주택에 입주하지 않으면 안될 급박한 사정이 없는 딸이 고령과 지병으로 고통을 겪고 있는 상태에서 달리 마땅한 거처도 없는 아버지와 그를 부양하면서 동거하고 있는 남동생을 상대로 자기 소유 주택의 명도 및 퇴거를 청구하는 행위가 권리남용에 해당하는가? (대법원 1998.6.12. 선고 96다52670 판결)

[해결] 아버지가 고령과 지병으로 인하여 자기의 자력 또는 근로에 의하여 생활을 유지할 수 없으므로 딸로서는 아버지를 부양할 의무와 책임이 있는데(제974조, 제975조), 이러한 자가 위의 상황에서 주택의 소유권자임을 내세워 아버지 및 연로한 부모를 모시는 남동생에게 퇴거를 요구하는 것은 부자간의 인륜을 파괴하는 행위로써 권리남용에 해당한다.

4. 이익이 없는 자의 권리행사

> **[사안]** X부동산에 김은 1번 저당권자로서 1억원의 피담보채권을 가지고 있고 박은 2번 저당권자로서 5천만원의 피담보채권을 가지고 있다. X부동산의 가격이 폭락하여 현재의 감정가격은 1억원을 약간 웃돌고 있다. 이 경우 박이 X부동산의 경매신청을 하는 것은 권리남용에 해당하는가? (대법원 1997.6.10.자 97마814 결정)

[해결] 다른 고액의 배당요구 채권자가 있어 경매신청 채권자에게 배당될 금액이 소액에 그친다고 하더라도 그러한 사유만으로 그 경매신청이 권리남용에 해당한다거나 경매절차에 위법이 있다고 할 수는 없다는 것이 판례의 입장이다. 만일 선순위자에게 배당하고 잉여가 없게 된다면 이는 권리남용이 될 것이고 개정 민사집행법은 압류채권자에 우선하는 부담을 변제하고 남을 것이 없겠다고 법원이 인정한 때에는 경매절차를 취소하여야 한다 (민사집행법 제102조).

5. 소멸시효의 항변과 권리남용

> **[사안]** A병원에 근무하는 김은 병원을 사직하면서 미지급임금 5천만원에 대하여 2008. 8. 22. 소를 제기하였다. 이에 대해 A병원은 미지급임금 채권은 소제기일로부터 역산하면 근로기준법 소정의 3년의 기간이 경과하여 소멸시효가 완성되었다고 주장한다. 그러나 김은 시효 완성 전에 미지급임금을 피보전채권으로 한 가압류결정을 받은 바 있고, 후에 동 가압류결정을 해제하고 A병원은 미지급채무를 승인하면서 변제계약 공정증서를 작성하였고 미지급 상여 등 일부를 지급하기까지 하였다. 이런 점에 비추어 A병원은 김에게 임금채무를 자진하여 변제할 것과 같은 태도를 보인 것이라고 할 것인바, 김은 이후에 A병원이 소멸시효를 원용하는 것은 신의칙에 반한다고 항변한다. (대법원 2010.6.10. 선고 2010다8266 판결)

[해결] 채무자의 소멸시효에 기한 항변권의 행사도 우리 민법의 대원칙인 신의성실의 원칙과 권리남용금지의 원칙의 지배를 받으므로, 채무자가 시효완성 전에 채권자의 권리행사나 시효중단을 불가능 또는 현저히 곤란하게 하거나 그러한 조치가 불필요하다고 믿게 하는 행동을 하였거나, 객관적으로 채권자가 권리를 행사할 수 없는 장애사유가 있었거나, 일단 시효완성 후에 채무자가 시효를 원용하지 아니할 것 같은 태도를 보여 채권자로 하여금 그와 같이 신뢰하게 하였거나, 또는 채권자를 보호할 필요성이 크고 같은 조건의 그

채권자들 중 일부가 이미 채무의 변제를 수령하는 등 채무이행의 거절을 인정함이 현저히 부당하거나 불공평하게 되는 등의 특별한 사정이 있는 경우에는, 채무자가 소멸시효의 완성을 주장하는 것이 신의성실의 원칙에 반하여 권리남용으로서 허용될 수 없다. 사안에서 김은 소 제기 이전까지 A병원에 근무하면서 A가 자진하여 임금채무를 변제할 것이라는 기대를 가지고 이에 대한 권리행사나 시효중단 조치를 별도로 취하지 않았던 것으로 볼 수 있고, 이러한 경우에까지 A가 주장하는 소멸시효의 항변을 받아들이는 것은 김에게 가혹한 결과가 되어 신의성실의 원칙에 반하여 권리남용으로 허용될 수 없다.

6. 상계권의 행사와 권리남용

> **[사안]** 김은 채권자에게 송금한다는 것이 입금자를 잘못 기재하여 A은행의 박의 계좌에 6천만원을 송금하였다. 이를 알게된 김은 송금액의 반환에 대하여 이의가 없다는 박의 확인서를 받아 A은행에 송금액의 반환을 요구하였으나, A은행은 이를 거부하며 박에 대하여 이미 갖고 있던 보증채권 2억원을 자동채권으로 하여 박의 계좌에 입금된 6천만원 상당의 예금채권과 상계하였다고 항변한다. (대법원 2010.5.27. 선고 2007다66088 판결)

[해결] 수취은행은 원칙적으로 수취인의 계좌에 입금된 금원이 송금의뢰인의 착오로 자금이체의 원인관계 없이 입금된 것인지 여부에 관하여 조사할 의무가 없으며, 수취은행이 수취인에 대한 대출채권 등을 자동채권으로 하여 수취인의 계좌에 입금된 금원 상당의 예금채권과 상계하는 것은 원칙적으로 유효하다. 그런데 송금의뢰인이 착오송금임을 이유로 수취은행에 직접 송금액의 반환을 요청하고 수취인도 송금의뢰인의 착오송금에 의하여 수취인의 계좌에 금원이 입금된 사실을 인정하고 수취은행에 그 반환을 승낙하고 있는 경우에는, 공공성을 지닌 자금이체시스템의 운영자인 은행이 그 이용자인 송금의뢰인의 실수를 기화로 그의 희생하에 당초 기대하지 않았던 채권회수의 이익을 취하는 행위로서 상계제도의 목적이나 기능을 일탈하고 법적으로 보호받을 만한 가치가 없으므로, 송금의뢰인에 대한 관계에서 신의칙에 반하거나 상계에 관한 권리를 남용하는 것이다.

제3강 제한능력자의 법률행위

의사무능력자의 법률행위의 효력 /의사무능력자의 법률행위와 부당이득의 반환범위 / 처분허락을 받은 재산에 대한 미성년자의 처분 /미성년자의 법률행위의 취소의 효과

■ 민법전에 규정된 제한(행위)능력자에 선행하는 개념은 의사무능력자일 것인데 의사무능력자의 법률행위를 다룬 판결을 살펴본다. 그리고 미성년자가 한 법률행위의 취소의 요건과 효과와 관련된 판례들을 살펴본다. 특히 법률행위가 의사무능력이나 행위능력의 제한을 이유로 무효나 취소될 경우에 반환범위와 관련하여 제141조 단서의 적용과 그 해석이 어려운 문제가 되는데 판례들은 이 점을 잘 보여주고 있다.

1. 의사무능력자의 법률행위의 효력

[사안] 지적장애 3급의 장애인인 甲이 乙 캐피탈회사와 체결한 굴삭기 구입자금 대출약정에 기한 대출금채무를 연체하자 乙 회사가 甲을 상대로 대출원리금의 지급을 구하는 소를 제기하였다. 대출약정 이후 甲에 대해 한정후견이 개시되어 丙이 한정후견인으로 선임되었는데, 丙은 그 심판 절차에서 이루어진 甲에 대한 정신상태 감정 결과에 비추어 대출약정 당시 甲의 지능지수와 사회적 성숙도 역시 감정 당시와 비슷한 정도였을 것으로 보이는 점, 대출금액이 소액이라고 볼 수 없고, 위 대출약정은 굴삭기 구입자금을 마련하기 위한 것으로서 굴삭기는 실질적으로 대출금채무의 담보가 되고 대출금은 굴삭기 매도인에게 직접 지급되는데, 이와 같은 대출 구조와 내용은 甲의 당시 지적능력으로는 이해하기 어려운 정도라고 볼 수 있는 점 등에 비추어, 지적장애인인 甲이 대출약정의 법률적인 의미나 효과를 이해할 수 있었다고 보기 어려우므로, 甲은 대출약정 당시 의사능력이 없다는 이유로 대출약정은 무효라고 주장한다. (대법원 2022.5.26. 선고 2019다213344 판결)

[해결] 의사능력이란 자기 행위의 의미나 결과를 정상적인 인식력과 예기력을 바탕으로 합리적으로 판단할 수 있는 정신적 능력이나 지능을 말한다. 의사능력 유무는 구체적인 법률행위와 관련하여 개별적으로 판단해야 하고, 특히 어떤 법률행위가 일상적인 의미만을 이해해서는 알기 어려운 특별한 법률적 의미나 효과가 부여되어 있는 경우 의사능력이 인정되기 위해서는 그 행위의 일상적인 의미뿐만 아니라 법률적인 의미나 효과에 대해서도 이해할 수 있어야 한다. 지적장애를 가진 사람에게 의사능력이 있는지를 판단할 때 단순히 그 외관이나 피상적인 언행만을 근거로 의사능력을 쉽게 인정해서는 안 되고, 의학적 진단이나 감정 등을 통해 확인되는 지적장애의 정도를 고려해서 법률행위의 구체적인 내용과 난이도, 그에 따라 부과되는 책임의 중대성 등에 비추어 볼 때 지적장애를 가진 사람이 과연 법률행위의 일상적 의미뿐만 아니라 법률적인 의미나 효과를 이해할 수 있는지 등을 세심하게 살펴보아야 한다. 또한 지적장애를 가진 사람이 장애인복지법령에 따라 지적장애인 등록을 하지 않았다거나 등록 기준을 충족하지 못하였다고 해서 반드시 의사능력이 있다고 단정할 수 없다.

[유제] 김은 A조합을 방문하여 5천만원을 대출받으면서 이를 담보하기 위하여 채권최고액 7천만원의 근저당권을 설정하였다. 그러나 후에 김은 자신이 근저당권설정계약을 체결할 당시 의사무능력자였으므로, 위 계약은 무효라며 근저당권등기의 말소를 구한다. 김이 제출한 정신병원의 진단서와 신체감정결과에 따르면 계약체결 당시 지능지수는 70 정도이고, 사회연령은 6세 정도에 불과하며, 읽기, 쓰기, 계산 능력을 제대로 갖추지 못한 상태였으며, 계약관계자들은 면지역의 동네사람들로서 자신의 정신상태를 알만한 처지에 있다고 주장한다. 그러나 A조합은 김이 이전에도 근저당권설정등기를 해 본 경험이 있고, 위 계약 당시 직접 조합을 방문하였으며, 일부 서류에는 직접 서명날인한 점, 또 계약의 내용은 김이 A조합으로부터 돈을 빌리고 이에 대한 담보를 제공하는 것으로 비교적 저도(低度)의 판단능력을 요하는 행위라는 점 등을 들어서 그 주장을 배척한다. (대법원 2002.10.11. 선고 2001다10113 판결)

[해결] 김이 계약 당시 5,000만원이라는 적지 않은 금액을 대출받고 이에 대하여 자기 소유의 부동산을 담보로 제공함으로써 만약 대출금을 변제하지 못할 때에는 근저당권의 실행으로 인하여 그 소유권을 상실할 수 있다는 일련의 법률적인 의미와 효과를 이해할 수 있는 의사능력을 갖추고 있었다고는 볼 수 없고, 따라서 이 계약은 의사능력을 흠결한 상태에서 체결된 것으로서 무효라고 보아야 할 것이다.

2. 의사무능력자의 법률행위와 부당이득의 반환범위

[사안] 김은 2003.11.20. A조합으로부터 5,000만원을 차용하는 내용의 대출거래약정을 체결하면서 이를 담보하기 위해 김 소유의 부동산에 대해 채권최고액을 6,500만 원으로 하는 A조합 명의의 근저당권설정등기를 경료하였다. 대출 당시 김의 지인인 박이 김과 함께 A조합을 방문하여 대출거래약정서와 근저당권설정계약서에 김을 대신하여 서명 날인한 뒤 대출금 5,000만 원을 수령하여 자신의 아들의 사업자금으로 사용하였고, 자신의 아들을 차용인으로 박 자신을 연대보증인으로 한 차용증을 김에게 교부하였다. 이후 박은 한동안 위 대출금에 대한 월 이자를 변제하였으나 현재는 그 원리금을 제대로 변제하기 어려운 형편에 처하게 되었다. 김은 초등학교 1학년 때인 1962년경 원인불명의 열병을 앓은 후부터 언어 및 정신적 장애를 겪게 되어 초등학교를 중간에 그만두고 현재까지 가족들의 도움을 받으며 생활하고 있는데, 김에 대한 신체감정 결과에 따르면, 김의 지능은 64로서 '정신지체'의 범주에 속하는 지적 능력을 가지고 있다. 김은, A조합과의 대출거래약정과 근저당권설정계약은 의사능력이 흠결된 상태에서 체결된 것으로서 무효이고, 따라서 이를 원인으로 하는 근저당권설정등기도 원인무효로서 말소되어야 한다고 주장한다. 이에 대해 A조합은, 김이 대출원리금 중 일부를 상환함으로써 대출거래약정 등을 추인하였다고 볼 수 있고, 설령 대출거래약정 등이 무효라 하더라도 김은 근저당권설정등기를 말소받음과 동시에 A조합에게 대출받은 5,000만원을 부당이득으로서 반환해야 한다고 항변한다. 그러나 김은 박이 대출금을 수령하여 아들의 사업자금으로 사용하였으므로 대출거래약정으로 인한 이익이 현존한다고 볼 수 없다며 A조합의 동시이행의 항변을 배척한다. (대법원 2009.1.15. 선고 2008다58367 판결)

[해결] 어떤 법률행위가 그 일상적인 의미만을 이해하여서는 알기 어려운 특별한 법률적인 의미나 효과가 부여되어 있는 경우 의사능력이 인정되기 위하여는 그 행위의 일상적인 의미뿐만 아니라 법률적인 의미나 효과에 대하여도 이해할 수 있을 것을 요한다. 사안에서 김의 의사무능력은 인정된다. 또 대출원리금 중 일부가 상환되었다는 사실만으로는 김이 대출거래약정 등이 무효임을 알면서 이를 추인하였다고 인정하기에 부족하다.

한편 민법 제141조는 "취소한 법률행위는 처음부터 무효인 것으로 본다. 그러나 무능력자는 그 행위로 인하여 받은 이익이 현존하는 한도에서 상환할 책임이 있다."고 규정하고 있는데, 무능력자의 책임을 제한한 위 조항의 단서는 부당이득에 있어 수익자의 반환범위를 정한 민법 제748조의 특칙으로서 무능력자의 보호를 위해 그 선의·악의를 묻지 아니하고 반환범위를 현존 이익에 한정시키려는 데 그 취지가 있으므로, 의사능력의 흠결을 이유로 법률행위가 무효가 되는 경우에도 유추적용되어야 할 것이다. 법률상 원인 없이 타인의 재산 또는 노무로 인하여 이익을 얻고 그로 인하여 타인에게 손해를 가한 경우, 그 취득한 것이 금전상의 이득인 때에는 그 금전은 이를 취득한 자가 소비하였는가의 여부를 불문하고 현존하는 것으로 추정되므로, 이익이 현존하지 아니함은 이를 주장하는 자, 즉 의사무능력자측에 입증책임이 있다. 사안에서 대출금 5,000만 원은 결국 김이 회수가능성 등을 고려하지 않은 채 경솔하게 분수에 맞지 않는 대여행위를 한 것으로서 금전을 낭비한 것과 다를 바 없어 대출금 자체는 이미 모두 소비하였다고 볼 것이지만, 박이나 그의 아들에 대하여 대여금채권 또는 부당이득반환채권(위 대여행위 역시 김의 의사무능력을 이유로 무효가 될 여지가 있어 보인다) 등을 가지고 있는 이상 김이 대출로써 받은 이익은 그와 같은 채권의 형태로 현존한다 할 것이므로, A조합은 대출거래약정 등의 무효에 따른 원상회복으로서 대출금 자체의 반환을 구할 수는 없다 하더라도 현존 이익인 위 채권의 양도를 구할 수는 있다 할 것이고, 공평의 관념과 신의칙에 비추어 볼 때 김의 채권양도 의무와 A조합의 근저당권설정등기말소 의무는 동시이행관계에 있다고 보아야 할 것이다.

3. 처분허락을 받은 재산에 대한 미성년자의 처분

[사안] 김양은 성년에 거의 근접한 만 19세 2개월에 이른 자로서 현재 경제활동을 통해 월 60만원 이상의 소득을 얻고 있다. 김양은 A카드회사로부터 발급받은 신용카드로 가맹점에서 식료품·의류·화장품·문구 등을 구입하였고 그 구매액이 약 500만원에 이르렀다. 그 후 A카드사가 카드대금을 청구하자, 김양은 법정대리인인 부모의 동의 없이 신용구매계약을 체결하였다며 구매계약을 취소하였고 따라서 카드대금채무도 존재하지 않는다고 주장한다. 그러나 A카드사는 미성년자인 김양이 거래시에 가맹점에 사후에 법정대리인의 동의 없음을 사유로 들어 이를 취소하지는 않을 것이라는 신뢰를 주었는바, 이러한 신뢰에 반하여 취소권을 행사하는 것은 신의칙에 위반된 것이라고 항변한다. 뿐만 아니라 A카드사는, 김양이 신용카드를 이용한 구매가 비교적 소규모의 일상적인 거래행위였을 뿐만 아니라, 그 대부분이 할부구매라는 점을 감안하면 월 사용액이 김양의 소득범위를 벗어나지 않는 것으로 볼 수 있어, 당시 스스로 얻고 있던 소득에 대하여는 김양의 부모의 묵시적 처분허락이 있었고, 따라서 김양의 각 신용구매계약은 처분허락을 받은 재산범위 내의 처분행위에 해당한다고 볼 수 있어 김양은 이를 취소할 수 없다고 항변한다. (대법원 2007.11.16. 선고 2005다71659 판결)

[해결] 행위무능력자 제도는 사적자치의 원칙이라는 민법의 기본이념, 특히 자기책임 원칙의 구현을 가능케 하는 도구로서 인정되는 것이고, 거래의 안전을 희생시키더라도 행위무능력자를 보호하고자 함에 근본적인 입법취지가 있는 것인바, 행위무능력자 제도의 이러한 성격과 입법취지 등에 비추어 볼 때, 신용카드 가맹점이 미성년자와 사이에 신용구매계약을 체결할 당시 향후 그 미성년자가 법정대리인의 동의가 없었음을 들어 스스로 위 계약을 취소하지는 않으리라고 신뢰하였다 하더라도 그 신뢰가 객관적으로 정당한 것이라고 할 수 있을지 의문일 뿐만 아니라, 그 미성년자가 가맹점의 이러한 신뢰에 반하여 취소권을 행사하는 것이 정의관념에 비추어 용인될 수 없는 정도의 상태라고 보기도 어려우며, 미성년자의 법률행위에 법정대리인의 동의를 요하도록 하는 것은 강행규정이라 할 것인데, 위 규정에 반하여 이루어진 신용구매계약을 미성년자 스스로 취소하는 것을 신의칙 위반을 이유로 배척한다면, 이는 오히려 위 규정에 의해 배제하려는 결과를 실현시키는 셈이 되어 미성년자 제도의 입법취지를 몰각시킬 우려가 있다고 할 것이므로, 법정대리인의 동의 없이 신용구매계약을 체결한 미성년자가 사후에 법정대리인의 동의 없음을 사유로 들어 이를 취소하는 것이 신의칙에 위반된 것이라고 할 수 없다.

그러나 미성년자가 법률행위를 함에 있어서 요구되는 법정대리인의 동의는 언제나 명시적이어야 하는 것은 아니고 묵시적으로도 가능한 것이며, 한편 민법은, 범위를 정하여 처분을 허락한 재산의 처분 등의 경우와 같이 행위무능력자인 미성년자가 법정대리인의 동의 없이 단독으로 법률행위를 할 수 있는 예외적인 경우를 규정하고 있고, 미성년자의 행위가 위와 같이 법정대리인의 묵시적 동의가 인정되거나 처분허락이 있는 재산의 처분 등에 해당하는 경우라면, 미성년자로서는 더 이상 행위무능력을 이유로 그 법률행위를 취소할 수는 없다. 그리고 이 경우 묵시적 동의나 처분허락이 있다고 볼 수 있는지 여부를 판단함에 있어서는, 미성년자의 연령·지능·직업·경력, 법정대리인과의 동거 여부, 독자적인 소득의 유무와 그 금액, 경제활동의 여부, 계약의 성질·체결경위·내용, 기타 제반 사정을 종합적으로 고려하여야 할 것이고, 위와 같은 법리는 묵시적 동의 또는 처분허락을 받은 재산의 범위 내라면 신용카드를 이용하여 재화와 용역을 신용구매한 후 사후에 결제하려는 경우와 곧바로 현금구매하는 경우를 달리 볼 필요는 없다.

4. 미성년자의 법률행위의 취소의 효과

[사안] 미성년자 김은 A신용카드사와 신용카드이용계약을 체결하여 발급받은 카드로 B가맹점에서 500만원 어치의 물품을 구매하였고, A카드사는 B가맹점에게 신용카드 대금을 지급하였다. 그 후 김은 자신이 미성년자임을 이유로 A카드사와의 신용카드 이용계약을 취소하였다. 그러나 A사는 김에게 A사가 가맹점에 대신 지급한 신용카

> 드대금을 지급할 것을 청구한다. 김은 가맹점과의 매매계약을 통하여 취득한 물품이 부당이득으로 반환의 대상이라며 대금지급을 거절한다. (대법원 2005.4.15. 선고 2003다60297 판결)

[해결] 미성년자가 신용카드발행인과 사이에 신용카드 이용계약을 체결하여 신용카드거래를 하다가 신용카드 이용계약을 취소하는 경우 미성년자는 그 행위로 인하여 받은 이익이 현존하는 한도에서 상환할 책임이 있는바, 신용카드 이용계약이 취소됨에도 불구하고 신용카드회원과 해당 가맹점 사이에 체결된 개별적인 매매계약은 신용카드 이용계약취소와 무관하게 유효하게 존속한다 할 것이고, 신용카드발행인이 가맹점들에 대하여 그 신용카드사용대금을 지급한 것은 신용카드 이용계약과는 별개로 신용카드발행인과 가맹점 사이에 체결된 가맹점 계약에 따른 것으로서 유효하므로, 신용카드발행인의 가맹점에 대한 신용카드이용대금의 지급으로써 신용카드회원은 자신의 가맹점에 대한 매매대금 지급채무를 법률상 원인 없이 면제받는 이익을 얻었으며, 이러한 이익은 금전상의 이득으로서 현존하는 것으로 추정된다. 따라서 신용카드 이용계약이 취소됨으로써 김은 신용카드발행인인 A사가 B가맹점에 대신 지급하였던 물품, 용역대금채무를 면제받았으므로 A사에게 위 물품·용역대금 상당을 반환할 의무가 있다.

제4강 사회질서위반의 법률행위

반사회질서적 조건이 결부된 계약 /사회질서위반의 보험계약 /소송상 증언에 대한 대가지급약정 /종중토지의 임의분배약정 /형사사건의 성공보수약정의 효력 /동기의 불법 /불공정한 법률행위와 무효행위의 전환

■ 무엇이 제103조의 사회질서위반에 해당되는지는 그 시대와 사회의 가치관의 반영이라는 점에서 판례의 형성적 의미는 매우 크다. 이 강에서는 일탈적인 보험계약, 고율의 금전대차계약, 성매매와 관련된 계약, 소송증언에 대한 대가약정, 종중토지의 임의분배약정 등 다양한 사례들을 소개하고 있다. 특히 2015년에 선고되어 사회적 파장을 일으켰던 형사사건의 성공보수약정을 무효로 선언한 전원합의체 판결을 소개한다. 그리고 법률행위의 내용 자체가 아니라 거기에 부가된 조건이나 동기 등이 반사회질서적인 경우의 문제를 다룬 판결도 흥미있다. 그리고 제103조의 범주에 속하면서도 독립적인 개념인 불공정한 법률행위(제104조)에 관한 주요판결례도 다루어본다. 특기할 것은 사회질서 위반으로 무효가 된 계약에서는 많은 경우 기이행한 급부의 반환 허용여부가 문제되는데 이것이 불법원인급여의 법리로서 자세한 것은 제3편 채권각론 제12강에서 다루는바, 여기에서는 대략적인 개념만 파악하도록 한다.

1. 반사회질서적 조건이 결부된 계약

[사안] A사는 B시로부터 골프장사업승인을 받으면서 B시에 거액의 협력기금을 증여하기로 하였다. 후에 B시가 A사에게 증여약정의 이행을 청구하자, A사는 자신의 증여는 B시로부터 골프장사업승인을 받는 대가로 계약한 것이라며 이는 반사회질서의 법률행위에 해당하여 무효라고 주장한다. 그러나 B시는, 증여계약에 따른 기부금이 공익적 목적으로 조성·관리되는 점, 당시 A사도 골프장 개발에 따른 막대한 이익을 기대하고 증여계약에 응하였던 점, A사의 전체 사업 규모에 비추어 볼 때 기부금액

> 이 골프장사업 추진에 장애가 될 정도로 과다하다고 보기 어려운 점 등을 들어, 증여계약이 반사회질서의 법률행위에 해당하여 무효라고 보기는 어렵다고 항변한다. (대법원 2009.12.10. 선고 2007다63966 판결)

[해결] 민법 제103조에 의하여 무효로 되는 반사회질서 행위는 법률행위의 목적인 권리의무의 내용이 선량한 풍속 기타 사회질서에 위반되는 경우뿐만 아니라, 그 내용 자체는 반사회질서적인 것이 아니라고 하여도 법률적으로 이를 강제하거나 법률행위에 반사회질서적인 조건 또는 금전적인 대가가 결부됨으로써 반사회질서적 성질을 띠게 되는 경우 및 표시되거나 상대방에게 알려진 법률행위의 동기가 반사회질서적인 경우를 포함한다.

사안에서 A사의 증여는 B시로부터 골프장사업승인을 받는 대가로 이루어진 것이어서 공무수행과 결부된 금전적 대가로서 그 조건이나 동기가 사회질서에 반하는 것이어서 민법 제103조에 의해 무효라고 할 것이고, 사업계획승인 자체는 위법·부당한 것이 아니었고 또 그 기부금을 B시가 수행하는 공익적 사업에 사용할 목적이었으며 사용 방법과 절차를 미리 B시의 내부 규정으로 정해 놓았다거나, 당시 A사가 골프장 개발에 따른 막대한 이익을 기대하고 증여계약에 응하였다는 등의 사정들을 감안한다 하더라도 달리 볼 수는 없다.

> [유제] 고령의 농민인 김은 A사와 계약을 체결하여 A사가 지목이 임야인 X토지의 지목변경등록을 처리해주고 그 대가로 X토지의 일부를 넘겨주기로 하였다. 그 후 지목변경이 이루어지자 A사는 약정대로 해당 토지의 이전등기를 청구한다. 그러나 김은, X토지의 지목변경은 필요한 서류를 준비하는 것 외에 특별한 노력이 들지 않았으며 지목변경으로 인한 X토지의 시가상승분은 2억원인데 비해 넘겨줄 토지의 감정평가액은 4억원에 달하는 점을 생각하면 김이 종국적으로 얻는 이익보다도 김이 A사에게 지급하여야 하는 보수의 가치가 너무 크다고 주장한다. 이에 대해 A사는 담당공무원들에게 지목변경을 청탁하면서 뇌물공여와 접대 등 로비를 하느라 수천만원의 비용을 지출하였다며 보수가 지나친 것이 아니라고 항변한다. (대법원 2016.2.18. 선고 2015다35560 판결)

[해결] 수임인이 허가를 얻기 위하여 공무원의 직무 관련 사항에 관하여 특별한 청탁을 하면서 뇌물공여 등 로비를 하는 자금이 보수액에 포함되어 있다고 볼 만한 특수한 사정이 있는 때에는 위임계약은 반사회질서적인 조건이 결부됨으로써 반사회질서적 성질을 띠고

있어 민법 제103조에 따라 무효이다. 만일 위 계약에서 정한 고액의 보수에 뇌물공여에 필요한 자금이 포함되어 있고 계약 당시 지목변경을 위하여 A사가 뇌물공여 등 위법행위를 하는 것에 대하여 당사자 사이에 명시적 또는 묵시적 의사 합치가 있었다고 볼 수 있다면, 이러한 계약은 반사회질서의 법률행위에 해당하여 민법 제103조에 의하여 무효로 봄이 타당하다.

아울러 위임계약에서 보수액에 관하여 약정한 경우에 수임인은 원칙적으로 약정보수액을 전부 청구할 수 있는 것이 원칙이지만, 위임의 경위, 위임업무 처리의 경과와 난이도, 투입한 노력의 정도, 위임인이 업무 처리로 인하여 얻게 되는 구체적 이익, 기타 변론에 나타난 제반 사정을 고려할 때 약정보수액이 부당하게 과다하여 신의성실의 원칙이나 형평의 원칙에 반한다고 볼 만한 특별한 사정이 있는 때에는 예외적으로 상당하다고 인정되는 범위 내의 보수액만을 청구할 수 있다. 사안에서 A사의 사무는 전문성이 크게 요구되지 않는 신청행위로서 허가에는 공무원의 재량적 판단이 필요하며, 신청과 관련된 절차에 필수적으로 필요한 비용은 크지 않은 데 반하여 약정보수액은 지나치게 다액으로서 부당하게 과다하여 신의성실의 원칙이나 형평의 원칙에 반한다고 볼 수 있어 A사는 상당하다고 인정되는 범위 내의 보수만을 청구할 수 있다.

2. 사회질서위반의 보험계약

[사안] 김과 박녀는 사실상 혼인관계로서 경제적 공동체를 이루고 있었는데, 2005년경부터 2010년경까지 약 6년 사이에 부부가 각자 12건씩 유사한 보험을 중복적으로 가입하였다. 이들은 2010년을 기준으로 한 보험료 부담이 연간 합계 20,046,480원에 이르렀는데, 위 금액은 이들의 2010년 수입액수 26,362,000원의 약 76%에 해당한다. 더구나 이 보험계약은 월 보험료 중 73.3%가 보장 부분으로서 저축으로서의 가치는 별로 없고 중복가입이 필요성도 적다. 게다가 이들은 보험계약 체결 당시 A보험사에 직업과 병력 등을 허위로 고지하였다. 김은 2006.6.경부터 약 6년 동안 각종 보험사고를 이유로 총 74회에 걸쳐 합계 53,335,860원의 보험금을 수령하였다. 이에 A보험사는 김과 박녀와의 보험계약의 무효확인을 구한다. (대법원 2017.4.7. 선고 2014다234827 판결)

[해결] 보험계약자가 다수의 보험계약을 통하여 보험금을 부정취득할 목적으로 보험계약을 체결한 경우 보험계약은 민법 제103조의 선량한 풍속 기타 사회질서에 반하여 무효이다. 이러한 보험계약에 따라 보험금을 지급하게 하는 것은 보험계약을 악용하여 부정한 이득을 얻고자 하는 사행심을 조장함으로써 사회적 상당성을 일탈하게 될 뿐만 아니라, 합리

적인 위험의 분산이라는 보험제도의 목적을 해치고 위험발생의 우발성을 파괴하며 다수의 선량한 보험가입자들의 희생을 초래하여 보험제도의 근간을 무너뜨리기 때문이다. 그리고 보험계약자가 보험금을 부정취득할 목적으로 다수의 보험계약을 체결하였는지를 직접적으로 인정할 증거가 없더라도 보험계약자의 직업과 재산상태, 다수 보험계약의 체결 시기와 경위, 보험계약의 규모와 성질, 보험계약 체결 후의 정황 등 제반 사정에 기하여 그와 같은 목적을 추인할 수 있다. 사안에서 인정되는 여러 간접사실은 보험금 부정취득의 목적을 추인할 수 있는 유력한 자료가 된다.

한편 보험계약을 체결하면서 중요한 사항에 관한 보험계약자의 고지의무 위반이 사기에 해당하는 경우에는 보험자는 상법의 규정에 의하여 계약을 해지할 수 있음은 물론 보험계약에서 정한 취소권 규정이나 민법의 일반원칙에 따라 보험계약을 취소할 수 있다. 따라서 보험금을 부정취득할 목적으로 다수의 보험계약이 체결된 경우에 민법 제103조 위반으로 인한 보험계약의 무효와 고지의무 위반을 이유로 한 보험계약의 해지나 취소는 그 요건이나 효과가 다르지만, 개별적인 사안에서 각각의 요건을 모두 충족한다면 위와 같은 구제수단이 병존적으로 인정되고, 이 경우 보험자는 보험계약의 무효, 해지 또는 취소를 선택적으로 주장할 수 있다.

3. 성매매를 목적으로 한 선불금약정

[사안] 이른바 '티켓다방'을 운영하는 김은 박녀를 종업원으로 고용하면서 선불금을 대여하였는데, 후에 박녀가 계약기간을 지키지 아니하자 선불금의 반환을 청구한다. 그러나 박녀는 선불금반환채무와 여러 명목의 경제적 부담이 더해지는 불리한 고용조건 탓에 윤락행위를 선택하지 않을 수 없었고, 김은 이를 알았을 뿐 아니라 유인, 조장하는 위치에 있었다고 보이므로, 위 선불금은 자신의 윤락행위를 전제로 한 것이거나 그와 관련성이 있는 경제적 이익으로서 그 대여행위는 민법 제103조에서 정하는 반사회질서의 법률행위에 해당한다고 주장한다. (대법원 2013.06.14. 선고 2011다65174 판결)

[해결] 성매매알선 등 행위의 처벌에 관한 법률 제10조는 성매매알선 등 행위를 한 사람 또는 성을 파는 행위를 할 사람을 고용한 사람이 그 행위와 관련하여 성을 파는 행위를 하였거나 할 사람에게 가지는 채권은 그 계약의 형식이나 명목에 관계없이 무효로 한다고 규정하고 있다. 그리고 성매매의 직접적 대가로서 제공한 경제적 이익뿐만 아니라 성매매를 전제하고 지급하였거나 성매매와 관련성이 있는 경제적 이익이면 모두 불법원인급여에 해당하여 반환을 청구할 수 없다.

[유제] 김이 윤락행위를 목적으로 운영하는 업소에 박녀는 종업원으로 취직하면서 선불금 명목으로 1,600만 원을 받고, 월급은 140만 원으로 하되 월급의 합계가 선불금에 이를 때까지 일하기로 하였다. 김은 박녀에게 윤락행위를 강요하면서 박녀가 이를 거부할 때는 월급에서 일정액을 삭감하여 왔다. 박녀가 두달만에 사정상 업소를 그만두려하자, 김은 박녀에게 선불금의 반환을 청구한다. 이에 박녀는, 김이 자신을 고용하여 윤락행위를 강요한 것은 선량한 풍속 기타 사회질서에 위반되는 것이고, 선불금은 자신의 윤락행위를 목적으로 교부된 것이므로 선불금 채권은 무효이어서 그 반환을 구할 수 없고, 이는 불법원인급여에 해당하므로 자신은 김에게 선불금 상당액을 반환할 의무도 없다고 항변한다. (대법원 2004.9.3. 선고 2004다27488,27495 판결)

[해결] 영리를 목적으로 윤락행위를 하도록 권유·유인·알선 또는 강요하거나 이에 협력하는 것은 선량한 풍속 기타 사회질서에 위반되므로 그러한 행위를 하는 자가 영업상 관계 있는 윤락행위를 하는 자에 대하여 가지는 채권은 계약의 형식에 관계없이 무효라고 보아야 한다(민법 제103조, 구 윤락행위등방지법 제20조 참조). 한편, 성매매의 유인·강요의 수단으로 이용되는 선불금 등 명목으로 제공한 금품이나 그 밖의 재산상 이익 등은 불법원인급여에 해당하여 그 반환을 청구할 수 없다.

4. 소송상 증언에 대한 대가지급약정

[사안] A사는 B회사 소유의 X건물에 관하여 인테리어 공사를 시공한 업체로, X건물에 대한 임의경매절차가 개시될 당시 7억원의 공사대금채권이 남아 있었다. A사의 대표이사인 김은 B사와 짜고 공사대금채권을 30억원으로 부풀려 유치권신고를 하였고 공사대금채권을 C사에 양도하였다. 박은 위 임의경매절차에서 X건물을 낙찰받고 매각대금을 완납하여 소유권을 취득한 다음, C사를 상대로 X건물의 명도소송을 제기하였는데, 소송진행 중 "김은 박이 제기한 명도소송에서 증인으로 출석하여 유치권신고시 제출한 공사도급계약서가 조작된 경위 등 일체의 진실을 밝히며, 박은 A사의 유치권을 부인하는 판결이 선고되는 경우에 김에게 2억 원을 지급한다"는 내용의 약정을 하였다. 김은 약정대로 변론기일에 증인으로 출석하여 사실대로 증언을 하였고 박은 승소판결을 받았다. 김은 박에게 약정금의 지급을 청구하나 박은 이 약정이 사회질서위반으로 무효라며 지급을 거절한다. 그러나 김은, 자신에게 민사소송법상 증언거부권이 있음에도 이를 이행하기로 한 점, 김은 자신의 처벌을 감수하고 증언 등의 협력을 하고 박은 조기에 승소하기 위하여 2억원을 지급하기로 한 것

은 일종의 화해의 성격을 가지는 점, 자신의 증언이 결정적 증거가 되어 박이 승소한 점, 김이 본래의 공사대금채권을 포기하고 이에 훨씬 못미치는 2억원만을 받기로 한 점 등을 고려하면 이 약정이 반사회질서의 법률행위로서 무효라고 보기 어렵다고 항변한다. (대법원 2010.7.29. 선고 2009다56283 판결)

[해결] 타인의 소송에서 사실을 증언하는 증인이 그 증언을 조건으로 그 소송의 일방 당사자 등으로부터 통상적으로 용인될 수 있는 수준(예컨대 증인에게 일당 및 여비가 지급되기는 하지만 증인이 증언을 위하여 법원에 출석함으로써 입게 되는 손해에는 미치지 못하는 경우 그러한 손해를 전보하여 주는 정도)을 넘어서는 대가를 제공받기로 하는 약정은 국민의 사법참여행위가 대가와 결부됨으로써 사법작용의 불가매수성 내지 대가무관성이 본질적으로 침해되는 경우로서 반사회적 법률행위에 해당하여 무효라고 할 것이다. 이는 증언거부권이 있는 증인이 그 증언거부권을 포기하고 증언을 하는 경우라고 하여 달리 볼 것이 아니다.

5. 종중토지의 임의분배약정

[사안] 甲 종중이 乙 등에게 명의신탁되어 있던 토지의 반환을 위하여 소제기 등에 필요한 모든 권한을 회장인 丙에게 위임하였고, 이에 丙이 甲 종중을 대표하여 종토반환소송을 제기하여 승소판결이 확정되었는데, 그 후 甲 종중이 '종토 환원을 위하여 사비를 출연하고 소송실무를 대행하여 종토 전부를 종중으로 환원하여 감사의 의미로 환수 종토의 일부인 X토지를 증여하기로 한다'면서 丙 등에게 종토 일부를 증여하기로 하는 결의를 하였다. 丙은 X토지에 대해 증여를 원인으로 한 소유권이전등기를 마쳤고 이를 다시 丁에게 매도하여 소유권을 이전하였다. 이에 대하여 甲 종중은 위의 증여결의가 종중재산 분배를 금지한 종헌에 위반될 뿐 아니라 사회질서에 반하여서 무효라고 주장하며 소유권이전등기의 말소를 구한다. (대법원 2017.10.26. 선고 2017다231249 판결)

[해결] 종중은 공동선조의 분묘수호와 제사 및 종중원 상호 간의 친목 등을 목적으로 하여 구성되는 자연발생적인 종족집단으로, 종중재산은 이러한 종중의 목적을 달성하는 데 본질적으로 중요한 요소이다. 이와 같은 종중의 목적과 본질, 종중재산의 성격과 중요성에 비추어, 종중재산의 분배에 관한 종중총회의 결의 내용이 현저하게 불공정하거나 선량한 풍속 기타 사회질서에 반하여 사회적 타당성을 결한 경우에 그 결의는 무효이다. 또한 종

중과 위임에 유사한 계약관계에 있는 종중의 임원은 종중재산의 관리·처분에 관한 사무를 처리함에 있어 종중규약 또는 종중총회의 결의에 따라야 함은 물론 선량한 관리자로서의 주의를 다하여야 할 의무가 있다. 丙 등이 종중재산의 회복에 기여한 부분이 있다고 하더라도 이는 선관주의의무를 부담하는 종중의 임원으로서 당연히 해야 할 업무를 수행한 것에 지나지 않으므로 이들에게 실비를 변상하거나 합리적인 범위 내에서 보수를 지급하는 외에 이를 벗어나 회복한 종중재산의 상당 부분을 丙 등에게 분배하는 위 증여결의는 내용이 현저하게 불공정하거나 사회적 타당성을 결하여 무효이다.

6. 형사사건의 성공보수약정의 효력

[사안] 김은 자신의 아버지가 절도 사건으로 구속되자, 2009.10. 변호사인 박을 변호인으로 선임하면서 착수금으로 1,000만원을 지급하고, 아버지가 석방되면 사례금을 지급하기로 약정하였다. 김은 박이 보석허가신청시 박에게 1억원을 지급하였으며, 바의 아버지는 제1심에서 징역 3년에 집행유예 5년을 선고받았다. 김은 박을 상대로 위 1억원의 반환을 구하는 소를 제기하여, 위 성공보수금은 사건의 경중, 사건 처리의 경과 및 난이도, 노력의 정도 등을 고려하면 이는 지나치게 과다하여 신의성실의 원칙에 반하여 무효라고 주장한다. 이에 대하여 박은 위 1억 원이 석방에 대한 사례금을 먼저 받은 것이고, 부당하게 과다한 것도 아니어서 반환할 의무가 없다고 항변한다. (대법원 2015.7.23. 선고 2015다200111 전원합의체 판결)

[해결] 비록 구속영장청구 기각, 보석 석방, 집행유예나 무죄 판결 등과 같이 의뢰인에게 유리한 결과를 얻어내기 위한 변호사의 변론활동이나 직무수행 그 자체는 정당하다 하더라도, 형사사건에서의 성공보수약정은 수사·재판의 결과를 금전적인 대가와 결부시킴으로써, 기본적 인권의 옹호와 사회정의의 실현을 그 사명으로 하는 변호사 직무의 공공성을 저해하고, 의뢰인과 일반 국민의 사법제도에 대한 신뢰를 현저히 떨어뜨릴 위험이 있으므로, 선량한 풍속 기타 사회질서에 위반되는 것으로 평가할 수 있다. 다만 선량한 풍속 기타 사회질서는 부단히 변천하는 가치관념으로서 어느 법률행위가 이에 위반되어 민법 제103조에 의하여 무효인지 여부는 그 법률행위가 이루어진 때를 기준으로 판단하여야 하고, 또한 그 법률행위가 유효로 인정될 경우의 부작용, 거래자유의 보장 및 규제의 필요성, 사회적 비난의 정도, 당사자 사이의 이익균형 등 제반 사정을 종합적으로 고려하여 사회통념에 따라 합리적으로 판단하여야 한다. 종래 이루어진 보수약정의 경우에는 보수약정이 성공보수라는 명목으로 되어 있다는 이유만으로 민법 제103조에 의하여 무효라고 단정하기는 어렵다. 그러나 대법원이 이 판결을 통하여 형사사건에 관한 성공보수약정이

선량한 풍속 기타 사회질서에 위반되는 것으로 평가할 수 있음을 명확히 밝혔음에도 불구하고 향후에도 성공보수약정이 체결된다면 이는 민법 제103조에 의하여 무효로 보아야 한다.

이와 달리 종래 대법원은 형사사건에서의 성공보수약정이 선량한 풍속 기타 사회질서에 어긋나는지를 고려하지 아니한 채 위임사무를 완료한 변호사는 약정된 보수액을 전부 청구할 수 있는 것이 원칙이고, 다만 약정된 보수액이 부당하게 과다하여 신의성실의 원칙이나 형평의 원칙에 반한다고 볼 만한 특별한 사정이 있는 경우에는 예외적으로 상당하다고 인정되는 범위 내의 보수액만을 청구할 수 있다고 판시하여 왔는바, 대법원 2009.7.9. 선고 2009다21249 판결을 비롯하여 그와 같은 취지의 판결들은 이 판결의 견해에 배치되는 범위 내에서 모두 변경하기로 한다.

7. 동기의 불법

[사안] 김은 1988.8. 박과 사이에 X주택을 매수하기로 매매계약을 체결하면서, 박으로 하여금 주택의 보유기간이 3년 이상으로 되게 함으로써 양도소득세를 부과받지 않게 할 목적으로, 매매를 원인으로 한 소유권이전등기는 1991년말 이후에 넘겨 받기로 특약을 하였다. 그 후 박이 X주택을 담보로 제공하고 김에게 불리한 조건으로 돈을 차용하는 등 소유자로서의 권리를 행사하자, 김은 1년 후에 위의 특약은 사회질서에 반하는 것으로서 효력이 없으며 박은 즉시 소유권이전등기를 넘겨야 할 것이라고 주장한다. (대법원 1991.5.14. 선고 91다6627 판결)

[해결] 양도소득세 감면이라는 목적은 특약의 연유나 동기에 불과한 것이어서 특약 자체가 사회질서나 신의칙에 위반한 것이라고는 볼 수 없다. 김은 보전처분에 의하여 소유권이전등기절차의 이행을 확보하는 것을 생각해 볼 수 있을 뿐이다.

8. 불공정한 법률행위와 무효행위의 전환

[사안] A재건축조합은 재건축사업을 추진하면서 부지를 매입하던 중 김 소유의 X토지에 대하여 매매협상을 하다가 결렬되어 매도청구에 따른 소유권이전등기청구소송을 제기하였다. 그 후 박은 김으로부터 X토지를 1억 9천만원에 매수하였다. A조합은 다시 박을 상대로 매도청구에 기한 소유권이전등기청구소송을 제기하였고 이 소송에서 평당 5천만원에 매도하는 내용의 조정결정이 성립하지는 못하였으나 A조합

> 은 내용상으로는 이의를 제기하지 아니하였다. 그 후 A조합은 X토지의 매수없이는 사업계획 승인을 받기 어려워지자 부득이 박이 제시하는 가격인 9억원에 X토지를 매수하였다. 후에 A조합은 X토지의 매매계약이 불공정한 법률행위로서 무효라고 주장하며 당초 박이 요구하였던 가액 2억 8천만원을 초과한 6억 2천만원을 부당이득금으로 반환할 것을 청구한다. 이에 박은 계약 당시 당사자 사이에 향후 이 계약과 관련하여 어떠한 민·형사상의 소송도 제기하지 않기로 하는 부제소합의를 하였으니 A사의 소는 부제소합의에 반하는 부적법한 소이며, 계약체결 의사가 없던 박에게 간청하여 부제소합의 조항까지 포함시켜 계약을 체결해 놓고도 2년 2개월이나 지나서 소를 제기한 것은 신의칙에 위배되는 부적법한 소라고 항변한다. (대법원 2010.7.15. 선고 2009다50308 판결)

[해결] 1) 불공정한 법률행위인지 여부

민법 제104조의 불공정한 법률행위는 피해 당사자가 궁박, 경솔 또는 무경험의 상태에 있고 상대방 당사자가 그와 같은 피해 당사자측의 사정을 알면서 이를 이용하려는 폭리행위의 악의를 가지고 객관적으로 급부와 반대급부 사이에 현저한 불균형이 존재하는 법률행위를 한 경우에 성립한다. 여기서 '궁박'이란 '급박한 곤궁'을 의미하고, 당사자가 궁박 상태에 있었는지 여부는 당사자의 신분과 상호관계, 피해 당사자가 처한 상황의 절박성의 정도, 계약의 체결을 둘러싼 협상과정 및 거래를 통한 피해 당사자의 이익, 피해 당사자가 그 거래를 통해 추구하고자 한 목적을 달성하기 위한 다른 적절한 대안의 존재 여부 등 여러 상황을 종합하여 구체적으로 판단하여야 한다. 또한 급부와 반대급부 사이의 '현저한 불균형'은 단순히 시가와의 차액 또는 시가와의 배율로 판단할 수 있는 것은 아니고 구체적·개별적 사안에 있어서 일반인의 사회통념에 따라 결정하여야 한다. 그 판단에 있어서는 피해 당사자의 궁박·경솔·무경험의 정도가 아울러 고려되어야 하고, 당사자의 주관적 가치가 아닌 거래상의 객관적 가치에 의하여야 한다.

사안에서 A조합으로서는 재건축사업을 위하여 박이 요구하는 가격으로 매수하는 외에는 다른 대안이 없었던 점 등에 비추어 매매계약 당시 A조합이 궁박한 상태에 있었다고 볼 수 있다. 또 소송이 제기될 즈음 박이 X토지를 매수한 점, X토지만으로는 박에게 별 효용이 없는 점 등에 비추어 A조합의 궁박한 상태를 이용하고자 하는 폭리행위의 악의가 있었다고 볼 수 있다. 또 박이 X토지를 1억 9,000만원에 매수하여 각 9억원에 매도한 점에 비추어 매매계약의 급부와 반대급부 사이에는 객관적으로 현저한 불균형이 존재한다고 볼 수 있다. 아울러 매매계약과 같은 쌍무계약이 급부와 반대급부와의 불균형으로 말미암아 민법 제104조에서 정하는 '불공정한 법률행위'에 해당하여 무효라고 한다면, 그 계약으로 인하여 불이익을 입는 당사자로 하여금 위와 같은 불공정성을 소송 등 사법

적 구제수단을 통하여 주장하지 못하도록 하는 부제소합의 역시 무효라고 할 것이다
  2) 무효행위의 전환의 법리의 적용 여부
  한편 매매계약이 약정된 매매대금의 과다로 말미암아 민법 제104조에서 정하는 '불공정한 법률행위'에 해당하여 무효인 경우에도 무효행위의 전환에 관한 민법 제138조가 적용될 수 있다. 따라서 당사자 쌍방이 위와 같은 무효를 알았더라면 대금을 다른 액으로 정하여 매매계약에 합의하였을 것이라고 예외적으로 인정되는 경우에는, 그 대금액을 내용으로 하는 매매계약이 유효하게 성립한다고 할 것이다. 이때 당사자의 의사는 매매계약이 무효임을 계약 당시에 알았다면 의욕하였을 가정적(假定的) 효과의사로서, 당사자 본인이 계약 체결시와 같은 구체적 사정 아래 있다고 상정하는 경우에 거래관행을 고려하여 신의성실의 원칙에 비추어 결단하였을 바를 의미한다. 이와 같이 여기서는 어디까지나 당해 사건의 제반 사정 아래서 각각의 당사자가 결단하였을 바가 탐구되어야 하는 것이므로, 계약 당시의 시가와 같은 객관적 지표는 그러한 가정적 의사의 인정에 있어서 하나의 참고자료로 삼을 수는 있을지언정 그것이 일응의 기준이 된다고도 쉽사리 말할 수 없다. 이와 같이 가정적 의사에 기한 계약의 성립 여부 및 그 내용을 발굴·구성하여 제시하게 되는 법원으로서는 그 '가정적 의사'를 함부로 추단하여 당사자가 의욕하지 아니하는 법률효과를 그에게 또는 그들에게 계약의 이름으로 불합리하게 강요하는 것이 되지 아니하도록 신중을 기하여야 한다.
  사안에서 A조합이 X토지에 관한 소송에서 평당 5천만원에 매도하는 내용의 조정결정에 대하여 내용상으로는 이의를 제기하지 아니한 점 등을 고려하면 X토지에 관한 매매대금은 평당 5천만원으로 계산한 6억 4천만원이 정당하고, 당사자들은 동 매매계약에서 정한 매매대금이 무효일 경우 위 금액을 매매대금으로 하여 매매계약을 유지하였을 것이라고 인정된다.

[유제] 김은 A보험사의 책임보험에 가입한 승용차의 조수석에 처를 태우고 진행하다가 앞서 가던 트럭이 정지신호에 따라 정차하는 것을 뒤늦게 발견하고 위 트럭을 들이받는 바람에 처로 하여금 현장에서 사망에 이르게 하였다. 그 후 김은 A사 보상과 직원의 연락을 받고 성년인 두 자녀들의 위임을 받은 다음, 사고일로부터 5개월 이상이 경과한 즈음에 A사로부터 보험금 2천5백만원을 받는 대신 향후 민사상 일체의 소송을 제기하지 아니할 것을 특약하는 내용의 합의서를 직접 작성하였다. 김의 자녀들은 김이 초등학교 졸업의 학력으로 고향에서 농사를 지어오던 사람으로서, 사고 후 심리적인 죄책감에 사로잡혀 있었고, 보상과 직원도 김에게 손해배상금 산출내역에 대하여 자세한 설명을 하여주지 않았고, 손해배상액 산정에 관한 법리는 일반인으로서는 잘 알 수 없는 영역에 속하는 점 등을 감안하면, 위 약정은 A사가

> 김의 궁박, 무경험을 이용하여 성립시킨 현저히 균형을 잃은 무효의 약정이라고 주장한다. 그러나 A사는 김은 초등학교 졸업의 학력에 불과하지만 당시 운전 17년 및 농업 7년 정도의 경력을 가지고 있었고, 자녀들도 모두 성년이었던 사실에 비추어 보면, 합의 당시 대리인인 김이 무경험 상태에 있었다고 단정하기 어렵고, 합의 당시 본인인 자녀들이 경제적 또는 정신적으로 급박한 궁박의 상태에 있었다고 보기도 어렵고, 또 A사가 제시한 보상금이 실소송을 통해서 받을 수 있는 액수와 현저하게 차이가 나는 것은 아닌 점에 비추어 합의 당시 김씨측이 궁박 또는 무경험의 상태에 있었다고 하더라도 A사에게 이를 이용하려는 폭리행위의 악의가 있었다고 보기 어려울 뿐만 아니라, 그 정도의 금액 차이만으로 급부와 반대급부 사이에 현저한 불균형이 존재한다고 단정할 수도 없다며 자녀들의 합의무효 주장을 배척한다. (대법원 2002.10.22. 선고 2002다38927 판결)

[해결] 불공정한 법률행위가 성립하기 위한 요건인 궁박, 경솔, 무경험은 모두 구비되어야 하는 요건이 아니라 그 중 일부만 갖추어져도 충분한데, 여기에서 '궁박'이라 함은 '급박한 곤궁'을 의미하는 것으로서 경제적 원인에 기인할 수도 있고 정신적 또는 심리적 원인에 기인할 수도 있으며, '무경험'이라 함은 일반적인 생활체험의 부족을 의미하는 것으로서 어느 특정영역에 있어서의 경험부족이 아니라 거래일반에 대한 경험부족을 뜻하고, 당사자가 궁박 또는 무경험의 상태에 있었는지 여부는 그의 나이와 직업, 교육 및 사회경험의 정도, 재산 상태 및 그가 처한 상황의 절박성의 정도 등 제반 사정을 종합하여 구체적으로 판단하여야 한다. 그리고 대리인에 의하여 법률행위가 이루어진 경우 그 법률행위가 민법 제104조의 불공정한 법률행위에 해당하는지 여부를 판단함에 있어서 경솔과 무경험은 대리인을 기준으로 하여 판단하고, 궁박은 본인의 입장에서 판단하여야 한다.

제5강 효력규정(강행법규)과 단속규정

임의규정의 의의 /효력규정 여부의 판단기준 /효력규정으로 해석된 예 /단속규정으로 해석된 예

■ 민법의 규정의 대부분은 임의규정인데 이것의 의미를 잘 보여주는 판결을 소개한다. 또 많은 행정법적 법규에서 일정한 법률행위를 금지하고 그에 대해 처벌을 정하는 금지규정이 존재하는데, 이러한 금지규정에 충돌하는 법률행위의 사법적 효력을 어떻게 다룰 것인가 하는 것은 제103조의 해석론의 연장선에서 매우 중요하고 빈번하게 판례에 등장하는 주제이다. 이 강에서는 그러한 금지규정이 효력규정으로 해석된 예와 단속규정으로 해석된 예로 나누어서 각각 6-7개의 판례를 소개한다. 판례의 흐름을 통해 법원이 효력 또는 단속규정으로 해석하는 기준이 무엇인지를 분석해보는 것은 좋은 공부가 될 것이다.

1. 임의규정의 의의

[사안] A주택재개발정비사업조합추진위원회는 B사를 정비사업전문관리업자로 선정하여 2014.11. 정비사업에 관한 업무를 위탁하는 내용의 용역계약을 체결하였다. 계약서에는 "B사가 정당한 사유없이 조합의 업무상 지시에 불응하거나 기간내 용역업무를 완성할 가능성이 없다고 판단되는 명백한 사유가 있거나, B사가 고의적으로 계약조건을 위반함으로써 계약의 목적을 달성할 수 없다고 판단되는 경우에 A조합은 계약을 해지할 수 있다"라고 정하고 또 "조합의 귀책사유로 본 계약이 해지됨으로써 B사가 손해를 입은 경우 A조합은 이를 배상하여야 한다'라고 정하였다. 그 후 B사가 A조합과의 업무진행에 마찰이 생겨 계약이행보증금 5천만원을 입금하지 아니하자 A조합은 B사와의 용역계약을 해지하였다. 이에 B사는, A조합이 이것이 용역계약 상의 해지사유가 되지 않음을 알면서도 해지를 통보하고 B사를 일방적으로 용역업무에서 배제시킨 채 다른 업체와 계약을 체결하여 B사에 손해를 끼쳤다며,

약정에 따른 채무불이행책임을 부담할 것을 주장한다. 그러나 A조합은 민법 제689조 제1항에 따라 위임계약의 당사자는 자유롭게 용역계약을 해지할 수 있고 그로 인해 B사가 손해를 입었더라도 배상할 의무가 없다고 항변한다.(대법원 2019.5.30. 선고 2017다53265 판결)

[해결] 민법 제689조는 '위임계약은 각 당사자가 언제든지 해지할 수 있고(제1항), 당사자 일방이 부득이한 사유 없이 상대방의 불리한 시기에 계약을 해지한 때에는 그 손해를 배상하여야 한다(제2항)'고 규정하고 있다. 따라서 도시정비법에 의하여 조합설립추진위원회가 정비사업전문관리업자와 사이에 업무위탁 및 자문요청에 관한 계약을 체결하더라도, 민법 제689조 제1항, 제2항이 그대로 준용될 경우 당사자는 언제든지 위 계약을 해지할 수 있고 그로 인해 상대방이 손해를 입더라도 배상할 의무를 부담하지 않는 것이 원칙이며, 다만 상대방이 불리한 시기에 부득이한 사유 없이 해지한 경우에 한하여 손해를 배상할 의무를 지게 된다. 그러나 민법 제689조 제1항, 제2항은 임의규정에 불과하므로 당사자의 약정에 의하여 위 규정의 적용을 배제하거나 그 내용을 달리 정할 수 있다. 그리고 당사자가 위임계약의 해지사유 및 절차, 손해배상책임 등에 관하여 민법 제689조 제1항, 제2항과 다른 내용으로 정하였다면, 약정에서 정한 해지사유 및 절차에 의하지 않고는 계약을 해지할 수 없고, 손해배상책임에 관한 당사자 간 법률관계도 위 약정이 정한 바에 의하여 규율된다고 봄이 타당하다. 사안에서 용역계약상 해지사유와 손해배상에 관한 규정은 민법 제689조의 규정과 양립하기 어렵고 따라서 임의규정인 민법의 규정은 그 적용이 배제되고, A조합이 용역계약을 적법하게 해지하기 위하여는 용역계약상의 해지사유가 존재하여야 하고 A조합의 행태는 계약상 손해배상을 지는 사유에 해당할 수 있다.

2. 효력규정 여부의 판단기준

[사안] A사는 2002년경 임대의무기간 5년의 공공건설임대주택인 임대사업아파트를 건설하여, 그 무렵 김 등에게 임대하였다. A사는 임대의무기간이 지난 2011년 동 아파트에 관하여 지자체로부터 분양전환승인을 받은 다음, 2011.12.경 동 아파트를 박 등에게 분양전환하는 계약을 체결한 뒤 그들 앞으로 소유권이전등기를 해주었다. 김 등은 자신들이 임차한 세대를 우선분양전환받을 권리가 있고, A사로부터 동 아파트를 매수한 박 등은 김 등에 대한 우선분양전환의무를 승계하였다며 소유권이전등기를 청구한다. (대법원 2021.9.30. 선고 2016다252560 판결)

• 임대주택법 제21조 제1항 : 임대사업자가 임대의무기간이 지난 후 국민주택기금의 자금을 지원받아 건설하거나 공공사업으로 조성된 택지에 건설하는 공공건설임대주택을 분양전환할 때에는 분양전환 당시까지 해당 임대주택에 거주한 무주택자인 임차인 등에게 우선분양전환해야 한다. 이를 위반하여 임대주택을 분양전환하면 형사처벌 대상이 된다(제41조 제4항 제6호).

[해결] 계약 등 법률행위의 당사자에게 일정한 의무를 부과하거나 일정한 행위를 금지하는 법규에서 이를 위반한 법률행위의 효력을 명시적으로 정하고 있는 경우에는 그 규정에 따라 법률행위의 유·무효를 판단하면 된다. 법률에서 해당 규정을 위반한 법률행위를 무효라고 정하고 있거나 해당 규정이 효력규정이나 강행규정이라고 명시하고 있으면 이러한 규정을 위반한 법률행위는 무효이다. 이러한 규정을 위반한 법률행위의 효력에 관하여 명확하게 정하지 않은 경우에는 규정의 입법 배경과 취지, 보호법익과 규율대상, 위반의 중대성, 당사자에게 법규정을 위반하려는 의도가 있었는지 여부, 규정 위반이 법률행위의 당사자나 제3자에게 미치는 영향, 위반행위에 대한 사회적·경제적·윤리적 가치평가, 이와 유사하거나 밀접한 관련이 있는 행위에 대한 법의 태도 등 여러 사정을 종합적으로 고려해서 효력을 판단해야 한다.

임대주택법 해당조항은 임대사업자에게 임대주택을 임차인에게 우선분양전환할 의무를 부과하면서도, 임대사업자가 이를 위반하여 임대주택을 임차인 아닌 제3자에게 분양전환한 경우에 그 법률행위의 효력에 관하여 명확하게 정하지 않고 있다. 동 법의 입법 취지와 보호법익, 위반행위의 중대성과 비난가능성, 거래안전에 미치는 영향 등을 종합적으로 고려하면, 공공건설임대주택의 임대사업자의 우선분양전환의무에 관한 동 규정은 강행규정에 해당하고, 이를 위반하여 임대사업자가 우선분양전환권이 있는 임차인이 있음에도 임대주택을 제3자에게 분양전환한 경우 그 분양전환계약은 사법적(私法的)으로 무효라고 보아야 한다. 결국 박 등은 임대주택의 소유권을 취득하지 못하였으므로 이 주택에 관한 A 사의 우선분양전환에 관한 의무를 승계할 여지도 없다.

[유제] 한국토지주택공사는 A시의 일부에 대하여 택지개발사업을 시행하였는데 김 소유의 가옥이 위 사업 구역에 포함되었다. 김은 2010.2.9. 김이 향후 이주자택지 공급대상자로 선정되면 시행자로부터 공급받게 될 이주자택지의 분양권을 박에게 5,000만 원에 매도하기로 하는 내용의 분양권 매매계약을 체결하였는데, 당시 이 매매계약에 대하여 시행자로부터 동의를 받지 아니하였다. 김은 2015.1.경 위 개발사업의 이주자택지 공급대상자로 선정되었고, 2016.5.24. 시공사와 사이에 이주자택지 토지를 공급받기로 하는 분양계약을 체결하였다. 그러자 박은 매매계약이 시행자의 사후동의를 받으면 소급하여 유효하게 될 수 있는 유동적 무효의 상태에 있다는 전제에서 김은 매매계약이 유효하게 될 수 있도록 협력할 의무가 있으므로 분양

권 매매계약에 따라 박앞으로 수분양자 명의변경을 위한 전매동의 신청절차를 이행할 것을 청구한다. (대법원 2017.10.12. 선고 2017다222153 판결)

- 택지개발촉진법 제19조 : 이 법에 따라 조성된 택지를 공급받은 자는 소유권이전등기 시까지 해당 택지를 공급받은 용도대로 사용하지 않은 채 그대로 전매할 수 없고, 이를 위반하여 택지를 전매한 경우에 해당 법률행위는 무효로 한다.

[해결] 동 법의 입법취지는 택지를 그 용도대로 사용하려는 실수요자에게 택지가 공급될 수 있도록 전매차익의 취득을 목적으로 하는 택지공급신청을 억제할 필요가 있고, 이에 따라 택지의 전매행위에 시행자가 직접 관여하여 전매가 허용되는 요건을 충족하는지 여부를 직접 확인·검토한 다음 동의를 하게 함으로써 이러한 동의 없이는 당사자를 구속하는 계약의 효력이 발생하는 것을 금지하려는 데에 있다고 보아야 한다. 따라서 택지공급계약을 체결하기 전에 장차 공급받을 택지를 그대로 전매하기로 하는 내용의 택지분양권 매매계약이 체결되었다 하더라도 그 택지분양권 매매계약에 대한 시행자의 동의 자체가 불가능하므로 이는 무효이고 매도인이 장차 공급받을 택지에 관하여 '시행자의 동의' 절차에 협력할 의무도 지지 아니한다.

3. 효력규정으로 해석된 예

[사안 1] 김은 부동산 중개인 박에게 자신이 의뢰한 매매계약의 중개수수료로 X토지의 소유권을 이전하여 주었다. 그 후 김은 부동산중개업법과 조례에 의한 동 매매의 중개수수료의 최고한도액은 8,388,000원이고, 박이 매매를 중개하고 그 중개수수료로 X토지의 소유권을 이전받은 시점의 X토지의 시가는 34,840,000원이므로, 최고한도액을 초과한 부분에 대한 중개수수료 26,452,000원은 일부 무효에 해당하므로 그 반환을 청구한다. 박은 토지를 취득한 지 몇일 지나서 최에게 500만 원에 매도하였고, 그 후 X토지가 수용되어 최가 3천5백만원의 보상금을 수령하였다. (대법원 2007.12.20. 선고 2005다32159 전원합의체 판결)

- 구 부동산중개업법제2조 제1호, 제3조, 제20조 제1항, 제3항 및 같은 법 시행규칙 제23조의2 제1항 : 중개업자는 일정한 수수료를 받고 토지, 건물 등의 거래 알선을 업으로 하는 자로서 중개 업무에 관하여 중개의뢰인 쌍방으로부터 각각 수수료를 받을 수 있고, 일방으로부터 받을 수 있는 중개수수료의 한도는 매매·교환의 경우 거래가액에 따라 0.2%에서 0.9% 이내의 범위에서 특별시, 광역시 또는 도의 조례로 정한다.
- 부동산중개업법 제15조 제2호 : 중개업자가 위에서 정하여진 수수료의 한도를 초과하여 금

품을 받거나 그 외에 사례 등 어떠한 명목으로라도 금품을 받는 행위를 할 수 없다.
• 같은 법 제38조 제2항 제5호 : 위와 같은 금지규정을 위반한 자를 1년 이하의 징역 또는 1천만 원 이하의 벌금에 처한다.

[해결] 부동산중개업법은 부동산중개업을 건전하게 지도·육성하고 부동산중개 업무를 적절히 규율함으로써 부동산중개업자의 공신력을 높이고 공정한 부동산거래질서를 확립하여 국민의 재산권 보호에 기여함을 입법목적으로 하고 있으므로(제1조), 중개수수료의 한도를 정하는 한편 이를 초과하는 수수료를 받지 못하도록 한 부동산중개업법 및 같은 법 시행규칙 등 관련 법령 또는 그 한도를 초과하여 받기로 한 중개수수료 약정의 효력은 이와 같은 입법목적에 맞추어 해석되어야 할 것이다. 뿐만 아니라, 중개업자가 부동산중개업법 관련 법령 소정의 한도를 초과하여 수수료를 받는 행위는 물론 위와 같은 금지규정 위반 행위에 의하여 얻은 중개수수료 상당의 이득을 그대로 보유하게 하는 것은 투기적·탈법적 거래를 조장하여 부동산거래질서의 공정성을 해할 우려가 있고, 또한 부동산중개업법 관련 법령의 주된 규율대상인 부동산의 거래가격이 높고 부동산중개업소의 활용도 또한 높은 실정에 비추어 부동산 중개수수료는 국민 개개인의 재산적 이해관계 및 국민생활의 편의에 미치는 영향이 매우 커 이에 대한 규제가 강하게 요청된다고 할 것이다. 그렇다면 앞서 본 입법목적을 달성하기 위해서는 고액의 수수료를 수령한 부동산 중개업자에게 행정적 제재나 형사적 처벌을 가하는 것만으로는 부족하고 부동산중개업법 관련 법령 소정의 한도를 초과한 중개수수료 약정에 의한 경제적 이익이 귀속되는 것을 방지하여야 할 필요가 있다고 할 것이므로, 부동산 중개수수료에 관한 위와 같은 규정들은 중개수수료 약정 중 소정의 한도를 초과하는 부분에 대한 사법상의 효력을 제한하는 이른바 강행법규에 해당한다고 보아야 한다.

따라서 부동산중개업법 관련 법령에서 정한 한도를 초과하는 부동산 중개수수료 약정은 그 한도를 초과하는 범위 내에서 무효라고 할 것이다(대법원 2002.9.4. 선고 2000다54406 판결). 이와는 달리, 위 금지규정은 단속규정에 불과하고 효력규정은 아니라고 봄으로써 그 한도를 초과한 수수료 약정의 사법상 효력이 부정되는 것이 아니라는 취지로 판시한 대법원 2001.3.23. 선고 2000다70972 판결은 이 판결의 견해에 배치되는 범위 내에서 이를 변경하기로 한다. 따라서 박은 그 초과 부분에 해당하는 부당이득금을 김에게 반환하여야 한다. 그리고 박이 X토지를 최에게 500만 원에 매도하였다 하더라도, 이는 X토지를 취득한 이후 박과 최 사이에서 발생한 사유에 불과하다.

> [사안 2] A의료법인은 서울시로부터 A법인 소유의 X토지에 관하여 담보한도액을 20억원으로 한 기본재산 담보제공에 관한 허가만을 받은 상태에서 B신용금고에게 그

> 허가된 한도액을 초과하여 채권최고액을 31억 2,000만원으로 하는 근저당권을 설정하여 주었다. A법인의 채권자인 김은 A와 B 사이의 근저당권설정계약은 허가받은 범위를 넘은 것이어서 구 의료법 제41조 제3항에 위배되고 따라서 전부 무효라고 주장한다. 그러나 B금고는 설정된 근저당권 중 이미 허가된 부분에 대한 근저당권설정약정은 유효라고 항변한다. (대법원 2008.9.11. 선고 2008다32501 판결)

• 구 의료법 제41조 제3항 : 의료법인은 그 재산을 처분하고자 할 경우 시·도지사의 허가를 받아야 한다.

[해결] 위 규정은 의료법인이 그 재산을 부당하게 감소시키는 것을 방지함으로써 항상 그 경영에 필요한 재산을 갖추고 있도록 하여 의료법인의 건전한 발달을 도모하여 의료의 적정을 기하고 국민건강을 보호 증진케 하려는 구 의료법의 입법 목적을 달성하기 위하여 둔 효력규정이라고 할 것이므로, 의료법인이 허가받은 한도액을 초과하여 한 담보제공약정은 무효라고 하지 않을 수 없으나, 위 담보제공약정 중 일부가 위 법률 규정에 따른 허가를 받은 범위를 초과하는 것이어서 무효라는 이유로 허가받은 나머지 담보제공약정 부분까지도 무효가 된다고 본다면 이는 의료법인으로 하여금 이미 허가받은 범위의 담보제공에 따른 피담보채무까지 상환할 수밖에 없도록 하여 결국, 재산처분에 대한 허가제도를 통하여 거래당사자의 일방인 의료법인을 보호하고 건전한 발달을 도모하려는 동 조항의 취지에 명백히 반하는 결과를 초래하므로, X토지에 관한 근저당권설정약정 중 피담보채무가 20억원을 초과하는 부분이 규정에 위반되어 무효라고 하더라도 이미 허가받은 나머지 부분의 근저당권설정약정까지 무효가 된다고 할 수는 없다.

> [사안 3] 김은 축산업협동조합중앙회(이하 축협)로부터 축협 소유의 X 토지를 매입하기로 하는 매매계약을 체결하였다. 축협은 보조금의예산및관리에관한법률(이하 '법') 소정의 보조금으로 X 토지를 취득하였으므로 X 토지의 양도에는 농림부장관의 승인이 있어야 하는데, 이를 얻지 못하였다며 축협은 김과의 매매계약이 무효라고 주장한다. 그러나 김은 법 제35조는 "보조사업자는 보조금에 의하여 취득하거나 그 효용이 증가된 것으로서 대통령령이 정하는 중요한 재산은 당해 보조사업을 완료한 후에 있어서도 중앙관서의 장의 승인 없이 보조금의 교부목적에 위배되는 용도에 사용하거나, 양도·교환 또는 대여하거나 담보에 제공하여서는 아니된다."고 규정하고 있는바, 위 규정은 단속규정이므로 매매계약의 효력에는 영향을 미치지 않는다며 축협에게 부동산소유권등기의 이전을 청구한다. (대법원 2004. 10. 28. 선고 2004다5556 판결)

[해결] 위 법의 규정은 국가예산으로 교부된 보조금으로 취득한 재산이 그 교부목적과 다른 용도로 사용되거나 처분되는 것을 막음으로써 보조사업에 대한 국가의 적정한 관리와 보조금의 실효성을 지속적으로 확보하기 위한 데에 그 입법 취지가 있다고 할 것이므로, 위 규정은 단속규정이 아닌 효력규정이라고 보아야 할 것이다. 법 제35조가 효력규정이라면 위 매매계약은 동 규정에 따라 농림부장관이 이를 승인하기까지는 효력이 없는 이른바 '부동적'(浮動的) 무효 상태에 있다고 판단된다.

[사안 4] 김은 박이 공인중개사가 아님을 알면서도 그에게 부동산의 매매 중개를 의뢰하였고 그 계약이 성사되었다. 박은 김에게 약정에 따른 중개수수료 3,000만원의 지급을 청구하나, 김은 박이 중개사무소의 개설등록을 하지 않고 중개업을 한 이상 위 중개수수료 약정은 구 부동산중개업법에 위반한 무효의 약정이라 할 것이어서, 그와 같은 무효의 약정에 기한 박의 청구는 이유 없다고 항변한다. (대법원 2010.12.23. 선고 2008다75119 판결)

• 구 부동산중개업법 : 부동산중개업을 영위하고자 하는 자는 등록관청에 중개사무소의 개설등록을 하여야 하고(법 제4조 제1항), 공인중개사 또는 법인만이 중개사무소 개설등록을 할 수 있으며(법 제4조 제4항), 중개사무소 개설등록을 하지 아니하고 중개업을 한 자는 3년 이하의 징역 또는 2천만 원 이하의 벌금에 처한다(법 제38조 제1항 제1호).

[해결] 동 법의 입법목적에 비추어 보면, 공인중개사 자격이 없는 자가 부동산중개업 관련 법령을 위반하여 중개사무소 개설등록을 하지 아니한 채 부동산중개업을 하면서 체결한 중개수수료 지급약정에 따라 수수료를 받는 행위는 투기적·탈법적 거래를 조장하여 부동산거래질서의 공정성을 해할 우려가 있다. 또한 부동산중개업 관련 법령의 주된 규율대상인 부동산이 그 거래가격이 상대적으로 높은 점에 비추어 전문성을 갖춘 공인중개사가 부동산거래를 중개하는 것은 부동산거래사고를 사전에 예방하고, 만약의 경우 사고가 발생하더라도 보증보험 등에 의한 손해전보를 보장할 수 있는 등 국민 개개인의 재산적 이해관계 및 국민생활의 편의에 미치는 영향이 매우 커서 이에 대한 규제가 강하게 요청된다. 이러한 사정을 종합적으로 고려하여 보면, 공인중개사 자격이 없어 중개사무소 개설등록을 하지 아니한 채 부동산중개업을 한 자에게 형사적 제재를 가하는 것만으로는 부족하고 그가 체결한 중개수수료 지급약정에 의한 경제적 이익이 귀속되는 것을 방지하여야 할 필요가 있고, 따라서 중개사무소 개설등록에 관한 구 부동산중개업법 관련 규정들은 공인중개사 자격이 없는 자가 중개사무소 개설등록을 하지 아니한 채 부동산중개업을 하면서 체결한 중개수수료 지급약정의 효력을 제한하는 이른바 강행법규에 해당한다.

[사안 5] 공인회계사인 김과 박은 동업계약을 맺어, 박이 자신의 공인회계사 자격 명의를 대여하고, 김은 공인회계사 자격이 없는 최를 대리인으로 내세워 사무소를 주도적으로 관리·경영하며, 김과 박이 각자 그에 따른 수익을 배분받기로 하였다. 후에 김은 이에 기하여 수익의 배분을 청구하나 박은 동업관계의 성립을 부인한다. (대법원 2015.09.10. 선고 2014다72692 판결).

- 공인회계사법 제22조 제1항 : "공인회계사는 다른 사람에게 자기의 성명 또는 상호를 사용하여 공인회계사의 직무를 행하게 하거나 그 등록증을 대여하여서는 아니 된다."
  동법 제53조 제3항 제2호 : 이를 위반하는 경우 1년 이하의 징역 또는 500만 원 이하의 벌금에 처한다.

[해결] 위 공인회계사법 규정의 입법 취지는 대외적으로 영향력이 있는 회계 관련 사무를 할 수 있는 사람을 전문성 및 직업적 윤리관을 갖춘 공인회계사 자격을 가진 사람으로 엄격히 제한함으로써 회계 관련 사무에 대한 전문성, 공정성 및 신뢰성을 확보하여 이해관계인의 재산권 등 권익을 보호하고 기업의 건전한 경영을 유도하여 종국적으로 국가 경제의 발전을 도모하려는 데 있는 것이다. 이러한 입법 취지에 더하여, 공인회계사가 다른 사람에게 명의를 대여하는 등의 행위는 형사처벌의 대상이 되는 범죄행위에 해당할 뿐 아니라 거기에 따를 수 있는 국민의 재산권과 기업의 건전한 경영 및 국가 경제 발전에 대한 악영향에 비추어 사회통념상 쉽게 용인되기 어렵고, 위와 같은 위반행위에 대하여 단순히 형사처벌을 하는 것만으로는 공인회계사제도를 확립하여 회계 관련 사무의 공정성, 신뢰성을 확보하고 궁극적으로는 기업의 투명성을 제고할 목적으로 제정된 공인회계사법이 실효를 거둘 수 없어 그 위반행위로 인한 경제적 이익이 귀속되는 것을 근본적으로 방지하여야 할 필요가 있는 점 등을 종합적으로 고려하면, 위 규정은 공인회계사가 아닌 사람이 회계 관련 사무를 행하는 경우에 초래될 국민의 권익보호와 기업의 건전한 경영 및 국가 경제의 발전에 대한 중대한 위험을 방지하기 위한 강행법규에 해당하고, 따라서 이에 위반하여 이루어진 약정은 무효라고 할 것이다. 결국 김과 박 사이의 동업계약은 강행법규인 공인회계사법 제22조 제1항 등을 위반한 법률행위로서 무효이다.

[사안 6] X아파트의 관리수탁업체인 A사는 무이자로 소송비용 일체를 대납하는 방법으로 X아파트입주자대표회의(이하 대표회의)가 아파트 하자보수보증업체를 상대로 제기하는 하자보수보증금 청구소송을 진행하기로 하였다. 그리하여 A사가 대납하는 소송비용에 관하여 판결금이 입금되면 지급하되 패소 시에는 대표회의에게 그 지급을 청구하지 아니하며, 위 소송이 종결되면 대표회의가 A사에게 하자보수시공권 및

관리위수탁 재계약을 보장하여 주되, 이러한 사항들을 위반할 경우 판결금의 35%를 위약금으로 지급하기로 약정하였다. 이후 A사가 진행한 소송이 조정으로 종결된 후 A사는 대납한 소송비용의 지급을 청구한다. (대법원 2014.7.24. 선고 2013다28728 판결)

[해결] 변호사 아닌 자가 법률사무의 취급에 관여하는 것을 금지함으로써 변호사제도를 유지하고자 하는 변호사법 제109조 제1호의 규정 취지에 비추어 보면, 동 조항은 강행법규로서 같은 법조에서 규정하고 있는 이익취득을 목적으로 하는 법률행위는 그 자체가 반사회적 성질을 띠게 되어 사법적 효력도 부정된다. 그리고 동 조항을 위반하여 소송사건을 대리하는 자가 소송비용을 대납한 행위는 그 성격상 대리를 통한 이익취득 행위에 불가결하게 수반되는 부수적 행위에 불과하므로, 위와 같이 대납하는 소송비용을 소송 종료 후에 반환받기로 하는 약정은 이익취득 약정과 일체로서 반사회질서의 법률행위에 해당하여 무효라고 보아야 한다. 또한 대표회의가 하자보수공사를 도급주지 않거나 관리 계약의 존속을 보장하지 않는 경우 위약금을 지급하기로 하는 약정도 모두 반사회질서의 법률행위로서 무효이다. 따라서 대납한 소송비용을 대여금으로 구하는 A사의 주장은 인정될 수 없다.

[사안 7] 김은 문화재수리법에 따라 등록을 한 문화재수리업자인 A사로부터 문화재수리업자의 명의를 대여받은 다음 그 명의로 B사찰로부터 문화재수리에 해당하는 공사를 수급하여 공사를 하였다. 김은 A사와 공사를 분담하기로 하고 A사와의 사이에 김이 시공한 부분에 상응하는 돈을 정산하여 받기로 하는 약정을 하였다. 공사 후 김의 정산금 청구에 대하여 A사는, 김에게의 명의대여 및 정산금 약정은 이를 금지하는 문화재수리법상의 강행법규를 위반한 것으로서 무효라고 주장한다. (대법원 2020.11.12. 선고 2017다228236 판결)

- 문화재수리법 제21조 "문화재수리업자는 다른 사람에게 자기의 성명 또는 상호를 사용하여 문화재수리를 수급받게 하거나 시행하게 하여서는 아니 되며, 제14조 제7항에 따라 발급받은 등록증 또는 등록수첩을 대여하여서는 아니 된다."
- 문화재수리법 제59조 제4호 "제21조를 위반하여 등록증을 대여한 자 또는 다른 문화재수리 업자 등의 성명 또는 상호를 사용하거나 등록증을 대여받아 사용한 자는 1년 이하의 징역 또는 1천만 원 이하의 벌금에 처한다."

[해결] 문화재수리법은 제21조에서 문화재수리업자의 명의대여 행위를 금지하면서도 이를 위반한 법률행위의 효력에 관해서는 명확하게 정하지 않고 있으나 동 규정은 강행규정에

해당하고, 이를 위반한 명의대여 계약이나 이에 기초하여 대가를 정산하여 받기로 하는 정산금 약정은 모두 무효라고 보아야 한다. 구체적인 이유로는, 문화재수리법은 문화재수리의 전문성을 높여 품질을 향상하고 문화재수리업의 공신력을 확보하여 건전한 발전을 도모하기 위한 입법 목적을 달성하기 위해 문화재수리업의 등록 제도를 두고 있는 점, 동법이 위반행위에 대하여 등록취소나 영업정지 등 행정적 제재를 넘어 형사처벌을 하도록 정하고, 명의를 대여받은 사람도 함께 형사처벌을 하도록 정한 점, 이를 무효로 보아 위반행위에 따른 경제적 이익이 귀속되는 것을 방지할 필요가 있는 점 등을 들 수 있다.

4. 단속규정으로 해석된 예

> **[사안 1]** A상호신용금고는 X토지의 경매에 참가하여 낙찰을 받았는데 X토지의 소유자 김은 X토지가 A금고에게는 비업무용부동산이어서 관련 법상의 비업무용부동산취득금지 조항에 위배되므로 A금고의 X토지의 소유권 취득은 무효라고 주장한다. 그러나 A금고는 관련 규정(구 상호신용금고법 제18조의2)은 단속규정으로 보아야 하므로 이에 위배된다고 하여 소유권 취득이 무효가 되지는 않는다고 항변한다. (대법원 2008.12.24. 선고 2006다53672 판결)

• 구 상호신용금고법 제18조의2 : "상호신용금고는 다음 각 호의 행위를 하여서는 아니 된다." ii. 업무용부동산 외의 부동산의 소유.

[해결] 동 규정은 상호신용금고가 고유업무인 금융업에 집중하지 않고 거래자의 예금 및 적금 등의 수입으로 무분별하고 방만하게 업무용부동산 외의 부동산을 취득할 경우 유동성 부족의 사태가 발생할 수 있고, 장기적으로는 자본구조의 악화로 인하여 상호신용금고가 부실화됨으로써 그 업무수행에 차질을 초래하고 서민거래자의 이익을 침해하며 신용질서를 어지럽게 하는 사태가 발생할 우려가 있으므로 이와 같은 사태를 미리 방지하고, 금융기관인 상호신용금고의 유동성 있는 자금이 부동산 투기에 사용되는 것을 막기 위한 데에 그 입법 취지가 있다. 그러나 위 규정에 위반하여 업무용부동산 외의 부동산을 취득하는 행위 자체가 그 사법상의 효력까지도 부인하지 않으면 안 될 정도로 현저히 반사회성, 반도덕성을 지닌 것이라고 할 수 없을 뿐만 아니라 그 행위의 사법상의 효력을 부인하여야만 비로소 입법 목적을 달성할 수 있다고 볼 수 없다. 또한, 위 규정을 효력규정으로 보아 이에 위반한 상호신용금고의 업무용부동산 외의 부동산 취득행위를 일률적으로 무효라고 할 경우, 상호신용금고에 생길지도 모르는 중대한 손해를 회피하기 위하여 불가피한 사정이 있는 행위도 그 효력이 부인됨으로써, 오히려 서민의 금융편의를 도모하고 저축을 증대하기 위하여 상호신용금고를 육성하여 이를 합리적으로 규제함으로써 신용질서의 확

립에 기여함과 아울러 그 거래자를 보호할 목적으로 입법된 상호신용금고법의 취지에 실질적으로 반하는 결과가 될 수 있으므로, 위 규정은 효력규정이 아닌 단속규정이라고 해석함이 타당하고, 따라서 위 제한규정에 저촉되는 행위라 할지라도 그 행위의 사법상의 효력에는 아무런 영향이 없다.

> **[사안 2]** 김은 박에게 자기 소유의 X부동산에 대한 매매계약을 체결하면서 박에게 실거래가보다 낮은 매매가액으로 이면(다운)계약서를 작성하여 줄 것을 요구하여 상당한 양도소득세를 포탈하였다. 후에 박은 관련 법령에 의하면 부동산투기지역으로 지정된 X부동산 소재지역에서는 부동산을 실거래가로 신고하여야 하는데 이를 위반하였으므로 동 매매계약은 반사회적 행위에 해당하여 무효라고 주장한다. (대법원 2007.6.14. 선고 2007다3285 판결)

[해결] 소득세법령의 규정에 의하여 당해 자산의 양도 당시의 기준시가가 아닌 양도자와 양수자간에 실제로 거래한 가액을 양도가액으로 하는 경우, 양도소득세의 일부를 회피할 목적으로 매매계약서에 실제로 거래한 가액을 매매대금으로 기재하지 아니하고 그보다 낮은 금액을 매매대금으로 기재하였다 하여, 그것만으로 그 매매계약이 사회질서에 반하는 법률행위로서 무효로 된다고 할 수는 없다. 동 규정의 취지와 입법목적, 그리고 위와 같은 계약서가 매도인측인 김의 요구에 의하여 작성된 점 등에 비추어 볼 때, 위 규정에 위반한 이른바 이면(다운)계약서 작성 자체가 그 사법상의 효력까지도 부인하지 않으면 안 될 정도로 현저히 반사회성, 반도덕성을 지닌 것이라고 할 수 없을 뿐만 아니라 그 행위의 사법상의 효력을 부인하여야만 위 법규의 입법목적을 달성할 수 있다고도 볼 수 없다. 따라서 위 규정에 위반하여 김과 박 사이의 매매계약이 이루어졌다 하더라도 그 행위의 사법상 효력에는 아무런 영향이 없다.

> **[사안 3]** 김은 공인중개사인 박에게 전원주택 매매의 중개를 의뢰하였는데, 박이 김에게 전원주택 대신 자기 소유의 X부동산을 소개하여 매매계약에 이르게 되었다. 박은 중개의뢰인인 김과 직접 매매계약을 체결하여 공인중개사법 제33조 제6호의 규정을 위반하였다는 이유로 벌금형의 유죄판결을 선고받았다. 김은 박이 위반한 공인중개사법 규정은 강행법규로 봄이 상당하므로, 이를 위반하여 체결된 매매계약은 무효라 할 것이고 김은 이 계약에 따라 박에게 지급한 계약금 5천만원을 반환할 것을 청구한다. (대법원 2017.2.3. 선고 2016다259677 판결)

• 공인중개사법 제33조(금지행위) 제6호 : 개업공인중개사 등은 중개의뢰인과 직접 거래를 하

거나 거래당사자 쌍방을 대리하는 행위를 하여서는 아니된다. 이를 위반할 경우 3년 이하의 징역 또는 2천만원 이하의 벌금형에 처한다(제48조).

[해결] 개업공인중개사 등이 중개의뢰인과 직접 거래를 하는 행위를 금지하는 공인중개사법 제33조 제6호의 규정 취지는 개업공인중개사 등이 거래상 알게 된 정보 등을 자신의 이익을 꾀하는데 이용하여 중개의뢰인의 이익을 해하는 경우가 있게 될 것이므로 이를 방지하여 중개의뢰인을 보호하고자 함에 있는바, 위 규정에 위반하여 한 거래행위 자체가 그 사법상의 효력까지도 부인하지 않으면 안 될 정도로 현저히 반사회성, 반도덕성을 지닌 것이라고 할 수 없을 뿐만 아니라 그 행위의 사법상의 효력을 부인하여야만 비로소 입법 목적을 달성할 수 있다고 볼 수 없고, 위 규정을 효력규정으로 보아 이에 위반한 거래행위를 일률적으로 무효라고 할 경우 중개의뢰인이 직접 거래임을 알면서도 자신의 이익을 위해 한 거래 등도 단지 직접 거래라는 이유로 그 효력이 부인되어 거래의 안전을 해칠 우려가 있으므로, 위 규정은 강행규정이 아니라 단속규정이라고 보아야 한다.

> **[사안 4]** 김과 여객운송업을 영위하는 A사는 김이 비용을 부담하여 A사 명의로 X버스를 구입하여 운행하고, 김이 그 대가로 A에게 일정한 지입료를 지급하기로 하는 지입(持入)계약을 체결하였는데, 김은 지입계약을 해지한다는 통고를 하고, A사에게 X버스를 인도할 것과 지입계약 해지 이후 A사가 X버스를 사용·수익함으로써 얻은 휴차료 상당의 부당이득반환을 구한다. 그러나 A사는 김과 사이의 지입계약은 운수사업법에 위반되어 무효이므로 김의 청구는 강행법규에 위반하여 효력이 없는 계약 내용의 이행을 구하는 것이라고 반박한다. (대법원 2018.7.11. 선고 2017다274758 판결)

- 여객자동차 운수사업법 제12조 : 운송사업자는 다른 운송사업자나 운송사업자가 아닌 자로 하여금 유상이나 무상으로 그 사업용 자동차의 전부나 일부를 사용하여 여객자동차 운송사업을 경영하게 할 수 없고(제1항), 운송사업자가 아닌 자는 자기나 다른 사람의 명의로 운송사업자의 사업용 자동차의 전부나 일부를 사용하여 여객자동차 운송사업을 경영할 수 없다고(제3항). 위 규정을 위반한 경우 등록 취소 등의 행정처분을 할 수 있고(법 제85조), 2년 이하의 징역 또는 2,000만 원 이하의 벌금에 처한다(법 제90조).

[해설] 여객자동차 운수사업법 제12조의 입법 취지는, 여객자동차 운송사업 면허를 받은 자가 타인으로 하여금 유상 또는 무상으로 그 사업용 자동차를 사용하여 여객자동차 운송사업을 경영하게 한다면, 그 타인은 법이 여객자동차 운송사업의 공공성을 고려하여 규정한 면허요건을 갖추지 아니하고도 사실상 여객자동차 운송사업을 할 수 있게 되어, 일정

한 요건을 갖춘 자에 한하여 여객자동차 운송사업을 하도록 한 법률의 규정이 무력화되고 여객자동차 운송사업의 질서가 문란해질 우려가 있어 이를 금지하고자 하는 데 있다. 이러한 법의 취지는 전세버스 운송사업 등록기준을 갖추고 등록을 하도록 한 전세버스 운송사업자의 명의이용 금지에도 동일하고, 위 명의이용 금지규정에 위반된 행위의 결과에 의한 재화 또는 경제적 이익의 귀속을 방지하려는 데에 있는 것은 아니다. 명의이용 금지규정을 위반하여, 자동차 소유자와 전세버스 운송사업자 사이에, 대외적으로는 자동차 소유자가 그 소유의 차량 명의를 전세버스 운송사업자('지입회사')에게 신탁하여 소유권과 운행관리권을 지입회사에 귀속시키되, 대내적으로는 위 지입차량의 운행관리권을 위탁받아 자신의 독자적인 계산 아래 운행하면서 지입회사에 일정액의 관리비를 지급하기로 하는 내용의 이른바 '지입계약'이 체결된 경우, 그 지입계약 자체가 사법상의 효력이 부인되어야 할 정도로 현저히 반사회성, 반도덕성을 지닌 것이라고 볼 수는 없다.

[사안 5] 김은 2012.2.경 박과의 사이에, 김이 금융기관에 외환거래계좌를 개설하여 금원을 입금하면 박이 김으로부터 투자를 일임받아 이를 운용하고 거기서 발생하는 수익 50%씩을 나누어 가지기로 하는 내용의 약정을 체결하였다. 김은 이 약정에 따라 일백만달러를 입금하고 중간에 수차례 정산하여 투자수익을 나누어 가지기도 하였는데, 그 후 투자손실이 발생하자 김은, 박과의 약정은 강행규정 위반으로 무효이므로 박은 김으로부터 수령한 수익금 전부를 반환할 의무가 있는데, 그 일부 청구로 5억원의 지급을 구한다. (대법원 2019.6.13. 선고 2018다258562 판결)

• 자본시장과 금융투자업에 관한 법률 제17조(미등록 영업행위의 금지) 누구든지 이 법에 따른 금융투자업등록을 하지 아니하고는 투자자문업 또는 투자일임업을 영위하여서는 아니 된다.

[해결] 종국적으로 금지규정의 목적과 의미에 비추어 그에 반하는 법률행위의 무효 기타 효력 제한이 요구되는지를 검토하여 이를 정할 것인데, 위 법률 규정이 금융투자업등록을 하지 않은 투자일임업을 금지하는 취지는 고객인 투자자를 보호하고 금융투자업을 건전하게 육성하고자 함에 있는바, 위 규정을 위반하여 체결한 투자일임계약 자체가 사법상의 효력까지도 부인하지 않으면 안 될 정도로 현저히 반사회성, 반도덕성을 지닌 것이라고 할 수 없을 뿐만 아니라 그 행위의 사법상의 효력을 부인하여야만 비로소 입법 목적을 달성할 수 있다고 볼 수 없고, 오히려 위 규정을 효력규정으로 보아 이를 위반한 행위를 일률적으로 무효라고 할 경우 거래 상대방과 사이에 법적 안정성을 심히 해하게 되는 부당한 결과가 초래되므로, 위 규정은 강행규정이 아니라 단속규정이라고 보아야 한다. 따라서 당사자 간의 약정이 자본시장법이 금지하는 미등록 영업행위로서 무효임을 전제로 한 김의 부당이득반환청구는 배척된다.

제6강 비정상적 의사표시

법률행위의 해석과 공통의 착오 /비진의표시 /통정허위표시의 효력 /통정허위표시와 제3자의 보호 착오의 요건(1) - 중요부분의 착오 /착오의 요건(2) - 중대한 과실이 없을 것 유발된 착오 /동기의 착오 /공통된 동기의 착오 /표의자의 착오를 이용한 경우 /사기에 의한 의사표시 /착오와 사기의 법리의 관계 /기망행위의 위법성 /부작위에 의한 기망행위 /제3자의 기망행위로 인한 취소 /사기에 의한 의사표시에서 제3자 여부의 판단 /강박에 의한 의사표시의 효과

■ 민법 제107조 - 제110조에서 규정된 다양한 비정상적 의사표시의 요건과 효과에 관한 판례들을 소개한다. 전단계로 법률행위의 해석의 문제에 관한 적절한 판례를 보고, 이어서 비진의표시의 효과가 쟁점이 되는 몇 개의 판례를 본다. 통정허위표시는 당사자 사이의 효과뿐만 아니라 특히 제3자의 보호문제가 더 중심에 온다. 착오는 매우 다양한 쟁점으로 나타나는데 착오의 기본요건으로서 중요부분인지 또 중대한 과실이 있는지가 쟁점이 된 것들을 다루어보고 그 외 동기의 착오의 문제를 다룬다. 그 외 착오의 특수한 모습으로 착오가 유발된 경우라든가 착오를 상대방이 이용한 경우에 관한 판례는 흥미롭다. 착오의 법리와 관련되어 이른바 공통된 동기의 착오를 다룬 판례도 분석해본다. 사기에 의한 의사표시의 기본형인 판례, 특히 기망행위의 위법성을 다룬 판례도 있고 부작위에 의한 기망행위를 다룬 판례도 흥미롭다. 또 제3자의 기망행위 또는 제3자에 해당하는지 여부를 다루는 판례도 다루었다. 착오와 사기의 법리의 관계를 쟁점으로 다룬 판례도 있다. 마지막으로 강박에 의한 의사표시를 다룬 사건을 본다.

1. 법률행위의 해석과 공통의 착오

[사안] 甲이 乙 주식회사로부터 신주인수권부사채를 인수하기로 하고, 그에 따라 乙 회사가 甲에게 부담하는 채무를 담보하기 위하여 丙은 연대보증을 하고 丁은 근질

> 권을 설정해 주었는데, 乙 회사가 甲에게 사채원금 지급기한의 유예를 요청하자, 甲과 乙 회사가 기존의 변제기한을 유예하고 이율을 변경하는 내용의 합의서를 작성하면서 丙은 근질권설정자로 丁은 연대보증인으로 기명날인하였다. 후에 丙은 합의를 통하여 종전 채무자의 보증인의 지위에서 벗어났다고 주장하나, 甲은 합의서에 따른 합의는 작성 당사자 모두 인수계약에서 정한 지위를 그대로 유지하면서 기존의 변제기한과 이율에 관한 사항만 변경하는 내용으로 유효하게 성립하였다고 항변한다. (대법원 2018.7.26. 선고 2016다242334 판결)

[해결] 일반적으로 계약을 해석할 때에는 형식적인 문구에만 얽매여서는 안 되고 쌍방당사자의 진정한 의사가 무엇인가를 탐구하여야 한다. 계약 내용이 명확하지 않은 경우 계약서의 문언이 계약 해석의 출발점이지만, 당사자들 사이에 계약서의 문언과 다른 내용으로 의사가 합치된 경우에는 의사에 따라 계약이 성립한 것으로 해석하여야 한다. 계약당사자 쌍방이 모두 동일한 물건을 계약 목적물로 삼았으나 계약서에는 착오로 다른 물건을 목적물로 기재한 경우 계약서에 기재된 물건이 아니라 쌍방 당사자의 의사합치가 있는 물건에 관하여 계약이 성립한 것으로 보아야 한다. 이러한 법리는 계약서를 작성하면서 계약상 지위에 관하여 당사자들의 합치된 의사와 달리 착오로 잘못 기재하였는데 계약 당사자들이 오류를 인지하지 못한 채 계약상 지위가 잘못 기재된 계약서에 그대로 기명날인이나 서명을 한 경우에도 동일하게 적용될 수 있다. 합의서에 기명날인한 丙과 丁은 모두 인수계약 당시와 마찬가지로 원래의 연대보증인 또는 근질권설정자의 지위를 유지하는 의사로 기명날인한 것으로 보아야 한다.

2. 비진의표시

> [사안] 김녀는 주식투자로 많은 손실을 입게 되자 남편으로부터 이에 대한 질책을 받을 것이 두려워 평소 주식투자에 조언을 해온 증권회사 직원인 박에게 남편에게 보여 그를 안심시키는데에만 사용하겠다고 하면서 박 명의의 각서를 작성하여 달라고 요청하였다. 박은 김녀와의 친분 및 거래관계상 요청을 거절하기가 어려워 "본인은 연말까지 김녀의 계좌가 2억이 되도록 노력할 것이며 만약 2억이 안될 경우 본인이 모든 책임을 지도록 할 것임"이라는 내용의 각서를 작성해 주었다. 후에 김녀가 이 각서를 근거로 손해배상을 청구하자 박은 주식매매거래를 하면서 입은 손실에 대하여 사과하고 앞으로는 그 손실을 회복할 수 있도록 최선을 다하겠다는 의미로 볼 수 있을 뿐이라고 항변한다. (대법원 1999.2.12. 선고 98다45744 판결)

[해결] 박이 각서를 작성하여 준 동기 등을 종합적으로 고찰하면 각서상의 손해배상의 의사표시는 진의 아닌 의사표시이고 상대방인 김녀도 진의 아닌 의사표시라는 점을 알고 있어 무효이다.

> [유제 1] A사는 재정상태가 악화되자 누진율에 의한 퇴직금 지급으로 인한 경영상의 압박을 피하기 위하여 직원에게 일률적으로 사직원을 제출하도록 하여 회사를 의원퇴직하였다가 1개월 후에 재입사한 것으로 처리되었다. 이에 직원 김은 회사의 경영방침에 따라 근속기간의 단절 등의 불리함은 제대로 인식하지 못한 채 회사를 사직할 의사가 없이 상사의 권유에 의하여 사직원을 제출한 것이어서 이는 무효라고 주장한다. (대법원 1993.1.15. 선고 92다37673 판결)

[해결] 사직원제출행위는 실질적인 근로관계의 단절 없이 근속연수의 기산점은 원래대로 놓아둔 채 재입사조치 후의 퇴직금지급률을 누진제에서 단수제로 변경하려는 방침에 순응하여 중간퇴직금을 지급받겠다고 하는 내심의 의사에 따라 이루어진 것이지 나아가서 기존의 근로계약관계를 해지하거나 또는 퇴직금산정에 있어 근속연수를 제한하려는 내심의 의사에 기한 것으로는 볼 수 없다 할 것이므로 이는 근로계약관계의 해지라는 내심의 의사 없이 이루어진 비진의 의사표시로서 A사로서도 이를 알고 있었다고 할 것이므로, 결국 김의 사직원제출행위는 무효이고 양자간의 근로계약관계는 단절됨이 없이 처음 입사일로부터 정년퇴직일까지 계속되었다.

> [유제 2] 김의 A금고에 대한 개인대출한도가 초과되어 김의 명의로는 대출이 되지 않아 A금고의 감사의 권유로 박의 명의로 대출을 신청하고 그 대출금은 박이 아니라 김이 사용하기로 하였다. 그 후 A금고가 박에게 대출금의 반환을 청구하자, 박은 김으로 하여금 자신을 대리하여 대출을 받도록 하여 그 대출금을 김이 부동산의 매수자금으로 사용하는 것을 승낙하였을 뿐이라며 대출금채무의 존재를 부인한다. (대법원 1998.9.4. 선고 98다17909 판결)

[해결] 원래 진의아닌 의사표시라 함은 표시행위의 의미가 표의자의 진의와는 다르다는 것, 즉 의사와 표시의 불일치를 표의자 스스로 알면서 하는 의사표시를 말하는 것으로, 상대방이 표의자의 진의 아님을 알았거나 알 수 있었을 경우에 그 의사표시는 무효로 되는 것이다. 사안에서 박의 의사는 대출에 따른 경제적인 효과는 김에게 귀속시킬지라도 그 법률상의 효과는 자신에게 귀속시킴으로써 위 대출금채무에 대한 주채무자로서의 책임을

지겠다는 것으로 보아야 할 것이므로, 박이 대출을 받음에 있어서 한 표시행위의 의미가 박의 진의와는 다르다고 할 수 없다. 그리고 설사 박의 내심의 의사가 위 대출에 따른 법률상의 효과마저도 김에게 귀속시키고 자신은 책임을 지지 않을 의사였다고 하여도, 상대방인 A금고가 박의 이와 같은 의사를 알았거나 알 수 있었을 경우라야 비로소 그 의사표시는 무효로 되는 것인데, 사안에서는 A금고가 박의 이러한 내심의 의사마저 알았거나 알 수 있었다고 볼 수는 없다. 박과 A금고 사이의 대출금약정은 유효하다.

3. 통정허위표시의 효력

> [사안] 김은 A조합으로부터 2억 9,500만 원을 대출받기로 하는 내용의 대출거래약정을 체결한 후, 그 대출금에 대한 담보로 김 소유의 임야에 관하여 근저당권설정등기를 경료해 주었고, 이에 따라 김 명의로 대출이 이루어졌다. 그런데 대출약정 이전에 A조합의 이사장이던 박은 김에게, 김은 동 대출금의 실제 채무자가 아니며, A조합에 대한 감독기관의 감사가 끝난 후 지체없이 근저당권설정등기를 말소해 주겠다는 취지의 각서를 작성·교부해 주었고, 그 후 동 대출금을 박과 A조합 등이 연대하여 책임지겠다는 취지로 A조합 명의의 확인서를 작성해 줌으로써 동 대출금으로 인해 김에게 피해가 가지 않도록 하겠다는 뜻을 다시 한 번 분명히 하였다. 동 대출금은 박이 인출하여 모두 A조합의 부실채권 상환에 사용하였고, 이자도 김이 아닌 박이 납부하였다. 후에 김이 A조합을 상대로 근저당권설정등기의 말소를 구하자 A조합은 이를 거절한다. (대법원 2006.4.28. 선고 2005다76265 판결)

[해결] 김은 명목상의 대출명의자에 불과할 뿐 실제로는 A조합이 김에 대하여 대출로 인한 책임을 묻지 않기로 하는 의사의 합치가 있었다고 봄이 상당하므로, 김과 A조합 사이의 대출약정은 통정허위표시에 해당하여 무효이고, 따라서 그 담보 목적으로 경료된 근저당권설정등기 역시 원인무효가 되므로 A조합은 근저당권등기를 말소하여야 한다.

> [유제] A사의 일부 사업부문이 상법상의 영업양도에 해당하는 요건을 갖추지 못하였지만 인적 조직 및 물적 시설은 해체됨이 없이 그 동일성을 유지하면서 계열회사인 B사에게 이관되었고 그에 따라 A사 소속 근로자인 김도 회사방침에 따라 중간퇴직을 하고 퇴직금을 수령한 후 B사에 신규입사절차를 밟았다. 이 경우 중간퇴직의 의사표시의 효력은? (대법원 1997.6.27. 선고 96다49674 판결)

[해결] 인적 물적 시설이 동일성을 유지하면서 존속하고 있고 다만 그 경영주체의 교체가 있었음에 불과하므로, 김이 A사에서 퇴직하고 B회사에 입사하는 형식을 취하였다고 하더라도 이는 통정허위표시로서 무효라 할 것이고, 따라서 김의 A사와 B사에서의 각 근무는 중간퇴직에 의하여 단절됨이 없이 근로의 계속성이 유지된다.

4. 통정허위표시와 제3자의 보호

[사안] 김은 2002.4.22. 박과 사이에 김 소유의 X건물을 보증금 1억원(2004.1.1.부터는 보증금을 2억원으로 증액하기로 하였다), 임차기간 2003.1.1.부터 36개월, 임대료 월 금 12,300,000원으로 각 정하여 임대하기로 하는 내용의 임대차계약을 체결하였다. 김과 박은 임차보증금 반환채권을 담보할 목적으로 전세권 설정등기를 마치기로 약정하고, X건물에 관하여 전세권설정자 김, 전세권자 박, 전세금 1억원으로 된 전세권 설정등기를 마쳤다. 박은 2003.2.21. 전세권 설정등기가 마쳐진 경위에 관하여 알지 못하는 A금고로부터 금 7천만원을 차용하면서 A금고에게 담보로 위 전세권에 관하여 채권최고액 금 91,000,000원의 근저당권 설정등기를 마쳐주었다. 김은 박이 2004.1.1. 추가 지급하기로 한 보증금 1억원과 2004.1.1. 이후의 임대료, 부가가치세 및 관리비를 지급하지 않자, 2004.2.12. 박에게 임대차계약을 해지한다는 뜻을 통지하였다. A금고는 박이 2004.3.5. 이후의 대출금 이자를 지급하지 아니하자, 박의 김에 대한 전세금반환채권 중 72,278,610원에 관하여 채권압류 및 추심명령을 받았다. 그러나 김은 압류명령이 송달될 때까지 변제기에 이른 김의 박에 대한 연체 임대료 등 채권은 합계 금 145,630,762원으로서 박의 전세금반환채권을 초과함으로, 김의 상계 의사표시에 따라 전세금반환채권은 모두 소멸하였고, 따라서 김이 A금고에게 지급할 추심금채무는 존재하지 않는다고 주장한다. (대법원 2008.3.13. 선고 2006다29372,29389 판결)

[해결] 실제로는 전세권설정계약이 없으면서도 임대차계약에 기한 임차보증금 반환채권을 담보할 목적으로 임차인과 임대인 사이의 합의에 따라 임차인 명의로 전세권설정등기를 경료한 후 그 전세권에 대하여 근저당권이 설정된 경우, 가사 전세권설정계약만 놓고 보아 그것이 통정허위표시에 해당하여 무효라 하더라도 이로써 전세권설정계약에 의하여 형성된 법률관계를 토대로 별개의 법률원인에 의하여 새로운 법률상 이해관계를 갖게 된 근저당권자에 대하여는 그와 같은 사정을 알고 있었던 경우에만 그 무효를 주장할 수 있다. 김은 박에 대하여는 전세권설정계약이 무효라고 주장할 수 있더라도, 그러한 사정을 알지 못한 채 전세권에 대하여 근저당권을

설정한 A금고에 대하여는 전세권설정계약의 무효를 주장할 수 없어, 전세권설정계약과 양립할 수 없는 임대차계약에 의하여 발생한 김의 박에 대한 연체차임, 관리비, 손해배상 등의 채권을 주장할 수 없으므로, 결국 김은 각 채권으로서 A금고가 압류·추심한 전세금반환채권과 상계할 수도 없다.

> **[유제]** 김은 2008.2.4. 박에게 X건물을 임대차보증금 6,500만원 등으로 정하여 임대하고, 박은 최와 사이에 실제로는 양도할 의사 없이 형식적으로 최에게 위 임대차보증금반환채권을 양도하는 계약을 체결하기로 하고, 2008.12.10. 김에게 그 양도사실을 통지하였다. 정은 2011.1.7. 최에 대한 수임료 사건의 판결 정본에 기하여 최가 양도받은 위 임대차보증금반환채권에 관하여 채권압류 및 추심명령을 받았고, 그 명령이 2011.5.18. 김에게 송달되었다. 정의 김에 대한 추심금 청구에 대하여 김은, 정은 임대차보증금반환채권의 가장양수인인 최의 일반채권자로서 가장양수인으로부터 자신의 수임료 채권 추심을 위하여 임대차보증금반환채권에 대한 채권압류 및 추심명령을 받아 추심권을 취득한 자에 불과하므로, 민법 제108조 제2항의 제3자에 해당하지 않는다고 항변한다. (대법원 2014.4.10. 선고 2013다59753 판결)

[해결] 상대방과 통정한 허위의 의사표시는 무효이고 누구든지 그 무효를 주장할 수 있는 것이 원칙이나, 허위표시의 당사자와 포괄승계인 이외의 자로서 허위표시에 의하여 외형상 형성된 법률관계를 토대로 실질적으로 새로운 법률상 이해관계를 맺은 선의의 제3자에 대하여는 허위표시의 당사자뿐만 아니라 그 누구도 허위표시의 무효를 대항하지 못하는 것인데, 허위표시를 선의의 제3자에게 대항하지 못하게 한 취지는 이를 기초로 하여 별개의 법률원인에 의하여 고유한 법률상의 이익을 갖는 법률관계에 들어간 자를 보호하기 위한 것으로서, 제3자의 범위는 권리관계에 기초하여 형식적으로만 파악할 것이 아니라 허위표시행위를 기초로 하여 새로운 법률상 이해관계를 맺었는지 여부에 따라 실질적으로 파악하여야 한다. 따라서 임대차보증금반환채권이 양도된 후 그 양수인의 채권자가 임대차보증금반환채권에 대하여 채권압류 및 추심명령을 받았는데 그 임대차보증금반환채권 양도계약이 허위표시로서 무효인 경우 그 채권자는 그로 인해 외형상 형성된 법률관계를 기초로 실질적으로 새로운 법률상 이해관계를 맺은 제3자에 해당한다고 보아야 한다.

5. 착오의 요건(1) - 중요부분의 착오

> [사안] 김은 박이 최로부터 차용할 3,750만 원의 반환채무를 보증할 의사로 공정증서에 연대보증인으로 서명·날인하였으나, 김의 의사와 달리 공정증서는 박의 최에 대한 기존의 구상금채무 등에 관한 준소비대차계약 공정증서였으므로, 김의 서명·날인행위는 착오에 의한 것이고, 이와 같은 착오는 법률행위의 중요 부분에 관한 착오에 해당한다며 연대보증의사의 취소를 주장한다. 그러나 최는, 소비대차계약과 준소비대차계약의 법률효과는 동일한 것이어서, 비록 김이 준소비대차계약 공정증서를 읽지 않거나 올바르게 이해하지 못한 채 서명·날인을 하였다고 하더라도 그 공정증서가 김의 의사와 다른 법률효과를 발생시키는 내용의 서면이라고 할 수는 없으므로 표시와 의사의 불일치가 객관적으로 현저한 경우에 해당하지 않을 뿐만 아니라, 김으로서는 박이 최에게 부담하는 3,750만원의 차용금반환채무를 연대보증할 의사를 가지고 있었던 이상, 그 차용금이 공정증서 작성 후에 비로소 박에게 교부되는 것이 아니라 박이 최에게 지급하여야 할 구상금 등을 소비대차의 목적으로 삼은 것이라는 점에 대하여 김이 착오를 일으켰다고 하더라도 그로 인해 김이 무슨 경제적인 불이익을 입었거나 장차 불이익을 당할 염려가 있는 것은 아니므로, 이러한 착오는 연대보증계약의 중요 부분에 관한 착오라고 할 수 없다고 항변한다. (대법원 2006.12.7. 선고 2006다41457 판결)

[해결] 착오를 이유로 의사표시를 취소하는 자는 법률행위의 내용에 착오가 있었다는 사실과 함께 그 착오가 의사표시에 결정적인 영향을 미쳤다는 점, 즉 만약 그 착오가 없었더라면 의사표시를 하지 않았을 것이라는 점을 증명하여야 한다. 또한 착오는 법률행위의 내용의 중요 부분에 관한 것이어야 하는데, 착오가 법률행위 내용의 중요 부분에 있다고 하기 위하여는 표의자에 의하여 추구된 목적을 고려하여 합리적으로 판단하여 볼 때 표시와 의사의 불일치가 객관적으로 현저하여야 하고, 만일 그 착오로 인하여 표의자가 무슨 경제적인 불이익을 입은 것이 아니라고 한다면 이를 법률행위 내용의 중요 부분의 착오라고 할 수 없다.

6. 착오의 요건(2) - 중대한 과실이 없을 것

> [사안] 김은 지인의 소개를 받아 박으로부터 X임야를 매수하려 하였는데 매수하고자 하는 임야의 지번을 임야대장이나 지적도 등을 통하여 정확하게 확인하지 아니한

> 채 Y임야가 지인의 소개임야라고 성급하게 판단하고 Y 임야에 대한 매매계약을 체결하였고 후에 이를 알게 되자 중요부분의 착오가 있었다며 이를 취소하고자 한다. 그러나 박은, 김이 매매계약 체결에 앞서 임야도, 임야대장 등을 확인하거나, 박에게 임야도 등을 제시하면서 확인을 구하였더라면 Y임야임을 쉽게 알 수 있었음에도 그러한 조치를 전혀 취하지 않아 그와 같은 착오에 빠진 것이므로, 매매계약에 있어서 김은 보통 요구되는 주의를 현저히 결여하였다고 항변한다. (대법원 2009.9.24. 선고 2009다40356,40363 판결)

[해결] 김은 매매계약의 목적물인 Y 임야를 X 임야로 착각하였다고 할 것이고, 이와 같은 매매목적물의 동일성에 관한 착오는 법률행위 내용의 중요부분에 관한 착오에 해당된다. 그런데 민법 제109조 제1항 단서에서 규정하고 있는 '중대한 과실'이라 함은 표의자의 직업, 행위의 종류, 목적 등에 비추어 보통 요구되는 주의를 현저히 결여한 것을 말하며, 중대한 과실 유무에 관한 주장과 입증책임은 착오자가 아니라 의사표시를 취소하게 하지 않으려는 상대방에게 있다. 사안처럼 공인된 중개사나 신뢰성 있는 중개기관을 통하지 않고 개인적으로 토지 거래를 하는 경우, 매매계약 목적물의 특정에 대하여는 스스로의 책임으로 토지대장, 임야도 등의 공적인 자료 기타 공신력 있는 객관적인 자료에 의하여 그 토지가 과연 그가 매수하기 원하는 토지인지를 확인하여야 할 최소한의 주의의무가 있다. 그렇다면 매매계약에 있어서 김에게 '중대한 과실'이 있다고 할 수 있다.

> **[유제]** 골동품애호가인 김은 박이 진귀한 청자를 소장하고 있다는 소개를 받아 박과 접촉하였다. 그러나 박은 자신이 소유하는 청자가 어떤 것인지 전혀 모르고 있었는데 김은 직접 감정해보고 이를 고려시대에 제작된 고려청자로 오신하고 4천만원에 매수할 것을 제안하여 이를 매수하였다. 그러나 후에 전문감정가의 감정결과 달리 판명되자 김은 이 매매계약은 중요부분에 착오가 있었으므로 취소하겠다고 하자, 박은 김이 전문가의 감정을 거치지 않고 고려청자로 쉽게 믿은 것은 김의 중대한 과실로 인한 것이므로 김은 이 계약을 취소할 수 없다고 주장한다. (대법원 1997.8.22. 선고 96다26657 판결)

[해결] 김이 매매계약을 체결하면서 자신의 식별 능력과 매매를 소개한 중개인을 과신한 나머지 도자기가 고려청자 진품이라고 믿고 전문적 감정인의 감정을 거치지 아니한 채 도자기를 고가로 매수하고 도자기가 고려청자가 아닐 경우를 대비하여 필요한 조치를 강구하지 아니한 잘못이 있기는 하지만 그와 같은 사정만으로는 김이 매매계약 체결시 요구되는 통상의 주의의무를 현저하게 결여하였다고 보기는 어렵다.

7. 유발된 착오

[사안] 김은 박과 약 300평 넓이의 X토지를 4,875만 원에 매수하는 매매계약을 체결하고, 박에게 계약금 2,000만 원을 지급하였다. 김은 매매계약 당시 'X토지에 인접한 매실나무 밭 바로 앞부분 약 80평이 포함되고 인접한 도로 부분 약 40평이 포함되지 않는다'고 잘못 알고 있었다. 박도 김과 같이 X토지의 경계를 잘못 인식하고 있었고, 이에 따라 매매계약 당시 김에게 토지의 경계에 대하여 정확한 설명을 하지 않았다. 김이 X토지에 포함되거나 포함되지 않는다고 잘못 인식한 부분의 면적은 X토지면적의 상당한 부분을 차지한다. 이에 김은 매매계약의 목적물의 경계에 대하여 착오를 하였고, 그 착오는 중요한 부분에 해당한다며 계약을 착오로 취소하고 계약금의 반환을 청구한다. 그러나 박은, 김이 X토지를 지적도와 대조하여 일치여부를 확인하지 않았는 바, 김의 착오에는 중대한 과실이 있다고 항변한다. (대법원 2020.3.26. 선고 2019다288232 판결)

[해결] 판례는 토지매매에서 토지의 현황과 경계에 착오가 있어 계약을 체결하기 전에 이를 알았다면 계약의 목적을 달성할 수 없음이 명백하여 계약을 체결하지 않았을 것으로 평가할 수 있을 경우에 계약의 중요부분에 관한 착오가 인정된다고 한다. 또 토지매매에서 매수인에게 측량을 하거나 지적도와 대조하는 등의 방법으로 매매목적물이 지적도상의 그것과 정확히 일치하는지 여부를 미리 확인하여야 할 주의의무가 있다고 볼 수 없다고 한다. 사안에서 박도 토지의 경계에 관하여 잘못 인식하고 있었고, 더구나 박의 잘못된 설명으로 김의 착오가 유발되었으므로, 김의 착오에 중대한 과실이 있다고 보기 어렵다. 결국 매매계약은 착오를 이유로 한 김의 취소 의사표시에 따라 적법하게 취소되었고, 계약금의 반환을 구하는 김의 청구는 정당하다.

[유제 1] 김과 박 사이에 X건물에 관한 매매계약이 체결된 직후 건물이 건축선을 침범하여 건축되어 문제가 있음을 알게 되었지만 매도인 박이 법률사무소에 알아보았는데 위 건물은 적법하게 준공검사가 난 건물이므로 구청장을 상대로 철거지시처분취소소송을 제기하면 틀림없이 이긴다고 확언하므로 이를 믿고 매매계약을 해제하지 아니하고 박에게 중도금 및 잔금을 지급하고 X건물에 관한 소유권이전등기를 경료받았다. 후에 X건물에 대해 구청에서 철거지시가 내리고 처분의 취소도 어렵게 되자 김은 이 매매계약을 착오를 이유로 취소하고자 한다. (대법원 1997.9.30. 선고 97다26210 판결)

[해결] 김이 건물이 철거되지 않으리라고 믿은 것은 매매계약과 관련하여 동기의 착오라고 할 것이지만, 김과 박 사이에 매매계약의 내용으로 표시되었다고 볼 것이고, 누구라도 건물 중 건축선을 침범한 부분이 철거되는 것을 알았더라면 건물을 매수하지 아니하였을 것이므로 내용의 중요 부분에 착오가 있는 때에 해당한다. 또 박의 적극적인 행위에 의하여 김이 착오에 빠지게 된 점 등을 고려하면 김의 착오가 김의 중대한 과실에 기인한 것이라고 할 수 없다.

> [유제 2] 김은 박의 주택이 자신의 토지경계선을 침범하였다며 관계기관에 진정을 하려하자 박은 이의 원만한 해결을 위하여 그 간의 경계침범에 대한 보상금 내지 위로금의 명목으로 300만원을 지급하였다. 그 후 김이 주장하는 토지경계선이 실제와 다른 것임이 판명되자 박은 자신이 김의 강력한 주장에 의하여 경계선을 잘못 인식하여 착오로 금원을 증여하였다며 이를 취소하고 금원의 반환을 구한다. (대법원 1997.8.26. 선고 97다6063 판결)

[해결] 진정한 경계선에 관한 착오는 위의 금원 지급 약정을 하게 된 동기의 착오이지만 그와 같은 동기의 착오는 상대방의 강력한 주장에 의하여 생긴 것으로서 표의자가 그 동기를 의사표시의 내용으로 표시하였다고 보아야 하고, 또한 표의자로서는 그와 같은 착오가 없었더라면 그 의사표시를 하지 아니하였으리라고 생각될 정도로 중요한 것이고 보통 일반인도 표의자의 처지에 섰더라면 그러한 의사표시를 하지 아니하였으리라고 생각될 정도로 중요한 것이라고 볼 수 있으므로, 위 금원 지급 의사표시는 그 내용의 중요 부분에 착오가 있는 것이 되어 이를 취소할 수 있다.

8. 동기의 착오

> [사안] 정육점을 운영하던 김은 박의 소유토지를 매수함에 있어 중개인들이 목적토지 중 약 20-30평 정도가 도로에 편입될 것이라는 말을 믿고 이 토지에 주택을 신축하기 위하여 이를 매수하였으며 이러한 사정은 모두 계약과정에서 나타나서 박도 이를 잘 알고 있었다. 그 후 실제로 도로에 편입된 면적이 토지전체면적의 30%인 197평에 달하자 김은 남은 토지만으로는 매매계약을 체결한 목적을 달성할 수 없다며 박에게 착오를 이유로 매매계약의 취소를 통보하고 매매대금의 반환을 청구한다. 그러나 박은, 김이 주장하는 사유는 매매계약과 관련한 동기의 착오에 불과하고 또한 김이 조금만 주의를 기울였다면 그 편입부분을 쉽게 알 수 있었음에도 이를 제

> 대로 확인하지 아니한 것이어서 이는 김의 중대한 과실로 인한 착오이므로 이를 취소할 수 없다고 항변한다. (대법원 2000.5.12. 선고 2000다12259 판결)

[해결] 동기의 착오가 법률행위의 내용의 중요부분의 착오에 해당함을 이유로 표의자가 법률행위를 취소하려면 그 동기를 당해 의사표시의 내용으로 삼을 것을 상대방에게 표시하고 의사표시의 해석상 법률행위의 내용으로 되어 있다고 인정되면 충분하고 당사자들 사이에 별도로 그 동기를 의사표시의 내용으로 삼기로 하는 합의까지 이루어질 필요는 없지만, 그 법률행위의 내용의 착오는 보통 일반인이 표의자의 입장에 섰더라면 그와 같은 의사표시를 하지 아니하였으리라고 여겨질 정도로 그 착오가 중요한 부분에 관한 것이어야 한다.

사안에서 김은 동기의 착오를 일으켰는데 그 동기가 김과 박 사이에 매매계약의 내용으로 표시되었다고 보인다. 또한 일반인이라도 김의 입장에서라면 목적 토지 중 전체면적의 30%가 분할되는 것을 알았다면 이 토지를 매수하지 아니하였으리라고 판단되므로 결국 김은 이 매매계약을 체결함에 있어 중요부분에 관한 착오가 있었다고 보아야 한다. 아울러 정육점을 운영하는 김이 중개인들의 말만 믿고 착오에 빠져 사실관계를 제대로 알아보지 못하였다는 점만으로는 중대한 과실을 인정하기에 부족한 것으로 보인다.

> [유제 1] 부산시 소유인 X토지는 부산시가 도시관리계획상 체육시설 부지인 주차장과 운동장 용도로 지정하여 둔 토지인데, 김은 X토지를 매수하여 그 지상에 공동주택 및 호텔, 상업 및 부대시설을 신축하여 개발할 의도로 부산시로부터 수의계약에 의하여 이를 매수하였다. 그러나 후에 X토지에 김이 구상한 사업을 진행할 수 없게 되자, 김은 착오를 이유로 동 매매계약을 취소한다며 김이 지급한 계약금의 반환을 청구한다. 그러나 부산시는, 김이 매매 당시 장차 도시계획이 변경되어 X토지 상에 공동주택, 호텔 등을 신축하는 사업에 대한 인·허가를 받을 수 있을 것이라고 생각하였으나 그 후 생각대로 되지 않았다 하더라도, 이는 법률행위 당시를 기준으로 장래의 미필적 사실의 발생에 대한 기대 또는 예상이 빗나간 것에 불과할 뿐 이를 착오라고 할 수는 없다며 김의 주장을 배척한다. (대법원 2007.8.23. 선고 2006다15755 판결)

[해결] 김의 X토지의 매수의 동기가 의사표시의 내용으로 표시되었다고 볼 수 없고 따라서 계약내용으로 되었다고 보기 어렵다.

[유제 2] 김은 공장의 신축부지로 사용하기 위하여 박의 토지를 매입하였는데, 그 토지가 개간농지로서 농지의 전용을 제한하는 법령에 의한 복잡한 절차를 거쳐야만 공장의 부지로 사용할 수 있다는 사실을 모르고 곧바로 벽돌공장을 지을 수 있는 것으로 잘못 알고 있었다며 착오를 이유로 토지매매계약을 취소하고자 한다. 박은 토지의 공장부지로의 전용여부는 계약의 내용이 아니라며 항변한다. (대법원 1997.4.11. 선고 96다31109 판결)

[해결] 김의 착오는 동기의 착오에 지나지 않으므로 당사자 사이에 그 동기를 의사표시의 내용으로 삼았을 때 한하여 의사표시의 내용의 착오가 되어 취소할 수 있다. 목적토지가 곧바로 공장의 부지로 전용될 수 있다는 것을 당사자들이 의사표시의 내용으로 삼지 않았다면 김은 이를 이유로 매매계약을 취소할 수 없다.

9. 공통된 동기의 착오

[사안] 김은 국유지인 X대지 위에 Y건물을 신축하여 국가에 기부채납하는 대신 X대지 및 Y건물에 대한 사용수익권을 받기로 약정하였다. 이에 따라 김이 건물을 신축하여 국가에게 소유권을 이전하고 사용·수익허가를 받았고, 사용수익허가의 조건은 건물의 감정평가액 8억원을 기부채납금액으로 하고 대지 및 건물의 연간사용료를 187,386,000원으로 하여 사용료 합계가 기부채납액에 달하기까지의 기간 동안 사용료를 면제하는 것이었다. 그런데 그 과정에서 김과 행정담당자는 기부채납이 부가가치세 부과대상인 줄을 몰랐거나 이를 고려하지 아니한 채 계약을 체결하고 조건을 결정하였다. 그 후 김에게 기부채납에 대한 1억4백만원의 부가가치세가 부과되어 김이 이를 납부하였다. 김은 기부채납에 대하여 부가가치세가 부과된다는 점에 관하여 김과 국가가 공통으로 착오에 빠져 있었고, 이러한 착오의 상황을 고려하여 계약체결에 대한 당사자의 진의를 추정하여 그와 같은 동기의 착오가 없었더라면 당사자가 약정하였을 내용대로 계약을 수정하는 것이 당사자의 이익을 위하여 타당하다고 할 것인바, 만일 김과 국가가 부가가치세 부과에 관한 착오 없이 계약을 체결하였다면 국가가 부가가치세를 부담함을 전제로 계약 내용을 정하였을 것으로 보는 것이 당사자의 진정한 의사에 부합한다고 할 것이라는 이유를 들어, 국가에게 부가가치세의 지급을 청구한다. (대법원 2006.11.23 선고 2005다13288 판결)

[해결] 계약당사자 쌍방이 계약의 전제나 기초가 되는 사항에 관하여 같은 내용으로 착오를 하고 이로 인하여 그에 관한 구체적 약정을 하지 아니하였다면, 당사자가 그러한 착오

가 없을 때에 약정하였을 것으로 보이는 내용으로 당사자의 의사를 보충하여 계약을 해석할 수도 있으나, 여기서 보충되는 당사자의 의사란 당사자의 실제 의사 내지 주관적 의사가 아니라 계약의 목적, 거래관행, 적용법규, 신의칙 등에 비추어 객관적으로 추인되는 정당한 이익조정 의사를 말한다고 할 것이다. 사안에서 김과 국가가 계약을 체결하고 그 내용을 정함에 있어 기부채납이 부가가치세 부과대상인 줄을 몰랐다고 한다면, 계약의 전제가 되는 사항에 관하여 같은 내용의 착오에 빠져 있었다고 할 수 있으므로, 당사자의 진의를 추정하여 계약 내용을 수정 해석하는 것이 타당하다.

> [유제] A사는 B사에 매각하는 X건물의 매매대금을 결정하면서 그 중 건물 전체가 부가가치세 과세대상인 것으로 잘못 알고 일률적으로 건물대금의 1/11 상당액을 부가가치세로 정하되 나중에 그 액수만큼 매입세액으로 하여 매출세액에서 이를 공제하거나 관할 세무서로부터 같은 금액을 환급받을 수 있을 것으로 잘못 알고 부가가치세를 매매대금에 포함시켜 B사에게 지급하였다가 그 후 관할 세무서의 조사 결과 당초 과세대상으로 잘못 알았던 일부 건물의 매매행위가 면세되는 재화의 공급으로 밝혀져 결과적으로 B사는 면세되는 부가가치세를 환급받은 반면 A사는 그 부분에 관하여 원래 매입세액으로 공제받을 수 없었던 금액을 부당하게 공제받았다는 이유로 결국 추징당하게 되었다. 이에 A사는 부가가치세의 면세대상에 관한 착오에 빠져 B사에게 면세되는 부가가치세까지도 지급하였고 B사도 같은 착오에 빠져 이를 거래징수한 다음 관할 세무서에 함께 납부하였다가 나중에 그 부분을 환급받은 셈이 되어, 결국 B사로서는 법률상 원인 없이 그 금액 상당의 이익을 얻고 이로 인하여 A사에게 같은 금액 상당의 손해를 가하였다며 부당이득금의 반환을 청구한다. (대법원 2005.5.27. 선고 2004다60065 판결)

[해결] 당초 A사와 B사는 공히 계약 당시 X건물의 양도 전체가 부가가치세 과세대상인 것으로 잘못 알고 있었는데, 매매대금의 결정방법이나 그 경위 등에 비추어 볼 때, 만약 계약 당시 그 부가가치세 중 일부가 면제되리라는 사정을 알았더라면 A사와 B사 쌍방이 건물대금의 1/11 해당액 중 실제로 과세대상이 되는 금액만을 부가가치세액으로 기재하고 나머지 면제될 것으로 예상되는 액은 건물의 공급가액인 매매대금에 포함시켜 매매계약서와 세금계산서를 각 작성하였을 것임을 추인할 수 있는바, 환급받은 부가가치세 상당액을 부당이득으로 보아 B사로 하여금 A사에게 이를 반환하도록 한다면 이는 실질적인 공평의 원칙이나 당사자에게 공통된 동기의 착오에 빠지지 아니한 상태에서의 당사자의 진정한 의사에 반하는 결과가 될 것이므로, B사가 A사에 대한 관계에서 법률상 원인 없이 부가가치세 환급액 상당의 재산상 이익을 얻었다고 평가할 수는 없다.

10. 표의자의 착오를 이용한 경우

[사안] A증권사의 직원 김이 거래 당일 개장 전인 08:50경 선물스프레드 15,000계약의 매수주문을 입력하면서 주문가격란에 0.80원을 입력하여야 함에도 '.'을 찍지 않아 80원을 입력하였고 이 내역은 거래참가자들 모두에게 공개되었다. B증권사의 직원 박은 거래 당일 개장 전인 08:54경 1.1원에 이 선물스프레드 332계약을 매도하겠다는 주문을 입력해두었다가 09:00:03:60 위 주문이 80원에 체결되자, 거래화면에 나온 매수호가 80원을 클릭하여 주문가격을 80원으로, 주문수량을 300계약으로 하여 09:00:08:46 매도주문을 하고, 이후 주문가격과 주문수량을 고정하여 09:00:11:88부터 09:00:15:73까지 불과 몇 초 만에 추가로 28회의 매도주문을 하여 10,000계약의 주문을 하였다. A증권사는, B증권사가 최초에 매매계약이 80원에 체결된 후에는 이 매수주문의 주문가격이 80원인 사실을 확인함으로써 그것이 주문자의 착오로 인한 것임을 충분히 알고 있었고, 이를 이용하여 다른 매도자들보다 먼저 매매계약을 체결하여 시가와의 차액을 얻을 목적으로 단시간 내에 여러 차례 매도주문을 냄으로써 거래를 성립시켰다며 착오를 이유로 이를 취소하고 B사에 부당이득금의 반환을 구한다. 그러나 B사는 A사가 매수주문을 함에 있어서 중대한 과실이 있었으므로 착오를 이유로 이를 취소할 수 없다고 항변한다. (대법원 2014.11.27. 선고 2013다49794 판결)

[해결] 민법 제109조 제1항 단서는 의사표시의 착오가 표의자의 중대한 과실로 인한 때에는 그 의사표시를 취소하지 못한다고 규정하고 있는바, 위 단서 규정은 표의자의 상대방의 이익을 보호하기 위한 것이므로, 상대방이 표의자의 착오를 알고 이를 이용한 경우에는 그 착오가 표의자의 중대한 과실로 인한 것이라고 하더라도 표의자는 그 의사표시를 취소할 수 있다고 할 것이다. 사안에서 A사가 매수주문을 함에 있어 중대한 과실이 있다고 하더라도 A사는 착오를 이유로 이를 취소할 수 있다.

11. 사기에 의한 의사표시

[사안] X토지의 공유자로서 X토지를 현지에서 관리하기로 한 부동산 소개업자인 김은 X토지를 평당 금 1,000,000원에 매도하는 내용의 매매계약을 최와 체결하고서도 다른 공유자인 박의 소유 지분을 저렴한 가격에 취득하여 제3자에게 이전함으로써 그 전매차익을 취하려는 의도하에 박에게 위 계약 사실을 숨기고 오히려 그 시

74   제1편 민법총칙

> 가가 평당 금 700,000원 정도에 불과하다고 사실과 다른 말을 하여 자신이 매도한 가격보다 현저히 저렴한 가격에 이를 매수하였고 이로 인한 박의 소유지분의 가격 차액 총액이 3억원에 이르렀다. 후에 이를 알게 된 박은 김과의 매매계약을 사기를 이유로 취소하고자 한다. (대법원 1997.11.14. 선고 97다36118 판결)

[해결] 일반적으로 매매거래에 있어 매수인이 매도인에게 목적물의 적정 가격을 고지할 의무가 없다고 하여도 김이 전매차익을 취하려는 의도하에 매도사실을 숨기고 현저히 저렴한 가격에 매수한 사정을 고려하면 김의 위와 같은 행위는 적극적으로 박을 기망한 것으로서 위법성이 있다고 보아야 할 것이고, 만약 그와 같은 사정을 박이 알았더라면 매매계약을 체결하지 않았을 것이라고 짐작하기에 어렵지 않으므로, 김의 사기를 이유로 박이 김과 박 사이의 위 매매계약을 취소할 수 있다.

12. 착오와 사기의 법리의 관계

> **[사안]** A사의 대표이사인 김은 박에게 최가 A사에 입사하는데 신원보증을 하여 달라고 부탁하여, 이에 속은 박이 최를 위한 신원보증서류로 알고 이행보증보험약정서의 연대보증인란에 서명날인하였다. 그 후 A사에 보험금을 지급한 B보증사가 연대보증을 한 박에 대하여 구상금을 청구하자, 박은 자신은 김의 기망행위로 말미암아 착오를 일으켜 이행보증보험약정서에 서명날인하게 되었다며 책임을 부인한다. 그러나 B보증사는, 비록 박의 내심의 의사가 A사에 대하여 최의 신원보증을 하고자 한 것이었다 하더라도 이행보증보험약정서에 드러난 박의 의사표시는 B사에 대하여 A사의 이행보증보험계약상 채무를 연대보증하겠다는 것이라고 보아야 하고, B사가 이를 받아들임으로써 B사와 박 사이에 연대보증약정이 성립되었고, 비록 박이 계약 상대방 아닌 제3자의 사기에 의하여 하자 있는 의사표시를 하였다 하더라도 B사가 이를 알았거나 알 수 있었다고 볼 수 없어 박은 연대보증약정의 효력을 다툴 수 없다고 주장한다. (대법원 2005.5.27. 선고 2004다43824 판결)

[해결] 사기에 의한 의사표시란 타인의 기망행위로 말미암아 착오에 빠지게 된 결과 어떠한 의사표시를 하게 되는 경우이므로 거기에는 의사와 표시의 불일치가 있을 수 없고, 단지 의사의 형성과정 즉 의사표시의 동기에 착오가 있는 것에 불과하며, 이 점에서 고유한 의미의 착오에 의한 의사표시와 구분되는데, 사안에서 박은 신원보증서류에 서명날인한다는 착각에 빠진 상태로 연대보증의 서면에 서명날인한 것으로서, 결국 박의 행위는 강학

상 기명날인의 착오(또는 서명의 착오), 즉 어떤 사람이 자신의 의사와 다른 법률효과를 발생시키는 내용의 서면에, 그것을 읽지 않거나 올바르게 이해하지 못한 채 기명날인을 하는 이른바 표시상의 착오에 해당하므로, 비록 이러한 착오가 제3자의 기망행위에 의하여 일어난 것이라 하더라도 그에 관하여는 사기에 의한 의사표시에 관한 법리, 특히 상대방이 그러한 제3자의 기망행위 사실을 알았거나 알 수 있었을 경우가 아닌 한 의사표시자가 취소권을 행사할 수 없다는 민법 제110조 제2항의 규정을 적용할 것이 아니라, 착오에 의한 의사표시에 관한 법리만을 적용하여 취소권 행사의 가부를 가려야 할 것이다. 따라서 사안에서는 박이 신원보증서류에 서명날인하는 것으로 잘못 알고 위 이행보증보험약정서를 읽어보지 않은 채 서명날인한 것일 뿐 연대보증약정을 한 사실이 없다는 주장은 위 연대보증약정을 착오를 이유로 취소한다는 취지로 볼 수도 있으므로 의사표시의 착오에 관한 법리와 규정을 적용하여 심판하여야 한다.

13. 기망행위의 위법성

[사안] 다단계판매회사 A사의 사원 김이 박에게 자신이 판매하는 체형보정용 속옷이 고혈압, 다이어트, 허리디스크, 피부질환 등 각종 질병 치료에 효과가 있는 것처럼 말하면서 구입을 권유하자, 당시 각종 질환을 앓고 있던 박은 1세트에 100만 원 이상의 돈을 지불하고서 이를 구입하였다. 후에 박은 김의 기망행위에 속아 구입하였다며 이를 취소하고자 하나, A사는 비록 김의 행위에 다소의 과장·허위가 있었다고 보이지만, 박은 성인으로서 자신의 자유로운 의사에 따라 구입하였으므로 일반의 상거래의 관행과 신의칙에 비추어 시인될 수 없을 정도의 기망성이 있다고 할 수 없다며 항변한다. (대법원 2008.11.27. 선고 2008다56118 판결)

[해결] 상품의 선전·광고에 있어 다소의 과장이나 허위가 수반되었다고 하더라도 일반 상거래의 관행과 신의칙에 비추어 시인될 수 있는 정도의 것이라면 이를 가리켜 기망하였다고는 할 수가 없고, 거래에 있어 중요한 사항에 관한 구체적 사실을 신의성실의 의무에 비추어 비난받을 정도의 방법으로 허위로 고지한 경우에는 기망행위에 해당한다고 할 것이다. 사안에서 김이 질환을 앓고 있는 박에게 속옷이 질병 치료에 효과가 있는 것처럼 허위 또는 과장광고를 한 것은 그 사술의 정도가 사회적으로 용인될 수 있는 상술의 정도를 넘은 것이어서 위법성이 있다고 보인다.

14. 부작위에 의한 기망행위

[사안] A사는 2007.3. B사가 건축하던 상가건물 전체를 분양받기로 하는 계약을 체결하고, 다시 이 상가의 X점포를 2007.4. 김에게 대금 3억원에 분양하는 계약을 체결하였다. 후에 김은 분양계약이 A사의 기망에 의하여 체결된 것이므로 사기를 이유로 이를 취소하고 계약금의 반환을 구한다. 즉 상가의 분양자는 시행사인 B사이고 A사는 상가의 최초 수분양자로 점포를 전매하는 것임에도 불구하고, 최초 수분양자로서 전매차익을 얻으려 하였던 김을 마치 자신이 상가의 분양자인 것처럼 기망하여 이에 속은 김과 분양계약을 체결하였다는 것이다. 그러나 A사는 자신이 B사로부터 분양받아 다시 분양하는 것이라는 사실을 김에게 알릴 신의칙상의 고지의무가 없다며 부작위에 의한 기망을 부인한다.(2010.2.25. 선고 2009다86000)

[해결] 상가를 포함한 부동산의 분양계약은 기본적으로 매매계약의 성질을 가진다. 분양계약에서 분양자의 주된 의무는 통상의 매도인과 마찬가지로 분양목적물에 대한 완전한 소유권 및 그 점유를 수분양자에게 이전하여 매수인으로 하여금 분양목적물로부터 나오는 모든 이익을 누릴 수 있도록 하는 데 있다. 또한 전매차익의 극대화도 수분양자가 제반 사정을 고려하여 스스로 판단·결정할 사항이고, 이에 영향을 미치는 사정에 관한 정보는 원칙적으로 수분양자가 스스로 수집하여 평가하여야 한다. 따라서 분양자에게 그 대립당사자로서 스스로 이익을 추구하여 행위하는 수분양자에 대하여 최초분양인지, 전매분양인지를 포함하여 수분양자의 전매이익에 영향을 미칠 가능성이 있는 사항들에 관하여 분양자가 가지는 정보를 밝혀야 할 신의칙상의 의무가 있다거나, 나아가 그러한 정보를 밝혀 고지하지 아니하면 그것이 부작위에 의한 기망에 해당하여 민법 제110조 제1항에서 정하는 사기가 된다고 말할 수 없다.

[유제] 김은 박과의 사이에 자신이 임대하고 있는 X건물에 관한 임차권의 양도계약을 체결하면서 그 당시 X건물에 대한 임대차기간의 연장이나 임차권 양도에 대한 임대인 최의 동의 여부가 확실하지 않은 상태에 있었고 최로부터 몇 차례에 걸쳐 명도요구를 받고 있었음에도 이 점에 관하여 박에게 알려주지 않았다. 후에 임차권 양수 후 최로부터 건물명도요구를 받은 박은 김과의 임차권양도계약을 사기를 이유로 취소하고자 한다. (대법원 1997.6.14. 선고 94다41003 판결)

[해결] 임차권의 양도에 있어서 그 임차권의 존속기간, 임대기간 종료 후의 재계약 여부,

임대인의 동의 여부는 위 계약의 중요한 요소를 이루는 것이므로 양도인으로서는 이에 관계되는 모든 사정을 양수인에게 알려주어야 할 신의칙상의 의무가 있다. 김은 임차권의 양도에 대하여 임대인인 최가 동의하지 않으리라는 사정을 미필적으로나마 알고 있었다고 볼 여지가 있는 바, 김이 최의 동의없이 임차권을 박에게 양도한 것은 기망행위에 해당한다.

15. 제3자의 기망행위로 인한 취소

[사안] A보험사에 대출을 신청하는 김은 대출신청금액이 금 4억원이라는 사실을 담보제공자인 박에게 숨기고 있었고, A사도 차용금액이 백지로 된 차입신청서의 연대보증인란, 채권최고액이 백지로 된 담보제공승낙서와 근저당권설정계약서에 각 서명날인하게 함에 있어서, 백지로 된 금액란이 얼마로 보충될 것인지를 박에게 확인하거나 알려주지 아니하였다. 이로 인하여 박은 자신의 X부동산이 금 1억원의 대출금에 대한 담보로 제공되는 것으로만 알고 그 대출 관련 서류에 서명하게 되었다. 후에 사실을 안 박은 사기를 당하였다며 보증계약의 효력을 부인한다. (대법원 1997.9.9. 96다15183 판결)

[해결] 금융기관의 대출담당자가 대출금 채무자의 물상보증인이 되고자 하는 자에게 대출금이나 근저당권의 최고액을 고지하지 아니하였다면, 나중에 그 금액란이 원래 물상보증인이 대출금 채무자와 합의한 금액 이상으로 기재되었을 경우에는, 그 금융기관의 대출담당자에게는 원래의 합의 금액이 실제 기재된 금액보다 적은 금액이었다는 점을 모른 데 대하여 과실이 있다. 박은 A사와의 보증계약을 제3자인 김의 사기를 이유로 취소할 수 있다.

16. 사기에 의한 의사표시에서 제3자 여부의 판단

[사안] 김은 A사로부터 그 소유의 X토지를 등기부등본상의 채무관계인 금 일억 원(가압류)을 김이 책임지기로 하는 조건으로 매수한 후 소유권이전등기를 경료하였다. 그 전에 박은 A사에 대한 양수금 채권을 보전하기 위하여 청구금액 일억 원의 가압류결정을 받아 X토지에 관하여 가압류등기를 경료하였다. 김은 매매계약에 따라 A사를 대위하여 위 가압류의 피보전채권 중 4천만원을 박에게 변제하였고 박은 가압류의 말소등기절차를 이행하였다. 그 후 김은 X토지가 등기부상으로만 있을 뿐 실체가 없는 것인데 자신이 A사로부터 기망을 당하여 매매계약을 체결하였으므로 이 매매계약의 취소를 통고하고 김이 A사의 박에 대한 가압류채무를 인수하기로 한

> 약정 또한 무효이므로 김이 박에게 변제한 가압류채무금은 원인 없이 박이 부당이득을 한 것으로서 박은 김에게 이를 반환할 것을 청구한다. 그러나 박은 기망을 이유로 하는 의사표시의 취소는 선의의 제3자에게 대항하지 못하는바, 자신은 A사의 기망행위를 알지 못하였으므로 김은 매매계약의 취소로서 박에게 대항하지 못한다고 항변한다. (대법원 2005.1.13. 선고 2004다54756 판결)

[해결] 민법 제110조 제3항에서 말하는 제3자는 사기에 의한 의사표시의 당사자와 그의 포괄승계인 이외의 자 모두를 가리키는 것이 아니고 그 가운데서 사기에 의한 의사표시를 기초로 하여 새로운 이해관계를 맺은 자를 한정해서 가리키는 것으로 새겨야 한다. 사안에서 A사와 김 사이의 계약은 김이 변제 등에 의하여 A사의 채무를 소멸하게 하여 A사의 책임을 면하게 할 것을 약정하는 내용으로서 김은 A사에 대한 관계에서 A사를 면책케 하는 채무를 부담하게 될 뿐 박으로 하여금 직접 김에 대한 채권을 취득하게 하는 것은 아니므로 그 계약은 이행인수라고 보아야 하는데, 이행인수 계약에서 채권자에 불과한 박은 김의 변제를 받은 것 외에는 그 계약에 기초하여 아무런 새로운 이해관계를 맺지 아니하였으므로 결국 민법 제110조 제3항에서 말하는 제3자라고 보기는 어렵고, 단순히 그 계약에 의하여 반사적으로 이익을 얻는 정도의 지위에 있는 자에 불과하다. 따라서 박이 사기에 의한 의사표시의 취소에 있어 제3자에 해당한다고 보기는 어렵다.

17. 강박에 의한 의사표시의 효과

> [사안] 김은 박이 경영하는 회사에 관한 양수계약을 체결하면서 양도·양수에 따르는 정산합의가 원만히 진행되지 않자, 일방적으로 작성한 결산서를 제시하며 이에 인정하지 않을 경우 매출액 누락 등을 이유로 형사상 및 조세상으로 문제삼을 수 있다고 하였고, 나아가 동 계약을 해제하고 손해배상을 청구하겠다고 하여 김의 요구를 받아들이도록 압박을 가하였다. 후에 박은 자신이 김의 위협에 두려움을 느껴 합의해준 정산합의는 강박에 의한 법률행위라며 취소를 주장한다. (대법원 2010.2.11. 선고 2009다72643 판결)

[해결] 강박에 의한 의사표시라고 하려면 상대방이 불법으로 어떤 해악을 고지함으로 말미암아 공포를 느끼고 의사표시를 한 것이어야 하는바, 여기서 어떤 해악을 고지하는 강박행위가 위법하다고 하기 위하여는 강박행위 당시의 거래관념과 제반 사정에 비추어 해악의 고지로써 추구하는 이익이 정당하지 아니하거나 강박의 수단으

로 상대방에게 고지하는 해악의 내용이 법질서에 위배된 경우 또는 어떤 해악의 고지가 거래관념상 그 해악의 고지로써 추구하는 이익의 달성을 위한 수단으로 부적당한 경우 등에 해당하여야 한다. 사안에서 김이 박에게 매출액 누락 등을 법적으로 문제삼을 수 있고 계약을 해제하여 손해배상을 청구할 수 있다는 취지로 말하였다고 하더라도, 그것이 '위법한 해악의 고지'에 해당한다고까지 할 수는 없다.

> **[유제]** 김은 박으로부터 원자력발전소가 설치될 계획인 곳에 부동산을 미리 매입해 두면 2배 이상의 이득을 얻을 수 있다는 이야기를 듣고 박의 소개로 최로부터 시가의 2배에 달하는 가격에 X토지를 매입하였다. 그 후 발전소 건설계획이 백지화되자 김은 박과 최가 짜고 자기를 속여 손해를 입혔다며 자신의 손해를 배상하지 않으면 언론기관에 진정하고 박을 사기죄로 처벌받게 하겠다고 윽박질렀다. 이에 박은 김에게 매매대금 상당액의 금원을 지급하기로 지불각서를 작성하여 주었다. 후에 박은 이 지불각서는 김의 괴롭힘과 협박을 면하기 위하여 진의에 반하여 작성된 것으로서 무효이고 그에 기한 채무를 부담하지 아니한다고 주장한다. 그러나 김은 박으로부터 위 지불각서를 작성받는 과정에서 다소 고성이 오가고 진정이나 처벌에 관한 언급이 있었다고 하더라도 각서의 작성당시에는 박의 진의에 기하여 이루어진 것으로서 유효하다고 볼 것이라고 항변한다. (대법원 2003.5.13. 선고 2002다73708,73715 판결)

[해결] 일반적으로 부정행위에 대한 고소·고발이나 언론에의 제보 등은 그것이 부정한 이익을 목적으로 하는 것이 아닌 때에는 정당한 권리행사가 되어 위법하다고 할 수 없으나, 부정한 이익의 취득을 목적으로 하거나 그 목적이 정당하다 하더라도 행위나 수단 등이 부당한 때에는 위법성이 있는 경우가 있을 수 있다. 위 각서에 기한 박의 의무부담 의사표시가 강박에 의한 의사표시로서 취소할 수 있다고 하기는 어렵다고 보인다.

더구나 강박에 의한 법률행위가 하자 있는 의사표시로서 취소되는 것에 그치지 않고 나아가 무효로 되기 위하여는, 강박의 정도가 단순한 불법적 해악의 고지로 상대방으로 하여금 공포를 느끼도록 하는 정도가 아니고, 의사표시자로 하여금 의사결정을 스스로 할 수 있는 여지를 완전히 박탈한 상태에서 의사표시가 이루어져 단지 법률행위의 외형만이 만들어진 것에 불과한 정도이어야 한다. 위 각서에 기한 박의 의무부담 의사표시가 박에게 가하여진 강박으로 인하여 의사결정을 스스로 할 수 있는 여지를 완전히 박탈당한 상태에서 이루어진 것으로서 각서가 법률행위의 외형만을 갖추기 위하여 만들어진 것에 불과하다고 보기는 어렵다.

제7강 법률행위의 대리

대리권수여의 의사표시의 해석 /대리권의 범위 /현명주의(顯名主義) /대리행위의 하자(瑕疵) /복대리인 선임의 묵시적 승낙여부 /제125조의 표현대리 /제126조의 표현대리 /제129조의 표현대리 /무권대리인의 책임의 성질 /무권대리인의 책임의 내용 /무권대리의 철회 /무권대리의 묵시적 추인 /무권리자의 처분에 대한 추인 /배임적(背任的) 대리행위

■ 법률행위의 대리에 관한 다양한 판례를 본다. 우선 본인과 대리인 사이의 관계에서 대리권이 가장 중심적인 문제이다. 대리권을 수여한 것인지 수권행위의 해석이 문제된 판례, 그리고 대리권의 범위를 넘었는가가 쟁점이 된 여러 사례를 본다. 대리인과 상대방 사이의 관계에서 현명의 문제, 대리행위의 하자문제, 그리고 복대리의 법률관계를 다룬 판례가 있다. 대리에서 가장 어려운 주제인 표현대리에 관하여 제125조, 제126조, 제129조의 각 유형별로 판례를 살펴본다. 무권대리에 관하여는 그 성질이 무과실책임이라는 점, 또 책임의 내용, 무권대리의 철회, 무권대리의 추인 등 여러 쟁점을 다루어본다. 무권대리의 법리의 응용인 무권리자의 처분에 관한 판례도 흥미있고 끝으로 대리권의 남용이라고 할 수 있는 배임적 대리행위에 관한 판례이론을 본다.

1. 대리권수여의 의사표시의 해석

[사안] 서울에 거주하는 김은 서귀포시에 소재한 X토지를 33억 원에 매도하려고 몇 년간 매수인을 찾던 중 제주에 거주하는 박을 알게 되었고, 김의 부탁으로 박은 X지의 매수인을 찾다가 매수의사가 있는 최를 만나게 되었다. 박은 2014.8.6. 마침 외국 방문 중이던 김과 세 차례 통화하여 최의 매수의사를 알렸고, 김은 계약금 수령을 위해 자신의 계좌번호를 문자메시지로 알려주며, 매매대금에서 1,000만원까지는 깎아줄 수 있다는 의사도 밝혔다. 박은 2014.8.7. 자신을 김의 대리인으로 하여 최와 사이에 매매대금을 32억 9,000만원으로 하는 매매계약서를 작성하였고, 최는

계약금 3억 3,000만원을 김이 알려준 계좌로 송금하였다. 김은 귀국 후 2014.8.12. 박을 통해 최에게 계약해제 의사를 전달하였고, 최로부터 계약금의 배액 상환을 요구받자 자신은 박에게 매매계약에 관한 대리권을 수여한 사실이 없다고 주장한다. (대법원 2016.5.26. 선고 2016다203315 판결)

[해결] 대리권을 수여하는 수권행위는 불요식의 행위로서 명시적인 의사표시에 의함이 없이 묵시적인 의사표시에 의하여 할 수도 있으며, 어떤 사람이 대리인의 외양을 가지고 행위하는 것을 본인이 알면서도 이의를 하지 아니하고 방임하는 등 사실상의 용태에 의하여 대리권의 수여가 추단되는 경우도 있다. 사안에서 비록 김이 박에게 대리권을 수여한다는 명시적인 의사표시를 하거나 매매계약의 세부적인 사항까지 구체적으로 지시한 바가 없다고 하더라도, X토지를 32억 9,000만원에 매도하는 계약을 체결할 수 있는 대리권을 수여하였다고 볼 수 있다.

2. 대리권의 범위

[사안] 김은 박과의 사이에 고철수거에 관한 수익분배약정을 맺고, 박을 대리하여 최와 계약금액 6,000만원의 고철수거계약을 체결하였고 박은 동 금액을 최에게 지급하였다. 그 후 박은 정당하게 위 고철수거계약의 해제를 주장하며 최에게 계약금액 6,000만원의 반환을 구하자, 최는 박의 대리인인 김에게 동 금액을 반환하였다고 주장한다. 그러나 박은 금원수수의 계약체결에 관한 대리권을 수여하였다는 사실만으로 계약관계의 해소로 인하여 반환되는 계약금액의 수령행위에 관한 대리권까지 당연히 수여하였다고 볼 수는 없는 이상 위와 같은 사정만으로 박이 김에게 박을 대리하여 최로부터 동 계약금액을 반환받을 권한까지 부여하였다고 보기 어렵다며 최의 대리권에 기한 항변을 배척한다. (대법원 2008.1.31. 선고 2007다74713 판결)

[해결] 어떠한 계약의 체결에 관한 대리권을 수여받은 대리인이 수권된 법률행위를 하게 되면 그것으로 대리권의 원인된 법률관계(기초적 내부관계)는 원칙적으로 목적을 달성하여 종료되는 것이고, 법률행위에 의하여 수여된 대리권은 그 원인된 법률관계의 종료에 의하여 소멸하는 것이므로(민법 제128조), 그 계약을 대리하여 체결하였다 하여 곧바로 그 사람이 체결된 계약의 해제 등 일체의 처분권과 상대방의 의사를 수령할 권한까지 가지고 있다고 볼 수는 없다.

[유제 1] 김은 2008.3.24. A주택조합을 대리한 박과의 사이에 조합원분담금을 561,240,000원으로 하는 조합가입계약을 체결하고, 박에게 조합원분담금 중 일부인 69,624,000원을 송금하였다. 그 후 조합가입계약이 그 계약상 채무의 이행불능을 이유로 김에 의하여 적법하게 해제되었다. 김은 박에게 김으로부터 받은 위 분담금 69,624,000원을 반환할 것을 청구한다. 그러나 박은, 자신이 A조합을 대리하여 조합가입계약을 적법하게 체결하였고, 나아가 자신이 계약상 급부를 A조합을 위하여 수령할 권한이 없다고 할 특별한 사정을 찾아볼 수 없고, 김이 계약상 채무의 이행불능을 이유로 조합가입계약을 유효하게 해제하였다면, 자신이 그 해제로 인한 원상회복의무를 부담할 이유가 없다고 항변한다. (대법원 2011.8.18. 선고 2011다30871 판결)

[해결] 계약이 적법한 대리인에 의하여 체결된 경우에 대리인은 본인을 위하여 그 계약상 급부를 변제로서 수령할 권한도 가진다. 그리고 대리인이 그 권한에 기하여 계약상 급부를 수령한 경우에, 그 법률효과는 계약 자체에서와 마찬가지로 직접 본인에게 귀속되고 대리인에게 돌아가지 아니한다. 따라서 계약상 채무의 불이행을 이유로 계약이 상대방 당사자에 의하여 유효하게 해제되었다면, 그 해제로 인한 원상회복의무는 대리인이 아니라 계약의 당사자인 본인이 부담한다. 이는 본인이 대리인으로부터 그 수령한 급부를 현실적으로 인도받지 못하였다거나 해제의 원인이 된 계약상 채무의 불이행에 관하여 대리인에게 책임 있는 사유가 있다고 하여도 마찬가지이다.

[유제 2] 사채업 전주(錢主) 김은 사채알선업자 박에게 자기를 위하여 금전소비대차계약과 그 담보를 위한 담보권설정계약을 체결할 대리권을 수여하였다. 최는 박을 통하여 김으로부터 이율 월 3.5%로 2천만원을 차용하였고 정은 최를 위하여 보증인이 되었다. 후에 박은 정의 지급보증책임을 면제하여 주었다. 김은 여전히 정에게 보증책임을 묻는다. (대법원 1997.9.30. 선고 97다23372 판결)

[해결] 임의대리권은 그것을 수여하는 본인의 행위, 즉 수권행위에 의하여 발생하는 것이므로 어느 행위가 대리권 범위 내의 행위인지 여부는 개별적인 수권행위의 내용이나 그 해석에 의하여 판단하여야 할 것인바, 통상 사채알선업자가 전주를 위하여 금전소비대차계약과 그 담보를 위한 담보권설정계약을 체결할 대리권을 수여받은 것으로 인정되는 경우라 하더라도 일단 금전소비대차계약과 그 담보를 위한 담보권설정계약이 체결된 후에 이를 해제할 권한까지 당연히 가지고 있다고 볼 수는 없다.

[유제3] 김은 박에 대한 채권자로서 그 채무의 담보의 목적으로 박을 대리하여 박 소유의 X부동산에 관한 매매 등의 처분행위를 할 수 있는 권한을 위임받았다. 김은 자신의 채권자인 최와의 사이에 임의로 X부동산의 가치를 협의, 평가하여 그 가액 상당의 채무에 대한 대물변제조로 양도하였다. 박은 김의 행위가 위임받은 권한의 범위를 넘은 것이라고 주장한다. (대법원 1997.9.9. 선고 97다22720 판결)

[해결] 김은 박에 대한 채권의 회수를 위하여 선량한 관리자로서의 주의를 다하여 박이 직접 X부동산을 처분하는 것과 같이 널리 원매자를 물색하여 매매 등의 방법으로 적정한 시기에 매도한 다음 그 대가로 자신의 채권에 충당하고 나머지가 있으면 박에게 이를 정산할 의무가 있다. 김이 이러한 권한을 넘어서 그 자신의 채무를 변제하기 위한 목적으로 X부동산을 임의로 타에 대물변제의 목적물로 제공할 권한까지 박으로부터 위임받았다고 보기는 어렵다.

3. 현명주의(顯名主義)

[사안] 김은 자신이 박에 대해 가진 채권을 최에게 양도하면서 채권양도통지권한을 최에게 위임하였다. 그런데 양수인인 최가 채무자 박에게 내용증명우편으로 발송한 채권양도통지서는 양도인 김을 위한 것임이 표시되어 있지 아니한 채 통지대리인인 최의 명의로 되어 있는바, 김과 최 사이의 '채권양도양수계약서'가 위 통지서에 별도의 문서로 첨부되어 있으며, 박으로서는 양도인 김에게 채권양도통지 권한을 최에게 위임하였는지 여부를 비교적 용이하게 확인할 수 있는 상태였다고 한다. 박은 묵시적 현명을 인정할 만한 아무런 사정도 찾아볼 수 없어 채권양도가 무효라고 하나, 최는 채권양도통지는 원래 채권의 양도인이 하여야 하는 것이므로 채권양도통지 권한을 위임받은 양수인이 한 채권양도통지는 양도인에게 그 효과를 귀속시키려는 대리의사가 있다고 보는 것이 상당하고, 또 위와 같은 통지와 관련된 여러 사정을 종합하면, 채권양도통지의 상대방인 박으로서는 최가 본인인 김을 위하여 채권양도통지를 한 것임을 알 수 있었다고 봄이 상당하므로 민법 제115조 단서에 따라 위 채권양도통지는 유효하다고 주장한다. (대법원 2004.2.13. 선고 2003다43490 판결)

[해결] 민법 제450조에 의한 채권양도통지는 양도인이 직접 하지 아니하고 사자(使者)를 통하여 하거나 대리인으로 하여금 하게 하여도 무방하고, 채권의 양수인도 양도인으로부터 채권양도통지 권한을 위임받아 대리인으로서 그 통지를 할 수 있다. 그리고 채권양도통지 권한을 위임받은 양수인이 양도인을 대리하여 채권양도통지를 함에 있어서는 민법

제114조 제1항의 규정에 따라 양도인 본인과 대리인을 표시하여야 하는 것이므로, 양수인이 서면으로 채권양도통지를 함에 있어 대리관계의 현명을 하지 아니한 채 양수인 명의로 된 채권양도통지서를 채무자에게 발송하여 도달되었다 하더라도 이는 효력이 없다고 할 것이다.

다만, 대리에 있어 본인을 위한 것임을 표시하는 이른바 현명은 반드시 명시적으로만 할 필요는 없고 묵시적으로도 할 수 있는 것이고, 나아가 채권양도통지를 함에 있어 현명을 하지 아니한 경우라도 채권양도통지를 둘러싼 여러 사정에 비추어 양수인이 대리인으로서 통지한 것임을 상대방이 알았거나 알 수 있었을 때에는 민법 제115조 단서의 규정에 의하여 유효하다고 보아야 할 것이다.

4. 대리행위의 하자(瑕疵)

> [사안] 43세인 김은 A보험사의 책임보험에 가입한 승용차의 조수석에 처인 박녀를 태우고 진행하다가 앞서 가던 트럭이 정지신호에 따라 정차하는 것을 뒤늦게 발견하고 위 트럭을 들이받는 바람에 박녀로 하여금 현장에서 사망에 이르게 하였다. 그 후 김은 성년인 자녀들의 위임을 받은 다음, 사고일로부터 5개월 이상이 경과한 시점에 A사로부터 보험금 이천오백만원을 받는 대신 향후 민사상 일체의 소송을 제기하지 아니할 것을 특약하는 내용의 합의서를 직접 작성하였다. 그 후 김의 자녀들은 김이 합의서 작성 당시 자신들이 경제적 또는 정신적으로 급박한 곤궁의 상태에 있었으며 김은 초등학교 졸업의 학력으로서 농업에 종사하여 사회경험이 매우 부족한 바, 위 합의서는 불공정한 법률행위로서 무효라고 주장하며 추가적인 손해배상의 지급을 구한다. (대법원 2002.10.22. 선고 2002다38927 판결)

[해결] 의사표시의 효력이 의사의 흠결로 인하여 영향을 받을 경우에 그 사실의 유무는 대리인을 표준으로 하여 결정한다(제116조 제1항). 대리인에 의하여 법률행위가 이루어진 경우 그 법률행위가 민법 제104조의 불공정한 법률행위에 해당하는지 여부를 판단함에 있어서 경솔과 무경험은 대리인을 기준으로 하여 판단하고, 궁박은 본인의 입장에서 판단하여야 한다. 사안에서는 합의가 이루어진 경위를 종합적으로 살펴서 김의 가족이 급박한 궁박의 상태에 있었는지 또 대리인인 김이 사회경험상 무경험상태에 있다고 볼 수 있을 것인지 판단하여야 한다. 나아가 합의 당시 김과 그 가족이 궁박 또는 무경험의 상태에 있었다고 하더라도 A사에게 이를 이용하려는 폭리행위의 악의가 있었는지, 또 급부와 반대급부 사이에 현저한 불균형이 존재한다고 볼 만큼 합의금액이 통상적인 경우보다 낮은 것인지 등을 판단하여야 할 것이다.

[유제 1] 김은 대리인 박을 통하여 최와 토지분양계약을 체결하였는데 후에 김은 계약조건 중 지연손해금 여부 및 그 액수에 대하여 모른 채로 박에게 대리권을 수여하였으므로 자신의 착오를 이유로 최와의 매매계약을 취소하고자 한다. 이에 최는 대리인 박이 위 매매계약의 내용 중 그 점에 관하여 잘 알고 있었으므로 김의 취소는 인정될 수 없다고 항변한다. (대법원 1996.2.13. 선고 95다41406 판결)

[해결] 매수인이 대리인을 통하여 매매계약을 체결한 경우, 대리행위의 하자의 유무는 대리인을 표준으로 판단하여야 하므로, 대리인이 매도인과 분양자와의 매매계약에 있어서 연체 지연손해금 여부 및 그 액수에 관하여 잘 알고 있었다고 인정되는 때에는, 설사 매수인이 그 점에 관하여 모른 채로 대리인에게 대리권을 수여하여 매도인과의 사이에 그 매매계약을 체결하였다고 하더라도, 매수인으로서는 그 자신의 착오를 이유로 매도인과의 매매계약을 취소할 수는 없다.

[유제 2] 김은 박의 대리인으로서 최의 X토지가 이미 정에게 매도되어 대금의 상당액이 지급된 상태에 있는 사정을 잘 알면서도 최의 배임행위에 적극 가담하여 X토지를 매수하였다. 이에 정은 김의 매수행위가 반사회적 법률행위로서 무효라고 주장하나 박은 자신은 그러한 사정을 알지도 못하였고 반사회성을 야기한 것도 없다며 항변한다. (대법원 1998.2.27. 선고 97다45532 판결)

[해결] 김이 박을 대리하여 매매계약을 체결함에 있어서 목적 토지에 관한 저간의 사정을 잘 알고 그 배임행위에 가담하였다면, 대리행위의 하자 유무는 대리인을 표준으로 판단하여야 하므로(민법 제116조) 설사 박이 미리 그러한 사정을 몰랐거나 반사회성을 야기한 것이 아니라고 할지라도 그로 인하여 이 매매계약이 가지는 사회질서에 반한다는 장애사유가 부정되는 것은 아니다.

5. 복대리인 선임의 묵시적 승낙여부

[사안] 김은 자신이 건축하는 오피스텔에 관하여 박과의 사이에 "김은 오피스텔의 분양 및 임대에 관한 일체의 권한을 박에게 위임한다"고 약정하였다. 박은 김의 승낙없이 최에게 다시 대리권을 수여하여 최가 정과 분양계약을 체결하였다. 그러자 김은 박이 복대리인을 선임할 권한이 없으므로 최는 자신의 적법한 복대리인이 아니라며 정과의 분양계약의 효력을 부인한다. 그러나 박은 대리의 목적이 되는 분양

업무는 오피스텔을 미리 정해진 일정한 가격으로 분양하는 것이고 그 수수료도 분양 실적에 따라 일정액을 수령하는 것으로서 성질상 사무처리의 주체가 별로 중요하지 아니한 경우에 해당하여 복대리인의 선임에 관한 묵시적 승낙이 있는 경우라고 볼 것이므로 최는 김의 적법한 복대리인이라고 항변한다. (대법원 1996.1.26. 선고 94다30690 판결)

[해결] 대리의 목적인 법률행위의 성질상 대리인 자신에 의한 처리가 필요하지 아니한 경우에는 본인이 복대리 금지의 의사를 명시하지 아니하는 한 복대리인의 선임에 관하여 묵시적인 승낙이 있는 것으로 보는 것이 타당하다. 그런데 사안에서 대리의 목적이 된 오피스텔의 분양업무는 분양을 위임받은 자가 효과적으로 광고를 해야하고 또 원매자들에게 분양조건을 잘 설명하여 청약을 유인함으로써 분양계약을 성사시키는 것으로서 분양업자의 능력에 따라 건축주인 김의 분양사업의 성공 여부가 결정되는 것이므로 사무처리의 주체가 별로 중요하지 아니한 경우에 해당한다고 보기 어렵다. 따라서 분양 위임에 복대리인의 선임에 관한 김의 묵시적인 승낙이 있다고 보아서는 안된다.

6. 제125조의 표현대리

[사안] 김은 오피스텔을 분양하는 박에게 분양희망자를 중개하여주고 그 대가로 박으로부터 수수료를 지급받기로 하고 분양계약서의 작성 및 분양대금 수납은 박이 직접 관리하였다. 김은 위 오피스텔에 분양사무소를 차려놓고 분양업무를 중개하며 분양사업본부의 대표이사라는 명함을 사용하였다. 그 후 김은 분양계약자인 최로부터 분양대금을 지급받았으나 이를 박에게 교부하지 않고 소비하였으며 최에게는 자신의 명의로 발행된 영수증을 교부하였다. 최는 박이 김에게 오피스텔분양계약의 대리권수여의 의사표시를 한 것으로 볼 수 있다고 주장하나, 박은 최가 박에게 김의 대리권 유무를 확인하여 보았다면 그가 단순한 중개인에 불과하고 매매대금을 수령할 대리권이 없다는 것을 쉽게 알 수 있었음에도 이를 게을리 한 과실이 있으므로 책임이 없다고 항변한다. (대법원 1997.3.25. 선고 96다51271 판결)

[해결] 김이 박 소유인 위 오피스텔에 분양사무실을 차려놓고 그 분양을 희망하는 사람들을 박에게 중개하였고 분양사업본부의 대표이사라는 명함을 사용하여 왔다면 이는 박이 김에게 대리권수여의 의사를 표시한 것으로 볼 여지가 있다. 그러나 그것이 민법 제125조의 표현대리에 해당하기 위하여는 상대방은 선의·무과실이어야 하고 상대방에게 과실이 있다면 위 표현대리를 주장할 수 없다. 특히나 최가 교부받은 매매대금 영수증이 김의 명

의로 발급된 점을 고려할 때 최가 박에게 대리권 유무를 확인하여 보는 것을 게을리 한 과실이 있다. 즉 분양중개를 부탁한 것을 가지고 분양에 관련한 어떤 대리권을 수여한 것이라고 볼 수 없다.

7. 제126조의 표현대리

> [사안] 김은 평소 친분이 있던 박으로부터 사업자금조로 금융기관에서 300만원을 대출받음에 있어 이를 보증해달라는 부탁을 받고, 박에게 자신의 인감도장 및 인감증명서를 교부하여 주었다. 그 후 박은 대출이 여의치 않자 임의로 김이 최로부터 3,000만원을 차용한다는 내용의 차용증을 김의 인감도장을 날인하여 위조한 후 이를 최에게 넘겨주고 최로부터 선이자를 제외한 2,700만원을 받아 소비하였다. 후에 최는 김에게 차용금의 지급을 청구한다. (대법원 2003.4.11. 선고 2003다7173,7183 판결)

[해결] 김 스스로 박에게 친분관계 등에 터잡아 그의 사업수행에 필요한 자금을 조달하는 과정에서 보증용으로 사용할 수 있도록 자신의 인감 등을 넘겨줌으로써 박이 그 권한을 남용하여 발생할 거래안전에 미칠 위험성은 상당 정도 김에게도 책임 있는 사유로 유발되었는바, 최가 박과 금전소비대차계약을 체결함에 있어서 그에게 김을 대리할 권한이 있었다고 믿었고 또 그와 같이 믿은 데에 상당한 이유가 있었다고 보아 민법 제126조 소정의 표현대리의 성립이 인정될 수 있다.

> [유제] 김은 박으로부터 사업자금을 융통하며 2억원의 채무에 대한 차용증을 작성하여 주었는데 박이 김이 운영하는 회사의 대표이사로 등재된 김의 처인 최도 연대하여 책임을 지는 것으로 하여 달라고 요구하자, 김은 최로부터 위임을 받았으니 대신 약정하여 주겠다고 하며 차용증에 최의 이름을 추가로 기재하고 최가 집에서 사용하는 도장을 날인하여 주었다. 후에 박은 비록 김이 최로부터 위 채무약정의 대리권을 수여받지 않았더라도 김에게 그러한 대리권이 있다고 믿은데 정당한 사유가 있다며 최에게 채무의 변제를 요구한다. (대법원 1997.4.8. 선고 96다54942 판결)

[해결] 김이 최의 남편으로서 일상가사대리권이 있고(제827조), 박이 김에게 처 최를 대리하여 금 2억원의 지급약정을 할 권한이 있다고 믿었다고 하더라도, 김에게 적법한 대리권이 없었던 이상 민법 제126조의 표현대리가 성립하기 위해서는 박이 김에게 그 행위에

관한 대리권을 수여하였다고 믿었음을 정당화할 만한 객관적인 사정이 있어야 할 것이다. 그런데 부부간에 서로 일상가사대리권이 있다고 하더라도, 일반적으로 처가 남편이 부담하는 사업상의 거액의 채무를 남편과 연대하여 부담하기 위하여 남편에게 채권자와의 채무부담약정에 관한 대리권을 수여한다는 것은 극히 이례적인 일이고, 김이 최의 남편으로서 그 처의 도장을 쉽사리 입수할 수 있었으며 박도 이러한 사정을 쉽게 알 수 있었던 점에 비추어 보면, 박이 김에게 처 최를 대리하여 채무부담약정을 할 대리권이 있다고 믿은 점을 정당화할 수 있는 객관적인 사정이 있다고 할 수 없다.

8. 제129조의 표현대리

> **[사안]** 김은 자기 소유의 X부동산의 처분권한을 박에게 위임하였다. 박은 X부동산의 처분을 다시 최에게 재위임하였고 최는 정과의 사이에 X부동사에 관한 매매계약을 체결하고 대금을 전액 수령하였다. 그런데 김은 박이 최에게 부동산의 처분을 재위임하기전 사망하였다. 김의 상속인은 김이 박에게 수여한 대리권은 김이 사망함으로써 소멸하였고 따라서 김의 복대리인인 최와 정 사이에 체결된 매매계약은 김의 상속인에 대하여는 아무런 효력이 없다고 주장한다. 그러나 정은 최로부터 부동산을 매수할 당시 자신은 최의 대리권이 소멸되었다는 사실을 과실없이 알지 못하였으므로 최와 자신이 체결한 매매계약은 여전히 유효하다고 항변한다. (대법원 1998.5.29. 선고 97다55317 판결)

[해결] 대리인이 대리권 소멸 후 복대리인을 선임하여 복대리인으로 하여금 상대방과 사이에 대리행위를 하도록 한 경우에도, 상대방이 대리권 소멸 사실을 알지 못하여 복대리인에게 적법한 대리권이 있는 것으로 믿었고, 그와 같이 믿은 데 과실이 없다면 민법 제129조에 의한 표현대리가 성립할 수 있다. 즉 권리외관에 대한 신뢰를 보호하고자 하는 표현대리의 취지에 비추어 볼 때 대리인이 대리권 소멸 후 직접 상대방과 사이에 대리행위를 하는 경우와 대리인이 대리권 소멸 후에 복대리인을 선임하여 복대리인으로 하여금 상대방과 사이에 대리행위를 하도록 한 경우와 차이를 둘 필요는 없다.

9. 무권대리인의 책임의 성질

> **[사안]** 김은 X토지의 소유자인 박의 대리인 자격으로 최와 사이에 근저당권설정계약을 체결하고 최에게 X토지에 관한 근저당권설정등기를 마쳐주었으나, 박을 자칭하

는 정으로부터 대리권을 수여받았을 뿐 실제 소유자인 박 본인으로부터 대리권을 수여받지는 못하였다. 박은 X토지에 관한 최 명의의 근저당권설정등기가 무효라고 주장하면서 최를 상대로 그 말소등기절차의 이행을 구하는 소를 제기하여 승소확정판결을 받았다. 이에 최는 김을 상대로 손해배상을 청구하나, 김은 X토지에 관한 최 명의의 근저당권설정등기가 원인무효로 된 것은 김의 대리행위 없이 본인을 자칭한 정이 본인으로 나서 직접 최와 근저당권설정계약을 체결하였더라도 그 결과가 마찬가지라는 점에서 본인을 자칭하는 정의 위법행위 때문이지 김의 무권대리행위에서 비롯된 것이 아니므로, 김에게 민법 제135조에서 규정한 무권대리책임이 있다고 볼 수 없다고 항변한다. (대법원 2014.2.27. 선고 2013다213038 판결)

[해결] 민법 제135조 제1항은 "타인의 대리인으로 계약을 한 자가 그 대리권을 증명하지 못하고 또 본인의 추인을 얻지 못한 때에는 상대방의 선택에 좇아 계약의 이행 또는 손해배상의 책임이 있다."고 규정하고 있다. 위 규정에 따른 무권대리인의 상대방에 대한 책임은 무과실책임으로서, 대리권의 흠결에 관하여 대리인에게 과실 등의 귀책사유가 있어야만 인정되는 것이 아니고, 무권대리행위가 제3자의 기망이나 문서위조 등 위법행위로 야기되었다고 하더라도 그 책임은 부정되지 아니한다. 사안에서 김이 박의 대리인으로 근저당권설정계약을 체결하였지만 박으로부터 대리권을 수여받은 사실이 없고 박으로부터 추인을 얻지도 못하였으므로, 그러한 대리권의 흠결에 대하여 김에게 귀책사유가 있는지 여부를 묻지 아니하고, 김은 상대방인 최에게 민법 제135조 제1항에 따른 책임을 져야 한다. 즉 김의 무권대리행위로 인하여 근저당권설정계약이 체결된 이상 그 무권대리행위가 본인을 사칭한 정의 위법행위로 야기되었다거나 그 사람이 직접 최와 근저당권설정계약을 체결하였더라도 동일한 결과가 야기되었을 것이라는 사정만으로 위와 같은 책임이 부정될 수는 없다.

10. 무권대리인의 책임의 내용

[사안] 김은 2016.6.19. 박에게 자신을 최의 대리인으로 소개하면서 박으로부터 X부동산을 매매대금 34억원에 매수하기로 하였는데, 같은 날 박에게 계약금 3억원 중 3,000만원을 지급하고, 2억 7,000만원은 6.24.까지 지급하며, 중도금 7억원은 7.25., 잔금 24억원은 8.8. 지급하기로 하였다. 그리고 계약불이행시 손해배상에 대하여는 계약금을 손해배상의 기준으로 본다고 정하였다. 박은 6.24.이 지나도 나머지 계약금 2억 7,000만원을 받지 못하게 되자 6.27. 최와 김에게 나머지 계약금을

지급할 것을 요구하면서 7일 이내에 이를 지급하지 않을 경우 위약금 약정에 따라 3억원과 기타 손해배상을 청구하겠다고 통지하였다. 김은 같은 날 박에게 '자신이 최로부터 대리권을 수여받지 못하여 매매계약은 무효이므로 이미 지급한 3,000만원을 돌려 달라.'고 요구한다. 아울러 김은 박이 자신에게 대리권이 없었음을 알 수 있었다며 배상책임을 부인한다. (대법원 2018.6.28. 선고 2018다210775 판결)

[해결] 다른 자의 대리인으로서 계약을 맺은 자가 그 대리권을 증명하지 못하고 또 본인의 추인을 받지 못한 경우에는 그는 상대방의 선택에 따라 계약을 이행할 책임 또는 손해를 배상할 책임이 있다(민법 제135조 제1항). 이때 상대방이 계약의 이행을 선택한 경우 무권대리인은 그 계약이 본인에게 효력이 발생하였더라면 본인이 상대방에게 부담하였을 것과 같은 내용의 채무를 이행할 책임이 있다. 무권대리인은 마치 자신이 계약의 당사자가 된 것처럼 계약에서 정한 채무를 이행할 책임을 지는 것이다. 무권대리인이 계약에서 정한 채무를 이행하지 않으면 상대방에게 채무불이행에 따른 손해를 배상할 책임을 진다. 위 계약에서 채무불이행에 대비하여 손해배상액의 예정에 관한 조항을 둔 때에는 무권대리인은 그 조항에서 정한 바에 따라 산정한 손해액을 지급하여야 한다. 이 경우에도 손해배상액의 예정에 관한 민법 제398조가 적용됨은 물론이다. 김이 최로부터 대리권을 수여받은 적이 없는데도 그를 대리하여 매매계약을 체결하고, 최로부터 추인을 받지도 못했으므로, 무권대리인인 김은 상대방인 박에게 민법 제135조 제1항에 따른 책임을 진다. 김이 박에게 매매계약의 무효를 통보하고 이미 지급한 일부 계약금의 반환을 요구함으로써 매매대금 지급의무의 이행을 거절하는 의사표시를 명백히 하였으므로, 박은 김의 채무불이행을 이유로 손해배상을 구할 수 있다. 약정상 계약금 3억원을 손해배상액의 기준으로 정하고 있는데, 이러한 손해배상액의 예정액은 과다하여 감액된다 하여도 박은 계약금 일부로 지급된 3,000만원을 손해배상으로 몰취하였으므로, 박이 이 돈을 법률상 원인 없이 부당이득하였다고 볼 수 없다. 한편 민법 제135조 제2항은 '대리인으로서 계약을 맺은 자에게 대리권이 없다는 사실을 상대방이 알았거나 알 수 있었을 때에는 제1항을 적용하지 아니한다.'고 정하고 있다. 이는 무권대리인의 무과실책임에 관한 원칙 규정인 제1항에 대한 예외 규정이므로 상대방이 대리권이 없음을 알았다는 사실 또는 알 수 있었는데도 알지 못하였다는 사실에 관한 주장·증명책임은 무권대리인에게 있다.

11. 무권대리의 철회

[사안] 김과 그의 처는 2015.2. A종중과 사이에, 종중소유의 X토지를 10억원에 매수하기로 하는 계약을 체결하고, 같은 날 위 종중에 계약금 1억 원을 지급하였다. 그 직후 김이 뇌출혈로 의식불명상태가 되어 법원은 2016.2. 김에 대하여 성년후견을 개시하여 김의 아들을 그 성년후견인으로 선임하였다. 김의 상태로 인해 계약이행이 어려워지자 김의 처는 박과 X토지를 매수하기로 한 매수인 지위를 양도하기로 하는 계약을 체결하고 박은 김의 처에게 계약금 1억원을 지급하였다. 그 후 김이 의식불명상태에 있다는 사정을 알게 된 박은 2015.10. 김의 처의 무권대리행위를 이유로 계약체결을 철회한다며 계약금의 반환을 구한다. 그러나 김의 아들은 2016.3. 김의 처의 무권대리행위를 추인한다는 의사를 표시하였다. 또한 김씨측은 박이 인수계약 당시에 이미 김의 의사무능력과 김의 처의 무권대리행위를 알고 있었으므로 이를 철회할 수 없다고 주장한다. (대법원 2017.6.29. 선고 2017다213838 판결)

[해결] 민법 제134조는 "대리권 없는 자가 한 계약은 본인의 추인이 있을 때까지 상대방은 본인이나 그 대리인에 대하여 이를 철회할 수 있다. 그러나 계약 당시에 상대방이 대리권 없음을 안 때에는 그러하지 아니하다."고 규정하고 있다. 민법 제134조에서 정한 상대방의 철회권은, 무권대리행위가 본인의 추인여부에 따라 그 효력이 좌우되어 상대방이 불안정한 지위에 놓이게 됨을 고려하여 대리권이 없었음을 알지 못한 상대방을 보호하기 위하여 상대방에게 부여된 권리로서, 상대방이 유효한 철회를 하면 무권대리행위는 확정적으로 무효가 되어 그 후에는 본인이 무권대리행위를 추인할 수 없다. 한편 상대방이 대리인에게 대리권이 없음을 알았다는 점에 대한 주장·입증책임은 철회의 효과를 다투는 본인에게 있다. 사안에서는 김의 아들이 무권대리행위에 대해 추인하기 전에 박이 무권대리행위에 의한 계약을 철회하였고, 박이 인수계약 당시 김의 의사무능력과 김의 처의 무권대리행위를 알고 있었다고 인정하기 부족하다면 계약은 무효이다.

12. 무권대리의 묵시적 추인

[사안] 김은 박과 A금고로부터 금 8천만원을 대출받아 이를 나누어 쓰기로 약정하고 김의 명의로 대출신청을 하고 자신의 토지위에 근저당권설정등기를 하였다. 그런데 A금고는 김의 의사도 확인하지 않고 박에게 대출금을 지급하였고 박은 이를 임으로

> 소비하였다. 3년여가 지난 후 김은 A금고를 상대로 근저당권설정등기의 말소를 청구하나, A금고는 그 간 김이 A금고에 아무런 이의를 제기하지 아니하였으며, 4회에 걸쳐 어음을 개서하여 지급의 연기를 구하고, 자신의 이익을 위하여 직접 채무의 일부를 변제하기까지 한 일련의 행위를 종합적으로 평가할 때, 이러한 김의 행위는 무권대리인인 박에 대한 A금고의 대출을 김의 근저당권에 기한 피담보채무로 추인한 행위에 다름없다고 항변한다. (대법원 1991.1.25. 90다카26812)

[해결] 묵시적 추인은 이른바 '포함적'(包含的) 의사표시에 의하여서도 가능한데 이는 행위자가 실행행위 특히 이행행위나 수령행위를 하는 경우, 예컨대 유상으로 제공된 급부를 이의없이 수령하는 경우 등에 이에 내포된 의사표시를 말한다. 특히 민법 제145조에서 예시하는 사유 예컨대 전부나 일부의 이행, 이행의 청구 등의 법정추인 사유는 동시에 포함적 의사표시가 인정되는 대표적인 경우가 되고 있다. 김의 행태는 박의 무권대리의 추인으로 보기에 충분하다고 보인다.

13. 무권리자의 처분에 대한 추인

> [사안] 김녀는 박의 모친으로서 X토지의 소유자이다. 박은 A수협에 입사하여 근무 중 김녀 명의의 대출거래약정서, 근저당권설정계약서 등을 위조하고 이를 행사해서 X토지에 관하여 2012.5. A수협 앞으로 채무자 김녀, 채권최고액 3억원인 제1근저당권설정등기를 하고 2억 3,000만원을 대출받았다. 이후 김녀는 박을 사문서위조, 사기 등으로 고소하였고, 박은 유죄판결을 받았다. A수협은 제1근저당권설정등기의 담보대출금 2억 3,000만원에 대한 이자 납입이 연체되자, 이에 기한 임의경매 실행 예정 통지를 하였다. 김녀는 X토지에 관하여 A수협 앞으로 채무자 김녀, 채권최고액 1,680만원인 제2근저당권설정등기를 하고 1,400만원을 대출받아 이를 제1근저당권설정등기의 피담보대출금의 이자로 납부하였다. 후에 김녀는 A수협에 제1근저당권등기의 말소를 구하나, A수협은 김녀의 행위는 무권리자인 박의 처분을 추인함으로써 제1근저당권설정등기와 담보대출의 효과가 자신에게 유효하게 귀속됨을 묵시적으로 인정한 것으로 볼 수 있다고 항변한다. (대법원 2017.6.8. 선고 2017다3499 판결)

[해결] 법률행위에 따라 권리가 이전되려면 권리자 또는 처분권한이 있는 자의 처분행위가 있어야 한다. 무권리자가 타인의 권리를 처분한 경우에는 권리가 이전되지

않는다. 그러나 이러한 경우에 권리자가 무권리자의 처분을 추인하는 것도 자신의 법률관계를 스스로의 의사에 따라 형성할 수 있다는 사적 자치의 원칙에 따라 허용된다. 이러한 추인은 무권리자의 처분이 있음을 알고 해야 하고, 명시적으로 또는 묵시적으로 할 수 있으며, 그 의사표시는 무권리자나 그 상대방 어느 쪽에 해도 무방하다. 권리자가 무권리자의 처분을 추인하면 무권대리에 대해 본인이 추인을 한 경우와 당사자들 사이의 이익상황이 유사하므로, 무권대리의 추인에 관한 민법 제130조, 제133조 등을 무권리자의 추인에 유추 적용할 수 있다. 따라서 무권리자의 처분이 계약으로 이루어진 경우에 권리자가 이를 추인하면 원칙적으로 그 계약의 효과가 계약을 체결했을 때에 소급하여 권리자에게 귀속된다고 보아야 한다.

14. 배임적 대리행위

> **[사안]** 박은 미성년자인 김이 부친으로부터 상속받은 X토지에 대하여 김을 대리한 김의 모친과 매매계약을 체결하면서 시세보다 매우 낮은 가격으로 매수하였다. 그러나 김은 이 매매계약은 본인의 이익을 무시하고 오로지 법정대리인인 모친의 이익을 위하여서만 행하여진 대리권 남용 행위로서 계약 당시 박은 모친이 임의로 김의 이익이나 의사에 반하여 X토지를 매각하려 한다는 배임적인 사정을 알고 있었거나 알 수 있었다고 보이므로 동 매매계약은 김에게 그 효력이 미치지 않는다고 주장한다. (대법원 2011.12.22. 선고 2011다64669 판결)

[해결] 진의 아닌 의사표시가 대리인에 의하여 이루어지고 대리인의 진의가 본인의 이익이나 의사에 반하여 자기 또는 제3자의 이익을 위한 배임적인 것임을 상대방이 알았거나 알 수 있었을 경우에는 민법 제107조 제1항 단서의 유추해석상 대리인의 행위에 대하여 본인은 아무런 책임을 지지 않는다고 보아야 하고, 상대방이 대리인의 표시의사가 진의 아님을 알았거나 알 수 있었는지는 표의자인 대리인과 상대방 사이에 있었던 의사표시 형성 과정과 내용 및 그로 인하여 나타나는 효과 등을 객관적인 사정에 따라 합리적으로 판단하여야 한다. 마찬가지로 미성년자의 법정대리인인 친권자의 법률행위에서도 법정대리인인 친권자의 대리행위가 객관적으로 볼 때 미성년자 본인에게는 경제적인 손실만을 초래하는 반면, 친권자나 제3자에게는 경제적인 이익을 가져오는 행위이고 그 행위의 상대방이 이러한 사실을 알았거나 알 수 있었을 때에는 민법 제107조 제1항 단서의 규정을 유추 적용하여 행위의 효과가 자(子)에게는 미치지 않는다고 해석함이 타당하다.

[유제] 김녀는 친권자로서 미성년의 자(子)인 박을 대리하여 최에게 X부동산을 매도하였고 최 앞으로 소유권이전등기를 마쳐 주었다. 그 후 최는 X부동산에 관하여 정 앞으로 매매계약을 원인으로 한 소유권이전등기를 마쳐주었다. 박은 최 앞으로 마쳐진 소유권이전등기의 말소를 구하는 소송을 제기하였는데, 김녀의 매매계약이 친권남용에 의해 체결된 것이어서 그 효과가 박에게 미치지 아니하므로, 최가 소유권이전등기를 말소할 의무가 있다는 판결이 선고되었다. 박은 최 앞으로 마쳐진 소유권이전등기가 원인무효이므로, 이에 터 잡은 정 명의의 소유권이전등기 역시 원인무효라고 주장하면서 소유권이전등기말소를 구한다. 그러나 정은 박의 주장에 관해 전혀 알지 못했다며 항변한다. (대법원 2018.4.26. 선고 2016다3201 판결)

[해결] 법정대리인인 친권자의 대리행위가 객관적으로 볼 때 미성년자 본인에게는 경제적인 손실만을 초래하는 반면, 친권자나 제3자에게는 경제적인 이익을 가져오는 행위이고 그 행위의 상대방이 이러한 사실을 알았거나 알 수 있었을 때에는 민법 제107조 제1항 단서의 규정을 유추적용하여 행위의 효과가 자에게는 미치지 않는다고 해석함이 상당하나, 그에 따라 외형상 형성된 법률관계를 기초로 하여 새로운 법률상 이해관계를 맺은 선의의 제3자에 대하여는 같은 조 제2항의 규정을 유추적용하여 누구도 그와 같은 사정을 들어 대항할 수 없으며, 제3자가 악의라는 사실에 관한 주장·증명책임은 그 무효를 주장하는 자에게 있다. 정이 김녀의 친권남용에 대하여 선의의 제3자라면 박은 정에게 말소등기를 청구할 수 없다.

제8강 법률행위의 무효·취소·조건·기한

법률행위의 일부무효 /법률행위의 일부취소 /무효행위의 전환 /민법 제137조와 제138조의 관계 /무효인 법률행위의 묵시적 추인여부 /취소권의 행사와 제척기간 /조건의 의미 및 성립요건 /조건과 불확정기한의 구별 /해제조건의 성취 /조건성취의 방해의 효과 /불법조건부 법률행위의 효력

■ 법률행위의 무효와 관련하여 제137조의 일부무효, 제138조의 무효행위의 전환, 제139조의 무효행위의 추인에 관한 사례를 본다. 일부무효의 법리는 일부취소의 경우에도 적용되는가를 다룬 판결, 또 일부무효와 무효행위의 전환과의 관계를 논증한 전원합의체 판결은 이론적으로 흥미롭다. 취소와 관련하여 취소권의 소멸에 관한 판결을 소개한다. 조건에 관하여는 그 성립요건, 불법조건의 법적 의미 등을 다루어보고 특히 조건과 불확정기한의 구별문제는 실무적으로 의미있는 쟁점이 되고 있다. 조건의 성취여부, 또 조건성취의 방해의 법리를 다룬 판결들을 본다.

1. 법률행위의 일부무효

[사안] 김과 A보험회사가 피보험자를 만 7세인 김의 아들로 하고 보험수익자를 김으로 하여, 김의 아들이 재해로 사망하였을 때는 사망보험금을 지급하고 재해로 장해를 입었을 때는 소득상실보조금 등을 지급하는 내용의 보험계약을 체결하였는데, 김의 아들이 교통사고로 보험약관에서 정한 후유장해진단을 받게 되었다. 김의 보험금 청구에 대하여 A보험회사는, 상법 제732조는 15세 미만자 등의 사망을 보험사고로 한 보험계약은 무효라고 정하고 있다며 보험금의 지급을 거절한다. (대법원 2013.4.26. 선고 2011다9068 판결)

[해결] 상법 제732조의 취지는 통상 정신능력이 불완전한 15세 미만자 등을 피보험자로 하는 경우 그들의 자유롭고 성숙한 의사에 기한 동의를 기대할 수 없고, 그렇다고 해서

15세 미만자 등의 법정대리인이 이들을 대리하여 동의할 수 있는 것으로 하면 보험금의 취득을 위하여 이들이 희생될 위험이 있으므로, 그러한 사망보험의 악용에 따른 도덕적 위험 등으로부터 15세 미만자 등을 보호하기 위하여 둔 것으로서 이는 효력규정이라고 할 것이다. 따라서 15세 미만자 등의 사망을 보험사고로 한 보험계약은 피보험자의 동의가 있었는지 또는 보험수익자가 누구인지와 관계없이 무효가 된다.

한편 법률행위의 일부가 강행법규인 효력규정에 위반되어 무효가 되는 경우 제137조 단서에 따르면 당사자가 위와 같은 무효를 알았더라면 그 무효의 부분이 없더라도 법률행위를 하였을 것이라고 인정되는 경우에는, 그 무효 부분을 제외한 나머지 부분이 여전히 효력을 가진다고 정한다. 이때 당사자의 의사는 법률행위의 일부가 무효임을 법률행위 당시에 알았다면 의욕하였을 가정적 효과의사를 가리키는 것으로서, 당해 효력규정을 둔 입법 취지 등을 고려할 때 법률행위 전부가 무효로 된다면 그 입법 취지에 반하는 결과가 되는 등의 경우에는 여기서 당사자의 가정적 의사는 무효의 부분이 없더라도 그 법률행위를 하였을 것으로 인정되어야 한다. 사안에서 김이 보험계약을 체결한 목적 등에 비추어 김과 A회사는 보험계약 중 재해로 인한 사망을 보험금 지급사유로 하는 부분이 상법 제732조에 의하여 무효라는 사실을 알았더라도 나머지 보험금 지급사유 부분에 관한 보험계약을 체결하였을 것으로 보이므로 위 보험계약이 그 부분에 관하여는 여전히 유효하다고 보아야 한다.

> **[유제 1]** A상호신용금고는 B금고에 대출을 해주면서 대출금채권을 C금고에 담보로 제공하는 약정을 하였다. 그런데 A금고의 담보제공약정은 "채무의 보증 또는 담보의 제공"을 하는 행위를 금지하고 있는 상호신용금고법의 규정에 저촉하여 무효로 판정되었다. B금고는 이에 따라 대출금약정도 무효라고 주장하나, A금고는 담보제공약정이 관련규정에 위반되어 무효라고 하더라도 관련규정의 취지에 비추어 해석할 때 나머지 부분인 대출약정까지 무효가 된다고 할 수는 없다고 항변한다. (대법원 2004.6.11. 선고 2003다1601 판결)

[해설] 민법 제137조는 임의규정으로서 의사자치의 원칙이 지배하는 영역에서 적용된다고 할 것이므로, 법률행위의 일부가 강행법규인 효력규정에 위반되어 무효가 되는 경우 그 부분의 무효가 나머지 부분의 유효·무효에 영향을 미치는가의 여부를 판단함에 있어서는 개별 법령이 일부무효의 효력에 관한 규정을 두고 있는 경우에는 그에 따라야 하고, 그러한 규정이 없다면 원칙적으로 민법 제137조가 적용될 것이나 당해 효력규정 및 그 효력규정을 둔 법의 입법 취지를 고려하여 볼 때 나머지 부분을 무효로 한다면 당해 효력규정 및 그 법의 취지에 명백히 반하는 결과가 초래되는 경우에는 나머지 부분까지 무효가 된

다고 할 수는 없다고 할 것이다.

> [유제 2] 임대주택법상 임대사업자인 A건설사는 임대아파트를 건설하고 임차인들 김 외 11인과 임대차계약을 체결하면서 임대차보증금의 일부를 임대료로 전환한 계약서를 제시하여 서명을 받았다. 그런데 관련법규에 따르면, 최초의 임대보증금 및 임대료는 법령이 정한 표준임대보증금 및 표준임대료를 초과할 수 없으며, 임대차계약시 임차인의 동의가 있는 경우에는 임대보증금과 임대료 사이에 상호전환이 가능하며, 이 경우 전환액에 대한 금리는 전환 당시 정기예금이율을 적용하도록 하였다. 후에 이 사실을 알게 된 임차인 김 등은 임차인의 동의없이 정하여진 각 임대차계약상의 임대보증금은 표준임대보증금을 초과하는 한도내에서 무효라고 주장하며 초과분을 부당이득으로 반환하여 줄 것을 청구한다. 그러나 A사는 임차인의 동의를 요한다는 관련 법령은 효력규정이 아닌 단속규정에 불과하며, 또 그간 입주 후 임대보증금에 이의를 제기하지 않은 것은 임대차계약을 추인한 것이거나. 또는 보증금을 납부하고 입주 후 뒤늦게 임대보증금액수를 문제 삼는 것은 선행행위에 모순되어 신의칙에 반한다며 항변한다. (대법원 2010.7.22. 선고 2010다23425 판결)

[해결] 임대주택법의 취지에 비추어 관련법규는 임차인의 동의 없는 상호전환의 사법적 효력을 제한하는 효력규정으로 봄이 상당하다. 그리고 각 임대차계약상의 임대보증금은 표준임대보증금을 초과하는 한도 내에서 무효라고 보아야한다. 즉, 임대보증금 액수는 가분적이고, 임차인들은 표준임대보증금을 기준으로 각 임대차계약을 체결할 의사가 명백하여 보이며, A사가 김 등의 동의가 없어 임대보증금과 임대료를 상호전환할 수 없었더라면, 김 등과 표준임대보증금 및 표준임대료에 의하여 임대차계약을 체결하였을 것임이 분명하기 때문이다. 나아가 각 임대차계약 중 임대보증금에서 표준임대보증금을 초과하는 부분이 무효라는 이유로 각 임대차계약 전체까지도 무효가 된다고 본다면 이는 무주택자들 중 일정한 절차를 거쳐 당첨된 원고들로 하여금 표준임대보증금과 표준임대료를 기준으로 각 임대차계약을 체결할 의사가 명백함에도 불구하고 각 임대아파트에서 퇴출시키는 결과를 초래하게 되어, 결국 무주택 서민들에게 합리적인 가격에 임대주택을 공급하려는 관련 법규를 몰각시키고, 표준임대보증금에 관한 규정을 무용화할 것이며, 사회경제적 약자인 무주택 임차인들을 위한 관련 법규의 제정 목적을 달성할 수 없고, 그 입법 취지에 반하는 결과를 초래할 것이다.

2. 법률행위의 일부취소

> [사안] 김은 박의 기망에 속아 박을 위하여 최와 연대보증계약을 체결하였다. 후에 김은 박의 기망행위에 의하여 체결되었다며 이를 적법하게 취소하였다. 그러나 최는 연대보증계약에 따른 보증책임이 금전채무로서 채무의 성격상 가분적이고, 김에게 보증한도를 금 30,000,000원으로 하는 보증의사가 있었던 이상 김의 연대보증계약의 취소는 금 30,000,000원을 초과하는 범위 내에서만 그 효력이 생긴다고 주장한다. (대법원 2002.9.10. 선고 2002다21509 판결)

[해결] 하나의 법률행위의 일부분에만 취소사유가 있다고 하더라도 그 법률행위가 가분적이거나 그 목적물의 일부가 특정될 수 있다면, 그 나머지 부분이라도 이를 유지하려는 당사자의 가정적 의사가 인정되는 경우 그 일부만의 취소도 가능하다고 할 것이고, 그 일부의 취소는 법률행위의 일부에 관하여 효력이 생긴다.

3. 무효행위의 전환

> [사안] 김은 A회사에 입사하였다가 2009.10.26. 퇴사하면서 임금 및 퇴직금 합계 63,189,070원을 지급받지 못하였다. 김은 2009.10.28. A회사와 김의 미수령 임금 및 퇴직금의 지급에 갈음하여 A회사의 B점포에 대한 공사대금 292,150,000원의 채권을 양도받기로 합의하였다. 후에 김은 A사에 미수령 임금 및 퇴직금 중 아직 변제받지 못한 부분을 청구한다. 그러나 A사는 채권양도합의로써 김의 임금 및 퇴직금청구 채권이 소멸하였다고 한다. (대법원 2012.3.29. 선고 2011다101308 판결)

[해결] 임금은 법령 또는 단체협약에 특별한 규정이 있는 경우를 제외하고는 통화로 직접 근로자에게 그 전액을 지급하여야 한다(근로기준법 제43조 제1항). 따라서 사용자가 근로자의 임금 지급에 갈음하여 사용자가 제3자에 대하여 가지는 채권을 근로자에게 양도하기로 하는 약정은 그 전부가 무효임이 원칙이다. 다만 당사자 쌍방이 위와 같은 무효를 알았더라면 임금의 지급에 갈음하는 것이 아니라 그 지급을 위하여 채권을 양도하는 것을 의욕하였으리라고 인정될 때에는 무효행위 전환의 법리(민법 제138조)에 따라 그 채권양도 약정은 임금의 지급을 위하여 한 것으로서 효력을 가질 수 있다.

[유제] 불공정한 법률행위와 무효행위의 전환 - 대법원 2010.7.15. 선고 2009다 50308 판결 참조 (제4강 사안 8.)

4. 민법 제137조와 제138조의 관계

[사안] A사는 2006.5. 김과 주택법 제16조에 따른 공공건설임대주택인 X주택에 관하여 임대보증금을 246,940,000원으로 하고, 임대료를 월 593,000원으로 하되, 임대료는 매월 말일에 납부받기로 하는 임대차계약을 체결하였다. 이는 표준임대보증금과 표준임대료 조건을 기준으로 하되, 임대보증금은 표준임대보증금 137,191,000원보다 증액하는 대신 월 임대료를 표준임대료 909,000원에서 임대보증금의 차액에 당시의 정기예금 이율을 곱한 금액을 공제한 593,000원으로 구성하여 임대보증금과 임대료의 상호전환을 한 임대 조건에 의한 것으로서, A사가 일방적으로 제시한 계약 조건에 김이 승낙하여 계약이 체결되었다. 그 후 김은 A사를 상대로 위 계약상 임대보증금 중 표준임대보증금을 초과하는 부분은 무효라고 주장하며 그 차액 109,749,000원의 반환을 구한다. 이에 A사는 이를 반환하면서 향후에는 표준임대료의 지급을 구하나, 김이 계속하여 당초 계약상의 임대료만을 납부하자, 김의 임대료 연체를 이유로 임대차계약을 해지하고 건물의 인도를 구한다. (대법원 2016.11.18. 선고 2013다42236 전원합의체 판결)

[해결] (다수의견) 구 임대주택법에서 공공건설임대주택의 임대보증금과 임대료의 상한을 정한 규정은 법령 제정의 목적과 입법 취지 등에 비추어 그에 위반되는 약정의 사법적 효력을 제한하는 효력규정으로 보아야 한다. 또 임대사업자가 임대료의 일부를 임대보증금으로 상호전환함으로써 표준임대보증금보다 고액인 임대보증금으로 임차인을 모집하고자 하는 경우에는 표준금액과 전환금액을 모두 공고하거나 고지하여 임차인을 모집한 후 전환금액에 동의하는 임차인에 한하여 그 조건으로 임대차계약을 체결하여야 하고, 그러한 절차를 거치지 않고 일방적으로 상호전환의 조건을 제시하여 임대차계약을 체결하였다면 이는 효력규정인 임대주택법령에 위반된 약정으로서 무효가 된다. 이 경우에 임대사업자와 임차인이 임대보증금과 임대료의 상호전환을 하지 않은 원래의 임대 조건, 즉 표준임대보증금과 표준임대료에 의한 임대 조건으로 임대차계약을 체결할 것을 의욕하였으리라고 봄이 타당하다. 그러므로 임대차계약은 민법 제138조에 따라 표준임대보증금과 표준임대료를 임대 조건으로 하는 임대차계약으로서 유효하게 존속한다.

(반대의견) 임대주택법령을 위반한 임대차계약상의 임대보증금은 표준임대보증금을 초과하는 한도 내에서 무효이나 임대차계약의 나머지 부분까지 무효가 되는 것은 아니므로 임대차계약상의 임대료 부분은 유효하게 존속한다.

(다수의견 보충) 법률행위의 내용을 분할할 수 있는 경우에 그 무효부분이 없더라도 나머지 부분만으로 법률행위를 하였을 것으로 인정되면 그 나머지 부분의 법률행위로서 효력이 인정된다(민법 제137조 단서). 반면 법률행위의 내용을 분할할 수 없거나 나머지 부분만을 내용으로 하는 법률행위를 하였을 것으로 보기 어려운 경우에는 그 법률행위는 원칙적으로 전부 무효가 되고 다만 당사자가 그 무효를 알았다면 다른 법률행위를 하는 것을 의욕하였으리라고 인정될 때에는 그러한 가정적 효과의사에 의한 법률행위로서 효력을 가진다(민법 제138조).

5. 무효인 법률행위의 묵시적 추인여부

> [사안] A조합은 조합 소유의 X토지를 B사에게 처분하는 안건에 대하여 적법한 소집통지도 없었고 따라서 이 처분행위에 관한 유효한 총회결의가 있었다고 볼 수 없어 B사 앞으로의 X토지 소유권이전등기는 무효라고 주장한다. 그러나 B사는 A조합이 후의 정식총회에서 이전등기로 조달한 자금을 조합원들에게 귀속하기로 의결한 점 등을 들어 A조합이 적어도 묵시적으로 위 처분행위를 추인하였다고 볼 수 있다며 이전등기의 말소를 거절한다. (대법원 2014.3.27. 선고 2012다106607 판결)

[해결] 무효인 법률행위를 추인에 의하여 새로운 법률행위로 보기 위하여서는 당사자가 이전의 법률행위가 무효임을 알고 그 행위에 대하여 추인하여야 한다. 한편 추인은 묵시적으로도 가능하나, 묵시적 추인을 인정하기 위해서는 본인이 그 행위로 처하게 된 법적 지위를 충분히 이해하고 그럼에도 진의에 기하여 그 행위의 결과가 자기에게 귀속된다는 것을 승인한 것으로 볼만한 사정이 있어야 할 것이므로 이를 판단함에 있어서는 관계되는 여러 사정을 종합적으로 검토하여 신중하게 하여야 한다. 당사자가 이전의 법률행위가 존재함을 알고 그 유효함을 전제로 하여 이에 터 잡은 후속행위를 하였다고 해서 그것만으로 이전의 법률행위를 묵시적으로 추인하였다고 단정할 수는 없고, 묵시적 추인을 인정하기 위해서는 이전의 법률행위가 무효임을 알거나 적어도 무효임을 의심하면서도 그 행위의 효과를 자기에게 귀속시키도록 하는 의사로 후속행위를 하였음이 인정되어야 할 것이다.

6. 취소권의 행사와 제척기간

> **[사안]** 김은 박을 기망하여 1986.10.에 박과의 사이에 토지매매계약을 체결하였다. 그 후 박은 1990.8.에 이 매매계약이 김의 사기에 의한 것으로서 취소할 수 있는 법률행위임을 알게 되었다. 그 후 박은 1995.11.에 김에 대하여 준비서면의 송달로써 비로소 이 매매계약을 취소한다는 의사표시를 하였다. (대법원 1996.9.20. 선고 96다25371 판결)

[해결] 민법 제146조는 취소권은 추인할 수 있는 날로부터 3년 내에 행사하여야 한다고 규정하고 있는바, 이 때의 3년이라는 기간은 일반 소멸시효기간이 아니라 제척기간으로서 제척기간이 도과하였는지 여부는 당사자의 주장에 관계없이 법원이 당연히 조사하여 고려하여야 할 사항이다. 김의 취소의 의사표시는 3년의 제척기간의 경과로서 아무 효력이 없다.

7. 조건의 의미 및 성립요건

> **[사안]** 김이 박에게 작성하여 준 각서에는 "본인의 여동생이 횡령한 금액 7,000만원을 변제하고 선처를 받기로 한다."라고 하였다. 그 후 김이 약정 직후 일방적으로 그 효력을 부정하고 나아가 여동생의 횡령 범행 자체를 부인하자, 박은 김의 여동생을 고소하여 징역 1년의 실형을 받게 하였다. 박이 김에게 약정한 금액의 변제를 청구하자, 김은 조건부 법률행위에서 조건이 불성취된 것이므로 지급의무가 없다고 항변한다. 그러나 박은, 김의 지급약정은 김의 여동생이 부담하는 부당이득반환 또는 손해배상 채무 중 일부를 대신 변제한다는 취지이고, 그러한 약정을 하는 김의 내심에는 여동생이 처벌받지 않기를 바라는 동기 이외에, 실제로 처벌을 받는 경우에는 약정 자체가 무효라는 조건의사까지 있었을지도 모르지만, 그것만으로는 조건부 약정이 이루어졌다고 할 수 없으며, 약정을 예정대로 이행하면 김의 여동생이 선처를 받을 수 있도록 박이 협조한다는 취지에 불과하다고 주장한다. (대법원 2003.5.13. 선고 2003다10797 판결)

[해결] 조건은 법률행위의 효력의 발생 또는 소멸을 장래의 불확실한 사실의 성부에 의존케 하는 법률행위의 부관으로서 당해 법률행위를 구성하는 의사표시의 일체적인 내용을

이루는 것이므로, 의사표시의 일반원칙에 따라 조건을 붙이고자 하는 의사 즉 조건의사와 그 표시가 필요하며, 조건의사가 있더라도 그것이 외부에 표시되지 않으면 법률행위의 동기에 불과할 뿐이고 그것만으로는 법률행위의 부관으로서의 조건이 되는 것은 아니다.

8. 조건과 불확정기한의 구별

> **[사안]** 甲이 乙 주식회사를 상대로 물품대금의 지급을 구하는 소를 제기하고, 乙 회사는 甲을 상대로 채무부존재확인 등을 구하는 소를 제기하였다. 소송 계속 중 甲과 乙 회사가, 甲은 乙 회사의 채무자인 丙 주식회사 등으로부터 미지급 물품대금 액수에 해당하는 금액을 지급받고, 乙 회사에 대한 나머지 청구를 포기하며, 이후 어떠한 이의도 제기하지 않기로 하는 등의 합의를 하면서 '모든 합의사항의 이행은 甲이 丙으로부터 위 금액을 모두 지급받은 후 효력이 발생한다'라고 정하였다. 그 후 甲이 乙로부터 채권추심의 권한을 위임받아 丙에게 채권 지급을 요구하였으나 丙은 채무부존재 또는 상계 등을 주장하며 그 요구에 응하지 않았다. 이에 甲은 다시 乙에게 물품대금을 청구하나, 乙은 합의내용은 甲에게 부과된 이행의무의 기한을 정한 것으로 보아야 한다며 甲의 청구를 거절한다.(대법원 2018.6.28. 선고 2018다201702 판결)

[해결] 조건은 법률행위 효력의 발생 또는 소멸을 장래의 불확실한 사실의 성부에 의존하게 하는 법률행위의 부관이다. 반면 장래의 사실이더라도 그것이 장래 반드시 실현되는 사실이면 실현되는 시기가 비록 확정되지 않더라도 이는 기한으로 보아야 한다. 법률행위에 붙은 부관이 조건인지 기한인지가 명확하지 않은 경우 법률행위의 해석을 통해서 이를 결정해야 한다. 부관에 표시된 사실이 발생하지 않으면 채무를 이행하지 않아도 된다고 보는 것이 합리적인 경우에는 조건으로 보아야 한다. 그러나 부관에 표시된 사실이 발생한 때에는 물론이고 반대로 발생하지 않는 것이 확정된 때에도 채무를 이행하여야 한다고 보는 것이 합리적인 경우에는 표시된 사실의 발생 여부가 확정되는 것을 불확정기한으로 정한 것으로 보아야 한다. 사안에서, '甲이 丙 회사 등으로부터 위 금액을 모두 지급받는다'는 사실이 발생해야 나머지 청구 포기와 부제소 특약이 포함된 합의서의 이행의무가 성립한다고 볼 수 있는데, 甲이 위 돈을 지급받는다는 것은 장래 발생 여부가 불확실한 사실로서 조건으로 볼 여지가 있고, 甲이 乙 회사 등으로부터 미지급 물품대금 액수에 해당하는 금액을 변제받을 것이 확실시되었다는 등의 특별한 사정이 없는 상태에서 乙 회사에 대한 물품대금 채권을 포기할 아무런 이유가 없다는 점에서도 위 합의는 정지조건부 합의로 볼 여지가 크며, 이러한 부관이 화해계약의 일부를 이루고 있는 경우에도 마찬가지이다.

[유제 1] A 정리회사의 관리인 김은 박에 대하여 2000.12.4.부터 2000.12.8.까지 희망퇴직신청을 하는 경우에는 회사정리계획 인가결정일로부터 1개월 이내에 평균임금 3개월분의 퇴직위로금을 지급하겠다는 의사표시를 하였다. 후에 회사정리절차가 폐지되어 정리계획인가를 받을 수 없는 것으로 확정되었는데, A사는 조건이 성취되지 않았다며 퇴직위로금의 지급을 거절한다. 그러나 박은 회사정리계획인가를 조건으로 정한 것이 아니라 불확정한 사실의 도래를 변제기로 정한 것이고, 따라서 회사정리계획인가를 받을 수 없는 것으로 확정된 때에 기한이 도래하였다며 퇴직금의 지급을 청구한다. (대법원 2003.8.19. 선고 2003다24215 판결)

[해결] 이미 부담하고 있는 채무의 변제에 관하여 일정한 사실이 부관으로 붙여진 경우에는 그것은 변제기를 유예한 것으로서 그 사실이 발생한 때 또는 발생하지 아니하는 것으로 확정된 때에 기한이 도래한다.

[유제 2] 식각 장비 시스템(Glass Slimming System)의 제조·설치에 관하여 甲 주식회사가 乙 주식회사에 도급하고, 乙 회사가 丙 주식회사에 하도급을 하면서 제품은 견적서 등에 따라 제작하며, 중도금은 제품 입고 완료 후 14일 이내에, 잔금은 최종 검수 완료·승인 후 다음 달 말 지급하기로 하였으며, 이에 따라 丙 회사가 위 장비의 제작을 마치고 甲 회사의 공장에 이를 설치하기 시작하였는데, 乙 회사가 丙 회사에 견적서에 기재된 제조사·수량과 다른 PVC plate와 노즐로 제작되었다면서 견적서에서 정한 대로 완전한 장비를 납품할 것을 요구한다고 통지하고 이어서 하도급계약을 해지하였다. 丙은, 乙이 제기하는 문제는 민법상의 하자담보책임 규정에 따라 처리하면 되고 일단 일은 완성한 것이라며 잔금의 지급을 청구하자, 乙은 '수급인이 공급한 목적물을 도급인이 검사하여 합격하면, 도급인은 수급인에게 보수를 지급한다.'고 정한 조항을 근거로 이를 거절한다. (대법원 2019.9.10. 선고 2017다272486, 272493 판결)

[해결] 하도급계약에서 '최종 검수 완료·승인 후' 잔금을 지급하기로 정하였다면, 이는 도급인의 수급인에 대한 보수지급의무와 동시이행관계에 있는 수급인의 목적물 인도의무를 확인한 것에 불과하고 '검사 합격'은 법률행위의 효력 발생을 좌우하는 조건이 아니라 보수지급시기에 관한 불확정기한이다. 따라서 수급인이 도급계약에서 정한 일을 완성한 다음 검사에 합격한 때 또는 검사 합격이 불가능한 것으로 확정된 때 보수지급청구권의 기한이 도래한다. 사안에서 丙 회사가 하도급계약에서 예정한 최후 공정을 마쳤는데도 乙 회사가 최종 검수를 거부하고 해제를 통보함으로써 '최종 검수 완료·승인'이 불가능한 것

으로 확정되어 잔금청구권의 이행기도 도래하였으므로 丙 회사는 잔금을 청구할 수 있다.

9. 해제조건의 성취

[사안] 김은 자기 소유의 X주택을 박에게 1억원에 매도하면서 계약금 1백만원을 수령하고 먼저 X주택을 명도하여 주었다. 그 후 박이 X주택을 최에게 전세를 놓으려 하자 김은 박의 요청에 따라 최에게 박이 전세를 놓는데 이의가 없다는 뜻을 표시하였고 이어 박과 최 사이의 전세계약이 체결되었다. 그 후 박이 김에게 매매잔대금을 지급하지 아니하자 김은 매매계약을 해제하고 최에게 주택을 명도할 것을 청구한다. 그러나 최는 주택임대차보호법상의 대항력을 갖춘 자신에게 대항할 수 없다며 명도를 거절한다. (대법원 1995.12.12. 95다32037 판결)

[해결] 김과 박 사이의 매매계약에 부수하여 김이 박에게 X주택을 전세놓을 권한을 부여한 것은 매매계약의 해제를 해제조건으로 한 것이라고 보여지고, 매매계약이 해제됨으로써 해제조건이 성취되어 그 때부터 박이 X주택을 전세놓을 권한을 상실하게 되었다면, 최는 전세계약을 체결할 권한이 없는 자와 사이에 전세계약을 체결한 임차인과 마찬가지로 김에 대한 관계에서 X주택에 대한 사용수익권을 주장할 수 없게 되어 김의 명도 청구에 대항할 수도 없다. 최가 주택임대차보호법상의 대항요건을 구비하였더라도 마찬가지이다.

10. 조건성취의 방해의 효과

[사안] 김은 박으로부터 건물의 신축공사를 수급하고 이 중 승강기설치공사 부분을 다시 최에게 하도급 주었다. 김은 2주일내에 최가 공사를 완성하여 준공필증을 받는 것을 조건으로 건물준공일로부터 3개월 내에 최에게 공사대금 1억원을 지급하기로 하였고 이에 대해 박이 그 이행을 보증하였다. 그런데 박과 김은 최가 공사를 완공하는데 필요한 전기용량 증강공사를 실시하지 아니하였고 최의 공사장의 출입을 방해함으로써 최가 나머지 공사를 수행할 수 없게 하였다. 이에 최는 김과 박이 조건의 성취를 방해하였다며 김과 보증인 박에 대하여 조건이 성취되었다고 주장한다. 그러나 박은 조건성취 방해의 고의가 없었다며 항변한다. (대법원 1998.12.22. 선고 98다42356 판결)

[해결] 김과 박은 준공필증 수령이라는 정지조건의 성취로 인하여 불이익을 받을 당사자의 지위에 있다고 할 것이므로, 이들의 공사방해행위는 그것이 고의에 의한 경우만이 아니라 과실에 의한 경우에도 신의성실에 반하여 조건의 성취를 방해한 때에 해당한다고 할 것이므로, 최는 민법 제150조 제1항의 규정에 의하여 김과 박에 대하여 그 조건이 성취된 것으로 주장할 수 있다. 조건이 성취된 것으로 의제되는 시점은 이러한 신의성실에 반하는 행위가 없었더라면 조건이 성취되었으리라고 추산되는 시점이다.

11. 불법조건부 법률행위의 효력

[사안] A사의 대표이사 김은 박에 대하여 이사인 주주들을 상대로 대여금청구소송을 제기할 것과 주주 간 경영권 분쟁과 관련하여 특정 주주의 이익만을 위하여 감사의 지위를 악용하지 않을 것 등을 확약하는 내용의 서면을 제출할 것을 정지조건으로 하여 박에게 감사임용계약의 청약을 하였다. 후에 A사는, 김이 박에게 청약의 의사표시를 하면서 부가한 조건의 내용 자체가 무효이거나 조건을 부가하여 청약의 의사표시를 하는 것이 무효이고, 따라서 그 조건뿐만 아니라 청약의 의사표시 전체가 무효로 되는 것이므로, 이에 대하여 박이 승낙의 의사표시를 하였다 하더라도 감사임용계약이 성립된 것으로 볼 수 없다고 주장한다. (대법원 2005.11.8.자 2005마541 결정)

[해결] 조건부 법률행위에 있어 조건의 내용 자체가 불법적인 것이어서 무효일 경우 또는 조건을 붙이는 것이 허용되지 아니하는 법률행위에 조건을 붙인 경우 그 조건만을 분리하여 무효로 할 수는 없고 그 법률행위 전부가 무효로 된다고 보아야 한다.

제9강 소멸시효

소멸시효 요건으로서 권리의 불행사/ 소멸시효 완성의 주장과 신의칙 /소멸시효와 제척기간 /소멸시효의 기산점 /소멸시효의 중단(1) - 재판상의 청구 /소멸시효의 중단(2) - 응소 /소멸시효의 중단(3) - 승인 /소멸시효이익의 포기의 효과

■ 소멸시효는 일정 기간 권리의 불행사를 핵심요건으로 하는 제도인바 그 의미를 살펴본다. 소멸시효는 소송에서 주로 항변으로 주장되는데 이러한 시효항변이 신의칙 위반 또는 권리남용이 되는가가 자주 문제된다. 소멸시효는 유사개념인 제척기간과 구분되고 특히 시효의 중단의 법리의 적용여부에서 갈린다. 시효제도에서 가장 핵심적인 쟁점은 기산점을 어떻게 보는가이다. 시효의 중단에 관하여는 제168조에서 언급된 사유들 중 재판상 청구와 이에 준하는 응소, 채무자의 승인에 관한 판례를 본다. 그리고 시효이익의 포기의 효과를 다룬 근래의 판결도 흥미로운 쟁점이다.

1. 소멸시효 요건으로서 권리의 불행사

[사안] 김은 1998.5. 소유의 X주택을 임대기간을 2000.5.까지로 하여 박에게 임대하였고 박은 임차보증금으로 2천5백만원을 지급하고 입주하였다. 기간 만료시 김은 X주택의 인도를 요구하였으나 박은 보증금의 반환을 요구하면서 이를 거부하였고 기간 만료 이후에도 계속 거주하였다. 2014.12. 김은 X주택을 최에게 매도하고 소유권이전등기를 하여 주었으며 박은 2015.6. 최에게 X주택을 인도하였다. 2014.4. 박은 김을 상대로 보증금의 반환을 구하는 소를 제기하였는데, 김은 박의 보증금반환채권은 임대차 종료시부터 소멸시효가 진행하여 소제기 무렵에는 이미 시효가 완성되었다고 항변한다. (대법원 2020.7.9. 선고 2016다244224 판결)

[해결] 소멸시효는 권리자가 권리를 행사할 수 있는데도 일정한 기간 권리를 행사하지 않

은 경우에 권리의 소멸이라는 법률효과가 발생하는 제도이다. 이것은 시간의 흐름에 따라 법률관계가 점점 불명확해지는 것에 대처하기 위한 제도로서, 일정 기간 계속된 사회질서를 유지하고 시간이 지남에 따라 곤란해지는 증거보전으로부터 채무자를 보호하며 자신의 권리를 행사하지 않는 사람을 법적 보호에서 제외함으로써 법적 안정성을 유지하는 데 중점을 두고 있다.

소멸시효가 완성되기 위해서는 권리의 불행사라는 사실상태가 일정한 기간 동안 계속되어야 한다. 채권을 일정한 기간 행사하지 않으면 소멸시효가 완성하지만(민법 제162조, 제163조, 제164조), 채권을 계속 행사하고 있다고 볼 수 있다면 소멸시효가 진행하지 않는다. 나아가 채권을 행사하는 방법에는 채무자에 대한 직접적인 이행청구 외에도 변제의 수령이나 상계, 소송상 청구 및 항변으로 채권을 주장하는 경우 등 채권이 가지는 다른 여러 가지 권능을 행사하는 것도 포함된다. 따라서 채권을 행사하여 실현하려는 행위를 하거나 이에 준하는 것으로 평가할 수 있는 객관적 행위 모습이 있으면 권리를 행사한다고 보는 것이 소멸시효 제도의 취지에 부합한다.

임대차가 종료함에 따라 발생한 임차인의 목적물반환의무와 임대인의 보증금반환의무는 동시이행관계에 있다. 임차인이 임대차 종료 후 동시이행항변권을 근거로 임차목적물을 계속 점유하는 것은 임대인에 대한 보증금반환채권에 기초한 권능을 행사한 것으로서 보증금을 반환받으려는 계속적인 권리행사의 모습이 분명하게 표시되었다고 볼 수 있다. 따라서 임대차 종료 후 임차인이 보증금을 반환받기 위해 목적물을 점유하는 경우 보증금반환채권에 대한 권리를 행사하는 것으로 보아야 하고, 임차인이 임대인에 대하여 직접적인 이행청구를 하지 않았다고 해서 권리의 불행사라는 상태가 계속되고 있다고 볼 수 없다. 더구나 임대차기간이 끝난 후 보증금을 반환받지 못한 임차인이 목적물을 점유하는 동안은 주택임대차보호법에 따라 일종의 법정임대차관계가 유지되고 있는데도 임차인의 보증금반환채권은 그대로 시효가 진행하여 소멸할 수 있다고 한다면, 이는 위 규정의 입법 취지를 훼손하는 결과를 가져오게 되어 부당하다. 결국 주택임대차보호법에 따른 임대차에서 그 기간이 끝난 후 임차인이 보증금을 반환받기 위해 목적물을 점유하고 있는 경우 보증금반환채권에 대한 소멸시효는 진행하지 않는다고 보아야 한다.

2. 소멸시효 완성의 주장과 신의칙

> **[사안]** A국립대학으로부터 재임용을 거부당한 김은 A대학에 재임용거부처분이 불법행위임을 이유로 한 손해배상청구 소송을 제기하였고, 이에 대해 A대학은 소멸시효가 완성되었다는 항변을 하였다. 이에 김은 대법원이 2004.4.에 선고한 전원합의체 판결로 임용기간이 만료된 국공립대학 교원에 대한 재임용거부처분에 대하여 이를

다툴 수 없다는 종전의 견해를 변경하였는바, 따라서 대법원의 그와 같은 종전 견해는 법률상 장애사유에 해당하므로 임기만료된 국공립대학 교원에 대한 재임용거부가 불법행위임을 이유로 하는 손해배상청구권의 소멸시효는 재임용심사에 관한 규정이 신설된 개정 교육공무원법 시행일인 2005.1.27.부터 진행되어야 한다고 주장한다. 또한 대법원의 종전 견해의 존재가 객관적으로 채권자가 권리를 행사할 수 없게 한 특별사정에 해당한다는 등의 이유를 들어 이 경우의 소멸시효 주장이 신의칙에 반한다거나 또는 국가가 소멸시효 완성을 주장하는 것은 신의칙상 제한되어야 한다고 주장한다. (대법원 2010.9.9. 선고 2008다15865 판결)

[해결] 소멸시효는 객관적으로 권리가 발생하고 그 권리를 행사할 수 있는 때로부터 진행하고 그 권리를 행사할 수 없는 동안에는 진행하지 아니한다. 여기서 '권리를 행사할 수 없다'라고 함은 그 권리행사에 법률상의 장애사유, 예컨대 기간의 미도래나 조건불성취 등이 있는 경우를 말하는 것이고, 사실상 그 권리의 존부나 권리행사의 가능성을 알지 못하였거나 알지 못함에 과실이 없다고 하여도 이러한 사유는 법률상 장애사유에 해당한다고 할 수 없다. 사안에서 대법원의 종전 견해는 국공립대학 교원에 대한 재임용거부처분이 불법행위임을 원인으로 한 손해배상청구에 대한 법률상 장애사유에 해당하지 아니한다.

한편으로 채무자가 소멸시효의 완성으로 인한 채무의 소멸을 주장하는 것에 대하여도 신의성실의 원칙이 적용된다고 할 것이므로, 그러한 주장을 하는 것이 신의칙 위반을 이유로 허용되지 아니할 수 있다. 그러나 실정법에 정하여진 개별 법제도의 구체적 내용에 좇아 판단되는 바를 신의칙과 같은 법원칙을 들어 말하자면 당해 법제도의 외부로부터 배제 또는 제한하는 것은 법의 해석·적용에서 구현되어야 할 기본적으로 중요한 법가치의 하나인 법적 안정성을 후퇴시킬 우려가 없지 않다. 특히 법률관계에는 불명확한 부분이 필연적으로 내재하는바 그 법률관계의 주장에 일정한 시간적 한계를 설정함으로써 그에 관한 당사자 사이의 다툼을 종식시키려는 것을 취지로 하는 소멸시효제도에 있어서는, 애초 그 제도가 누구에게나 무차별적·객관적으로 적용되는 시간의 경과가 1차적인 의미를 가지는 것으로 설계되었음을 고려하면, 위와 같은 법적 안정성의 요구는 더욱 선명하게 제기된다. 따라서 소멸시효에 관하여 신의칙을 원용함에는 신중을 기할 필요가 있다. 특히 채권자에게 객관적으로 자신의 권리를 행사할 수 없는 장애사유가 있었다는 사정을 들어 그 채권에 관한 소멸시효 완성의 주장이 신의성실의 원칙에 반하여 허용되지 아니한다고 평가하는 것은 소멸시효의 기산점에 관하여 변함없이 적용되어 왔던 법률상 장애/사실상 장애의 기초적인 구분기준을 내용이 본래적으로 불명확하고 개별 사안의 고유한 요소에 열려 있는 것을 특징으로 하는 일반적인 법원칙으로서의 신의칙을 통하여 아예 무너뜨릴 위험이 있으므로 더욱 주의를 요한다. 또한 국가에게 국민을 보호할 의무가 있다는 사유만으로 국가가 소멸시효의 완성을 주장하는 것 자체가 신의성실의 원칙에 반하여 권리남용에 해당한다고 할 수는 없으므로, 국가의 소멸시효 완성 주장이 신의칙에 반하고 권리남용에 해당한다고 하려면 일반 채무자의 소멸시효 완성 주장에서와 같은 특별사정이 인정되어야 한다.

> **[유제]** 민법총칙편 제2강 5.의 사안 참조 - 대법원 2010.6.10. 선고 2010다8266 판결

3. 소멸시효와 제척기간

> **[사안]** 김은 1979.8.23. 박과의 사이에 X토지에 관하여 매매예약을 체결하고, 같은 해 9.7. 박 앞으로 매매예약을 원인으로 한 소유권이전청구권보전의 가등기를 경료하여 주었다. 김은 이에 기한 매매예약완결권은 예약일로부터 10년이 되는 1989.8.23.이 경과함으로써 그 제척기간이 경과되어 소멸되었다고 주장하며 소유권이전청구권보전의 가등기의 말소를 구한다. 이에 박은 김이 1989.7.28. 자신에게 X토지에 대한 자신의 지분을 인정하는 합의각서를 작성하여 준 사실을 들어 매매예약완결권이 소멸되지 않았다고 항변한다. (대법원 2003.1.10. 선고 2000다26425 판결)

[해결] 매매의 일방예약에서 예약자의 상대방이 매매예약 완결의 의사표시를 하여 매매의 효력을 생기게 하는 권리, 즉 매매예약의 완결권은 일종의 형성권으로서 당사자 사이에 그 행사기간을 약정한 때에는 그 기간 내에, 그러한 약정이 없는 때에는 그 예약이 성립한 때로부터 10년 내에 이를 행사하여야 하고, 그 기간을 지난 때에는 예약 완결권은 제척기간의 경과로 인하여 소멸하고, 제척기간에 있어서는 소멸시효와 같이 기간의 중단이 있을 수 없다. 따라서 김의 합의각서 작성에도 불구하고, 박의 매매계약완결권은 예약일로부터 10년이 경과하는 시점에 제척기간이 경과되어 소멸되었다고 보아야 한다.

4. 소멸시효의 기산점

> **[사안]** A사의 적법한 대표자도 아닌 김은 A사의 이사회의 결의도 없이 B사에게 기부행위를 하였다. 후에 A사가, 이사회결의가 부존재하여 증여계약이 무효이므로 기부금의 반환을 청구하자, B사는 A사의 반환청구권의 소멸시효가 완성되었다고 항변

한다. 그러나 A사는, A사의 기부시점에 B사에 대한 기부금의 반환청구권이 발생하였다고 할 것이나, 이사회결의부존재확인소송이 대법원에서 확정되기까지는 증여계약이 무효인 사실이 객관적으로 확인되지 않고 있다가 위 판결확정일 무렵 객관적으로 확인되어 A사로서도 그 무렵 비로소 이 사실을 알 수 있게 되었으므로, A사의 B사에 대한 반환청구권의 소멸시효는 그 때부터 진행한다고 주장한다. (대법원 2003.2.11. 선고 99다66427,73371 판결)

[해결] 소멸시효의 진행은 당해 청구권이 성립한 때로부터 발생하고 원칙적으로 권리의 존재나 발생을 알지 못하였다고 하더라도 소멸시효의 진행에 장애가 되지 않는다고 할 것이지만, 사안과 같이 법인의 이사회결의가 부존재함에 따라 발생하는 제3자의 부당이득반환청구권처럼 법인이나 회사의 내부적인 법률관계가 개입되어 있어 청구권자가 권리의 발생 여부를 객관적으로 알기 어려운 상황에 있고 청구권자가 과실 없이 이를 알지 못한 경우에도 청구권이 성립한 때부터 바로 소멸시효가 진행한다고 보는 것은 정의와 형평에 맞지 않을 뿐만 아니라 소멸시효제도의 존재이유에도 부합한다고 볼 수 없으므로, 이러한 경우에는 이사회결의부존재확인판결의 확정과 같이 객관적으로 청구권의 발생을 알 수 있게 된 때로부터 소멸시효가 진행된다고 보는 것이 타당하다.

5. 소멸시효의 중단(1) - 재판상의 청구

[사안] 김은 사업자금의 조달을 위하여 차용한 금원을 담보하기 위하여 박과의 사이에 근저당권설정약정을 하였다. 후에 박이 근저당권설정등기의 이행을 청구하였으나 응하지 않자 박은 근저당권설정등기청구의 소를 제기하였으나 이 등기청구권은 시효소멸로 인하여 받아들여지지 않았다. 박은 다시 대여금의 지급을 청구하는데 대해 김은 대여금채권도 시효로 소멸하였다고 항변하나, 박은 근저당권설정등기청구의 소를 제기함으로써 대여금채권에 대한 소멸시효가 중단되었다고 주장한다. (대법원 2004.2.13. 선고 2002다7213 판결)

[해결] 박의 근저당권설정등기청구권의 행사는 그 피담보채권이 될 금전채권의 실현을 목적으로 하는 것으로서, 근저당권설정등기청구의 소에는 그 피담보채권이 될 채권의 존재에 관한 주장이 당연히 포함되어 있는 것이고, 근저당권설정등기청구의 소를 통하여 피담보채권의 존부에 관한 실질적 심리가 이루어져 그 존부가 확인되었다면, 근저당권설정등기청구의 소의 제기에 의하여 피담보채권이 될 채권에 관한 권리의 행사가 있은 것으로 볼 수

있으므로, 근저당권설정등기청구의 소의 제기는 그 피담보채권의 재판상의 청구에 준하는 것으로서 피담보채권에 대한 소멸시효 중단의 효력을 생기게 한다고 봄이 상당하다.

6. 소멸시효의 중단(2) – 응소

[사안] A아파트의 입주자대표회의(이하 '대표회의')는 B보험사와 이행(하자)보증보험계약을 보험기간은 1995.10.6.부터 1998.10.5.까지이며, 그 보험금청구권은 2년간 행사하지 않으면 소멸시효가 완성되는 것으로 체결하였다. '대표회의'는 보험기간 만료일로부터 2년이 경과되기 전인 2000.9.28. B보험사에 보험금지급청구를 하였다. 이에 B보험사는 보험금지급심사에 필요한 추가구비서류의 제출을 요구하면서 그 지급의무의 존부 등에 대하여 조사를 하여 볼 필요가 있다는 이유로 '대표회의'에 대하여 그 지급의 유예를 구하였다. 그 후 B보험사는 '대표회의'를 상대로 보험금지급청구권부존재확인소송을 제기하였고 B보험의 회신이 있기 전인 2001.4.13.경 '대표회의'는 이에 응소하여 청구원인을 정면으로 부정하는 답변서를 제출하는 등 적극적으로 보험금지급청구권의 존재를 주장하였다. B보험사는 '대표회의'의 보험금지급청구권이 시효로 소멸하였다고 주장하나, '대표회의'는 보험금청구권의 소멸시효는 2000.9.28.자 최고에 의하여 중단되었다고 항변한다. (대법원 2006.6.16. 선고 2005다25632 판결)

[해결] 소멸시효제도 특히 시효중단제도는 그 제도의 취지에 비추어 볼 때 이에 관한 기산점이나 만료점은 원권리자를 위하여 너그럽게 해석하는 것이 상당하다 할 것이므로, 민법 제174조 소정의 시효중단사유로서의 최고에 있어서 채무이행을 최고받은 채무자가 그 이행의무의 존부 등에 대하여 조사를 해 볼 필요가 있다는 이유로 채권자에 대하여 그 이행의 유예를 구한 경우에는 채권자가 그 회답을 받을 때까지는 최고의 효력이 계속된다고 보아야 하고, 따라서 같은 조에 규정된 6월의 기간은 채권자가 채무자로부터 회답을 받은 때로부터 기산되는 것이라고 해석하여야 할 것이며, 한편, 민법 제168조 제1호, 제170조 제1항에서 시효중단사유의 하나로 규정하고 있는 재판상의 청구라 함은, 통상적으로는 권리자가 원고로서 시효를 주장하는 자를 피고로 하여 소송물인 권리를 소의 형식으로 주장하는 경우를 가리키지만, 이와 반대로 시효를 주장하는 자가 원고가 되어 소를 제기한 데 대하여 피고로서 응소하여 그 소송에서 적극적으로 권리를 주장하고 그것이 받아들여진 경우도 마찬가지로 이에 포함되는 것으로 해석함이 타당하다.

사안에서 '대표회의'가 보험금청구권의 소멸시효 완성 전 B보험에 보험금지급청구를 한 것은 민법 제174조의 최고에 해당함이 명백한바, 이에 대하여 그 지급의 유예를 구하였으므로, B보험으로부터 보험금 지급여부에 관한 회신이 있을 때까지는 최고의 효력이 계속되어 민법 제174조에 규정된 6월의 기간이 진행하지 않는다고 보아야 할 것이고, '대표회의'는 B보험의 회신이 있기 전 B보험이 제기한 소송에 응소하여 보험금지급청구권의 존재를 주장하고 그것이 받아들여짐으로써 재판상의 청구를 하였다고 할 것이니, 결국 보험금청구권의 소멸시효는 2000.9.28.자 최고에 의하여 중단되었다고 보아야 한다.

7. 소멸시효의 중단(3) - 승인

> **[사안]** 김은 박이 야기한 교통사고로 인하여 2002.8.26. 사고를 입고 2002.9.4. 요추부 추간판탈출증의 진단을 받았다. 박은 2003.1.25. 그리고 같은 해 2.28.에 치료비를 지급하였고, 다시 그로부터 3년 이내인 2005.9.23. 그리고 같은 해 9.26.에 치료비를 의료기관에 직접 지급하였다. 그 후 김이 일실수입과 위자료의 손해배상금을 구하는 소를 제기하자, 박은 자신이 승인한 적극적 손해(치료비)와는 소송물을 달리하는 것으로서 치료비 지급으로 인한 소멸시효 중단의 효력이 미치지 않는다며 소멸시효의 완성을 주장한다. (대법원 2010.4.29. 선고 2009다99105 판결)

[해결] 소멸시효 중단사유로서의 승인은 시효이익을 받을 당사자인 채무자가 소멸시효의 완성으로 권리를 상실하게 될 자 또는 그 대리인에 대하여 그 권리가 존재함을 인식하고 있다는 뜻을 표시함으로써 성립하는바, 그 표시의 방법은 아무런 형식을 요구하지 아니하고 또한 명시적이건 묵시적이건 불문하며, 묵시적인 승인의 표시는 채무자가 그 채무의 존재 및 액수에 대하여 인식하고 있음을 전제로 하여 그 표시를 대하는 상대방으로 하여금 채무자가 그 채무를 인식하고 있음을 그 표시를 통해 추단하게 할 수 있는 방법으로 행해지면 족하다. 사안과 같이 불법행위로 말미암아 신체의 상해를 입었음을 이유로 가해자에게 대하여 손해배상을 청구할 경우에 있어서 박이 소멸시효 완성 전에 김의 치료비를 의료기관에 직접 지급하였다면, 이는 김에 대한 손해배상책임이 있음을 전제로 그 사고로 인한 손해배상채무 전체를 승인한 것으로 봄이 상당하고, 치료비와 같은 적극적 손해에 한정하여 채무를 승인한 것으로 볼 수는 없다.

8. 소멸시효이익의 포기의 효과

> **[사안]** 김은 1992.8. 박으로부터 5천만원을 차용하였고, 그 담보로 같은 날 박 앞으로 X부동산에 관하여 제1근저당권을 설정해 주었다. 김은 2004.4. 박과 사이에 위

> 차용금채무와는 별도로 그때까지의 미지급이자 등을 3천만원으로 확정하고 이를 담보하기 위하여 박 앞으로 X부동산에 관하여 제2근저당권을 설정해 주었다. 최는 2013.12 김으로부터 X부동산과 그 지상 4층 공동주택을 매수하여 같은 날 소유권을 취득하였다. 최는 김이 한 차용금 채무의 소멸시효 완성의 이익의 포기는 자신에게는 효과가 없어 채무는 시효로 소멸한 것이라며 박에게 근저당권의 말소를 구한다. (대법원 2015.6.11. 선고 2015다200227 판결)

[해결] 소멸시효 이익의 포기는 상대적 효과가 있을 뿐이어서 다른 사람에게는 영향을 미치지 아니함이 원칙이나, 소멸시효 이익의 포기 당시에는 그 권리의 소멸에 의하여 직접 이익을 받을 수 있는 이해관계를 맺은 적이 없다가 나중에 시효이익을 이미 포기한 자와의 법률관계를 통하여 비로소 시효이익을 원용할 이해관계를 형성한 자는 이미 이루어진 시효이익 포기의 효력을 부정할 수 없다. 왜냐하면, 시효이익의 포기에 대하여 상대적인 효과만을 부여하는 이유는 그 포기 당시에 시효이익을 원용할 다수의 이해관계인이 존재하는 경우 그들의 의사와는 무관하게 채무자 등 어느 일방의 포기 의사만으로 시효이익을 원용할 권리를 박탈당하게 되는 부당한 결과의 발생을 막으려는 데 있는 것이지, 시효이익을 이미 포기한 자와의 법률관계를 통하여 비로소 시효이익을 원용할 이해관계를 형성한 자에게 이미 이루어진 시효이익 포기의 효력을 부정할 수 있게 하여 시효완성을 둘러싼 법률관계를 사후에 불안정하게 만들자는 데 있는 것은 아니기 때문이다. 사안에서 김이 소멸시효 완성의 이익을 포기한 후에 그로부터 X부동산을 매수한 최는 김이 한 시효이익 포기의 효력을 전제로 하여 근저당권의 제한을 받는 소유권을 취득한 것이어서 김이 한 시효이익 포기의 효력을 부정할 수 없고 따라서 차용금채무의 소멸시효 완성의 이익을 원용할 수 없다.

제10강 법인

법인의 계약위반에 대한 대표기관의 책임 /대표기관의 대표권 남용과 법인의 불법행위 책임 /비법인사단의 대표자의 직무수행 /비법인사단의 대표자의 대표권의 제한 /교회의 분열시의 법률관계 /재단법인 출연재산의 귀속시기

■ 총칙 제3장 법인의 규정들은 일종의 단체법의 법리를 다루고 있어 이질적인 부분이다. 몇 가지 판례에서 문제되는 조문들을 살펴본다. 법인과 대표기관의 관계는 대리의 법리가 준용되는데, 특히 이사의 직무상 불법행위에 대한 법인이 배상책임이 문제된다. 특히 실무상 문제되는 단체는 민법상 요건을 갖춘 법인이 아니라 이른바 비법인사단이다. 여기에는 법인의 규정이 성질이 허용되는 한 준용된다. 비법인사단과 관련하여 교회의 분열과 재산의 귀속문제는 실무적으로 중요한 문제이고 대법원의 전원합의체 판결은 의미가 크다. 재단법인의 출연재산의 귀속시기에 관한 판결에서 제48조의 해석론은 물권변동이론과도 관련되어 매우 어려운 논의를 제기한다.

1. 법인의 계약위반에 대한 대표기관의 책임

[사안] A주택재개발정비사업조합의 조합장 김은 B사와의 사이에 정비사업에 관한 업무를 위탁하는 내용의 용역계약을 체결하였다. 그 후 B사가 A조합과의 업무진행에 마찰이 생겨 계약이행보증금 5천만원을 입금하지 아니하자 김은 B사와의 용역계약을 해지하였다. 이에 B사는, 김이 이것이 용역계약 상의 해지사유가 되지 않음을 알면서도 해지를 통보하고 B사를 일방적으로 용역업무에서 배제시킨 채 다른 업체와 계약을 체결하여 B사에 손해를 끼쳤다며, 김은 A조합과 공동하여 B사에게 불법행위로 인한 손해배상책임을 부담하여야 한다고 주장한다. (대법원 2019.5.30. 선고 2017다53265 판결)

[해결] 법인이 대표기관을 통하여 법률행위를 한 때에는 대리에 관한 규정이 준용된다(민법 제59조 제2항). 따라서 적법한 대표권을 가진 자와 맺은 법률행위의 효과는 대표자 개인이 아니라 본인인 법인에 귀속하고, 마찬가지로 그러한 법률행위상의 의무를 위반하여 발생한 채무불이행으로 인한 손해배상책임도 대표기관 개인이 아닌 법인만이 책임의 귀속 주체가 되는 것이 원칙이다. 또한, 민법 제391조는 법정대리인 또는 이행보조자의 고의·과실을 채무자 자신의 고의·과실로 간주함으로써 채무불이행책임을 채무자 본인에게 귀속시키고 있는데, 법인의 경우도 법률행위에 관하여 대표기관의 고의·과실에 따른 채무불이행책임의 주체는 법인으로 한정된다.

따라서 법인의 적법한 대표권을 가진 자가 하는 법률행위는 성립상 효과뿐만 아니라 위반의 효과인 채무불이행책임까지 법인에 귀속될 뿐이고, 다른 법령에서 정하는 등의 특별한 사정이 없는 한 법인이 당사자인 법률행위에 관하여 대표기관 개인이 손해배상책임을 지려면 민법 제750조에 따른 불법행위책임 등이 별도로 성립하여야 한다. 이때 법인의 대표기관이 법인과 계약을 체결한 거래상대방인 제3자에 대하여 자연인으로서 민법 제750조에 기한 불법행위책임을 진다고 보기 위해서는, 대표기관의 행위로 인해 법인에 귀속되는 효과가 대외적으로 제3자에 대한 채무불이행의 결과를 야기한다는 점만으로는 부족하고, 법인의 내부행위를 벗어나 제3자에 대한 관계에서 사회상규에 반하는 위법한 행위라고 인정될 수 있는 정도에 이르러야 한다. 그와 같은 행위에 해당하는지는 대표기관이 의사결정 및 그에 따른 행위에 이르게 된 경위, 의사결정의 내용과 절차과정, 침해되는 권리의 내용, 침해행위의 태양, 대표기관의 고의 내지 해의의 유무 등을 종합적으로 평가하여 개별적·구체적으로 판단하여야 한다.

2. 대표기관의 대표권 남용과 법인의 불법행위 책임

[사안] A은행의 지점장 김은 B조합의 이사장인 박이 조합의 영리목적과는 관계없이 순전히 자신의 이익을 도모할 목적으로 그 대표권한을 남용하여 B조합 명의로 예금담보대출을 받는 것임을 알 수 있었음에도 A은행의 여·수신 실적 등에 큰 도움이 된다는 이유 등으로 그 대출을 승인해 주었다. 후에 A은행이 B조합에 대출금의 반환을 청구하자, B조합은 A은행의 대출행위는 B조합에 대하여 효력이 없다고 주장한다. 그러나 A은행은, B조합의 대표자인 박은 외형상 객관적으로는 B조합의 직무에 관하여 대출을 받았지만 대표권을 남용하여 B조합 명의로 A은행으로부터 대출을 받음으로써 A은행에게 대출금 상당의 손해를 가하였다고 볼 수 있으므로 B조합은 대표자인 박이 그 직무에 관하여 A은행에게 가한 손해를 배상할 책임이 있다고 주장한다. (대법원 2004.3.26. 선고 2003다34045 판결)

[해결] 1) A은행과 B조합간의 대출계약의 효력에 대하여
대표이사의 대표권한 범위를 벗어난 행위라 하더라도 그것이 회사의 권리능력의 범위 내에 속한 행위이기만 하면 대표권의 제한을 알지 못하는 제3자가 그 행위를 회사의 대표행위라고 믿은 신뢰는 보호되어야 하고, 대표이사가 대표권의 범위 내에서 한 행위는 설사 대표이사가 회사의 영리목적과 관계없이 자기 또는 제3자의 이익을 도모할 목적으로 그 권한을 남용한 것이라 할지라도 일단 회사의 행위로서 유효하고, 다만 그 행위의 상대방이 대표이사의 진의를 알았거나 알 수 있었을 때에는 회사에 대하여 무효가 되는 것이며, 이는 민법상 법인의 대표자가 대표권한을 남용한 경우에도 마찬가지이다. 사안에서 A은행은 박이 B조합의 대표권한을 남용하여 대출을 받아 가는 사실을 알 수 있었다고 인정되므로 A은행의 대출행위는 B조합에 대하여 효력이 없다.

2) B조합의 A은행에 대한 불법행위책임의 성립에 대하여
법인은 이사 기타 대표자가 그 직무에 관하여 타인에게 가한 손해를 배상할 책임 즉 불법행위능력을 갖는다(제35조 제1항). 그리고 민법 제35조 제1항은 제750조의 특별규정이기 때문에 일반불법행위의 요건을 갖추어야 한다. '직무에 관한 행위'는 외형상 직무수행행위라고 볼 수 있는 행위뿐만 아니라 직무행위와 사회관념상 견련성을 가지는 행위를 포함한다. 다만 법인의 대표자의 행위가 직무에 관한 행위에 해당하지 아니함을 피해자 자신이 알았거나 또는 중대한 과실로 인하여 알지 못한 경우에는 법인에게 손해배상책임을 물을 수 없다. 여기서 중대한 과실이라 함은 거래의 상대방이 조금만 주의를 기울였더라면 대표자의 행위가 그 직무권한 내에서 적법하게 행하여진 것이 아니라는 사정을 알 수 있었음에도 만연히 이를 직무권한 내의 행위라고 믿음으로써 일반인에게 요구되는 주의의무에 현저히 위반하는 것으로 거의 고의에 가까운 정도의 주의를 결여하고, 공평의 관점에서 상대방을 구태여 보호할 필요가 없다고 봄이 상당하다고 인정되는 상태를 말한다.

사안에서 박은 B조합의 대표자로서 대표권을 남용하여 대출을 받음으로써 A은행에 대출금 상당의 손해를 가하였다고 볼 수 있는 반면 김이 박의 사기행위를 공모 내지 방조하는 등 대표권 남용을 인식하였거나 이를 인식하지 못한 데에 중대한 과실이 있다고까지 보기는 어렵다고 판단되는바, B조합은 박이 그 직무에 관하여 A은행에 가한 손해로서 대출금과 법정이자 상당액을 배상할 책임이 있다. 다만 A은행의 대출책임자인 지점장 김은 금융기관의 직원으로서 대출금이 박의 개인적 용도에 사용되는 것을 알 수 있었으므로 B조합의 정관상 목적과 대출금 사용용도 등을 B조합측에 정확히 확인하여 이와 같은 대표권 남용에 의한 부당한 대출이 발생하지 않도록 주의를 하여야 함에도 불구하고, 그 주의를 다하지 못하여 그와 같은 부당한 대출이 발생한 것이므로 김의 과실은 부당대출의 한 원인이 되었다고 할 것이어서 B조합이 배상할 손해배상액을 정함에 있어서 김의 과실비율을 참작하여야 할 것이다.

[유제] A종중의 대표자인 김은 종중 소유인 X임야를 자신의 소유인 것처럼 가장하여 박에게 매매대금 4천만원에 매도하여 계약금과 중도금으로 합 2천만원을 받았다. 이를 지급하고 난 후에야 X임야가 A종중의 소유임을 알게 된 박이 해약을 요구하자 김은 자신이 종중의 대표자로 있으니 책임지고 소유권을 이전해 주겠다는 다짐을 하고 잔대금을 지급하였고 종중총회 회의록을 위조하여 소유권이전등기를 하여 주었다. 그 후 A종중이 박을 상대로 소유권이전등기말소청구소송을 제기하여 임야를 되찾아가자, 박은 A종중을 상대로 종중의 대표자인 김이 그 직무에 관련하여 저지른 불법행위로 인하여 자신이 받은 손해의 배상을 청구한다. A종중은 김의 매매행위는 외형상 A종중의 대표자의 직무행위로 볼 여지가 없다며 책임을 부인한다. (대법원 1994.4.12. 선고 92다49300 판결)

[해결] 박이 임야가 종중 소유임을 알고도 해약을 하지 아니하고 잔대금까지 지급한 것은 김이 종중의 대표자로 있으니 그가 종중총회의 결의를 얻는 등 차질없이 소유권을 넘겨줄 수 있으리라 믿었고 실제로 소유권이전등기까지 경료하여 주었기 때문인 바, 그렇다면 김이 매매계약체결 후에 등기이전에 관한 다짐을 한 행위는 외형상 A종중의 대표자의 직무에 관한 행위로 볼 수 있는 것이고 김의 A종중 대표자로서의 위와 같은 행위는 그 후 자연인으로서의 김이 서류를 위조하여 소유권이전등기를 마쳐순 불법행위에 가공하여 박의 잔대금에 상당한 손해발생의 원인이 되었고, A종중은 대표자인 김이 직무에 관련하여 저지른 불법행위로 인하여 박이 입은 손해 즉 그가 지급한 잔대금 상당액을 배상해 줄 의무가 있다.

3. 비법인사단의 대표자의 직무수행

[사안] 주택조합 가입자 김은 주택조합 조합장 박으로부터 조합장의 업무를 포괄적으로 위임받은 A사와 주택조합의 조합원으로 가입하는 계약을 체결하고, 박을 통하여 A사에게 부담금을 납부하고 박 명의로 된 조합원 인증서를 교부받았다. 그러나 다른 조합원 최는 박의 타인에 대한 조합 업무의 포괄적 위임과 그에 따른 포괄적 수임인의 대행행위는 민법 제62조의 규정에 위반된 것이어서 조합에 그 효력이 미친다고 볼 수 없다며 김이 주택조합의 조합원으로서의 자격을 얻었다고 볼 수는 없다고 다툰다. (대법원 1996.9.6. 선고 94다18522 판결)

[해결] 비법인사단에 대하여는 사단법인에 관한 민법 규정 가운데서 법인격을 전제로 하는

것을 제외하고는 이를 유추적용하여야 할 것인바, 민법 제62조의 규정에 비추어 보면 비법인사단의 대표자는 정관 또는 총회의 결의로 금지하지 아니한 사항에 한하여 타인으로 하여금 특정한 행위를 대리하게 할 수 있을 뿐 비법인사단의 제반 업무처리를 포괄적으로 위임할 수는 없으므로, 비법인사단 대표자가 행한 타인에 대한 업무의 포괄적 위임과 그에 따른 포괄적 수임인의 대행행위는 민법 제62조의 규정에 위반된 것이어서 비법인사단에 대하여는 그 효력이 미치지 아니한다.

4. 비법인사단의 대표자의 대표권의 제한

[사안] A재건축조합의 정관 제17조는 "사업시행자 및 시공회사의 선정 및 약정에 관한 사항" 등을 총회결의 사항으로 규정하고 있는데, A조합의 대표자인 김은 조합원총회의 결의를 거치지 않고 B건축사와의 사이에 재건축아파트 신축공사의 설계용역업무에 관하여 도급계약을 체결하였다. 후에 A조합은 대표자 김이 계약을 체결함에 있어서 조합원총회의 결의를 거치지 않은 사실을 들며 동 계약은 A조합에 대하여 효력이 없고 따라서 B사의 설계용역비청구를 배척한다. 그러나 B사는 계약의 체결 당시에 A조합의 대표자인 김이 동 계약을 체결하기 위하여는 A조합의 정관에 의하여 조합원총회의 결의를 요한다는 사실을 알 수 없었다며 계약은 유효하다고 항변한다. (대법원 2003.7.22. 선고 2002다64780 판결)

[해결] 비법인사단의 경우에는 대표자의 대표권 제한에 관하여 등기할 방법이 없어 민법 제60조의 규정을 준용할 수 없고, 비법인사단의 대표자가 정관에서 사원총회의 결의를 거쳐야 하도록 규정한 대외적 거래행위에 관하여 이를 거치지 아니한 경우라도, 이와 같은 사원총회 결의사항은 비법인사단의 내부적 의사결정에 불과하다 할 것이므로, 그 거래 상대방이 그와 같은 대표권 제한 사실을 알았거나 알 수 있었을 경우가 아니라면 그 거래행위는 유효하다고 봄이 상당하고, 이 경우 거래의 상대방이 대표권 제한 사실을 알았거나 알 수 있었음은 이를 주장하는 비법인사단측이 주장·입증하여야 한다.

5. 교회의 분열시의 법률관계

[사안] A 교회는 원래 B교단 소속 지교회였다가 내부 분쟁으로 인하여 2001.6. 소속 교단에서 탈퇴하여 독립 교회로 남게 되었는데, 김은 2001.9.1. 자신들을 지지하는 교인들을 이끌고 나가 C교회를 만들어 2001.9. D교단 소속 지교회로 가입하

고 위 교단에서 목사안수를 받아 담임목사가 되었고, 이에 A 교회는 2001.10.14. 김과 그 지지자들을 출교조치하였다. 김과 지지자들이 D교단에 가입함에 있어 총회 소집통지 등 적법한 소집절차를 거쳐 열린 교인총회에서 결의권자의 2/3 이상의 찬성을 얻지는 못하였다. A교회가 김 등을 상대로 예배방해금지 및 출입금지가처분을 신청하자, 김 등은 종전의 A교회는 분열되었고 자신들은 분열당시의 교인으로서 교회건물에 대한 사용·수익권을 보유한다고 항변한다. (대법원 2006.6.9.자 2003마1321 결정)

[해결] 교회가 법인 아닌 사단으로서 존재하는 이상 그 법률관계를 둘러싼 분쟁을 소송적인 방법으로 해결함에 있어서는 법인 아닌 사단에 관한 민법의 일반 이론에 따라 교회의 실체를 파악하고 교회의 재산 귀속에 대하여 판단하여야 한다. 따라서 교인들은 교회 재산을 총유의 형태로 소유하면서 사용·수익할 것인데, 일부 교인들이 교회를 탈퇴하여 그 교회 교인으로서의 지위를 상실하게 되면 탈퇴가 개별적인 것이든 집단적인 것이든 이와 더불어 종전 교회의 총유 재산의 관리처분에 관한 의결에 참가할 수 있는 지위나 그 재산에 대한 사용·수익권을 상실하고, 종전 교회는 잔존 교인들을 구성원으로 하여 실체의 동일성을 유지하면서 존속하며 종전 교회의 재산은 그 교회에 소속된 잔존 교인들의 총유로 귀속됨이 원칙이다(대법원 2006.4.20. 선고 2004다37775 전원합의체 판결 참조).

다만, 교단에 소속되어 있던 지교회의 교인들 중 의결권을 가진 교인 2/3 이상의 찬성에 의한 결의를 통하여 소속 교단을 탈퇴하기로 결의한 다음 종전 교회를 나가 별도의 교회를 설립하여 별도의 대표자를 선정하고 나아가 다른 교단에 가입한 경우에는 사단법인 정관변경에 준하여 종전 교회의 실체가 이와 같이 교단을 탈퇴한 교회로서 존속하고 종전 교회 재산은 위 탈퇴한 교회 소속 교인들의 총유로 귀속되는바, 찬성자가 의결권을 가진 교인의 2/3에 이르지 못한다면 종전 교회는 여전히 독립 교회로서 유지되므로, 교단 가입 결의에 찬성하고 나아가 종전 교회를 집단적으로 탈퇴한 교인들은 교인으로서의 지위와 더불어 종전 교회 재산에 대한 권리를 상실하였다고 볼 수밖에 없다.

6. 재단법인 출연재산의 귀속시기

[사안] 김은 유언으로 A선교재단법인을 설립하면서 자신의 X부동산을 A재단에 출연하였다. A재단이 X부동산에 관한 이전등기를 마치지 아니한 상태에서 김의 상속인인 박은 X부동산에 관한 자신의 지분을 선의의 제3자인 최에게 이전등기를 하여 주었다. A재단은 최를 상대로 소유권이전등기의 말소를 구한다. (대법원

1993.9.14. 선고 93다8054 판결)

[해결] 민법은 생전처분으로 재단법인을 설립하는 때에는 출연재산은 법인이 성립된 때 즉 설립등기를 한 때로부터 법인의 재산으로 되고(제48조 제1항), 유언으로 재단법인을 설립하는 때에는 출연재산은 유언의 효력이 발생한 때 즉 출연자가 사망한 때에 법인에 귀속한 것으로 본다(제48조 제2항). 민법 제48조는 등기주의를 선언하는 제186조와의 관계에 있어 해석론상 어려운 문제를 제기한다. 즉 출연재산이 부동산인 경우에는 제48조에 따라 당연히 재단법인에 귀속되는가 아니면 등기를 요하는가이다. 다수설은 제48조는 제187조가 말하는 법률의 규정으로 보아 등기없이 귀속한다고 보는 데 비해, 소수설은 재단법인에의 출연행위는 법률행위이므로 제186조에 따라 등기를 요한다고 한다. 판례는 "민법 제48조는 재단법인 성립에 있어서 재산출연자와 법인과의 관계에 있어서의 출연재산의 귀속에 관한 규정이고, 이 규정은 그 기능에 있어서 출연재산의 귀속에 관하여 출연자와 법인과의 관계를 상대적으로 결정함에 있어서의 기준이 되는 것에 불과하여, 출연재산은 출연자와 법인과의 관계에 있어서 그 출연행위에 터잡아 법인이 성립되면 그로써 출연재산은 민법의 위 조항에 의하여 법인성립시에 법인에게 귀속되어 법인의 재산이 되는 것이라고 할 것이고, 출연재산이 부동산인 경우에 있어서도 위 양당사자간의 관계에 있어서는 위 요건(법인의 성립) 외에 등기를 필요로 하는 것이 아니라 할 것이나, 제3자에 대한 관계에 있어서는 출연행위가 법률행위이므로 출연재산의 법인에의 귀속에는 부동산의 권리에 관해서는 법인성립 외에 등기를 필요로 한다 고 할 것이다"(대법원 1979.12.11. 선고 78다481,482 전원합의체 판결)고 한다. 판례(다수의견)은 이러한 상대적인 해석이 일반적으로 출연자의 의사에 합치되는 동시에 거래의 안전에 기여하는 결과가 되고 아울러 법인으로 하여금 성립 후 출연재산에 대하여 제3자에 대한 관계에 있어서 권리확보의 필요한 조치를 속히 취하도록 유도하므로서 법인의 재산 충실의 결과를 기대할 수 있게 되어 현실적으로도 출연자와 법인 그리고 제3자의 이해관계가 적절히 조화될 것이라고 옹호한다. A재단은 재단앞으로 등기가 이루어지지 않은 이상 선의의 제3자인 최에게는 대항할 수 없다.

제2편 채권총론

제1강 채권의 목적

제한종류채권의 특정 /종류채무와 이행불능 /선택채권의 성립 /선택권의 귀속 /선택권의 행사와 이전 /이행불능과 선택채권의 특정 /금전채무불이행의 손해배상시 적용이율 /금전채무불이행과 무과실항변 /외화채권

■ 채권의 종류에 관한 다양한 판례들을 살펴본다. 종류채권의 특정 그리고 불능에 관한 판결들을 본다. 그리고 제380조 - 제384조에서 규정하고 있는 선택채권에 관한 다양한 법리를 다룬 판결들을 소개한다. 금전채무와 관련하여서는 제379조의 법정이율 그리고 채권의 효력 장에 있는 제397조의 금전채무의 불이행에 대한 특칙을 다룬 판결을 본다. 끝으로 외화채권의 환산시기에 관한 판결을 소개한다.

1. 제한종류채권의 특정

[사안] 김은 자신의 X토지 중 7,000평을 박에게 매도하기로 하였다. 그 후 김이 박의 최고에도 불구하고 이행할 토지의 지정을 회피하자, 부득이 박이 현실적으로 이행가능하고 면적 7,000평에도 들어맞는 방법으로 Y토지를 지정하였고 계약서상의 7,000평은 Y토지로 특정되었다고 주장한다. (대법원 2003.3.28. 선고 2000다24856 판결)

[해결] 제한종류채권이란 종류채권의 일종으로서 동일 종류의 범위의 것을 당사자의 특약에 의하여 특별히 한정하여 이를 목적물로 하는 채권을 말한다. 박의 채권을 제한종류채권으로 본다면 급부목적물의 특정은, 원칙적으로 종류채권의 급부목적물의 특정에 관하여 민법 제375조 제2항 이 적용되므로, 채무자가 이행에 필요한 행위를 완료하거나 채권자의 동의를 얻어 이행할 물건을 지정한 때에는 그 물건이 채권의 목적물이 된다. 그러나 당사자 사이에 지정권의 부여 및 지정의 방법에 관한 합의가 없고, 채무자가 이행에 필요

한 행위를 하지 아니하거나 지정권자로 된 채무자가 이행할 물건을 지정하지 아니하는 경우에는 선택채권의 선택권 이전에 관한 민법 제381조를 준용하여 채권의 기한이 도래한 후 채권자가 상당한 기간을 정하여 지정권이 있는 채무자에게 그 지정을 최고하여도 채무자가 이행할 물건을 지정하지 아니하면 지정권이 채권자에게 이전한다고 봄이 상당하다.

> [유제] 김은 자기 소유의 X토지에 관하여 A조합과 매매계약을 체결하면서원 대금 중 잔금 11억원의 지급에 갈음하여 A조합이 X토지에 신축하는 아파트 4세대에 대하여 호수를 특정하지 않고 분양계약을 체결하였다. 그 후 A조합은 조합원 배정분 48세대 중에서 305호, 405호, 605호, 705호 4세대를 분양계약에 따라 김에게 이전하여 주기로 결정하고 처음부터 호수 추첨대상에서 제외하였으며, 그 무렵 김에게 위 아파트 4세대가 김에게 이전할 아파트로 확정되었다는 내용의 통지를 하였다. 김은 자신이 받을 아파트에 대해 추첨이 이루어지지 않았다며 반발하나, A조합은, 분양계약 체결 당시 목적물 특정 방법에 관하여, 나중에 조합원들 사이에 아파트 호수 추첨이 있을 때 이를 특정하기로 하는 합의가 있었고 위 합의에 따라 아파트 4세대를 분양계약의 목적물로 특정한 것이라고 반박한다. (대법원 2007.12.13. 선고 2005다52214 판결)

[해결] 제한종류채권에 관하여 당사자가 합의하여 급부 목적물을 특정하거나 특정방법 또는 지정권자를 정하는 경우에는 그에 따라야 하고, 그러한 약정이 없는 경우에는 민법 제375조 제2항에 따라 채무자가 이행에 필요한 행위를 완료하거나 채권자의 동의를 얻어 이행할 물건을 지정한 때에 그 물건을 채권의 목적물로 하는 것이다.

2. 종류채무와 이행불능

> [사안] 김이 보유하고 있던 A사의 주식이 박에게 매도되어 김은 자신이 더 이상 A사의 주식을 보유하고 있지 아니하므로 자신의 최에 대한 주식반환의무가 이행불능이 되었다고 주장한다. 그러나 최는, 주식보관증에는 김이 A사의 주식 2,000주를 보관하고 있다고 기재되어 있을 뿐 김이 보관하는 주권이 특정되어 있지 아니한 점을 고려하여 보면, 이는 종류채무로서 김의 주식반환의무는 이행불능이 되었다고 볼 수 없다고 항변한다. (대법원 2015.2.26. 선고 2014다37040 판결)

[해결] 주식은 주주가 출자자로서 회사에 대하여 가지는 지분으로서 동일 회사의 동일 종류 주식 상호 간에는 그 개성이 중요하지 아니한 점, 김이 보관하는 주권이 특정되지 아니한 점 등을 고려하면, 김의 최에 대한 주식반환의무는 특정물채무가 아니라 종류채무에 해당한다. 따라서 김이 A사의 주식을 취득하여 반환할 수 없는 등의 특별한 사정이 없는 한, 김의 보유 주식이 제3자에게 매도되어 김이 이를 보유하고 있지 않다는 사정만으로는 김의 주식반환의무가 이행불능이 되었다고 할 수 없다.

3. 선택채권의 성립

> [사안] 가구공장을 경영할 목적으로 부지를 매수하였으나 부지가 도로에 접하지 않은 맹지여서 공장설립허가를 받을 수 없었던 김과 위 부지에 연접한 토지로서 맹지는 아니나 형상이 남북으로 좁고 길어 이를 제대로 활용하지 못하고 있던 박이, 먼저 박 소유 토지를 김 소유 토지에 합병한 후 합병된 토지 중 박 소유 토지 면적에 상응하는 만큼의 토지를 분할하여 박에게 이전하여 주기로 하는 내용의 교환계약을 체결하였으나 이전할 토지의 위치에 관하여는 합의를 하지 않았다. 후에 김은 위치 선정에 관한 합의가 되지 않았고 따라서 공유관계설정에 관한 합의가 있다고 보아야 한다며 지분소유권이전등기를 해주고자 한다. 그러나 박은, 김이 교환계약을 체결한 것은 공장부지조성을 위한 것이었고 박도 건축물 부지 등으로 사용할 만한 모양이 정비된 토지를 확보하기 위한 것이었으므로, 위 교환계약은 합병된 토지 중 박 소유 토지 면적에 상응하는 만큼의 토지를 선정한 다음 그와 같이 확정된 토지의 소유권을 박에게 이전해 주기로 약정한 것이라고 보아야 할 것이라고 항변한다.
> (대법원 2011.6.30. 선고 2010다16090 판결)

[해결] 토지소유자가 1필 또는 수필의 토지 중 일정 면적의 소유권을 상대방에게 양도하기로 하는 계약을 체결한 경우, 상대방이 토지소유자에 대하여 구체적으로 어떠한 내용의 권리를 가지는지는 원칙적으로 당해 계약의 해석문제로 귀착되는 것이지만, 위치와 형상이 중요시되는 토지의 특성 등을 감안하여 볼 때 위치가 특정된 일정 면적의 토지 소유권을 양도받을 수 있는 권리를 가지는 것으로 보아야 하고, 따라서 위와 같은 계약에서 양도받을 토지 위치가 확정되지 아니하였다면 상대방이 토지소유자에게 가지는 채권은 민법 제380조에서 정한 선택채권에 해당하는 것으로 보아야 한다.

4. 선택권의 귀속

> **[사안]** 김은 박의 토지를 임대하여 기초공사를 시행하다가 동 계약이 해지되자 박에게 토지를 반환하면서, 김이 박으로부터 토지를 임대받은 후 토지의 경계선에 옹벽을 설치하고 마당에 콘크리트 포장을 하는 등으로 형질 및 지목을 변경함으로써 토지의 가치가 증가하여 5억원 상당의 가액이 현존하고 있다며 이를 유익비로서 상환하여 줄 것을 청구한다. 그러나 박은 김이 옹벽부분의 성토에 따른 실제지출비용은 이에 훨씬 미치지 못한다며 항변한다. (대법원 2002.11.22. 선고 2001다40381 판결)

[해결] 유익비상환청구에 관하여 민법 제203조 제2항은 점유자가 점유물을 개량하기 위하여 지출한 금액 기타 유익비에 관하여는 그 가액의 증가가 현존한 경우에 한하여 회복자의 선택에 좇아 그 지출금액이나 증가액의 상환을 청구할 수 있다고 규정하고 있고, 민법 제626조 제2항은 임차인이 유익비를 지출한 경우에는 임대인은 임대차종료시에 그 가액의 증가가 현존한 때에 한하여 임차인의 지출한 금액이나 그 증가액을 상환하여야 한다고 규정하고 있으므로, 유익비의 상환범위는 점유자 또는 임차인이 유익비로 지출한 비용과 현존하는 증가액 중 회복자 또는 임대인이 선택하는 바에 따라 정하여진다고 할 것이고, 따라서 유익비상환의무자인 회복자 또는 임대인의 선택권을 위하여 그 유익비는 실제로 지출한 비용과 현존하는 증가액을 모두 산정하여야 한다.

> **[유제]** A회사가 신축하는 아파트를 분양받은 수분양자 김은 계약금 및 중도금을 납부한 후 A사가 부도를 내고 신축중인 아파트를 완공하지 못하자, A사를 위하여 분양대금의 환급 또는 주택의 분양에 대하여 보증책임을 부담하기로 한 B주택보증사에 대하여 분양대금의 반환을 청구한다. 그러나 B사는 환급이행과 주택분양이행의 선택권이 자신에게 있으므로 주택분양의무만을 이행하겠다고 하며 김의 주장을 배척한다. (대법원 2000.2.25. 선고 99다52831 판결)

[해결] B주택보증사가 A사로부터 분양받은 수분양자들이 계약금 및 중도금을 납부한 경우 그들이 납부한 분양대금의 환급 또는 주택의 분양에 대하여 보증책임을 부담한다는 뜻은, A사가 부도 등으로 인하여 신축중인 아파트를 완공하지 못하여 A사와 적법하게 체결된 수분양자들에 대하여 그 분양계약상의 주택공급의무를 이행할 수 없게 된 경우에, 수분양자들이 청구하는 바에 따라 A사에게 수분양자들이 납입한 계약금과 중도금을 수분양자들에게 환급하거나 그 아파트의 완공을 대신 이행하여 수분양자들에게 주택공급의무를 이행하여야 할 것이라고 보아야 한다.

5. 선택권의 행사와 이전

[사안] A사와 김은, A사가 매립하는 매립지 중 100평을 김이 매입하기로 약정하였다. 매립공사 결과 수 필지의 토지가 조성되어 1987.2.26. A사 명의의 소유권보존등기가 경료되고 도시계획결정 및 지적고시가 이루어져 A사가 소유할 토지의 위치와 면적이 확정되었다. 그 후 1993.4. 김이 매입할 100평 필지를 지정하여 소유권이전등기를 청구하자, A사는 이미 김이 소유권이전등기청구권을 행사할 수 있었던 시점으로부터 5년이 경과하였으므로 김의 소유권이전등기청구권은 상사소멸시효의 완성으로 소멸하였다고 주장한다. (대법원 2000.5.12. 선고 98다23195 판결)

[해결] 매립지 중 100평을 선택하는 권한이 누구에게 있는지에 관하여 당초 약정이 없었으므로 민법 제380조에 의하여 채무자인 A사에게 있다고 볼 것이고, A사가 선택권을 행사하지 아니하는 경우에는 민법 제381조에 따라서 채권자인 김이 상당한 기간을 정하여 그 선택을 최고할 수 있고, 그래도 A사가 그 기간 내에 선택하지 아니할 때에 김이 선택할 수 있는 것이다. 따라서 김의 소유권이전등기청구권의 기산점은 자신이 100평의 선택권을 행사할 수 있는 때, 즉 A사가 100평을 선택할 수 있음에도 선택하지 아니한 때로부터 상당한 기간이 경과한 때이다. A사가 소유할 토지의 위치와 면적이 확정되어 공부상 정리가 마쳐진 1987.2.26.에는 A사가 100평의 선택권을 행사할 수 있으므로 이 때로부터 선택권을 행사하는 데 필요한 상당한 기간이 경과한 날로부터 김의 소유권이전등기청구권의 소멸시효가 진행한다. 김의 소유권이전등기청구권은 늦어도 상당한 기간(1개월)이 경과한 날(87.3.26.)로부터 상사소멸시효기간 5년이 경과한 1992.3.26.경에는 소멸하였다고 볼 것이다.

6. 이행불능과 선택채권의 특정

[사안] 김은 박에게 X, Y토지 중 100평을 매도하였다가, X토지 중 1/2 지분 70평을 박 앞으로 소유권이전등기를 경료하고 Y토지는 타인에게 매도하여 등기까지 해 주었다. 이에 박은 김의 Y토지의 30평에 대한 소유권이전등기의무는 이행불능에 빠지게 되었으므로 그 토지의 시가상당액의 배상을 요구한다. 그러나 김은 100평의 소유권이전등기의무는 민법 제380조에 정한 선택채무라고 할 것이므로 X토지의 30평에 대해 이전등기를 해주면 된다고 항변한다. (대법원 2004.2.13. 선고 2003다10612 판결)

[해결] 민법 제385조 제1항은 "채권의 목적으로 선택할 수 개의 행위 중에 처음부터 불능한 것이나 또는 후에 이행불능하게 된 것이 있으면 채권의 목적은 잔존한 것에 존재한다."하고, 제2항은 "선택권 없는 당사자의 과실로 인하여 이행불능이 된 때에는 전항의 규정을 적용하지 아니한다."고 각 규정하고 있다. 김의 박에 대한 Y토지 중 30평의 소유권이전등기의무는 이행불능에 빠지게 되었고, 한편 매매계약에 따른 목적물의 선택권을 박에게 주기로 하는 합의가 있지 않은 이상 민법 제380조에 의하여 그 선택권은 채무자에게 있는 것으로 보아야 하므로, 결국 나머지 30평도 Y토지가 아닌 X토지로 특정되었다고 보아야 한다.

7. 금전채무불이행의 손해배상시 적용이율

[사안] 김은 2002.1.18. 박에게 5,000만원을 변제기를 2004.1.18., 이자를 월 0.1%(따라서 연 1.2%)로 정하여 대여하였다. 김이 사망하고 그 상속인 최는 박이 변제를 지체하자 박을 상대로 2006.2.경 대여금청구소송을 제기하면서 차용금 5천만원 및 이에 대하여 그 변제기 다음 날인 2004.1.19.부터 제1심 판결선고일까지의 기간에 관하여 민사법정이율인 연 5%, 그 다음날부터 다 갚는 날까지는 '소송촉진 등에 관한 특례법'에서 정한 연 20%의 각 비율로 계산한 지연손해금을 지급할 것을 청구한다. 그러나 박은 이 경우에도 약정이율이 적용되어야 하므로 그에 따른 지연손해금만을 지급하겠다고 항변한다. (대법원 2009.12.24. 선고 2009다85342 판결)

[해결] 민법 제397조 제1항은 본문에서 금전채무불이행의 손해배상액을 법정이율에 의할 것을 규정하고 그 단서에서 "그러나 법령의 제한에 위반하지 아니한 약정이율이 있으면 그 이율에 의한다"고 정한다. 이 단서규정은 약정이율이 법정이율 이상인 경우에만 적용되고, 약정이율이 법정이율보다 낮은 경우에는 그 본문으로 돌아가 법정이율에 의하여 지연손해금을 정할 것이다.

우선 금전채무에 관하여 아예 이자약정이 없어서 이자청구를 전혀 할 수 없는 경우에도 채무자의 이행지체로 인한 지연손해금은 법정이율에 의하여 청구할 수 있으므로, 이자를 조금이라도 청구할 수 있었던 경우에는 더욱이나 법정이율에 의한 지연손해금을 청구할 수 있다고 하여야 할 것이다. 나아가 원칙으로 보면 금전채권자도 채무자의 채무불이행으로 인하여 입은 구체적인 손해를 주장·입증하여 그 손해가 민법 제393조 등의 배상 범위에 있는 것이면 그 배상을 청구할 수 있는 것이나, 오늘날 금전의 범용성으로 인하여 그 이용양태는 무궁무진하므로 금전채무의 불이행으로 인한 이용가능성의 박탈이라는 손해가 채권자에게 발생하리라는 것은 쉽사리 일반적으로 추인되는 반면 위와 같은 일반원칙에 의하면 그 구체적인 배상액의 산정은 매우 다양하여 균형을 잃을 수 있으므로, 금전채무불이행으로 인한 손해배상문제를 균일하게 처리하기 위하여 추상적인 손해로서 법정이율로 산정한 액을 기준으로 하는 민법 제397조 제1항 본문을 마련하였다고 할 것인데, 그러한 균일처리의 필요는 이율을 법정이율보다 낮게 약정한 경우에도 이자가 아니라 손해배상이 문제되는 한 마찬가지로 시인되어야 하는 것이다. 또한 민법 제397조 제1항 단서에서 약정이율이 있으면 이에 좇도록 한 것은 약정이율이 법정이율보다 높은 경우에 법정이율에 의한 지연손해금만으로 족하다고 하면 채권자로서는 위에서 본 대로 원칙적으로는 허용되었을 터인 보다 많은 손해의 주장이 봉쇄됨으로써 채무자가 이행지체로 오히려 이익을 얻게 되어 불합리하다는 점을 고려한 것으로서, 약정이율이 법정이율보다 낮은 경우에는 그러한 불합리가 우위될 소지가 없다. 마지막으로 민법 제397조에 대응하는 의용민법 제419조는 제1항 단서에서 명문으로 "약정이율이 법정이율을 넘는 때"에 한하여 약정이율에 의하도록 정하고 있었는데, 민법의 제정과정에서 그와 달리 약정이율이 법정이율보다 낮은 경우에도 위 단서규정이 적용된다는 것이 입법자의사이었다고 볼 아무런 자료가 없는 것이다.

> [유제] 김은 박에게 금 2천만원을 대여하면서 이자는 월2푼으로 약정하였다고 주장하면서 대여금에 대해 대여일부터의 약정이자 또는 약정지연손해금의 지급을 구하나, 박이 자인하는 이율은 연3푼이다. 원심판결 선고일까지의 적용이율은? (대법원 1995.10.12. 선고 95다26797 판결)

[해결] 금전채무 불이행에 관한 특칙을 규정한 민법 제397조는 그 이행지체가 있으면 지연이자 부분만큼의 손해가 있는 것으로 의제하려는 데에 그 취지가 있는 것이므로 지연이자를 청구하는 채권자는 그 만큼의 손해가 있었다는 것을 증명할 필요가 없고 다만 지연이자 상당의 손해가 발생하였다는 취지의 주장만 하면 된다. 금전채무의 불이행으로 인한 손해배상액은 민법소정의 법정이율인 연5푼의 비율에 의한 금원이라 할 것이고(민법 제397조 제1항) 다만 그와 다른 이자율의 약정이 있거나 지연손해금율의 약정이 있는 경우에 한하여 그 별도의 약정에 따른 손해배상액을 인정할 수 있다. 물론 법정이율보다 낮은 이자율 또는 지연손해금율의 약정이 있다는 점에 관하여 당사자 사이에 다툼이 없거나 증거에 의하여 적극적으로 인정되는 사정이 존재하여야 한다. 사안에서 박이 법정이자율보다 낮은 비율에 의한 이자율 또는 지연손해금율의 약정이 있음을 입증하지 못하는한 법정이율이 적용된다.

8. 금전채무불이행과 무과실항변

> [사안] A 투자증권주식회사는 1996.11. 주로 러시아 국공채관련 해외금융상품에 투자·운용할 목적으로 B 은행과 증권투자신탁계약을 체결하면서, 투자원리금이 상환될 시점에서 미달러화가 평가절하되는 등으로 인한 위험을 피하기 위하여 선물환(先物換)계약을 체결하였다. 그 뒤 러시아국이 1998.8.17. 채무지급유예(모라토리엄)를 선언하여 A사가 선물환계약을 이행하기 어렵게 되자, B은행은 선물환계약이 A사의 책임 있는 사유로 해제되었음을 이유로 그 손해배상을 구한다. (대법원 2003.4.8. 선고 2001다38593 판결)

[해결] 선물환계약이란 장래의 일정기일 또는 기간 내에 일정금액, 일정종류의 외환을 일정 환율로써 교부할 것을 약정하는 계약으로서 그에 기한 채권은 금전채권이므로 그 당사자들은 민법 제397조 제2항에 의하여 계약불이행에 대하여 과실없음을 들어 항변할 수 없는 것이다. A사는 B은행이 선물환계약에 의하여 지급받았어야 할 미화금액의, 결제약정일 당시의 환율에 의한 금액을 지급하여야 한다.

9. 외화채권

> [사안] 김과 박 사이에 체결된 선박용 유류 공급계약에 의하면, 김은 박으로부터 유류를 공급받은 날로부터 45일 이내에 그 대금을 미화로 지급하기로 약정하였다. 박이 계약에 따라 김에게 미화 291,517$ 상당의 유류를 공급하고도 그 대금의 지급기일이 경과하도록 김으로부터 유류대금을 지급받지 못하자, 박은 김이 예탁한 지급보증금의 수령금으로써 수령 당일의 외국환시세에 따라 미화로 환산하여 유류대금 채권에 충당하였다. 그러나 김은 유류대금을 실제로 변제충당할 당시의 외국환시세가 아니라 지급기일을 기준으로 하여 충당하여야한다고 항변한다. (대법원 2000.6.9. 선고 99다56512 판결)

[해결] 채권액이 외국통화로 정해진 금전채권인 외화채권을 채무자가 우리 나라 통화로 변제하는 경우에 그 환산시기는 이행기가 아니라 현실로 이행하는 때, 즉 현실이행시의 외국환시세에 의하여 환산한 우리 나라 통화로 변제하여야 하고 (대법원 1991.3.12. 선고 90다2147 전원합의체 판결 참조), 우리나라 통화를 외화채권에 변제충당할 때도 현실로 변제충당할 당시의 외국환시세에 의하여 환산하여야 할 것이다.

[유제] A은행은 B신용보증기금 사이에 주채무인 외화대출금을 미리 정해진 환율에 의하여 우리나라 통화로 환산한 금액을 지급하는 방법으로 신용보증계약을 이행하기로 하는 특약에 기하여 환산액을 청구한다. 이 경우의 환율적용 기준시기에 관한 특약에서의 '이행당일'의 의미에 대해 원심법원은 이행청구일로 파악하여 2003.7.8. 당시의 환율에 의하여 우리나라 통화로 환산한 금액의 지급을 명하나, A은행은 원심 변론종결일인 2006.12.8. 당시의 환율에 의하여 환산되어야 한다고 주장한다. (대법원 2007.7.12. 선고 2007다13640 판결)

[해결] 채권액이 외국통화로 지정된 금전채권인 외화채권을 채권자가 대용(代用)급부의 권리를 행사하여 우리나라 통화로 환산하여 청구하는 경우, 법원이 채무자에게 그 이행을 명함에 있어서는 채무자가 현실로 이행할 때에 가장 가까운 사실심 변론종결 당시의 외국환시세를 우리나라 통화로 환산하는 기준시로 삼아야 한다.

제2강 채무불이행의 요건

제3자에 의한 채권침해의 위법성 /채무의 범위 - 신의칙상의 보호의무 등 /채무의 범위 - 고지·설명·경고의무 /결과채무와 수단채무 /이행불능의 판단기준 /원시적 불능의 의의 /이행기와 이행지체(1) - 이행기의 약정이 없는 경우 /이행기와 이행지체(2) - 불확정기한으로 해석되는 경우 /불완전이행과 보호의무위반 /이행거절과 손해배상 /채무불이행의 요건 - 위법성 /채무불이행에서 귀책사유의 판단(1) - 불가항력 여부 /채무불이행에서 귀책사유의 판단(2) - 이행장애사유의 고지 /채무자의 귀책사유의 판단(3) - 법률적 판단의 착오 /이행보조자 여부의 판단기준 /

■ 채권의 개념과 관련하여 청구권인 채권이 제3자에 의해 침해될 수 있는가를 다루어본다. 채권의 효력에서 가장 중심되는 개념은 채무불이행인데 먼저 채무의 범위로서 신의칙상의 보호의무, 고지의무 등이 문제된 사례를 본다. 이어서 채무불이행의 전통적 유형에 따라 이행불능의 판단기준이나 원시적 불능의 개념을 보고 이행지체의 경우에는 이행기를 정하는 기준에 관한 의미있는 판례들이 있다. 또 불완전이행의 문제를 다룬다. 또 판례를 통해 형성된 중요한 불이행의 유형인 이행거절의 법리를 다룬 판례를 본다. 채무불이행의 또 다른 요건으로서 위법성의 문제와 아울러 제390조 단서상의 채무자의 귀책사유의 판단문제가 중요하다. 불가항력여부나 장애사유의 고지의무의 불이행, 또 법률적 판단 착오 등 다양한 사례를 통해 귀책사유의 의미와 그 확장에 대하여 공부한다. 끝으로 제390조와 결합된 제391조의 이행보조자의 개념을 다룬 판례를 본다.

1. 제3자에 의한 채권침해의 위법성

[사안] 상가 분양사업의 시행사인 甲 주식회사는 분양수입금 관리계좌에 입금된 수입금을 인출하기 위하여는 시공사인 乙 주식회사의 동의서를 첨부하여야 한다는 사

업약정에 따라 丙과의 분양계약 해제에 따른 해약금 인출에 대한 동의를 乙 회사에 요청하였다. 그러나 乙 회사는 인출에 동의하지 않은 채 관리계좌에서 자신의 공사대금을 변제받고자 우선적으로 금원을 인출함으로써 관리계좌의 잔고가 부족하게 되어 丙이 해약금을 반환받지 못하게 되었다. 丙은, 乙 회사가 자신의 행위로 인해 丙의 해약금 반환채권이 침해됨을 알면서도 丙에 대한 관계에서 법률상 우선변제권이 인정되지 않는 자신의 공사대금을 우선적으로 추심하기 위하여 금원을 인출하였는바, 이러한 乙 회사의 위법행위로 말미암아 甲 회사로부터 해약금을 반환받지 못하는 손해를 입었으므로, 乙 회사는 丙에게 그 손해를 배상할 책임이 있다고 주장한다. (대법원 2021.6.30. 선고 2016다10827 판결)

[해결] 일반적으로 채권에 대해서는 배타적 효력이 부인되고 채권자 상호 간 및 채권자와 제3자 사이에 자유경쟁이 허용되므로 제3자에 의하여 채권이 침해되었다는 사실만으로 바로 불법행위가 성립하지는 않는다. 그러나 거래에서 자유경쟁 원칙은 법질서가 허용하는 범위에서 공정하고 건전한 경쟁을 전제로 하므로, 제3자가 채권자를 해친다는 사정을 알면서도 법규를 위반하거나 선량한 풍속 그 밖의 사회질서를 위반하는 등 위법한 행위를 하여 채권의 실현을 방해하는 등으로 채권자의 이익을 침해하였다면 불법행위가 성립한다. 채권침해의 위법성은 침해되는 채권 내용, 침해행위의 양태, 침해자의 고의나 해의 등 주관적 사정 등을 참작하여 구체적·개별적으로 판단하되, 기래자유 보장의 필요성, 경제·사회정책적 요인을 포함한 공공의 이익, 당사자 사이의 이익 균형 등을 종합적으로 고려하여야 한다. 사안에서 乙의 행위는 부동산 선분양 개발사업 시장에서 거래의 공정성과 건전성을 침해하고 사회통념상 요구되는 경제질서를 위반하는 위법한 행위로 보이고, 乙은 이로 인해 丙이 입은 해약금을 반환받지 못하는 손해를 배상할 책임이 있다.

[유제 1] A사는 B사에 대한 채권자인 C사의 존재 및 C사가 B사에 대하여 가진 채권을 침해한다는 사실을 알면서도, B사의 매출채권에 대한 강제집행을 피하게 할 목적으로 B사로 하여금 A사의 신용카드가맹점 명의로 신용카드거래를 하게 하는 수법으로 B사의 책임재산을 116억원만큼 감소시켰다. C사는, B사의 책임재산의 감소로 인하여 C사가 B사에 대한 일반채권자들과 같이 각자의 채권액에 안분비례하여 회수하였을 채권액 5억원 상당의 손해를 입었다며 A사에 그 배상을 청구한다. (대법원 2019.5.10. 선고 2017다239311 판결)

[해결] 제3자가 채무자에 대한 채권자의 존재 및 그 채권의 침해사실을 알면서 채무자와 적극 공모하거나 채권행사를 방해할 의도로 사회상규에 반하는 부정한 수단을 사용하는

등으로 채무자의 책임재산을 감소시키는 행위를 함으로써 채권자로 하여금 채권의 실행과 만족을 불가능 내지 곤란하게 한 경우 채권자에 대한 불법행위를 구성할 수 있다. 사안에서 A사는 채무자인 B사와 적극 공모하였거나 채권행사를 방해할 의도로 사회상규에 반하는 부정한 수단을 사용하였다고 인정되고, A사의 이러한 행위는 C사에 대한 불법행위를 구성한다. 다만 A사의 채권침해 당시 B사가 가지고 있던 다액의 채무로 인하여 A사의 채권침해가 없었더라도 C사가 B사로부터 일정액 이상으로 채권을 회수할 가능성이 없었다고 인정될 경우에는 이를 초과하는 손해와 A사의 채권침해로 인한 불법행위 사이에는 상당인과관계를 인정할 수 없다.

[유제 2] A사는 미국의 인기가수 마이클 잭슨 내한공연을 기획하고 B은행과 입장권판매대행계약을 체결하였다. 이에 시민단체들이 공연반대 공동대책위원회를 결성하고 김은 위원회의 공동대표를 맡았다. 김은 B은행에 대하여 입장권판매를 즉각 취하할 것을 요청하고 불응시 즉각 B은행의 상품에 대한 불매운동에 들어갈 것임을 알렸다. 이에 B은행은 다수의 고객이탈 등 일어날 불이익을 고려하여 A사에 입장권판매대행계약을 취소한다는 통지서를 보냈다. A사는 부득이 임시직원을 고용하여 직접 입장권을 판매하여 예정대로 공연을 개최하였다. A사는 김의 활동으로 입장권판매를 위하여 추가로 비용을 지출하는 재산적 손해 및 이에 따른 정신적 고통을 입게하는 불법행위를 하였다며 김에게 손해배상을 청구한다. (대법원 2001.7.13. 선고 98다51091 판결)

[해결] 공연기획사가 관계당국으로부터 합법적으로 공연개최허가를 받고 은행과 적법하게 입장권판매대행계약을 체결한데 대하여 시민단체의 간부들이 은행으로 하여금 불매운동으로 인한 경제적 손실을 우려하여 부득이 본의 아니게 공연기획사와 체결한 입장권판매대행계약을 파기케 하는 결과를 가져왔다면 이는 공연기획사가 은행과 체결한 입장권판매대행계약에 기한 공연기획사의 채권 등을 침해하는 것으로서 위법하다고 하여야 할 것이고, 그 목적에 공익성이 있다 하여 이러한 행위까지 정당화될 수는 없다.

2. 채무의 범위 - 신의칙상의 보호의무 등

[사안] A여행사는 김과 2008. 7.경 여행기간은 2008. 11. 23.부터 2008. 11. 28.까지 5박 6일, 여행지는 피지로 하는 기획여행계약을 체결하면서 여행계약에 제공되는 A사의 여행약관을 통하여, "현지 여행업자 등의 고의 또는 과실로 여행자에게

손해를 가한 경우 당사는 여행자에게 손해를 배상한다."고 약정하였다. A사와 사전 협의에 따라 현지에서 선택관광서비스를 제공해 온 B사의 고용인인 현지 운전자 C의 운전미숙 또는 부주의 등의 과실로 인하여, 김이 탄 버스가 도로 아래로 110m 정도 굴러 떨어져 김이 사망하는 사고가 발생하였다. 김의 유족은 A사에 여행계약에 따라 김과 그 유족이 입은 손해를 배상할 것을 청구한다. 그러나 A사는 기획여행에서 여행업자가 부담하는 업무는 개별 서비스의 수배·알선에만 국한된다며 책임을 부인한다. (대법원 2011.5.26. 선고 2011다1330 판결)

[해결] 기획여행업자는 통상 여행 일반은 물론 목적지의 자연적·사회적 조건에 관하여 전문적 지식을 가진 자로서 우월적 지위에서 행선지나 여행시설의 이용 등에 관한 계약 내용을 일방적으로 결정하는 반면, 여행자는 그 안전성을 신뢰하고 기획여행업자가 제시하는 조건에 따라 여행계약을 체결하는 것이 일반적이다. 이러한 점을 감안할 때, 기획여행업자는 여행자의 생명·신체·재산 등의 안전을 확보하기 위하여 여행목적지·여행일정·여행행정·여행서비스기관의 선택 등에 관하여 미리 충분히 조사·검토하여 여행계약 내용의 실시 도중에 여행자가 부딪칠지 모르는 위험을 미리 제거할 수단을 강구하거나, 여행자에게 그 뜻을 고지함으로써 여행자 스스로 그 위험을 수용할지 여부에 관하여 선택할 기회를 주는 등의 합리적 조치를 취할 신의칙상의 안전배려의무를 부담하며, 기획여행업자가 사용한 여행약관에서 그 여행업자의 여행자에 대한 책임의 내용 및 범위 등에 관하여 규정하고 있다면 이는 위와 같은 안전배려의무를 구체적으로 명시한 것으로 보아야 한다. 아울러 현지의 B사는 이행보조자이고 C는 복이행보조자로 볼 수 있는데, 채무자가 복이행보조자의 사용을 승낙하였거나 적어도 묵시적으로 동의한 경우에는 채무자는 복이행보조자의 고의, 과실에 관하여 민법 제391조에 의하여 책임을 부담한다.

[유제 1] 김은 급성폐렴증세로 A병원의 6인실 병실에 입원하여 침대 옆의 시정장치가 없는 사물함에 예금통장, 신용카드 등이 들어 있는 핸드백 등을 넣어 두었다. 새벽에 김이 검사를 받기 위하여 입원실을 비운 사이에 절도범 박이 사물함에서 핸드백 등을 절취한 후, 신용카드를 이용하여 현금을 인출하거나 물품을 구입하고 예금통장을 이용하여 예금을 인출하였다. A병원에서는 경비회사와 경비용역계약을 체결하여 경비원으로 하여금 순찰하게 하고 있으나 개개의 병실에 대하여는 순찰활동이 미치지 못하고 있고, 면회시간은 12:00 ~ 14:00와 18:00 ~ 20:00로 정해져 있으나 면회시간 외에 면회객이 출입하는 것이 특별히 통제되지는 않고 있다. 김은 위

도난은 A병원이 경비인력을 늘리거나 시정장치 있는 사물함을 비치하는 등으로 도난사고 방지를 위한 조치를 제대로 하지 아니한 과실로 인하여 발생된 것이라며 손해배상책임을 묻는다. A병원은 입원환자에게 귀중품 등의 물건 보관에 관한 주의를 촉구하면서 도난시에는 병원이 책임질 수 없다는 내용의 안내문을 교부하였으므로 배상책임이 면제된다고 항변한다. (대법원 2003.4.11. 선고 2002다63275 판결)

[해결] 환자가 병원에 입원하여 치료를 받는 경우에 있어서, 병원은 진료뿐만 아니라 환자에 대한 숙식의 제공을 비롯하여 간호, 보호 등 입원에 따른 포괄적 채무를 지는 것인데, 입원환자는 입원 중의 생활을 위하여 필수용품 등을 휴대하지 않을 수 없고 진료를 받기 위하여나 개인 용무를 위하여 병실을 비울 경우에 모든 휴대품을 소지할 수 없는 한편, 병실에는 여러 사람들이 비교적 자유롭게 출입하고 왕왕 병실에서의 도난사고가 발생하는 실정이므로, 병원은 병실에의 출입자를 통제·감독하든가 그것이 불가능하다면 최소한 입원환자에게 휴대품을 안전하게 보관할 수 있는 시정장치가 있는 사물함을 제공하는 등으로 입원환자의 휴대품 등의 도난을 방지함에 필요한 적절한 조치를 강구하여 줄 신의칙상의 보호의무가 있다고 할 것이고, 이를 소홀히 하여 입원환자와는 아무런 관련이 없는 자가 입원환자의 병실에 무단출입하여 입원환자의 휴대품 등을 절취하였다면 병원은 그로 인한 손해배상책임을 면하지 못한다. 또한 병원의 안내문은 병원의 과실이 없는 불가항력으로 말미암은 손해발생에 대한 배상책임을 지지 아니한다는 것에 불과하여 A병원의 과실이 인정되는 이상 A병원이 면책될 수 없다.

[유제 2] 건물신축공사의 천정석고보드공사를 하도급받은 김은 공사에 필요한 자재를 자신이 공급하되 현장에서의 시공은 전문기술자인 박에게 재하도급하였다. 김은 박에게 공사시작을 지시하고 자신은 현장에 나가보지도 않았는데, 박은 현장에 가서 전기드릴을 시험가동하다가 전기누전에 의한 감전으로 그 자리에서 사망하였다. 박의 유족은 김이 공사시작 전에 현장에 같이 가서 안전사고에 대한 대책을 강구하거나 안전교육을 시키는 등의 지시·감독을 게을리 함으로써 사고를 미리 방지할 의무가 있음에도 이를 게을리하여 사고가 발생하였다며 책임을 묻는다. (대법원 1997.4.25. 선고 96다53086 판결)

[해결] 건축공사의 일부분을 하도급받은 자가 구체적인 지휘·감독권을 유보한 채 재료와 설비는 자신이 공급하면서 시공 부분만을 시공기술자에게 재하도급하는 경우와 같은 노무도급의 경우에, 그 도급인과 수급인의 관계는 실질적으로 사용자와 피용자의 관계와 다를

바가 없으므로, 그 도급인은 수급인이 노무를 제공하는 과정에서 생명·신체·건강을 해치는 일이 없도록 물적 환경을 정비하고 필요한 조치를 강구할 보호의무를 부담하며, 이러한 보호의무는 실질적인 고용계약의 특수성을 고려하여 신의칙상 인정되는 부수적 의무로서 노무도급인이 고의 또는 과실로 이러한 보호의무를 위반함으로써 그 노무수급인의 생명·신체·건강을 침해하여 손해를 입힌 경우 그 노무도급인은 노무도급계약상의 채무불이행책임과 경합하여 불법행위로 인한 손해배상책임을 부담한다.

2. 채무의 범위 – 고지·설명·경고의무

> [사안] 갑 등이 을 주식회사가 제조한 얼음정수기를 임대차 또는 매매의 방법으로 제공받아 사용하고 을 회사는 이를 정기적으로 점검, 관리하는 내용의 계속적 계약을 체결하였는데 그 후 얼음정수기에서 중금속인 니켈이 검출되었다. 갑 등은 을 회사는 얼음정수기의 임대나 매매와 함께 품질관리 등의 관련 서비스를 제공함으로써 얼음정수기에서 제공되는 물의 안전성과 신뢰성을 지속적으로 책임지겠다는 약속을 하였다고 볼 수 있는데, 얼음정수기에서 니켈성분이 검출된 사실을 갑 등에게 고지할 의무가 있었는데도, 이를 고지하지 않음으로써 갑 등이 건강과 밀접한 관련이 있는 마실 물에 관하여 선택권을 행사할 기회를 상실하였으므로, 이러한 선택권의 침해로 갑 등의 정신적 손해를 배상할 것을 청구한다. (대법원 2022.5.26. 선고 2020다215124 판결)

[해결] 계약의 일방 당사자는 신의성실의 원칙상 상대방에게 계약의 효력에 영향을 미치거나 상대방의 권리 확보에 위험을 가져올 수 있는 사정 등을 미리 고지할 의무가 있다. 이러한 의무는 계약을 체결할 때뿐만 아니라 계약 체결 이후 이를 이행하는 과정에서도 유지된다. 당사자 상호 간의 신뢰관계를 기초로 하는 계속적 계약의 일방 당사자가 계약을 이행하는 과정에서 상대방의 생명, 신체, 건강 등의 안전에 위해가 발생할 위험이 있고 계약 당사자에게 그 위험의 발생 방지 등을 위하여 합리적 조치를 할 의무가 있는 경우, 계약 당사자는 그러한 위험이 있음을 상대방에게 미리 고지하여 상대방으로 하여금 그 위험을 회피할 적절한 방법을 선택할 수 있게 하거나 계약 당사자가 위험 발생 방지를 위한 합리적 조치를 함으로써 그 위험을 제거하였는지를 확인할 수 있게 할 의무가 있다. 특히 계속적 계약의 일방 당사자가 고도의 기술이 집약된 제품을 대량으로 생산하는 제조업자이고 상대방이 소비자라면 정보 불균형으로 인한 부작용을 해소하기 위해 제조업자에 대하여 위와 같은 고지의무를 인정할 필요가 더욱 크다.

[유제] 김은 A종묘사가 생산한 만냥고추의 씨앗을 종묘상을 통하여 매수하여 파종하였는데, 토양, 기온, 강수량 등 재배조건이 동일한 상태에서 재배한 다른 품종의 고추씨앗의 경우 평년과 비슷한 수확을 올린 반면 위 만냥고추는 정상적으로 착과되지 못하고 낙과되거나 착과 되더라도 상품성이 있는 크기로 성장하지 못함으로써 수확량이 현저하게 줄어 손해를 입었다. 김은, A종묘사가 만냥고추는 바이러스에 대한 내병성이 약하고 가뭄하에서는 그 품종특성이 제대로 발현되지 아니하기 때문에 농민들이 만냥고추를 재배할 경우 특별한 주의를 기울이지 아니하면 수확량이 감소하는 사실을 충분히 알고 있었음에도 이러한 사항에 대하여 필요하고도 충분한 설명을 하여 주지 아니한 잘못이 있다며, 다른 품종의 고추씨앗을 재배하였을 경우 얻을 수 있었던 소득을 얻지 못하게 되는 손해를 입은 것에 대해 배상할 것을 청구한다. 그러나 A사는 씨앗의 판매봉투에 그 특징과 함께 자세한 재배상 '유의사항'을 기재하고, A사가 고객이 종묘상에서 위 씨앗을 구입하면서 입수할 수 있었던 품종설명서에 만냥고추의 품종특성, 온도 및 수분관리 및 병충해 방제 등 재배시 유의사항에 관하여 구체적이고 상세한 설명을 하였으므로, A사가 위 씨앗을 생산, 판매함에 있어 합리적으로 예상할 수 있는 결과에 대하여 설명 및 경고하여야 할 주의의무를 게을리 한 것이라고 볼 수 없다고 항변한다. (대법원 2001.4.10 선고 99다70945 판결)

[해결] A사는 위 판매봉투 및 품종설명서의 기재로써 관련법에서 요구하는 종자의 특성 및 재배상 주의사항에 관한 설명 내지 경고의무를 다하였다고 볼 수 있어 김은 손해배상책임을 물을 수 없다.

3. 결과채무와 수단채무

[사안] 김은 자신이 건축·분양하는 집합건물에 관하여 박과 "박은 김에게 일정 금액을 예치하여야 한다. 김은 박의 분양실적이 분양목표에 미달한 경우 분양대행계약을 해지할 수 있다. 분양대행계약의 해지로 김에게 손해가 발생하는 경우 김은 계약이 종료하면 박에게 반환하여야 할 예치금에서 손해액을 공제할 수 있다."는 내용 등으로 분양대행계약을 체결하였다. 후에 김은 박의 분양실적이 저조하다는 이유로 위 계약을 해지한 다음, 박이 예치금 반환을 구하자 예치금은 박의 채무불이행에 따른 손해에 모두 충당되어 존재하지 않는다고 항변한다. (대법원 2022.3.31. 선고 2019다226395 판결)

[해결] 분양대행계약에 따라 박이 부담하는 채무는 계약기간 내에 목표분양률을 달성하여 그 결과를 제공하여야 할 결과채무가 아니라 분양완료를 위하여 선량한 관리자의 주의의무를 가지고 분양에 필요한 적절한 조치를 취하여 분양대행업무를 진행할 수단채무에 해당한다고 봄이 타당하다. 비록 박이 계약기간 내에 목표분양률을 달성하지 못하였더라도 그러한 결과만으로 곧바로 채무를 불이행하였다고 추정할 수는 없고, 박이 부담하는 구체적인 주의의무의 존재와 위반 사실을 김이 추가로 주장·증명하여야 한다.

4. 이행불능의 판단기준

[사안] A재단은 B시와의 사이에 A재단이 재단이사인 김 소유의 X토지를 사업부지를 제공하면 B시가 X부지의 용도변경을 해주고 사업완료시 부지와 시설물을 B시에 기부채납 하기로 하는 계약을 체결하였다. 그 후 B시가 약정에 따라 부지 및 건물의 소유권이전등기절차의 이행을 구하자, A재단은 X부지의 소유자인 김이 부지를 매각할 의사가 없다며 소유권이전등기의무가 이행불능으로 되었다고 주장한다. 그러나 B시는, 계약에 따라 김으로부터 X토지 및 건물들을 취득하여 이를 B시에게 이전해 주어야 할 의무가 있는 A재단이 B시로부터 토지의 용도변경 등 계약에 따른 이행을 모두 받았음에도 불구하고, 김을 상대로 소유권이전을 요구하는 등 자신의 의무 이행을 적극적으로 시도하지도 않았다며 채무의 이행을 요구한다. (대법원 2016.5.12. 선고 2016다200729 판결)

[해결] 사회통념상 이행불능이라고 보기 위해서는 이행의 실현을 기대할 수 없는 객관적 사정이 충분히 인정되어야 하고, 특히 계약은 어디까지나 그 내용대로 지켜져야 하는 것이 원칙이므로, 채권자가 굳이 채무의 본래 내용대로의 이행을 구하고 있는 경우에는 쉽사리 그 채무의 이행이 불능으로 되었다고 보아서는 아니 된다. 민법이 타인의 권리의 매매를 인정하고 있는 것처럼 타인의 권리의 증여도 가능하며, 이 경우 채무자는 그 권리를 취득하여 채권자에게 이전하여야 하고, 이 같은 사정은 계약 당시부터 예정되어 있는 것이므로, 매매나 증여의 대상인 권리가 타인에게 귀속되어 있다는 이유만으로 채무자의 계약에 따른 이행이 불능이라고 할 수는 없다. 이러한 경우 채무 이행이 확정적으로 불능인 것으로 되었는지 여부는 계약의 체결에 이르게 된 경위와 그 경과, 채무자와 그 권리를 보유하고 있는 제3자와의 관계, 채무자가 그 권리를 취득하는 것이 불가능하다고 단정할 수 있는지 여부, 채무의 이행을 가로막는 법령상 제한의 유무, 채권자가 채무의 이행이 불투명한 상황에서 계약에서 벗어나고자 하는지 아니면 채무의 본래 내용대로의 이행을 구

하고 있는지 여부 등의 여러 사정을 종합적으로 고려하여 신중히 판단하여야 한다.

> [유제] 김은 A공사로부터 X 토지를 105억원에 매수하는 내용의 계약을 체결하고 계약금 10억원을 지급하였다. 그런데 그 후 김의 A공사에 대한 X 토지 소유권이전등기청구권(분양권)에 관하여 다수의 가압류 및 처분금지가처분 결정이 집행되었다. 이에 김으로부터 X토지를 매매하기로 한 박은 김에게 위와 같은 가압류 및 가처분으로 인하여 매매계약에 기한 김의 박에 대한 소유권이전등기의무가 이행불능이 되었다는 이유로 매매계약을 해제한다는 내용의 통지를 하였다. 그러나 김은 가압류 등의 집행이 유지되고 있다는 사정만으로 매매계약에 따른 소유권이전등기가 불가능한 것은 아니고, 나아가 가압류 등을 모두 말소하고 소유권이전등기절차를 이행할 수 없는 무자력의 상태에 빠지지도 않았다며 항변한다. (대법원 2006.6.16. 선고 2005다39211 판결)

[해결] 채무의 이행이 불능이라는 것은 단순히 절대적·물리적으로 불능인 경우가 아니라 사회생활에 있어서의 경험법칙 또는 거래상의 관념에 비추어 볼 때 채권자가 채무자의 이행의 실현을 기대할 수 없는 경우를 말한다. 매도인의 소유권이전등기청구권이 가압류되어 있거나 처분금지가처분이 있는 경우에는 그 가압류 또는 가처분의 해제를 조건으로 하여서만 소유권이전등기절차의 이행을 명받을 수 있는 것이어서, 매도인은 그 가압류 또는 가처분을 해제하지 아니하고서는 매도인 명의의 소유권이전등기를 마칠 수 없고, 따라서 매수인 명의의 소유권이전등기도 경료하여 줄 수 없다고 할 것이므로, 매도인이 그 가압류 또는 가처분 집행을 모두 해제할 수 없는 무자력의 상태에 있다고 인정되는 경우에는 매수인이 매도인의 소유권이전등기의무가 이행불능임을 이유로 매매계약을 해제할 수 있다.

5. 원시적 불능의 의의

> [사안] 김은 박으로부터 X임야 중 특정위치의 Y토지(628㎡)를 매수하는 매매계약을 체결하였다. 관련법령에 따르면 X임야의 분할을 하려는 자는 지자체장의 허가를 받아야 하는데 임야인 토지를 분할하는 경우 분할 면적이 990㎡ 이상이어야 한다. 이에 박은 자신의 소유권이전등기의무는 이행이 불가능하다고 주장한다. 그러나 김은 이 매매계약이 원시적 불능이라고 볼 수 없다며 이행불능으로 인한 손해의 배상을 청구한다. (대법원 2017.10.12. 선고 2016다9643 판결)

[해결] 채무를 이행하는 행위가 법률로 금지되어 그 행위의 실현이 법률상 불가능한 경우라면 이는 거래상의 관념에 비추어 볼 때 채권자가 채무자의 이행의 실현을 기대할 수 없는 경우에 포함되어 이행불능으로 보아야 한다. 그런데 계약 체결 후에 채무의 이행이 불가능하게 된 경우에는 채권자가 이행을 청구하지 못하고 채무불이행을 이유로 손해배상을 청구하거나 계약을 해제할 수 있다. 반면에 계약 당시에 이미 채무의 이행이 불가능했다면 채권자가 이행을 구하는 것은 허용되지 않고, 민법 제535조에서 정한 계약체결상의 과실책임을 추궁하는 등으로 권리를 구제받을 수밖에 없다. 김이 이미 대금의 일부를 지급하였다면 이는 법률상 원인없는 급부가 되어 부당이득의 법리에 따라 반환청구할 수 있다(제537조).

6. 이행기와 이행지체(1) – 이행기의 약정이 없는 경우

[사안] 김은 1991.6.19. A사로부터 X 점포를 4억원에 분양 받고, 1992.3.30.까지 계약금과 1, 2차 중도금 합계 금 3억원을 지급하였으며, 김은 위 분양계약 당시 A사와 입주시 잔금 1억원을 지급하기로 약정하였을 뿐 위 건물의 완공 및 입주 예정일에 관하여는 별도의 약정을 하지 아니하였다. A사는 1992년 8월 지하 5층 지상 7층까지의 골조공사만 시행한 채 공사를 중단하여 1996년 5월까지 공사가 사실상 중단된 상태로 남아 있다. 이에 김은 위 분양계약을 A사의 채무불이행으로 인하여 해제한다는 의사표시를 하였다. 그러나 박은 건물의 규모나 용도, 하수급인의 사정으로 인한 일시적인 공사 중단 등의 사정을 감안할 때 김의 해제는 적법하지 않다고 항변한다. (대법원 2001.1.19. 선고 97다21604 판결)

[해결] 신축건물에 관한 분양계약을 체결하면서 당사자 사이에 건물의 완공 및 입주 예정일에 관한 별도의 명시적인 약정이 없었다고 하더라도, 분양자는 합리적인 상당한 기간 내에 건물을 완공하여 수분양자로 하여금 입주할 수 있도록 하여 주어야 할 의무가 있다 할 것이고, 그 기간은 분양계약의 내용과 계약체결 경위, 분양계약 체결을 전후하여 당사자가 예상하고 있었던 건물의 완공 및 입주 예정일, 건물의 규모와 용도, 그러한 건물을 신축하는 데에 통상 소요되는 기간, 당초 예상하지 못한 사정의 발생 여부와 그에 대한 귀책사유, 다른 수분양자들과의 사이에 체결된 분양계약의 내용 등 제반 사정을 참작하여 결정하여야 할 것이다. 사안에서 A사가 분양계약이 체결된 이후 김이 계약해제의 의사표시를 한 1996년 5월까지 약 5년의 기간 내에는 건물을 완공하여 김으로 하여금 점포에 입주할 수 있도록 하여 주었어야 한다고 봄이 상당하다면 A사는 이행지체에 빠진 것으로 볼 수 있을 것이다.

7. 이행기와 이행지체(2) - 불확정기한으로 해석되는 경우

[사안] 김은 박이 건축중인 상가건물의 X 점포를 임차하면서, 계약서에 그 점포의 인도시기(입점시기)를 기재하지 아니하고, 건물의 준공예정일에 관한 설명만을 듣고서 그 점포에 관한 임대차계약을 체결하였다. 그 후 박이 공사도급계약서상의 완공기일을 지키지 못하여 점포의 인도가 지체되자, 김은 당초의 건물준공 예정일을 임대차계약의 이행기로 정하였다고 하면서 박의 이행지체에 기한 임대차계약의 해제를 주장한다. (대법원 2000.11.28. 선고 2000다7936 판결)

[해결] 일반적으로 건축중인 상가건물의 특정점포를 임차하면서, 계약서에 그 점포의 인도시기(입점시기)를 기재하지 아니하고, 건물의 준공예정일에 관한 설명만을 듣고서 그 점포에 관한 임대차계약을 체결한 경우, 그 점포의 인도시기에 관하여 당사자의 합리적인 의사는 확정기한을 이행기로 정한 것이라고 보기는 어렵고, 불확정기한을 이행기로 정하는 합의가 이루어진 것으로 보아야 할 것이고, 그 불확정기한의 내용은 그 건설공사의 진척상황 및 사회경제적 상황에 비추어 예상할 수 있는 합리적인 공사지연기간이 경과한 때라고 하는, 매우 폭 넓고 탄력적인 것으로 보아야 할 것이다. 사안에서 당초의 건물준공 예정일로부터 이 사건 건설공사의 진척상황 및 사회경제적 상황에 비추어 예상할 수 있는 합리적인 공사지연기간이 경과할 때까지는 박이 공사를 지체한 것으로 볼 수 없을 것이며 따라서 김의 해제는 적법치 아니하다.

[유제] A조합은 건축한 X상가에 관하여 임시사용승인을 받고 점포를 분양하였고 김은 X상가 1층 9, 10호에 대한 분양대금을 1995.9.7. 완납하면서, A조합은 건물준공 후 공부정리가 완료되는 즉시 김에게 소유권을 이전하기로 약정하였다. 그러나 그 후 A조합이 X상가에 관하여 소유권이전등기절차의 이행을 약 8년 이상 지연하게 되었다. 이에 김은 대금 완납 이후 약 1년이 경과한 1996.9.7.경에는 A조합의 김에 대한 소유권이전등기의무는 그 이행기가 도래하였다고 볼 수 있으며 그 이후로 자신의 재산권을 제대로 행사하지 못하는 재산적 손해가 발생하였다며 손해배상을 구한다. A조합은 김이 입은 구체적 손해의 입증이 없다며 이의를 제기한다. (대법원 2008.12.24. 선고 2006다25745 판결).

[해결] 상가건물의 점포를 분양하면서 분양대금을 완납하고 건물 준공 후 공부정리가 완료되는 즉시 소유권을 이전하기로 약정한 경우, 그 점포에 관한 소유권이전등기에 관하여 확정기한이 아니라 불확정기한을 이행기로 정하는 합의가 이루어진 것으로 보아야 할 것

이며, 건설공사의 진척상황 및 사회경제적 상황에 비추어 분양대금이 완납되고 분양자가 건물을 준공한 날로부터 사용승인검사 및 소유권보존등기에 소요될 것으로 예상할 수 있는 합리적이고 상당한 기간이 경과한 때, 사안에서는 대금완납 후 1년이 경과한 후에는 그 이행기가 도래한다고 보아야 한다.

8. 불완전이행과 보호의무위반

> **[사안]** 김은 박이 경영하는 A여관에 투숙하였다가 객실에서 발생한 화재로 인하여 유독가스에 질식되어 사망하였다. 화재는 김이 객실에 비치된 선풍기 위에 널어놓은 양말과 수건이 선풍기 날개부분에 걸려 모터가 과열되어 일어난 것이었다. 화재발생 후 여관의 지배인 최는 객실의 문을 두드리며 화재발생 여부 및 고객의 안전여부를 최우선적으로 확인하였어야 함에도 급박한 상황하에서 고객의 보호를 위한 적절한 대응조치를 취하지 못하였다. 김의 유족은 박에게 김 및 유족들이 화재로 인하여 입은 손해를 배상할 책임을 묻는다. (대법원 2000.11.24. 선고 2000다38718 판결)

[해결] 공중접객업인 숙박업을 경영하는 자가 투숙객과 체결하는 숙박계약은 숙박업자가 고객에게 숙박을 할 수 있는 객실을 제공하여 고객으로 하여금 이를 사용할 수 있도록 하고 고객으로부터 그 대가를 받는 일종의 일시 사용을 위한 임대차계약이다. 객실 및 관련 시설은 오로지 숙박업자의 지배 아래 놓여 있는 것이므로 숙박업자는 통상의 임대차와 같이 단순히 여관 등의 객실 및 관련 시설을 제공하여 고객으로 하여금 이를 사용·수익하게 할 의무를 부담하는 것에서 한 걸음 더 나아가 고객에게 위험이 없는 안전하고 편안한 객실 및 관련 시설을 제공함으로써 고객의 안전을 배려하여야 할 보호의무를 부담한다. 이러한 의무는 숙박계약의 특수성을 고려하여 신의칙상 인정되는 부수적인 의무로서 숙박업자가 이를 위반하여 고객의 생명·신체를 침해하여 투숙객에게 손해를 입힌 경우 불완전이행으로 인한 채무불이행책임을 부담한다. 이 경우 피해자로서는 구체적 보호의무의 존재와 그 위반 사실을 주장·입증하여야 하며 숙박업자로서는 통상의 채무불이행에 있어서와 마찬가지로 그 채무불이행에 관하여 자기에게 과실이 없음을 주장·입증하지 못하는 한 그 책임을 면할 수는 없다.

사안에서 여관의 경영자인 박은 숙박계약 상의 고객보호의무를 다하지 못하여 투숙객이 사망한 경우이므로 김과 그 유족에 대하여 채무불이행책임을 부담한다. 유족측은 박의 보호의무 위반사실을 입증하여야 하며 박은 의무위반에 대하여 과실없음을 입증하지 못하는 한 책임을 진다. 다만 투숙객인 김의 과실도 화재발생에 상당한 원인을 제공하였으므로 상당한 비율의 과실상계가 있어야 할 것이다.

9. 이행거절과 손해배상

[사안] 김은 박과 재산관계로 분쟁이 있던 중 박에게 "본인은 X토지를 2006년까지 본래의 소유권자인 박에게 반환하기 위하여 경매처분된 X토지를 매입하여 소유권이전등기를 해 준다"는 각서를 작성해 주었다. 그 후 김은 각서가 박의 강요에 의하여 작성된 것이어서 무효라며 각서상의 소유권이전등기의무 자체를 다투면서, 자신의 유일한 재산인 Y토지를 최에게 매도하고 소유권이전등기를 마치었다. 이에 박은 김이 자신에 대한 소유권이전등기의무를 이행할 의사가 없음을 분명히 한 것이므로 김은 박에게 그 불이행에 따른 손해를 배상할 의무가 있다고 주장하나, 김은 박의 청구를 다투었다는 사정만으로 이행기인 2006년에 이르러서도 박에게 소유권이전등기의무를 이행할 의사가 없음을 명백히 하였다고 보기 어렵다고 항변한다. (대법원 2005.8.19. 선고 2004다53173 판결)

[해결] 계약상 채무자가 계약을 이행하지 아니할 의사를 명백히 표시한 경우에 채권자는 신의성실의 원칙상 이행기 전이라도 이행의 최고 없이 채무자의 이행거절을 이유로 계약을 해제하거나 채무자를 상대로 손해배상을 청구할 수 있고, 채무자가 계약을 이행하지 아니할 의사를 명백히 표시하였는지 여부는 계약 이행에 관한 당사자의 행동과 계약 전후의 구체적인 사정 등을 종합적으로 살펴서 판단하여야 한다. 사안에서 김이 각서의 무효를 주장하고 유일한 재산을 제3자에게 처분하였다면 김은 각서상의 채무를 이행할 의사가 없음을 명백하고도 종국적으로 밝혔다고 봄이 상당하므로, 박은 그 이행기 전이라도 김을 상대로 채무불이행을 원인으로 한 손해배상청구를 할 수 있다.

10. 채무불이행의 요건으로서 위법성

[사안] 김은 박의 강박에 의하여 박에게 자기 소유의 X 부동산에 관한 증여의 의사표시를 하였으나, 그 후 김은 강박에 의한 의사표시로서 취소권을 행사하지 않은 채 그 부동산을 최에게 이중양도하고 취소권의 제척기간 마저 도과하여 버린 후, 그 이중양도계약에 기하여 최에게 부동산에 관한 소유권이전등기를 경료하여 줌으로써 박에 대한 증여계약상의 소유권이전등기의무를 이행불능케 하였다. 이에 박은 김의 증여계약 자체에 대한 채무불이행으로 인한 전보배상청구를 하나, 김은 자신의 이중양도행위가 사회상규에 위배되지 않는 정당행위 등에 해당하여 위법성이 조각된다고 항변한다. (대법원 2002.12.27. 선고 2000다47361 판결)

[해결] 채무불이행에 있어서 확정된 채무의 내용에 좇은 이행이 행하여지지 아니하였다면 그 자체가 바로 위법한 것으로 평가되는 것이고, 다만 그 이행하지 아니한 것이 위법성을 조각할 만한 행위에 해당하게 되는 특별한 사정이 있는 때에는 채무불이행이 성립하지 않는 경우도 있을 수 있다. 그러나 사안에서 김이 박의 강박에 의하여 행한 증여약정의 효력발생을 방지하거나 그 증여의 결과를 회피하기 위하여 목적부동산을 최에게 매도하고 소유권이전등기를 경료해 주는 것 외에 달리 방법이 없었던 것으로는 볼 수 없다. 왜냐하면 김은 강박의 상태가 끝난 후 박에 대하여 증여의 의사표시를 취소하는 것만으로 위 증여약정의 효력을 소멸시킬 수 있었을 뿐만 아니라, 박을 상대로 증여약정의 무효확인을 구하는 등 각종 쟁송의 방법으로 자신의 법적 지위를 보전할 수 있었기 때문이다. 따라서 김의 양도행위가 정당방위, 긴급피난, 자구행위, 사회상규에 위배되지 않는 정당행위 등에 해당한다고 할 수 없다.

11. 채무불이행에서 귀책사유의 판단(1) - 불가항력 여부

[사안] 건축업자 김은 1997.10.2. 박과의 사이에 박 소유 토지상의 병원 건물을 일부 철거하고 그 옆에 X건물을 신축하는 공사에 관하여 대금을 금 2,359,500,000원으로, 준공기한은 1998.7.5.로 하고, 지체상금률은 1일당 공사대금의 1/1000로 정하여 이를 공사대금에서 공제할 수 있게 하는 한편, 김은 어떠한 사유로는 추가공사비를 요구할 수 없으며, 박에게 책임 있는 사유나 천재지변 등 김의 책임이 아닌 사유로 공사가 지연되는 경우에는 공사기간을 연장할 수 있되 김에게 책임 있는 사유로 인하여 준공기한 내에 공사를 완성할 가능성이 없음이 명백한 경우에는 박이 계약을 해제할 수 있도록 하는 내용의 도급계약을 체결하였다. 그 후 김이 이른바 IMF 사태로 인하여 자재대금 등이 폭등하였음을 이유로 추가공사비를 요구하면서 공사를 중단하는 등 분쟁이 발생하자, 박은 1998.9.23. 김에게 김의 책임 있는 사유로 인하여 준공기간 내에 위 공사를 완공하지 못하였음을 이유로 위 공사계약의 해지를 통고하고, 진행된 기성고의 공사대금 중 지체상금약정에 따른 손해배상액을 제외한 금액을 지급하고자 한다. 그러나 김은 IMF 사태로 인한 자재수급의 차질, 동절기의 이상 강우로 인한 공사지연 등을 내세우며 지체상금 지급의무가 발생하지 아니한다고 주장한다. (대법원 2002.9.4. 선고 2001다1386 판결)

[해결] 천재지변이나 이에 준하는 경제사정의 급격한 변동 등 불가항력으로 인하여 목적물의 준공이 지연된 경우에는 수급인은 지체상금을 지급할 의무가 없다고 할 것이지만, 이른바 IMF 사태 및 그로 인한 자재 수급의 차질 등은 그와 같은 불가항력적인 사정이라고

볼 수 없고, 일반적으로 수급인이 공사도급계약상 공사기간을 약정함에 있어서는 통상 비가 와서 정상적으로 작업을 하지 못하는 것까지 감안하고 이를 계약에 반영하는 점에 비추어 볼 때, 천재지변에 준하는 이례적인 강우가 아니라면 동절기의 이상 강우로 인하여 공사가 어느 정도 지연되었다 하더라도 그것이 공사기간 내에 공사 진행을 도저히 할 수 없는 천재지변에 준하는 불가항력적인 이상 강우라고 볼 수 없다면, 그것을 가지고 지체상금의 감액사유로 삼을 수 있을지언정 지체상금의 면책사유로 삼을 수는 없다고 할 것이다. 따라서 공사의 지연이 김의 귀책사유에 기한 것이 아니므로 지체상금 지급의무가 발생하지 아니한다는 김의 면책 항변은 인정되기 어렵다.

12. 채무불이행에서 귀책사유의 판단(2) - 이행장애사유의 고지

[사안] A지방공사가 건설하고자 하는 X아파트의 부지에는 유적지 발굴작업이 진행 중이었으나 A공사는 X아파트를 김 등에게 사전 분양하면서, 진행되고 있는 문화재 발굴조사로 인하여 예정된 입주일이 변경·지연될 수 있다는 점에 대하여만 고지하고, 분양계약서에도 위와 같은 내용만을 기재하였으며, 장차 발굴조사결과 여하에 따라 현지 보존결정이 있을 경우에는 X아파트의 건설사업 자체가 폐지되거나 그 사업부지의 변경이 불가피함에도 불구하고 이에 대하여는 구체적인 언급을 하지 아니하였다. 그 후 A공사는 X아파트 공사를 착공하였는데, 그로부터 얼마 후 아파트 부지에서 고려시대 저택 유구가 발견되어 최종적으로 아파트 부지에 대하여 현지 원형보존 결정이 이루어져 X아파트는 당초의 부지에 건축하는 것이 불가능하게 되었다. 이에 수분양자 김 등은 분양계약을 해제하고 A공사에 계약상 정해진 위약금의 지급을 구한다. 그러나 A공사는 분양계약에 따른 아파트 공급의무를 이행할 수 없게 된 데 대하여 그 귀책사유가 자신에게 있다고 볼 수 없다고 항변한다. (대법원 2011.08.25. 선고 2011다43778 판결)

[해결] 계약당사자 일방이 자신이 부담하는 계약상 채무를 이행하는 데 장애가 될 수 있는 사유를 계약을 체결할 당시에 알았거나 예견할 수 있었음에도 이를 상대방에게 고지하지 아니한 경우에는, 비록 그 사유로 말미암아 후에 채무불이행이 되는 것 자체에 대하여는 그에게 어떠한 잘못이 없다고 하더라도, 상대방이 그 장애사유를 인식하고 이에 관한 위험을 인수하여 계약을 체결하였다거나 채무불이행이 상대방의 책임 있는 사유로 인한 것으로 평가되어야 하는 등의 특별한 사정이 없는 한, 그 채무가 불이행된 것에 대하여 귀책사유가 없다고 할 수 없다. 그것이 계약의 원만한 실현과 관련하여 각각의 당사자가 부담하여야 할 위험을 적절하게 분배한다는 계약법의 기본적 요구에 부합한다.

사안에서 A공사는 X아파트의 분양 공고 및 각 분양계약 체결 당시 자신의 채무를 이행하는 데 장애가 될 수 있는 사유를 충분히 알았다고 보이고, 분양 공고문이나 분양계약서에 문화재 조사결과에 따라 사업계획 자체의 폐지나 그 부지가 변경될 수 있는 가능성에 관하여 구체적인 언급이 없었던 이상, 이러한 장애사유에 관한 위험을 아파트의 수분양자들이 인수하였다고 볼 수 없다. 따라서 X아파트의 분양계약에 따른 아파트 공급의무를 이행할 수 없게 된 데 대하여 그 귀책사유는 A공사에 있다.

[유제] 김은 그 소유의 대지와 주택이 SH공사가 시행하는 도시개발사업지 부지 내에 편입되자, SH공사로부터 아파트를 분양받을 수 있는 권리(수분양권)를 받기 위하여 SH공사에 이주대책신청을 하였다. 그런데 김은 SH공사로부터 이주대책자로 확인·결정되기 전인 2006.5.12. 수분양권을 2억 4,000만 원에 박에게 매도하는 계약을 체결하였다. 그 후 최는 2006.6.3. 장래 발생할 수분양권을 아무런 이상 없이 인수할 수 있도록 하는 것을 특약사항으로 하여 박으로부터 이를 3억 원에 매수하기로 하는 매매계약을 체결하였다. 그러나 SH공사는 2007.6.7.경 김이 이주대책자 심사 전에 수분양권을 양도하였다는 이유로 관계법령에 따라 김에게 분양아파트 공급 부적격 대상으로 결정되었음을 통보하였다. 최는 채무불이행을 이유로 박과의 매매계약을 해제하고 원상회복으로 기지급한 매매대금의 반환을 구한다. 그러나 박은, 장래에 취득하게 되는 수분양권에 대한 기대권 자체를 양도하면 족한 것이어서 최에게 김으로부터 교부받은 수분양권 관련 서류를 양도함으로써 자신의 의무를 모두 이행하였고, 매매계약에 따른 박의 의무가 후발적으로 이행불능되었다 하더라도 자신에게 어떠한 귀책사유를 인정할 수 없다고 항변한다. (대법원 2011.5.26. 선고 2010다102991 판결)

[해결] 박이 최에게 수분양권을 전전 양도할 당시 최초 양도인인 김이 주택법상의 이주대책자 선정요건을 위반하였기 때문에 공사의 조치 여하에 따라 장차 수분양권을 취득하지 못할 수 있는 상태에 있었고, 이는 매매계약 이행을 후발적으로 불가능하게 할 수 있는 하자가 있는 경우에 해당하는데, 이와 같이 매매 당시 이미 하자가 존재함에도 박이 이러한 사실을 최에게 고지하지 아니한 채 장래 발생할 수분양권을 최가 아무런 이상 없이 인수할 수 있도록 하는 것을 특약사항으로 하여 매매계약을 체결하였고, 그 후 약정과 달리 당초 존재하던 하자가 현실화되어 김이 이주대책자 선정에서 배제됨으로써 수분양권이 발생하지 아니한 것으로 확정된 결과 최가 수분양권을 인수할 수 없게 되었다면, 박에게는 매매계약 이행이 후발적 불능으로 귀착된 데 대한 귀책사유가 있으므로, 최는 박을 상대로 약정에 따른 채무를 불이행하였

음을 이유로 매매계약을 해제할 수 있다.

13. 채무자의 귀책사유의 판단(3) - 법률적 판단의 착오

> **[사안]** A조합은 주택재개발사업을 시행할 목적으로 설립되어 관할관청의 인가를 받아 시공사를 선정하여 사업구역내에 아파트를 건립하는 공사계약을 체결하는 등 사업을 진행하였는데, 이 구역내에 부동산을 소유한 김은 이에 대해 조합설립무효의 소, 공사도급계약무효확인의 소, 조합설립인가처분의 무효확인의 소 등을 제기하여 김의 A조합에 대한 관계법령에 따른 자신의 부동산의 인도의무의 근거를 다투어왔으나 결국 패소하였다. 이에 사업상의 차질을 빚은 A조합은 김에게 부동산인도의무의 불이행으로 인한 손해배상책임을 묻는다. (대법원 2013.12.26. 선고 2011다85352 판결)

[해결] 채무불이행으로 인한 손해배상청구에 있어서 확정된 채무의 내용에 좇은 이행을 하지 아니하였다면 그 자체가 바로 위법한 것으로 평가되는 것이고, 다만 채무불이행에 채무자의 고의나 과실이 없는 때에는 채무자는 손해배상책임을 부담하지 않는다(민법 제390조). 한편 채무자가 자신에게 채무가 없다고 믿었고 그렇게 믿은 데 정당한 사유가 있는 경우에는 채무불이행에 고의나 과실이 없는 때에 해당한다고 할 수 있다. 그러나 채무자가 채무의 발생원인 내지 존재에 관한 법률적인 판단을 통하여 자신의 채무가 없다고 믿고 채무의 이행을 거부한 채 소송을 통하여 이를 다투었다고 하더라도, 채무자의 그러한 법률적 판단이 잘못된 것이라면 채무불이행에 관하여 채무자에게 고의나 과실이 없다고는 할 수 없다.

14. 이행보조자 여부의 판단기준

> **[사안]** A사('예술의 전당')는 2007.7.6. B공연기획사와 사이에 A사가 관리·운영하는 오페라극장을 2008.1.22.부터 같은 해 2.14.까지 대관료 2억원에 대관해주기로 하는 내용의 대관계약을 체결하였다. B사는 해외의 유명서커스단을 초청하여 공연을 할 예정이었다. 그 후 2007.12.12. 오페라극장에서 국립오페라단의 공연 도중 화재가 발생하여 무대와 조명·음향·기계 시설 등이 소실되는 바람에 A사의 대관계약 이행이 불가능하게 되었다. B사는 비록 A사에게는 화재의 발생 등과 관련하여 어떠한 과실이 있다고 볼 수는 없을지라도, A사로부터 오페라극장을 대관받아 공연하는 국

립오페라단은 대관계약에 관하여 A사의 이행보조자 지위에 있고, 그러한 국립오페라단의 공연 과정에서의 부주의가 화재의 발생 및 확대의 주요한 요인이 되었다며, 대관계약의 이행불능으로 B사가 입은 손해로서 공연 준비를 위한 광고, 홍보물 제작, 입장권 판매, 공연자 섭외, 장비임대 등과 관련하여 지출한 비용 8억원을 손해배상으로 청구한다. (대법원 2013.8.23. 선고 2011다2142 판결)

[해결] 민법 제391조의 이행보조자로서의 피용자라 함은 채무자의 의사 관여 아래 그 채무의 이행행위에 속하는 활동을 하는 사람을 의미하므로, 채무자의 채권자에 대한 채무 이행행위에 속한다고 볼 수 없는 활동을 하는 사람을 민법 제391조의 이행보조자에 해당한다고 볼 수는 없다. 사안에서 화재 당시 국립오페라단의 오페라극장 점유·사용 행위는 대관계약에 의한 A사의 B사에 대한 채무 이행 활동과는 아무런 관계가 없어 국립오페라단을 대관계약에 관한 A사의 이행보조자라고 볼 수는 없다.

[유제 1] 김은 박으로부터 냉동창고동을 임차하여 시장 내에서 유통되는 농수산물을 보관해주고 보관료를 받는 창고업자이다. 박은 창고동의 기계설비 내부시설이 노후하여 이를 전면적으로 보수하기로 하고 그 공사를 A사에게 도급주었다. 그런데 A사의 피용자 최가 화재예방조치를 하지 아니한 채 용접작업을 하던 중 용접불꽃이 냉동창고 보온재에 인화되어 화재가 발생하여 냉동창고에 보관하고 있던 임치인 정 소유의 임치물이 소실되었다. 김은 임치물 가액 상당을 정에게 배상해 주었을 뿐만 아니라 냉동창고가 복구될 때까지 창고업 영업을 하지 못하는 손해를 입게 되었다. 김은, 창고동의 보수공사는 김과 박 사이의 임대차계약에 따라 임대인인 박이 임대인의 수선의무에 기하여 실시한 것이며, 그 채무이행을 위하여 A사에게 그 공사를 도급주어 이를 시행하였던 것이므로, A사와 그 피용자 최는 박의 이행보조자라고 할 수 있는데, 박이 그 이행보조자의 과실로 화재를 발생시킨 것인 이상, 박은 이 화재로 김이 입은 손해를 배상할 것을 청구한다. (대법원 2002.7.12 선고 2001다44338 판결)

[해결] 「민법 제391조에서의 이행보조자로서의 피용자라 함은 일반적으로 채무자의 의사 관여 아래 그 채무의 이행행위에 속하는 활동을 하는 사람이면 족하고, 반드시 채무자의 지시 또는 감독을 받는 관계에 있어야 하는 것은 아니므로 채무자에 대하여 종속적인가 독립적인 지위에 있는가는 문제되지 않는 것이어서, 임대인이 임차인과의 임대차계약상의 약정에 따라 제3자에게 도급을 주어 임대차목적 시설물을 수선한 경우에는, 그 수급인도

임대인에 대하여 종속적인지 여부를 불문하고 이행보조자로서의 피용자라고 보아야 할 것이고, 이러한 수급인이 시설물 수선 공사 등을 하던 중 수급인의 과실로 인하여 화재가 발생한 경우에는, 임대인은 민법 제391조에 따라 위 화재발생에 귀책사유가 있다 할 것이어서 임차인에 대한 채무불이행상의 손해배상책임이 있다할 것이다」 사안에서 A사는 박의 이행보조자로 볼 수 있고 A사의 과실로 발생한 화재로 인하여 김이 입은 손해를 박은 배상할 책임이 있다.

> [유제 2] 리조트를 운영하는 김은 부대시설로 승마체험장을 갖추고 숙박객이 이용할 수 있음을 광고하였는데, 김은 리조트의 손님 박이 승마체험을 원하자 일시 숙박하던 승마교관 최에게 지도를 부탁하였다. 박은 기본 안전장비를 착용하지 않았고 최도 이를 확인하지 않은 채 지도하다 박이 낙마하여 상해를 입었다. 박은 김의 이행보조자인 최가 승마 지도시 안전에 관한 주의를 게을리하여 다쳤다며 김에게 배상책임을 묻는다. (대법원 2018.2.13. 선고 2017다275447 판결)

[해결] 이행보조자가 되기 위하여 채무자와 계약 그 밖의 법률관계가 있어야 하는 것은 아니다. 제3자가 단순히 호의(好意)로 행위를 한 경우에도 그것이 채무자의 용인 아래 이루어지는 것이면 그 제3자는 이행보조자에 해당한다. 이행보조자의 활동이 일시적인지 계속적인지도 문제 되지 않는다. 최는 김의 부탁으로 박에게 계약에 포함된 승마체험 서비스를 제공하기 위해서 그 채무의 이행행위에 속하는 승마 지도활동을 하였으므로, 채무자의 지시·감독을 받았는지 여부나 호의로 활동하였는지 여부와 관계없이 민법 제391조에서 정한 이행보조자에 해당하고 채무자인 김은 이 사고에 대하여 과실이 있다.

제3강 손해배상의 개념과 범위

이행불능과 전보배상 /채무불이행시 이행이익의 산정기준 /이행이익이 없는 경우 지출비용의 배상여부 /중복배상의 금지 /대상(代償)청구권의 범위 /상당인과관계의 판단 /통상손해의 배상 /특별손해와 예견가능성 /채권자의 손해경감의무 - 과실상계와 손익상계

■ 채무불이행의 효과로서 중요한 것은 손해배상이고 그 핵심내용은 전보배상이다. 전보배상은 이행에 갈음한 배상이므로 곧 이행이익을 원칙으로 하되 때로 그 대용으로 지출비용 내지 신뢰손해의 배상이 문제된다. 이러한 개념을 잘 반영하고 있는 대표적 판례들을 본다. 또 판례상 인정되고 있는 부차적인 효과인 대상청구권을 다룬 판례를 본다. 이어서 제393조의 손해배상의 범위에 관한 법리를 담은 판결들이다. 일단 불이행과 손해발생사이에 상당한 인과관계가 있어야 할 것이고 제393조가 제시한 통상손해 및 특별손해와 예견가능성의 법리가 중심에 온다. 또한 채권자의 편에서 손해를 경감할 수 있는 가능성의 문제도 판례상 나타나고 있다.

1. 이행불능과 전보배상

[사안] 김은 국가기관의 강박에 의하여 X토지를 국가에 헌납한다는 취지의 계약을 체결하고, 이에 기초하여 국가 앞으로 소유권이전등기가 마쳐지었다. 그 후 X토지에 관하여 박 앞으로 소유권이전등기가 순차 경료되었다. 후에 김은 X 토지의 최종등기명의인인 박을 상대로 진정명의회복을 원인으로 한 소유권이전등기청구소송을 제기하였다가 박이 X토지를 등기부 시효취득하였다는 이유로 패소판결을 선고받았다. 이에 김은 김의 증여 의사표시 취소에 따른 국가의 소유권이전등기 말소등기의무는 김의 소유권이전등기청구를 기각하는 판결이 선고되어 확정됨으로써 이행불능이 되었으므로, 그로 인한 손해배상청구권은 김의 패소판결 확정시에 발생하였고, 소유권이전등기 말소의무의 이행불능으로 인한 김의 손해액은 김의 패소판결이 확

정된 당시의 X토지에 대한 시가 상당액이므로 이를 배상할 것을 청구한다. 국가는 김의 배상청구가 시효로 소멸하였다고 항변한다. (대법원 2005.9.15. 선고 2005다29474 판결)

[해결] 소유권이전등기 말소등기의무의 이행불능으로 인한 전보배상청구권의 소멸시효는 말소등기의무가 이행불능 상태에 돌아간 때로부터 진행되고, 소유권이전등기 말소등기의무가 이행불능이 됨으로 말미암아 그 권리자가 입는 손해액은 원칙적으로 그 이행불능이 될 당시의 목적물의 시가 상당액이다. 사안에서 국가가 김을 강박하여 그에 따른 하자 있는 의사표시에 의하여 부동산에 관한 소유권이전등기를 마친 다음 타인에게 매도하여 소유권이전등기를 경료하여 주었다면, 국가의 김에 대한 소유권이전등기의무는 아직 이행불능이 되었다고 할 수 없으나, 김이 등기명의인을 상대로 제기한 소유권이전등기 말소청구소송 또는 진정명의회복을 위한 소유권이전등기청구소송이 패소확정되면 그 때에 국가의 목적부동산에 대한 소유권이전등기 말소등기의무는 이행불능 상태에 이른다고 할 것이다.

2. 채무불이행시 이행이익의 산정기준

[사안] 김은 아파트 건축사업을 추진하기 위하여 1995.1. 박으로부터 X토지를 대금 58억원에 매수하기로 하는 매매계약을 체결하고 1996.1. 까지 그 대금 전액을 지급한 후 1996.5. X토지에 관하여 이전등기를 경료받았다. 그런데 경기도는 X토지 중 일부인 Y토지에 대해 김을 상대로 그 소유권이전등기말소청구를 하여 2000.9. 경기도의 승소판결이 확정되었다. Y토지의 2000.9. 당시의 시가는 목장용지와 임야를 기준으로 할 경우에는 17억원이고, 아파트 부지로 조성중인 실제 상태를 기준으로 할 경우에는 49억원으로 감정되었다. 김은 경기도의 승소판결이 확정됨으로써 박의 김에 대한 Y토지의 소유권이전등기의무는 이행불능되었으므로 박은 김에게 손해를 배상하되, 매매계약이 이행불능된 경우에 매수인이 입은 손해는 원칙적으로 이행불능 당시의 매매목적물의 시가이므로 49억원의 배상을 청구한다. (대법원 2004.12.9. 선고 2002다33557 판결)

[해결] 김이 X토지를 비롯한 그 일대의 토지에 대단위 아파트단지를 건설할 계획을 확정하였고 이를 추진하기 위하여 박과 매매계약을 체결하게 되었고 매매대금도 매매계약 당시의 형상을 기준으로 한 시가보다도 훨씬 높은 액수라는 사정 등을 고려하여 보면, 박은 매매계약을 체결할 당시에 X토지를 비롯한 그 일대의 토지에 대단위 아파트단지가 건설

될 것이라는 사정을 잘 알면서 이로 인한 지가상승을 반영하여 X토지에 관한 매매대금을 정하였다고 보아야 할 것이다. 따라서 박이 김에게 배상할 손해액은 매매계약 당시 Y토지의 장래 예정되어진 형상이며 이행불능 당시의 형상인 아파트 부지로 조성중인 상태를 기준으로 산정하여야 한다.

3. 이행이익이 없는 경우 지출비용의 배상여부

[사안] A회사는 B사에 지역주택조합의 조합원 모집에 관한 업무를 위임하는 분양대행계약을 체결하면서, ① 세대당 분양대행수수료를 600만원, B사가 달성해야 하는 조합원 모집비율(책임분양률)을 최소 80%, 최대 95%로 정하되, ② 조합원 170세대(전체 340세대 중 50%)를 모집한 때부터 위 분양대행수수료를 지급하기로 약정하였다. 후에 분양률이 저조하여 A사가 일방적으로 계약을 해지하자, B사는 분양대행계약이 유효하게 존속하였다면 최대 책임분양률 95%를 달성할 수 있었음을 전제로 분양대행수수료 19억 3,800만원을 청구한다. 아울러 B사가 위 계약에 따라 조합원 모집업무를 수행하기 위하여 지출한 전단광고비 등 비용 합계 4억원의 배상을 청구한다. (대법원 2017.2.15. 선고 2015다235766 판결)

[해결] 채무불이행을 이유로 계약을 해제하거나 해지하고 손해배상을 청구하는 경우에, 채권자는 채무가 이행되었더라면 얻었을 이익을 얻지 못하는 손해를 입은 것이므로 계약의 이행으로 얻을 이익, 즉 이행이익의 배상을 구하는 것이 원칙이다. 그러나 채권자는 그 대신에 계약이 이행되리라고 믿고 지출한 비용의 배상을 채무불이행으로 인한 손해라고 볼 수 있는 한도에서 청구할 수도 있다. 이러한 지출비용의 배상은 이행이익의 증명이 곤란한 경우에 그 증명을 용이하게 하기 위하여 인정되는데, 이 경우에도 채권자가 입은 손해, 즉 이행이익의 범위를 초과할 수는 없다. 사안에서 B사는 지출비용의 청구에 앞서 이행이익의 배상을 청구하였는데, B사가 상당한 기간 조합원을 정상적으로 모집하였더라도 계약상 분양대행수수료를 청구할 수 있는 기준인 170세대를 모집할 수 없었다면, B사는 A사에 분양대행수수료를 청구할 수 없다. 따라서 A사의 채무불이행으로 인하여 B사가 손해배상으로 청구할 수 있는 이행이익의 손해는 없다. 한편 채권자가 계약의 이행으로 얻을 수 있는 이익이 인정되지 않는 경우라면, 채권자에게 배상해야 할 손해가 발생하였다고 볼 수 없으므로, 당연히 지출비용의 배상을 청구할 수 없다. 따라서 B사가 계약의 이행을 위하여 지출한 비용의 배상을 청구할 수 없다.

4. 중복배상의 금지

> **[사안]** 김은 박에게 덴마크국의 H사로부터 고철작업 등 국내의 작업여건에 가장 적합한 크레인을 수입하여 공급하겠다고 하면서 위 크레인의 국내 판매를 맡을 것을 제의하였고, 김이 수입·공급하는 크레인을 박이 독점적으로 판매하기로 하는 내용의 총판매원계약이 체결되었다. 그런데 김이 박에게 공급한 크레인 중 일부 기종은 고철작업시 그 부품이 손상되는 등 국내의 작업여건에 적합하지 아니하고, 김은 박에게 애프터서비스(A/S)부품이나 장착부품 또는 장착시방서를 제대로 공급하지 아니하여 박이 크레인을 판매하는 데에 많은 지장을 초래하였다. 이에 박은 김에게 총판매원계약상의 채무를 불완전하게 이행하였다며 총판매원계약을 해지한다고 통지하고, 채무불이행에 기한 손해배상책임으로서, 총판매원계약이 제대로 이행되었을 경우의 예상 판매량 및 판매이익률에 따른 일실이익 520,800,000원 및 김이 지출한 판매 및 관리비용 총액에서 실제로 얻은 매출이익을 공제한 나머지 금액인 12억원의 배상을 청구한다. (대법원 2007.1.25. 선고 2004다51825 판결)

[해결] 채무불이행을 이유로 계약해제와 아울러 손해배상을 청구하는 경우 그 계약이행으로 인하여 채권자가 얻을 이익 즉 이행이익의 배상을 구하는 것이 원칙이고, 다만 일정한 경우에는 그 계약이 이행되리라고 믿고 채권자가 지출한 비용 즉 신뢰이익의 배상도 구할 수 있는 것이지만, 중복배상 및 과잉배상 금지원칙에 비추어 그 신뢰이익은 이행이익에 갈음하여서만 구할 수 있고, 그 범위도 이행이익을 초과할 수 없다.

사안에서 총판매원계약이 제대로 이행되었더라면 김이 얻었을 이익 즉 이행이익의 배상을 산정함에 있어, 총판매원계약이 제대로 이행되었을 경우의 예상 판매량 및 판매이익률에 따른 박의 일실이익 전액에 대한 배상책임을 인정함과 동시에, 동 계약이 제대로 이행될 것으로 믿고 김이 지출한 판매 및 관리비용 즉 신뢰이익의 배상으로서 김이 지출한 판매 및 관리비용 총액에서 김이 실제로 얻은 매출이익을 공제한 나머지 금액에 대하여 박에게 배상책임을 인정하는 것은 이행이익의 범위를 초과하는 신뢰이익에 대한 배상책임을 인정하는 것일 뿐 아니라 이행이익과 신뢰이익에 대한 중첩적인 배상책임을 인정하는 것으로서 허용되지 않는다.

> **[유제]** 미국의 수입업자 A사는 한국의 B사로부터 면제품 셔츠 5,000벌을 수입하였으나 세탁하면 심하게 줄어드는 하자 때문에 이를 판매할 수 없게 되어 매매계약을 해제하고 채무불이행으로 인한 손해배상으로서 A사가 면제품판매로 얻었을 판매이

> 익 2만불 및 판매준비를 위한 홍보비 및 판매사원의 고용비 4천불을 청구한다. 그러나 B사는 계약당시 A사가 면제품판매로 확실히 이익을 얻을 수 있을지 또 얻게 될 이익의 액수까지 알 수 없었고, 고용비 등 판매비용은 판매이익에 이미 포함된 것으로 보아야 한다고 항변한다. (대법원 1992.4.28. 선고 91다29972 판결)

[해결] 장래의 얻을 수 있었을 이익에 관한 입증에 있어서는 그 증명도를 과거사실에 대한 입증에 있어서의 증명도보다 경감하여 채권자가 현실적으로 얻을 수 있을 구체적이고 확실한 이익의 증명이 아니라 합리성과 객관성을 잃지 않는 범위 내에서의 상당한 개연성이 있는 이익의 증명으로서 족하다고 보아야 할 것이다. 또 계약의 일방 당사자가 상대방 당사자의 이행을 믿고 지출한 비용도 그러한 지출사실을 상대방이 알았거나 알 수 있었고 또 그것이 통상적인 지출비용의 범위 내에 속한다면 그에 대하여도 이행이익의 한도 내에서는 배상을 청구할 수 있으며 다만 이러한 비용 상당의 손해를 일실이익 상당의 손해와 같이 청구하는 경우에는 중복배상을 방지하기 위하여 일실이익은 제반 비용을 공제한 순이익에 한정된다고 보아야 할 것이다. A사가 면제품을 판매의 목적으로 매수한다는 사실을 B사가 알았거나 알 수 있었다고 한다면 판매사원의 월급도 판매를 위한 비용에 포함되어 A사가 배상하여야 할 손해를 이룬다.

5. 대상(代償)청구권의 범위

> **[사안]** 김은 농협이 보관중인 냉동닭고기를 1kg당 1,400원에 인수하기로 하는 한정종류물 매매계약을 체결하였는데 보관창고에서 화재가 발생하여 그곳에서 보관하고 있던 닭고기 120,633.4kg가 모두 소실되었다. 화재 당시 매매계약의 목적물은 농협화재공제에 가입되어 있었고, 손해사정 결과에 따라 농협은 소실된 냉동닭고기에 대한 화재공제금으로 총 290,137,729원을 수령하였으며, 이는 냉동육계 1kg당 약 2,405원에 이르는 금액이다. 김은 대상청구권의 행사로서, 농협이 수령한 화재공제금 전부의 지급을 청구한다. 그러나 농협은 대상청구권의 범위는 매매대금 상당액으로 제한된다며 소실된 육계에 대하여 kg당 1,400원만을 지급하겠다고 한다. (대법원 2016.10.27. 선고 2013다7769 판결)

[해결] 매매의 목적물이 화재로 인하여 소실됨으로써 채무자인 매도인의 매매목적물에 대한 인도의무가 이행불능이 되었다면, 채권자인 매수인은 위 화재사고로 인하여 매도인이

지급받게 되는 화재보험금, 화재공제금에 대하여 대상청구권을 행사할 수 있다. 매매의 목적물이 화재로 인하여 소실됨으로써 매도인이 지급받게 되는 화재보험금, 화재공제금에 대하여 매수인의 대상청구권이 인정되는 이상, 매수인은 그 목적물에 대하여 지급되는 화재보험금, 화재공제금 전부에 대하여 대상청구권을 행사할 수 있는 것이고, 인도의무의 이행불능 당시 매수인이 지급하였거나 지급하기로 약정한 매매대금 상당액의 한도 내로 그 범위가 제한된다고 할 수 없다.

[유제 1] A은행은 김에게 금원을 대여함에 있어 그 담보로 김 소유의 X토지에 근저당권설정등기를 마친 다음, 김으로부터 위 대여금과 이자를 지급받지 못하자, 이 금액을 청구금액으로 하여 근저당권의 실행을 위한 임의경매를 신청하여 그 경매절차에서 A은행이 스스로 이를 경락받았다. 그런데 경락허가결정 이후 X토지는 하천법의 규정에 의하여 하천구역에 해당되어 국유로 되었고 김은 서울시로부터 손실보상금을 받았다. A은행은 김에게 그가 받은 손실보상금의 반환을 청구한다. (대법원 2002.2.8. 선고 99다23901 판결)

[해결] 우리 민법은 이행불능의 효과로서 채권자의 전보배상청구권과 계약해제권 외에 별도로 대상청구권을 규정하고 있지 않으나 해석상 대상청구권을 부정할 이유가 없다고 할 것이다. 사안에서는 매매의 일종인 경매의 목적물인 토지가 경락허가결정 이후 하천구역에 편입되게 됨으로써 소유자인 김의 경락자인 A은행에 대한 소유권이전등기의무가 이행불능이 되었다는 것이므로, A은행은 김이 위 하천구역 편입으로 인하여 지급받게 되는 손실보상금에 대한 대상청구권을 행사할 수 있다.

[유제 2] 김은 X부동산 중 자기 명의로 경료된 1/4 지분이 원인무효이어서 박에 대하여 그 말소등기절차의무를 부담하고 있었으나, 최가 1992.1. X부동산을 시효취득함으로써 김의 박에 대한 말소등기절차의무가 이행불능이 되었다. 그리고 김은 최의 시효취득 이전인 1981.12. 최에게 자신의 지분을 매도하여 그 매매대금을 교부받았다. 이에 박은 지분말소등기절차의 이행에 갈음하여 김이 취한 매매대금 상당의 이익의 반환을 청구한다. (대법원 2003.11.14. 선고 2003다35482 판결)

[해결] 대상청구권이 인정되기 위하여는 급부가 후발적으로 불능하게 되어야 하고, '급부를 불능하게 하는 사정'의 결과로 채무자가 채권의 목적물에 관하여 '대신하는 이익'을 취득하여야 한다. 사안에서 김이 지분의 지가상당의 이익을 취득하였다고 본다 하더라도 그 이익은 지분 말소등기절차의 이행불능으로 인한 것이라고 볼 수 없어 '급부를 불능하게

하는 사정'과 김이 취득한 '대신하는 이익' 사이에 상당인과관계가 존재한다고 할 수 없고 따라서 박의 김에 대한 대상청구권이 발생하지 아니한다.

6. 상당인과관계의 판단

> [사안] 김은 박과 사이에 2003.6.9. X토지를 19억 원에 박에게 매도하기로 하는 매매계약을 체결하고 계약금으로 1억 원을 수령하였다. 그 후 X토지에 대해 2003.7.4. 청구금액을 5억 원으로 하는 최의 가압류가 집행이 되자, 박의 요구에 따라 김은 2003.9.말까지 가압류집행을 해제하되 이를 위반할 경우 박의 매매계약 해제요청에 응할 뿐 아니라 위약금으로 1억 원을 지급하기로 약정하였다. 그 후 2003.9.까지 가압류집행이 해제되지 않자 결국 2003. 11.경 위 매매계약을 해제하면서 김은 박에게 계약금으로 수령한 1억 원과 위약금 1억 원을 합한 2억 원을 지급하였다. 그 후 가압류채권자 최와의 본안소송에서 최의 패소가 확정되었다. 그러자 김은 최의 부당한 가압류집행으로 인하여 발생한 손해라며 김이 박에게 지급한 위약금 상당의 손해배상을 구한다. (대법원 2008.6.26. 선고 2006다84874 판결)

[해결] 매매목적물인 부동산에 대하여 가압류집행이 되어 있다고 해서 매매에 따른 소유권이전등기가 불가능한 것도 아니어서, 매매목적물이 가압류되는 것을 매매계약 해제 및 위약금 지급 사유로 삼기로 약정하지 아니한 이상, 매수인으로서는 가압류 집행을 이유로 매도인이 계약을 위반하였다고 하여 매매계약을 해제할 수는 없는 노릇이어서, 매도인이 받은 계약금의 배액을 매수인에게 지급하였다고 하더라도 그것은 매매계약에 의거한 의무에 의한 것이라고는 볼 수 없고 호의적인 지급이거나 지급의무가 없는데도 있는 것으로 착각하고 지급한 것이라고 보일 뿐이어서 김의 박에 대한 위약금 지급과 최의 가압류집행 사이에는 법률적으로 상당인과관계가 있다고 볼 수 없다.

7. 통상손해의 배상

> [사안] A주식회사는 김 등에게 상가를 분양하면서 상가건물 지하 1, 2층과 지하철역이 연결된다고 광고하였고, A사가 관계기관과 협의절차를 거쳐 건물과 지하철역 사이의 연결통로를 설치하기로 합의한 후 연결통로 설치공사를 도급주어 공사를 시작하였으나, 공사 도중 상수도관, 통신케이블과 같은 장애물로 인해 설치공사를 중단

[사안] 하게 되었다. 이에 김 등은 A사 또는 그 이행보조자의 책임 있는 사유로 연결통로를 개설해 줄 의무를 불이행하였다며 그로 인한 상가건물 가치의 하락에 대해 손해배상을 구한다. 그러나 A사는 연결통로 미개설로 인하여 상가가치가 하락하여 김 등에게 재산상 손해가 발생하였다고 인정하기에 부족하다고 항변한다. (대법원 2009.7.9. 선고 2009다24842 판결)

[해결] 민법 제393조 제1항의 통상손해는 그 종류의 채무불이행이 있으면 사회일반의 거래관념 또는 사회일반의 경험칙에 비추어 통상 발생하는 것으로 생각되는 범위의 손해를 말하고, 제2항의 특별한 사정으로 인한 손해는 당사자들의 개별적, 구체적 사정에 따른 손해를 말한다. 상가건물과 지하철역 사이의 연결통로 개설의무가 이행불능된 경우, 수분양자에게는 그 교환가치의 하락 등의 재산상 손해가 발생하였으며, 주위 부동산들의 거래상황 등에 비추어 볼 때 상가건물과 지하철역 사이의 연결통로가 개설되지 않음으로써 교환가치의 하락 등의 손해를 입었을 개연성이 인정된다면, 연결통로 개설의무 이행불능으로 인한 통상손해가 발생한 것이고, 이 손해가 특별한 사정으로 인한 손해라고 하더라도 예견가능성이 있다.

8. 특별손해와 예견가능성

[사안] A새마을금고로부터 대출고객 김이 제공한 담보물건에 대한 조사를 의뢰받은 감정평가원은 전문기관으로서 의뢰물의 임대차관계 등에 대하여 성실하게 조사를 하여야 할 계약상의 의무가 있음에도 단순히 제3의 다른 조사기관의 전화조사만으로 확인하고 실제와는 다른 임대차관계 내용을 기재한 임대차확인조사서를 A금고에게 제출하였다. A금고는 이에 기하여 김에게 대출하였고 후에 김의 대출금 연체로 담보주택이 경매에 붙여지게 되었는데, 담보로 제공된 주택에 대해 예상치 못한 대항력있는 임차인이 출현하여 임차보증금을 우선 배당받게 되었다. 이에 A금고는 감정평가원의 잘못된 담보물건조사보고서에 기초하여 김에게 대출한 7,950만 원과 실제의 임대차보증금을 기초로 산정할 경우의 대출액과의 차액 5,175만 원 및 이에 대한 김의 대출금 연체일로부터 배당기일까지의 연 8.5%의 약정 이율에 따른 지연손해금 7,700,825원의 합계 59,450,825원을 손해배상으로 청구한다. (대법원 2007.4.12. 선고 2006다82625 판결)

[해결] 담보목적물에 대하여 감정평가업자가 부당한 감정을 함으로써 감정 의뢰인이

그 감정을 믿고 정당한 감정가격을 초과한 대출을 한 경우에는 부당한 감정가격에 근거하여 산출된 담보가치와 정당한 감정가격에 근거하여 산출된 담보가치의 차액을 한도로 하여 대출금 중 정당한 감정가격에 근거하여 산출된 담보가치를 초과한 부분이 손해액이 된다. 그러나 통상 감정평가업자로서는 대출 당시 앞으로 대출금이 연체되리라는 사정을 알기는 어려우므로, 대출 당시 감정평가업자가 대출금이 연체되리라는 사정을 알았거나 알 수 있었다는 특별한 사정이 없는 한, 연체된 약정 이율에 따른 지연손해금까지 감정평가업자의 부당한 감정으로 인하여 발생한 손해라고 할 수 없다.

> **[유제 1]** 김은 자신의 X토지를 박에게 매도하기로 하였는데, 부동산 매수인인 박이 잔금의 지급을 지체하는 동안 X토지의 개별공시지가가 급등하였고, 실제 잔금청산일을 기준으로 김은 추가로 양도소득세를 더 부담하게 되었다. 이에 대해 김이 배상을 청구하자, 박은 김이 추가로 부담하게된 양도소득세 차액은 특별손해로서 자신이 개별공시지가의 급등이라는 특별한 사정을 알았거나 알 수 있었는지에 대해 김이 입증하지고 못하고 있다며 배상을 거절한다. (대법원 2006.4.13. 선고 2005다75897 판결)

[해결] 매수인의 잔금지급 지체로 인하여 계약을 해제하지 아니한 매도인이 지체된 기간 동안 입은 손해 중 그 미지급 잔금에 대한 법정이율에 따른 이자 상당의 금액은 통상손해라고 할 것이지만, 그 사이에 매매대상 토지의 개별공시지가가 급등하여 매도인의 양도소득세 부담이 늘었다고 하더라도 그 손해는 사회일반의 관념상 매매계약에서의 잔금지급의 이행지체의 경우 통상 발생하는 것으로 생각되는 범위의 통상손해라고 할 수는 없고, 이는 특별한 사정에 의하여 발생한 손해에 해당한다고 할 것이다. 이러한 특별한 사정에 대한 채무자의 예견가능성에 대한 입증책임은 채권자에게 있다고 할 것이다.

> **[유제 2]** A판지회사는 B무역회사와의 사이에 판지 1만톤의 물품공급계약을 체결하였다. A사는 B사가 위 물품을 홍콩의 수입업자 C사에 수출하기 위하여 매수한다는 사실 및 수출물량 중 일부에 대하여는 이미 C사와 교섭을 마친 사실을 알고 있었다. 그러나 A사가 사정이 생겨 물품공급을 중단하자 B사는 C사에게 판지매매계약을 이행할 수 없게 되었고 이로 인하여 B사는 C사와의 매매계약에서 얻을 수 있었던 영업이익 10만불을 상실하는 손해를 입게 되었고 C사에 약정위약금으로 30만불

을 배상하였다. B사는 A사에 이에 대한 손해배상을 구한다. 나아가 C사는 자국의 구매업자 D와 수입물품에 대한 전매계약을 체결하였으나 이를 이행치 못함에 따라 5만불의 손해배상금을 지급하고 이를 B사에게 청구하였고 B는 이를 다시 A사에게 청구하나 A사는 이러한 전매계약을 알 수 없었으므로 배상책임이 없다고 항변한다. (대법원 1997.11.11. 선고 97다26982 판결)

[해결] A사로서는 B사에게 물품을 공급하지 아니하면 B사 역시 홍콩의 수입업자 C사에게 물품을 제때 공급하지 못하게 되어 그로부터 손해배상 청구를 당할 수 있다는 사실을 예견할 수 있다고 할 것이므로, 이러한 경우 B사가 수입업자 C사에게 통상 배상하게 될 손해배상액 상당의 금원, 예컨대 합리적인 범위 안에서의 약정 위약금이나, 또는 홍콩의 수입업자가 시장에서 다른 제지회사로부터 같은 종류와 수량의 판지를 적정한 가액으로 구입하였다면 '그 구입가격과 원고와의 매매대금과의 차액과 그 구입에 소요된 합리적인 범위 안에서의 부대비용을 합산한 금액'에 관하여는 A사가 B사에게 배상할 책임이 있다. 그러나 A사가 B사 이후의 계약 내용을 알고서 그 계약 내용과 관련시켜 B사와 매매계약을 체결하였다고 볼 수 없다면 홍콩의 수입업자가 다시 제3자와 매매계약을 체결함으로써 그 제3자에게 손해배상책임을 지게 되고 그 손해배상채무를 B사가 다시 수입업자에게 상환하게 되어 같은 금액의 손해를 입게 될 것이라는 점에 대하여는 A사가 이를 알 수 있었다고 보기 어려우므로 손해배상책임이 부정된다.

9. 채권자의 손해경감의무 – 과실상계와 손익상계

[사안] 김은 박이 그 소유의 X토지를 최에게 장기로 임대하였다는 것을 알면서도, X토지 주변이 관광단지로 지정되자 그 일대에 스포츠타운을 건축하고자 박에게 X토지를 고가에 임대하여 줄 것을 요청하여 다시 임대차계약을 체결하였다. 박은 최와의 임대차계약을 해지하고자 소송을 제기하였으나 패소하였고 결국 X토지를 최에게 매도하였다. 김은 이러한 진행을 알면서도 X토지에서 공사에 착수하여 대지조성 및 지하굴토작업을 상당부분 진행하였고, 최로부터 토지인도 및 시설물 철거를 요구받고 공사를 중단하였다. 김은 박을 상대로 임대차계약상의 채무불이행으로 인한 손해배상으로서 김이 시설공사를 위하여 지출한 공사비 전액에 대하여 배상책임을 묻는다. (대법원 2002.2.5. 선고 99다53674 판결)

[해결] 김은 X토지를 임차하더라도 이행불능이 될 가능성이 높다는 사실을 처음부터 충분히 예견하고 있었음에도 손해가 발생되지 않거나 발생되더라도 최소한에 그치도록 필요한 대비책을 마련하지 않은 상태에서 스포츠타운 공사를 위한 비용을 지출하였다고 할 것이므로, 김에게도 박의 채무불이행으로 인한 손해의 발생 내지 확대에 관하여 과실이 인정되는 바, 법원으로서는 직권으로 손해배상의 책임 및 범위를 정함에 있어서 이를 참작하여야 한다.

> [유제] 조각가 김은 박의 소유 부지 내에 조형물을 설치하기로 하는 계약을 체결하였으나 결국 박이 이를 다른 곳에 맡김으로써 계약이 좌절되자, 조형물 건립의 재료로서 구입한 원석과 좌대 비용 그리고 일을 완성하였다면 얻었을 이익을 합한 금액 7천만원을 손해배상으로 청구한다. 그러나 박은 이 금액에서 김의 유휴노동력에 대한 평가액, 재료의 처분에 따른 예상되는 대가 등을 공제하여야 한다고 항변한다. (대법원 2002.5.10. 선고 2000다37296 판결)

[해결] 채무불이행이나 불법행위 등이 채권자 또는 피해자에게 손해를 생기게 하는 동시에 이익을 가져다 준 경우에는 공평의 관념상 그 이익은 당사자의 주장을 기다리지 아니하고 손해를 산정함에 있어서 공제되어야만 하는 것이므로, 민법 제673조에 의하여 도급계약이 해제된 경우에도, 그 해제로 인하여 수급인이 그 일의 완성을 위하여 들이지 않게 된 자신의 노력을 타에 사용하여 소득을 얻었거나 또는 얻을 수 있었음에도 불구하고, 태만이나 과실로 인하여 얻지 못한 소득 및 일의 완성을 위하여 준비하여 둔 재료를 사용하지 아니하게 되어 타에 사용 또는 처분하여 얻을 수 있는 대가 상당액은 당연히 손해액을 산정함에 있어서 공제되어야 한다. 김의 얻지 못한 소득과 원석 및 좌대를 다른 곳에 사용하거나 처분하면 얻을 수 있는 대가를 평가하여 그 부분을 손익상계의 법리에 따라 위 손해액에서 공제하여야 한다.

제4강 손해배상액의 예정과 위약벌

> 위약금의 성격 /손해배상액의 예정의 감액 /손해배상액의 예정과 귀책사유 /손해배상 예정액의 감액과 과실상계의 관계 /위약벌의 법리 /일방적 위약금 약정의 해석
>
> ■ 제398조의 해석론과 관련된 판례들이다. 손해배상액의 예정과 위약벌을 아우르는 개념으로서 위약금의 성질론, 손해배상액의 예정의 감액기준에 관한 판결, 이와 관련하여 손해배상액의 예정은 제390조의 귀책사유와는 어떤 관련이 있는가를 다루는 판결을 소개한다. 손해배상액의 예정의 감액시 과실상계가 가능한가, 또 일방적 위약금 약정을 어떻게 해석할 것인가 등의 쟁점들도 흥미롭다. 그리고 별도로 위약벌의 법리를 발전시키는 판례의 태도를 볼 수 있다.

1. 위약금의 성격

> **[사안]** 한국전력공사의 전기공급약관에는 "고객이 약관을 위반하여 전기를 사용함으로써 요금이 정당하게 계산되지 않았을 경우 정당하게 계산되지 않은 금액의 3배를 한도로 위약금을 받는다"고 규정하고 있는데, 국가가 설치·운영하는 A학교가 계약종별을 위반하여 양어장에서 사용한 전기에 대하여 교육용 전력요금이 아닌 농사용 전력요금을 납부하였음을 이유로 한국전력공사가 국가를 상대로 전기공급약관에서 정한 위약금의 지급을 구한다. 이에 국가는 위약금의 감액을 청구한다. (대법원 2018.10.12. 선고 2016다257978 판결)

[해결] 민법 제398조가 규정하는 손해배상의 예정은 채무불이행의 경우에 채무자가 지급하여야 할 손해배상액을 미리 정해두는 것으로서 그 목적은 손해의 발생사실과 손해액에 대한 입증곤란을 배제하고 분쟁을 사전에 방지하여 법률관계를 간이하게 해결하는 것 외에 채무자에게 심리적으로 경고를 줌으로써 채무이행을 확보하려는 데에 있으므로, 채무

자가 실제로 손해발생이 없다거나 손해액이 예정액보다 적다는 것을 입증하더라도 채무자는 그 예정액의 지급을 면하거나 감액을 청구하지 못한다. 반면에 위약벌의 약정은 채무의 이행을 확보하기 위하여 정해지는 것으로서 제398조 제2항을 유추적용하여 그 액을 감액할 수는 없고 다만 그 의무의 강제에 의하여 얻어지는 채권자의 이익에 비하여 약정된 벌이 과도하게 무거울 때에는 그 일부 또는 전부가 공서양속에 반하여 무효로 된다. 사안에서 한국전력공사와 A학교가 체결한 전기공급계약에 적용되는 전기공급약관상 위약금은 손해배상액의 예정과 위약벌의 성질을 함께 가지는 것으로 볼 수 있는데, 이러한 경우 민법 제398조 제2항에 따라 위약금 전체 금액을 기준으로 감액을 할 수 있다.

2. 손해배상액의 예정의 감액

[사안] A 무역회사는 2004년경 B 외국회사로부터 낙농장비를 국내에 독점적으로 수입·판매하기로 하는 계약을 체결하면서 '일방당사자가 계약의 중대한 조항을 위반하였을 경우, 그 당사자는 상대방이 그러한 위반으로 입은 손해액의 10배를 배상할 책임이 있다.'고 정하였다. 2010년경 B사가 A사의 구매주문에 응하지 않음으로써 계약에서 정한 중대한 의무를 불이행하였고, A사는 그간의 평균수익률에 따라 8천만원을 손해액으로 산정하고 그 10배에 달하는 8억원의 손해배상을 청구한다. 그러나 A사는 손해배상의 예정액이 부당히 과다하다며 대폭 감액되어야 한다고 항변한다. (대법원 2021.11.25. 선고 2017다8876 판결)

[해결] 민법 제398조 제2항은 "손해배상의 예정액이 부당히 과다한 경우에는 법원은 적당히 감액할 수 있다."라고 정하고 있다. 손해배상 예정액을 감액하기 위한 요건인 '부당성'은 채권자와 채무자의 지위, 계약의 목적과 내용, 손해배상액을 예정한 동기와 경위, 채무액에 대한 예정액의 비율, 예상 손해액의 크기, 당시의 거래관행 등 모든 사정을 참작하여 일반 사회관념에 비추어 예정액의 지급이 경제적 약자의 지위에 있는 채무자에게 부당한 압박을 가하여 공정성을 잃는 결과를 초래하는 경우에 인정된다. 이때 감액사유에 관한 사실을 인정하거나 감액비율을 정하는 것은 형평의 원칙에 비추어 현저히 불합리하다고 인정되지 않는 한 사실심의 전권에 속하는 사항이다.

사안에서 장기간에 걸친 독점판매권을 부여하는 계약의 특성상, 계약 위반으로 당사자가 입게 될 손해가 중대할 것으로 보이고 구체적인 손해액을 산정하거나 증명하는 것이 쉽지 않기 때문에 위약금 조항을 둔 것으로 볼 수 있는데, 두 회사 사이의 거래 기간, 거래 규모, 이러한 거래를 통하여 A사가 얻었을 것으로 보이는 수익 등을 종합하면, 손해배상 예정액이 손해액의 10배에 해당하는 금액이라 할지라도 일반 사회관념에 비추어 예정액의 지급이 경제적 약자의 지위에 있는 채무자에게 부당한 압박을 가하여 공정성을 잃는 결과를 초래하는 경우라고 단정하기 어려우므로, 손해배상액의 예정이 '부당히 과다한 경우'에 해당하지 않는다.

3. 손해배상액의 예정과 귀책사유

> **[사안]** 김은 A사의 대주주이자 핵심기술인력인 박과의 사이에 주식인수계약을 체결하면서, "박은 계약 체결 후 3년간 A사에 근무하여야 한다. 박이 이를 위반하였을 때에는 김은 박에게 주식매매대금의 반환 등 여타의 손해배상을 청구할 수 있다"고 약정하였다. 그 후 김이 A사의 경영을 맡으면서 새로운 경영방침을 제시하여 박이 이에 동의하였고 이로 인해 A사의 임직원들과 갈등이 생기자 박은 A사를 퇴사하였다. 이에 김은 약정에 따른 예정배상액의 지급을 청구한다. 그러나 박은 근무기간 보장조항에 따른 자신의 손해배상책임은 자신의 귀책사유로 인하여 퇴사한 경우에만 부담하는 것으로 제한적으로 해석되어야 하고, 자신에게 귀책사유가 없으므로 예정배상액을 지급할 의무가 없다고 항변한다. 그러나 김은, 근무기간 보장조항은 투자자인 김을 보호하기 위해 김의 요구에 의해 계약의 내용으로 포함된 것으로서 김은 박의 귀책사유를 묻지 않고 예정배상액의 지급을 청구할 수 있다고 해석되어야 한다고 주장한다. (대법원 2007.12.27. 선고 2006다9408 판결)

[해결] 채무불이행으로 인한 손해배상액의 예정이 있는 경우에는 채권자는 채무불이행 사실만 증명하면 손해의 발생 및 그 액을 증명하지 아니하고 예정배상액을 청구할 수 있고, 채무자는 채권자와 사이에 채무불이행에 있어 채무자의 귀책사유를 묻지 아니한다는 약정을 하지 아니한 이상 자신의 귀책사유가 없음을 주장·입증함으로써 예정배상액의 지급책임을 면할 수 있다. 그리고 채무자의 귀책사유를 묻지 아니한다는 약정의 존재 여부는 근본적으로 당사자 사이의 의사해석의 문제로서, 당사자 사이의 약정 내용과 그 약정이 이루어지게 된 동기 및 경위, 당사자가 그 약정에 의하여 달성하려고 하는 목적과 진정한 의사, 거래의 관행 등을 종합적으로 고찰하여 합리적으로 해석하여야 하지만, 당사자의 통상의 의사는 채무자의 귀책사유로 인한 채무불이행에 대해서만 손해배상액을 예정한 것으로 봄이 상당하므로, 채무자의 귀책사유를 묻지 않기로 하는 약정의 존재는 엄격하게 제한하여 인정하여야 한다.

사안에서 박의 귀책사유가 없음에도 불구하고 박으로 하여금 김에게 예정배상액을 지급할 의무가 있다고 인정하기 위하여는, 김과 박 사이에 체결된 약정의 내용과 그 약정이 이루어지게 된 동기 및 경위, 당사자가 그 약정에 의하여 달성하려고 하는 목적과 진정한 의사, 거래의 관행 등에 비추어 박이 A사를 퇴사하는 경우 박의 귀책사유를 묻지 않고 김에게 예정배상액을 지급하기로 약정하였음이 명백하게 인정되어야 하는 바, 이를 인정하기에는 부족하다.

4. 손해배상 예정액의 감액과 과실상계의 관계

[사안] 김은 군부대에 물품을 납품하였는데 납품한 물품에 하자가 발생하였고, 군부대의 하자보수 또는 대체납품 요구를 거절하여 그 채무를 불이행하였다. 군부대가 약정된 손해배상액의 지급을 청구하자, 김은 그 손해배상액의 예정액이 부당히 과다하여 감액해주거나 또 설령 그렇지 않더라도 김의 채무불이행으로 인한 손해의 발생 및 확대에 군부대 검사관의 주의의무 위반이 기여하였음을 들어 자신의 책임을 70%로 제한하는 과실상계를 주장한다. (대법원 2016.6.10. 선고 2014다200763 판결)

[해결] 당사자 사이의 계약에서 채무자의 채무불이행으로 인한 손해배상액이 예정되어 있는 경우, 채무불이행으로 인한 손해의 발생 및 확대에 채권자에게도 과실이 있다고 하여도 민법 제398조 제2항에 따라 채권자의 과실을 비롯하여 채무자가 계약을 위반한 경위 등 제반 사정을 참작하여 손해배상 예정액을 감액할 수는 있을지언정 채권자의 과실을 들어 과실상계를 할 수는 없다.

5. 위약벌의 법리

[사안] 김과 박은 김이 점유하고 있는 박 소유의 공장 건물 부분 및 그 부지를 임대하고 그 임대보증금과 임료를 김과 박이 1/2씩 나누어 갖되, 이를 위반할 때에는 위약자가 상대방에게 1,000만원을 배상하기로 하였다. 그 후 김은 전체 건물의 일부분에 대한 임대료만을 분할대상으로 삼아 박에게 지급하자, 박은 김이 약정을 어겼다며 위약금 1,000만원을 청구하고 김은 이것이 부당이 과다하다며 감액되어야 한다고 주장한다. 나아가 박은 김이 위약금과 별도로 건물의 잔여부분에 대한 임료의 1/2을 지급하여야 한다고 주장하자, 김은 위약금은 채무불이행시 그 이행에 갈음하는 전보배상의 예정으로서의 성격을 가진다고 봄이 상당하므로 박이 위약금과 별도로 약정에 따른 이행을 청구할 수 없다고 항변한다. (대법원 2005.10.13. 선고 2005다26277 판결)

[해결] 사안에서 위약금 약정이 손해배상액의 예정인가 위약벌인가가 문제된다. 박과 김의 의사는 어디까지나 약정 내용의 계속적인 실현을 의도하면서 이와 별도로 약정의 이행을 간접적으로 강제하기 위하여 위약금을 지급하기로 한 것이라고 보여질 뿐이어서, 어떠한 손해의 발생을 예상하여 그 배상의 법률관계를 간편하게 처리하려는 손해배상액의 예정으로서의 성격을 가진다기 보다는, 서로가 상대방에 대하여 약정의 이행에 나아가도록 압박을 가하고 위약하였을 때에는 사적인 제재를 가하는 위약벌의 성격을 가진다고 보여진다. 따라서 박은 위약금과 별도로 약정에 따른 이행을 청구할 수 있다.

또한 위약벌의 약정은 채무의 이행을 확보하기 위하여 정해지는 것으로서 손해배상의 예정과는 그 내용이 다르므로 손해배상의 예정에 관한 민법 제398조 제2항을 유추 적용하여 그 액을 감액할 수는 없는 법리이고 다만 그 의무의 강제에 의하여 얻어지는 채권자의 이익에 비하여 약정된 벌이 과도하게 무거울 때에는 그 일부 또는 전부가 공서양속에 반하여 무효로 된다. 사안의 위약벌의 약정이 공서양속에 반하여 무효라고 평가할 정도가 아니라면 김은 위약금 전액을 지급하여야 한다.

> [유제] A사는 방위사업청과 물품공급계약을 체결하고, 케이블조립체 등을 공급하고 그 대금을 지급받았는데, 계약체결시 허위의 원가계산자료를 제출한 사실이 인정되었다. 계약의 특수조건에는 "계약상대자가 허위 기타 부정한 자료를 제출하여 부당이득을 얻은 때에는 방위사업청은 부당이득금의 환수와 동시에 이에 더하여 부당이득금에 상당하는 가산금을 환수할 수 있다."고 되어 있다. 사업청은 계약특수조건에 따라 자체적으로 산정하여 적정하다고 판단한 부당이득금 17억여원과 그 상당의 가산금을 청구한다. A사는 계약특수조건의 가산금을 손해배상액의 예정으로 보아, 자신의 손해배상책임을 합산금액의 50%로 제한하여 줄 것을 주장한다. (대법원 2016.7.14. 선고 2013다82994 판결)

[해결] 당사자 사이에 채무불이행이 있으면 위약금을 지급하기로 하는 약정이 있는 경우에, 위약금은 민법 제398조 제4항에 의하여 손해배상액의 예정으로 추정되지만, 당사자 사이의 위약금 약정이 채무불이행으로 인한 손해의 배상이나 전보를 위한 것이라고 보기 어려운 특별한 사정, 특히 하나의 계약에 채무불이행으로 인한 손해의 배상에 관하여 손해배상예정에 관한 조항이 따로 있다거나 실손해의 배상을 전제로 하는 조항이 있고 그와 별도로 위약금 조항을 두고 있어서 그 위약금 조항을 손해배상액의 예정으로 해석하게 되면 이중배상이 이루어지는 등의 사정이 있을 때에는 그 위약금은 위약벌로 보아야 한다. 계약특수조건의 '부당이득금'은 그 자체로 계약상대자가 배상할 손해배상액을 의미하는 것인데 그와 병행하여 같은 금액의 가산금을 추가로 청구할 수 있도록 되어 있는 바, 가산

금을 손해배상예정액으로 보게 되면 순수 손해액인 부당이득금에다 가산금까지 이중의 배상을 하는 결과가 된다. 결국 가산금은 손해의 발생을 염두에 두고 그 배상관계를 간편하게 처리하려는 손해배상액 예정으로서의 성격을 가지는 것이 아니라, 계약특수조건에 규정된 귀책사유가 있는 행위에 대하여 방위사업청이 제재적 성격을 지닌 가산금까지도 청구할 수 있도록 함으로써 방위산업체로 하여금 정당한 원가계산자료를 제출하도록 강제하는 위약벌의 성격을 가진다고 보아야 한다.

6. 일방적 위약금 약정의 해석

> [사안] A사는 2005.5.30. B사와의 사이에 B사의 X토지를 매수하기로 하는 가계약을 체결하면서, 가계약일로부터 10일 이내에 B사에 4억 원을 지급하고 본계약을 체결하기로 약정하였다. 그런데 A사는 2005.6.10.에야 4억 원의 이행제공을 하였다. 이에 B사는 A사가 가계약상의 이행기한을 지키지 못하였다며 계약금으로 받은 1억 원을 몰취하였다. 그러나 A사는 A사의 계약위반시 위약금을 지급하기로 하는 약정이 있다고 볼 수 없다며 계약금의 반환을 청구한다. 계약조건 제1조는 "A사는 가계약일로부터 10일 이내에 본 계약을 체결키로 하고 만약 불이행시는 본계약을 무효로 하고, A사는 어떤 이의도 민·형사상의 문제를 제기할 수 없다"고 정하였고, 제2조에는 "B사는 어떤 경우라도 타인에게 매매·양도할 수 없으며 위반시는 계약금액의 2배와 A사가 청구하는 손해배상을 지급한다"고 정하였다. B사는 계약조건 제1조는 계약조건 제2조와의 형평상 매도인 B사의 계약위반에 대한 규제와 균형을 이루기 위해서는 매수인 A의 계약위반에 대한 규제로서 가계약금 1억원에 대한 부제소합의로 해석되어야 한다고 주장한다. (대법원 2007.10.25. 선고 2007다40765 판결)

[해결] 계약해석의 일반원칙상 특히 당사자 일방이 주장하는 계약의 내용이 상대방에게 중대한 책임을 부과하게 되는 경우에는 그 문언의 내용을 더욱 엄격하게 해석하여야 한다는 점에 비추어 A사와 B사가 가계약금으로 지급된 1억 원에 대하여 위약금 약정을 하였다고 인정하기 위하여는, 당사자 사이에 A사가 계약을 위반한 경우에 위 1억 원을 포기하기로 하였음이 명백하게 인정되어야 한다. 그런데 A사가 어떤 이의도 제기하지 않겠다고 하는 약정내용만으로는 위약금 약정이 있었음이 명백하다고 볼 수 없다. 또한 매수인의 귀책사유로 인하여 매매계약이 해제되는 경우에는 위약금 약정을 두지 않고, 매도인의 귀책사유로 인하여 매매계약이 해제된 경우에 대해서만 위약금 약정을 두었다 하더라도, 매도인에 대한 위약금 규정이 있다고 하여

공평의 원칙상 매수인의 귀책사유로 매매계약이 해제되는 경우에도 매도인의 귀책사유로 인한 해제의 경우와 마찬가지로 매수인에게 위약금 지급의무가 인정되는 것은 아니다. 따라서 계약조건 제2조에 매도인인 B사의 채무불이행으로 인한 위약금에 관한 규정을 두었다 하여 당연히 계약조건 제1조를 매수인인 A사의 채무불이행으로 인한 위약금에 관하여 규정한 것이라고 해석할 수는 없다.

> **[유제]** 김은 1993.4.19. 박 소유 건물 일부를 음식점으로 사용하기 위해 임차하면서 임차보증금은 10억원으로 하되 계약금으로 1억5천, 중도금은 4.30.에 1억5천만원, 6.30.에 4억원, 잔금은 7.31.에 3억원을 지급하기로 하고 "임차인 김이 약정기일에 보증금 전액을 지급하지 않을 경우에는 계약을 해제하며 계약금은 일체 반환하지 않는다"고 약정하였다. 그 후 박은 동 음식점을 12억원에 임차하려는 사람이 나타나자 김에게 계약해제를 요구하였으나 김이 거절하고 약정일에 중도금을 지급하려 하자 박은 이의 수령을 거절하며 김에게 기지급된 계약금 1억5천만원을 수령해 갈 것을 요구하였다. 이에 김은 박이 임대차계약을 위약하였으므로 계약금 상당의 위약금을 지급할 것을 구한다. (대법원 1996.6.14. 선고 95다11429 판결)

[해결] 임차인이 보증금의 잔액을 지정된 기일까지 납부하지 않을 때에는 임대인은 계약을 해제하고 계약금조로 1차 불입한 보증금을 반환하지 아니한다고 기재되어 있을 뿐, 임대인이 계약을 위반할 경우에 관하여는 아무런 기재가 없음이 분명하므로, 임대인의 채무불이행이 있는 경우에는, 임차인이 그로 인한 손해를 구체적으로 입증하여 배상받을 수 있음은 별론으로 하고, 특별히 손해배상액의 예정으로서의 위약금 약정은 두지 않은 것이라고 인정하여야 할 것이지, 임차인에 대한 위약금 약정이 있다는 이유만으로 당연히 임대인에게도 위약금의 약정이 있는 것이라고 단정할 수는 없다.

제5강 수 인의 채권자 및 채무자

> 연대채무와 분할채무 /불가분 채무의 법리 /연대채무차 중 1인에 대한 사유의 상대적 효력 /연대채무자 중 1인에 대한 일부 면제의 절대적 효력 /부진정연대채무에서 상계의 절대적 효력 여부 /연대 또는 불가분채무에서 출재채무자의 구상권의 행사 /보증채무의 부종성 /시효중단의 보증인에 대한 효력 /보증인과 주채무자의 통지의무 /보증책임의 제한 /사정변경에 의한 보증계약의 해지(1) - 계속적 보증계약 /사정변경에 의한 보증계약의 해지(2) - 확정채무의 보증 /한정근보증계약의 해석 /확약서와 보증책임 /독립적 은행보증의 의의
>
> ■ 분할채무와 대응하는 연대채무의 개념을 이해하고 연대채무의 내용이 준용되는 불가분채무에 대하여서도 판례를 본다. 연대채무에서 채무자 1인에 대한 효력이 절대적인가 상대적인가는 어려운 문제인데 특히 면제니 상계의 효과에 대하여는 논란이 많다. 또 출재채무자의 구상권의 의미도 살펴본다. 보증채무는 다양한 쟁점을 다루는 판례들이 쌓여있는데 보증책임의 부종성이나 시효중단의 효력. 또 변제시 보증인이나 채무자의 통지의무 등을 다루어본다. 특히 보증계약상의 책임이 어떤 경우에 제한되거나 보증인의 해지의 대상이 될 수 있는가에 대하여 몇 개의 대표적 판결을 본다. 2015년 개정으로 도입된 근보증계약의 해석론을 보여주는 판결도 있고 확약서나 독립적 은행보증은 심화된 내용으로서 보증의 법리가 실거래에서 다양하게 활용되는 모습을 보여주는 사례들이다.

1. 연대채무와 분할채무

> [사안] A사와 B사는 C시가 발주한 공사를 공동수급체로서 도급받아 공사를 시행하였다. C시는 A사와 B사에 계약체결시 선급금으로 각각 2억원과 3억원을 지급하였는데, 후에 선급금 반환사유가 발생하였음에도 B사가 선급금을 반환하지 않자, C시

는 기성공사대금 4억원의 채무를 B사의 선급금의 변제에 충당하여 B사의 선급금반환의무를 소멸시켰다. 그러나 A사는, 자신은 B사가 반환하여야 할 선급금에 대하여 아무런 책임을 부담하지 아니하고, 동시에 B사도 A사의 지분비율에 해당하는 공사대금의 지급을 구할 아무런 권리가 없는 바, 기성공사대금을 가지고 B사의 선급금을 충당함에 있어서는 그 공사대금 중 B사의 지분비율에 해당하는 금액에만 충당되는 것으로 볼 것이지, A사의 몫까지 포함한 총 공사대금에서 충당하여서는 안된다고 주장한다. (대법원 2001.7.13. 선고 99다68584 판결)

[해결] 공동수급체의 각 구성원은 다른 구성원이 지급받은 선급금에 대하여까지 연대하여 반환의무를 부담하지는 않는 것으로 보인다. 따라서 선급금 반환채무는 공동수급체 전체의 채무라고 보기 어렵다. 공사대금 지급도 공동수급체를 구성한 구성원 각자에게 지분비율에 따라 구분하여 공사대금을 직접 지급하도록 되어 있고, 공동수급체의 구성원인 A사와 B사는 C시에 대하여 그 시공부분 중 그들의 지분비율에 따른 금액만을 직접 청구할 수 있는 것이고, 다른 구성원의 지분비율에 해당하는 금액에 대하여는 그 지급을 구할 수 없다. 즉 공동수급체의 공사도급계약에 있어서는 선급금과 공사대금은 각 구성원별로 따로 따로 정산되는 것으로 보이고, 이에 따라 공동수급체의 다른 구성원인 A사는 B사가 반환하여야 할 선급금에 대하여 아무런 책임을 부담하지 아니한다. 따라서 기성공사대금을 가지고 B사의 선급금을 충당함에 있어서는 그 공사대금 중 B사의 지분비율에 해당하는 금액에만 충당되는 것으로 볼 것이고 다른 구성원인 A사의 몫까지 포함한 총 공사대금에서 충당하여서는 아니된다.

2. 불가분 채무의 법리

[사안] 김의 소유인 X토지 지상에 상가아파트 건물이 건립되어 있는데, 박과 최는 이 건물의 지하층의 공동소유자로서 건물부지인 X토지의 일부를 건물 중 지하층의 면적이 차지하는 비율에 따라 점유·사용하고 있다. 이에 김이 박에게 지하층 전체면적에 관한 차임 상당의 부당이득을 반환할 것을 청구하자, 박은 부당이득 중 자신의 지분비율에 상응하는 액수만을 부담하겠다고 한다. (대법원 2001.12.11. 선고 2000다13948 판결)

[해결] 여러 사람이 공동으로 법률상 원인없이 타인의 재산을 사용한 경우의 부당이득의 반환채무는 불가분적 이득의 반환으로서 불가분채무이고, 불가분채무는 각 채무자가 채무

전부를 이행할 의무가 있으며, 1인의 채무이행으로 다른 채무자도 그 의무를 면하게 된다. 사안에서 박과 최가 김에게 자신들이 얻은 차임 상당의 부당이득을 반환할 의무가 있다면, 이 의무는 불가분채무인 이상, 박은 일부 지분만의 공유자라고 하더라도 지하층의 전체 면적에 관한 부당이득을 반환할 의무가 있다.

> [유제] 김은 박 소유의 X상가건물에 관하여 보증금 5천만원, 임대차기간 24개월로 하는 임대차계약을 체결하였다. 그 후 박이 사망하고 X건물의 각 1/2 지분에 관하여 최와 정 앞으로 상속을 원인으로 한 소유권이전등기가 마쳐졌다. 김이 최에게 임차보증금 5천만원의 반환을 청구하자, 최는 자신의 상속지분에 따라 분할된 부분만 부담하겠다고 항변한다. (대법원 2021.1.28. 선고 2015다59801 판결)

[해결] 임대인 지위를 공동으로 승계한 공동임대인들의 임차보증금 반환채무는 성질상 불가분채무에 해당한다. X건물의 공동임대인인 최와 정은 공동하여 김에게 임차보증금 5천만원을 지급할 의무가 있다.

3. 연대채무차 중 1인에 대한 사유의 상대적 효력

> [사안] 김은 박과 최를 상대로 대여금 청구소송을 제기하여 '박과 최는 연대하여 김에게 2천만원을 지급하라'는 판결을 선고받았고, 이 판결은 1978. 11. 19. 확정되었다. 김은 1988. 6. 최의 토지에 대한 근저당권의 실행으로 임의경매를 신청하여 그 경매절차에서 채권의 일부금액에 대하여 배당을 받았다. 김은 1989. 10.에 이르러 박을 상대로 대여금 청구소송을 제기하였다. 그러나 박은 판결이 확정된 후 10년이 지난 후에 소가 제기되었으므로 김의 박에 대한 채권은 시효로 소멸하였다고 주장하나, 김은 1988년경 박과 연대채무자 관계에 있는 최 소유 부동산에 대한 임의경매를 신청하여 그 개시결정에 따라 부동산이 압류되었으므로 그 압류에 의한 시효중단의 효력이 발생하였다고 항변한다. (대법원 2001.8.21. 선고 2001다22840 판결)

[해결] 김의 신청에 의한 경매개시결정에 따라 최의 부동산이 압류됨으로써 김의 최에 대한 채권의 소멸시효는 중단되었지만, 압류에 의한 시효중단의 효력은 다른 연대채무자에게 미치지 아니하므로(제423조), 경매개시결정에 의한 시효중단의 효력을 박에 대하여 주장할 수 없다.

4. 연대채무자 중 1인에 대한 일부 면제의 절대적 효력

[사안] 도급계약상의 채권자인 한국토지주택공사(이하 '공사')는 A사가 B사 등과 맡은 공사에 대한 손해배상채권 4억원 중 A사에게 1억5천만원의 지급만을 청구하였고, A사가 이를 모두 변제하자 그에 대한 나머지 손해배상채권을 면제하는 의사표시를 하였다. 이에 또 다른 연대채무자인 B사는 자신의 채무도 소멸하였다고 주장한다. 그러나 공사는 A사의 면제되고 남은 채무액이 A사의 부담부분인 1억2천만원을 초과하므로 공사의 A사에 대한 일부 면제는 다른 연대채무자인 B사의 채무에 영향을 미치지 않는다고 항변한다. (대법원 2019.8.14. 선고 2019다216435 판결)

[해결] 민법 제419조는 "어느 연대채무자에 대한 채무면제는 그 채무자의 부담부분에 한하여 다른 연대채무자의 이익을 위하여 효력이 있다."라고 정하여 면제의 절대적 효력을 인정한다. 이는 당사자들 사이에 구상의 순환을 피하여 구상에 관한 법률관계를 간략히 하려는 데 그 취지가 있는바, 채권자가 연대채무자 중 1인에 대하여 채무를 일부 면제하는 경우에도 그와 같은 취지는 존중되어야 한다. 구체적으로 연대채무자 중 1인이 채무 일부를 면제받는 경우에 그 연대채무자가 지급해야 할 잔존 채무액이 그 부담부분을 초과하는 경우에는 그 연대채무자의 부담부분이 감소한 것은 아니므로 다른 연대채무자의 채무에도 영향을 주지 않아 다른 연대채무자는 채무 전액을 부담하여야 한다. 반대로 일부 면제에 의한 피면제자의 잔존 채무액이 그 부담부분보다 적은 경우에는 그 차액(부담부분 - 잔존 채무액)만큼 피면제자의 부담부분이 감소하였으므로, 그 차액의 범위에서 면제의 절대적 효력이 발생하여 다른 연대채무자의 채무도 그 차액만큼 감소한다.

5. 부진정연대채무에서 상계의 절대적 효력 여부

[사안] A사는 1990년대 초부터 자금사정이 악화됨에 따라 1998.11.12. 기업개선작업절차에 들어간 후 채권자인 B은행과의 기업개선작업약정에 따라, B은행의 A사에 대한 300억원의 대출금 채권에 관하여 B은행이 A사로부터 1주당 발행가를 5,000원으로 하여 신주를 발행받고 그 신주인수대금채무와 대출금 채권을 상계하기로 합의하여 대출금 채권을 주식으로 출자전환하였다. 그 후 B은행은 A사의 대표이사인 C를 상대로 하여, 그가 대규모의 분식회계를 지시하여 그로 인해 A사의 재무구조를 잘못 파악하고 대출을 해주어 손해를 입었다며 손해배상을 청구한다. 그러나 C는 B은행의 A사에 대한 채권은 출자전환에 의하여 전액만족을 얻어 소멸하였고, 채권의

> 만족을 가져오는 위와 같은 사유는 A사의 B은행에 대한 원래의 채무와 부진정연대 채무관계에 있는 C의 B은행에 대한 손해배상채무에 절대적 효력을 발생하므로, 이로써 C의 손해배상채무도 출자전환 채권액만큼 소멸하였다고 항변한다. (대법원 2010.9.16. 선고 2008다97218 전원합의체 판결)

[해결] 금융기관이 회사 임직원의 대규모 분식회계로 인하여 회사의 재무구조를 잘못 파악하고 회사에 대출을 해 준 경우, 회사의 금융기관에 대한 대출금채무와 회사 임직원의 분식회계 행위로 인한 금융기관에 대한 손해배상채무는 서로 동일한 경제적 목적을 가진 채무로서 서로 중첩되는 부분에 관하여는 일방의 채무가 변제 등으로 소멸하면 타방의 채무도 소멸하는 이른바 부진정연대의 관계에 있다.

부진정연대채무자 중 1인이 자신의 채권자에 대한 반대채권으로 상계를 한 경우에도 채권은 변제, 대물변제, 또는 공탁이 행하여진 경우와 동일하게 현실적으로 만족을 얻어 그 목적을 달성하는 것이므로, 그 상계로 인한 채무소멸의 효력은 소멸한 채무 전액에 관하여 다른 부진정연대채무자에 대하여도 미친다고 보아야 한다. 이는 부진정연대채무자 중 1인이 채권자와 상계계약을 체결할 경우에도 마찬가지이다. 나아가 이러한 법리는 채권자가 상계 내지 상계계약이 이루어질 당시 다른 부진정연대채무자의 존재를 알았는지 여부에 의하여 좌우되지 아니한다. 이와 달리 부진정연대채무자 중 1인이 자신의 채권자에 대한 반대채권으로 상계하더라도 그 상계의 효력이 다른 부진정연대채무자에 대하여 미치지 아니한다는 취지의 대법원 1989.3.28. 선고 88다카4994 판결, 대법원 1996.12.10. 선고 95다24364 판결, 대법원 2008.3.27. 선고 2005다75002 판결의 견해는 이와 저촉되는 한도에서 변경하기로 한다.

(반대의견) 연대채무의 경우에는 민법 제418조 제1항에서 채무자 1인이 상계를 함으로써 다른 연대채무자의 채무도 상계한 금액만큼 소멸한다는 이른바 절대적 효력의 취지를 규정하고 있으나, 부진정연대채무의 경우에는 그러한 명문의 규정이 없으므로 이에 관하여는 합리적인 해석에 의하여 해결할 수밖에 없다.

대법원이 종래 민법상의 연대채무와 구별되는 부진정연대채무의 개념을 인정하면서 채무의 변제에 대하여는 연대채무와 같이 절대적 효력을 인정하는 반면 채무면제, 채권의 포기에 대하여는 연대채무와는 달리 절대적 효력을 인정하지 아니하고 또한 다른 부진정연대채무자가 가진 채권으로 상계하는 것을 허용하지 아니하여 온 것은 주로 당사자 사이의 계약에 의하여 성립하는 연대채무 관계와는 달리 부진정연대채무 관계는 주로 당사자의 의사에 기하지 아니한 불법행위를 매개로 하여 성립하게 되므로 불법행위 피해자인 채권자의 보호를 위하여는 채권의 담보력을 강화하여 채권자로 하여금 현실적인 채권의 만족을 얻도록 할 필요가 있기 때문이다. 이러한 불법행위 피해자 보호의 필요성은 상계가 이루어지는 경우에 있어서도 다르지 않을 뿐만 아니라 상계는 채무면제나 채권의 포기 등과는 달리 채무자의 일방적인 의사표시에 의하여 이루어지기 때문에 채권자를 보호할 필요성이 더욱 크다고 할 수 있다. 그리고 상계에 의한 채무 소멸의 이익은 어디까지나 관념적인 것에 불과하고 현실적으로 변제가 이루어지는 경우와 같이 당장의 경제적 효용을 향유할 수 있도록 하는 것은 아니기 때문에 다수의견의 해석에 따른다면 불법행위 피해자 보호의 취지는 현저히 반감된다. (중략)

공동불법행위 등의 경우에 연대채무와 구별되는 부진정연대채무가 인정되는 취지와 사용자 책임, 공작물의 점유자 등의 특수한 책임을 인정하고 특히 고의의 불법행위 채권을 수동채권으로 하는 상계를 금지하는 민법의 태도로부터 알 수 있는 바는, 민법은 채권자의 이중의 채권만족의 위험을 감수하면서까지도 불법행위 피해자로 하여금 현실적으로 채권의 만족을 얻게 하여 피해를 실질적으로 회복할 수 있도록 배려하고 있다는 것이다. 이상과 같은 여러 사정을 모두 고려하여 보면, 부진정연대채무자 중 1인의 상계에는 절대적 효력을 인정하지 아니함이 타당하고, 나아가 부진정연대채무자 중 1인이 채권자와 상계계약을 한 경우에도 상계와 달리 볼 것이 아니다.

6. 연대 또는 불가분채무에서 출재채무자의 구상권의 행사

> **[사안]** 김과 박은 X부동산을 1/2지분씩 공유하고 있었다. 김과 박은 X부동산을 최에게 11억원에 매도하는 계약을 체결하였고 최는 1차계약금으로 5억원은 김과 박, 2차계약금으로 6억원은 김의 명의로 된 영수증을 받고 지급하였다. 그 후 최는 김과 박의 이행거절을 이유로 매매계약이 해제되었다고 주장하며 김과 박이 공동으로 계약금을 반환할 것을 구하는 소를 제기하여 승소하였고, 김은 최에게 11억원의 계약금을 반환하였다. 그리고 김은 박을 상대로 구상을 구하면서 계약금반환의무는 불가분채무로서 박의 부담비율 1/2에 해당하는 금액의 지급을 청구한다. (대법원 2020.7.9. 선고 2020다208195 판결)

[해결] 연대채무자가 변제 기타 자기의 출재로 공동면책을 얻은 때에는 다른 연대채무자의 부담부분에 대하여 구상권을 행사할 수 있고 이때 부담부분은 균등한 것으로 추정된다(민법 제425조 제1항, 제424조). 그러나 연대채무자 사이에 부담부분에 관한 특약이 있거나 특약이 없더라도 채무의 부담과 관련하여 각 채무자의 수익비율이 다르다면 그 특약 또는 비율에 따라 부담부분이 결정된다. 이러한 법리는 민법 제411조에 따라 연대채무자의 부담부분과 구상권에 관한 규정이 준용되는 불가분채무자가 변제 기타 자기의 출재로 공동면책을 얻은 때 다른 불가분채무자를 상대로 구상권을 행사하는 경우에도 마찬가지로 적

용된다. 불가분채무자 사이에 부담부분에 관한 특약이 있거나 특약이 없더라도 채무자의 수익비율이 다르다면 그 특약 또는 비율에 따라 부담부분이 결정된다. 사안에서 박의 부담액은 1차계약금 중 박이 지급받은 부분인 2억5천만원으로 보아야 할 것이다.

7. 보증채무의 부종성

> [사안] 甲이 주채무자 乙 주식회사의 채권자 丙 주식회사에 대한 채무를 연대보증하였는데, 乙 회사의 주채무가 소멸시효 완성으로 소멸한 상태에서 丙 회사가 甲의 보증채무에 기초하여 甲 소유 부동산에 관한 강제경매를 신청하여 경매절차에서 배당금을 수령하였다. 후에 甲은 보증채무의 부종성에 따라 주채무의 소멸시효 완성을 이유로 보증채무의 소멸 및 연대보증채무에 대한 부존재 확인을 구한다. 그러나 丙 회사는 배당금을 수령하여 대출금 채권의 일부 변제에 충당함에 대하여 甲이 아무런 이의를 진술하지 아니하였다면 甲이 연대보증채무에 대한 소멸시효의 이익을 포기한 것으로 되어 더 이상 그 소멸시효의 이익을 주장할 수 없다고 항변한다. (대법원 2012.7.12. 선고 2010다51192 판결)

[해결] 보증채무에 대한 소멸시효가 중단되는 등의 사유로 완성되지 아니하였다고 하더라도 주채무에 대한 소멸시효가 완성된 경우에는 시효완성 사실로써 주채무가 당연히 소멸되므로 보증채무의 부종성에 따라 보증채무 역시 당연히 소멸된다. 그리고 주채무에 대한 소멸시효가 완성되어 보증채무가 소멸된 상태에서 보증인이 보증채무를 이행하거나 승인하였다고 하더라도, 주채무자가 아닌 보증인의 행위에 의하여 주채무에 대한 소멸시효 이익의 포기 효과가 발생된다고 할 수 없으며, 보증인은 여전히 주채무의 시효소멸을 이유로 보증채무의 소멸을 주장할 수 있다고 보아야 한다. 다만 보증채무의 부종성을 부정하여야 할 특별한 사정이 있는 경우에는 예외적으로 보증인은 주채무의 시효소멸을 이유로 보증채무의 소멸을 주장할 수 없으나, 특별한 사정을 인정하여 보증채무의 본질적인 속성에 해당하는 부종성을 부정하려면 보증인이 주채무의 시효소멸에도 불구하고 보증채무를 이행하겠다는 의사를 표시하거나 채권자와 그러한 내용의 약정을 하였어야 하고, 단지 보증인이 주채무의 시효소멸에 원인을 제공하였다는 것만으로는 보증채무의 부종성을 부정할 수 없다.

8. 시효중단의 보증인에 대한 효력

> **[사안]** 김은 박에 대해 5억원의 물품대금채권을 갖고 있고 이에 대해서 최가 연대보증을 섰다. 김은 박에 대해 대금청구의 소를 제기하여 1996.11. 이행판결을 받았다. 2003.4. 김이 최에 대하여 연대보증채무의 이행을 구하자, 최는 확정판결후 5년이 경과하여 보증채무의 소멸시효가 완성되었다고 항변한다. 그러나 김은 상사채무인 박의 김에 대한 주채무가 1996.11. 확정판결에 의하여 그 소멸시효기간이 10년으로 연장된 이상 최의 연대보증채무의 소멸시효기간 역시 당연히 10년으로 연장되었다고 주장한다. (대법원 2006.8.24. 선고 2004다26287 판결)

[해결] 민법 제440조가 "주채무자에 대한 시효의 중단은 보증인에 대하여 그 효력이 있다."고 정한 것은 민법 제169조에서 "시효의 중단은 당사자 및 그 승계인 간에만 효력이 있다."고 정한 것에 대한 예외를 인정한 것으로, 이는 채권자보호 내지 채권담보의 확보를 위하여 마련한 특별 조항으로서 상충하는 채권자와 보증채무자의 이해관계를 조절하는 조항이다. 그 의미는 주채무자에 대한 시효중단의 사유가 발생하였을 때는 그 보증인에 대한 별도의 중단조치가 이루어지지 아니하여도 동시에 시효중단의 효력이 생기도록 한 것에 불과하고(예컨대 그 시효중단사유가 압류, 가압류 및 가처분이라고 하더라도 이를 보증인에게 통지하여야 비로소 시효중단의 효력이 발생하는 것은 아니다), 중단된 이후의 시효기간까지 당연히 보증인에게도 그 효력이 미친다고 하는 취지는 아니다. 이러한 법리와 제165조의 취지에 비추어보면, 보증채무가 주채무에 부종한다 할지라도 원래 보증채무는 주채무와는 별개의 독립된 채무이어서 채권자와 주채무자 사이에서 주채무가 판결에 의하여 확정되었다고 하더라도 이로 인하여 보증채무 자체의 성립 및 소멸에 관한 분쟁까지 당연히 해결되어 보증채무의 존재가 명확하게 되는 것은 아니므로, 채권자가 보증채무에 대하여 뒤늦게 권리행사에 나선 경우 보증채무 자체의 성립과 소멸에 관한 분쟁에 대하여 단기소멸시효를 적용하여야 할 필요성은 여전히 남는다. 결국 채권자와 주채무자 사이의 확정판결에 의하여 주채무가 확정되어 그 소멸시효기간이 10년으로 연장되었다 할지라도 이로 인해 그 보증채무까지 당연히 단기소멸시효의 적용이 배제되어 10년의 소멸시효기간이 적용되는 것은 아니고, 채권자와 연대보증인 사이에 있어서 연대보증채무의 소멸시효기간은 여전히 종전의 소멸시효기간에 따른다고 보아야 할 것이다.

9. 보증인과 주채무자의 통지의무

[사안] A사가 김에게 상품을 공급하는 대리점계약을 체결하면서 김과 B보험사 사이에는 이 대리점계약상 김의 채무불이행으로 인한 손해의 전보를 B사가 인수하는 것을 내용으로 하는 보증보험계약이 체결되었다. 이 보험계약의 만료시 김은 A사에 2천만원의 채무가 있었는 바, 이를 변제하면서 B사에게 통보하지 않았고 A사는 다시 이 금액을 B보험사에게 청구하였는바 B사도 김에게 사전통지를 게을리하고 A사에 보험금을 지급하였다. 이 경우 B보험사는 다시 김에게 구상할 수 있는가? (대법원 1997.10.10. 선고 95다46265)

[해결] 민법 제446조의 규정은 제445조 제1항의 규정을 전제로 하는 것이어서 제445조 제1항의 사전 통지를 하지 아니한 수탁보증인까지 보호하는 취지의 규정은 아니라 할 것이므로, 수탁보증에 있어서 주채무자가 면책행위를 하고도 그 사실을 보증인에게 통지하지 아니하고 있던 중에 보증인도 사전 통지를 하지 아니한 채 이중의 면책행위를 한 경우에는 보증인은 주채무자에 대하여 제446조에 의하여 자기의 면책행위의 유효를 주장할 수 없다고 봄이 상당하다. 따라서 사안에서는 이중변제의 기본 원칙으로 돌아가 먼저 이루어진 주채무자의 면책행위가 유효하고 나중에 이루어진 보증인의 면책행위는 무효로 보아야 할 것이므로 보증인은 같은 법 제446조에 기하여 주채무자에게 구상권을 행사할 수 없다.

10. 보증책임의 제한

[사안] 김이 A사에 대여한 금원을 공동연대보증한 사람 중의 일인인 박에 대한 김의 보증채무의 청구에 대하여, 박은 자신이 이사의 지위에서 부득이 연대보증을 할 수밖에 없었고, A사 부도 무렵 퇴직하였으며, 김이 보증채무 발생 후 약 3년이 지나서야 소를 제기함에 따라 그 사이에 소로써 구하는 지연손해금이 과다하게 확대되었으며, 특히 1998.1.경부터 1999.8.경까지는 IMF사태의 영향으로 연 21~27%의 높은 연체이율이 적용되었고, 공동연대보증인 중 한 사람이 사망하고 그 상속인들이 상속을 포기함에 따라 나머지 연대보증인들이 상호 구상단계에서 분담 부분이 많아지게 된 점 등 여러 사정을 감안할 때, 신의칙상 박의 책임을 25% 범위 내로 제한할 것을 주장한다. (대법원 2004.1.27. 선고 2003다45410 판결)

[해결] 일반적으로 채권자와 채무자 사이에 계속적인 거래관계에서 발생하는 불확정한 채무를 보증하는 이른바 계속적 보증계약에 있어서 보증인의 부담으로 돌아갈 주채무의 액수가 보증인이 보증 당시에 예상하였거나 예상할 수 있었던 범위를 훨씬 상회하고, 그 같은 주채무 과다 발생의 원인이 채권자가 주채무자의 자산상태가 현저히 악화된 사실을 익히 알면서도, 또는 중대한 과실로 알지 못한 탓으로 이를 알지 못하는 보증인에게 아무런 통보나 의사타진도 없이 고의로 거래규모를 확대함에 비롯되는 등 신의칙에 반하는 사정이 인정되는 경우에 한하여 보증인의 책임을 합리적인 범위 내로 제한할 수 있다.

나아가 계속적 보증의 경우뿐만 아니라 특정채무를 보증하는 일반보증의 경우에 있어서도, 채권자의 권리행사가 신의칙에 비추어 용납할 수 없는 성질의 것일 때에는 보증인의 책임을 제한하는 것이 예외적으로 허용될 수 있을 것이나, 일단 유효하게 성립된 보증계약에 따른 책임을 신의칙과 같은 일반원칙에 의하여 제한하는 것은 자칫 잘못하면 사적 자치의 원칙이나 법적 안정성에 대한 중대한 위협이 될 수 있으므로 신중을 기하여 극히 예외적으로 인정하여야 할 것이다.

11. 사정변경에 의한 보증계약의 해지(1) – 계속적 보증계약

[사안] A보증보험사는 B사와 현재 또는 장래에 A사와 B사가 체결하는 보증보험계약에 관하여 한도거래금액 60억 원, 한도거래기간 2011.5.17.부터 2012.5.16.까지로 정한 보증보험 한도거래 약정을 하였다. 그 무렵 김은 B사의 이사로서 위 한도거래 약정에 따른 B사의 A사에 대한 구상채무를 연대보증하였다. 위 한도거래 약정에 기초하여 A사와 B사는 2011.5.20. B사가 C사와 체결한 정비계약에 관하여 향후 주계약이 해지됨으로써 B사가 C사에 대하여 부담하는 계약보증금 상당의 지급채무에 관하여 이행(계약)보증보험계약을 체결하였다. 김은 2012.1.경 B사를 퇴사하였고, 2012.2.2. A사에게 연대보증을 해지하는 통지를 하였다. C사는 B사가 정비계약에 따른 의무를 이행하지 않아 보험사고가 발생하였다면서 2012.4.경 A사에게 보험금의 지급을 청구하여 이를 지급받았다. A사는 김에게 구상보증책임을 물으나 김은 자신의 보증계약이 해지되어 보증책임이 존재하지 않는다고 항변한다. (대법원 2018.3.27. 선고 2015다12130 판결)

[해결] 계속적 보증은 계속적 거래관계에서 발생하는 불확정한 채무를 보증하는 것으로 보증인의 주채무자에 대한 신뢰가 깨어지는 등 정당한 이유가 있는 경우에는 보증인으로 하여금 그 보증계약을 그대로 유지·존속시키는 것이 신의칙상 부당하므로 보증인은 보증계약을 해지할 수 있다. 회사의 임원이나 직원의 지위에 있었기 때문에 부득이 회사와 제3

자 사이의 계속적 거래에서 발생하는 회사의 채무를 연대보증한 사람이 그 후 회사에서 퇴직하여 임직원의 지위에서 떠난 때에는 연대보증계약의 기초가 된 사정이 현저히 변경되어 그가 계속 연대보증인의 지위를 유지하도록 하는 것이 사회통념상 부당하다고 볼 수 있다. 이러한 경우 연대보증인은 연대보증계약을 일방적으로 해지할 수 있다고 보아야 한다. 또한 보증보험계약에서 이행을 담보하는 주계약상의 채무가 확정되기 전에 구상채무의 보증인이 적법하게 보증계약을 해지하면 구체적인 보증채무가 발생하기 전에 보증계약관계가 종료된다. 따라서 그 이후 보험사고가 발생하여 보험자의 보험금지급채무가 확정되고 나아가 보험계약자의 구상채무까지 확정되더라도 구상채무의 보증인은 그에 관하여 보증책임을 지지 않는다.

12. 사정변경에 의한 보증계약의 해지(2) – 확정채무의 보증

[사안] A은행은 김과 보증계약을 체결하여, 김이 자신이 대표이사로 있는 B사와 A은행 사이의 여신거래로 인한 채무를 일체 보증하는 형태의 한정근보증 계약을 체결하였는데, A은행과 B사 사이의 여신거래는 오로지 보증계약 당일의 3년 거치 5년 분할상환으로 약정한 20억 원의 기업시설자금 대출뿐이었다. 후에 B사의 대표이사직을 사임한 김은 사정변경을 이유로 A은행과의 보증계약을 해지한다고 통보하였다. 그러나 A은행은 보증계약의 형식 여하에도 불구하고 A은행과 김 사이의 보증계약은 채무와 변제기가 특정되어 있는 확정채무에 대한 보증이라 할 것이어서 김의 보증계약 해지는 불가하다고 항변한다. (대법원 2006.7.4. 선고 2004다30675 판결)

[해결] 회사의 이사가 채무액과 변제기가 특정되어 있는 회사 채무에 대하여 보증계약을 체결한 경우에는 계속적 보증이나 포괄근보증의 경우와는 달리 이사직 사임이라는 사정변경을 이유로 보증인인 이사가 일방적으로 보증계약을 해지할 수 없다.

13. 한정근보증계약의 해석

[사안] 김은 1998.11.25. A은행과 사이에 주채무자인 B사의 A은행에 대한 채무에 대하여 연대하여 보증하기로 하는 근보증계약을 체결하면서, 근보증계약서 중 근보증의 유형을 기재하도록 한 난에 '한정근보증', 한정근보증의 대상인 기본거래의 종류를 기재하도록 한 난에 '무역금융' 및 '수입신용장개설', 근보증한도액 난에 '육억오천만원 및 미화 육십오만불', 근보증 결산기를 기재하도록 한 난에 '장래지정'이라

고 각 기재하였다. 김은, B사와 A은행은 약정기한을 각 1999.6.7.로 정하여 무역금융 및 수입신용장개설 지급보증 여신거래약정을 체결하고 이를 담보하기 위하여 김과 근보증계약을 체결하였으므로, 김은 1999.6.7.까지 발생한 B사의 채무에 대하여만 보증책임을 진다고 주장한다. 이에 대하여 A은행은, 근보증계약은 B사의 A은행에 대한 무역금융 여신거래 및 수입신용장개설 지급보증 여신거래로 인하여 현재 및 장래에 부담하는 모든 채무를 근보증한도액의 범위 내에서 근보증 결산기를 장래지정형으로 정하여 보증하기로 한 한정근보증계약이므로, 그 피보증채무가 약정기한이 1999.6.7.인 무역금융 및 수입신용장개설 지급보증 여신거래나 그에 기한 개별 거래에서 발생한 채무에 한정되는 것은 아니라고 항변한다. (대법원 2013.11.14. 선고 2011다29987 판결)

[해결] 근보증은 채권자와 주채무자 사이의 특정한 계속적 거래계약뿐 아니라 그 밖에 일정한 종류의 거래로부터 발생하는 채무 또는 특정한 원인에 기하여 계속적으로 발생하는 채무에 대하여도 할 수 있다. 또한 근보증의 대상인 주채무는 근보증계약을 체결할 당시에 이미 발생되어 있거나 구체적으로 내용이 특정되어 있을 필요는 없고, 장래의 채무, 조건부 채무는 물론 장래 증감·변동이 예정된 불특정의 채무라도 이를 특정할 수 있는 기준이 정해져 있으면 된다. 이와 같이 근보증은 그 보증대상인 주채무의 확정을 장래 근보증관계가 종료될 시점으로 유보하여 두는 것이므로, 그 종료 시점에 이르러 비로소 보증인이 부담할 피보증채무가 구체적으로 확정된다.

한편 위와 같은 근보증의 특질에 비추어 볼 때, 근보증계약이 특정 기본거래계약에 기하여 발생하는 채무만을 보증하기로 한 것이 아니라, 기본거래의 종류만을 정하고 그 종류에 속하는 현재 또는 장래의 기본거래계약에 기하여 근보증 결산기 이전에 발생하는 채무를 보증한도액 범위 내에서 보증하기로 하는 이른바 '한정근보증계약'인 경우, 미리 정한 기본거래의 종류에 의하여 장래 체결될 기본거래계약 또는 그에 기하여 발생하는 보증대상인 채무를 특정할 수 있다면 비록 주채무 발생의 원인이 되는 기본거래계약이 한정근보증계약보다 먼저 체결되어 있지 아니하더라도 그 근보증계약의 성립이나 효력에는 아무런 영향이 없다.

또한 위와 같은 한정근보증계약은 거기에 정한 기본거래의 종류에 속하는 기본거래계약이 별도로 체결되는 것을 예정하고 있으므로, 채권자와 주채무자가 한정근보증계약 체결 이후 새로운 기본거래계약을 체결하거나 기존 기본거래계약의 기한을 갱신하고 그 거래 한도금액을 증액하는 약정을 하였다고 하더라도, 그것이 당초 정한 기본거래의 종류에 속하고 그로 인한 채무가 근보증 결산기 이전에 발생한 것으로서 근보증한도액을 넘지 않는다면, 이는 모두 한정근보증의 피보증채무 범위에 속한다고 보아야 할 것이고, 별도의 약정이 있다는 등의 특별한 사정이 없는 한 새로운 기본거래계약 체결 등에 관하여 보증인의 동의를 받거나 보증인에게 통지하여야만 피보증채무의 범위에 속하게 되는 것은 아니다.

14. 확약서와 보증책임

> **[사안]** 철도청은 A재단을 출자·설립하여 유전사업을 추진하기로 하고 B은행에 확약서(Letter of Comfort)를 교부하였으며 B은행은 이를 신뢰하고 A재단에 650만달러를 대출하였다. 철도청은 확약서에서 '채무 상환완료 시까지 모든 채무를 이행하기에 충분한 재무상태를 유지할 수 있도록' A재단을 지원하고, '자회사로 하여금 A재단의 대출금채무에 대해 보증하게 하고, B은행의 요구를 반영하여 자회사의 수익 창출을 위한 출자 및 지원'을 하기로 약정하였다. 후에 B은행은 철도청이 확약서상의 의무를 불이행함으로써 회수하지 못한 잔존 대출원리금 상당의 손해를 입었다며 배상을 청구한다. (대법원 2014.7.24. 선고 2010다58315 판결)

[해결] 자회사나 공기업이 대출을 받는 등 신용제공을 수반하는 거래에서 채권자는 모회사 또는 정부에 대하여 계약당사자인 자회사 등에 관한 일정한 확인이나 보장을 요구하는 경우가 있고, 이러한 보장은 법적 구속력을 가지는 보증의 형태로 이루어지기도 하지만, 때로는 법적 구속력은 없지만 보장하는 모회사 등의 명예나 신용을 고려한 이행을 기대하여 자회사 등에 대한 지분 비율의 확인, 자회사 등이 체결하는 계약에 대한 인식 및 승인, 자회사 등의 자력 또는 이행능력을 뒷받침할 방침의 선언 등을 담은 이른바 '컴포트레터'라고 불리는 서면을 작성·교부받는 경우가 있다. 이 경우에 보증의 의사를 추단할 문구가 전혀 없이 단지 모회사 등이 자회사 등의 지분을 보유하고 있다는 사실의 확인과 자회사 등의 계약 체결을 인식 혹은 승인하였다는 등의 내용만으로는, 모회사 등에 어떠한 법적 의무를 발생시킨다고 보기는 어렵지만, 컴포트레터가 모회사 등에 의하여 발행되고, 그 서면 내에 법적 책임을 부인하는 문언이 없이 발행인에게 적극적으로 요구되는 행위가 있는 경우, 직접보증 대신 컴포트레터를 이용하게 된 경위, 컴포트레터의 발행을 위한 협상의 기간·강도, 컴포트레터 발행 시 법적 효력에 관한 발행인과 수취인의 의도나 인식, 컴포트레터를 이용한 당사자의 거래경험과 전문성, 서면의 교부가 거래의 최종적인 성립에 영향을 미친 정도, 발행인이 컴포트레터의 작성·교부를 통하여 받은 이익 유무 등의 사정을 종합적으로 고려할 때, 발행인이 컴포트레터를 교부함으로써 수취인이 거래에 응하도록 적극적으로 유인하고, 수취인은 이에 의하여 형성된 발행인의 신용에 대한 합리적인 신뢰를 바탕으로 계약의 체결에 이른 점 등이 인정된다면 경우에 따라서는 모회사 등은 채무불이행으로 인한 손해배상책임을 부담할 수도 있게 된다.

15. 독립적 은행보증의 의의

[사안] 이란에 소재하는 자동차부품 생산회사인 A사는 국내에 있는 B사로부터 자동차용 실린더 5,000개를 107,500유로에 수입하는 계약을 체결하였다. C은행은 B사의 요청에 따라 수익자를 A사로 하여 수입계약에 관한 이행보증서를 발행하였는데, 보증서에는 '보증의뢰인인 B사가 수입계약을 불이행하였다고 A사가 판단하고 그 불이행 부분을 적시하여 서면으로 청구한 때에는 보증인인 C은행은 조건 없이 107,500유로를 초과하지 않는 범위 내에서 A사가 청구하는 보증금을 지급하겠다'고 기재되어 있다. 그런데 B사가 수출한 실린더 중 하나가 폭발사고를 일으켜 실린더의 이란 내 수입 및 판매가 잠정적으로 금지되었다. 이에 A사는 C은행에게, 이 금지조치로 손해를 입었다는 취지의 확인서를 제출하면서 보증서에 기한 보증금의 지급을 청구하였다. 그러나 C은행은 실린더의 수입·사용금지는 B사의 귀책사유와는 무관한 것이므로 B사에게 수입계약상 채무불이행책임을 묻기 어렵다는 점 등을 들어, A사의 청구는 A사가 보증의뢰인에게 아무런 권리를 가지고 있지 않음에도 독립적 은행보증의 추상성과 무인성을 악용하여 한 청구임이 객관적으로 명백하므로 권리남용에 해당한다고 항변한다. (대법원 2014.08.26. 선고 2013다53700 판결)

[해결] 은행이 보증을 함에 있어서, 보증금 지급조건과 일치하는 청구서 및 보증서에서 명시적으로 요구하고 있는 서류가 제시되는 경우에는 그 보증이 기초하고 있는 계약이나 그 이행제공의 조건과 상관없이 그에 의하여 어떠한 구속도 받지 않고 즉시 수익자가 청구하는 보증금을 지급하겠다고 약정하였다면, 이는 주채무에 대한 관계에서 부종성을 지니는 통상의 보증이 아니라, 주채무자인 보증의뢰인과 채권자인 수익자 사이의 원인관계와는 독립되어 그 원인관계에 기한 사유로는 수익자에게 대항하지 못하고 수익자의 청구가 있기만 하면 은행의 무조건적인 지급의무가 발생하게 되는 이른바 독립적 은행보증(first demand bank guarantee)이라고 할 것이다. 이러한 독립적 은행보증의 보증인으로서는 수익자의 청구가 있기만 하면 보증의뢰인이 수익자에 대한 관계에서 채무불이행책임을 부담하게 되는지 여부를 불문하고 그 보증서에 기재된 금액을 지급할 의무가 있으며, 이 점에서 독립적 은행보증에서는 수익자와 보증의뢰인 사이의 원인관계와는 단절되는 추상성 및 무인성이 있다.

다만 독립적 은행보증의 경우에도 신의성실의 원칙이나 권리남용금지의 원칙의 적용까지 완전히 배제되는 것은 아니라고 할 것이므로, 수익자가 실제로는 보증의뢰인에게 아무런 권리를 가지고 있지 못함에도 불구하고 위와 같은 은행보증의 추상성과 무인성을 악용하여 보증인에게 청구를 하는 것임이 객관적으로 명백할 때에는 권리남용에 해당하여 허용될 수 없는 것이고, 이와 같은 경우에는 보증인으로서도 수익자의 청구에 따른 보증금의 지급을 거절할 수 있다고 할 것이나, 앞서 본 원인관계와 단절된 추상성 및 무인성이라는 독립적 은행보증의 본질적 특성을 고려하면, 수익자가 보증금을 청구할 당시 보증의뢰인에게 아무런 권리가 없음이 객관적으로 명백하여 수익자의 형식적인 법적 지위의 남용이 별다른 의심 없이 인정될 수 있는 경우가 아닌 한 권리남용을 쉽게 인정하여서는 아니 될 것이다.

제6강 채권의 양도, 채무의 인수

채권양도계약의 법적 성질 /성질에 의한 양도제한 - 부동산의 매매로 인한 소유권이전등기청구권 /장래채권의 양도 /양도금지특약을 위반한 채권양도의 효력 /채권양도시 양수인의 책임 /채권양도통지의 방법 /채무자의 이의를 보류하지 않은 승낙에 의한 채권양도 /채권의 이중양도 /채권양도의 해제통지와 금반언 /채권양도와 상계 /중첩적 채무인수의 법률관계 /병존적 채무인수와 이행인수 /저당권부 채무의 인수 /계약인수의 법률관계 /계약인수와 개별채권양도와의 관계

■ 채권양도의 법리는 몇 개의 관련법률에서 기초가 되고 있어 그 법률규정을 발췌하였다. 이른바 준물권행위라고 하는 채권양도계약의 법적 성질을 살펴보고 채권의 양도성에 관한 다양한 제한의 법리를 본다. 성질에 의한 제한도 있고 장래 발생할 채권의 양도도 가능한 것인지, 그리고 당사자간의 양도금지특약에 의한 제한의 의미, 양도에 따르는 양수인의 책임을 부각시킨 판결 등을 본다. 채권양도의 방법으로서 양도통지의 법리, 승낙에 의한 양도시의 문제점을 보고, 대항요건주의하에서 채권의 이중양도의 효력의 문제, 채권의 양도와 상계의 관련성, 민법이 명문으로 정하고 있는 양도의 해제통지와 금반언의 사례들을 본다. 채무인수에 관하여는 중첩적 채무인수, 이행인수 등의 개념을 다룬 판례들이 있고 나아가 저당권부 채무의 인수, 계약인수의 개념과 법리를 판례를 통하여 익혀본다.

[채권양도에 관련된 법률규정]
자산유동화에 관한 법률 [제정 1998.9.16.]
제2조(정의) 1. "자산유동화"라 함은, 유동화전문회사가 자산보유자로부터 유동화자산을 양도받아 이를 기초로 유동화증권을 발행하고, 당해 유동화자산의 관리·운용·처분에 의한 수익이나 차입금 등으로 유동화증권의 원리금 또는 배당금을 지급하는 일련의 행위
제7조(채권양도의 대항요건에 관한 특례) ① 자산유동화계획에 따른 채권의 양도·

신탁 또는 반환은 양도인 또는 양수인이 채무자에게 통지하거나 채무자가 승낙하지 아니하면 채무자에게 대항하지 못한다. 다만, 양도인 또는 양수인이 채무자의 주소로 2회이상 내용증명우편으로 채권양도의 통지를 발송하였으나 소재불명 등으로 반송된 때에는 채무자의 주소지를 주된 보급지역으로 하는 2개이상의 일간신문에 채권양도사실을 공고함으로써 그 공고일에 채무자에 대한 채권양도의 통지를 한 것으로 본다.
② 자산유동화계획에 따라 행하는 채권의 양도·신탁 또는 반환에 관하여 제6조제1항의 규정에 의한 등록을 한 때에는 당해 유동화자산인 채권의 채무자 외의 제삼자에 대하여는 당해 채권의 양도에 관하여 제6조제1항의 규정에 의한 등록이 있은 때에 민법 제450조제2항의 규정에 의한 대항요건을 갖춘 것으로 본다.

동산·채권 등의 담보에 관한 법률 [시행 2012.6.11]
제2조(정의) 3. "채권담보권"은 담보약정에 따라 금전의 지급을 목적으로 하는 지명채권(여러 개의 채권 또는 장래에 발생할 채권을 포함한다)을 목적으로 등기한 담보권을 말한다.
제34조(채권담보권의 목적) ① 법인 등이 담보약정에 따라 금전의 지급을 목적으로 하는 지명채권을 담보로 제공하는 경우에는 담보등기를 할 수 있다.
② 여러 개의 채권(채무자가 특정되었는지 여부를 묻지 아니하고 장래에 발생할 채권을 포함한다)이더라도 채권의 종류, 발생 원인, 발생 연월일을 정하거나 그 밖에 이와 유사한 방법으로 특정할 수 있는 경우에는 이를 목적으로 하여 담보등기를 할 수 있다.
제35조(담보등기의 효력) ① 약정에 따른 채권담보권의 득실변경은 담보등기부에 등기한 때에 지명채권의 채무자(이하 "제3채무자"라 한다) 외의 제3자에게 대항할 수 있다.
② 담보권자 또는 담보권설정자(채권담보권 양도의 경우에는 그 양도인 또는 양수인을 말한다)는 제3채무자에게 제52조의 등기사항증명서를 건네주는 방법으로 그 사실을 통지하거나 제3채무자가 이를 승낙하지 아니하면 제3채무자에게 대항하지 못한다.
③ 동일한 채권에 관하여 담보등기부의 등기와 「민법」 제349조 또는 제450조제2항에 따른 통지 또는 승낙이 있는 경우에 담보권자 또는 담보의 목적인 채권의 양수인은 법률에 다른 규정이 없으면 제3채무자 외의 제3자에게 등기와 그 통지의 도달 또는 승낙의 선후에 따라 그 권리를 주장할 수 있다.
④ 제2항의 통지, 승낙에 관하여는 「민법」 제451조 및 제452조를 준용한다.
민법 제349조(지명채권에 대한 질권의 대항요건) ① 지명채권을 목적으로 한 질

권의 설정은 설정자가 제450조의 규정에 의하여 제3채무자에게 질권설정의 사실을 통지하거나 제3채무자가 이를 승낙함이 아니면 이로써 제3채무자 기타 제3자에게 대항하지 못한다.
② 제451조의 규정은 전항의 경우에 준용한다.

1. 채권양도계약의 법적 성질

[사안] 김 등은 A사가 건축하여 분양한 X아파트의 세대별 실평수 부족 또는 시공상 하자 등의 문제를 해결하기 위하여 X아파트의 소유자 또는 입주자 등 중에서 일정한 사람들로써 구성된 B입주자대표회의에게 관련 권한을 위탁하기로 하여, 위임장을 작성하여 줌으로써 B회의와 사이에 위임계약을 체결하였고, 또한 김 등이 X아파트의 구분소유자로서 A사에 대하여 가지는 하자보수청구권, 손해배상청구권 등을 B회의에게 양도하는 내용의 계약을 체결하였으며, 채권양도인인 김 등은 그 무렵 채무자인 A사에게 채권양도 사실을 통지하였다. 그 후 B회의의 활동에 불만을 가지게 된 김 등은 직접 A사를 상대로 손해배상청구의 소를 제기하였고 B회의에게는 위임계약과 채권양도계약을 해지한다는 내용증명을 발송하면서 또한 B회의가 A사에 채권양도계약이 해지되었다는 통지를 해 줄 것을 구한다. (대법원 2011.3.24. 선고 2010다100711 판결)

[해결] 지명채권의 양도라 함은 채권의 귀속주체가 법률행위에 의하여 변경되는 것, 즉 법률행위에 의한 이전을 의미한다. 여기서 '법률행위'란 유언 외에는 통상 채권이 양도인에게서 양수인으로 이전하는 것 자체를 내용으로 하는 그들 사이의 합의(채권양도계약)를 가리키고, 이는 이른바 준물권행위 또는 처분행위로서의 성질을 가진다. 그와 달리 채권양도의 의무를 발생시키는 것을 내용으로 하는 계약(양도의무계약)은 채권행위 또는 의무부담행위의 일종으로서, 이는 구체적으로는 채권의 매매나 증여, 채권을 대물변제로 제공하기로 하는 약정, 담보를 위하여 채권을 양도하기로 하는 합의 즉 채권양도담보계약 등 다양한 형태를 갖는다.. 비록 채권양도계약과 양도의무계약은 실제의 거래에서는 한꺼번에 일체로 행하여지는 경우가 적지 않으나, 그 법적 파악에 있어서는 역시 구별되어야 하는 별개의 독립한 행위이다. 그리하여 채권양도계약에 대하여는 그 원인이 되는 개별적 채권계약의 효과에 관한 민법상의 임의규정은 적용되지 아니한다.

한편 종전의 채권자가 채권의 추심 기타 행사를 위임하여 채권을 양도하였으나 양도의 '원인'이 되는 그 위임이 해지 등으로 효력이 소멸한 경우에 이로써 채권은 양도인에게 복귀하게 되고, 나아가 양수인은 그 양도의무계약의 해지로 인하여 양도인에 대하여 부담하는 원상회복의무(이는 계약의 효력불발생에서의 원상회복의무 일반과 마찬가지로 부당이득반환의무의 성질을 가진다)의 한 내용으로 채무자에게 이를 통지할 의무를 부담한다.

2. 성질에 의한 양도제한 - 부동산의 매매로 인한 소유권이전등기청구권

[사안] 김은 2001.9. X건물을 신축하고 있던 박으로부터 X건물 501호를 대금 10억원에 분양받기로 하는 분양계약을 체결하였다. 김은 2002.12.경 최에 대한 금전채무에 대한 대물변제조로 최와의 합의하에 위의 분양권을 최에게 양도하기로 약정하였고, 이를 김과 박과 최가 함께 모인 자리에서 김이 박에게 위 양도사실을 통지하였다. 최는 분양계약의 수분양자인 김으로부터 분양권을 적법하게 양수하였으므로, 분양자(분양계약상의 채무자)인 박은 분양권의 양수인인 최에게 X건물 501호에 관한 소유권이전등기절차를 이행할 의무가 있다고 주장한다. 그러나 박은, 소유권이전등기청구권을 양수하는데에는, 설사 채권양도의 통지를 하였다고 하더라도, 채무자인 박의 승낙이나 동의가 없는 이상에는, 박에게 대항할 수 없으므로 최는 박에 대하여 소유권이전등기절차의 이행을 청구할 수 없다고 항변한다. (대법원 2005.3.10. 선고 2004다67653,67660 판결)

[해결] 부동산의 매매로 인한 소유권이전등기청구권은 물권의 이전을 목적으로 하는 매매의 효과로서 매도인이 부담하는 재산권이전의무의 한 내용을 이루는 것이고, 매도인이 물권행위의 성립요건을 갖추도록 의무를 부담하는 경우에 발생하는 채권적 청구권으로 그 이행과정에 신뢰관계가 따르므로, 소유권이전등기청구권을 매수인으로부터 양도받은 양수인은 매도인이 그 양도에 대하여 동의하지 않고 있다면 매도인에 대하여 채권양도를 원인으로 하여 소유권이전등기절차의 이행을 청구할 수 없고, 따라서 매매로 인한 소유권이전등기청구권은 그 권리의 성질상 양도가 제한되고 그 양도에 채무자의 승낙이나 동의를 요한다고 할 것이므로 통상의 채권양도와 달리 양도인의 채무자에 대한 통지만으로는 채무자에 대한 대항력이 생기지 않으며 반드시 채무자의 동의나 승낙을 받아야 대항력이 생긴다.

3. 장래채권의 양도

[사안] A회사는 김으로부터 김 소유의 X토지를 1억원에 매수하면서 계약금 및 중도금으로 5천만원을 지급하였다. B은행은 A사에게 대출을 해주면서 당시 이미 자금사정이 악화된 A사의 부도 가능성을 염두에 두고 채권의 담보로 A와 김 사이 매매계약이 해제되는 경우 A사가 김에 대하여 가지는 대금반환채권을 양도받았고 A사는 김에게 채권양도의 통지를 하였다. 후에 김은 A사와의 토지매매계약을 해제하였고 B은행은 김에게 양도받은 대금반환청구권을 행사한다. 그러나 김은 위 채권양도계약은 양도의 대상이 될 수 없는 채권을 그 목적으로 한 무효의 계약이라며 항변한다. (대법원 1997.7.25. 선고 95다21624 판결)

[해결] 채권양도에 있어 사회통념상 양도 목적 채권을 다른 채권과 구별하여 그 동일성을 인식할 수 있을 정도이면 그 채권은 특정된 것으로 보아야 할 것이고, 채권양도 당시 양도 목적 채권의 채권액이 확정되어 있지 아니하였다 하더라도 채무의 이행기까지 이를 확정할 수 있는 기준이 설정되어 있다면 그 채권의 양도는 유효한 것으로 보아야 할 것이다. A사가 B은행에게 양도한 채권, 즉 김과의 매매계약이 해제될 경우 A사가 김에 대하여 가지게 될 대금반환채권은, 그 채권자와 채무자, 채권의 종류와 발생원인, 급부의 내용 등이 이미 정하여져 있어 이를 다른 채권과 구별하여 그 동일성을 인식할 수 있을 뿐만 아니라, 그 금액을 확정할 수 있는 기준도 설정되어 있었으므로, 매매대금 반환채권은 특정된 것으로 볼 수 있다. 또한 채권양도 당시 A사가 매매대금을 지급하지 못하여 김으로부터 해제를 당하고 그로 인하여 A사의 김에 대한 매매대금 반환채권이 가까운 장래에 발생할 것임을 상당 정도 기대할 수 있었다고 보인다.

4. 채권양도금지특약의 효력

[사안] 농협은 2009.5. 농산물 유통센터 신축공사에 관하여 A건설사와 총계약금액 249억원의 공사계약을 체결하였는데, 공사계약서에는 'A사는 이 계약에 의하여 발생한 공사대금채권을 제3자에게 양도하지 못한다'라고 되어 있다. 그러나 A사는 2010.10. B사에 공사대금채권 중 5억원을 양도하고 농협에게 이를 통지하였다. 그러나 농협은, A사가 자신의 동의없이 공사대금채권을 B사에 양도한 것은 계약상의 채권양도금지특약을 위반한 채권양도로서 그 효력이 없으며 또한 금지특약이 채권의 증서인 도급계약서 자체에 명시되어 있어 손쉽게 알 수 있었으므로 B사가 양도

> 금지특약을 알지 못한 데에 중대한 과실이 있다고 한다. (대법원 2019.12.19. 선고 2016다24284 전원합의체 판결)

[해결] (다수의견) 양도금지특약을 위반하여 이루어진 채권양도는 원칙적으로 그 효력이 없다는 대법원 판례의 법리는 그대로 유지되어야 한다. 그 이유로서 1) 제449조 제2항의 '양도하지 못한다'라는 명시적 규정, 또 이를 전제로 해야 거래안전 보호를 위한 단서 규정의 해석도 자연스러우며 이러한 해석이 채권자와 채무자 사이의 인격적 연결과 채권자의 재산이라는 양 측면을 가진 지명채권의 본질과 특성을 잘 반영할 수 있다. 2) 채권관계는 물권과 달리 사적 자치와 계약자유의 원칙이 적용되므로 당사자들이 자유롭게 결정한 계약내용인 금지특약은 존중되어야 하고 당연히 허용되는 금지특약을 민법이 명문으로 정한 것은 그 효력이 당사자 뿐만 아니라 제3자에게까지 미치도록 하려는 것이다.

    (소수의견) 양도금지특약을 위반한 채권양도라도 채권은 양도인으로부터 양수인에게 이전하는 것이고, 채권양도의 당사자가 아닌 채무자의 의사에 따라 채권양도의 효력이 좌우되지 않는다. 즉 양수인은 채무자에게 채무 이행을 구할 수 있고 채무자는 양도인이 아닌 양수인에게 채무를 이행할 의무를 진다. 그 이유로서, 1) 계약은 당사자만을 구속하는 것이 원칙이므로 당사자 간의 반대의사가 채권의 양도성 자체를 박탈할 근거가 될 수 없으므로 금지특약의 효력은 제3자에게 미치지 않는다는 채권적 효력설이 계약법의 기본원리에 부합한다. 2) 민법은 채권의 양도가 가능함을 원칙으로 삼고 있으므로(제1항) 금지특약은 채권양도의 자유를 침해하지 않는 범위내에서만 인정되어야 한다. 3) 채권의 재산권적 성격과 담보로서의 가치가 중요해지고 있어 채권자가 이를 처분하여 투하자본의 조기 회수라는 경제적 목적을 달성할 수 있도록 자유로운 양도가능성이 보장되어야 한다. 4) 채권양도의 세 당사자의 이익을 형량해볼 때 채무자는 채권자에 대하여 위반책임을 물을 수 있고 채무자는 원래 이행하여야 할 채무를 이행하는 것이므로 불이익이 크지 않다.

> **[유제 1]** 김은 2005.11.1. 박으로부터 ○○병원 영안실을 임대차보증금 20억원, 월차임 2,200만원에 임차하는 내용의 계약을 체결하였는데, 그 임대차계약서 제17조에는 "김은 박의 서면에 의한 사전 승인 없이는 이 계약에 의하여 김이 가지게 되는 일체의 권리와 의무를 제3자에게 양도, 전대, 하청, 위탁 및 담보를 제공하는 등의 행위를 할 수 없다."고 기재되어 있다. 최는 2006.6.28. 김으로부터 위 임대차보증금반환채권을 양수하면서 위 임대차계약서를 교부받았고, 나아가 채권양도서류에 위 임대차계약서를 첨부하여 사서증서 인증까지 받았다. 그러나 박은, 임대차계약서상의 양도금지특약은 단순 명료하게 규정되어 있어 이를 교부받은 최가 얼마든지 이를 알 수 있는 상태에 있었다고 보일 뿐 아니라 사서증서 인증을 받는 과정에

> 서 이를 충분히 검토할 여유도 있었다고 보이며, 나아가 채권액수가 20억원이나 되는 거액인 점, 일반적으로 임대차보증금반환채권에 관하여 양도금지의 특약이 붙는 경우가 그리 드물지 않다는 점 등의 사정까지 합해보면, 채권을 양도받은 최로서는 동 채권에 대한 양도금지의 특약이 존재한다는 사실을 알았거나 그렇지 않다고 하더라도 그 알지 못한 데에 중대한 과실이 있다고 보아야 한다고 주장한다. (대법원 2010.5.13. 선고 2010다8310 판결)

[해결] 채무자는 제3자가 채권자로부터 채권을 양수한 경우 채권양도금지 특약의 존재를 알고 있는 양수인이나 그 특약의 존재를 알지 못함에 중대한 과실이 있는 양수인에게 그 특약으로써 대항할 수 있고, 여기서 말하는 중과실이란 통상인에게 요구되는 정도의 상당한 주의를 하지 않더라도 약간의 주의를 한다면 손쉽게 그 특약의 존재를 알 수 있음에도 불구하고 그러한 주의조차 기울이지 아니하여 특약의 존재를 알지 못한 것을 말하며, 제3자의 악의 내지 중과실은 채권양도금지의 특약으로 양수인에게 대항하려는 자가 이를 주장·입증하여야 한다.

> [유제 2] 김은 박으로부터 오피스텔 신축공사를 도급받기로 하는 도급계약을 체결하였다. 도급계약서에는 "이 계약에 의하여 발생하는 권리 또는 의무는 제3자에게 양도하거나 위임할 수 없다. 다만 상대방의 서면승낙과 보증인의 동의를 얻었을 때에는 그러하지 아니한다"라고 기재되어 있다. 김은 오피스텔 신축공사로 인한 기성 공사대금 6억원을 박으로부터 받지 못하자, 2009.5.20. 공사 하수급인인 최에게 이 공사대금채권을 양도한 후 박에게 통지하였고, 최는 이를 다시 내용을 잘 아는 정에게 양도하고 박에게 통지하였다. 박은 정이 양도금지약정에 대하여 악의 내지 중과실이므로 채권양도가 효력이 없다고 주장한다. (대법원 2015.04.09. 선고 2012다118020 판결)

[해결] 민법 제449조 제2항 단서는 채권양도금지 특약으로써 대항할 수 없는 자를 '선의의 제3자'라고만 규정하고 있어 채권자로부터 직접 양수한 자만을 가리키는 것으로 해석할 이유는 없으므로, 악의의 양수인으로부터 다시 선의로 양수한 전득자도 위 조항에서의 선의의 제3자에 해당한다. 또한 선의의 양수인을 보호하고자 하는 위 조항의 입법 취지에 비추어 볼 때, 이러한 선의의 양수인으로부터 다시 채권을 양수한 전득자는 그 선의·악의를 불문하고 채권을 유효하게 취득한다.

5. 채권양도시 양수인의 책임

[사안] A은행은 투자목적으로 B사로부터 B사가 X선박에 대한 정기용선계약에 기하여 C해운사에 대하여 갖는 용선료채권을 양수함으로써 C사와 계속적 채권채무관계에 있게 되었다. C사는 본래 중간용선자로 참여하여 용선료 차액만을 얻을 뿐이었는데, A은행은 이러한 사실을 알았다면 투자하지 아니하였을 것이라며, C사가 A은행에 대하여 B사와 체결한 정기용선계약의 내용 등 용선료채권의 성립이나 소멸에 영향을 미치는 사정에 관하여 정확하게 알려야 할 신의칙상 주의의무가 있음에도 이를 위반하였다며 불법행위에 기한 손해배상을 청구한다. (대법원 2015.12.24. 선고 2014다49241 판결)

[해결] 채권의 내용이나 양수인의 권리 확보에 위험을 초래할 만한 사정을 조사, 확인할 책임은 원칙적으로 양수인 자신에게 있으므로, 채무자는 양수인이 대상 채권의 내용이나 그 원인이 되는 법률관계에 대하여 잘 알고 있음을 전제로 채권양도를 승낙할지를 결정하면 되고 양수인이 채권의 내용 등을 실제와 다르게 인식하고 있는지까지 확인하여 그 위험을 경고할 의무는 없다. 따라서 채무자가 양도되는 채권의 성립이나 소멸에 영향을 미치는 사정에 관하여 양수인에게 알려야 할 신의칙상 주의의무가 있다고 본 만한 특별한 사정이 없는 한 채무자가 그러한 사정을 알리지 아니하였다고 하여 불법행위가 성립한다고 볼 수 없다.

6. 채권양도통지의 방법

[사안] 하도급인 乙이, 도급인 甲이 乙에게 지급할 의무가 있는 공사대금 중 일부를 하수급인 丙에게 직접 지급하는 것에 동의한다는 내용의 '하도급대금 직불동의서'를 작성하여 丙에게 교부하고 丙이 이를 甲에게 내용증명우편으로 발송하여 甲이 수령하였다. 병은 이러한 문서 발송과 수령으로 공사대금 중 일부에 관한 유효한 채권양도의 통지가 행하여졌다고 주장하나, 을은, 채권양도의 취지로 작성된 을 명의의 문서가 병에게 교부되었다는 것만으로 을이 병에게 채권양도의 통지까지 대리할 권한을 수여하였다고 볼 수 없고, 오히려 정황상 문서의 발신이 병을 당사자로 하여 행하여지는 것일 뿐 을을 대리하여 하는 의사로 행하여진 것으로 보기 어려우므로 대리인이 대리행위를 할 의사를 가지고 행위한 경우에만 적용되는 민법 제115조 단서는 그 발신에 관하여 적용될 여지가 없다고 항변한다. (대법원 2011.2.24. 선고 2010다96911 판결)

[해결] 채권양도의 통지를 양수인이 아니라 양도인이 하여야 대항요건으로서의 효력을 가지도록 정한 것은 종전의 채권자로서 스스로 처분을 행한 양도인이 한 통지를 통하여 채무자로 하여금 그 채권의 귀속에 관하여 명확한 인식을 가질 수 있도록 하려는 데 있다. 만일 양수인이 채권양도의 통지를 할 수 있다고 하면, 채무자로서는 과연 양도인과 양수인 사이에 유효한 채권양도가 있었는지를 보다 파고들어 확인하는 번거로운 과정을 통하여서만 채권의 귀속에 관하여 정확한 정보를 가지게 될 수 있다. 종전의 채권자와 양수인 사이에 채권의 양도에 관한 합의가 있었다는 것만에 이끌려 양수인의 채무자에 대한 채권행사를 쉽사리 적법한 것으로 인정하게 되면, 대항요건의 구비를 요구함으로써 채권거래의 안정과 원활을 도모하려는 법의 취지가 몰각될 수 있다.

따라서 채권양도의 통지를 양수인이 양도인을 대리하여 행할 수 있다 하더라도 대리통지에 관하여 그 대리권이 적법하게 수여되었는지, 그리고 그 대리행위에서 현명(顯名)의 요구가 준수되었는지 등을 판단함에 있어서는 양도인이 한 채권양도의 통지만이 대항요건으로서의 효력을 가지게 한 뜻이 훼손되지 아니하도록 채무자의 입장에서 양도인의 적법한 수권에 기하여 그러한 대리통지가 행하여졌음을 제반 사정에 비추어 커다란 노력 없이 확인할 수 있는지를 무겁게 고려하여야 한다. 특히 양수인에 의하여 행하여진 채권양도의 통지를 대리권의 '묵시적' 수여의 인정 및 현명원칙의 예외를 정하는 민법 제115조 단서의 적용이라는 이중의 우회로를 통하여 유효한 양도통지로 가공하여 탈바꿈시키는 것은 법의 왜곡으로서 경계하여야 한다. 채권양도의 통지가 양도인 또는 양수인 중 누구에 의하여서든 행하여지기만 하면 대항요건으로서 유효하게 되는 것은 채권양도의 통지를 양도인이 하도록 한 법의 취지를 무의미하게 할 우려가 있다.

7. 채무자의 이의를 보류하지 않은 승낙에 의한 채권양도

[사안] 의사인 김은 A은행에 대한 대출금채무를 담보하기 위하여 '국민건강보험공단(이하 '공단')에 대하여 가지는 채권으로서 이미 발생하거나 장래 발생할 요양급여비용 채권 등'을 A은행에 양도한 후 공단에 채권양도사실을 통지하였고, 공단은 김에게 '압류진료비 채권압류 확인서'를 발급하여 A은행에 팩스로 송부하였다. A은행이 공단을 상대로 양수금의 지급을 구하자 공단이 김에 대한 의료법 위반에 따른 손해배상채권으로 상계를 주장한다. A은행은 공단이 김의 채권양도를 승낙하였기에 A은행에 대항할 수 없다고 항변한다. 공단은, 확인서 발급 당시 채권양도의 대상이 된 채권의 한도만 정해져 있었을 뿐 발생 시기나 금액이 불확실한 상황에서 공단이 양도인에 대한 모든 대항사유를 포기한 채 채권양도를 승낙하였으리라고는 통상적으로 기대하기 어려운 점, 확인서에 진료비채권에 대한 압류확인 외의 목적으로 확인

> 서를 사용하는 것을 금지하고 확인서의 발급으로 인해서 어떠한 책임도 공단에 물을 수 없다는 내용이 기재되어 있는데, 이는 공단이 대항사유의 단절이라는 법적 책임이나 불이익을 지지 않음을 포괄적으로 표시하였다고 볼 수도 있어, 공단이 채권양도에 대하여 이의를 보류하지 않은 승낙을 한 것으로 보기는 어렵다고 반박한다. (대법원 2019.6.27. 선고 2017다222962 판결)

[해결] 민법 제451조 제1항 본문은 "채무자가 이의를 보류하지 아니하고 전조의 승낙을 한 때에는 양도인에게 대항할 수 있는 사유로써 양수인에게 대항하지 못한다."라고 정하고 있다. 이 조항은 채무자의 이의를 보류하지 않은 승낙이라는 사실에 공신력을 주어 양수인을 보호하고 거래의 안전을 꾀하기 위한 것이다. 여기에서 양도인에게 대항할 수 있지만 양수인에게는 대항하지 못하는 사유는 협의의 항변권에 한정되지 않고 넓게 채권의 성립·존속·행사를 저지하거나 배척하는 사유를 포함한다. 채무자가 이 조항에 따른 이의를 보류하지 않은 승낙을 할 때에 명시적으로 항변사유를 포기한다거나 양도되는 채권에 대하여 이의가 없다는 뜻을 표시할 것까지 요구하지는 않는다. 그러나 이의를 보류하지 않은 승낙으로 말미암아 채무자가 양도인에 대하여 갖는 대항사유가 단절되는 점을 감안하면, 채무자가 이 조항에 따라 이의를 보류하지 않은 승낙을 했는지는 문제되는 행위의 내용, 채무자가 행위에 이른 동기와 경위, 채무자가 행위로 달성하려고 하는 목적과 진정한 의도, 행위를 전후로 채무자가 보인 태도 등을 종합적으로 고려하여 양수인으로 하여금 양도된 채권에 대하여 대항사유가 없을 것을 신뢰하게 할 정도에 이르렀는지를 감안하여 판단해야 한다.

> [유제] 김은 2007.10.15. A사와 사이에 공사대금을 2억원으로 정하여 목초액 추출기 등의 제작 및 설치공사계약을 체결하였고, A사는 박에게 위 설치공사에 필요한 자재 공급을 요청하였고, 박은 도급인인 김으로부터 자재대금 상당액을 박에게 직불하겠다는 내용의 확인서를 받아올 것을 요구하였다. 김은 A사에게 지급할 공사대금 중 1억원을 박에게 직불하며, 공사를 2007.11.30.까지 완료하지 못할 경우 직불확인서를 무효로 한다는 취지의 확인서를 작성하여 주었다. 그 후 A사는 기일까지 공사를 완료하지 못하였고, 김은 박에게 직불확인서가 무효로 되었음을 통지하였다. 그러나 박은 김에게 대하여 양수금의 지급을 청구한다. (대법원 2011.6.30. 선고 2011다8614 판결)

[해결] 지명채권 양도의 채무자에 대한 대항요건은 채무자에 대한 채권양도의 통지 또는 채무자의 승낙인데, 채권양도 통지가 채무자에 대하여 이루어져야 하는 것과는 달리 채무자의 승낙은 양도인 또는 양수인 모두가 상대방이 될 수 있다. 한편 지명채권 양도의 대항요건인 채무자의 승낙은 채권양도 사실을 채무자가 승인하는 의사를 표명하는 채무자의 행위라고 할 수 있는데, 채무자는 채권양도를 승낙하면서 조건을 붙여서 할 수 있다. 사안에서 김은 채권양도계약상의 양도인인 A사에게 채권양도에 관하여 사전에 해제조건이 붙은 승낙을 한 것인데, 김의 조건부 승낙은 A사가 2007.11.30.까지도 공사를 완료하지 못함으로써 해제조건의 성취로 그때로부터 그 효력을 상실하였으므로 박은 채권양도로써 채무자인 김에 대하여 대항할 수 없게 되었다.

8. 채권의 이중양도

[사안] 임차인 김은 임대인 박에 대해 가진 임대차보증금반환채권에 대하여 최에 대한 연대보증채무를 담보하기 위하여 채권양도계약(제1차)을 맺고 확정일자 있는 증서에 의한 통지에 따라 동 채권이 제1양수인 최에게 이전하였다. 그 후 김은 다시 정과 채권양도계약(제2차)을 체결하였다. 그 후 김과 최는 제1차 채권양도계약을 합의해지하고 이를 최가 박에게 통지하였다. 이에 정은 이로써 제2차 채권양도계약이 유효하게 되었다며 박에게 양수금의 지급을 청구한다. (대법원 2016.7.14. 선고 2015다46119 판결)

[해결] 지명채권의 양도란 채권의 귀속주체가 법률행위에 의하여 변경되는 것으로서 이른바 준물권행위 내지 처분행위의 성질을 가지므로, 그것이 유효하기 위하여는 양도인이 그 채권을 처분할 수 있는 권한을 가지고 있어야 한다. 처분권한 없는 자가 지명채권을 양도한 경우 채권양도로서 효력을 가질 수 없으므로 양수인은 그 채권을 취득하지 못한다. 양도인이 지명채권을 제1양수인에게 1차로 양도한 다음 제1양수인이 그에 따라 확정일자 있는 증서에 의한 대항요건을 적법하게 갖추었다면 이로써 채권이 제1양수인에게 이전하고 양도인은 그 채권에 대한 처분권한을 상실한다고 할 것이므로, 그 후 양도인이 동일한 채권을 제2양수인에게 양도하였더라도 제2양수인은 그 채권을 취득할 수 없다. 이 경우 양도인이 다른 채무를 담보하기 위하여 제1차 양도계약을 한 것이더라도 대외적으로 채권이 제1양수인에게 이전되어 제1양수인이 채권을 취득하게 되므로 그 후에 이루어진 제2차 양도계약에 의하여 제2양수인이 채권을 취득하지 못하게 됨은 마찬가지이다. 또한 제2차 양도계약 후 양도인과 제1양수인이 제1차 양도계약을 합의해지한 다음 제1양수인이 그 사실을 채무자에게 통지함으로써 채권이 다시 양도인에게 귀속하게 되었더라도 양도인

이 처분권한 없이 한 제2차 양도계약이 채권양도로서 유효하게 될 수는 없으므로, 그로 인하여 제2양수인이 당연히 그 채권을 취득하게 된다고 볼 수는 없다.

9. 채권양도의 해제통지와 금반언

> [사안] 김은 박에 대한 공탁금반환채권을 최에게 양도하고 그 양도사실을 박에게 통지하였다. 그 후 김과 최가 위 채권양도계약을 해제하기로 합의하고 이를 다시 박에게 통지하였으나, 그 통지가 있기 전에 박이 최에 대하여 상계적상에 있는 반대채권을 가지고 있었다. 박은 위 합의해제 이후 김에게 상계로써 대항할 수 있다고 주장하나 김은 이를 부인한다. (대법원 2012.11.29. 선고 2011다17953 판결)

[해결] 민법 제452조는 '양도통지와 금반언'이라는 제목 아래 제1항에서 '양도인이 채무자에게 채권양도를 통지한 때에는 아직 양도하지 아니하였거나 그 양도가 무효인 경우에도 선의인 채무자는 양수인에게 대항할 수 있는 사유로 양도인에게 대항할 수 있다'고 하고, 제2항에서 '전항의 통지는 양수인의 동의가 없으면 철회하지 못한다'고 하여 채권양도가 불성립 또는 무효인 경우에 선의인 채무자를 보호하는 규정을 두고 있다. 이는 채권양도가 해제 또는 합의해제되어 소급적으로 무효가 되는 경우에도 유추적용할 수 있다고 할 것이므로, 지명채권의 양도통지를 한 후 그 양도계약이 해제 또는 합의해제된 경우에 채권양도인이 그 해제 등을 이유로 다시 원래의 채무자에 대하여 양도채권으로 대항하려면 채권양도인이 채권양수인의 동의를 받거나 채권양수인이 채무자에게 위와 같은 해제 등 사실을 통지하여야 한다. 이 경우 위와 같은 대항요건이 갖추어질 때까지 양도계약의 해제 등을 알지 못한 선의인 채무자는 해제 등의 통지가 있은 다음에도 채권양수인에 대한 반대채권에 의한 상계로써 채권양도인에게 대항할 수 있다.

10. 채권양도와 상계

> [사안] 김은 박에게 건물신축공사를 공사대금 10억원에 도급을 주었다. 공사 완공 후 박은 최에게 공사대금채권을 양도하고 김에게 양도통지를 하였다. 그 후에 건물에 일부 부실이 발견되었고 김은 최에게 공사대금에서 하자보수보증금 1억원을 상계한 금액을 지급하였다. 그러나 최는 김의 하자보수보증금채권은 양도통지 후에 발생한 것이어서 양수인에게 이를 주장할 수 없다고 항변한다. (대법원 2015.4.09. 선고 2014다80945 판결)

[해결] 채권양도에 의하여 채권은 그 동일성을 유지하면서 양수인에게 이전되고, 채무자는 양도통지를 받은 때까지 양도인에 대하여 생긴 사유로써 양수인에게 대항할 수 있다(민법 제451조 제2항). 따라서 채무자의 채권양도인에 대한 자동채권이 발생하는 기초가 되는 원인이 양도 전에 이미 성립하여 존재하고 그 자동채권이 수동채권인 양도채권과 동시이행의 관계에 있는 경우에는, 양도통지가 채무자에게 도달하여 채권양도의 대항요건이 갖추어진 후에 자동채권이 발생하였다고 하더라도 채무자는 동시이행의 항변권을 주장할 수 있고, 따라서 그 채권에 의한 상계로 양수인에게 대항할 수 있다. 사안에서 박의 김에 대한 하자보수보증금 지급의무와 김의 박에 대한 공사대금 지급의무는 동시이행의 관계에 있는데(민법 제667조 제3항), 박이 최에게 공사대금 채권을 양도하고 그 양도통지를 한 후에 비로소 김의 박에 대한 하자보수보증금 채권이 발생하였다 하더라도, 채무자인 김으로서는 위 하자보수보증금 채권을 들어 양수인인 최의 공사대금 지급 청구에 대하여 동시이행의 항변권을 행사할 수 있고 이를 자동채권으로 하여 최의 공사대금 지급 청구에 대하여 상계로 대항할 수 있다.

11. 중첩적 채무인수의 법률관계

[사안] A리조트사는 시행사로서, B건설사는 시공사로서 X사업부지 위에 콘도미니엄 및 부대시설을 건축하고, 그 대지와 건물을 신탁재산으로 하여 이를 분양할 것을 목적으로 신탁회사와 사업약정을 체결하였는데, 이에 따르면 A사가 토지비와 공사비 등 사업자금 전액을 조달하기로 하여 C사와 대출약정이 체결되었고, 위 사업약정이 해지되는 경우 A사가 위 대출약정에 따른 대출 원리금 기타 사업투입비용을 즉시 상환할 의무를 부담하기로 하였다. 또 B사는 사업약정 및 대출약정에서 원칙적으로 책임준공의무 및 책임분양의무를 부담하되 이를 이행하지 못한 경우 A사의 대출금채무를 병존적으로 인수하기로 하였다. 그 후 사업의 착공이 미뤄지던 중 C사는 대출금에 대한 이자 미지급을 이유로 기한의 이익 상실을 통지하였고, 이에 따라 위 책임준공의무 및 책임분양의무를 이행하지 못하게 된 B사는 대출원금 및 그 지연이자 전액을 대위변제하였다. B사는 A사에 대해 대위변제한 대출금 전액에 대해 구상권을 행사한다. (대법원 2014.8.20. 선고 2012다97420 판결)

[해결] 중첩적 채무인수에서 인수인이 채무자의 부탁 없이 채권자와의 계약으로 채무를 인수하는 것은 매우 드문 일이므로 채무자와 인수인은 원칙적으로 주관적 공동관계가 있는 연대채무관계에 있고, 인수인이 채무자의 부탁을 받지 아니하여 주관적 공동관계가 없는 경우에는 부진정연대관계에 있는 것으로 보아야 한다. 또한, 연대채무자가 변제 기타 자기

의 출재로 공동면책을 얻은 때에는 다른 연대채무자의 부담부분에 대하여 구상권을 행사할 수 있고 이때 부담부분은 균등한 것으로 추정되나 연대채무자 사이에 부담부분에 관한 특약이 있거나 특약이 없더라도 채무의 부담과 관련하여 각 채무자의 수익비율이 다르다면 그 특약 또는 비율에 따라 부담분이 결정된다. 사안에서 B사가 대출금채무를 병존적으로 인수함으로써 A사와 B사는 주관적 공동관계가 있는 연대채무관계에 있고, 그 내부관계에서는 A사가 채무 전액을 부담하기로 하였다고 볼 수 있으므로 B사는 A사에 대해 대출금의 변제액 전액에 대하여 구상권을 행사할 수 있다.

12. 병존적 채무인수와 이행인수

> [사안] A건설사는 아파트건설사업을 시행하던 중 B은행과 채권최고액 1,560,000,000원의 근저당권설정계약을 체결하고, 945,000,000원을 대출받았다.
> A건설은 1999.2.14.경 자금사정 악화로 부도를 내고 공정률이 87.6%인 상태에서 공사를 중단하였고, A건설의 대표이사는 C개발과 매매계약을 체결하여 C개발이 대출금채무를 인수하기로 하고 이로써 매매대금의 지급에 갈음하였다. B은행은 C개발에 대해 대출금의 지급을 청구하나, C개발은, A사와의 매매계약 당시 B은행으로 하여금 C개발에 대하여 직접 대출금채권을 취득케 할 의사가 있었다고 보기 어렵고, C개발은 A건설에 대한 관계에서만 B은행에게 대출금을 지급할 의무를 부담하는 이행인수를 한 것이라고 항변한다. (대법원 2008.3.13. 선고 2007다54627 판결)

[해결] 사업이나 부동산을 매수하는 사람이 근저당채무 등 그 부동산에 결부된 부담을 인수하고 그 채무액만큼 매매대금을 공제하기로 약정하는 경우에, 매수인의 그러한 채무부담의 약정은 채권자의 승낙이 없는 한 매도인 측을 면책시키는 이른바 면책적 채무인수라고 볼 수 없다. 나아가서 그러한 약정이 이행인수에 불과한지 아니면 병존적 채무인수 즉 제3자를 위한 계약인지를 구별함에 있어서 그 판별 기준은, 계약 당사자에게 제3자 또는 채권자가 계약 당사자 일방 또는 채무인수인에 대하여 직접 채권을 취득케 할 의사가 있는지 여부에 달려 있다 할 것이고, 구체적으로는 계약 체결의 동기, 경위 및 목적, 계약에 있어서의 당사자의 지위, 당사자 사이 및 당사자와 제3자 사이의 이해관계, 거래 관행 등을 종합적으로 고려하여 그 의사를 해석하여야 하는 것인데, 인수의 대상으로 된 채무의 책임을 구성하는 권리관계도 함께 양도된 경우이거나 채무인수인이 그 채무부담에 상응하는 대가를 얻을 때에는 원칙적으로 이행인수가 아닌 병존적 채무인수로 보아야 할 것이다. 사안에서 채무인수인인 C개발은 양도대금을 정함에 있어 A건설의 B은행에 대한 채무액 상당 금액을 미리 공제받음으로써 그 인수한 채무부담에 상응하는 이득을 취하였으므

로 위 채무인수를 일응 병존적 채무인수로 볼 수 있을 것이며, 단순한 이행인수에 불과하다고 보기는 어렵다.

13. 저당권부 채무의 인수

> [사안] 김의 채무자 박을 위하여 최는 물상보증인이 되어 김에게 저당권을 설정하여 주었다. 그 후 정이 이 담보부채무를 면책적으로 인수하고 박은 최의 승낙서를 첨부하여 저당권의 채무자변경의 부기등기를 하였다. 한편 최의 부동산에 2번 저당권 설정등기를 한 정은 채무인수와 함께 김의 저당권도 소멸하였거나 또는 채무자변경의 부기등기 전에 저당권을 취득한 자신에게 대항할 수 없다고 주장한다. (대법원 1996.10.11. 선고 96다27476 판결)

[해결] 면책적 채무인수라 함은 채무의 동일성을 유지하면서 이를 종래의 채무자로부터 제3자인 인수인에게 이전하는 것을 목적으로 하는 계약을 말하는바, 채무인수로 인하여 인수인은 종래의 채무자와 지위를 교체하여 새로이 당사자로서 채무관계에 들어서서 종래의 채무자와 동일한 채무를 부담하고 동시에 종래의 채무자는 채무관계에서 탈퇴하여 면책되는 것일 뿐 종래의 채무가 소멸하는 것이 아니므로, 채무인수로 종래의 채무가 소멸하였으니 저당권의 부종성으로 인하여 당연히 위 소멸한 채무를 담보하는 저당권도 소멸한다는 법리는 성립하지 아니한다. 다만 제3자가 그 소유의 부동산 위에 저당권을 설정하는 등 채무에 대한 담보를 제공한 경우에는 그 제3자는 채무자의 지급능력을 고려하여 담보를 제공한 것이므로 채무인수로 채무자가 변경되어 필연적으로 책임재산에 변화가 생기면 예상하지 못한 불이익을 입게 될 위험성이 있는바, 따라서 채무인수의 경우의 물상보증인을 보호하기 위하여 민법 제459조에서 제3자가 제공한 담보는 그의 동의가 없는 한 채무인수로 인하여 소멸하는 것으로 규정하고 있을 뿐이다. 이 때의 채무인수에 대한 동의는 인수인을 위하여 새로운 담보를 설정하도록 하는 의사표시를 의미하는 것이 아니라 기존의 담보를 인수인을 위하여 계속시키는데 대한 의사표시를 의미하므로, 물상보증인이 채무인수에 동의함으로써 소멸하지 아니하는 담보는 당연히 기존의 담보와 동일한 내용을 갖는 것이라 할 것이고, 이 때 행해지는 채무자변경의 저당권부기등기는 기존의 저당권설정등기에 종속되어 그 등기와 일체를 이루는 것으로서 기존의 저당권설정등기에 의한 저당권의 채무자의 변경을 등기부상 명시하는 것일 뿐 그 등기에 의하여 비로소 새로운 권리가 생기는 것이 아닌 만큼 그 저당권자는 종전의 저당권의 순위 등 효력을 후순위 저당권자 등 제3자에게 주장할 수 있다.

14. 계약인수의 법률관계

> **[사안]** A시는 X아파트를 건축하여 분양하였고, A시가 제정한 조례에 따라 1993.9.1. 설립된 B지방공사에 분양자의 지위를 이전하였다. 조례규정에 따르면 B공사는 A시의 X아파트의 분양계약에 관한 사무 내지는 분양계약 당사자로서의 지위를 포괄하여 인수하고 하자담보책임을 비롯한 분양자로서의 권리의무를 승계하기로 되어있다. 후에 수분양자 김 등이 A시를 상대로 X아파트의 하자를 주장하며 하자보수에 갈음한 손해배상을 청구하자, A시는 조례 규정을 근거로 하여 A시의 X아파트에 관한 하자담보책임이 B공사에 포괄적으로 승계되고 A시는 분양자로서의 지위에서 벗어나 그 책임을 면하였다고 항변한다. (대법원 2012.5.24. 선고 2009다88303 판결)

[해결] 민법 제454조는 제3자가 채무자와 계약으로 채무를 인수하여 채무자의 채무를 면하게 하는 면책적 채무인수의 경우에 채권자 승낙이 있어야 채권자에 대하여 효력이 생긴다고 규정하고 있으므로, 채권자의 승낙이 없는 경우에는 채무자와 인수인 사이에서 면책적 채무인수 약정을 하더라도 이행인수 등으로서 효력밖에 갖지 못하며 채무자는 채무를 면하지 못한다. 그리고 계약당사자로서 지위 승계를 목적으로 하는 계약인수는 계약으로부터 발생하는 채권·채무 이전 외에 계약관계로부터 생기는 해제권 등 포괄적 권리의무의 양도를 포함하는 것으로서, 계약인수가 적법하게 이루어지면 양도인은 계약관계에서 탈퇴하게 되고, 계약인수 후에는 양도인의 면책을 유보하였다는 등 특별한 사정이 없는 한 잔류당사자와 양도인 사이에는 계약관계가 존재하지 않게 되며 그에 따른 채권채무관계도 소멸하지만, 이러한 계약인수는 양도인과 양수인 및 잔류당사자의 합의에 의한 삼면계약으로 이루어지는 것이 통상적이며 관계당사자 3인 중 2인의 합의가 선행된 경우에는 나머지 당사자가 이를 동의 내지 승낙하여야 그 효력이 생긴다.

계약에서 채무자가 변경될 경우에 채권자의 승낙을 얻도록 함으로써 채권자가 불이익을 입지 않도록 하려는 민법 제454조의 규정과 계약인수의 해석론에 비추어 보면, 사안에서 통상 변제자력이 더 풍부한 지방자치단체가 계약관계에서 발생된 채무에 관하여 채권자의 승낙을 받지 않고 일방적으로 조례 제정을 통하여 지방공사에 면책적으로 인수시킬 수 있다고 보는 것은 부당하다. 그리하여 B공사의 분양계약의 승계 내지는 채무인수에 대하여 분양계약 상대방으로서 채권자인 수분양자의 승낙을 얻지 못하면 A시는 분양계약에 관한 의무를 면하지 못하고 B공사에 대하여는 이행인수 등의 효력이 발생됨에 그치며, 채권자인 수분양자의 승낙을 얻은 경우에 비로소 B공사가 분양계약 당사자가 되고 A시는 의무 이행의 책임을 면한다. 조례 규정에 기초한 B공사의 분양계약에 관한 사무 내지는 권리의무의 승계 사실만으로는 A시는 X아파트 분양에 관한 하자담보책임을 면할 수 없다.

> [유제] 김은 박에게 여관건물 신축공사를 도급주었다가 박의 동의하에 건축주 명의를 최로 변경하면서 최와 박 사이에 공사도급계약을 새로이 체결하였다. 후에 박이 김에 대하여 공사대금의 지급을 청구하자, 김은 자신은 계약상의 도급인 지위에서 벗어났다고 주장한다. 박은, 김이 건축주 명의를 최로 변경한 이후에도 계속하여 공사지연으로 인한 지체상금 등에 관하여 합의하는 자리에 도급인측으로 참석하여 박으로부터 지체상금에 관한 각서를 교부받은 것은 물론 여관건물에서 최와 함께 숙박업을 운영해 오고 있는 점 등에 비추어, 김은 여전히 계약상의 도급인으로서 공사대금을 지급할 채무를 부담한다고 할 것이고, 최는 김의 뒤를 이어 박과 도급계약을 체결함으로써 계약에 따른 김의 채무를 병존적으로 인수한 것으로 봄이 상당하다고 항변한다. (대법원 2007.9.6. 선고 2007다31990 판결)

[해결] 계약 당사자로서의 지위 승계를 목적으로 하는 계약인수는 계약상 지위에 관한 양도인과 양수인 사이의 합의와 나머지 당사자가 이를 동의 내지 승낙하는 방법으로도 할 수 있으며, 나머지 당사자가 동의 내지 승낙을 함에 있어 양도인의 면책을 유보하였다는 등의 특별한 사정이 없는 한 양도인은 계약관계에서 탈퇴하고, 따라서 나머지 당사자와 양도인 사이에는 계약관계가 존재하지 아니하게 되어 그에 따른 채권채무관계도 소멸된다. 사안에서 김은 최에게 건축공사의 도급인의 지위를 양도하고, 수급인인 박이 이에 동의한 사실을 알 수 있으며, 박이 김과 최 사이의 도급인의 지위 양도에 대하여 동의하면서 김에 대한 면책을 유보하였다는 사정을 찾을 수 없다면 김은 도급계약관계에서 탈퇴하였다고 봄이 상당하고 공사대금을 지급할 채무를 부담하지 않는다.

15. 계약인수와 개별채권양도와의 관계

> [유제] 甲 주식회사는 乙 주식회사와 항공권 발권대행 사업 부문에 관한 영업양도계약을 체결하면서 丙을 포함한 근로자에 대한 사용자로서의 모든 권리의무를 乙 회사에 이전하기로 하였고, 이에 따라 乙 회사와 丙이 甲 회사에서와 동일한 근로조건으로 연봉근로계약서를 작성하였다. 위 영업양도가 있기 전에 丙이 甲 회사의 항공권 구매대행 업무를 담당하면서 甲 회사의 고객이 송금한 돈을 개인 용도로 사용하

였고, 이에 乙 회사가 甲 회사의 丙에 대한 손해배상채권을 승계취득하였다고 주장하며 丙을 상대로 손해배상을 구한다. 그러나 丙은 이 손해배상채권이 개별 채권양도에 관한 대항요건을 갖추지 못했다고 항변한다. (대법원 2020.12.10. 선고 2020다245958 판결)

[해결] 계약인수가 이루어지면 계약관계에서 이미 발생한 채권·채무도 이를 인수 대상에서 배제하기로 하는 특약이 없는 한 인수인에게 이전된다. 계약인수는 개별 채권·채무의 이전을 목적으로 하는 것이 아니라 다수의 채권·채무를 포함한 계약당사자로서의 지위의 포괄적 이전을 목적으로 하는 것으로서 계약당사자 3인의 관여에 의해 비로소 효력을 발생하는 반면, 개별 채권의 양도는 채권양도인과 양수인 2인만의 관여로 성립하고 효력을 발생하는 등 양자가 법적인 성질과 요건을 달리하므로, 채무자 보호를 위해 개별 채권양도에서 요구되는 대항요건은 계약인수에서는 별도로 요구되지 않는다. 그리고 이러한 법리는 상법상 영업양도에 수반된 계약인수에 대해서도 마찬가지로 적용된다. 사안에서, 계약인수인인 乙 회사에 사용자지위가 이전될 뿐만 아니라 근로계약관계를 기초로 하여 이미 발생한 손해배상채권도 乙 회사에 이전되고, 개별 채권양도에 관한 대항요건을 별도로 갖출 필요는 없다.

제7강 채권의 소멸

변제충당의 순서 / 변제충당의 지정 /법정변제충당에서 변제이익의 판단기준 /채권의 준점유자에 대한 변제 /제3자의 변제와 법정대위 /채권자의 담보상실과 법정대위자의 면책 /대물변제로서의 채권양도 또는 소유권이전등기 /채권자 불확지(不確知) 공탁 / 동시이행관계에 있는 채권의 상계여부 /상대방의 제3자에 대한 채권과의 상계여부 / 소멸시효가 완성된 채권에 의한 상계 /고의의 채무불이행으로 인한 손해배상채권에 대한 상계의 금지 /상계와 압류 /조건부 경개계약 /경개와 준소비대차 /경개계약의 합의해제

■ 변제에 관련한 다양한 쟁점 중 제476조 – 제479조의 변제충당의 주요 쟁점들을 다룬 판례를 본다. 변제의 상대방에 관하여는 제470조의 변제의 준점유자에 대한 변제를 다룬 판결이 있다. 변제자대위에 관한 까다로운 판결 2개를 골랐다. 대물변제에 관한 전형적인 판결을 다루었고 공탁과 관련하여서는 채권자를 알 수 없는 때의 문제를 다룬 판결이 있다. 워낙 어려운 쟁점을 많이 내포하고 있는 상계제도와 관련하여서는 다양한 쟁점을 다룬 5개의 판결을 소개하고 있는데 이해하기 쉽지 않다. 마지막으로 경개의 개념 및 기본법리와 관련된 몇 개의 판결을 소개하였다.

1. 변제충당의 순서

[사안] 김이 교통사고로 인하여 A보험사를 상대로 한 소송에서 승소하자 A사는 김에게 손해배상금의 일부로 1억원을 지급하였고, 제2심은 이 금액을 손해배상채무 원금에서 공제하면서, 그 이유로 김과 A사가 모두 항소하여 손해배상금이 확정되지 않았고 A사가 제1심판결에서 인정한 지연손해금을 먼저 변제한다는 의사로 위 돈을 지급하였다고 보이지 않는다는 점을 들었다. 그러나 김은, A사의 손해배상채무에 대해서는 교통사고가 발생한 날부터 지연손해금이 발생하고, 지연손해금이 발생한 이

> 후에 손해배상금 중 일부로 지급한 1억 원은 민법 제479조에 따라 지연손해금에 우선 충당되었다고 보아야 한다며 상고하였다. (대법원 2020.1.30. 선고 2018다204787 판결)

[해결] 불법행위로 인한 손해배상채무는 채무 성립과 동시에 지연손해금이 발생한다. 또 비용, 이자, 원본에 대한 변제충당에 관해서는 민법 제479조에 충당 순서가 법정되어 있고 지정변제충당에 관한 민법 제476조는 준용되지 않으므로 당사자가 법정 순서와 다르게 일방적으로 충당 순서를 지정할 수 없다. 민법 제479조에 따라 변제충당을 할 때 지연손해금은 이자와 같이 보아 원본보다 먼저 충당된다. 만일 당사자 사이에 명시적·묵시적 합의가 있다면 법정변제충당의 순서와 달리 인정할 수 있지만 이러한 합의가 있는지는 이를 주장하는 자가 증명할 책임이 있다.

> [유제] 채무자 김은 채권자 박에 대한 금전채권에 대하여 이행지체에 빠짐으로써 이미 이행지체로 인한 지연손해금이 발생한 상태에서 원금상당액을 박에게 지급하면서 이를 원금으로 수령할 것을 통보하였다. 박이 이를 적법한 이행의 제공으로 볼 수 없다며 수령을 거절하자 김은 박이 수령지체에 빠졌거나 김의 이행지체가 종료되었다고 주장한다. (대법원 2005.8.19. 선고 2003다22042 판결)

[해결] 채무자가 이행지체에 빠진 이상, 채무자의 이행제공이 이행지체를 종료시키려면 완전한 이행을 제공하여야 하므로, 채무자가 원본뿐 아니라 지연이자도 지급할 의무가 있는 때에는 원본과 지연이자를 합한 전액에 대하여 이행의 제공을 하여야 할 것이고, 그에 미치지 못하는 이행제공을 하면서 이를 원본에 대한 변제로 지정하였더라도, 그 지정은 민법 제479조 제1항에 반하여 채권자에 대하여 효력이 없으므로, 채권자는 그 수령을 거절할 수 있다.

2. 변제충당의 지정

> [사안] A은행은 금융기관의 대출과목에 대한 변제충당 순서는 채권별 변제금액 범위 내에서 금융기관이 정하는 바에 따르도록 하고 있는 규정에 따라, 김의 대출금에 대한 일부변제액에 대하여 김에게 별도의 의사표시 없이 먼저 당좌대출금 채권에 충당하였다. 그러나 김은 자신이 변제시에 담보대출금에 우선

> 충당할 것을 지정하였으므로 그 지정된 채무가 변제되어 소멸하여야 한다고 주장한다. (대법원 2004.3.25. 선고 2001다53349 판결)

[해결] 변제충당 지정은 상대방에 대한 의사표시로서 하여야 하는 것이기는 하나, 변제충당에 관한 민법 제476조 내지 제479조의 규정은 임의규정이므로 변제자(채무자)와 변제수령자(채권자)는 약정에 의하여 위 각 규정을 배제하고 제공된 급부를 어느 채무에 어떤 방법으로 충당할 것인가를 결정할 수 있고, 이와 같이 채권자와 채무자 사이에 미리 변제충당에 관한 약정이 있으며, 그 약정 내용이, 변제가 채권자에 대한 모든 채무를 소멸시키기에 부족한 경우 채권자가 적당하다고 인정하는 순서와 방법에 의하여 충당하기로 한 것이라면, 채권자가 위 약정에 터잡아 스스로 적당하다고 인정하는 순서와 방법에 좇아 변제충당을 한 이상 채무자에 대한 의사표시와 관계없이 그 충당의 효력이 있고, 위와 같이 미리 변제충당에 관한 별도의 약정이 있는 경우에는 채무자가 변제를 하면서 위 약정과 달리 특정 채무의 변제에 우선적으로 충당한다고 지정하더라도 그에 대하여 채권자가 명시적 또는 묵시적으로 동의하지 않는 한 그 지정은 효력이 없어 채무자가 지정한 채무가 변제되어 소멸하는 것은 아니다.

3. 법정변제충당에서 변제이익의 판단기준

> [사안] 김은 박으로부터 순차로 5차례에 걸쳐 총 7억원을 차용하였다(1번-1억-이행기 2009.1.25., 2번-2억-2009.2.24., 3번-1억-2009.1.23., 4번-1억-2009.2.22., 5번-2억-2009.3.10.). 순번 1, 2 차용금 채무에 관하여는 최의 임야가 담보로 제공되어 있고, 순번 3의 채무에 대하여는 정이 연대보증하였다. 김은 2009.3.27. 차용금 채무들의 일부변제로써 3억원을 지급하였다. 박은, 3억원은 물적 담보가 있는 1, 2번의 채무가 채무자에게 변제이익이 더 많아 이에 충당되므로 정에게 여전히 3번 채무에 대한 연대보증책임을 묻는다. 그러나 정은 3억원은 이행기가 가장 먼저 도래한 3번 채무에 우선 변제충당되어야 하고 따라서 이를 연대보증한 자신의 보증채무도 소멸되었다고 항변한다. (대법원 2014.4.30. 선고 2013다8250 판결)

[해결] 변제자가 주채무자인 경우 보증인이 있는 채무와 보증인이 없는 채무 사이에 전자가 후자에 비하여 변제이익이 더 많다고 볼 근거는 전혀 없으므로 양자는 변제이익의 점에서 차이가 없다고 보아야 한다. 마찬가지로 변제자가 채무자인 경우 물상보증인이 제공한 물적 담보가 있는 채무와 그러한 담보가 없는 채무 사이에도 변제이익의 점에서 차이가 없다. 사안에서 3억 원을 통한 법정변제충당 시점에 순번 1 내지 5 차용금 채무 전부

의 이행기가 도래한 이상 순번 1, 2 차용금 채무에 물상보증인이 제공한 물적 담보가 있다고 하더라도 그와 나머지 차용금 채무들 사이에는 변제자인 채무자의 변제이익에 차이가 없다고 할 것이므로, 3억원은 민법 제477조 제3호에 따라 이행기가 가장 먼저 도래한 순번 3 차용금 채무에 우선 변제충당되어야 할 것이고, 따라서 순번 3 차용금 채무는 소멸하고 이에 따라 이를 연대보증한 정의 연대보증채무도 소멸한다.

4. 채권의 준점유자에 대한 변제

[사안] 김은 망 박씨의 예금통장과 신고한 인감을 가지고 A은행에 대하여 예금계약을 해지하고 예금지급청구를 하였는데, A은행은 김이 작성한 지급청구서의 인감과 비밀번호가 신고된 것과 동일하며, 예금주 박과 김의 신분증의 호주명이 동일한 것을 확인하고 예탁원리금을 지급하였다. 그 후 박의 상속인이 A은행에 대하여 예금의 지급을 청구하자, A은행은 망 박씨의 통장, 인감을 소지하고 있는 김에게 예금을 지급한 것은 민법 제470조에 정하여진 채권의 준점유자에 대한 변제로서 박의 상속인에 대하여 효력이 있다고 주장한다. 그러나 박의 상속인은 A은행이 망 박씨의 호주명과 김의 호주명이 동일함을 확인하였다는 사정만으로는, 선의이며 과실 없는 변제라고 보기 어렵다고 항변한다. (대법원 2004.4.23. 선고 2004다5389 판결)

[해결] 민법 제470조에 정하여진 채권의 준점유자라 함은, 변제자의 입장에서 볼 때 일반의 거래관념상 채권을 행사할 정당한 권한을 가진 것으로 믿을 만한 외관을 가지는 사람을 말하므로, 준점유자가 스스로 채권자라고 하여 채권을 행사하는 경우뿐만 아니라 채권자의 대리인이라고 하면서 채권을 행사하는 때에도 채권의 준점유자에 해당하고, 채권의 준점유자에 대한 변제는 변제자가 선의이며 과실이 없는 때에는 채권을 소멸시키는 효력이 있으므로 채무자는 그 채무를 면하게 된다. 사안에서 김은 예금주의 대리인이라고 하면서 예금채권의 반환을 구하는 사람으로서 채권의 준점유자에 해당하고, 예금주 박의 사망사실을 알지 못하는 A은행으로서는 김이 수령권한이 있는 것으로 믿었고, 그와 같이 수령권한이 있는 것으로 믿은 데 과실도 없었다고 보아야 할 것이다.

5. 제3자의 변제와 법정대위

[사안] 국내에서 선박대리점업을 영위하는 甲회사는 선박 용선자인 미국 법인 乙회사와 선박대리점계약을 체결하여, X선박의 입·출항시 발생하는 항비 등 비용은 선

박의 용선자인 乙회사가 부담하기로 하되 甲회사가 채무자를 대신하여 우선 지급하기로 약정하였다. 이에 甲회사는 2006.2.28.경부터 2006.7.30.경까지 화물 양·적하를 위하여 부산항에 입·출항한 X선박의 입·출항료, 정박료, 도선료 등 합계 21,352,272원을 乙회사를 대신하여 항비 등의 채권자에게 지급하였다. 甲회사는 이러한 이행인수약정에 따라 항비 등의 채권자에게 자신의 출연으로 그 채무를 변제한 것은 민법 제481조에서 정한 '변제할 정당한 이익이 있는 자'의 변제에 해당한다고 할 것이므로, 항비 등의 채권을 당연히 대위한다고 주장한다. 그러나 乙회사는, 甲회사가 채무자를 대신하여 항비 등을 지급하지 아니할 경우 법률상 손해를 입게 된다고 할 수 없어 채무를 변제할 정당한 이익이 있는 자에 해당하지 아니한다며 대위에 관한 주장을 배척한다. (대법원 2012.07.16.자 2009마461 결정)

[해결] 선박대리점이 선박소유자 등과 사이에 계약으로부터 발생한 채무를 선박소유자 등을 대신하여 자신의 재산을 출연하여 변제하기로 한 경우 그 법적 성질은 이행인수약정으로 보아야 한다. 그리고 선박대리점이 이러한 이행인수약정에 따라 자신의 재산을 출연하여 한 변제는 선박소유자 등의 대리인으로서 한다는 점을 밝히는 등 본인의 변제라고 평가되어야 할 만한 사정이 없는 한 민법 제469조에서 정하는 '제3자의 변제'에 해당한다. 한편 민법 제481조에 의하여 법정대위를 할 수 있는 '변제할 정당한 이익이 있는 자'라고 함은 변제함으로써 당연히 대위의 보호를 받아야 할 법률상의 이익을 가지는 자를 의미한다. 그런데 이행인수인이 채무자와의 이행인수약정에 따라 채권자에게 채무를 이행하기로 약정하였음에도 불구하고 이를 이행하지 아니하는 경우에는 채무자에 대하여 채무불이행의 책임을 지게 되어 특별한 법적 불이익을 입게 될 지위에 있다고 할 것이므로, 이행인수인은 그 변제를 할 정당한 이익이 있다. 따라서 선박대리점이 선박소유자 등을 대리하여 체결한 계약으로부터 발생한 채무를 선박소유자 등과의 이행인수약정에 따라 자신의 재산을 출연하여 채권자에게 변제한 경우에는 선박대리점은 '변제할 정당한 이익이 있는 자'로서 채권자가 선박소유자 등에 대하여 가지는 채권을 당연히 대위한다.

6. 채권자의 담보상실과 법정대위자의 면책

[사안] 1990.3.8. 소유자 김이 박과 체결한 기중기에 관한 시설대여계약에 대하여 같은 날 최와 정이 김을 연대보증하였고, 그 후 김이 이 계약의 채무를 이행하지 아니하여, 최는 1993.4.19. 그때까지의 계약상의 채무원리금 합계 1억2천만원을 박에게 지급하고, 기중기에 관하여 저당권설정권리자 박, 채권가액 125,000,000원으

로 된 저당권을 박으로부터 양수받아 1993.6.7. 최 명의로 저당권설정권리자를 변경등록하였다. 이에 최는 정에게 최가 연대보증채무의 이행으로 박에게 지급한 돈 중 정의 부담부분에 해당하는 6천만원과 이에 대한 지연손해금의 지급을 청구한다. 이에 대해 정은 최가 과실로 기중기의 담보가치를 소멸시켰으니 법정대위자인 정은 민법 제485조에 의하여 위 담보 상실로 인하여 상환받을 수 없는 한도에서 면책된다고 주장한다. 그러나 연대보증인 중 1인인 최가 박에게 계약상 채무원리금 전부를 변제하여 다른 연대보증인인 정으로서는 박에 대한 변제로 최에게 구상권을 행사할 수 없어 최로부터 '상환받을 수 없는 금액'이 발생할 수도 없는 이상, 최가 기중기의 담보가치를 소멸하게 하였다고 하더라도 그에 대하여 민법 제485조에 따라 면책의 주장을 할 수 있는 지위에 있지 않다며 이를 배척한다. (대법원 2012.6.14. 선고 2010다11651 판결)

[해결] 민법 제485조는 보증인 기타 법정대위권자를 보호하여 주채무자에 대한 구상권을 확보할 수 있도록 채권자에게 담보보존의 의무를 부담시키는 것으로서, 그 채권자가 당초의 채권자이거나 장래 대위로 인하여 채권자로 되는 자이거나를 구별할 이유가 없다. 연대보증인 중 1인이 변제 기타 자기의 출재로 공동면책이 된 때에는 민법 제448조 제2항, 제425조에 의하여 다른 연대보증인의 부담부분에 대하여 구상권을 행사할 수 있는 것과는 별개로 민법 제481조에 의하여 당연히 채권자를 대위하여 주채무자에 대하여 구상권의 범위 내에서 채권자로 되고, 위 연대보증인에 대하여 자기의 부담부분에 대하여 상환을 하는 다른 연대보증인은 그의 상환액을 다시 주채무자에 대하여 구상할 수 있고 이 구상권의 범위 내에서는 그 자는 공동면책시킨 위 연대보증인이 당초 채권자를 대위하여 가지는 권리를 다시 대위취득할 수 있기 때문에, 변제로 당초의 채권을 대위 행사하는 연대보증인과 다른 연대보증인과의 관계는 바로 민법 제485조에서 정한 "채권자"와 "제481조의 규정에 의하여 대위할 자"의 관계가 된다. 따라서 변제로 공동면책시켜 구상권을 가지는 연대보증인이 주채무자에 대한 채권의 담보를 상실 또는 감소시킨 때에는 민법 제485조의 "채권자의 고의나 과실로 담보가 상실되거나 감소된 때"에 해당하여, 다른 연대보증인은 구상의무를 이행하였을 경우에 그 담보의 소멸로 인하여 주채무자로부터 상환을 받을 수 없는 한도에서 그 책임을 면한다고 보아야 한다.

사안에서 정이 구상의무를 이행하였을 경우에 대위할 수 있는 저당권의 담보가치가 최의 과실로 소멸되었다면, 이로 인하여 주채무자 김으로부터 상환받을 수 없게 되는 금액만큼 정이 최에 대한 구상의무를 면할 수 있다.

7. 대물변제로서의 채권양도 또는 소유권이전등기

> **[사안]** 김은 박에 대하여 가지고 있던 공사대금 채권 중 40억원의 채권을 최에게 양도하는 내용의 채권양도양수계약을 체결하고, 같은 날 박에게 양도 통지를 하였다. 동 계약 제5항은 '상기 채권 양도일을 기준으로 양도인이 양수인에게 지급할 채무액은 전부 소멸하며, 이후 양수인은 양도인에게 일체의 채권을 요구하지 않는다'고 되어 있다. 최는 공사대금채권을 양수한 후 박이 최에게 공사대금채권을 변제하지 않자 김에게 공사대금채무의 이행을 구한다. 그러나 김은 어떤 채무에 대한 대물변제로 다른 급부를 하기로 하였다면 그 대체급부가 이루어짐으로써 원래의 채무는 소멸하는 것이고, 그 대체급부가 다른 채권을 양도하는 것이라고 하여 그 양수한 채권의 변제까지 이루어져야만 원래의 채무가 소멸한다고 할 것은 아니라고 항변한다. (대법원 2013.5.9. 선고 2012다40998 판결)

[해결] 채무자가 채권자에게 채무변제와 관련하여 다른 채권을 양도하는 것은 특단의 사정이 없는 한 채무변제를 위한 담보 또는 변제의 방법으로 양도되는 것으로 추정할 것이지 채무변제에 갈음한 것으로 볼 것은 아니어서, 그 경우 채권양도만 있으면 바로 원래의 채권이 소멸한다고 볼 수는 없고 채권자가 양도받은 채권을 변제받은 때에 비로소 그 범위 내에서 채무자가 면책된다 할 것이다. 반면 채무변제에 '갈음하여' 다른 채권을 양도하기로 한 경우에는 채권양도의 요건을 갖추어 대체급부가 이루어짐으로써 원래의 채무는 소멸하는 것이고 그 양수한 채권의 변제까지 이루어져야만 원래의 채무가 소멸한다고 할 것은 아니다. 이 경우 대체급부로서 채권을 양도한 양도인은 양도 당시 양도대상인 채권의 존재에 대해서는 담보책임을 지지만 당사자 사이에 별도의 약정이 있다는 등 특별한 사정이 없는 한 그 채무자의 변제자력까지 담보하는 것은 아니라 할 것이다.

> **[유제]** 김은 박으로부터 3천만원을 월 3푼의 이자율로 차용하면서 그 담보로 자신이 소유인 시가 2억원 상당의 X임야에 박 앞으로 소유권이전등기청구권 보전을 위한 가등기를 경료하여 주었다. 그 후 김은 부도위기에 몰리자 차용원리금의 변제에 갈음하여 박에게 X임야의 소유권등기를 이전하여 주었다. 후에 김이 정산을 요구하나 박은 자신앞으로의 소유권이전등기는 채무담보의 목적으로 경료된 것이 아니고 차용금 채무에 대한 대물변제로 이루어진 것이라는 이유로 김의 청구를 거절한다. (대법원 1993.6.8. 선고 92다19880 판결)

[해결] 판례는 "채무자가 채권자 앞으로 차용물 아닌 다른 재산권을 이전한 경우에 있어 그 권리의 이전이 채무의 이행을 담보하기 위한 것이 아니고 그 채무에 갈음하여 상대방에게 완전히 그 권리를 이전하는 경우 즉 대물변제의 경우에는 가사 그 시가가 그 채무의 원리금을 초과한다고 하더라도 민법 제607조, 제608조가 적용되지 아니한다"고 하므로 양도담보의 경우에만 청산절차를 거치게 된다. 채무와 관련하여 채무자 소유의 부동산이 채권자 앞으로 소유권이전등기가 경료된 경우, 그것이 종전채무의 변제에 갈음하여(즉 대물변제조로) 이전된 것인가, 아니면 종전채무의 담보를 위하여(즉 추후 청산절차를 유보하고) 이전된 것인가의 문제는 그 소유권이전 당시의 당사자 의사해석에 관한 문제인 것이고, 이 점에 관하여 담보목적임을 주장하는 측에 그 입증책임이 있다. 이 경우 소유권이전 당시의 채무액과 그 당시의 부동산의 가액, 당해 채무를 지게 된 경위와 그 후의 과정(가등기의 경료관계), 소유권이전 당시의 상황, 그 이후에 있어서의 당해 부동산의 지배 및 처분관계 등 제반사정을 종합하여 그것이 담보목적인지 여부를 가려야 할 것이다.

7. 채권자 불확지(不確知) 공탁

> [사안] 김과 박이 함께 A은행에 가서 박이 출연한 돈으로 김을 예금명의자로 하고 그 거래인감으로 김의 인장을 날인하여 예금을 하는 과정에서 박이 예금을 인출할 수 있도록 해 달라는 박의 요청에 따라 이러한 특약사항을 전산입력하였고 이에 대해 김이 다른 이의를 제기하지 아니하였다. 후에 박이 예금반환을 청구하자, A은행은 예금당시 박이 김의 인장만을 거래인감으로 신고하고 예금증서도 김에게 교부·보관시키는 등 출연자를 예금주로 하는 경우에 있어서의 통상적인 사정과 다른 점들이 있다며, 반환할 예금을 공탁하고 채무자인 A은행으로서는 과실 없이 그 채권자를 알 수 없는 경우에 해당하여 변제공탁에 의하여 유효하게 예금반환채무를 면하였다고 주장한다. (대법원 2004.11.11. 선고 2004다37737 판결)

[해결] 민법 제487조 후단의 '변제자가 과실 없이 채권자를 알 수 없는 경우'라 함은 객관적으로 채권자 또는 변제수령권자가 존재하고 있으나 채무자가 선량한 관리자의 주의를 다하여도 채권자가 누구인지를 알 수 없는 경우를 말하는 것이고, 한편 금융실명거래및비밀보장에관한법률하에서는 예금명의자를 예금주로 보는 것이 원칙이기는 하지만 예금의 출연자와 금융기관 사이에 예금명의인이 아닌 출연자에게 예금반환채권을 귀속시키기로 하는 명시적 약정이 있거나 또는 예금계약의 체결을 전후한 주관적·객관적 제반 사정을 종합하여 그와 같은 내용의 묵시적 약정이 있다고 인정되는 경우에는 출연자를 예금주로 하는 금융거래계약이 성립된 것으로 볼 수 있다. 따라서 예금계약의 출연자와 예금명의자

가 서로 다르고 양자 모두 예금채권에 관한 권리를 적극 주장하고 있는 경우로서 금융기관이 그 예금의 지급시는 물론 예금계약 성립시의 사정까지 모두 고려하여 선량한 관리자로서의 주의의무를 다하여도 어느 쪽이 진정한 예금주인지에 관하여 사실상 혹은 법률상 의문이 제기될 여지가 충분히 있다고 인정되는 때에는 채무자인 금융기관으로서는 민법 제487조 후단의 채권자 불확지를 원인으로 하여 변제공탁을 할 수 있다고 보아야 할 것이다.

8. 상계권의 행사와 권리남용

> [사안] 김은 A사에 자신의 소유인 점포를 임대보증금 2억원에 임대하였다. 그 후 김은 A사의 부도로 인하여 A사가 발행한 약속어음의 가치가 현저하게 하락된 사정을 잘 알면서 오로지 자신이 A사에 대하여 부담하는 임대차보증금반환채무와 상계할 목적으로 A사가 발행한 약속어음 20장을 액면가의 40%에도 미치지 못하는 가격으로 할인·취득하였다. 그 후 A사가 임대보증금반환채권을 B은행에 양도하고 B은행이 김에게 채권을 청구하자, 김은 이미 취득한 약속어음채권을 자동채권으로 하여 상계를 하였으므로 채무가 존재하지 않는다고 항변한다. (대법원 2003.4.11. 선고 2002다59481 판결)

[해결] 일반적으로 당사자 사이에 상계적상이 있는 채권이 병존하고 있는 경우에는 이를 상계할 수 있는 것이 원칙이고, 이러한 상계의 대상이 되는 채권은 상대방과 사이에서 직접 발생한 채권에 한하는 것이 아니라, 제3자로부터 양수 등을 원인으로 하여 취득한 채권도 포함한다 할 것인바, 이러한 상계권자의 지위가 법률상 보호를 받는 것은, 원래 상계제도가 서로 대립하는 채권, 채무를 간이한 방법에 의하여 결제함으로써 양자의 채권채무관계를 원활하고 공평하게 처리함을 목적으로 하고 있고, 상계권을 행사하려고 하는 자에 대하여는 수동채권의 존재가 사실상 자동채권에 대한 담보로서의 기능을 하는 것이어서 그 담보적 기능에 대한 당사자의 합리적 기대가 법적으로 보호받을 만한 가치가 있음에 근거하는 것이다. 따라서 당사자가 상계의 대상이 되는 채권이나 채무를 취득하게 된 목적과 경위, 상계권을 행사함에 이른 구체적·개별적 사정에 비추어, 그것이 위와 같은 상계제도의 목적이나 기능을 일탈하고, 법적으로 보호받을 만한 가치가 없는 경우에는, 그 상계권의 행사는 신의칙에 반하거나 상계에 관한 권리를 남용하는 것으로서 허용되지 않는다고 함이 상당하고, 상계권 행사를 제한하는 위와 같은 근거에 비추어 볼 때 일반적인 권리 남용의 경우에 요구되는 주관적 요건을 필요로 하는 것은 아니라고 할 것이다.

사안에서 김이 약속어음 채권을 취득한 목적과 경위, 그 대가로 지급한 금액, 상계권을 행사하게 된 사정에 비추어보면, 김의 상계권 행사는 상계제도의 목적이나 기능을 일탈하는 것이고, 법적으로 보호받을 만한 대립하는 채권·채무의 담보적 기능에 대한 정당한 기대가 없는 경우에 해당하여 신의칙에 반하거나 상계에 관한 권리를 남용하는 것으로서 허용되지 않는다.

[유제] 총칙편 제2강 권리남용의 금지 5.의 사안

9. 동시이행관계에 있는 채권의 상계여부

[사안] 김은 박에게 컴퓨터를 할부로 매매하였는데, 후에 김은 박의 계약위반을 이유로 컴퓨터매매약정을 해제하고 주장하기를, 박은 원상회복의무로서 컴퓨터 자체 또는 컴퓨터의 중고가격 상당의 이익에 대한 반환의무를 지므로, 이 반환채권을 자동채권으로 삼아 박이 기지급한 할부대금 상당의 부당이득반환청구권과 상계한다고 한다. 그러나 박은 자신의 컴퓨터사용에 따른 이익반환의무와 김의 기지급받은 컴퓨터매매대금 및 이에 대한 이자 상당을 반환할 의무는 서로 동시이행관계에 있는바, 이처럼 동시이행항변권이 부착된 채권을 자동채권으로 하여 상계하는 것은 박의 김에 대한 동시이행항변권을 부당하게 침해하는 것으로서 허용될 수 없다며 김의 상계항변을 배척한다. (대법원 2006.7.28. 선고 2004다54633 판결)

[해결] 상계제도는 서로 대립하는 채권·채무를 간이한 방법에 의하여 결제함으로써 양자의 채권·채무관계를 원활하고 공평하게 처리함을 목적으로 하고 있으므로, 상계의 대상이 될 수 있는 자동채권과 수동채권이 동시이행관계에 있다고 하더라도 서로 현실적으로 이행하여야 할 필요가 없는 경우라면 상계로 인한 불이익이 발생할 우려가 없고 오히려 상계를 허용하는 것이 동시이행관계에 있는 채권·채무관계를 간명하게 해소할 수 있으므로 상계가 허용된다고 할 것이다. 사안에서 김의 부당이득반환의무와 박의 김에 대한 컴퓨터 사용이익 반환 등의 원상회복의무는 동일한 사실관계에 기인한 것으로서 서로 동시이행관계가 있다고 인정함이 공평의 원칙에 합치한다고 할 것이므로, 김은 박에 대한 컴퓨터 사용이익 반환 등의 금전적인 원상회복채권을 자동채권으로 하여 박의 김에 대한 부당이득반환채권과 상계할 수 있다.

10. 상대방의 제3자에 대한 채권과의 상계여부

[사안] 최 소유의 X아파트에 행해진 임의경매절차에서 김은 이를 경락받아 경락대금을 완납하고 그 소유권이전등기를 경료하였다. 김은 자기 소유의 X아파트를 박이 정당한 권원없이 점유·사용하여 법률상 원인없이 부당한 이득을 취득하고 있다며 박에게 점유부분의 명도와 그 점유사용으로 인한 부당이득을 반환할 것을 주장한다. 그러나 박은 자신은 X아파트의 전 소유자인 최로부터 X아파트를 임차한 후 4,000만원 가량을 들여 리모델링공사를 하였으므로 이 공사로 인한 유익비를 상환받기 전까지는 X아파트를 유치할 권리가 있으므로 김에게 이를 명도할 의무가 없다고 주장한다. 그러자 김은 박에 대한 임료상당액의 부당이득금 반환채권으로 박의 최에 대한 유익비상환청구권과 상계한다고 주장한다. 그러나 박은 자신의 유익비상환청구권은 최와의 임대차계약에 기한 것이어서 김에 대한 채권이 아니라 최에 대한 채권이므로 김의 상계는 허용되지 아니한다고 한다. (대법원 2011.4.28. 선고 2010다101394 판결)

[해결] 상계는 당사자 쌍방이 서로 같은 종류를 목적으로 한 채무를 부담한 경우에 서로 같은 종류의 급부를 현실로 이행하는 대신 어느 일방 당사자의 의사표시로 그 대등액에 관하여 채권과 채무를 동시에 소멸시키는 것이고, 이러한 상계제도의 취지는 서로 대립하는 두 당사자 사이의 채권·채무를 간이한 방법으로 원활하고 공평하게 처리하려는 데에 있으므로, 수동채권으로 될 수 있는 채권은 상대방이 상계자에 대하여 가지는 채권이어야 하고, 그 상대방이 제3자에 대하여 가지는 채권과는 상계할 수 없다고 보아야 한다. 그렇지 않고 만약 상대방이 제3자에 대하여 가지는 채권을 수동채권으로 하여 상계할 수 있다고 한다면, 이는 상계의 당사자가 아닌 상대방과 제3자 사이의 채권채무관계에서 상대방이 제3자로부터 채무의 본지에 따른 현실급부를 받을 이익을 침해하게 될 뿐 아니라, 그 상대방의 채권자들 사이에서 상계자만 독점적인 만족을 얻게 되는 불합리한 결과를 초래하게 되므로, 상계의 담보적 기능과 관련하여 법적으로 보호받을 수 있는 당사자의 합리적 기대가 이러한 경우에까지 미친다고 볼 수는 없다.

11. 소멸시효가 완성된 채권에 의한 상계

[사안] 김은 1993.6.경 박과 김 소유의 X토지에 관하여 임대차기간 1993.7.부터 2013.7.까지로 정하여 임대하는 내용의 임대차계약을 체결하면서 박이 김에게 X토

지에 관한 공과금을 납부하기로 약정하였다. 김은 1998.1.부터 2013.6.까지 X토지에 관한 공과금 2천7백만원을 직접 납부하였다. 박은 1994.6.경 X토지의 형질을 당초 '임야'에서 '공장용지'로 변경하면서 상당한 비용을 지출하였고 임대차계약의 기간 만료 당시 X토지 가액의 증가가 3억4천만원 이상 현존하였다. 김은 2015.11. 박에게 공과금 납부액 상당의 구상금채권을 자동채권으로 하고 박의 김에 대한 X토지의 형질변경에 따른 유익비상환채권을 수동채권으로 하여 대등액에서 상계하는 의사를 표시하였다. 이에 대해 박이, 김의 구상금채권은 상계 의사표시 전에 이미 소멸시효가 완성되었다고 주장하자, 김은 소멸시효 완성 전부터 구상금채권과 유익비상환채권 간의 상계를 합리적으로 기대하는 이익을 가지고 있었음을 이유로 양 채권 간의 상계가 가능하다고 항변한다. (대법원 2021.2.10. 선고 2017다258787 판결)

[해결] 민법 제495조는 "소멸시효가 완성된 채권이 그 완성 전에 상계할 수 있었던 것이면 그 채권자는 상계할 수 있다."라고 규정하고 있다. 이는 당사자 쌍방의 채권이 상계적상에 있었던 경우에 당사자들은 그 채권·채무관계가 이미 정산되어 소멸하였다고 생각하는 것이 일반적이라는 점을 고려하여 당사자들의 신뢰를 보호하기 위한 것이다. 다만 이는 '자동채권의 소멸시효 완성 전에 양 채권이 상계적상에 이르렀을 것'을 요건으로 한다. 민법 제626조 제2항은 임차인이 유익비를 지출한 경우에는 임대인은 임대차 종료 시에 그 가액의 증가가 현존한 때에 한하여 임차인의 지출한 금액이나 그 증가액을 상환하여야 한다고 규정하고 있으므로, 임차인의 유익비상환채권은 임대차계약이 종료한 때에 비로소 발생한다고 보아야 한다. 따라서 임대차 존속 중 임대인의 구상금채권의 소멸시효가 완성된 경우에는 위 구상금채권과 임차인의 유익비상환채권이 상계할 수 있는 상태에 있었다고 할 수 없으므로, 그 이후에 임대인이 이미 소멸시효가 완성된 구상금채권을 자동채권으로 삼아 임차인의 유익비상환채권과 상계하는 것은 민법 제495조에 의하더라도 인정될 수 없다. 사안에서 박의 유익비상환채권은 임대차계약의 종료 시점인 2013.7.경 발생하므로 김의 구상금채권 가운데 임대차계약 존속 중에 이미 소멸시효가 완성된 부분은 유익비상환채권과 상계할 수 없다.

[유제] 김은 2012.4.경 박에게 분쇄기를 제작·설치하기로 하고 그 제작·설치를 마쳤다. 그런데 김이 설치한 분쇄기에는 하자가 있어 박이 수리비를 지출하였고, 박은 김에게 계약에 따른 66,100,000원의 대금을 지급하지 않았다. 김이 2015.3. 박을 상대로 위 대금의 지급을 구하는 소를 제기하자, 박은 김에게 도급계약에 따른 하자담보책임을 주장하며 김이 제작·설치한 분쇄기의 하자로 인한 손해배상채권을 김

의 미지급 대금채권과 상계한다고 주장한다. 그러나 김은 박이 도급인으로서 김에 대하여 갖는 하자 보수를 갈음하는 손해배상채권은 목적물을 인도받은 날부터 1년 내에 행사하여야 하는데(민법 제670조 제1항), 위 기간 내 권리를 행사하지 않아 이미 제척기간이 지났다고 항변하나, 박은 위 손해배상채권은 목적물을 인도받은 날 발생하여 제척기간이 지나기 전 김의 대금채권과 상계적상에 있었으므로, 박은 민법 제495조를 유추적용해서 위 손해배상채권을 자동채권으로 해서 김의 대금채권과 상계할 수 있다고 반박한다. (대법원 2019.3.14. 선고 2018다255648 판결)

[해결] 매도인의 담보책임을 기초로 한 매수인의 손해배상채권 또는 수급인의 담보책임을 기초로 한 도급인의 손해배상채권이 각각 상대방의 채권과 상계적상에 있는 경우에 당사자들은 채권·채무관계가 이미 정산되었거나 정산될 것으로 기대하는 것이 일반적이므로, 그 신뢰를 보호할 필요가 있다. 이러한 손해배상채권의 제척기간이 지난 경우에도 그 기간이 지나기 전에 상대방에 대한 채권·채무관계의 정산 소멸에 대한 신뢰를 보호할 필요성이 있다는 점은 소멸시효가 완성된 채권의 경우와 아무런 차이가 없다. 따라서 매도인이나 수급인의 담보책임을 기초로 한 손해배상채권의 제척기간이 지난 경우에도 제척기간이 지나기 전 상대방의 채권과 상계할 수 있었던 경우에는 매수인이나 도급인은 민법 제495조를 유추적용해서 위 손해배상채권을 자동채권으로 해서 상대방의 채권과 상계할 수 있다고 봄이 타당하다.

12. 고의의 채무불이행으로 인한 손해배상채권에 대한 상계의 금지

[사안] A통신사와 B통신사의 상호접속협정에 따르면 A사는 MSC 방식에 의한 접속을 제공할 의무가 있음이 분명한데도 B사의 거듭된 접속의 제공요청에 대하여 상호접속협정은 2세대 이동통신서비스에만 적용된다는 의견을 굽히지 않으면서 MSC 방식의 접속 제공을 거부하였다. 이로 인한 B사의 손해배상청구에 대하여 A사는 자신의 채권을 가지고 수동채권인 B사의 손해배상채권과 상계한다고 주장한다. 그러나 B사는 A사의 위와 같은 행위가 고의에 의한 채무불이행 또는 불법행위에 해당하고, 따라서 이로 인한 B사의 손해배상채권을 수동채권으로 한 A사의 상계주장은 허용되지 않는다고 항변한다. (대법원 2017.2.15. 선고 2014다19776 판결)

[해결] 민법 제496조는 "채무가 고의의 불법행위로 인한 것인 때에는 그 채무자는 상계로 채권자에게 대항하지 못한다."라고 정하고 있다. 고의의 불법행위로 인한 손해배상채권에

대하여 상계를 허용한다면 고의로 불법행위를 한 사람까지도 상계권 행사로 현실적으로 손해배상을 지급할 필요가 없게 되어 보복적 불법행위를 유발하게 될 우려가 있다. 또 고의의 불법행위로 인한 피해자가 가해자의 상계권 행사로 현실의 변제를 받을 수 없는 결과가 됨은 사회적 정의관념에 맞지 않는다. 따라서 고의에 의한 불법행위의 발생을 방지함과 아울러 고의의 불법행위로 인한 피해자에게 현실의 변제를 받게 하려는 데 이 규정의 취지가 있다. 이 규정은 고의의 불법행위로 인한 손해배상채권을 수동채권으로 한 상계에 관한 것이고 고의의 채무불이행으로 인한 손해배상채권에는 적용되지 않는다. 다만 고의에 의한 행위가 불법행위를 구성함과 동시에 채무불이행을 구성하여 불법행위로 인한 손해배상채권과 채무불이행으로 인한 손해배상채권이 경합하는 경우에는 이 규정을 유추적용할 필요가 있다. 이러한 경우에 고의의 채무불이행으로 인한 손해배상채권을 수동채권으로 한 상계를 허용하면 이로써 고의의 불법행위로 인한 손해배상채권까지 소멸하게 되어 고의의 불법행위에 의한 손해배상채권은 현실적으로 만족을 받아야 한다는 이 규정의 입법 취지가 몰각될 우려가 있기 때문이다. 따라서 이러한 예외적인 경우에는 민법 제496조를 유추적용하여 고의의 채무불이행으로 인한 손해배상채권을 수동채권으로 하는 상계를 한 경우에도 채무자가 그 상계로 채권자에게 대항할 수 없다고 보아야 한다.

> [유제] 김과 박은 사소한 말다툼 끝에 격투가 벌어져 서로에게 상해를 입혔다. 김이 박에게 상해로 인한 치료비와 일실이익 등의 손해를 청구하자 박도 자신이 입은 상해로 인한 배상청구권과 상계한다고 주장한다. (대법원 1994.2.25. 선고 93다38444 판결)

[해결] 고의의 불법행위로 인한 손해배상채권을 수동채권으로 하는 상계는 허용되지 않는 것이며(민법 제496조), 이는 그 자동채권이 동시에 행하여진 싸움에서 서로 상해를 가한 경우와 같이 동일한 사안에서 발생한 고의의 불법행위로 인한 손해배상채권인 경우에도 마찬가지다.

13. 상계와 압류

> [사안] 김은 박이 최에 대하여 가진 공사대금채권에 대하여 채권가압류를 하였다. 이 경우 김의 가압류의 효력 발생일은 2008.6.30.이고, 피압류채권인 공사대금채권의 변제기는 2008.6.10.경이다. 그러나 최는 박에 대하여 액면금 1억원, 변제기 2008.7.25.인 약속어음 관련 대여금채권을 반대채권으로 가지고 있는 바, 이 채권

> 의 변제기가 피압류채권의 변제기 이후지만 이 채권이 가압류 효력 발생 당시 이미 취득되어 있었던 이상, 최로서는 약속어음이 부도나더라도 반대채권과 공사대금채권을 상계함으로써 자신의 채권을 확보할 수 있으리라는 합리적이고 정당한 기대를 할 수 있으므로, 압류 당시 양 채권이 상계적상에 있지 아니하고 반대채권의 변제기도 도래하지 아니하였다 하더라도, 양 채권의 변제기 선후를 불문하고 그 후에 상계적상에 이르면 상계로써 압류채권자 김에게 대항할 수 있다고 주장한다. (대법원 2012.2.16. 선고 2011다45521 전원합의체 판결)

[해결] 민법 제498조는 "지급을 금지하는 명령을 받은 제3채무자는 그 후에 취득한 채권에 의한 상계로 그 명령을 신청한 채권자에게 대항하지 못한다"라고 규정하고 있다. 위 규정의 취지, 상계제도의 목적 및 기능, 채무자의 채권이 압류된 경우 관련 당사자들의 이익상황 등에 비추어 보면, 채권압류명령 또는 채권가압류명령을 받은 제3채무자가 압류채무자에 대한 반대채권을 가지고 있는 경우에 상계로써 압류채권자에게 대항하기 위하여는, 압류의 효력 발생 당시에 대립하는 양 채권이 상계적상에 있거나, 그 당시 반대채권(자동채권)의 변제기가 도래하지 아니한 경우에는 그것이 피압류채권(수동채권)의 변제기와 동시에 또는 그보다 먼저 도래하여야 할 것이다

사안에서 가압류의 효력이 발생할 당시 피압류채권인 공사대금채권은 이미 변제기가 도래하였으나 반대채권은 변제기가 도래하지 아니하였기 때문에 그 당시 양 채권이 상계적상에 있었다고 할 수 없고, 나아가 반대채권의 변제기가 공사대금채권의 변제기보다 나중에 도래하므로, 최는 반대채권에 의한 상계로써 압류채권자인 김에게 대항할 수 없다고 보아야 한다.

(반대의견) 지급을 금지하는 명령을 받을 당시에 반대채권과 피압류채권 모두의 이행기가 도래한 때에는 제3채무자가 당연히 반대채권으로써 상계할 수 있고, 반대채권과 피압류채권 모두 또는 그 중 어느 하나의 이행기가 아직 도래하지 아니하여 상계적상에 놓이지 아니하였더라도 그 이후 제3채무자가 피압류채권을 채무자에게 지급하지 아니하고 있는 동안에 반대채권과 피압류채권 모두의 이행기가 도래한 때에도 제3채무자는 반대채권으로써 상계할 수 있고, 이로써 지급을 금지하는 명령을 신청한 채권자에게 대항할 수 있다고 보아야 한다.

14. 조건부 경개계약

> [사안] 김과 박은 폐기물 중간처리업을 공동으로 수행하기로 하는 협약(제1약정)을 체결하여 소각처리시설을 완공하고 공동명의로 폐기물 중간처리업 허가를 받은 상

> 태에서, 김은 협약에 따라 확정적으로 취득한 시설운용 하수급 권리를 포기하는 대신에 박이 수주할 수 있는 것인지 분명하지 않은 별개의 복원공사 중 일부 작업을 장차 박으로부터 하도급받기로 하는 내용의 약정(제2약정)을 체결하였다. 김은, 제2약정은 박이 복원공사를 수주하지 못할 것을 해제조건으로 한 경개계약이라고 해석함이 상당하므로, 그 해제조건이 성취된 경우, 즉 박이 복원공사를 수주하지 못하는 것으로 확정된 경우에는 동 약정이 효력을 잃게 되며, 그 결과 박의 복원공사 하도급 채무는 성립하지 아니하고 제1약정에 따른 시설운용 하도급 채무도 소멸하지 않은 것으로 보아야 할 것이고 따라서 박에게 제1약정에 따라 채무불이행에 대한 손해배상예정액을 지급할 것을 구한다. 그러나 박은 경개계약인 제2약정에 의하여 제1약정에 따른 박의 시설운용 하도급채무가 확정적으로 소멸하였다고 항변한다. (대법원 2007.11.15. 선고 2005다31316 판결)

[해결] 경개계약은 구채무를 소멸시키고 신채무를 성립시키는 처분행위로서 구채무의 소멸은 신채무의 성립에 의존하므로, 경개로 인한 신채무가 원인의 불법 또는 당사자가 알지 못한 사유로 인하여 성립되지 아니하거나 취소된 때에는 구채무는 소멸되지 않는 것이며(민법 제504조), 특히 경개계약에 조건이 붙어 있는 이른바 조건부 경개의 경우에는 구채무의 소멸과 신채무의 성립 자체가 그 조건의 성취 여부에 걸려 있게 된다. 사안에서 박이 부담하는 반대급부의 내용을 변경한 부분은 조건부 경개계약에 해당한다고 보여지고 따라서 박의 원계약상의 채무는 존속하고 박은 이 채무를 불이행한 것에 대하여 배상책임을 진다.

15. 경개와 준소비대차

> **[사안]** A은행은 B사에 대하여 70억원의 대출금채권이 남아 있는 상태에서, B사가 발행한 무기명식 무보증전환사채 20억원을 인수하고 사채인수대금을 주관사인 증권사에 납입하였다. 그 후 B사는 인수대금에 상당하는 20억원을 인출하여 A은행에 대한 대출금채무를 변제하였다. A은행은 기존의 대출금채권에 대한 담보의 효력이 전환사채에까지 미친다고 주장하나, B사는 무기명 등록사채의 경우에는 등록만으로 양도나 담보제공이 이루어지는 등 고도의 유통성이 보장되는 유가증권이므로 그 인수계약의 성질을 소비대차계약이라고 볼 수 없을 뿐 아니라, 전환사채와 기존의 대출금채권 사이에 동일성이 있다고 할 수 없다고 항변한다. (대법원 2003.9.26. 선고 2002다31803,31810 판결)

[해결] 준소비대차는 "당사자 쌍방이 소비대차에 의하지 아니하고 금전 기타의 대체물을 지급할 의무가 있는 경우에 당사자가 그 목적물을 소비대차의 목적으로 할 것을 약정한 때에"(제605조) 성립하는 것으로서, 기존채무를 소멸케 하고 신채무를 성립시키는 계약인 점에 있어서는 경개와 동일하지만 경개에 있어서는 기존채무와 신채무 사이에 동일성이 없는 반면, 준소비대차에 있어서는 원칙적으로 동일성이 인정된다는 점에 차이가 있다. (이때 신채무와 기존채무의 소멸은 서로 조건을 이루어 기존채무가 부존재하거나 무효인 경우에는 신채무는 성립하지 않고 신채무가 무효이거나 취소된 때에는 기존채무는 소멸하지 않았던 것이 되고, 기존채무와 신채무의 동일성이란 기존채무에 동반한 담보권, 항변권 등이 당사자의 의사나 그 계약의 성질에 반하지 않는 한 신채무에도 그대로 존속한다는 의미이다.)

기존채권·채무의 당사자가 그 목적물을 소비대차의 목적으로 할 것을 약정한 경우 그 약정을 경개로 볼 것인가 또는 준소비대차로 볼 것인가는 일차적으로 당사자의 의사에 의하여 결정되고, 만약 당사자의 의사가 명백하지 않을 때에는 동일성을 상실함으로써 채권자가 담보를 잃고 채무자가 항변권을 잃게 되는 것과 같이 스스로 불이익을 초래하는 의사를 표시하였다고는 볼 수 없으므로 일반적으로 준소비대차로 보아야 하지만, 신채무의 성질이 소비대차가 아니거나 기존채무와 동일성이 없는 경우에는 준소비대차로 볼 수 없다.

16. 경개계약의 합의해제

> [사안] 김과 박은 김의 X부동산과 박의 Y부동산을 교환하기로 하는 계약을 체결하였다. 그 후 김과 박은 부동산의 교환대신에 김이 박에게 양 부동산의 차액금으로 2천만원을 지급하기로 하는 약정을 하였다. 그 후 양 부동산의 평가액과 관련하여 다툼이 생기자, 박은 차액금지급약정의 효력을 부인하며 Y부동산의 소유권이전등기에 필요한 서류를 김에게 교부하였고 김은 이를 수령하였다. 그 후 박이 김에게 X부동산의 소유권이전등기를 청구하자 김은 이를 거절하며 차액금을 지급하겠다고 한다. (대법원 2003.2.11. 선고 2002다62333 판결)

[해결] 경개계약은 신채권을 성립시키고 구채권을 소멸시키는 처분행위로서 신채권이 성립되면 그 효과는 완결되고 경개계약 자체의 이행의 문제는 발생할 여지가 없으므로 경개에 의하여 성립된 신채무의 불이행을 이유로 경개계약을 해제할 수는 없다. 그러나 계약자유의 원칙상 경개계약의 성립 후에 그 계약을 합의해제하여 구채권을 부활시키는 것은 적어도 당사자 사이에서는 가능하다. 김과 박 사이에 최종약정이 묵시적으로 합의해제되어 종전의 교환계약이 부활되었다고 판단될 여지가 있다.

제3편 채권각론

제1강 계약의 성립

계약체결여부의 판단기준 /청약의 유인 /의사실현(意思實現)에 의한 계약성립 /승낙의 방식 /연착된 승낙의 효력 /변경을 가한 승낙 /계약의 교섭단계에서 이행의 착수와 손해배상 /원시적 불능과 계약체결상의 과실

■ 청약과 승낙의 의사표시의 합치로 성립하는 계약성립의 이론과 관련하여 다양한 쟁점들이 판례에 나타나고 있다. 학설상 인정되는 청약의 유인의 개념, 의사실현에 의한 계약의 성립, 연착되거나 변경된 승낙에 대한 민법규정의 해석론 등을 다룬다. 계약체결과정에 대하여는 제535조의 직접적 규율내용인 원시적 불능에 관한 사례 뿐만 아니라 계약교섭의 파기와 그에 따른 배상책임의 문제를 다룬 판례들을 본다.

1. 계약체결여부의 판단기준

[사안] A건설사는 김과 X아파트 ○○○동 △△△호에 관하여 동·호수 지정계약을 체결하고, 같은 날 김으로부터 계약금 명목으로 100만 원을 지급받았다. 이 지정계약에는 분양대금, 납부방법, 목적물의 인도와 소유권이전등기 시기 등에 대하여 아무런 기재가 없을 뿐만 아니라, 나중에라도 구체적으로 특정할 수 있는 방법과 기준이 정해져 있지 않다. 또 정식계약 시에는 계약자의 인감증명서, 주민등록등본이 필요하다는 점을 명기하고 있다. A사는 동·호수 지정계약 당시에는 김에게 분양계약의 청약을 유인하고 김에게 동·호수를 확보해 주기로 한 것일 뿐이라고 하나, 김은 동·호수 지정계약을 통해서 목적물 아파트에 관한 확정적 분양계약이 체결되었다고 항변한다. (대법원 2017.5.30. 선고 2015다223411)

[해결] 계약이 성립하기 위해서는 당사자 사이에 계약의 내용에 관한 의사의 합치가 있어야 한다. 이러한 의사의 합치는 계약의 내용을 이루는 모든 사항에 관하여 있어야 하는 것은 아니고, 그 본질적 사항이나 중요 사항에 관하여 구체적으로 의사가 합치되거나 적어도 장래 구체적으로 특정할 수 있는 기준과 방법 등에 관한 합의가 있으면 충분하다. 한편 당사자가 의사의 합치가 이루어져야 한다고 표시한 사항에 대하여 합의가 이루어지지 않은 경우에는 계약은 성립하지 않은 것으로 보는 것이 타당하다.

아파트 등을 분양하기로 하는 계약이 성립하기 위해서는 분양 목적물 외에 분양대금의 액수, 목적물의 인도와 소유권이전등기 시기 등 계약의 중요 사항이 정해져 있거나 장래 구체적으로 특정할 수 있는 기준과 방법 등에 관한 합의가 있어야 한다. 아파트의 동·호수만을 지정하는 계약에 목적물만 특정되어 있을 뿐 그 밖에 분양대금의 액수, 목적물의 인도 시기 등 계약의 중요 사항이 정해져 있지 않고 나아가 장래에 이를 특정할 수 있는 기준과 방법 등에 관하여 구속력이 있는 합의가 있다고 보기 어려운 경우에는 위 계약을 분양계약이라고 할 수는 없고, 나중에 분양계약을 체결한 경우 동·호수만을 확보하는 의미가 있을 뿐이다.

> [유제] 김은 A공사로부터 X토지를 매수하기로 하였으나 잔금을 지체하게 되자, A사의 박과장은 일단 김이 지급한 계약보증금은 몰취하되, 후에 김이 매매대금을 지급할 방안을 마련하면 처음의 매매계약과 동일한 매매대금과 조건으로 수의 재계약을 체결하는 것이 가능하니 그때가서 다시 계약서를 작성할 것을 제안하였다. 그 후 김은 X토지에 관하여 A사와의 사이에 새로운 매매계약이 체결되었다고 주장하나, A사는 박과장의 제안만으로는 김의 주장과 같은 새로운 매매계약 또는 매매예약이 체결되었다고 인정하기에 부족하고, 그 단계까지는 이르지 아니하고 협의의 단계에 이른 정도로 보아야 한다고 항변한다. (대법원 2005.12.8. 선고 2003다41463 판결)

[해결] 계약이 성립하기 위한 법률요건인 청약은 그에 응하는 승낙만 있으면 곧 계약이 성립하는 구체적, 확정적 의사표시여야 하므로 청약은 계약의 내용을 결정할 수 있을 정도의 사항을 포함시키는 것이 필요하다.

2. 청약의 유인

> [사안] 김씨외 648인과 A사 사이에 체결된 아파트 분양계약서에는 분양의 목적물이 건물과 대지의 면적 및 그 동과 호수를 표시한 아파트 1동과 이에 따른 전기, 도로,

> 상수도시설 기타 부대시설(공용)로 되어 있고, 기타사항으로 견본주택 및 각종 인쇄물과 모형도상의 구획선 및 시설물의 위치, 설계도면 등의 표시가 계약체결일 이후 사업계획 변경승인 및 신고 등에 따라 일부 변경된 경우에는 A사가 수분양자들에게 이를 통보하기로 규정하고 있을 뿐이고, 다만 A사가 배포한 광고문안에는 온천, 바닥재(원목마루), 유실수단지, 테마공원의 설치, 그리고 서울대학교의 이전, 지방 도로의 확장, 전철복선화 예정 등의 내용이 포함되어 있었다. 후에 김 등은 광고문안의 조건의 불이행을 이유로 A사에게 손해의 배상을 청구하나, A사는 분양계약서에는 이와 관련하여 아무런 내용이나 조건이 기재되어 있지 아니하다며 그와 같은 아파트만을 공급하기로 하는 합의가 존재하지 않는다고 항변한다. (대법원 2007.6.1. 선고 2005다5812,5829,5836)

[해결] 청약은 이에 대응하는 상대방의 승낙과 결합하여 일정한 내용의 계약을 성립시킬 것을 목적으로 하는 확정적인 의사표시인 반면 청약의 유인은 이와 달리 합의를 구성하는 의사표시가 되지 못하므로 피유인자가 그에 대응하여 의사표시를 하더라도 계약은 성립하지 않고 다시 유인한 자가 승낙의 의사표시를 함으로써 비로소 계약이 성립하는 것으로서 서로 구분되는 것이다. 이러한 구분기준에 따르자면, 상가나 아파트의 분양광고의 내용은 청약의 유인으로서의 성질을 갖는데 불과한 것이 일반적이다. 한편 분양계약은 목적물의 외형·재질 등이 견본주택(모델하우스) 및 각종 인쇄물에 의하여 구체화될 것을 전제로 하는 것으로 보아야 할 것이어서, 청약의 유인에 불과한 광고 내용이나 조건 또는 설명 중 구체적 거래조건, 즉 아파트의 외형·재질 등에 관한 것으로서 사회통념에 비추어 수분양자가 분양자에게 계약 내용으로서 이행을 청구할 수 있다고 보여지는 사항에 관한 한 수분양자들은 이를 신뢰하고 분양계약을 체결하는 것이고 분양자들도 이를 알고 있었다고 보아야 할 것이므로, 분양자와 수분양자 사이에 이를 분양계약의 내용으로 하기로 하는 묵시적 합의가 있었다고 봄이 상당하다.

사안의 광고 내용 중 도로확장 및 서울대 이전 광고, 전철복선화에 관한 광고는 수분양자들 입장에서 분양자인 A사가 그 광고 내용을 이행한다고 기대할 수 없는 것들이므로 그 광고 내용이 그대로 분양계약의 내용을 이룬다고 보기는 어렵겠지만, 온천 광고, 바닥재(원목마루) 광고, 유실수단지 광고 및 테마공원 광고는 아파트의 외형·재질 등에 관한 것으로서 이행 가능하다는 점에서 분양계약의 내용이 된다.

3. 의사실현(意思實現)에 의한 계약성립

[사안] 김은 박에게 오피스텔을 지어 분양하였는데, 토지구획정리사업의 시행으로 인하여 당초 오피스텔 부지로 예정되어 있던 토지의 일부에 대한 소유권을 이전받지 못한 박은 김에게 "미이전 토지에 관한 대토를 포기하는 반면 분양자가 분할 후 위 미이전 토지에 대하여 환지 대신 환지청산금을 교부받아 그 금원으로 수분양자 등에게 부과될 환지청산금을 처리하여 달라"는 내용의 통지서 및 그와 같은 취지가 기재된 환지계획의견서 양식을 송부하였고 이에 대하여 김은 박의 요청대로 토지구획정리사업시행자에게 위 환지계획의견서를 제출하였다. 후에 사업시행자가 박에게 환지청산금을 부과하고 김에게는 환지청산금을 교부하자 박은 김에게 약정에 따른 처리를 요구한다. 그러나 김은 박이 통지서 등을 송부한 행위는 그에 대한 김의 승낙만 있으면 곧바로 박이 주장하는 환지청산금 계약을 성립시킬 수 있을 정도로 계약의 중요 내용을 확정적으로 제시한 확정적 의사표시라고 보기 어려워 청약에 해당하지 않고, 김은 박의 요구를 승낙하여 구속력 있는 약정을 한다는 확정적 의사가 아니라, 일단 박을 진정시키고 사후에 박에게 환지 청산금이 부과되면 박과 협의하여 이를 해결할 의도하에 위 환지계획의견서를 작성하여 사업시행자에게 제출한 것으로 봄이 상당하여 승낙에 해당하지 않으므로, 박의 통보서 등의 송부와 김의 환지계획의견서의 제출은 구속력 있는 약정이 성립되기 이전에 이루어지는 준비교섭 과정에서의 행위에 불과하고, 이로써 김과 박 사이에 어떤 약정이 성립되었다고 볼 수는 없다고 항변한다. (대법원 2003.5.13. 선고 2000다45273 판결)

[해결] 청약은 그에 대한 승낙에 의하여 곧바로 계약의 성립에 필요한 의사합치에 이를 수 있을 정도로 내용적으로 확정되어 있거나 해석에 의하여 확정될 수 있어야 할 것이다. 사안에서 박이 김에게 보낸 통지서에 당시 환지청산금의 구체적인 금액은 정하여지지 않았지만 그 대상 토지가 특정된 이상 장래 환지처분 공고시 그 금액은 자연히 확정될 수 있는 것이어서 박이 김에게 보낸 통지서에 나타난 의사표시는 상대방의 승낙이 있으면 곧바로 의사의 합치에 이를 수 있는 정도로 내용적으로 확정될 수 있는 청약에 해당한다고 보아야 할 것이다.

한편, 김이 박이 보낸 위 통지서를 받고 박이 요청한 대로 그에 첨부된 위 환지계획의견서 양식 말미에 각 서명·날인하여 이를 사업시행자에게 제출하였고, 당시 박은 김이 사업시행자에게 환지계획의견서를 제출하기만 하면 박이 원하는 대로의 합의가 성립되는 것으로 생각하였을 뿐 굳이 별도로 승낙의 통지를 기대하였다고 보이지 않으므로, 김이 사업시행자에게 환지계획의견서를 제출한 행위는 민법 제532조에 따라 승낙의 의사표시로 인정될 수 있는 사실에 해당한다고 볼 것이다. 이로써 김과 박 사이에는 박의 통지서 및 그와 같은 취지가 기재된 환지계획의견서 양식을 송부한 행위(청약)에 대하여 김이 박의 요청대로 토지구획정리사업시행자에게 위 환지계획의견서를 제출(승낙)함으로써 약정이 성립되었다고 보아야 한다.

4. 승낙의 방식

[사안] 김은 박에게 청약을 하면서 "7일 이내에 이의가 없는 경우에 동의한 것으로 간주한다"고 하였다. 그 후 박은 넉달 후에야 비로소 동의의 의사표시를 하였다면 계약의 성립여부는? (대법원 1999.1.29. 선고 98다48903 판결)

[해결] 청약이 상시거래관계에 있는 자 사이에 그 영업부류에 속한 계약에 관하여 이루어진 것이어서 상법 제53조가 적용될 수 있는 경우가 아니라면, 청약의 상대방에게 청약을 받아들일 것인지 여부에 관하여 회답할 의무가 있는 것은 아니므로, 청약자가 미리 정한 기간 내에 이의를 하지 아니하면 승낙한 것으로 간주한다는 뜻을 청약시 표시하였다고 하더라도 이는 상대방을 구속하지 아니하고 그 기간은 경우에 따라 단지 승낙기간을 정하는 의미를 가질 수 있을 뿐이다. 따라서 그 기간이 도과하면 오히려 청약이 실효되어 그에 따른 계약이 성립할 수 없게 된다.

5. 연착된 승낙의 효력

[사안] A사는 B사에게 알루미늄괴 1천메트릭톤을 메트릭톤당 13억원에 매도할 의사가 있으며 그 유효기간을 1990.8.8. 18:00까지로 하는 청약의 취지가 담긴 확정매도신청(Firm Offer)형식의 거래제의문에 합의하고 그 내용 중 중요부분을 그대로 기재한 상품매매기본계약서를 거래제의문의 유효기간인 1990.8.8. 18:00를 58분 경과한 그날 18:58에 A사에게 교부하였다. 한편 B사는 A사로부터 매수하기로 한 알루미늄괴 전량을 C사에 매도하는 계약을 체결하고 이 사실을 A사에 통보하였다. 그 후 A사는 B사의 매수의사표시가 유효기간을 경과하여 효력이 없다든가 하는 등의 이의는 하지 않은 채 그로부터 상당한 기간이 경과한 후 D사에게 위 알루미늄 전량을 매도하여 인도하여 주었다. B사는, 유효기간이 경과한 후에 A사가 승낙의 의사표시를 받았다 하더라도 이에 대하여 아무런 이의가 없었으며 그 유효기간 경과 후 B사의 승낙의 의사표시를 A사가 수령하기까지의 58분 동안에 채무자에게 다

> 른 아무런 사정변경이 없었으므로 A사의 청약의 효력은 B사의 승낙이 도착한 유효기간 경과 후 58분의 시점까지도 여전히 유지되었다고 주장한다. 그러나 A사는 유효기간으로 기재된 8.8. 18:00는 청약의 효력이 유지되는 최종시점이며 그 시각이 경과하면 위 거래제의문에 의한 청약은 그 효력이 상실된다고 항변한다. (대법원 1994.8.12. 선고 92다23537 판결)

[해결] 거래제의문에 기재된 8.8. 18:00가 일응 관공서의 퇴근시간인 18:00를 형식적으로 예시한 것에 불과하다고 인정할 만한 경우가 아니라면, 그 약정시점은 청약의 효력이 유지되는 최종시점이며 그 시각이 경과하면 거래제의문에 의한 청약은 그 효력이 상실된다고 봄이 도리어 신의칙에 합당하다. 청약자는 연착된 승낙에 대하여 상대방에게 통지할 의무도 없으며, 연착시점까지 청약자에게 아무런 사정변경이 없었다는 상대방의 항변은 성립할 수 없다.

6. 변경을 가한 승낙

> **[사안]** 김은 박에게 초음파진단기를 납품하는 계약을 체결하는 과정에서 최종협상조건을 제시하면서 이에 응하지 않으면 계약 파기하는 것으로 간주하고 장비를 회수하겠다고 통보하자, 박은 "현재 자신이 인도받아 사용하고 있는 기계는 회수해 가되, 전립선 볼륨 측정이 가능한 초음파 진단기를 납품하고, 그 납품 시점부터 박이 리스 금융 책임을 지겠다"고 답하였다. 이에 김은 최종협상조건에 따라 분쟁을 종식시키거나 아니면 진단기 매매계약을 합의해제할 것을 청약한데 대해 박이 동의하였다고 볼 것이라고 하나, 박은 자신의 답변을 김의 '최종협상조건에 따른 분쟁 종식 혹은 매매계약 합의해제 청약'에 대하여 승낙하는 의사표시로는 볼 수 없다 할 것이고, 오히려 김의 청약에 대하여 변경을 가하여 승낙한 것으로 보아야 할 것이라고 항변한다. (대법원 2002.4.12. 선고 2000다17834 판결)

[해결] 매매계약 당사자 중 매도인이 매수인에게 매매계약을 합의해제할 것을 청약하였다고 할지라도, 매수인이 그 청약에 대하여 조건을 붙이거나 변경을 가하여 승낙한 때에는 민법 제534조의 규정에 비추어 보면 그 청약의 거절과 동시에 새로 청약한 것으로 보게 되는 것이고, 그로 인하여 종전의 매도인의 청약은 실효된다할 것이다. 사안에서 김의 '최종협상조건에 따른 분쟁 종식 혹은 매매계약 합의해제 청약'은 박에 의하여 거절되었다 할 것이고, 김의 청약은 그 효력을 상실하였다고 보아야 할 것이므로, 최종협상조건에 따라 분쟁을 종식하기로 합의가 이루어졌다거나 매매계약이 합의해제되었다고 볼 수는 없다.

[유제] A사는 1981.11.2. 김을 채용한 후 1986.8.10. 인사절차상의 이유로 김을 퇴직처리하였다가 그 다음날 다시 신규채용하였다. 김은 1999.1.5. A사에게 최초 입사일부터 1998.12.31.까지의 근속기간에 대한 퇴직금의 중간정산을 요구하였으나, A사는 중간퇴직이 유효하다보고 그 다음날인 1986.8.11.부터 1998.12.31.까지의 근속기간에 대하여만 중간정산을 행하였고 김은 별다른 이의없이 그 중간정산퇴직금을 수령하였다. 후에 김은 중간정산의 계속근로기간은 자신이 요구한 최초 입사일부터 기산되어야 함에도 중간퇴직 다음날부터 기산되었으므로 중간정산도 무효라고 주장하나, A사는 당초 중간정산을 요구하였던 기간 중 최초 입사일부터 중간퇴직일까지의 기간에 대하여는 중간정산의 합의가 성립되지 않았다 하더라도, 중간퇴직 다음날부터 1998.12.31.까지의 기간에 대하여는 A사의 변경을 가한 승낙과 이에 대한 김의 동의로써 그 중간정산의 합의가 성립되었다고 항변한다. (대법원 2008.2.1. 선고 2006다20542 판결)

[해결] 퇴직금중간정산은 근로자가 기왕의 계속근로기간 전부 또는 일부에 대하여 퇴직금의 중간정산을 요구하고 사용자가 그 요구기간에 대한 중간정산을 승낙함으로써 성립하는 것이고, 이 경우 사용자는 근로자의 요구기간 중 일부 기간에 대하여만 일방적으로 중간정산을 실행함으로써 그 합의를 확정지을 수 없으나, 사용자의 일부 기간에 대한 중간정산 실행이 민법 제534조에 의한 변경을 가한 승낙으로서 새로운 청약에 해당하고 근로자가 그 중간정산퇴직금을 아무런 이의 없이 수령함으로써 이에 동의한 것으로 볼 수 있는 경우에는 그 중간정산이 실행된 일부 기간의 범위 내에서 중간정산이 성립되었다고 할 것이다.

7. 계약의 교섭단계에서 이행의 착수와 손해배상

[사안] A건설사는 정부출연기관인 B연구소가 발주한 공사를 수행하던 중 외환위기로 수입원자재 가격이 급상승하여 B연구소에 공사비용의 조정을 요구하자, B는 추가공사비용의 지급을 위한 예산확보를 위하여 노력하겠다는 분명한 의사를 표시하면서 추가공사비용의 지급을 전제로 잔여공사의 이행을 A사에 요구하였다. 양자간에는 실무자들 사이의 협상을 거쳐 B연구소 내부적으로 45억원의 공사비용증액이 타당하다는 결론을 내리고 이를 A사에 통고하였다. 그 후 A사는 잔여공사를 마쳤으나 B는 국회에서 연구소 예산이 감액되었고 이로 인해 구체적인 예산집행계획이 수립되지 않았다는 등의 주장을 하며 추가공사비용을 확정하여 지급하기 위한 협상 내지 조정

에 전혀 응하지 아니하였다. 이에 A사는 B에게 계약교섭의 파기에 대한 손해배상으로서 추가공사비용 상당액의 지급을 청구한다. (대법원 2004.5.28. 선고 2002다32301 판결)

[해결] 1) 불법행위로 인한 손해배상책임의 성립 여부

어느 일방이 교섭단계에서 계약이 확실하게 체결되리라는 정당한 기대 내지 신뢰를 부여하여 상대방이 그 신뢰에 따라 행동하였음에도 상당한 이유 없이 계약의 체결을 거부하여 손해를 입혔다면 이는 신의성실의 원칙에 비추어 볼 때 계약자유원칙의 한계를 넘는 위법한 행위로서 불법행위를 구성한다. 사안의 여러 사정을 고려하면 B가 계약교섭 이후 잔여 공사의 완성 시점까지 최초 공사도급계약을 체결할 당시의 예상과 달리 추가로 지출할 수밖에 없게 된 공사비용을 지급할 것이라는 신뢰 내지 기대를 확실하게 부여하였다고 볼 수 있고, 또 B는 정당한 이유 없이 추가 공사비용을 확정하여 지급하기 위한 협상 내지 조정에 전혀 응하지 아니하였는바, 이는 신의성실의 원칙에 비추어 볼 때 계약자유원칙의 한계를 넘은 위법한 행위로서 불법행위를 구성한다고 할 것이다.

2) 손해배상책임의 범위

계약교섭의 부당한 중도파기가 불법행위를 구성하는 경우, 상대방에게 배상책임을 지는 것은 계약체결을 신뢰한 상대방이 입게 된 상당인과관계 있는 손해이고, 한편 계약교섭 단계에서는 아직 계약이 성립된 것이 아니므로 당사자 중 일방이 계약의 이행행위를 준비하거나 이를 착수하는 것은 이례적이라고 할 것이므로 설령 이행에 착수하였다고 하더라도 이는 자기의 위험 판단과 책임에 의한 것이라고 평가할 수 있지만 만일 이행의 착수가 상대방의 적극적인 요구에 따른 것이고, 바로 위와 같은 이행에 들인 비용의 지급에 관하여 이미 계약교섭이 진행되고 있었다는 등의 특별한 사정이 있는 경우에는 당사자 중 일방이 계약의 성립을 기대하고 이행을 위하여 지출한 비용 상당의 손해가 상당인과관계 있는 손해에 해당한다고 할 것이다. 사안에서 B가 A사에게 배상하여야 할 손해는 A사가 잔여 공사를 완성하는 과정에서 추가로 지출하게 된 공사비용이라고 할 것이다.

8. 원시적 불능과 계약체결상의 과실

[사안] 김과 박은 김 소유의 X토지와 박 소유의 Y토지 중 117㎡에 해당하는 Z토지를 교환하기로 약정하였다. 그런데 Y토지는 자연녹지지역이고, 김 소유인 주택 건물의 일부가 이 토지 위에 있다. 건축관계 법령에 따르면 건축물이 있는 대지는 일

정 면적에 못 미치게 분할할 수 없는데, 녹지지역은 200㎡이상으로 정해져있다. 따라서 Y토지로부터 117㎡에 해당하는 Z토지를 분할하는 것은 교환계약 당시에 이미 그 분할이 불가능한 것이었다. 그럼에도 김은 박에게 Z토지의 소유권이전등기의무의 이행을 구한다. (대법원 2017.8.29. 선고 2016다212524 판결)

[해결] 계약 체결 후에 채무의 이행이 불가능하게 된 경우에는 채권자가 그 이행을 청구하지 못하고 채무불이행을 이유로 손해배상을 청구하거나 계약을 해제할 수 있다. 그러나 계약 당시에 이미 채무의 이행이 불가능했다면 채권자가 그 이행을 구하는 것은 허용되지 않고, 민법 제535조에서 정한 계약체결상의 과실책임을 추궁하는 등으로 권리를 구제받을 수밖에 없다. 채무의 이행이 불가능하다는 것은 절대적·물리적으로 불가능한 경우만이 아니라 사회생활상 경험칙이나 거래상의 관념에 비추어 볼 때 채권자가 채무자의 이행의 실현을 기대할 수 없는 경우도 포함한다. 이는 채무를 이행하는 행위가 법률로 금지되어 그 행위의 실현이 법률상 불가능한 경우에도 마찬가지이다. 1필지의 토지 중 일부를 특정하여 매매계약이 체결되었으나 그 부분의 면적이 법령에 따라 분할이 제한되는 경우에 해당한다면, 매도인으로서는 그 부분을 분할하여 소유권이전등기절차를 이행할 수 없다. 따라서 매도인이 매매계약에 따라 매수인에게 부담하는 소유권이전등기절차 이행의무는 이행이 불가능하다고 보아야 한다. 이는 교환계약에서도 마찬가지이다.

[유제] 강원 고성군에 있는 통일전망대 인근에 박물관을 건립한 김은 박과의 사이에, 박이 이 박물관을 위탁관리하면서 통일전망대와 박물관 입장이 모두 가능한 단일입장권을 발행하여 입장료를 통합 징수한 다음 박물관 입장료에 해당하는 부분에서 박물관 관리운영비를 공제한 나머지를 김에게 지급하기로 하는 내용의 위탁관리계약을 체결하였다. 그런데 지자체가 징수하는 입장료와 사인이 운영하는 박물관의 입장료를 통합 징수할 목적으로 단일입장권을 발행하는 것은 계약 당시부터 사실상, 법률상 불가능한 상태였다. 이에 김은 이 계약은 박의 의무이행이 원시적으로 불능이어서 무효이나, 그 전에 여러 차례 고성군이 박의 자기명의 입장권 발행에 대하여 시정을 요구한 점 등을 고려하면 박이 계약 체결 당시 그 불능을 알았거나 알 수 있었다고 보이므로 김은 박에게 민법 제535조 제1항에 따라 신뢰이익 상당의 손해를 배상할 것을 청구한다. 그러나 박은 김에게도 단일입장권 발행의 가능성을 제대로 확인하지 못한 과실이 있으므로 민법 제535조 제2항에 따라 자신에게 배상책임이 없다고 항변한다. (대법원 2011.7.28. 선고 2010다1203,1210 판결)

[해결] 단일입장권 발행의 가능여부는 원칙적으로 그 급부의무를 부담하는 박의 지배영역 내지 위험영역에 속하는 것이므로 급부의무의 이행가능성에 대하여 권리자인 김이 어떠한 조사의무 내지 확인의무를 부담한다고 볼 수는 없어 박의 주장은 이유없다. 김은 동 계약의 유효성을 신뢰함에 따라 입게 된 손해액으로서 박물관 건립 등에 지출한 비용의 손해배상을 청구할 수 있다.

제2강 계약의 효력

> 쌍무계약에서 이행상의 견련관계의 인정여부 /동시이행관계에서 이행의 제공의 정도/ 일방의 수령지체와 동시이행의 항변/ 지체된 선이행의무와 후이행의무 사이의 동시이행관계/ 양 당사자의 이행의 동시이행관계 여부 /선이행의무자의 이행거절권(불안의 항변권) /쌍무계약에서 위험부담의 원칙 /제3자를 위한 계약
>
> ■ 계약의 효력부분에서 특히 제536조 동시이행의 항변권은 실무적으로 그 쓰임새가 넓다. 동시이행관계의 성립여부를 둘러싼 다양한 논점들을 다룬 판례를 본다. 그리고 판례에서 동시이행인지 선후이행인지가 논점이 된 다양한 판례들을 분석해본다. 그리고 이른바 불안의 항변권이라 불리는 동 조 제2항의 적용판결을 보고 위험부담에 관한 제537-제538조의 대표적 사례를 본다. 끝으로 제3자를 위한 계약의 법리를 다루는 판결들을 소개한다.

1. 쌍무계약에서 이행상의 견련관계의 인정여부

> [사안] 김은 임대차기간 만료를 이유로 임차인 박에게 임차목적물의 인도를 청구하자, 박은 김이 정당한 사유 없이 박이 주선한 신규임차인이 되려는 자와 임대차계약 체결을 거절하는 등 권리금 회수 방해행위를 하였다며 이로 인한 손해배상채무를 이행할 때까지 임차목적물을 인도할 수 없다고 동시이행의 항변을 한다. (대법원 2019.7.10. 선고 2018다242727 판결)

[해결] 동시이행의 항변권은 공평의 관념과 신의칙에 입각하여 각 당사자가 부담하는 채무가 서로 대가적 의미를 가지고 관련되어 있을 때 그 이행에 있어서 견련관계를 인정하여 당사자 일방은 상대방이 채무를 이행하거나 이행의 제공을 하지 아니한 채 당사자 일방의 채무의 이행을 청구할 때에는 자기의 채무 이행을 거절할 수 있도록 하는 제도인바, 이러한 제도의 취지에서 볼 때 당사자가 부담하는 각 채무가 쌍무계약에 있어 고유의 대가관

계가 있는 채무가 아니라고 하더라도 구체적인 계약관계에서 각 당사자가 부담하는 채무에 관한 약정 내용에 따라 그것이 대가적 의미가 있어 이행상의 견련관계를 인정하여야 할 사정이 있는 경우에는 동시이행의 항변권을 인정할 수 있는 것이다.

사안에서 임차인의 임차목적물 반환의무는 임대차계약의 종료에 의하여 발생하나, 임대인의 권리금 회수 방해로 인한 손해배상의무는 상가건물 임대차보호법에서 정한 권리금 회수기회 보호의무 위반을 원인으로 하고 있으므로 양 채무는 동일한 법률요건이 아닌 별개의 원인에 기하여 발생한 것일 뿐 아니라 공평의 관점에서 보더라도 그 사이에 이행상 견련관계를 인정하기 어렵다. 따라서 박의 동시이행항변은 인정되지 않고 박은 먼저 건물을 김에게 명도하여야 한다.

2. 동시이행관계에서 이행의 제공의 정도

[사안] 매도인 김과 매수인 박이 체결한 부동산 매매계약에서 박이 잔금 지급을 연체하며 잔금지급기일의 연장을 요청하자 김이 이를 받아들여 '연장된 기일까지 잔금과 지연이자를 지급하지 않으면 매매계약이 해제된다'는 취지로 통지하였다. 박이 연장된 기일에도 잔금을 지급하지 못하자 김은 그 다음날 부동산 소유권을 제3자에 이전해 주었는데, 김은 연장된 기일에 소유권이전등기에 필요한 제반 서류 중 부동산 매도용 인감증명서만을 발급받지 않고 있었다. 이에 박은 김이 소유권이전등기의무에 관한 이행의 제공을 다하지 못하였으므로 김의 조건부 해제의사표시가 부적법하다고 주장한다. (대법원 2012.11.29. 선고 2012다65867 판결)

[해결] 쌍무계약에서 일방 당사자의 자기 채무에 관한 이행의 제공을 엄격하게 요구하면 오히려 불성실한 상대 당사자에게 구실을 주는 것이 될 수도 있으므로 일방 당사자가 하여야 할 제공의 정도는 그 시기와 구체적인 상황에 따라 신의성실의 원칙에 어긋나지 않게 합리적으로 정하여야 하고, 따라서 매수인이 잔대금의 지급 준비가 되어 있지 아니하여 소유권이전등기서류를 수령할 준비를 안 한 경우에는 매도인으로서도 그에 상응한 이행의 준비를 하면 족하다.

사안에서 연장된 기일까지도 잔금 지급을 준비하지 못한 박의 약정의무 불이행 정도에 비추어 김이 비록 연장된 기일까지 부동산 매도용 인감증명서를 발급받지 않고 있었다고 하더라도 이는 언제라도 발급받아 교부할 수 있는 것이므로 박에게 소유권이전등기의무에 관한 이행 제공을 마쳤다고 보아야 하고, 따라서 부동산 매매계약은 김이 통지한 조건부 해제의사표시에 따라 박이 연장된 기일까지 잔금지급의무를 이행하지 않음으로써 적법하게 해제되었다고 보아야 한다.

3. 일방의 수령지체와 동시이행의 항변

[사안] 김은 박으로부터 박 소유의 X토지를 매수하면서 김의 양도소득세의 자진납부와 소유권이전등기서류를 교환하기로 하였다. 김이 양도소득세를 납부하고자 하였으나 박이 필요한 협조를 하지 않아 납부하지 못하였다. 그 후 김의 소유권이전등기청구에 대해 박은 양도소득세의 납부와의 동시이행의 항변을 한다. 그러나 김은 특약상의 의무의 1회 이행제공이 있은 이상, 이후 그 제공이 중지되었다고 하더라도 박의 소유권이전등기절차 이행의무는 계속 이행지체상태에 빠지게 되어, 박이 김의 소유권이전등기청구에 대하여 동시이행의 항변권을 가지는 것과는 상관없이 이행지체로 인한 손해배상의무가 있다고 주장한다. (대법원 1995.3.14. 선고 94다26646 판결)

[해결] 쌍무계약의 당사자 일방이 먼저 한번 현실의 제공을 하고, 상대방을 수령지체에 빠지게 하였다고 하더라도 그 이행의 제공이 계속되지 않는 경우는 과거에 이행의 제공이 있었다는 사실만으로 상대방이 가지는 동시이행의 항변권이 소멸하는 것은 아니므로, 일시적으로 당사자 일방의 의무의 이행 제공이 있었으나 곧 그 이행의 제공이 중지되어 더 이상 그 제공이 계속되지 아니하는 기간 동안에는 상대방의 의무가 이행지체 상태에 빠졌다고 할 수는 없다. 따라서 그 이행의 제공이 중지된 이후에 상대방의 의무가 이행지체되었음을 전제로 하는 손해배상청구도 할 수 없다. 박이 김의 이행제공이 중지된 시점 이후에도 계속하여 이행지체에 빠졌음을 이유로 손해배상을 구할 수는 없다.

4. 지체된 선이행의무와 후이행의무 사이의 동시이행관계

[사안] 김은 자기 소유의 X토지에 관하여 박과 매매계약을 체결하면서 계약금을 수령하고 중도금과 잔금의 지급일 및 지급연체시 연체료를 약정하였으며 소유권이전에 필요한 등기서류는 잔금과 교환하기로 하였다. 그 후 박이 중도금을 예정일에 지급하지 못하였으나 계약이 해제되지 않은 상태에서 잔대금 지급기일이 도과하였고 김의 소유권이전등기 소요서류의 제공도 이루어지지 않았다. 김은 박에게 잔대금 연체에 대한 책임을 묻는다. (대법원 1998.3.13. 선고 97다54604 판결)

[해결] 매수인이 선이행의무 있는 중도금을 지급하지 않았다 하더라도 계약이 해제되지 않은 상태에서 잔대금 지급기일이 도래하여 그 때까지 중도금과 잔대금이 지급되지 아니하고 잔대금과 동시이행관계에 있는 매도인의 소유권이전등기 소요서류가 제공된 바 없이

그 기일이 도과하였다면, 매수인의 중도금 및 잔대금의 지급과 매도인의 소유권이전등기 소요서류의 제공은 동시이행관계에 있다 할 것이어서 그 때부터는 매수인은 중도금을 지급하지 아니한 데 대한 이행지체의 책임을 지지 아니한다.

5. 양 당사자의 이행의 동시이행관계 여부

1) 매매계약에서 잔대금과 소유권이전등기의무

[사안] 김은 토지공사로부터 X토지를 매수하기로 하였는바, 김이 토지의 중도금을 미납하고 잔대금의 최종지급기일도 경과하자, 토지공사는 미납잔대금을 2번에 걸쳐 최고한 후 동 매매계약을 해제하였다. 이에 김은, 자신의 미지급 중도금 및 잔금지급의무와 토지공사의 소유권이전등기의무는 동시이행관계에 있는 것인데, 토지공사는 자기 채무의 이행제공 없이 자신에게 채무의 이행을 최고하고 매매계약을 해제하였으므로 위 해제는 부적법하다고 주장한다. 또 설령 잔금지급의무가 선이행의무라고 하더라도 잔대금의 최종지급기일이 지난 이상 선이행관계는 동시이행관계로 바뀌었다고 주장한다. 그러나 토지공사는, 매매계약을 체결함에 있어 "토지공사는 김으로부터 매매대금을 전액 수납한 경우에는 김에게 X 토지의 소유권을 이전하여야 한다"고 약정하였고, 토지공사의 용지규정 제45조는 "공급용지의 소유권이전 및 사용승낙은 매매대금을 전액 수납한 후에 행함을 원칙으로 한다."고 규정하고 있는 점에 비추어, 김의 매매대금 지급의무는 토지공사의 소유권이전등기의무와 동시이행의 관계에 있는 것이 아니라 선이행의 관계에 있다고 항변한다. (대법원 2005.12.8. 선고 2003다41463 판결)

[해결] 매매대금을 전액 수납한 경우 토지의 소유권을 이전하기로 한 매매계약상의 약정 내용 및 매도인인 한국토지공사의 용지규정 등에 비추어, 매수인의 매매대금지급의무가 매도인의 소유권이전등기의무와 동시이행의 관계에 있는 것이 아니라 선이행의 관계에 있다고 볼 것이다. 또 매매잔금의 최종지급기일이 경과하였다고 하여 선이행관계가 동시이행으로 바뀌는 것이라고 볼 수도 없다.

2) 하자확대손해로 인한 수급인의 손해배상채무와 도급인의 공사대금채무

[사안] A건설사는 서울시로부터 올림픽대로 미끄럼방지 포장공사를 공사대금 4억원에 도급받았다. A건설사는 동 포장공사의 시공을 조잡하게 하여 이로 인해 이곳을

달리던 김이 교통사고를 당하게 되었고 서울시는 김에게 금 1억원의 손해배상금을 지급하였다. 이후 서울시는 A건설의 공사대금 청구에 대하여 자신의 손해배상채권은 동시이행관계에 있으므로 이를 상계하겠다고 주장한다. (대법원 2005.11.10. 선고 2004다37676 판결)

[해결] 수급인이 도급계약에 따른 의무를 제대로 이행하지 못함으로 말미암아 도급인의 신체 또는 재산에 손해가 발생한 경우 수급인에게 귀책사유가 없었다는 점을 스스로 입증하지 못하는 한 도급인에게 그 손해를 배상할 의무가 있다. 한편 민법 제667조 제3항에 의하여 민법 제536조가 준용되는 결과 도급인이 수급인에 대하여 하자보수와 함께 청구할 수 있는 손해배상채권과 수급인의 공사대금채권은 서로 동시이행관계에 있는 점 등에 비추어 보면, 하자확대손해로 인한 수급인의 손해배상채무와 도급인의 공사대금채무도 동시이행관계에 있는 것으로 보아야 한다.

3) 임대인의 임대차보증금 반환의무와 임차인의 주택임대차보호법 제3조의3에 의한 임차권등기 말소의무

[사안] 김은 X건물을 박으로부터 보증금 2,800만 원에 임차하여 1994.11.16. 주민등록 전입신고를 하고, 임대차계약이 종료한 후 주택임대차보호법 제3조의3에 따른 임차권등기신청을 하여 1999.10.13. 그 임차권등기가 경료되었다. 그 후 X건물에 대한 임의경매가 진행되었는데 이를 낙찰받아 주택임대차보호법 제3조 제2항이 정한 바에 따라 박의 지위를 승계한 최에 대하여 김이 임대차 보증금의 지급을 청구하자, 최는 X건물의 임차권등기가 말소될 때까지는 임대차보증금을 지급할 수 없다고 항변한다. 김은 임대인의 임대차보증금 반환의무는 임차권등기 말소의무와의 관계에서 선이행되어야 할 의무라고 주장한다. (대법원 2005.6.9. 선고 2005다4529 판결)

[해결] 주택임대차보호법 제3조의3 규정에 의한 임차권등기는 이미 임대차계약이 종료하였음에도 임대인이 그 보증금을 반환하지 않는 상태에서 경료되게 되므로, 이미 사실상 이행지체에 빠진 임대인의 임대차보증금의 반환의무와 그에 대응하는 임차인의 권리를 보전하기 위하여 새로이 경료하는 임차권등기에 대한 임차인의 말소의무를 동시이행관계에 있는 것으로 해석할 것은 아니고, 특히 위 임차권등기는 임차인으로 하여금 기왕의 대항력이나 우선변제권을 유지하도록 해 주는 담보적 기능만을 주목적으로 하는 점 등에 비추어 볼 때, 임대인의 임대차보증금의 반환의무가 임차

인의 임차권등기 말소의무보다 먼저 이행되어야 할 의무이다.

4) 쌍무계약의 무효시 각 취득물의 반환의무

> **[사안]** 김은 박으로 하여금 이익을 취득하게 할 목적으로 박에게 A회사의 자동차운송사업 면허권을 적정한 가격보다 훨씬 낮은 가격으로 양도하여 A회사에 손해를 가하였고 박도 이러한 사정을 잘 알고 있으면서 양도계약을 체결하였다. 후에 A회사는 이 양도계약은 무효라고 주장하면서, 양도계약의 무효로 인한 원상회복의무로서 박이 A회사에 대한 자동차운송사업 면허권자 명의변경절차를 이행할 것을 청구하나, 박은 자신이 변제한 금원은 자동차운송사업 면허의 양수대금의 지급조로 지출한 것이므로 자신의 명의변경절차의무와 A회사의 변제금반환채무는 동시이행관계에 있다고 항변한다. (대법원 2007.12.28. 선고 2005다38843 판결)

[해결] 쌍무계약이 무효로 되어 각 당사자가 서로 취득한 것을 반환하여야 할 경우, 어느 일방의 당사자에게만 먼저 그 반환의무의 이행이 강제된다면 공평과 신의칙에 위배되는 결과가 되므로 각 당사자의 반환의무는 동시이행관계에 있다고 봄이 상당하다.

5) 채권자의 담보반환의무와 채무자의 변제의무

> **[사안]** 김은 2011.10.20. A사에 2억원을 투자하고 3년 후에 2억 5천만원을 반환받기로 약정하였다. 기간 만료 후 김은 A사에게 약정에 따라 투자금의 반환을 구하자, A사는 김이 투자금 반환채권에 대한 담보로 A사의 주식을 보유하고 있는 바, A사의 투자금 반환의무와 김의 주식 반환의무가 동시이행관계에 있으므로 김으로부터 주식을 반환받음과 동시에 투자금과 이에 대한 지연손해금을 지급할 의무가 있다고 주장한다. 그러나 김은 A사가 먼저 채무를 변제한 후에 담보를 반환하면 된다며 A사의 반환의무에 대한 이행지체책임을 묻는다. (대법원 2019.10.31. 선고 2019다247651 판결)

[해결] 금전채권의 채무자가 채권자에게 담보를 제공한 경우 채권자는 채무자로부터 채무를 모두 변제받은 다음 담보를 반환하면 될 뿐 채무자의 변제의무와 채권자의 담보 반환의무가 동시이행관계에 있다고 볼 수 없다. 따라서 채권자가 채무자로부터 제공받은 담보를 반환하기 전에도 채무자는 이행지체 책임을 진다. A사는 김으로부터 주식을 반환받기 전에도 김에게 투자금 반환의무에 대한 지체책임을 진다.

6. 선이행의무자의 이행거절권(불안의 항변권)

[사안] A건설사는 B재개발조합과 재개발사업에 관한 공사도급계약을 체결하면서 A사가 B조합에 사업추진경비를 400억원의 한도 안에서 무이자로 대여하기로 하는 금전소비대차계약을 체결하였다. 그러나 B조합 내부에 분쟁이 본격화하여 집행부가 제대로 구성되지도 않게 되었다. 이에 A사는, 조합원들 개인의 자산 이외에 특별한 자산을 보유하지 않는 재개발조합에 시공자가 거액의 사업추진경비를 대여하는 것은 재개발조합이 정상적으로 운영되어 재개발사업이 원활하게 진행될 것을 전제로 한다고 볼 수 있는데, 이미 재개발사업이 원활히 진행되지 않고 무위로 돌아갈 위험이 있어 A사가 B조합에 사업추진경비를 대여하더라도 장차 대여금반환청구권을 행사하는 것이 위태롭게 되는 등의 사정변경이 발생하였다며 B조합에 대하여 대여의무의 이행을 거절한다. (대법원 2021.10.28. 선고 2017다224302 판결)

[해결] 민법 제536조 제2항에 정한 '선이행의무를 지고 있는 당사자가 상대방의 이행이 곤란한 현저한 사유가 있는 때에 자기의 채무이행을 거절할 수 있는 경우'란 선이행채무를 지게 된 채권자가 계약 성립 후 채무자의 신용불안이나 재산상태의 악화 등의 사정으로 반대급부를 이행받을 수 없는 사정변경이 생기고 이로 인하여 당초의 계약내용에 따른 선이행의무를 이행케 하는 것이 공평과 신의칙에 반하게 되는 경우를 말하는 것이다. 나아가 민법 제599조는 "대주가 목적물을 차주에게 인도하기 전에 당사자 일방이 파산선고를 받은 때에는 소비대차는 그 효력을 잃는다."라고 정한다. 위 규정의 취지는 소비대차계약의 목적물이 인도되기 전에 당사자의 일방이 파산한 경우에는 당사자 사이의 신뢰관계가 깨어져 당초의 계약관계를 유지하는 것이 타당하지 아니한 사정변경을 반영한 것이다. 이러한 규정의 내용과 그 입법 취지에 비추어 보면, 금전소비대차계약이 성립된 이후에 차주의 신용불안이나 재산상태의 현저한 변경이 생겨 장차 대주의 대여금반환청구권 행사가 위태롭게 되는 등 사정변경이 생기고 이로 인하여 당초의 계약내용에 따른 대여의무를 이행케 하는 것이 공평과 신의칙에 반하게 되는 경우에 대주는 대여의무의 이행을 거절할 수 있다고 보아야 한다.

[유제 1] 김은 박으로부터 공사를 수주하여 진행하던 중 박의 설계변경 요청으로 공사비용이 증가하자 60억원의 추가공사비를 제시하였고 박은 그 중 19억원에 대하여 우선 지급하여주기로 약속하였으나 계속 지급을 보류함으로써 자금압박에 처한 김은 공사를 중단하였다. 박은 김에게 공사의 재개를 요청하였으나 김이 거절하자

김과의 계약을 해제하고 김의 계약이행을 보증한 A사에 계약이행보증금 15억원의 지급을 청구한다. 그러나 김은 기성공사대금의 지급을 수차례 요구하였으나 이를 거절당하여 공사를 완공하더라도 박으로부터 공사대금을 지급받지 못할 현저한 사유가 있었고 따라서 자신의 공사중단에 대한 귀책사유가 없으므로 자신의 채무불이행을 전제로 한 박의 보증보험금 청구는 이유없다고 항변한다. (대법원 2012.3.29. 선고 2011다93025 판결)

[해결] 상당한 기간에 걸쳐 공사를 수행하는 도급계약에서 일정 기간마다 이미 행하여진 공사부분에 대하여 기성공사금 등의 이름으로 그 대가를 지급하기로 약정되어 있는 경우에는, 수급인의 일회적인 급부가 통상 선이행되어야 하는 일반적인 도급계약에서와는 달리 위와 같은 공사대금의 축차적(逐次的)인 지급이 수급인의 장래의 원만한 이행을 보장하는 것으로 전제된 측면도 있다고 할 것이어서, 도급인이 계약 체결 후에 위와 같은 약정을 위반하여 정당한 이유 없이 기성공사금을 지급하지 아니하고 이로 인하여 수급인이 공사를 계속해서 진행하더라도 그 공사내용에 따르는 공사금의 상당 부분을 약정대로 지급받을 것을 합리적으로 기대할 수 없게 되어서 수급인으로 하여금 당초의 계약내용에 따른 선이행의무의 이행을 요구하는 것이 공평에 반하게 되었다면, 비록 도급인에게 신용불안 등과 같은 사정이 없다고 하여도 수급인은 민법 제536조 제2항에 의하여 계속공사의무의 이행을 거절할 수 있다.

[유제 2] 김은 병원전용건물로 신축중이던 상가의 점포를 분양받은 후 동 분양권을 박에게 양도하는 계약을 체결하면서 박의 요구에 따라 "의료시설 중 3개 과 이상이 입점하기로 약속하고 만약 위 사실이 지켜지지 않을 시 계약해지 하기로 한다."는 내용의 특약을 하였다. 후에 박의 양도잔대금 지급기일이 경과하자 김은 계약의 해지를 통보하였고, 이에 박은, 자신은 약국을 운영할 생각으로 계약을 체결하였는데 아직까지 의료기관 한 군데도 계약을 체결하지 않은 상황인바, 특약사항에서 정한 의료시설의 입점은 분양권양도계약의 체결 여부를 좌우할 만큼 중요한 계약조건에 해당하는 것임에도 그 실현 여부가 매우 불투명하므로 민법 제536조 제2항 및 신의칙을 근거로 의료시설 입점의 보장과 양도잔대금 지급과의 동시이행을 주장한다. (대법원 2005.6.24. 선고 2005다17501 판결)

[해결] 사안에서 박의 양도잔대금의 지급의무는 김의 입점의무에 앞서는 선이행의무라고 보아야 할 것이고, 박이 특약사항에서 정한 3개 이상 의료시설의 입점을 필요로 하는 이유는 상가에서 개설, 운영코자 하는 약국의 매상 관계 때문이라 할 것이므로 늦어도 박이

입주하여 약국을 개설할 무렵까지 의료시설의 현실적 입주가 이루어지거나 확정적인 분양계약의 체결 등 그 입주가 확실시되는 사정이 존재하면 충분하다. 이와 같은 김의 입점의무에 선행하는 박의 양도잔대금 지급의무의 이행거절이 적법한 불안의 항변권 행사로서 인정받기 위해서는 선이행의무의 이행기 당시에 입점의무의 이행이 현저히 곤란하다고 볼 만한 사유가 존재하거나 그러한 사유의 발생이 합리적으로 예측가능 하여야 한다.

[유제 3] A 건설사는 김 등에게 건설중인 아파트를 분양하였는데, 공사진행 도중 A사의 경영상태가 악화되고 부도설이 나돌자 김 등은 중도금지급기일이 되었음에도 그 지급을 거절한다. 이에 A사는 김 등의 중도금지급의무는 A사가 김 등을 아파트에 입주시켜주어야 할 의무보다 선이행의무임에도 이를 거절하고 있는바, 그에 대한 지체책임을 묻는다. (대법원 2006.10.26. 선고 2004다24106,24113 판결)

[해결] 물론 김 등의 중도금 지급의무는 A사의 입주시킬 의무보다 선이행하여야 할 의무이나, A사의 신용불안이나 재산상태의 악화 등은 민법 제536조 제2항의 '불안의 항변권'에서 말하는 A사의 의무이행이 곤란할 현저한 사유가 있는 때 또는 민법 제588조의 '대금지급거절권'에서 말하는 매매의 목적물에 대하여 권리를 주장하는 자가 있는 경우에 매수인이 매수한 권리의 전부나 일부를 잃을 염려가 있는 때에 해당하여, 김 등은 A사가 그 의무이행을 제공하거나 매수한 권리를 잃을 염려가 없어질 때까지 자기의 의무이행을 거절할 수 있고, 김 등에게는 이러한 거절권능의 존재 자체로 인하여 이행지체 책임이 발생하지 않으므로, 김 등이 A사에 중도금을 지급하지 아니하였다고 하더라도 그 지체책임을 지지 않는다.

7. 쌍무계약에서 위험부담의 원칙

[사안] A건설회사는 1997.10.17. 김으로부터 X부동산을 대금 13억원에 매수하되, 계약금 1억 3,000만원은 계약 당일에, 1차 중도금 3억원은 1997.11.10.에, 지급하였다. A사가 그 후 2차 중도금 2억원의 지급일이 되었어도 이행을 지체하고 김은 이의 지급을 최고하였다. 그러나 A사는 이 매매계약은 공동주택사업의 승인을 조건으로 체결되었는데 그 조건의 성취가 불가능하다는 등의 이유로 매매계약의 실효를 주장하면서 계약금과 1차 중도금 합계 금 4억 3,000만원의 반환을 요구하였다. 이에 김은 공동주택사업승인은 매매계약의 조건이 될 수 없다며 중도금의 지급을 거듭 최고하고, A사는 기지급금의 반환을 거듭 요구하였다. 이러던 중 X부동산이

> 2001.4.13. 한국토지공사에 수용되어 김은 수용보상금으로 4억 9천만원을 지급받았다. A사는 매매계약이 유효인 상태에서 당사자 쌍방의 책임 없는 사유로 김의 소유권이전등기의무가 이행불능되었으므로 민법 제537조에 따라 채무자인 김은 A사에게 2차 중도금과 잔금의 이행을 청구할 수 없고, 이미 수령한 계약금과 1차 중도금을 부당이득으로 반환할 것을 청구하나, 김은 X부동산의 소유권이전등기의무가 토지수용으로 인하여 이행불능이 된 것은 '채권자의 책임 있는 사유'로 인한 것이므로 민법 제538조 제1항 제1문에 의하여 김은 A사에게 미지급대금을 청구할 수 있고 이미 수령한 계약금 등을 부당이득으로 반환할 의무가 없거나, 또는 A사가 잔금 등 지급의무 이행의사가 없음이 명백하므로 김의 구두 제공 등 이행의 제공 없이도 A사는 수령지체 중이 되므로 민법 제538조 제1항 제2문이 적용되어야 한다고 항변한다. (대법원 2004.3.12. 선고 2001다79013 판결)

[해결] 민법 제538조 제1항 제1문 소정의 '채권자의 책임 있는 사유'라고 함은 채권자의 어떤 작위나 부작위가 채무자의 이행의 실현을 방해하고 그 작위나 부작위는 채권자가 이를 피할 수 있었다는 점에서 신의칙상 비난받을 수 있는 경우를 의미한다. 따라서 민법 제538조 제1항 제1문이 적용되어야 한다는 김의 주장은 배척된다. 또 민법 제538조 제1항 제2문 소정의 '채권자의 수령지체 중에 당사자 쌍방의 책임 없는 사유로 이행할 수 없게 된 때'에 해당하기 위해서는 현실 제공이나 구두 제공이 필요하다. 다만, 그 제공의 정도는 그 시기와 구체적인 상황에 따라 신의성실의 원칙에 어긋나지 않게 합리적으로 정하여야 한다. 결국 민법 제538조 제1항 제2문이 적용되어야 한다는 김의 주장도 배척된다.

> [유제] 김은 자기가 소유하는 공장의 X대지와 기계류를 박에게 매도하는 계약을 체결하고 계약금을 수령하였으며 X부동산과 기계류를 선인도해 주었다. 그런데 김의 채권자 최가 제3채무자를 박으로 하여 김의 박에 대한 잔금채권에 관하여 채권가압류결정을 받게 되자, 박은 이로 인해 민법 제588조의 '매매의 목적물에 대하여 권리를 주장하는 자가 있는 경우에 매수인이 매수한 권리의 전부나 일부를 잃을 염려가 있는 때'에 해당한다며, 자신이 매수한 권리를 잃을 염려가 없어질 때까지 잔금지급의무의 이행을 거절하였다. 그러는 사이에 X부동산은 경매절차에서 매각되어 김의 박에 대한 X부동산의 소유권이전등기의무는 이행불능에 이르게 되었다. 이에 박은 김에게 계약금 상당액을 부당이득으로서 반환할 것을 청구하나, 김은 박이 X부동산과 기계류를 점유·사용하여 왔으므로 임료 상당의 부당이득의 반환을 청구한다. (대법원 2009.5.28. 선고 2008다98655 판결)

[해결] 민법 제537조는 '쌍무계약의 당사자 일방의 채무가 당사자 쌍방의 책임없는 사유로 이행할 수 없게 된 때에는 채무자는 상대방의 이행을 청구하지 못한다'라고 규정하여 채무자위험부담주의를 채택하고 있는바, 쌍무계약에서 당사자 쌍방의 귀책사유 없이 채무가 이행불능된 경우 채무자는 급부의무를 면함과 더불어 반대급부도 청구하지 못한다고 할 것이므로, 쌍방 급부가 없었던 경우에는 계약관계는 소멸하고 이미 이행한 급부는 법률상 원인 없는 급부가 되어 부당이득의 법리에 따라 반환청구할 수 있다고 할 것이다. 사안에서 당사자 쌍방의 귀책사유 없이 이행불능에 이르러 계약이 종료되었다고 인정될 경우 김은 위험부담의 법리에 따라 박에게 이미 지급받은 계약금을 반환하여야 할 것이며, 동시에 박은 김에게 X부동산을 점유·사용함으로 인하여 취득한 임료 상당의 부당이득을 반환할 의무가 있다.

8. 제3자를 위한 계약

[사안] 甲이 乙 사회복지법인과 노인복지시설 입소계약을 체결하면서 입소자의 사망으로 입소계약이 종료하는 경우의 '반환금 수취인'으로 자신의 장남인 丙을 지정하였고, 丙이 위 계약서의 '반환금 수취인'란에 기명날인하였다. 그 후 甲이 사망하여 乙 법인이 丙에게 반환금을 지급하자, 갑의 다른 자녀들인 丁은 丙이 반환금을 수령할 권한을 넘어 이를 종국적으로 귀속시킬 수 있는 법률상 권원이 없다며 丙을 상대로 부당이득반환을 구한다. (대법원 2022.1.14. 선고 2021다271183 판결)

[해결] 계약은 일반적으로 그 효력을 당사자 사이에서만 발생시킬 의사로 체결되지만, 제3자를 위한 계약은 당사자가 자기들 명의로 체결한 계약으로 제3자로 하여금 직접 계약당사자의 일방에 대하여 권리를 취득하게 하는 것을 목적으로 하는 계약이다. 어떤 계약이 제3자를 위한 계약에 해당하는지는 당사자의 의사가 그 계약으로 제3자에게 직접 권리를 취득하게 하려는 것인지에 관한 의사해석의 문제이다. 제3자를 위한 계약에서, 제3자가 민법 제539조 제2항에 따라 수익의 의사표시를 함으로써 제3자에게 권리가 확정적으로 귀속된 경우에는, 요약자와 낙약자의 합의에 의하여 제3자의 권리를 변경·소멸시킬 수 있음을 미리 유보하였거나 제3자의 동의가 있는 경우가 아니면 계약의 당사자인 요약자와 낙약자는 제3자의 권리를 변경·소멸시키지 못하고(민법 제541조), 만일 계약의 당사자가 제3자의 권리를 임의로 변경·소멸시키는 행위를 한 경우 이는 제3자에 대하여 효력이 없다.

사안에서 甲이 '반환금 수취인'을 丙으로 지정하였으므로 위 계약은 甲과 乙 법인이 丙에게 甲의 사망 후 반환금을 반환하기로 정한 제3자를 위한 계약이고, 丙이 '반환금 수취인'으로서 위 계약서에 기명날인을 하여 수익의 의사표시를 하였으므로, 丙

은 甲의 사망과 동시에 乙 법인에 대하여 위 계약에 따른 수익자의 지위에서 반환금의 지급을 구할 수 있는 권리를 취득하고, 이는 계약의 효력에 따라 당연히 생기는 것으로서 상속재산이 아니라 丙의 고유재산이라고 보아야 한다.

> **[유제]** 호텔 구분소유자들로 구성된 甲 관리단과 호텔의 영업자인 乙 주식회사는 '甲 관리단이 새로운 위탁운영사를 선정하면 乙 회사는 호텔 영업을 완전히 종료하고, 그 영업신고 명의를 새 위탁운영사로 변경하여 주기로 하는 내용'의 합의를 하였다. 이에 따라 甲 관리단이 선정한 새로운 위탁운영사 丙 주식회사가 乙 회사를 상대로 영업권 양수의 의사를 표시하였다. 乙 회사가 이에 응하지 않자, 甲 관리단이 乙 회사를 상대로 丙 회사 앞으로 영업자 명의변경 절차의 이행을 구한다. (대법원 2022.1.27. 선고 2018다259565 판결)

[해결] 제3자를 위한 계약에서 제3자는 채무자(낙약자)에 대하여 계약의 이익을 받을 의사를 표시한 때에 채무자에게 직접 이행을 청구할 수 있는 권리를 취득하고(민법 제539조), 요약자는 제3자를 위한 계약의 당사자로서 원칙적으로 제3자의 권리와는 별도로 낙약자에 대하여 제3자에게 급부를 이행할 것을 요구할 수 있는 권리를 가진다. 이때 낙약자가 요약자의 이행청구에 응하지 아니하면 요약자는 낙약자에 대하여 제3자에게 급부를 이행할 것을 소로써 구할 이익이 있다. 사안은 영업자 지위승계신고절차 이행청구권을 丙 회사에 귀속시키기로 한 제3자를 위한 계약에 해당하므로, 丙 회사는 수익의 의사표시를 한 제3자로서 乙 회사에 대하여 영업자 지위승계신고절차 이행의 소를 제기할 수 있고, 요약자인 甲 관리단 역시 乙 회사에 대하여 丙 회사 앞으로 영업자 지위승계신고절차를 이행할 것을 구할 소의 이익이 있다.

제3강 계약의 해제

부수적 채무의 불이행과 계약해제 /과다(過多)최고와 계약해제 /이행거절과 계약해제 /채권자지체와 계약해제여부 /계약의 합의해제 /사정변경과 계약해제 /계약해제권의 불가분성 /계속적 계약의 해지 /계약해제시 원상회복과 과실상계 /계약의 해제와 손해배상청구와의 관계 /계약해제시 사용이익의 반환 /계약해제와 제3자의 보호

■ 계약해제의 요건과 관련하여 주된 채무와 부수적 채무의 구별론을 설시하는 판결, 최고의 과다여부에 관한 판결, 그리고 계약해제와 관련하여 특히 의미가 있는 유형인 이행거절시의 계약해제, 그리고 채권자지체를 요건으로 한 해제여부에 관한 판결을 본다. 계약의 해제는 합의에 이루어질 수도 있는데 실무상 의의가 크다. 또 사정변경을 이유로 한 계약해제를 다룬 판결을 본다. 계속적 계약에서는 해지여부가 문제된다. 계약해제의 효과로서는 원상회복이 중요한데 이 때 과실상계의 적용여부를 다룬 판결이 흥미있다. 해제와 손해배상과의 관계는 효과론의 기본적인 쟁점이고, 사용이익의 반환 문제, 제3자의 보호 문제도 해제의 효과와 관련하여 살펴봐야 할 판결이다.

1. 부수적 채무의 불이행과 계약해제

[사안] 김은 A사와의 사이에 대금을 1,000만원으로 정하여 도장부스(塗裝Booth)를 김의 공장에 설치하여 주고, 계약금으로 200만원, 잔금으로 800만원을 각 지급받기로 하는 계약을 체결하고 같은 날 A사에게 계약금 200만 원을 지급하였다. A사는 2004.1.경 김의 공장에 도장부스를 설치하였다. 그런데 도장부스를 가동하기 위해서는 대기환경보전법에서 정한 배출시설설치신고를 하여야 하고, 위 신고를 하기 위해서는 도장부스의 사양서가 필요한데 A사가 이를 교부하여 주지 아니하자 김은 이의 교부를 최고하였으나 응하지 않자, A사와의 매매계약을 해제하고 도장부스의 철거와 계약금의 반환을 구한다. (대법원 2005.11.25. 선고 2005다53705,53712 판결)

[해결] 민법 제544조에 의하여 채무불이행을 이유로 계약을 해제하려면, 당해 채무가 계약의 목적 달성에 있어 필요불가결하고 이를 이행하지 아니하면 계약의 목적이 달성되지 아니하여 채권자가 그 계약을 체결하지 아니하였을 것이라고 여겨질 정도의 주된 채무이어야 하고 그렇지 아니한 부수적 채무를 불이행한 데에 지나지 아니한 경우에는 계약을 해제할 수 없다. 계약상의 의무 가운데 주된 채무와 부수적 채무를 구별함에 있어서는 급부의 독립된 가치와는 관계없이 계약을 체결할 때 표명되었거나 그 당시 상황으로 보아 분명하게 객관적으로 나타난 당사자의 합리적 의사에 의하여 결정하되, 계약의 내용·목적·불이행의 결과 등의 여러 사정을 고려하여야 한다. 사안에서 대기환경보전법상의 배출시설설치신고에 필요한 사양서 등 서류의 교부의무는 배출시설설치계약에 있어서 그 설치업자의 주된 채무라 볼 수 없으므로, 이 의무의 불이행을 사유로 한 계약해제는 효력이 없다고 할 것이다.

2. 과다(過多)최고와 계약해제

> [사안] 김은 박으로부터 X 부동산을 90억원에 매수하는 계약을 체결하고 계약금 및 중도금 16억원을 지급하면서 X 부동산에 관한 임대차보증금 10억원의 반환채무 및 근저당권의 피담보채무인 A은행에 대한 대출금 40억 원의 상환채무를 김이 인수하고, 잔금 24억원을 소유권이전등기서류와 상환하여 지급하기로 하였다. 그런데 박은 김에게 A은행에 대한 대출금상환채무를 공제하지 아니하고 계약금, 중도금 및 임대차보증금반환채무만을 공제하여 산정한 잔금을 2002. 12. 20.까지 현금으로 지급할 것을 최고하면서 기일 내에 완불하지 않는 경우 김에게 전적으로 위약책임이 있음을 통보하였다. 그러나 김은 박의 이행최고는 비록 자신의 소유권이전등기서류 교부의무의 이행제공을 하였다고 하더라도 김이 본래 이행하여야 할 잔금 채무액을 과다하게 초과하는 금액의 지급을 청구하면서 청구한 금액을 제공하지 않으면 그것을 수령하지 않을 것이라는 의사를 분명히 한 것이므로, 이러한 부적법한 과다 최고에 터잡은 계약해제는 그 효력이 없다는 이유로 박의 해제주장을 배척한다. (대법원 2004.7.9. 선고 2004다13083 판결)

[해결] 채권자의 이행최고가 본래 이행하여야 할 채무액을 초과하는 경우에도 본래 급부하여야 할 수량과의 차이가 비교적 적거나 채권자가 급부의 수량을 잘못 알고 과다한 최고를 한 것으로서 과다하게 최고한 진의가 본래의 급부를 청구하는 취지라면, 그 최고는 본래 급부하여야 할 수량의 범위 내에서 유효하다고 할 것이나, 그 과다한 정도가 현저하고 채권자가 청구한 금액을 제공하지 않으면 그것을 수령하지 않을 것이라는 의사가 분명한

경우에는 그 최고는 부적법하고 이러한 최고에 터잡은 계약의 해제는 그 효력이 없다. 사안에서 박의 이행최고는 농업협동조합중앙회에 대한 대출금상환채무를 포함하여 64억 원의 지급을 구하는 취지로서 과다 최고에 해당하여 부적법하고 계약해제의 요건을 충족시키지 못한다.

3. 이행거절과 계약해제

[사안] 박은 김 소유 오피스텔을 임차하는 계약을 체결하면서 김에게 계약금으로 2천만원을 지급하였다. 특약사항으로 김이 오피스텔의 바닥 난방공사를 해주기로 정하였는데, 김이 바닥 난방공사 대신 카펫이나 전기패널 등 다른 방식으로 난방을 할 것을 제안하자, 박은 김에게 "최종적으로 바닥 공사는 카펫과 전기패널 아니면 공사 안 되는 거죠?"라고 확인 문자를 보낸 후에 곧바로 계약해제를 통보하였고 김에게 계약금 반환과 손해배상을 청구한다. 그러나 김은 박에게 바닥 난방공사에 대한 대안을 제시해 본 것일뿐 이행거절의 의사표시를 하지 않았으므로 박의 해제는 위법하다고 주장한다. (대법원 2021.7.15. 선고 2018다214210 판결)

[해결] 채무자가 채무의 이행을 지체하고 있는 상태에서 이행거절의사를 표시한 경우에는 채권자는 그 이행을 최고하지 않고 계약을 해제할 수 있음은 분명하다. 여기에서 나아가 계약상 채무자가 계약을 이행하지 않을 의사를 명백히 표시한 경우에는 채권자는 이행기 전이라도 이행의 최고 없이 채무자의 이행거절을 이유로 계약을 해제하거나 채무자를 상대로 손해배상을 청구할 수 있다. 이때 채무자가 계약을 이행하지 않을 의사를 명백히 표시하였는지는 계약 이행에 관한 당사자의 행동과 계약 전후의 구체적인 사정 등을 종합적으로 살펴서 판단하여야 한다. 위와 같은 이행거절로 인한 계약해제의 경우에는 채권자의 최고도 필요하지 않고 동시이행관계에 있는 자기 채무의 이행제공도 필요하지 않아, 이행지체를 이유로 한 계약해제와 비교할 때 계약해제의 요건이 완화되어 있으므로, 이행거절의사가 명백하고 종국적인 것으로 볼 수 있어야 한다. 명시적으로 이행거절의사를 표명하는 경우 외에 계약 당시 또는 그 후의 여러 사정을 종합하여 묵시적 이행거절의사를 인정하기 위해서는 그 거절의사가 정황상 분명하게 인정되어야 한다.

사안에서 김이 박에게 바닥 난방공사의 위법성과 공사의 어려움 등을 강조하며 다른 대안을 제시하고 있기는 하지만 박이 최종적으로 다른 대안을 채택하지 않을 경우에도 바닥 난방공사를 거부하겠다는 의사를 직접 표현한 부분은 찾기 어려운 점, 김이 박에게 바닥 난방공사를 대신할 다른 대안을 채택할 것을 설득하였다거나 박이 보낸 확인 문자에 대하여 김이 즉시 답변을 하지 않았다는 것만으로 김에게 바닥 난방공사 이행에 관한 거절의사가 분명하게 인정된다고 할 수 없다.

[유제] X토지의 매수인인 김은 매도인 박에게 거래신고가액을 실지거래가액으로 해달라고 요구하면서 그때까지는 잔금을 못 주겠다고 했다가 박에게 그와 같은 의사를 철회하는 내용을 통지하였다. 그러나 박은 김이 이행거절의 의사를 명백히 표시하였다는 것을 이유로 하여 최고없이 X토지의 매매계약을 해제하였다. 그러나 김은 박에게 소유권이전등기의 이행을 청구한다. (대법원 1992.9.22. 선고 91다25703 판결)

[해결] 박의 해제 전에 김이 이행거절의 의사를 철회하였다면 박은 일반적인 해제의 법리로 돌아가 지체 후 최고를 거쳐 해제할 수 있을 뿐이다.

4. 채권자지체와 계약해제여부

[사안] 김은 박으로부터 밭 82㎡(X토지)를 300만 원에 매수하기로 하는 매매계약을 체결하고, 박에게 매매대금을 모두 지급하였다. 박은 X토지에 관한 소유권이전등기업무를 위임받은 법무사에게 소유권이전등기에 필요한 서류를 교부하였다. 그 후 김은 박에게 추가로 계약에서 정하지도 않은 농지전용부담금을 부담하라고 요구하였고, 박은 즉각 김의 이러한 요구는 확정적으로 수령거절의사를 표시한 것으로서 김의 채무불이행을 이유로 한 매매계약 해지통보서를 보냈다. 이후 박은 김으로부터 지급받은 매매대금을 공탁하였다. 그러나 김은 박을 상대로 X토지에 관하여 소유권이전등기절차의 이행을 구한다. (대법원 2021.10.28. 선고 2019다293036 판결)

[해결] 채무자가 채권자의 수령거절에 따른 채권자지체를 이유로 계약을 해제할 수 있는지에 관하여 보건대, 채권자지체에 관한 민법의 규정(제400조-제403조, 제538조 제1항) 내용과 체계에 비추어 보면 계약 당사자가 명시적·묵시적으로 채권자에게 급부를 수령할 의무 또는 채무자의 급부 이행에 협력할 의무가 있다고 약정한 경우, 또는 구체적 사안에서 신의칙상 채권자에게 위와 같은 수령의무나 협력의무가 있다고 볼 특별한 사정이 있다고 인정되는 경우에는 그러한 의무 위반에 대한 책임이 발생할 수 있다. 이와 같이 채권자에게 계약상 의무로서 수령의무나 협력의무가 인정되는 경우, 그 수령의무나 협력의무가 이행되지 않으면 계약 목적을 달성할 수 없거나 채무자에게 계약의 유지를 더 이상 기대할 수 없다고 볼 수 있는 때에는 채무자는 수령의무나 협력의무 위반을 이유로 계약을 해제할 수 있다.

5. 계약의 합의해제

[사안] 김은 박과의 사이에 체결한 주식양수도계약을 해제할 테니 원상회복 및 손해배상 등으로서 즉시 1억 원을 지급하여 달라고 하였는데, 이에 대하여 박은 동 계약에 대한 김의 해제의사표시를 승낙한다고만 기재되어 있는 내용증명을 발송하였다. 이어서 박은 김에게 7천5백만원만을 지급하겠다는 내용의 통지를 발송하였다. 이에 김은 박과의 계약이 합의해제 되었다고 주장하나, 박은 자신의 통지내용은 이를 새로운 해제계약의 청약으로는 볼 수 있을지언정 김의 해제계약의 청약을 그대로 받아들이기로 승낙을 한 것으로 볼 수는 없고, 양자 사이에 계약해제시의 원상회복 및 손해배상액 등에 관하여 다툼이 계속되어 온 점에 비추어 박의 새로운 해제계약의 청약에 대하여 김의 승낙이 있었다고 볼 수도 없다며 합의해제의 성립을 부인한다. (대법원 2007.11.29. 선고 2006다2490,2506 판결)

[해결] 계약의 합의해제 또는 해제계약이라 함은 해제권의 유무를 불문하고 계약당사자 쌍방이 합의에 의하여 기존의 계약의 효력을 소멸시켜 당초부터 계약이 체결되지 않았던 것과 같은 상태로 복귀시킬 것을 내용으로 하는 새로운 계약으로서, 계약이 합의해제되기 위하여는 일반적으로 계약이 성립하는 경우와 마찬가지로 계약의 청약과 승낙이라는 서로 대립하는 의사표시가 합치될 것(합의)을 그 요건으로 하는바, 이와 같은 합의가 성립하기 위하여는 쌍방당사자의 표시행위에 나타난 의사의 내용이 객관적으로 일치하여야 되는 것이다. 물론 계약을 합의해제할 때에 원상회복에 관하여 반드시 약정을 하여야 하는 것은 아니지만, 매매계약을 합의해제하는 경우에 이미 지급된 계약금, 중도금의 반환 및 손해배상금에 관하여는 아무런 약정도 하지 아니한 채 매매계약을 해제하기만 하는 것은 경험칙에 비추어 이례에 속하는 일이다. 따라서 사안에서 김과 박 사이에 동 계약이 합의해제되었다고 보기는 어렵다.

[유제] 김은 X토지 위에 상가건물을 건축하여 분양하기로 하고 박에게 건축공사를 도급주었다가 최와 도급인의 지위를 인수하는 사업인수계약을 체결하였다. 최는 인수대금의 일부로 3억원을 김에게 지급하였는데 그 후 인수계약은 김과 최의 합의에 따라 해제되었다. 사업인수계약 제5조에서 '잔금 지급 시까지 문제가 발생하여 피해가 발생할 경우 사업인수계약을 해제하고, 원인제공자는 계약상대방에게 이에 상응하는 손해배상금조로 매매대금의 10%의 해약금을 지급하기로 한다.'고 정하였다. 김은 최에 대한 손해배상청구권을 자동채권으로 하여 최의 인수대금 반환청구권과

상계를 주장한다. 그러나 최는 이 조항은 일반적인 채무불이행 상황에 대한 위약금 약정으로서 합의해제의 경우에 적용되는 손해배상 특약으로 확대해석할 수는 없다고 항변한다. (대법원 2021.5.7. 선고 2017다220416 판결)

[해결] 계약이 합의에 따라 해제되거나 해지된 경우에는 상대방에게 손해배상을 하기로 특약하거나 손해배상청구를 유보하는 의사표시를 하는 등 다른 사정이 없는 한 채무불이행으로 인한 손해배상을 청구할 수 없다. 그와 같은 손해배상의 특약이 있었다거나 손해배상청구를 유보하였다는 점은 이를 주장하는 당사자가 증명할 책임이 있다. 이러한 특약이나 의사표시가 있었는지는 합의해제·해지 당시를 기준으로 판단하여야 하는데, 원래의 계약에 있는 위약금이나 손해배상에 관한 약정은 원칙적으로 합의해제·해지의 경우에까지 적용되지는 않는다. 김이 최를 상대로 채무불이행에 따른 손해배상청구를 하기 위해서는 합의해제에도 불구하고 상대방에게 손해배상을 하기로 특약을 하거나 손해배상의 청구를 유보하는 등의 특별한 사정이 있다는 것을 증명하여야 한다.

6. 사정변경과 계약해제

[사안] 김과 박 사이에 2016 2. 박 소유의 X토지에 관하여 임차보증금 1억원, 연차임 3,000만원, 기간 3년으로 한 임대차계약이 체결되었다. 김과 박은 주택건설사업을 위한 견본주택 건축을 목적으로 임대차계약을 체결하였고, 임대차계약서에도 특약사항으로 이 목적이 명시되었다. 박도 견본주택이 건축되지 않을 경우 김이 X토지를 사용할 이유가 없다는 것을 임대차계약 당시부터 인식하고 있었다. 김은 2016.8. 시장으로부터 주택사업계획승인신청 반려통보를 받음으로써 X토지에 견본주택을 건축할 수 없게 되었고, 박도 그 무렵 이 사실을 알게 되었다. 김은, 견본주택 건축은 임대차계약 성립의 기초가 된 사정으로서, 견본주택을 건축할 수 없어 김이 임대차계약을 체결한 목적을 달성할 수 없고, 임대차계약을 그대로 유지하는 것은 김과 박 사이에 중대한 불균형을 초래하는 경우에 해당한다며 2017.2. 임대차계약의 해지를 통보하고 박에게 임대차보증금의 반환을 청구한다. (대법원 2020.12.10. 선고 2020다254846 판결)

[해결] 계약 성립의 기초가 된 사정이 현저히 변경되고, 당사자가 계약의 성립 당시 이를 예견할 수 없었으며, 그로 인하여 계약을 그대로 유지하는 것이 당사자의 이해에 중대한 불균형을 초래하거나 계약을 체결한 목적을 달성할 수 없는 경우에는 계약준수 원칙의 예

외로서 사정변경을 이유로 계약을 해제하거나 해지할 수 있다. 사안에서 임대차계약은 김의 해지통보로 적법하게 해지되었고 박은 김에게 임대차보증금을 반환할 의무가 있다.

> **[유제]** 김은 A사에게 직접 입회비, 보증금과 연회비를 지급하고 A사가 운영하는 휘트니스 클럽을 이용하기로 하는 내용의 이용계약을 체결하고 이용해 왔다. A사는 2013.9.12. 김에게 '클럽의 계속적인 적자 발생 등으로 운영이 더 이상 불가능하여 2013.9.30.자로 클럽 운영을 중단하므로 납입한 보증금을 반환받아 가라'고 통보하고, 클럽 운영을 중단하였다. 그러나 김은 A사가 적자 누적의 원인으로 들고 있는 회원의 감소나, 시설의 유지·관리 비용의 증가와 같은 사정은 이용계약의 기초가 된 사정이라고 보기 어렵고, 현저한 경제상황의 변동으로 인한 것이 아닌 한 원칙적으로 A사가 변경에 따른 위험을 떠안기로 한 것으로 보아야 하고, 적자 누적이 계약 당시 예견할 수 없었던 현저한 사정변경에 해당한다고 보기도 어렵다며 채무불이행으로 인한 손해의 배상을 구한다. (대법원 2017.6.8. 선고 2016다249557 판결)

[해결] 사정변경의 원칙에서 말하는 사정이란 당사자들에게 계약 성립의 기초가 된 사정을 가리키고, 당사자들이 계약의 기초로 삼지 않은 사정이나 어느 일방당사자가 변경에 따른 불이익이나 위험을 떠안기로 한 사정은 포함되지 않는다. 경제상황 등의 변동으로 당사자에게 손해가 생기더라도 합리적인 사람의 입장에서 사정변경을 예견할 수 있었다면 사정변경을 이유로 계약을 해제할 수 없다. 특히 계속적 계약에서는 계약의 체결 시와 이행 시 사이에 간극이 크기 때문에 당사자들이 예상할 수 없었던 사정변경이 발생할 가능성이 높지만, 이러한 경우에도 위 계약을 해지하려면 경제적 상황의 변화로 당사자에게 불이익이 발생했다는 것만으로는 부족하고 위에서 본 요건을 충족하여야 한다.

7. 계약해제권의 불가분성

> **[사안]** 김은 2005.4. A사와 사이에 A사의 소유이던 B101호, B102호를 보증금 4,000만원, 차임 월 100만원으로 정하여 임차하는 내용의 임대차계약을 체결하였다. 김과 A사는 임대차계약을 체결하면서 B101호, B102호 전부를 목적물로 기재한 하나의 임대차계약서를 작성하였고, 보증금 및 차임도 목적물별로 구분하지 아니한 채 B101호, B102호 전부에 관하여 하나로 정하였고, 김은 B101호, B102호를 하나의 사업장으로 사용하면서 그곳에서 자동차정비업을 해 왔다. 박은 2010.1. 경

> 매절차에서 B102호를 매수함으로써 상가건물 임대차보호법에 의하여 그에 관한 임대인의 지위를 승계하였다. 박은 2010.4.경 김에게 김의 차임 연체를 이유로 임대차계약을 해지한다는 통지를 하고 B102호의 명도를 구한다. 그러나 김은 박이 A사의 임대인의 지위를 승계함으로써 박과 A사가 김에 대한 공동임대인으로 되었으므로, 박은 단독으로 임대차계약 중 자신의 소유인 B102호 부분만을 분리하여 해지할 수는 없고, 박과 A사 전원의 해지의 의사표시에 의하여 임대차계약 전부를 해지할 수 있을 뿐이라고 항변한다. (대법원 2015.10.29. 선고 2012다5537 판결)

[해결] 민법 제547조 제1항은 "당사자의 일방 또는 쌍방이 수인인 경우에는 계약의 해지나 해제는 그 전원으로부터 또는 전원에 대하여 하여야 한다."라고 규정하고 있으므로, 여러 사람이 공동임대인으로서 임차인과 사이에 하나의 임대차계약을 체결한 경우에는 민법 제547조 제1항의 적용을 배제하는 특약이 있다는 등의 특별한 사정이 없는 한 공동임대인 전원의 해지의 의사표시에 의하여 임대차계약 전부를 해지하여야 한다. 이러한 법리는 임대차계약의 체결 당시부터 공동임대인이었던 경우뿐만 아니라 임대차목적물 중 일부가 양도되어 그에 관한 임대인의 지위가 승계됨으로써 공동임대인으로 되는 경우에도 마찬가지로 적용된다.

8. 계속적 계약의 해지

> **[사안]** A아파트 주민은 B도시가스회사와 도시가스 공급계약을 체결하였다. 그 후 당사자 사이에 가격협상이 난항을 겪자 A는 당사자 사이의 신뢰관계 파괴 등을 이유로 도시가스 공급계약의 해지를 통보하였다. 그러나 B사는 장기간 공급을 하게 될 것으로 믿고 배관공사 등에 많은 투자를 하였다며 이의를 제기한다. (대법원 2013.4.11. 선고 2011다59629 판결)

[해결] 계속적 계약은 당사자 상호간의 신뢰관계를 기초로 하는 것으로서, 당해 계약의 존속 중에 당사자 일방의 부당한 행위 등으로 인하여 계약의 기초가 되는 신뢰관계가 파괴되어 계약의 존속을 기대할 수 없는 중대한 사유가 있는 때에는 상대방은 그 계약을 해지함으로써 장래에 향하여 그 효력을 소멸시킬 수 있다. 한편 계속적 계약 중 계약의 이행을 위하여 일정 규모의 설비가 필요하고 비교적 장기간의 거래가 예상되는 계속적 공급계약의 해지에 있어서 계약의 존속을 기대할 수 없는 중대한 사유가 있는지 여부는 공급자가 계약의 이행을 위하여 설치한 설비의 정도, 설치된 설비의 원상복구 가능성 등 제반

사정을 종합적으로 고려하여 판단하여야 한다. 사안과 같이 비교적 장기간의 거래가 예상되는 도시가스의 계속적 공급계약에서 공급자가 상당한 설비투자를 하였고 구매자가 공급자에게 계약이 상당기간 지속되리라는 점에 대한 신뢰를 부여한 점 등을 고려하면 계약의 존속을 기대할 수 없는 중대한 사유를 이유로 하는 계약의 해지를 인정하는데 신중하여야 한다. B사는 계약이 이행되었다면 얻을 수 있었던 영업이익 상당의 손해배상을 청구할 수 있다.

[유제] 甲은 해외이주 알선업체인 乙 주식회사와 미국 비숙련 취업이민을 위한 알선업무계약을 체결하였는데, 乙 회사의 업무 수행에 따라 甲이 미국 노동부의 노동허가, 이민국의 이민허가를 받았으나 이후 추가 행정검토 결정 등이 내려지면서 이민절차가 진척되지 않았다. 이에 甲은 乙 회사를 상대로 사정변경으로 인한 계약의 해제를 주장하며 원상회복의무로서 기지급한 국외알선 수수료의 반환을 구한다. 乙 회사는 장기간 단계적으로 진행되는 업무의 성격상 위 계약은 계속적 계약에 해당하여 해지만 가능하다고 항변한다. (대법원 2022.3.11. 선고 2020다297430 판결)

[해결] 임대차계약, 고용계약, 위임계약 등에서와 같이 계약으로부터 생기는 채권·채무의 내용을 이루는 급부가 일정 기간 계속하여 행하여지게 되는 경우 이는 이른바 계속적 계약에 해당한다. 사안에서 이민알선계약은 계속적 계약에 해당한다고 보아야 하고, 위 계약에서 정한 乙 회사의 업무 중 여러 부분이 이미 이행되고 상당한 기간이 흐른 경우 甲이 사정변경을 이유로 계약의 효력을 소멸시킬 때에는 소멸에 따른 효과를 장래에 향하여 발생시키는 민법 제550조의 '해지'만 가능할 뿐 민법 제548조에서 정한 '해제'를 할 수는 없다.

9. 계약해제시 원상회복과 과실상계

[사안] 김과 매도인 박 사이의 X택지 분양권 매매계약이 있은 후에 박이 최에게 X택지에 관한 수분양자 명의변경 절차를 완료하여 줌으로써 김 앞으로의 수분양자 명의변경 절차의 이행이 불가능하게 되었고, 이를 이유로 한 김의 매매계약 해제의 의사표시에 의하여 계약은 적법하게 해제되었다. 김은 계약해제에 따른 원상회복으로 박에게 지급한 매매대금 145,000,000원의 반환을 구함에 대하여, 박은, 김이 박으로부터 교부받은 분양권 확보에 필요한 서류들을 스스로 잘 관리하지 아니하고 이를 정에게 맡겨두는 바람에 박이 정에게 분양권을 전매할 권한이 있는 것으로 믿고서

> 정의 요청에 따라 최 앞으로 수분양자 명의변경 절차를 마쳐주게 되었던 점 등을 감안하여 신의칙과 공평의 원칙을 고려하여 박의 원상회복책임을 매매대금의 40%인 58,000,000원으로 제한해줄 것을 요구한다. 그러나 김은 매매계약이 해제되기에 이른 데에 자신에게도 책임이 있다는 사정은 원상회복의무의 범위를 정함에 있어 고려될 것이 아니라고 항변한다. (대법원 2014.3.13. 선고 2013다34143 판결)

[해결] 계약해제의 효과로서 원상회복의무를 규정하는 민법 제548조 제1항 본문은 부당이득에 관한 특별규정의 성격을 가지는 것으로서, 그 이익 반환의 범위는 이익의 현존 여부나 청구인의 선의·악의를 불문하고 특단의 사유가 없는 한 받은 이익의 전부이다. 반면 과실상계는 본래 채무불이행 또는 불법행위로 인한 손해배상책임에 대하여 인정되는 것이고, 매매계약이 해제되어 소급적으로 효력을 잃은 결과 매매당사자에게 당해 계약에 기한 급부가 없었던 것과 동일한 재산상태를 회복시키기 위한 원상회복의무의 이행으로서 이미 지급한 매매대금 기타의 급부의 반환을 구하는 경우에는 적용되지 아니한다. 따라서 계약의 해제로 인한 원상회복청구권에 대하여 해제자가 해제의 원인이 된 채무불이행에 관하여 '원인'의 일부를 제공하였다는 등의 사유를 내세워 신의칙 또는 공평의 원칙에 기하여 일반적으로 손해배상에 있어서의 과실상계에 준하여 권리의 내용이 제한될 수 있다고 하는 것은 허용되어서는 아니 된다.

10. 계약의 해제와 손해배상청구와의 관계

> [사안] 甲 회사는 乙 회사에 자신이 주최하는 공연의 티켓을 1장당 30% 할인된 가격으로 판매하고 乙 회사는 소비자에게 위 티켓을 자율적인 금액으로 다시 판매할 수 있는 계약을 체결하고 乙은 15억원의 티켓구매대금을 지불하였다. 계약서에는 '공연이 취소된 경우, 甲 회사는 乙 회사에 티켓액면가 기준으로 전액을 지급해야 한다.'는 조항을 두었다. 그 후 甲 회사가 공연장 시설 하자를 이유로 수 차례 공연을 취소하자 乙 회사는 계약상 의무 불이행을 이유로 계약의 해제를 통보하고, 이를 전제로 원상회복과 손해배상을 구한다. 甲 회사는 공연이 취소될 경우를 대비하여 둔 위 조항은 계약의 유지를 전제로 한 것이어서 계약이 해제된 이상 그 소급효로 말미암아 위 조항도 함께 실효되고 이 조항에 기한 손해배상청구도 이유없다고 항변한다. (대법원 2022.4.14. 선고 2019다292736 판결)

[해결] 민법 제398조 제3항은 "손해배상액의 예정은 이행의 청구나 계약의 해제에 영향을 미치지 아니한다."라고 정하고, 제551조는 "계약의 해지 또는 해제는 손해배상의 청구에 영향을 미치지 아니한다."라고 정한다. 계약당사자가 채무불이행으로 인한 전보배상에 관하여 손해배상액을 예정한 경우에 채권자가 채무불이행을 이유로 계약을 해제하거나 해지하더라도 원칙적으로 손해배상액의 예정은 실효되지 않고 그에 따라 배상액을 정해야 한다. 다만 당사자의 의사의 합리적 해석상 손해배상액의 예정이 계약의 유지를 전제로 정해진 약정이라는 등의 사정이 있는 경우라면 채무불이행을 이유로 계약을 해제하면 손해배상액의 예정도 실효될 수 있다. 사안은 乙 회사가 미리 공연의 티켓을 일괄 구매하여 자신의 책임으로 판매하는 것인데, 공연이 취소된 경우에 손해배상액의 예정을 통해 乙 회사에 공연 티켓의 판매를 통해 얻을 수 있었던 이익을 그대로 보전해 주기 위한 것이라고 해석되고, 공연의 정상적인 진행은 계약 목적을 달성하는 데 중요한 내용이고, 이것이 충실히 이행되지 않을 경우 계약 상대방은 계약을 해제할 수 있는바, 공연이 취소될 경우를 대비하여 둔 위 조항이 계약의 유지를 전제로 한 것이라고 할 수 없다.

11. 계약해제시 사용이익의 반환

[사안] 김은 2000.10. 박으로부터 박의 트랙터를 대금 2,300만원에 매수한 다음 금 1,000만원을 들여 이 트랙터의 파손된 부분을 수리하여 운행하였고 이로써 각종 비용을 공제하고도 월 200만원의 이득을 올려왔다. 한편 매매당시 이 트랙터에 대하여 최를 채권자로 한 가압류가 설정되어 있었는데 2002.10. 최가 이에 기해 강제경매를 신청하자, 김은 박과의 매매계약을 해제한다는 의사표시를 하고 매매대금의 반환을 구함과 아울러 그 간 트랙터를 운행하여 벌어온 이득을 얻지 못하게 됨에 따른 영업손실의 배상을 청구한다. 그러나 박은 매매계약의 해제에 따른 원상회복으로서 김은 박에게 24개월간의 사용이익 4,800만원에서 수리비 1,000만원을 공제한 3,800만원을 반환할 의무가 있다고 주장한다. 나아가 박은 자신의 상계의 의사표시로써 김의 매매대금반환채권은 전부 소멸하였고 오히려 김이 박에게 금 1,500만원 (3,800만원-2,300만원)을 반환할 것을 주장한다. (대법원 2006.9.8. 선고 2006다 26328, 26335 판결)

[해결] 매매계약의 해제로 인하여 매수인이 반환하여야 할 목적물의 사용이익을 산정함에 있어서 매수인이 목적물을 사용하여 취득한 순수입에는 목적물 자체의 사용이익뿐만 아니라 목적물의 수리비 등 매수인이 투입한 현금자본의 기여도 포함되어 있으므로 매수인의 순수입에서 현금자본의 투입비율을 고려하지 아니하고 단순히 현금자본에 해당하는 금액

을 공제하는 방식으로 목적물의 사용이익을 산정할 수 없고, 매수인의 영업수완 등 노력으로 인한 이른바 운용이익이 포함된 것으로 볼 여지가 있는 경우 이러한 운용이익은 사회통념상 매수인의 행위가 개입되지 아니하였더라도 그 목적물로부터 매도인이 당연히 취득하였으리라고 생각되는 범위 내의 것이 아닌 한 매수인이 반환하여야 할 사용이익의 범위에서 공제하여야 한다.

12. 계약해제와 제3자의 보호

> **[사안]** 김은 박에게 자기 소유의 X토지를 매도하면서 박이 X토지를 담보로 매수대금을 융자받을수 있도록 잔금을 받기 전에 X토지의 소유권등기를 이전해 주었다. 그 후 박이 매수대금을 지급하지 못하자 김은 박과의 매매계약을 해제하고 박에게 소유권이전등기의 말소를 구한다. 그러나 그 후 박은 최에게 X토지를 매도하고 소유권등기를 이전해 주었다. 이에 김이 최에게 소유권이전등기의 말소를 구하자 최는, 자신은 매매계약이 해제된 것을 모르고 이를 양도받아 소유권이전등기를 마쳤으므로 계약해제의 소급효가 미치지 않는다고 주장한다. 그러나 김은 최가 주장하는 사실만으로는 최가 계약해제 사실을 몰랐던 선의의 제3자라고 추인하기에 부족하다고 항변한다. (대법원 2005.6.9. 선고 2005다6341 판결)

[해결] 계약해제로써 제3자의 권리를 해할 수 없고 계약은 소급하여 소멸하게 되어 해약당사자는 각 원상회복의 의무를 부담하게 되나 이 경우 계약해제로 인한 원상회복등기 등이 이루어지기 이전에 해약당사자와 양립되지 아니하는 법률관계를 가지게 되었고 계약해제 사실을 몰랐던 제3자에 대하여는 계약해제를 주장할 수 없다. 다만 이 경우 제3자가 악의라는 사실의 주장·입증책임은 계약해제를 주장하는 자에게 있다고 할 것이다. 즉 김이 적극적으로 최의 악의를 입증하여야 한다.

제4강 증여·매매총칙

> 증여계약의 해제여부 /수증자의 망은행위와 증여계약의 해제 /예약채무불이행을 이유로 한 손해배상청구 /재매매의 쌍방예약 /계약금의 약정 또는 일부 수수시 해약금의 법리의 적용 /해약금에 의한 해제와 이행기 전의 이행착수
>
> ■ 계약각칙으로 넘어와서 첫 번째로 증여계약의 해제여부를 다룬 판결들을 소개한다. 매매총칙에서는 예약과 해약금제도를 규정하고 있는데 예약채무의 불이행에 따른 손해배상, 또 제564조가 정하는 쌍방예약의 개념을 다룬 판결들이 흥미있다. 해약금에 관해서는 계약금이 교부되지 않은 경우에도 적용될 것인라는 난해한 논쟁이 따르는 판결들을 다루어보고 해약금에 의한 해제를 막기 위한 이행기 전의 이행착수가 가능한가를 다룬 판결을 본다.

1. 증여계약의 해제여부

> [사안] 김과 그의 처 박이 공유하는 X토지를 A교회의 신축 건물 부지로 제공하면서 이를 증여하겠다는 의사를 표시하였음에도 약속과 달리 그 소유권을 A 교회로 넘기지 않고 있던 중 A 교회가 박의 도움을 받아 김이 보관하고 있던 A 토지의 등기필증에 갈음하여 김 본인 확인서면, 김과 A 교회 사이의 증여계약서 및 같은 취지의 교회 이사회결의서를 작성, 제출하여 A 교회 앞으로 소유권이전등기를 경료하였다. 그 후 10여년이 지난 후, 김은 증여된 X토지의 수용금을 가지고 A 교회의 목사가 농지를 구입하고 신도에게 대여하는 등의 행위를 하자, 자신의 증여분에 한하여 증여의 의사표시가 명확히 서면으로 표시된 바 없으며 또 사정변화를 이유로 증여계약을 해제한다며 소유권등기의 이전을 구한다. A 교회는 증여 후 10여년이 지난 후에 행하여진 김의 해제가 신의성실의 원칙에 반하는 권리남용에 해당한다고 항변한다. (대법원 2009.9.24. 선고 2009다37831 판결)

[해결] 민법 제555조에서 서면에 의한 증여에 한하여 증여자의 해제권을 제한하고 있는 입법취지는 증여자가 경솔하게 증여하는 것을 방지함과 동시에 증여자의 의사를 명확히 하여 후일에 분쟁이 생기는 것을 피하려는 데 있다. 비록 서면의 문언 자체는 증여계약서로 되어 있지 않더라도 그 서면의 작성에 이르게 된 경위를 아울러 고려할 때 증여계약 당사자 사이에 있어서 증여자가 자기의 재산을 상대방에게 준다는 취지의 증여의사가 문서를 통하여 확실히 알 수 있는 정도로 서면에 나타나야 하고, 이는 수증자에 대하여 서면으로 표시되어야 한다. 특히 종교단체에 대한 기부행위는 통상 반대급부의 제공 기타 그 행위의 합리성에 대한 고려 없이 종교적 신심을 근거로 즉흥적·충동적으로 이루어질 가능성을 배제할 수 없는 것이어서 증여의사의 명확성, 신중성 및 후일의 분쟁 방지라고 하는 서면에 의한 증여제도의 입법취지상 서면에 의한 증여 요건의 구비 여부에 대한 판단은 엄격히 할 필요가 있다.

한편 서면에 의하지 아니한 증여의 경우에도 그 이행을 완료한 경우에는 해제로서 수증자에게 대항할 수 없으나, 증여자의 의사에 기하지 아니한 원인무효의 등기가 경료된 경우에는 증여계약의 적법한 이행이 있다고 볼 수 없으므로 서면에 의하지 아니한 증여자의 증여계약의 해제에 대해 수증자가 실체관계에 부합한다는 주장으로 대항할 수 없다. 아울러 민법 제555조에서 말하는 증여계약의 해제는 민법 제543조 이하에서 규정한 본래 의미의 해제와는 달리 형성권의 제척기간의 적용을 받지 않는 특수한 철회로서, 10년이 경과한 후에 이루어졌다 하더라도 원칙적으로 적법하다.

[유제] 망인 김은 생전에 서면에 의하지 아니한 의사표시로 부동산의 지분을 박에게 증여하고 증여한 부동산의 지분 중 일부 지분에 대하여만 소유권이전등기를 경료하고, 나머지 지분은 소유권이전등기를 경료하지 않은 채 사망하였다. 김의 상속인인 김의 처는 망인 김의 증여계약 중 소유권이전등기가 경료되지 않은 부분에 대해 해제하겠다고 한다. (대법원 2003.4.11. 선고 2003다1755 판결)

[해결] 민법 제555조는 "증여의 의사가 서면으로 표시되지 아니한 경우에는 각 당사자는 이를 해제할 수 있다."고 규정하고 있고, 민법 제558조는 "전 3조의 규정에 의한 계약의 해제는 이미 이행한 부분에 대하여는 영향을 미치지 아니한다."고 규정하고 있는바, 증여계약에 따른 권리의무를 승계한 상속인은 이미 이행된 지분에 관하여는 증여의 의사표시를 해제할 수 없다고 하겠으나, 아직 이행되지 아니한 지분에 관한 증여의 의사표시는 민법 제555조에 의하여 이를 해제할 수 있다고 할 것이다.

2. 수증자의 망은행위와 증여계약의 해제

[사안] 甲의 어머니인 乙이 甲에게 토지 및 건물을 증여하되 乙이 살아있는 동안에는 직접 관리하기로 하는 내용의 증여증서를 작성하여 甲에게 교부한 다음 건물에 관하여 甲 명의로 소유권이전등기를 마쳤고, 甲과 乙은 토지 및 건물의 운영에 관하여 동업계약서를 작성하고 공동명의로 사업자등록을 마쳤다. 그 후 乙이 알츠하이머병에 걸렸고 甲은 자신의 단독명의로 건물의 임대차계약을 체결하면서 乙의 동의 없이 작성된 乙 명의의 동업해지계약서를 세무서에 제출하여 사업자명의를 甲의 단독명의로 변경하였다. 乙의 후견인인 乙의 딸 丙은, 甲의 행위가 乙과의 신뢰관계를 중대하게 침해하는 범죄행위로서 망은행위에 해당한다며 증여계약의 해제를 주장한다. 그러나 甲은, 乙의 질병으로 재산의 직접 관리의 필요성이 있었고 임대수입의 상당 부분은 乙을 위하여 사용하였다며 항변한다. (대법원 2022.3.11. 선고 2017다207475, 207482 판결)

[해결] 민법 제556조 제1항 제1호는 '수증자가 증여자에 대하여 증여자 또는 그 배우자나 직계혈족에 대한 범죄행위가 있는 때에는 증여자는 그 증여를 해제할 수 있다.'고 정한다. 이는 중대한 배은행위를 한 수증자에 대해서까지 증여자로 하여금 증여계약상의 의무를 이행하게 할 필요가 없다는 윤리적 요청을 법률적으로 고려한 것이다. 여기에서 '범죄행위'는, 수증자가 증여자에게 감사의 마음을 가져야 함에도 불구하고 증여자가 배은망덕하다고 느낄 정도로 둘 사이의 신뢰관계를 중대하게 침해하여 수증자에게 증여의 효과를 그대로 유지시키는 것이 사회통념상 허용되지 아니할 정도의 범죄를 저지르는 것을 말한다. 이때 이러한 범죄행위에 해당하는지는 수증자가 범죄행위에 이르게 된 동기 및 경위, 수증자의 범죄행위로 증여자가 받은 피해의 정도, 침해되는 법익의 유형, 증여자와 수증자의 관계 및 친밀도, 증여행위의 동기와 목적 등을 종합적으로 고려하여 판단하여야 하고, 반드시 수증자가 그 범죄행위로 형사처벌을 받을 필요는 없다. 사안에서 甲의 행위가 乙과의 신뢰관계를 중대하게 침해하여 증여의 효과를 그대로 유지시키는 것이 사회통념상 허용되지 아니할 정도에 이르렀다고 단정하기는 어려워 보인다.

3. 예약채무불이행을 이유로 한 손해배상청구

[사안] A재건축조합은 재건축공사도급계약의 도급인이 될 자로 입찰절차를 거쳐 B건설사를 낙찰자로 결정하였다. B사는 A조합에게 계약체결을 요구하였으나, A조합은

이사회에서 논의한 결과 참석 이사 전원이 B사의 시공 능력이 미비하다는 합의에 이르자 B사에 대한 낙찰을 취소하고, 이 공사에 관한 입찰절차를 다시 실시하여 다른 회사를 낙찰자로 선정하였다. 이에 B사는 A조합이 B사를 낙찰자로 결정함으로써, A와 B 사이에서는 예약 또는 조건부 계약이 이루어졌으므로 A는 B와 공사도급계약을 체결할 의무가 있음에도 공사도급계약 체결을 거부하였으니 그로 인하여 B사가 입은 손해를 배상할 의무가 있고, 따라서 공사도급계약이 체결되어 계약이 이행되었을 경우 B사가 얻을 수 있는 이익, 즉 이행이익을 B사가 입은 손해라고 보아야 하고, B사가 이 입찰에 참가하기 위해 건축사사무소에 작성을 의뢰하여 받은 내역서의 일부인 공사원가계산서에 이윤으로 기재된 금액 10억원을 지급할 것을 청구한다. 그러나 A조합은 공사도급계약이 체결되기 전 교섭단계에서 중도파기된 경우이므로, 그 손해의 범위는 계약체결을 전제로 한 이행이익의 배상이 아닌 계약의 성립을 신뢰하고 지출한 비용, 즉 신뢰이익의 배상에 한정되어야 한다고 항변한다. (대법원 2011.11.10. 선고 2011다41659 판결)

[해결] 공사도급계약의 도급인이 될 자가 수급인을 선정하기 위해 입찰절차를 거쳐 낙찰자를 결정한 경우 입찰을 실시한 자와 낙찰자 사이에는 도급계약의 본계약체결의무를 내용으로 하는 예약의 계약관계가 성립하고, 어느 일방이 정당한 이유 없이 본계약의 체결을 거절하는 경우 상대방은 예약채무불이행을 이유로 한 손해배상을 청구할 수 있다. 이러한 손해배상의 범위는 원칙적으로 예약채무불이행으로 인한 통상의 손해를 한도로 하는데, 만일 입찰을 실시한 자가 정당한 이유 없이 낙찰자에 대하여 본계약의 체결을 거절하는 경우라면 낙찰자가 본계약의 체결 및 이행을 통하여 얻을 수 있었던 이익, 즉 이행이익 상실의 손해는 통상의 손해에 해당한다고 볼 것이므로 입찰을 실시한 자는 낙찰자에 대하여 이를 배상할 책임이 있다. 사안은 A와 B 사이에 본계약인 공사도급계약을 체결할 의무가 생기는 예약이 성립한 것으로 볼 수 있고, A조합의 본계약체결의무 위반으로 인하여 B사에게 배상할 손해에는 공사도급계약이 체결되어 계약이 이행되었을 경우 B사가 얻을 수 있는 이익, 즉 이행이익이 포함된다.

그러나 낙찰자가 본계약의 체결 및 이행을 통하여 얻을 수 있었던 이익은 일단 본계약에 따라 타방 당사자로부터 지급받을 수 있었던 급부인 낙찰금액이라고 할 것이나, 본계약의 체결과 이행에 이르지 않음으로써 낙찰자가 지출을 면하게 된 직·간접적 비용은 그가 배상받을 손해액에서 당연히 공제되어야 하고, 나아가 손해의 공평·타당한 분담을 지도원리로 하는 손해배상제도의 취지상, 법원은 본계약 체결의 거절로 인하여 낙찰자가 그 이행과정에서 기울여야 할 노력이나 이에 수반하여 불가피하게 인수하여야 할 사업상 위험을 면하게 된 점 등 여러 사정을 두루 고려하여 객관적으로 수긍할 수 있는 손해액을 산정하여야 한다. 사안에서 B사가 본계약의 이행을 하지 않게 됨으로써 면하게 된 여러 노력이나 사업상 위험 등에 관하여 아무런 고려를 하지 않은 채, 위 이윤을 그대로 B사가 본계약인 공사도급계약의 체결 및 이행으로 얻을 수 있었던 이익으로 인정하는 것은 수긍될 수 없다.

4. 재매매의 쌍방예약

> [사안] 김과 박은 박의 김에 대한 기존 채무 9억5천만원을 정리하기 위하여 박이 점포를 임차하여 운영하던 안경점의 임차권을 포함한 영업재산 일체를 김에게 10억원에 양도하는 내용의 약정을 체결하였다. 약정에 따르면 3년의 운영기간이 지난 후에는 김이나 박 쌍방이 양도·양수계약을 해지할 수 있고 그 경우 박이 다시 안경점 영업을 10억원에 인수하기로 하였다. 그런데 후에 김이 점포의 월 임료를 2회 이상 연체하여 임대인 최로부터 임대차계약의 해지를 통보받았고 임차인의 지위를 상실하였다. 그 후 약정 기간이 경과한 후에 김은 양도계약의 해지를 통보하였고 박을 상대로 10억원의 지급을 청구한다. (대법원 2015.8.27. 선고 2013다28247 판결)

[해결] 매매의 일방 또는 쌍방예약에서 예약자의 상대방이 매매예약 완결의 의사표시를 하여 매매의 효력을 생기게 하는 권리, 즉 매매예약의 완결권은 일종의 형성권으로서 당사자 사이에 그 행사기간을 약정한 때에는 그 기간 내에, 그러한 약정이 없는 때에는 그 예약이 성립한 때로부터 10년 내에 이를 행사하여야 한다. 그런데 매매예약이 성립한 이후 상대방의 매매예약 완결의 의사표시 전에 목적물이 멸실 기타의 사유로 이전할 수 없게 되어 예약 완결권의 행사가 이행불능이 된 경우에는 예약 완결권을 행사할 수 없고, 이행불능 이후에 상대방이 매매예약 완결의 의사표시를 하여도 매매의 효력이 생기지 아니한다. 사안에서는 김과 박 사이에 안경점 영업을 다시 10억원에 양도·양수하기로 하는 재매매가 성립한 것인데, 장차 쌍방이 양도계약을 해지함으로써 재매매가 성립할 수 있다는 취지로 약정한 것은 재매매의 예약에 해당하고 그에 관하여 각자에게 완결권을 부여한 것으로 볼 수 있다. 이러한 재매매의 쌍방예약에 따라 김이 예약완결권을 행사하는 경우에 김과 박 사이에는 안경점을 10억원에 양도하기로 하는 내용의 본계약이 성립한다. 따라서 박은 김에게 인수대금 10억원을 지급할 의무를 지고 김은 박에게 안경점 영업을 양도할 의무를 지며 이러한 쌍방의 이행의무는 대가적 의미가 있어 이행상 견련관계에 있으므로 동시이행의 관계에 있다. 그런데 김이 안경점 점포에 관한 임차권을 상실하였고 박에게 안경점 영업을 양도할 수 없게 되어 재매매예약의 완결권의 행사가 이행불능으로 되었다고 볼 것이다. 따라서 이행불능 이후에 김이 재매매예약 완결의 의사표시를 하였다고 하

더라도 재매매의 효력이 생기지 아니하므로 김은 박을 상대로 안경점의 인수대금 10억원의 이행을 청구할 수 없다.

5. 계약금의 약정 또는 일부 수수시 해약금의 법리의 적용

> [사안] 김은 최 소유의 아파트를 박에게 매도하는 계약을 체결하면서 계약서 비고란에 계약금 6,000만원 중 300만원은 계약 당일 김의 계좌로 넣고, 나머지 5,700만원은 그 다음날 김의 계좌로 송금하기로 약정하였는데, 김은 계약을 체결한 당일 밤 그가 대리한 최가 아파트를 처분할 의사가 없다는 것을 확인하고 그 다음날 박이 계약금을 입금하기 전에 박에게 매매계약 파기의 의사표시를 하였다. 이에 박은 계약금이 교부되지 아니한 이상 아직 계약금계약은 성립되지 아니하였다고 할 것이니, 매도인측은 매수인인 박의 채무불이행이 없는 한 매매계약을 임의로 해제할 수 없다고 할 것이고 계약금을 수령하기 전에 김이 일방적으로 한 매매계약 해제의 의사표시는 부적법하여 효력이 없다고 항변함과 아울러 무권대리인인 김에 대하여 손해배상책임을 묻는다. 그러나 김은 계약금계약은 요물계약이기 때문에 약정에 따른 계약금이 지급되기 전까지는 계약당사자 어느 일방도 그 계약에 구속되지 않고 자유로이 이를 파기할 수 있도록 계약해제권이 유보되어 있다는 것을 전제로 해제가 적법한 것이라고 항변한다. (대법원 2008.3.13. 선고 2007다73611 판결)

[해결] 계약이 일단 성립한 후에는 당사자의 일방이 이를 마음대로 해제할 수 없는 것이 원칙이고, 다만 주된 계약과 더불어 계약금계약을 한 경우에는 민법 제565조 제1항의 규정에 따라 임의해제를 할 수 있기는 하나, 계약금계약은 금전 기타 유가물의 교부를 요건으로 하므로 단지 계약금을 지급하기로 약정만 한 단계에서는 아직 계약금으로서의 효력, 즉 위 민법 규정에 의해 계약해제를 할 수 있는 권리는 발생하지 않는다고 할 것이다. 따라서 당사자가 계약금의 일부만을 먼저 지급하고 잔액은 나중에 지급하기로 약정하거나 계약금 전부를 나중에 지급하기로 약정한 경우, 교부자가 계약금의 잔금이나 전부를 약정대로 지급하지 않으면 상대방은 계약금 지급의무의 이행을 청구하거나 채무불이행을 이유로 계약금약정을 해제할 수 있고, 나아가 위 약정이 없었더라면 주계약을 체결하지 않았을 것이라는 사정이 인정된다면 주계약도 해제할 수도 있을 것이나, 교부자가 계약금의 잔금 또는 전부를 지급하지 아니하는 한 계약금계약은 성립하지 아니하므로 당사자가 임의로 주계약을 해제할 수는 없다.

[유제] 김은 2013.3.25. 박으로부터 X아파트를 매매대금 11억원에 매수하기로 하는 매매계약을 체결하면서 계약금 1억 1천만원 중 1천만원은 계약 당일에 지급하였고 나머지 1억원은 다음 날인 2013.3.26. 박의 은행계좌로 송금하기로 하였다. 박은 다음 날 아파트를 팔지 않기로 하고 자신의 은행계좌를 폐쇄하였다. 김은 3.27. 박이 계약금의 수령을 거절한다는 이유로 박을 피공탁자로 하여 1억원을 공탁하였다. 같은 날 박은 기수령한 계약금의 배액인 2천만원을 공탁하면서 김에게 해약통고서를 보냈다. 김은 박의 이행거절을 이유로 매매계약을 해제한다면서 그에 따른 원상회복으로 1천만원을 반환하고 채무불이행에 따른 손해배상으로서 1억 1천만원을 지급할 것을 청구한다. 그러나 박은 계약금이 일부만 지급된 경우에는 그 지급받은 금액의 배액을 상환하고 계약을 해제할 수 있다고 항변한다. (대법원 2015.4.23. 선고 2014다231378 판결)

[해결] 박의 주장과 같이 계약금 일부만 지급된 경우 수령자가 매매계약을 해제할 수 있다고 하더라도, 그 해약금의 기준이 되는 금원은 '실제 교부받은 계약금'이 아니라 '약정 계약금'이라고 봄이 타당하다. '실제 교부받은 계약금'의 배액만을 상환하여 매매계약을 해제할 수 있다면 이는 당사자가 일정한 금액을 계약금으로 정한 의사에 반하게 될 뿐 아니라, 교부받은 금원이 소액일 경우에는 사실상 계약을 자유로이 해제할 수 있어 계약의 구속력이 약화되는 결과가 되어 부당하기 때문이다. 따라서 박은 계약금 일부로서 지급받은 금원의 배액을 상환하는 것으로는 매매계약을 해제할 수 없다.

6. 해약금에 의한 해제와 이행기 전의 이행착수

[사안] 김은 박에게 자기 소유의 X토지를 100억원에 매도하는 계약을 체결하였는데 체결 직후 X토지에 대한 고도제한이 완화되어 시가가 급상승하자, 박에게 구두로 구체적인 금액의 제시없이 매매대금의 증액을 요청하였다. 이에 대해 박은 확답을 하지 않고 있다가 중도금지급기일 한 달 전에 김을 방문하여 40억원의 중도금 상당액의 자기앞수표를 제공하였다. 그러나 김은 이를 수령하지 않고 박을 피공탁자로 하여 계약금의 배액인 20억원을 공탁하면서 매매계약에 대한 해제권을 행사하였다. 그러나 박은 김이 시가 상승 후 박이 이행에 착수하기 전에 스스로 먼저 해제권을 행사할 충분한 시간이 있었음에도 불구하고 이를 행사하지 않았으며, 계약을 유지하고자 하는 매수인측으로서는 적극적으로 이행에 나아가는 것만이 당시 취할 수 있는 최선의 방법이었던 점에 비추어 박의 이행기 전의 이행의 착수는 정당하다고 하

> 며 김에게 계약대로 소유권이전등기의 이행을 청구한다. (대법원 2006.2.10. 선고 2004다11599 판결)

[해결] 민법 제565조가 해제권 행사의 시기를 당사자의 일방이 이행에 착수할 때까지로 제한한 것은 당사자의 일방이 이미 이행에 착수한 때에는 그 당사자는 그에 필요한 비용을 지출하였을 것이고, 또 그 당사자는 계약이 이행될 것으로 기대하고 있는데 만일 이러한 단계에서 상대방으로부터 계약이 해제된다면 예측하지 못한 손해를 입게 될 우려가 있으므로 이를 방지하고자 함에 있고, 이행기의 약정이 있는 경우라 하더라도 당사자가 채무의 이행기 전에는 착수하지 아니하기로 하는 특약을 하는 등 특별한 사정이 없는 한 이행기 전에 이행에 착수할 수 있다. 사안에서 박의 이행기 전의 이행의 착수가 허용되어서는 안 될 불가피한 사정이 있는 것이 아니므로 매도인 김은 해약금에 의한 해제권을 행사할 수 없다.

제5강 매도인의 담보책임

> 타인의 권리의 매매와 담보책임 /권리의 일부 타인 귀속 또는 일부 멸실에 대한 담보책임 - 대금감액 /수량지정매매시 수량부족에 대한 담보책임 - 대금감액 /추탈(追奪)담보책임 - 목적부동산에 설정된 저당권의 실행시 // 매매계약에서 하자여부의 판단 /완전물급부청구권 /하자확대손해에 대한 매도인의 담보책임 /하자담보책임에 대한 매수인의 권리행사기간 /매매계약에서 채무불이행책임과 하자담보책임의 경합 /착오와 하자담보책임의 관계 /권리의 매매와 매도인의 담보책임/ 하자담보책임의 소멸시효의 기산점
>
> ■ 매도인의 담보책임은 우선 권리하자에 대한 담보책임으로서 조문의 순서에 따라 타인의 권리매매, 권리의 일부 타인귀속, 수량부족, 추탈담보책임 등을 다룬다. 물건의 하자에 관한 담보책임에서는 먼저 하자의 존재여부가 쟁점인 판결을 시작으로 책임의 내용으로 완전물급부청구권이 문제된 사안, 하자확대손해 등을 다룬다. 담보책임은 단기의 권리행사기간이 있어 해석론적 문제가 제기되고 또한 소멸시효와의 관계가 문제된다. 본질적으로 하자담보책임이 채무불이행책임과 어떤 관계에 서는지에 관한 판결을 검토해보고 착오제도와의 관계도 흥미있는 주제이다.

[매도인의 권리하자담보책임]

1. 타인의 권리의 매매와 담보책임

> [사례] 채권자 김은 채무자 박 소유의 X부동산에 대하여 강제경매신청을 하여 자녀들 명의로 이를 경락받았다. 그 후 김은 박과의 사이에 채권액의 일부를 지급받고 자녀들 명의의 소유권이전등기를 말소하여 주기로 합의하였다. 그 후 김이 사망하자 박은 김의 자녀들에게 등기의 말소를 청구하나 김의 자녀들은 이를 거부한다. (대법원 2001.9.25. 선고 99다19698 판결)

[해설] 현재 X부동산의 소유자는 경락인인 김의 자녀들이라 할 것이므로, 김과 박의 합의는 일종의 타인의 권리의 처분행위에 해당하여 비록 양자 사이에서 위 합의는 유효하고 김은 자녀들로부터 X부동산을 취득하여 박에게 그 소유권이전등기를 마쳐 주어야 할 의무를 부담하지만 자녀들은 원래 부동산의 소유자로서 타인의 권리에 대한 계약을 체결한 박에 대하여 그 이행에 관한 아무런 의무가 없고 이행을 거절할 수 있는 자유가 있었던 것이므로, 김의 사망으로 인하여 자녀들이 상속지분에 따라 김의 의무를 상속하게 되었다고 하더라도 그들은 신의칙에 반하는 것으로 인정할 만한 특별한 사정이 없는 한 원칙적으로 위 합의에 따른 의무의 이행을 거절할 수 있다.

2. 권리의 일부 타인 귀속 또는 일부 멸실에 대한 담보책임 - 대금감액

> [사례] 임의경매절차가 진행되어 그 낙찰허가결정이 확정되었는데 그 낙찰대금 지급기일이 지정되기 전에 그 낙찰목적물에 대한 소유자 내지 채무자 또는 그 매수인의 책임으로 돌릴 수 없는 사유로 말미암아 그 낙찰목적물의 일부에 대해 경매개시결정이 취소되었다. 낙찰인이 나머지 부분이라도 매수할 의사가 있어서 경매법원에 대하여 그 낙찰대금의 감액신청을 하여 왔을 때 경매법원은 어떤 결정을 하여야 하는가? (대법원 2005.3.29.자 2005마58 결정)

[해설] 경매법원으로서는 민법상의 쌍무계약에 있어서의 위험부담 내지 하자담보책임의 이론을 적용하여 그 감액결정을 허용하는 것이 상당하고, 한편 낙찰목적물의 일부가 "멸실"된 때라 함은 물리적인 멸실 뿐만 아니라 경매개시결정이 취소되는 등의 사유로 낙찰인이 당해 목적물의 소유권을 취득할 수 없게 된 경우도 이에 포함된다고 봄이 상당하다.

3. 수량지정매매시 수량부족에 대한 담보책임 - 대금감액

> [사례] 담보권실행을 위한 임의경매에서 경매법원이 경매목적인 X토지의 등기부상 면적을 표시하고 최저경매가격을 결정함에 있어 감정인이 단위면적당 가액에 공부상의 면적을 곱하여 산정한 가격을 기준으로 삼았다. 후에 실제면적이 이에 부족하자 경락인은 수량을 지정한 매매에서 수량부족에 해당한다며 경매채권자에게 배당받은 금원 일부의 반환을 청구한다. (대법원 2003.1.24. 선고 2002다65189 판결)

[해설] 민법 제574조에서 규정하는 '수량을 지정한 매매'라 함은 당사자가 매매의 목적인 특정물이 일정한 수량을 가지고 있다는 데 주안을 두고 대금도 그 수량을 기준으로 하여 정한 경우를 말하는 것이므로, 토지의 매매에 있어 목적물을 등기부상의 면적에 따라 특정한 경우라도 당사자가 그 지정된 구획을 전체로서 평가하였고 면적에 의한 계산이 하나의 표준에 지나지 아니하여 그것이 당사자들 사이에 대상토지를 특정하고 그 대금을 결정하기 위한 방편이었다고 보일 때에는 이를 가리켜 수량을 지정한 매매라 할 수 없다. 경매법원의 등기부상 면적표시는 당해 토지 전체의 가격을 결정하기 위한 방편에 불과하다 할 것이어서, 이를 민법 제574조 소정의 '수량을 지정한 매매'라고 할 수 없어 배당금의 반환청구는 배척된다. 반면에 목적물이 일정한 면적(수량)을 가지고 있다는 데 주안을 두고 대금도 면적을 기준으로 하여 정하여지는 아파트분양계약은 이른바 수량을 지정한 매매라 할 것이다.

4. 추탈(追奪)담보책임 - 목적부동산에 설정된 저당권의 실행시

> [사례] X부동산을 매매하면서 매수인 김은 X부동산에 설정된 근저당권의 피담보채무의 일부를 인수하는 것으로 매매대금의 지급에 갈음하기로 약정하였다. 그 후 매도인 박은 자신이 부담하는 채무를 모두 이행하였으나 김이 인수한 부분이 이행되지 않음으로써 근저당권이 실행되어 김이 취득한 소유권을 잃게 되었다. 이에 김은 박과의 매매계약을 해제하고 담보책임을 물어 손해의 배상을 청구한다. (대법원 2002.9.4. 선고 2002다11151 판결)

[해설] 매매의 목적이 된 부동산에 설정된 저당권의 행사로 인하여 매수인이 취득한 소유권을 잃은 때에는 매수인은 민법 제576조 제1항의 규정에 의하여 매매계약을 해제할 수 있지만, 매수인이 매매목적물에 관한 근저당권의 피담보채무를 인수하는 것으로 매매대금의 지급에 갈음하기로 약정한 경우에는 매수인으로서는 매도인에 대하여 민법 제576조 제1항의 담보책임을 면제하여 주었거나 이를 포기한 것으로 봄이 상당하다. 매수인이 자신이 인수한 부분을 이행하지 않음으로써 근저당권이 실행되어 매수인이 취득한 소유권을 잃게 되더라도 매도인이 민법 제576조 소정의 담보책임을 부담하게 되는 것은 아니다.

[매도인의 물건하자담보책임]

1. 매매계약에서 하자여부의 판단

> **[사안]** 김은 A사가 판매하는 초음파진단기 1대를 금 2천만원에 할부로 매수하였다. 그 후 김은 이 진단기로는 전립선 볼륨을 측정할 수 없다는 불만을 나타내고 잔금 지급을 거부하자 A사는 새로 개발·시판되기 시작한 기종으로 교체하여 주었으나 김은 교체된 제품도 전립선 볼륨의 측정수치가 정확하지 않다는 이유로 잔대금의 지급을 거부한다. 그러나 A사는 매매계약 체결시 이 진단기로 볼륨측정이 가능하다고 말하거나 광고한 적이 없다며 김에게 잔대금의 지급을 청구한다. (대법원 2002.4.12. 선고 2000다17834 판결)

[해결] 매도인이 매수인에게 공급한 기계가 통상의 품질이나 성능을 갖추고 있는 경우, 그 기계에 작업환경이나 상황이 요구하는 품질이나 성능을 갖추고 있지 못하다 하여 하자가 있다고 인정할 수 있기 위해서는, 매수인이 매도인에게 제품이 사용될 작업환경이나 상황을 설명하면서 그 환경이나 상황에 필요한 품질이나 성능을 갖추고 있는 제품의 공급을 요구한 데 대하여 매도인이 그러한 품질과 성능을 갖춘 제품이라는 점을 명시적으로나 묵시적으로 보증하고 공급하였다는 사실이 인정되어야만 할 것이다. 사안에서 A사와 김 사이에 볼륨측정이 가능한 초음파진단기를 매매의 목적물로 삼았다고 볼 수 없다면, 진단기에 하자가 있음을 전제로 한 김의 계약 무효 주장은 인정될 수 없고 김은 잔대금을 지급하여야 한다.

2. 완전물급부청구권

> **[사안]** 김은 A사로부터 자동차를 매수하여 인도받은 지 5일 만에 계기판의 속도계가 작동하지 않는 하자가 발생하였음을 이유로 A사를 상대로 신차 교환을 구하였다. 그러나 A사는, 위 하자는 계기판 모듈의 교체로 큰 비용을 들이지 않고서도 손쉽게 치유될 수 있는 하자로서 하자수리에 의하더라도 신차구입이라는 매매계약의 목적을 달성하는 데에 별다른 지장이 없고, 하자보수로 자동차의 가치하락에 영향을 줄 가능성이 희박하다며 교환을 거절한다. (대법원 2014.5.16. 선고 2012다72582 판결)

[해결] 민법의 하자담보책임에 관한 규정은 매매라는 유상·쌍무계약에 의한 급부와 반대급부 사이의 등가관계를 유지하기 위한 것인데, 종류매매에서 매수인이 가지는 완전물급부청구권을 제한 없이 인정하는 경우에는 오히려 매도인에게 지나친 불이익이나 부당한 손해를 주어 등가관계를 파괴하는 결과를 낳을 수 있다. 따라서 매매목적물의 하자가 경미하여 수선 등의 방법으로도 계약의 목적을 달성하는 데 별다른 지장이 없는 반면 매도인에게 하자 없는 물건의 급부의무를 지우면 다른 구제방법에 비하여 지나치게 큰 불이익이 매도인에게 발생되는 경우에는, 완전물급부청구권의 행사를 제한함이 타당하다. 그리고 이러한 매수인의 완전물급부청구권의 행사에 대한 제한 여부는 매매목적물의 하자의 정도, 하자 수선의 용이성, 하자의 치유가능성 및 완전물급부의 이행으로 인하여 매도인에게 미치는 불이익의 정도 등의 여러 사정을 고려하여야 한다.

3. 하자확대손해에 대한 매도인의 담보책임

> [사안] 김은 유리온실에 장미나무를 식재하여 장미재배업을 하여 왔다. 그런데 유리온실 내에서 화재가 발생하여 온실의 내부시설과 장미나무 등이 모두 소실되었다. 국립과학수사연구소는 유리온실 내 기름보일러에 설치된 농업용 공기조화기의 모터 과열로 그 권선의 절연이 파괴되어 화재가 발생하였다고 감정하였다. 이 공기조화기는 A 주식회사에 의하여 제조되었는데, B농업협동조합이 납품을 받아 김에게 매도하여 A사가 이를 유리온실 내에 설치하였다. 김은, B농협이 공기조화기의 매도인으로서 품질, 규격, 성능, 안전성 여부를 점검하여 하자 없는 물품을 공급하고 설치상의 하자 유무를 점검하여야 할 주의의무가 있음에도 이를 게을리하여 김으로 하여금 화재로 인한 확대손해를 입게 하였으므로, B농협은 김에게 위 화재로 인한 손해 중 1억원을 배상할 책임이 있다고 주장한다. (대법원 2003.7.22. 선고 2002다35676 판결)

[해결] 매매목적물의 하자로 인하여 확대손해가 발생하였다는 이유로 매도인에게 그 확대손해에 대한 배상책임을 지우기 위하여는 채무의 내용으로 된 하자 없는 목적물을 인도하지 못한 의무위반 사실 외에 그러한 의무위반에 대하여 매도인에게 귀책사유가 인정될 수 있어야만 한다. 사안에서는 매도인 B농협에게 귀책사유가 있다고 할 수 없어 김의 청구는 인정되지 않는다.

4. 하자담보책임에 대한 매수인의 권리행사기간

[사안] 표고버섯 재배농가인 김은 1997. 3. A농협협동조합으로부터 B종균연구소가 생산한 표고버섯 종균을 구입하여 접종하였다. 그런데 수확기인 1998. 가을 무렵 이 종균에 대해 보통 표고버섯 발아율의 1/100에도 미치지 못할 정도의 수량만이 발아한 것을 발견하였다. 반면에 김이 다른 조합으로부터 구입하여 동일한 재배조건에서 접종한 종균은 정상적으로 발아하였다. 이에 김은 1999.4.경 A조합을 찾아가 A조합이 불량 종균을 판매하여 표고가 발아하지 않았다고 항의하면서 대책을 호소하였다. 그 후 김은 1999.9.7. 종균이 불량품이어서 버섯발생이 되지 않아 손해를 입었다면서 그 배상을 구하는 내용의 통고서를 A조합에게 보냈다. 그러나 A조합은 종균이 통상적으로 갖추어야 할 품질이나 특성을 갖추지 못하였다고 볼 수 없으며, 설사 하자가 있더라도 김은 1998. 가을경 종균에 하자가 있어 발아가 되지 않는다는 사정을 알았다고 할 것이고, 그로부터 6개월이 경과한 후인 1999.9.7.에야 비로소 종균으로 인한 손해배상을 청구한 이상 이는 이미 제척기간이 경과한 후에 한 하자담보책임의 주장으로서 그 효력이 없다고 항변한다. (대법원 2003.6.27. 선고 2003다20190 판결)

[해결] 1) 표고버섯 종균을 접종한 표고목의 발아율이 일률적으로 정상적인 발아율의 1/100에도 미치지 못하는 현상이 발생하였고, 다른 구입처에서 구입한 종균을 동일한 통상의 접종 및 재배조건에서 접종한 표고목에서는 종균이 정상적으로 발아한 사실 등 비추어, 그 종균은 종균으로서 통상적으로 갖추어야 할 품질이나 특성을 갖추지 못한 하자가 있음을 인정할 수 있다.

   2) 표고버섯 종균에 하자가 존재하는 사실을 알았다고 하기 위하여는 종균을 접종한 표고목에서 종균이 정상적으로 발아하지 아니한 사실을 알았다는 것만으로는 부족하고, 종균이 정상적으로 발아하지 아니한 원인이 바로 종균에 존재하는 하자로 인한 것임을 알았을 때라야 비로소 종균에 하자가 존재하는 사실을 알았다고 볼 것이다.

   3) 민법 제582조 소정의 매수인의 권리행사 기간은 재판상 또는 재판 외에서의 권리행사에 관한 기간이므로 매수인은 소정 기간 내에 재판 외에서 권리행사를 함으로써 그 권리를 보존할 수 있고, 재판 외에서의 권리행사는 특별한 형식을 요구하는 것이 아니므로 매수인이 매도인에 대하여 적당한 방법으로 물건에 하자가 있음을 통지하고, 계약의 해제나 하자의 보수 또는 손해배상을 구하는 뜻을 표시함으로써 충분하다.

   4) 사안에서는 A조합은 김에게 불량종자의 인도로 인하여 김이 입은 손해, 즉 하자없는 종자를 접종했을시 얻었을 소득액 상당의 손해를 배상하여야 한다. A조합은 납품업자

인 B사에게 구상권을 행사할 수 있을 것이다.

5. 매매계약에서 채무불이행책임과 하자담보책임의 경합

[사안] 김은 국가로부터 X토지를 5천7백만원에 매수하여 소유권이전등기를 하였다. 김은 X토지를 아들에게 증여하였고 김의 아들은 건물을 신축하기 위해 건축허가를 받고 지목을 '전(田)'에서 '대지'로 변경하였는데, 토지에서 굴착공사를 하다가 약 1~2m 깊이에서 폐합성수지와 폐콘크리트 등 약 331t의 폐기물이 매립되어 있는 것을 발견하였고, 이를 처리하기 위하여 6천만원의 비용을 지출하였다. 김은 토지에 위와 같은 폐기물이 매립되어 있는 것은 매매 목적물이 통상 갖출 것으로 기대되는 품질이나 상태를 갖추지 못한 하자에 해당하고, 국가는 김에게 하자담보책임으로 인한 손해배상으로 폐기물 처리비용을 지급할 것을 청구한다. 국가는 토지를 매매계약 당시 지목인 밭으로 이용하는데 문제가 없고, 또 김이 아들에게 토지를 증여한 후 매립사실을 알게 되었으므로 김은 손해배상을 청구할 수 없다고 항변한다. (대법원 2021.4.8. 선고 2017다202050 판결)

[해결] 매매의 목적물에 하자가 있는 경우 매도인의 하자담보책임과 채무불이행책임은 별개의 권원에 의하여 경합적으로 인정된다. 그리고 하자를 보수하기 위한 비용은 매도인의 하자담보책임과 채무불이행책임에서 말하는 손해에 해당한다. 따라서 매매 목적물인 토지에 폐기물이 매립되어 있고 매수인이 폐기물을 처리하기 위해 비용이 발생한다면 매수인은 그 비용을 민법 제390조에 따라 채무불이행으로 인한 손해배상으로 청구할 수도 있고, 민법 제580조 제1항에 따라 하자담보책임으로 인한 손해배상으로 청구할 수도 있다. 또 X토지를 밭으로 이용할 때도 폐기물은 영향을 미칠 것이고, 하자담보책임으로 인한 손해배상청구권은 매수인이 매매 목적물을 인도받은 때 발생하므로 이후 김이 아들에게 토지를 증여하였다고 해서 손해배상청구권이 소멸하거나 수증자에게 양도되지 않는다.

[유제 1] 김은 자기 소유의 X토지가 A공사가 시행하는 사업시행지에 포함되자 토지의 보상가격을 높이기 위하여 대지조성공사를 하면서 다량의 산업폐기물을 구덩이를 파서 쏟아붓고 그 위에 다량의 토사를 덮어 외견상으로는 쉽게 발견되지 않도록 하는 방법으로 은밀히 매립하였다. 그 후 A공사는 김으로부터 X토지를 88억원에 협의취득하여 A사의 명의로 소유권이전등기가 경료되었다. 그 후 폐기물매립사실이 드러나자 A공사는 위 폐기물처리비용 상당액(약 100억원)의 손해배상을 구한다. (대법원 2004.7.22. 선고 2002다51586 판결)

[해결] 토지 매도인이 성토작업을 기화로 다량의 폐기물을 은밀히 매립하고 그 위에 토사를 덮은 다음 도시계획사업을 시행하는 공공사업시행자와 사이에서 정상적인 토지임을 전제로 협의취득절차를 진행하여 이를 매도함으로써 매수자로 하여금 그 토지의 폐기물처리비용 상당의 손해를 입게 하였다면 매도인은 이른바 불완전이행으로서 채무불이행으로 인한 손해배상책임을 부담하고, 이는 하자 있는 토지의 매매로 인한 민법 제580조 소정의 하자담보책임과 경합적으로 인정된다.

[유제 2] A건설사는 B사가 보유한 X토지를 매수하여 토지를 인도받아 그 소유권이전등기를 마친 후 1년쯤 지난 후에 B사를 상대로 지하 또는 지중의 토양이 유류, 중금속 등으로 오염된 토지를 A사에게 매도하였다고 주장하면서 매도인의 하자담보책임 또는 불완전이행으로 인한 손해배상책임을 묻는다. 그러나 B사는 상인간의 매매로써 A사가 토지를 인도받은 후 6개월이 지난 후에 비로소 토지에 하자가 있음을 통지하였다며 하자담보책임에 기한 손해배상청구를 배척한다. 그러자 A사는 B사가 오염된 토양을 정화하지 않은 채 X토지를 인도한 것은 매매계약에 따른 채무의 내용에 좇은 이행을 한 것이라고 볼 수 없다고 주장하나, B사는 특정물매매에서는 이행기의 현상대로 인도하는 것으로 채무이행을 다한 것이라거나, 불완전이행에 대하여 귀책사유가 없다고 항변한다. (대법원 2015.6.24. 선고 2013다522 판결)

[해결] 상인 간의 매매에서 매수인이 목적물을 수령한 때에는 지체 없이 이를 검사하여 하자 또는 수량의 부족을 발견한 경우에는 즉시, 즉시 발견할 수 없는 하자가 있는 경우에는 6개월 내에 매수인이 매도인에게 그 통지를 발송하지 아니하면 그로 인한 계약해제, 대금감액 또는 손해배상을 청구하지 못하도록 규정하고 있는 상법 제69조 제1항은 민법상의 매도인의 담보책임에 대한 특칙으로서, 채무불이행에 해당하는 이른바 불완전이행으로 인한 손해배상책임을 묻는 청구에는 적용되지 않는다. 따라서 A사는 B사가 오염된 토양을 정화하지 않은 채 X토지를 인도한 것에 대하여 불완전이행에 해당함을 근거로 오염된 토양을 정화하는 데 필요한 비용 상당의 손해배상을 청구할 수 있다.

6. 착오와 하자담보책임의 관계

[사안] 김은 박으로부터 유명 화가의 X서화를 매수하였는데 후에 감정결과 위작(僞作)으로 판정되었다. 이에 김은 위작인 X서화를 진품으로 알고 매수한 것은 법률행위 내용의 중요 부분에 착오가 있는 경우에 해당하므로, X서화의 매매계약은 착오

> 를 이유로 한 김의 취소의 의사표시에 따라 적법하게 취소되었다고 주장한다. 이에 대하여 박은 김이 매매 목적물의 하자에 대해 박에게 하자담보책임을 물을 수 있었으므로 김이 착오를 이유로 매매계약을 취소할 수는 없다고 항변한다. (대법원 2018.9.13. 선고 2015다78703 판결)

[해결] 민법 제109조 제1항에 의하면 법률행위 내용의 중요 부분에 착오가 있는 경우 그 착오에 중대한 과실이 없는 표의자는 그 법률행위를 취소할 수 있고, 민법 제580조 제1항, 제575조 제1항에 의하면 매매의 목적물에 하자가 있는 경우 하자가 있는 사실을 과실 없이 알지 못한 매수인은 매도인에 대하여 하자담보책임을 물어 계약을 해제하거나 손해배상을 청구할 수 있다. 착오로 인한 취소 제도와 매도인의 하자담보책임 제도는 그 취지가 서로 다르고, 그 요건과 효과도 구별된다. 따라서 매매계약 내용의 중요 부분에 착오가 있는 경우 매수인은 매도인의 하자담보책임이 성립하는지와 상관없이 착오를 이유로 그 매매계약을 취소할 수 있다.

7. 권리의 매매와 매도인의 담보책임

> [사안] X건물의 임차인 김은 임대차보증금반환청구권을 포함한 자신의 임차권을 박에게 매도하였다. 계약당시 X건물에는 근저당권이 설정되어있고 피담보채무가 연체되어 있었는데, 계약 후 X건물에 대한 경매절차가 개시되어 최에게 낙찰되었을 뿐 아니라 임대인 정은 무자력으로 박에게 임대차보증금의 반환도 하지 못하고 있다. 이에 박은 김에게 담보책임을 물으나, 김은 자신이 계약 당시 임대인 정의 임대차계약 상의 의무이행을 담보한다고 약정하지도 않았다며 담보책임을 부인한다. (대법원 2007.4.26. 선고 2005다34018,34025 판결)

[해결] 임대차계약에 기한 임차권을 그 목적물로 한 매매계약이 성립한 경우, 매도인이 임대인의 임대차계약상의 의무이행을 담보한다는 특별한 약정(민법 제579조 참조)을 하지 아니한 이상, 임차권 매매계약 당시 임대차 목적물에 이미 설정되어 있던 근저당권이 임차권 매매계약 이후에 실행되어 낙찰인이 임대차 목적물의 소유권을 취득함으로써 임대인의 목적물을 사용·수익하게 할 의무가 이행불능으로 되었다거나, 임대인의 무자력으로 인하여 임대차보증금반환의무가 사실상 이행되지 않고 있다고 하더라도, 임차권 매도인에게 민법 제576조에 따른 담보책임이 있다고 할 수 없다.

8. 하자담보책임의 소멸시효의 기산점

[사안] 한국토지공사는 1998.7.21. A사와 사이에 X부동산을 매수하고 1998.9.14. 소유권이전등기를 마쳤다. 그 후 순차로 한국토지공사로부터 X부동산을 매수한 B사는 2006.8. 초순경 X부동산 지하에 폐콘크리트 9,221t과 건설폐토석 1,680t이 매립되어 있는 것을 발견하고, 2006.8.7.경 공사에게 그 사실을 통지하였다. 공사는 B사로부터 통지를 받은 직후 A사에게 폐기물의 발견 사실과 폐기물을 처리하여 줄 것과 미처리 시 손해배상을 청구할 예정이라는 내용의 내용증명우편을 발송하였다. B사는 폐기물을 처리한 후 공사를 상대로 2006.11.9. 그 처리비용 상당의 손해배상청구의 소를 제기하였고, 공사는 이 소송에서 1억 5,000만원 및 그 지연손해금을 지급하라는 판결을 선고받자 2008.10.2. B사에게 금 1억 7천만원을 지급하였다. 공사는 2009.8.7. A사에게 하자담보책임에 기한 손해배상으로서 공사가 폐기물의 처리비용 상당액으로 B사에 기지급한 금원의 배상을 구하는 소를 제기하였다. (대법원 2011.10.13. 선고 2011다10266 판결)

[해결] 매도인에 대한 하자담보에 기한 손해배상청구권에 대하여는 민법 제582조의 제척기간이 적용되고, 이는 법률관계의 조속한 안정을 도모하고자 하는 데에 그 취지가 있다. 그런데 하자담보에 기한 매수인의 손해배상청구권은 그 권리의 내용·성질 및 취지에 비추어 민법 제162조 제1항의 채권 소멸시효의 규정이 적용된다고 할 것이고, 민법 제582조의 제척기간 규정으로 인하여 위 소멸시효 규정의 적용이 배제된다고 볼 수 없으며, 이때 무엇보다도 매수인이 매매의 목적물을 인도받은 때부터 그 소멸시효가 진행한다고 해석함이 상당하다. 사안에서 공사의 하자담보에 기한 손해배상청구권은 공사가 A사로부터 X부동산을 인도받았을 것으로 보이는 1998.9.14.부터 소멸시효가 진행된다고 할 것인데, 공사는 그로부터 10년이 경과한 2009.8.7.에서야 A사에게 이를 구하는 소를 제기하였는바, 공사의 하자담보책임에 기한 손해배상청구권은 소 제기 이전에 이미 소멸시효 완성으로 소멸되었다고 할 것이다.

제6강 임대차계약

임대인의 상태유지의무와 귀책사유 요부 /화재로 인한 임대차목적물의 반환불능시 임대부분 아닌 부분에 발생한 손해의 배상책임 /임차인의 필요비상환청구권 /임차인의 원상회복의무 /임대차의 갱신과 담보의 소멸여부 /임대차의 무단 전대 /임대차보증금의 법적 성질 /권리금계약 /상가임대차법에 따른 권리금 회수기회의 보호

■ 임대인의 일차적인 의무는 목적물의 상태를 유지하는 것이다. 또 임대차에 관한 분쟁에서 오랫동안 판례가 고민해왔던 주제는 임대차목적물이 기간 중 원인불명의 화재 등으로 손상이 된 경우 누가 책임을 져야하는가라는 것이었다. 이에 관한 판례들을 보고 특히 최근의 전원합의체 판결의 법리를 통해 정리해본다. 또 임차인에게는 필요비 등의 상환청구권도 있고 또 목적물의 상태를 회복시킬 의무도 있는데 그 해석상 논의가 있다. 그 외 임대차의 무단전대의 법리를 살펴보고 우리 임대차에서 고액의 보증금이 수수되는 현실에서 그 보증금의 의미를 살펴본다. 또 우리의 상가건물 임대에서 분쟁의 온상인 권리금의 처리에 관하여서도 알아본다.

1. 임대인의 상태유지의무와 귀책사유 요부

[사안] 김은 박으로부터 이미 최가 편의점을 운영하고 있는 X건물의 Y점포를 2018.6.부터 2020.5.까지 임대목적을 편의점으로 정하여 임차하는 임대차계약을 체결하였다. 그런데 박은 X건물의 용도를 근린생활시설에서 공장으로 변경하였고 이로써 김이 Y점포를 새로이 편의점으로 영업신고하는 것이 불가능해졌다. 김이 임대인의 의무위반에 따른 손해배상책임을 청구하자, 박은 X건물의 용도를 변경한 것이 계약체결하기 이전이었고, 건물용도변경으로 인하여 김이 같은 점포에서 편의점을 하기 어려워졌다는 사실을 알지 못하였고 이 문제는 김이 미리 확인했어야 한다며 배상책임을 부인한다. (대법원 2021.4.29. 선고 2021다202309 판결)

[해결] 임대인은 임차인이 목적물을 사용·수익할 수 있도록 목적물을 임차인에게 인도하여야 한다(민법 제623조 전단). 임차인이 계약에 의하여 정하여진 목적에 따라 사용·수익하는 데 하자가 있는 목적물인 경우 임대인은 하자를 제거한 다음 임차인에게 하자 없는 목적물을 인도할 의무가 있다. 임대인이 임차인에게 그와 같은 하자를 제거하지 아니하고 목적물을 인도하였다면 사후에라도 위 하자를 제거하여 임차인이 목적물을 사용·수익하는 데 아무런 장해가 없도록 해야만 한다. 임대인의 임차목적물의 사용·수익상태 유지의무는 임대인 자신에게 귀책사유가 있어 하자가 발생한 경우는 물론, 자신에게 귀책사유가 없이 하자가 발생한 경우에도 면해지지 아니한다. 또한 임대인이 그와 같은 하자 발생 사실을 몰랐다거나 반대로 임차인이 이를 알거나 알 수 있었다고 하더라도 마찬가지이다. 김이 임대차계약에 의하여 정하여진 바에 따라 Y점포를 편의점으로 사용·수익하는 데 장해가 발생한 상황이었으므로 임대인인 박으로서는 그와 같은 장해의 발생에 책임이 있는지 여부나 사전에 그 장해의 발생을 인지하였는지 여부를 떠나 이를 제거할 의무를 부담한다고 봄이 타당하다.

2. 화재로 인한 임대차목적물의 반환불능시 임대부분 아닌 부분에 발생한 손해의 배상책임

[사안] 김은 2층으로 된 창고인 X건물을 소유하고 있는데 1층 중 150평에 대하여 임대차보증금 40,000,000원, 차임 월 3,300,000원, 임대차기간 2008.7.1.부터 24개월로 정하여 임대차하기로 하는 내용의 임대차계약을 박과 체결하였다. 박은 임대목적물에서 골프용품 보관 및 판매영업을 하였고 2층은 김 소유의 가구보관을 위한 물류창고로 사용되어왔다. 2009.10.9. X건물 1층에서 연기가 나면서 화염이 치솟아 확대되어 1층과 2층 내부 시설 전부가 전소되는 화재가 발생하였다. 김은 화재가 발생한 지점은 박이 임대차계약에 따라 임차한 부분으로 실질적으로 사용·수익해 오던 부분에 해당하는 반면, 비록 그 발화원인이 밝혀지지 아니하였으나 박이 임대차 목적물의 보존에 관하여 선량한 관리자의 주의의무를 다하였음이 증명되지 아니하였으므로, 박은 임대차 목적물 반환의무의 이행불능으로 인하여 임대차 목적물에 발생한 손해뿐만 아니라 임차 외 건물 부분이 소훼되어 김이 입게 된 손해까지도 배상할 의무가 있다고 주장한다. 그러나 박은 자신이 보존·관리의무를 위반하여 화재가 발생한 원인을 제공하는 등 화재 발생과 관련된 계약상 의무 위반이 있었다고 보기 어려우므로, 임차 외 건물 부분의 손해에 대하여는 자신에게 채무불이행에 따른 배상책임이 없다고 항변한다. (대법원 2017.5.18. 선고 2012다86895, 86901 전원합의체 판결)

[해결] (다수의견) 임차인은 선량한 관리자의 주의를 다하여 임대차 목적물을 보존하고, 임대차 종료 시에 임대차 목적물을 원상에 회복하여 반환할 의무를 부담한다(민법 제374조, 제654조, 제615조). 그리고 채무자가 채무의 내용에 좇은 이행을 하지 아니한 때에는 채권자는 손해배상을 청구할 수 있고, 다만 채무자의 고의나 과실 없이 이행할 수 없게 된 때에는 그러하지 아니하다(민법 제390조). 따라서 임대차 목적물이 화재 등으로 인하여 소멸됨으로써 임차인의 목적물 반환의무가 이행불능이 된 경우에, 임차인은 그 이행불능이 자기가 책임질 수 없는 사유로 인한 것이라는 증명을 다하지 못하면 그 목적물 반환의무의 이행불능으로 인한 손해를 배상할 책임을 지며, 그 화재 등의 구체적인 발생 원인이 밝혀지지 아니한 때에도 마찬가지이다. 또한 이러한 법리는 임대차 종료 당시 임대차 목적물 반환의무가 이행불능 상태는 아니지만 반환된 임차 건물이 화재로 인하여 훼손되었음을 이유로 손해배상을 구하는 경우에도 동일하게 적용된다. 한편 임대인은 목적물을 임차인에게 인도하고 임대차계약 존속 중에 그 사용, 수익에 필요한 상태를 유지하게 할 의무를 부담하므로(민법 제623조), 임대차계약 존속 중에 발생한 화재가 임대인이 지배·관리하는 영역에 존재하는 하자로 인하여 발생한 것으로 추단된다면, 그 하자를 보수·제거하는 것은 임대차 목적물을 사용·수익하기에 필요한 상태로 유지하여야 하는 임대인의 의무에 속하며, 임차인이 그 하자를 미리 알았거나 알 수 있었다는 등의 특별한 사정이 없는 한, 임대인은 그 화재로 인한 목적물 반환의무의 이행불능 등에 관한 손해배상책임을 임차인에게 물을 수 없다.

종래 대법원은 임차인이 임대인 소유 건물의 일부를 임차하여 사용·수익하던 중 임차 건물 부분에서 화재가 발생하여 임차 외 건물 부분까지 불에 타 그로 인해 임대인에게 재산상 손해가 발생한 경우에, 건물의 규모와 구조로 볼 때 그 건물 중 임차 건물 부분과 그 밖의 부분이 상호 유지·존립함에 있어서 구조상 불가분의 일체를 이루는 관계에 있다면, 임차인은 임차 건물의 보존에 관하여 선량한 관리자의 주의의무를 다하였음을 증명하지 못하는 이상 임차 건물 부분에 한하지 아니하고 그 건물의 유지·존립과 불가분의 일체관계에 있는 임차 외 건물 부분이 소훼되어 임대인이 입게 된 손해도 채무불이행으로 인한 손해로 배상할 의무가 있다고 판단하여 왔다(대법원 1986.10.28. 선고 86다카1066 판결, 대법원 2010.4.29. 선고 2009다96984 판결 등). 그러나 임차 외 건물 부분이 대법원 86다카1066 판결 등에서 말하는 구조상 불가분의 일체를 이루는 관계에 있는 부분이라 하더라도, 그 부분에 발생한 손해에 대하여 임대인이 임차인을 상대로 채무불이행을 원인으로 하는 배상을 구하려면, 임차인이 보존·관리의무를 위반하여 화재가 발생한 원인을 제공하는 등 화재 발생과 관련된 임차인의 계약상 의무 위반이 있었고, 그러한 의무 위반과 임차 외 건물 부분의 손해 사이에 상당인과관계가 있으며, 임차 외 건물 부분의 손해가 그 의무 위반에 따라 민법 제393조에 의하여 배상하여야 할 손해의 범위 내에 있다는 점에 대하여 임대인이 주장·증명하여야 한다. 이와 달리 위와 같은 임대인의 주장·

증명이 없는 경우에도 임차인이 임차 건물의 보존에 관하여 선량한 관리자의 주의의무를 다하였음을 증명하지 못하는 이상 임차 외 건물 부분에 대해서까지 채무불이행에 따른 손해배상책임을 지게 된다고 판단한 대법원 86다카1066 판결 등을 비롯하여 그와 같은 취지의 판결들은 이 판결의 견해에 배치되는 범위 내에서 이를 모두 변경하기로 한다.

(반대의견) 임차인이 임대인 소유 건물의 일부를 임차하여 사용·수익하던 중 임차한 부분에서 화재가 발생한 경우에 민법 제390조에 따라 임차인의 손해배상책임이 성립하는지 여부를 판단한 다음, 임차물이든 그 밖의 부분이든 불에 탄 부분이 민법 제393조에 따라 손해배상의 범위에 포함되는지 여부를 판단하는 것으로 충분하다. 화재로 불에 탄 부분이 임차물 자체인지 임차물 이외의 부분인지에 따라 손해배상책임의 성립요건이나 증명책임을 달리 보아야 할 이유가 없다. 임차물과 임차 외 건물 부분으로 구분하여 채무불이행이나 불법행위에 기한 손해배상의 성립요건을 별도로 판단하는 것은 손해배상의 범위에서 판단해야 할 사항을 손해배상책임의 성립 여부에서 판단하는 것이라서 받아들일 수 없다.

> [유제 1] 김은 박 소유의 건물을 임차하여 치과병원을 운영하여 왔는데, 원인불명의 화재로 인하여 임차건물의 일부가 훼손되었다. 김은 박에게 사용·수익에 필요한 상태로 만들어줄 것을 청구하였으나 박이 그 이행에 착수하지 아니하자 임대차계약을 해지하였다. 이에 박은 김에게 반환하여야 할 임차보증금에서 화재로 인한 수리비 상당의 손해액을 공제하겠다고 한다. 그러나 김은 화재가 임차인의 귀책사유로 인하여 발생하였다는 점에 대한 증명이 없는 한 박은 김의 치과를 수선해 줄 의무가 있고, 수선이 되지 않은 상태에서 임대차가 종료한 경우, 수선이 되지 않은 임차목적물을 그대로 반환함으로써 그 임대차 목적물 반환의무를 다하는 것이 된다고 항변한다. (대법원 2010.4.29. 선고 2009다96984 판결)

[해결] 임대차계약에 있어서 임대인은 임대차 목적물을, 계약 존속 중 그 사용·수익에 필요한 상태를 유지하게 할 의무('임대인의 수선의무')를 부담하는 것이므로(민법 제623조), 이는 자신에게 귀책사유가 있는 임대차 목적물의 훼손의 경우에는 물론 자신에게 귀책사유가 없는 훼손의 경우에도 마찬가지라 할 것이다. 그리고 임차인의 임대차 목적물 반환의무가 이행불능이 된 경우 임차인이 그 이행불능으로 인한 손해배상책임을 면하려면 그 이행불능이 임차인의 귀책사유로 말미암은 것이 아님을 입증할 책임이 있고, 임차건물이 화재로 소훼된 경우에 있어서 그 화재의 발생원인이 불명인 때에도 임차인이 그 책임을 면하려면 그 임차건물의 보존에 관하여 선량한 관리자의 주의의무를 다하였음을 입증하여야 하는 것이며, 이러한 법리는 임대차의 종료 당시 임차목적물 반환채무가 이행불능 상

태는 아니지만 반환된 임차건물이 화재로 인하여 훼손되었음을 이유로 손해배상을 구하는 경우에도 동일하게 적용되고, 나아가 그 임대차계약이 임대인의 수선의무 지체로 해지된 경우라도 마찬가지이다.

> **[유제 2]** 김이 박으로부터 임차한 X건물부분의 천정에 배선되어 있던 전선에서 전기합선이 발생하여 X건물 전체가 화재로 소실되었다. X건물의 소유자인 박에게 화재보험금을 지급한 A보험회사는 김에게 구상금을 청구한다. 그러나 김은 X건물의 전선은 임차 전부터 건물소유자에 의하여 설치되어 건물구조의 일부를 이루고 있고, 김이 발화부위의 전기배선에 배선공사 기타 인위적인 조작을 가한 일이 없으며, 전기배선의 피복이 벗겨지는 등의 이상을 미리 알지 못하였고, 화재 전날 임차부분의 전기차단기를 단전상태로 작동시키고 퇴근한 점 등을 들며, X건물의 소훼는 전기배선의 하자를 제거하여 임대차목적물을 사용·수익하기에 적합한 상태로 유지할 임대인의 의무를 다하지 못한 결과이므로, 임차인인 김에게 그 목적물의 반환불능으로 인한 법적 책임을 물을 수 없다고 항변한다. (대법원 2009.5.28. 선고 2009다13170 판결)

[해결] 임차인의 목적물반환의무의 이행불능이 임대차목적물을 임차인이 사용·수익하기에 필요한 상태로 유지하여야 할 임대인의 의무 위반에 원인이 있음이 밝혀진 경우에까지 임차인이 별도로 목적물보존의무를 다하였음을 주장·입증하여야만 그 책임을 면할 수 있는 것은 아니다. 주택 기타 건물 또는 그 일부의 임차인이 임대인으로부터 목적물을 인도받아 이를 점유·용익하고 있는 동안에 목적물이 화재로 멸실된 경우에, 그 화재가 건물소유자측에서 설치하여 건물구조의 일부를 이루는 전기배선과 같이 임대인이 지배·관리하는 영역에 존재하는 하자로 인하여 발생한 것으로 추단된다면, 그 하자를 보수·제거하는 것은 임대차목적물을 사용·수익하기에 필요한 상태로 유지할 의무를 부담하는 임대인의 의무에 속하는 것이므로, 그 화재로 인한 목적물반환의무의 이행불능 등에 관한 손해배상책임을 임차인에게 물을 수 없다.

3. 임차인의 필요비상환청구권

> **[사안]** A사는 2012.8. 김과 X영화관을 임대차보증금 1억 원, 차임 월 800만원, 임대차기간 2012.8 부터 2021.8. 까지로 정하여 임대하기로 임대차계약을 체결하였다. 2013.10. 영화관 위층에서 화재가 발생하여 김은 훼손된 영화관의 전선과 마감

재를 교체하고 벽면을 새로이 도장하는 공사를 도급하고 수급인에게 공사대금으로 1,500만원을 지급하였다. 그 후 A사는 김이 2기 이상의 차임을 연체하였다는 이유로 임대차계약을 해지한다고 통지하였다. 김은 해지통지일을 기준으로 약정 차임액과 지급액의 차액 2,700만원 중 1,500만 원에 대해서는 필요비의 상환과 동시이행을 주장할 수 있어 그 지급을 연체한 것으로 볼 수 없고, 연체한 차임은 1,200만원(= 2,700만원 - 1,500만원)에 불과하여 2기 이상의 차임을 연체한 것이 아니어서 A사의 임대차계약 해지는 부적법하다고 항변한다. (대법원 2019.11.14. 선고 2016다227694 판결)

[해결] 임차인이 임차물의 보존에 관한 필요비를 지출한 때에는 임대인에게 상환을 청구할 수 있다(민법 제626조 제1항). 여기에서 '필요비'란 임차인이 임차물의 보존을 위하여 지출한 비용을 말한다. 임대차계약에서 임대인은 목적물을 계약존속 중 사용·수익에 필요한 상태를 유지하게 할 의무를 부담하고, 이러한 의무와 관련한 임차물의 보존을 위한 비용도 임대인이 부담해야 하므로, 임차인이 필요비를 지출하면, 임대인은 이를 상환할 의무가 있다. 임대인의 필요비상환의무는 임차인의 차임지급의무와 서로 대응하는 관계에 있으므로, 임차인은 지출한 필요비 금액의 한도에서 차임의 지급을 거절할 수 있다.

4. 임차인의 원상회복의무

[사안] 김은 2010.2.경 건물주 박으로부터 점포를 임차하여 커피전문점 영업에 필요한 시설 설치공사를 하고 그때부터 '커피나무'라는 프랜차이즈 커피전문점의 상호로 이를 운영하였다. 최는 김으로부터 이 점포의 영업을 양수하고 박으로부터 점포를 임차하여 운영하였다. 임대차계약서에는 임대차 종료 시 최의 원상회복의무를 정하고 있는데 임대차 종료 시 최가 인테리어시설 등을 철거하지 않아 박이 비용을 들여 철거하였고 박이 최에게 반환할 보증금에서 박이 지출한 시설물 철거비용을 공제하였다. 그러나 최는, 시설물이 전 임차인 김이 설치한 것이라는 점, 철거된 시설물이 점포에 부합되었다고도 볼 수 있는 점, 최가 비용상환청구권을 포기하였는 바 이로써 최의 원상회복의무가 면제되었다고 볼 수 있다는 점 등을 근거로 박의 공제가 부당하다고 항변한다. (대법원 2019.8.30. 선고 2017다268142 판결)

[해결] 임차인이 임대인에게 임차목적물을 반환하는 때에는 원상회복의무가 있다(민법 제654조, 제615조). 임차인이 임차목적물을 수리하거나 변경한 때에는 원칙적으로 수리·변

경 부분을 철거하여 임대 당시의 상태로 사용할 수 있도록 해야 한다. 사안에서 박이 비용을 들여 철거한 시설물이 최의 전 임차인이 설치한 것이라고 해도 최가 철거하여 원상회복할 의무가 있다. 또 박이 철거한 시설물이 점포에 부합되었다고 해도 임대차계약의 해석상 최가 원상회복의무를 부담하지 않는다고 보기 어렵다. 또한 박이 철거한 시설은 프랜차이즈 커피전문점의 운영을 위해 설치된 것으로서 점포를 그 밖의 용도로 사용할 경우에는 불필요한 시설이고, 최가 비용상환청구권을 포기하였다고 해서 박이 이처럼 한정된 목적으로만 사용할 수 있는 시설의 원상회복의무를 면제해 주었다고 보기 어렵다.

5. 임대차의 갱신과 담보의 소멸여부

> [사안] 임대인 김이 임차인 박에게 지고 있던 임대보증금반환채무에 대하여 최가 연대보증을 서고 있었다. 그 후 임대차계약이 기간연장특약에 의하여 자동으로 연장되었는데, 최는 민법 제639조 제2항에 따라 자신의 연대보증의무는 소멸하였다고 주장한다. (대법원 2005.4.14. 선고 2004다63293 판결)

[해결] 민법 제639조 제1항의 묵시의 갱신은 임차인의 신뢰를 보호하기 위하여 인정되는 것이고, 이 경우 같은 조 제2항에 의하여 제3자가 제공한 담보는 소멸한다고 규정한 것은 담보를 제공한 자의 예상하지 못한 불이익을 방지하기 위한 것이라 할 것이므로, 민법 제639조 제2항은 당사자들의 합의에 따른 임대차 기간연장의 경우에는 적용되지 않는다고 보는 것이 타당하다. 사안에서 김과 박 사이의 임대차계약이 기간연장특약에 의하여 자동으로 연장되는 것은 당사자들의 약정에 따른 것이므로 민법 제639조 제2항에 의하여 최의 연대보증채무는 소멸하지 아니한다.

6. 임대차의 무단 전대

> [사안] 김은 박에게 X 건물을 임대하였는데, 동 건물을 다시 최가 점유하여 사용하게 되었고 김은 박으로부터 차임을 받지 못하였다. 이에 김은 최가 임대인인 자신의 동의를 받지 않고 X 건물을 점유함으로써 차임 상당의 이익을 얻고 이로 인하여 임차인으로부터 차임을 지급받지 못한 자신이 입은 손해에 대하여 최에게 부당이득반환을 구한다. 그러나 최는 박으로부터 승낙을 받아 X 건물을 점유·사용하였다며 차임 상당의 부당이득반환의무를 부인한다. (대법원 2008.2.28. 선고 2006다10323 판결)

[해결] 임차인이 임대인의 동의를 받지 않고 제3자에게 임차권을 양도하거나 전대하는 등의 방법으로 임차물을 사용·수익하게 하더라도, 임대인이 이를 이유로 임대차계약을 해지하거나 그 밖의 다른 사유로 임대차계약이 적법하게 종료되지 않는 한 임대인은 임차인에 대하여 여전히 차임청구권을 가지므로, 임대차계약이 존속하는 한도 내에서는 제3자에게 불법점유를 이유로 한 차임상당 손해배상청구나 부당이득반환청구를 할 수 없다.

7. 임대차보증금의 법적 성질

[사안] 김은 X점포의 임대인인 박으로부터 임차인인 최에 대한 차임채권을 양수하였다며 최를 상대로 연체된 차임 1억 500만원의 지급을 구하는데 대하여, 최는 임대차계약이 종료되어 X점포를 반환할 때까지 연체한 차임 1억 500만원 중 1억 원이 보증금에서 공제되어 소멸하였다고 주장한다. (대법원 2015.3.26. 선고 2013다77225 판결)

[해결] 부동산 임대차에서 수수된 보증금은 차임채무, 목적물의 멸실·훼손 등으로 인한 손해배상채무 등 임대차에 따른 임차인의 모든 채무를 담보하는 것으로서 그 피담보채무 상당액은 임대차관계의 종료 후 목적물이 반환될 때에 별도의 의사표시 없이 보증금에서 당연히 공제되므로, 보증금이 수수된 임대차계약에서 차임채권이 양도되었다고 하더라도, 임차인은 그 임대차계약이 종료되어 목적물을 반환할 때까지 연체한 차임 상당액을 보증금에서 공제할 것을 주장할 수 있다.

8. 권리금계약

[사안] 김은 박 소유의 X상가를 2년간 임대차보증금 6천만원, 월차임 200만원에 임차하여 약국을 운영하였고 계약은 2년마다 갱신되었다. 최는 2013.3. 김으로부터 임대차계약에 따른 임차권을 양수하고 약국시설을 권리금 4억원에 양수한다는 계약을 체결하였다. 이 계약에 따라 최는 계약금액과 임대차보증금 6천만원을 김에게 지급하고 상가를 인도받아 2013.9.부터 약국을 운영하여 왔다. 김은 박에게 임차인의 명의만 친척인 최 명의로 해달라고 속였는데 후에 실제로 최가 약국을 운영하는 것을 알게 된 박은 최에게 X상가를 인도하라고 요구하였고 최는 2015.1. 상가를 인도하고, 남은 임차보증금을 지급받았다. 그 후 최는 김에게 손해배상을 구한다. (대법원 2017.7.11. 선고 2016다261175 판결)

[해결] 권리금은 상가건물의 영업시설·비품 등 유형물이나 거래처, 신용, 영업상의 노하우(know-how) 혹은 점포 위치에 따른 영업상의 이점 등 무형의 재산적 가치의 양도 또는 일정 기간 동안의 이용대가이다. 임차권양도계약에 수반되어 체결되는 권리금계약은 임차권양도계약과는 별개의 계약이지만 위 두 계약의 체결 경위와 계약 내용 등에 비추어 볼 때, 권리금계약이 임차권양도계약과 결합하여 전체가 경제적·사실적으로 일체로 행하여진 것으로서, 어느 하나의 존재 없이는 당사자가 다른 하나를 의욕하지 않았을 것으로 보이는 경우에는 그 계약 전부가 하나의 계약인 것과 같은 불가분의 관계에 있다고 보아야 한다. 사안의 권리양도계약에는 상가의 영업시설 등의 이전에 따른 권리금계약과 함께 임대차계약상의 임차권을 최에게 이전하는 임차권양도계약이 포함되어 있고, 김이 임차권양도에 관하여 임대인 박의 동의를 얻을 의무는 최의 권리금 잔금 지급의무와 동시이행 관계에 있다. 즉 권리금계약이 임차권양도계약과 결합하여 전체가 경제적·사실적인 일체로 행하여진 것으로서 그 계약 전부가 하나의 계약인 것과 같은 불가분의 관계에 있다고 보인다. 김은 권리양도계약에서 정한 채무를 이행하였다고 볼 수 없고, 그로 인해 최는 박에게 임차권을 주장하지 못하고 상가를 인도할 수밖에 없었으므로, 그로 인해 최가 입은 손해에 해당하는 권리금의 일부를 배상할 책임이 있다.

9. 상가임대차법에 따른 권리금 회수기회의 보호

[사안] 김은 2010.10.1. 박과 사이에 X상가를 보증금 7,000만 원, 차임 월 235만 원, 임대차기간 2010.10.8.부터 2012.10.7.로 정하여 임차하는 임대차계약을 체결한 상가를 인도받아 음식점을 운영하였다. 김은 2012.10.7. 박과 차임을 월 255만 원, 계약기간을 2014.10.7.까지로 임대차계약을 갱신하였고, 2014.10.경 다시 동일한 조건으로 1년간 위 임대차계약을 갱신하였다. 김은 임대차기간이 만료되기 전인 2015.7.16. 최에게 X상가의 영업시설, 비품, 거래처 등 유·무형의 재산적 가치를 권리금 1억 4,500만 원에 양도하기로 하는 권리금 계약을 체결하고, 박에게 최와 새로운 임대차계약을 체결하여 줄 것을 요청하였다. 그러나 박은 노후화된 건물을 재건축하거나 대수선할 계획을 가지고 있다는 등의 이유로 최와의 임대차계약 체결에 응하지 않았다. 이에 김은 박이 자신이 주선한 신규임차인과 정당한 사유없이 임대차계약의 체결을 거절함으로써 자신의 권리금 회수기회를 방해하였다며 권리금 계약상의 권리금 상당액의 손해배상을 청구한다(상가건물 임대차보호법 제10조의4 제1항, 제3항). 그러나 박은, 상가임대차법 제10조의4 제1항은 전체 임대차기간이 5년이 지나 임차인이 임대인에게 계약갱신요구를 할 수 없는 경우(동법 제10조 제2항)에는 적용되지 않는다고 볼 것이고 따라서 김이 최와 권리금 계약을 체결한

> 2015.7.16. 당시에는 더 이상 임대차계약의 갱신을 요구할 수 없었던 상황이었으므로 자신은 권리금 회수기회 보호의무를 부담하지 않는다고 항변한다. (대법원 2019.5.16. 선고 2017다225312, 225329 판결)

[해결] 상가임대차법은 2015.5.13. 개정되어 권리금 관련 조항(제10조의3 내지 제10조의7)이 신설되었다. 종래 규정만으로는 임차인이 투자한 비용이나 영업활동으로 형성된 지명도나 신용 등 경제적 이익이 임대인의 갱신거절에 의해 침해되는 것을 충분히 방지할 수 없었기 때문이다. 즉, 임대인은 새로운 임대차계약을 체결하면서 직접 권리금을 받는 등 임차인이 형성한 영업적 가치를 아무런 대가나 제한 없이 이용할 수 있게 되지만 임차인은 다시 시설비를 투자하고 신용확보와 지명도 형성을 위하여 상당기간 영업손실을 감당하여야 하는 문제점을 해결하기 위한 것이다. 그런데 법 개정을 통하여 보호하려는 '임대인의 갱신거절에 의해 임차인의 이익이 침해되는 경우'란 결국 같은 법 제10조 제2항에 따라 전체 임대차기간이 5년을 경과하여 임차인이 더 이상 계약갱신요구권을 행사할 수 없는 경우가 가장 전형적이다. 따라서 이러한 경우를 권리금 회수기회 보호의무의 예외사유로 인정할 필요성을 찾기 어렵다. 결국 상가임대차법의 문언과 내용, 입법 취지에 비추어 보면, 동법에 따라 최초의 임대차기간을 포함한 전체 임대차기간이 5년을 초과하여 임차인이 계약갱신요구권을 행사할 수 없는 경우에도 임대인은 같은 법에 따른 권리금 회수기회 보호의무를 부담한다고 보아야 한다. 나아가 대법원은 임대인이 임대차기간이 종료될 무렵 현저히 높은 금액으로 임차보증금이나 차임을 요구하거나 더 이상 상가건물을 임대하지 않겠다고 하는 등 새로운 임대차계약 체결 자체를 거절하는 태도를 보이는 경우 임차인이 신규임차인이 되려는 자를 찾아 권리금 계약을 체결하는 것은 사실상 불가능하므로, 이러한 임대인의 행위는 상가임대차법이 정한 방해행위에 해당하고, 임차인과 신규임차인이 되려는 자 사이에 권리금 계약이 체결되지 않았더라도 임대인은 임차인의 권리금 회수 방해를 이유로 손해배상책임을 진다고 한다.

제7강 도급계약

제작물공급계약의 법리 /도급계약에서 채무불이행책임과 하자담보책임의 경합 /완성물의 하자에 대한 보수와 손해배상 /일의 미완성과 하자의 구별 /하자확대손해에 대한 수급인의 배상책임 /수급인의 담보책임과 소멸시효 /공사도급계약에서 손해배상액의 산정 /잘못된 시공방식을 약정한 도급계약에서 수급인의 책임 /수급인의 저당권설정청구권

■ 도급계약과 비교되는 제작물공급계약의 법리를 설시하는 판결을 본다. 도급계약에서도 수급인의 담보책임이 중심에 오는데 담보책임이 채무불이행책임과 어떤 관계에 있는지를 알아보고, 하자확대손해의 문제, 담보책임과 소멸시효의 문제 등은 매매법과도 대응되는 쟁점들이다. 도급계약의 특수성을 반영하는 것으로는 하자에 대한 보수(補修)의 문제가 중심에 오고, 또 일의 미완성과 하자의 관계도 의미있는 쟁점이 된다. 그 외에 제666조의 수급인의 저당권설정청구권, 제669조의 도급인의 지시에 따른 경우의 수급인의 책임문제 등을 살펴본다.

1. 제작물공급계약의 법리

[사안] 기계제작업체 A사는 B건설사와 성형압출기 본체 부분에 관한 제작·설치계약을 체결하면서, 보수의 지급시기에 관하여 "기계 제작·설치 및 시운전이 완료되면 A사는 지체 없이 준공계를 제출하고 B사의 검사를 받아야 하며, A사가 그 검사에 합격한 후 소정의 절차에 따라 대금을 청구하면 B사는 기계를 인수한 후 대금을 지급하기로 한다."고 약정하였다. A사가 성형압출기 제작을 마친 후 B사가 제작한 가열장치 및 배관장치와 연결하여 시운전을 해 본 결과 그 처리용량이 계획된 처리용량보다 크게 부족하였고 협의하여 수차례 수리하였으나 그 성능이 개선되지 아니하였다. 이에 B사는 A사가 제작한 성형압출기 본체에 관하여 최종적으로 불합격 판정

> 을 하고 그 인수와 보수 지급을 거절하였다. 그러나 A사는 성형압출기의 하자인 처리용량 부족은 A사의 제작상 잘못 때문이 아니라 B사가 제시한 기본설계도면의 결함과 B사가 직접 제작한 가열장치 및 배관장치의 결함으로 인하여 발생한 것이라는 점을 들어 보수 및 수리비용의 지급을 청구한다. (대법원 2006.10.13. 선고 2004다21862 판결)

[해결] 당사자의 일방이 상대방의 주문에 따라 자기 소유의 재료를 사용하여 만든 물건을 공급하기로 하고 이에 대하여 상대방이 대가를 지급하기로 약정하는 이른바 제작물공급계약은, 그 제작의 측면에서는 도급의 성질이 있고 공급의 측면에서는 매매의 성질이 있어 대체로 매매와 도급의 성질을 함께 가지고 있으므로, 그 적용 법률은 계약에 의하여 제작 공급하여야 할 물건이 대체물인 경우에는 매매에 관한 규정이 적용되지만, 물건이 특정의 주문자의 수요를 만족시키기 위한 부대체물인 경우에는 당해 물건의 공급과 함께 그 제작이 계약의 주목적이 되어 도급의 성질을 띠게 된다. 한편, 제작물공급계약에서 보수의 지급시기에 관하여 당사자 사이의 특약이나 관습이 없으면 도급인은 완성된 목적물을 인도받음과 동시에 수급인에게 보수를 지급하는 것이 원칙이고, 이때 목적물의 인도는 완성된 목적물에 대한 단순한 점유의 이전만을 의미하는 것이 아니라 도급인이 목적물을 검사한 후 그 목적물이 계약내용대로 완성되었음을 명시적 또는 묵시적으로 시인하는 것까지 포함하는 의미라고 보아야 한다. 그리고 도급계약에 있어 일의 완성에 관한 주장·입증책임은 일의 결과에 대한 보수의 지급을 구하는 수급인에게 있고, 제작물공급계약에서 일이 완성되었다고 하려면 당초 예정된 최후의 공정까지 일응 종료하였다는 점만으로는 부족하고 목적물의 주요구조 부분이 약정된 대로 시공되어 사회통념상 일반적으로 요구되는 성능을 갖추고 있어야 하며, 수급인으로서는 그 목적물 제작에 관하여 계약에서 정해진 최후 공정을 일응 종료하였다는 점뿐만 아니라 그 목적물의 주요구조 부분이 약정된 대로 시공되어 사회통념상 일반적으로 요구되는 성능을 갖추고 있다는 점까지 주장·입증하여야 한다.

2. 도급계약에서 채무불이행책임과 하자담보책임의 경합

> [사안] 김은 A사에 액젓저장탱크 건설공사를 1억 7천만원에 도급주었다. A사는 철근과 콘크리트를 부족하게 사용하여 탱크에 구조적 결함이 발생하여 액젓의 발효과정에서 탱크벽면의 균열로 물이 들어가 탱크에 저장된 3천드럼의 액젓이 변질되었다. 3년 후 발효된 액젓을 출하하는 과정에서 비로소 변질사실을 알게 된 김은 A사에 이로 인한 손해배상과 아울러 탱크의 하자보수비용을 청구한다. 이에 대해 A사는 탱

> 크에 구조적 결함이 생긴데에는 단가를 무리하게 깎는 등 김의 과실이 있고, 또 다량의 액젓변질에는 초기에 탱크의 이상 징후에도 김이 만연히 액젓을 저장시킴으로써 손해를 확대한 과실이 있다며 각각 40%, 50%의 비율로 김의 과실을 참작하여 과실상계할 것이라고 항변한다. (대법원 2004.8.20. 선고 2001다70337 판결)

[해결] 액젓저장탱크의 제작·설치공사 도급계약에 의하여 완성된 저장탱크에 균열이 발생한 경우, 보수비용은 민법 제667조 제2항에 의한 수급인의 하자담보책임 중 하자보수에 갈음하는 손해배상이고, 액젓 변질로 인한 손해배상은 위 하자담보책임을 넘어서 수급인이 도급계약의 내용에 따른 의무를 제대로 이행하지 못함으로 인하여 도급인의 신체·재산에 발생한 손해에 대한 배상으로서 양자는 별개의 권원에 의하여 경합적으로 인정된다. 그리고 수급인의 하자담보책임은 법이 특별히 인정한 무과실책임으로서 여기에 민법 제396조의 과실상계 규정이 준용될 수는 없다 하더라도 담보책임이 민법의 지도이념인 공평의 원칙에 입각한 것인 이상 하자발생 및 그 확대에 가공한 도급인의 잘못을 참작할 수 있다. 따라서 각 손해에 대하여 김의 과실을 참작하면서 그 참작하는 비율을 달리 정하는 것은 가능하다.

> [유제 1] A사는 시설공사를 수주하고 B사와 계약금액 35억원에 이 공사에 관한 설계용역계약을 체결하였다. A사는 B사가 설계한 설계서가 발주자 측으로부터 문제점을 지적받자 B사에 보완설계를 요청하였고 이것이 거부되자 다른 회사에 보완설계를 맡겨 제출하였다. 그 후 A사는 설계의 하자는 A사와 B사 간의 용역계약에 따라 B사가 수행한 업무의 하자에 해당하고, 그러한 하자로 인해 A사가 재시공을 하게 되었으므로 B사는 이와 같은 의무불이행으로 A사가 입은 재시공비용 상당의 손해와 설계의 보완을 거부한 데 따른 손해도 배상할 책임이 있다고 주장한다. 그러나 B사는 설계의 하자는 A사의 지시에 따라 발생한 결과라서 민법 제669조에 따라 손해배상책임을 지지 않는다고 항변한다. (대법원 2020.1.30. 선고 2019다268252 판결)

[해결] 도급계약에 따라 완성된 목적물에 하자가 있는 경우, 수급인의 하자담보책임과 채무불이행책임은 별개의 권원에 의하여 경합적으로 인정된다. 민법 제669조 본문은 완성된 목적물의 하자가 도급인이 제공한 재료의 성질 또는 도급인의 지시에 기인한 때에는 수급인의 하자담보책임에 관한 규정이 적용되지 않는다고 정하고 있다. 그러나 이 규정은 수급인의 하자담보책임이 아니라 민법 제390조에 따른 채무불이행책임에는 적용되지 않는다. A사가 손해배상을 구하는 근거는 수급인의 하자담보책임이 아니라 채무불이행책임이므로 민법 제669조는 적용될 여지가 없다.

[유제 2] A조선사는 국방부와 잠수함 건조계약을 맺고 잠수함 1척을 2007.12. 해군에 인도하였다. 해군은 2011.4.경 훈련 중 잠수함의 추진전동기에서 소음이 발생하는 것을 인지하고 A사와 같이 원인조사를 하여 2013.7. 제조공정에 문제가 있었음을 밝혀내었다. 이에 국방부는 2014.5. A사가 결함이 있는 잠수함을 납품함으로써 건조계약상 채무의 내용에 따른 이행을 하지 못하였다는 이유로 손해배상을 구하는 소를 제기하였다. 그러나 A사는 계약조건에서 정한 하자보수 보증기간(인도일로부터 1년)이 지났다며 배상책임을 부인한다. (대법원 2020.6.11. 선고 2020다201156 판결)

[해결] 목적물의 하자를 보수하기 위한 비용은 수급인의 하자담보책임과 채무불이행책임에서 말하는 손해에 해당한다. 따라서 도급인은 하자보수비용을 민법 제667조 제2항에 따라 하자담보책임으로 인한 손해배상으로 청구할 수도 있고, 민법 제390조에 따라 채무불이행으로 인한 손해배상으로 청구할 수도 있다. 하자보수를 갈음하는 손해배상에 관해서는 민법 제667조 제2항에 따른 하자담보책임만이 성립하고 민법 제390조에 따른 채무불이행책임이 성립하지 않는다고 볼 이유가 없다. 사안에서 잠수함 건조계약은 도급계약에 해당하는데, 계약특수조건에서 정한 하자보수 보증기간이 지났다고 하더라도 도급인은 수급인에게 불완전이행으로 인한 채무불이행책임을 주장할 수 있다. 또 손해배상청구권은 현실적으로 손해가 발생한 때에 성립하는 바, 이는 소음이 처음 발생한 시점이고 이때부터 소멸시효가 진행하게 되어 국가재정법상 5년의 소멸시효 기간이 지나기 전에 소가 제기되었다고 보아야 한다.

3. 완성물의 하자에 대한 보수와 손해배상

[사안] 김은 박으로부터 석공사를 도급받아 시공하였는데 건물의 내부벽면을 습식공법으로 시공하기로 약정하였으나 반건식공법으로 시공하였다. 박은 반건식공법으로 시공한 벽면의 돌을 철거하고 습식공법으로 재시공하는데 드는 비용 즉 하자의 보수에 갈음하는 손해배상을 구하며 이를 자동채권으로 하여 공사대금과 상계하였다고 주장한다. 김은 습식공법과 반건식공법은 기능과 내구성 등에 있어 큰 차이가 없어 중요한 하자라고 할 수 없으며 하자보수에 과다한 비용을 요하는 것이므로 이에 대해 하자보수나 하자보수에 갈음한 손해배상을 청구할 수 없다고 항변한다. (대법원 1997.2.25. 선고 96다45436 판결)

[해결] 도급계약에 있어서 완성된 목적물에 하자가 있을 경우에 도급인은 수급인에게 그 하자의 보수나 하자의 보수에 갈음한 손해배상을 청구할 수 있으나 다만 그 하자가 중요하지 아니하면서 동시에 그 보수에 과다한 비용을 요할 때에는 하자의 보수나 하자의 보수에 갈음하는 손해배상을 청구할 수는 없고 그 하자로 인하여 입은 손해의 배상만을 청구할 수 있다고 할 것이고, 이러한 경우 그 하자로 인하여 입은 통상의 손해는 도급인이 하자 없이 시공하였을 경우의 목적물의 교환가치와 하자가 있는 현재의 상태대로의 교환가치와의 차액이 된다. 만일 사안의 석공사와 같이 그 교환가치의 차액을 산출하기가 현실적으로 불가능한 경우에는 하자 없이 시공하였을 경우의 시공비용과 하자 있는 상태대로의 시공비용의 차액이라고 봄이 상당하다

4. 일의 미완성과 하자의 구별

> [사안] A필름제작사는 B사로부터 박람회 전시장에 전시할 전시물의 제작·설치공사를 50억원에 수주하였다. A사는 이 공사를 약정일에 완성하여 B사에 준공계를 제출하였으나 B사가 준공검사 불합격 통보를 하여 A사는 B사의 지적사항을 시정조치하고 약정 준공기한을 34일 도과한 시점에야 합격통보를 받았다. B사는 공사계약상의 지체상금에 관한 약정에 따라 공사대금에서 지체일수에 따른 지체상금 1억 7천만원(50억×1/1,000×34일)을 공제하여야 한다고 주장한다. 그러나 A사는 B사가 지적한 사항은 이 공사의 주요구조부분에 해당한다고 할 수 없고 다만 완성된 목적물에 하자가 있는 경우에 불과하므로 이 공사는 약정된 준공기일에 완성된 것이고 따라서 완성된 목적물에 하자가 있음을 이유로 하자의 보수나 이로 인한 손해의 배상을 구할 수 있을 뿐 약정일까지 공사가 완성되지 아니하였음을 전제로 채무불이행을 원인으로 한 손해배상을 구할 수는 없다고 항변한다. (대법원 1997.10.10. 선고 97다23150 판결)

[해결] 공사가 도중에 중단되어 예정된 최후의 공정을 종료하지 못한 경우에는 공사가 미완성된 것으로 볼 것이지만, 공사가 당초 예정된 최후의 공정까지 일응 종료하고 그 주요구조 부분이 약정된 대로 시공되어 사회통념상 일이 완성되었고 다만 그것이 불완전하여 보수를 하여야 할 경우에는 공사가 완성되었으나 목적물에 하자가 있는 것에 지나지 아니한다고 해석함이 상당하고, 예정된 최후의 공정을 종료하였는지 여부는 수급인의 주장이나 도급인이 실시하는 준공검사 여부에 구애됨이 없이 당해 공사 도급계약의 구체적 내용과 신의성실의 원칙에 비추어 객관적으로 판단할 수밖에 없고, 이와 같은 기준은 공사 도급계약의 수급인이 공사의 준공이라는 일의 완성을 지체한 데 대한 손해배상액의 예정으

로서의 성질을 가지는 지체상금에 관한 약정에 있어서도 그대로 적용된다.

5. 하자확대손해에 대한 수급인의 배상책임

> [사안] A회사는 B회사에게 원단 생지 100kg의 가공을 의뢰하였으나 B사의 염색과정에서 발생한 하자로 말미암아 A사는 일본 회사들과 사이에 체결한 수출계약을 이행하지 못함으로써 손해를 입게 되었다. 이에 A사는, A사가 가공·납품받은 원단을 수출하기로 한 사정을 B사가 잘 알고 있었음이 인정되고, B사의 염색과정에서 하자가 발생한데 대하여 수급인으로서 귀책사유가 없었다고 보기 어려우므로, A사가 지급받지 못한 금 3억원의 수출대금 상당의 손해를 배상할 것을 청구한다. 그러나 오히려 B회사는 B사의 가공료채권 금 2억원의 지급 및 그에 대한 연체료를 청구한다. (대법원 2007.8.23. 선고 2007다26455,26462 판결)

[해결] 원단의 가공에 관한 도급계약에 의하여 납품된 물건에 하자가 발생함으로 말미암아 도급인이 외국에 수출하여 지급받기로 한 물품대금을 지급받지 못한 데 대한 손해배상은, 민법 제667조 제2항 소정의 하자담보책임을 넘어서 수급인이 도급계약의 내용에 따른 의무를 제대로 이행하지 못함으로 인하여 도급인의 신체·재산에 발생한 이른바 '하자확대손해'에 대한 배상으로서, 수급인에게 귀책사유가 없었다는 점을 스스로 입증하지 못하는 한 도급인에게 그 손해를 배상할 의무가 있다. 그리고 도급계약에 있어서 완성된 목적물에 하자가 있는 때에 민법 제667조 제2항에 의하여 도급인이 수급인에 대하여 그 하자의 보수에 갈음하여 또는 보수와 함께 손해배상을 청구할 수 있는 권리는 민법 제667조 제3항에 의하여 민법 제536조가 준용되는 결과 수급인이 가지는 보수채권과 동시이행관계에 있는 것이고, 나아가 동시이행항변권 제도의 취지로 볼 때 비록 당사자가 부담하는 각 채무가 쌍무계약관계에서 고유의 대가관계가 있는 채무가 아니라고 하더라도 구체적인 계약관계에서 각 당사자가 부담하는 채무에 관한 약정내용에 따라 그것이 대가적 의미가 있어 이행상의 견련관계를 인정하여야 할 사정이 있는 경우에는 동시이행의 항변권이 인정된다. 사안에서 B사의 가공료채무보다 더 많은 금액의 손해배상채권을 가지고 이를 행사하는 A사로서는 B사가 손해배상채무의 이행제공을 하였다는 사정이 없는 한 그 손해배상채권의 존재 자체만으로 가공료채무 전액에 대하여 이행지체책임을 지지 않는다.

6. 수급인의 담보책임과 소멸시효

[사안] A사가 시공한 아파트에 하자가 발생하자 공사를 발주한 LH공사는 A사에게 하자보수에 갈음한 손해의 배상을 청구한다. 이에 A사는 하자보수에 갈음하는 손해배상채권은 소멸시효기간이 도과함으로써 소멸하였다고 주장한다. 그러나 LH공사는 민법상 수급인의 하자담보책임인 이 아파트의 하자보수에 갈음한 손해배상청구권에 대하여는 소멸시효가 적용되지 아니하고 제척기간만이 적용되고 LH공사가 제척기간이 도과하기 이전에 하자보수를 청구하였으므로 손해배상청구권은 소멸하지 아니하였다고 항변한다. (대법원 2012.11.15. 선고 2011다56491 판결)

[해결] 수급인의 담보책임에 기한 하자보수에 갈음하는 손해배상청구권에 대하여는 민법 제670조 또는 제671조의 제척기간이 적용되고, 이는 법률관계의 조속한 안정을 도모하고자 하는 데에 그 취지가 있다. 그런데 이러한 도급인의 손해배상청구권에 대하여는 그 권리의 내용·성질 및 취지에 비추어 민법 제162조 제1항의 채권 소멸시효의 규정이 적용된다고 할 것이고, 민법 제670조 또는 제671조의 제척기간 규정으로 인하여 소멸시효 규정의 적용이 배제된다고 볼 수 없다.

7. 공사도급계약에서 손해배상액의 산정

[사안] 김은 A건설사와 X상가건물을 2004.1.10.까지 준공하기로 하는 공사도급계약을 체결하면서, "수급인이 준공기한 내에 공사를 완성하지 아니한 때에는 매 지체일수마다 계약서상의 지체상금율[0.1%]을 곱하여 산출한 금액을 도급인에게 지급하여야 한다"고 정하였고 아울러 "수급인의 책임 있는 사유로 인하여 준공기일 내에 공사를 완성할 가능성이 없음이 명백한 경우 도급인은 계약을 해제할 수 있으며, 계약의 해제로 인하여 손해가 발생한 때에는 그에 대한 배상을 청구할 수 있다"고 약정하였다. 그 후 A사가 사정으로 공사를 계속할 수 없게 되었고 A사는 2003.8.16. 김에게 공사 타절 및 정산을 제의하였다. 결국 김은 A사와의 도급계약을 해제하고 2004.1.경 동 공사를 제3자에게 맡겨 224일만에 완공하였다. 김은 계약의 해제로 인한 손해배상으로서 물가상승 등으로 인한 예상공사비의 증가분 및 차임 상당 손해액과 제3자에게 맡겨 공사를 완성한 시점까지의 지체상금의 지급을 구한다. 그러나 A사는 계약의 해제에 따른 손해배상으로 약정된 지체상금을 초과하는 손해배상액의 지급을 구할 수 없고, 또한 지체상금은 A사가 정산을 제의한 시점부터 제3자에 의한

> 완공가능시점까지로 제한되어야 한다고 항변한다. (대법원 2010.1.28. 선고 2009다 41137 판결)

[해결] 채무불이행에 관한 손해배상액의 예정으로서 지체상금약정은 수급인이 공사완성의 기한 내에 공사를 완성하지 못한 경우에 완공의 지체로 인한 손해배상책임에 관하여 손해배상액을 예정하였다고 해석할 것이고, 수급인이 완공의 지체가 아니라 그 공사를 부실하게 한 것과 같은 불완전급부 등으로 인하여 발생한 손해는 지체상금약정에 의하여 처리되지 아니하고 도급인은 약정에 따라 별도로 그 배상을 청구할 수 있다. 이 경우 손해배상의 범위는 민법 제393조 등과 같은 그 범위획정에 관한 일반법리에 의하여 정하여지고, 그것이 위 지체상금약정에 기하여 산정되는 지체상금액에 제한되어 이를 넘지 못한다고 볼 것이 아니다. 또한 수급인이 완공기한 내에 공사를 완성하지 못한 채 공사를 중단하고 계약이 해제된 결과 완공이 지연된 경우에 있어서 지체상금은 약정 준공일 다음날부터 발생하되 그 종기는 수급인이 공사를 중단하거나 기타 해제사유가 있어 도급인이 공사도급계약을 해제할 수 있었을 때(실제로 해제한 때가 아니다)부터 도급인이 다른 업자에게 맡겨서 공사를 완성할 수 있었던 시점까지이고, 수급인이 책임질 수 없는 사유로 인하여 공사가 지연된 경우에는 그 기간만큼 공제되어야 한다. 김으로서는 적어도 A사로부터 공사 타절 및 정산을 제의하는 통지를 수령한 2003.8.16. 이후에는 계약을 해제할 수 있었다고 할 것이므로, 지체상금의 종기를 김이 그때부터 다른 업자에게 공사를 의뢰하여 완공하는 데 필요한 기간인 224일이 경과한 2004.3.26.로 보아, A사의 지체일수를 원래의 준공예정일인 2004.1.10.의 다음날부터 위 2004.3.26.까지의 76일로 산정하여야 한다.

8. 잘못된 시공방식을 약정한 도급계약에서 수급인의 책임

> **[사안]** 김은 박으로부터 X토지를 공장부지로 조성하는 공사를 공사대금 5억 6,000만원, 공사기간 2008.8.경부터 2008.10.경까지로 정하여 도급받았다. 공사 후 박은, 비탈면 구간에 전석 쌓기 방식의 석축을 시공하였으나, 이는 처음부터 공법 선정을 잘못한 것이고 그 시공 또한 부실하게 되었으며, 결국 안전성을 갖추려면 위 석축을 철거하고 콘크리트 옹벽으로 재시공하는 전면 보강 공사를 하여야 한다며 그 공사비용을 공사대금에서 공제하고자 한다. 나아가 전석 쌓기 방식의 석축 시공이 공사계약의 약정내용에 따른 것이라 해도, 김은 그러한 시공이 부적당하다고 판단되었다면, 박에게 알려 이를 바로잡았어야 한다고 주장한다. (대법원 2016.8.18. 선고 2014다31691 판결)

[해결] 도급인의 지시에 따라 건축공사를 하는 수급인이 그 지시가 부적당함을 알면서도 이를 도급인에게 고지하지 아니한 경우에는, 완성된 건물의 하자가 도급인의 지시에 기인한 것이라 하더라도 그에 대한 하자담보책임을 면할 수 없다(제669조 단서). 그리고 도급계약에서 완성된 목적물에 하자가 있는 경우에 도급인은 수급인에게 그 하자의 보수나 하자의 보수에 갈음한 손해배상을 청구할 수 있다. 이때 하자가 중요한 경우에는 비록 보수에 과다한 비용이 필요하더라도 그 보수에 갈음하는 비용, 즉 실제로 보수에 필요한 비용이 모두 손해배상에 포함된다. 나아가 완성된 건물 기타 토지의 공작물에 중대한 하자가 있고 이로 인하여 건물 등이 무너질 위험성이 있어서 보수가 불가능하고 다시 건축할 수밖에 없는 경우에는, 건물 등을 철거하고 다시 건축하는 데 드는 비용 상당액을 하자로 인한 손해배상으로 청구할 수 있다.

사안에서 공법선정이 잘못되어 보수가 불가능하다면 박은 철거비용과 재시공비용을 하자로 인한 손해배상으로서 청구할 수 있다. 다만 석축시공을 전제로 하여 약정된 공사대금을 초과하는 비용을 들여 재시공을 요구할 수는 없다. 그리고 애초에 부적절한 시공방식을 택한 약정을 체결하는 과정에서 박의 잘못이 있는지를 살피고 이를 참작하여 배상의 범위를 정하여야 할 것이다.

9. 수급인의 저당권설정청구권

[사안] 김은 2003.4.경 박으로부터 X건물 신축공사를 도급받아 최에게 그중 골조공사를 하도급하였고 김은 골조공사 완성일인 2003.7. 미완성 상태이지만 사회통념상 독립된 건물의 형태와 구조를 갖춘 X건물의 소유권을 원시취득하였다. 최는 2005.3. 김에 대한 저당권설정청구권 행사로서 X건물에 관하여 저당권설정등기절차의 이행을 구하는 소를 제기하였다. (대법원 2016.10.27. 선고 2014다211978 판결)

[해결] 부동산 공사도급의 경우에 수급인의 노력과 출재로 완성된 목적물의 소유권은 원칙적으로 수급인에게 귀속되지만 당사자의 특약이나 기타 특별한 사정이 있으면 도급인이 원시취득하게 되므로, 민법 제666조는 그러한 경우에 수급인에게 목적물에 대한 저당권설정청구권을 부여함으로써 수급인이 목적물로부터 공사대금을 사실상 우선적으로 변제받을 수 있도록 하고 있다. 이에 비추어, 건물신축공사에 관한 도급계약에서 수급인이 자기의 노력과 출재로 건물을 완성하여 그 소유권이 수급인에게 귀속된 경우에는 수급인으로부터 건물신축공사 중 일부를 도급받은 하수급인도 수급인에 대하여 민법 제666조에 따른 저당권설정청구권을 가진다.

제8강 위임계약, 화해계약 등

수임인의 주의의무 /수임인의 취득물 이전의무 /법무사의 설명·조언의무 /위임계약의 해지와 손해배상책임 /화해계약 – 화해의 목적인 분쟁대상 여부 /여행계약에서 여행업자의 안전배려의무 /혼합계약의 해석 /전속매니지먼트계약

■ 위임계약은 수임인의 선관주의의무가 채무의 핵심적인 내용이다. 이에서 나아가 수임인의 설명·조언의무가 판례상 정착된 개념이 되었다. 위임에서는 해지의 자유가 선언되고 있어 이의 해석에 관한 판결을 분석해볼 필요가 있다. 그 외 전형계약에서 화해계약, 그리고 새로 목록에 오른 여행계약에 관한 판결들을 본다. 그리고 이른바 비전형계약으로서 혼합계약과 전속계약에 관하여 살펴본다.

1. 수임인의 주의의무

[사안] A아파트 입주자 대표회의는 B주택관리회사와의 사이에 A아파트의 관리위·수탁계약을 체결하였다. B사는 공동설비 부분에 대한 전기요금산정방식이 변경되어 입주자가 다시 선택할 여지가 있음을 알게 되었으나 이를 입주자회의에 보고하지 아니하였고 기존 계약의 만료시까지 이를 그대로 방치하여 아파트 입주자에게 불리한 기존의 계약이 동일한 조건으로 자동갱신되게 하였다. 이에 입주자대표회의는 B회사에게 선량한 관리자의 주의의무를 위반함으로써 입주자들이 입은 손해를 배상할 것을 청구한다. (대법원 1997.11.28. 선고 96다22365 판결)

[해결] 아파트 입주자대표회의와 아파트 관리회사 사이의 법률관계는 민법상의 위임관계와 같으므로 아파트 관리회사로서는 아파트를 안전하고 효율적으로 관리하고 입주자의 권익을 보호하기 위하여 선량한 관리자의 주의로써 관리 업무를 수행하여야 한다. 아파트 관리회사가 아파트를 관리함에 당하여 공동설비 부분에 대한 전기요금 산정 방식이 변경되어 입주자가 다시 선택할 여지가 있음을 알게 되었으면, 비록 전기요금 산정 방식의 선택

에 관한 최종적인 결정은 아파트 입주자대표회의가 책임질 사항이라고 하더라도, 어떤 방식이 입주자들에게 유리한지 검토하여 그 내용을 입주자대표회의에 알려주는 등 입주자대표회의로 하여금 공동설비 부분에 대한 전기요금 산정 방식의 변경 여부에 관하여 합리적인 선택을 할 수 있도록 조치를 취할 의무가 있다. B사는 A에게 선량한 관리자로서의 주의의무를 위반함으로 인하여 A가 입은 손해를 배상할 책임이 있다.

2. 수임인의 취득물 이전의무

[사안] A시와 B법인은 A시의 묘지공원의 운영에 관하여 위탁관리협약을 맺고 B법인이 묘지사용료 및 관리수수료 등 매장에 따른 수입액의 20%를 A시에게 현실 납부하고 나머지 80%는 묘지공원 조성 및 관리사업에 전액 사용하기로 하였다. 그 후 위탁관리협약이 종료되자 A시는 B법인의 유보재산은 모두 A시에 반환되어야 할 성질의 재산이라 할 것이고, 그 반환에 관하여 위탁관리협약에서 특별히 정하는 바가 없으므로 그 협약의 성격에 반하지 않는 범위 내에서 민법상 위임에 관한 규정을 유추 적용하여 위탁관리협약 해지의 효력이 발생한 때를 기준시점으로 B법인이 보유하고 있던 금원의 반환을 구한다. (대법원 2007.2.8. 선고 2004다64432 판결)

[해결] 민법 제684조 제1항에 의하면 수임인은 위임사무의 처리로 인하여 받은 금전 기타의 물건 및 그 수취한 과실이 있을 경우에는 이를 위임인에게 인도하여야 한다고 규정하고 있는바, 이때 인도 시기는 당사자간에 특약이 있거나 위임의 본뜻에 반하는 경우 등과 같은 특별한 사정이 있지 않는 한 위임계약이 종료된 때라 할 것이므로, 수임인이 반환할 금전의 범위도 위임종료시를 기준으로 정해진다 할 것이다. 사안에서 B법인이 위탁관리협약 해지에 따라 반환하여야 할 금원은 위탁관리협약에서 특별히 정한 바 없다면, 위탁관리협약 해지의 효력이 발생한 때를 기준시점으로 하여야 한다.

3. 법무사의 설명·조언의무

[사안] 1995.11. 김은 박법무사에게 의뢰하여 X 건물 301호에 전세금 1억원, 존속기간 2년의 전세권을 제1순위로 설정등기한 후, X 건물 전체에 채권최고액 합계 8억 8,000만원의 최의 근저당권이 설정되었다. 1997.11. 김이 보증금을 500만원 증액하고 존속기간을 2년간 연장하기로 소유자와 합의하고 다시 박법무사에 등기를 의뢰하였을 때, 박은 제1차 전세권의 우선권 상실에 대한 아무런 설명 내지 조언

> 없이 제1차 전세권설정등기를 말소하고 근저당권보다 후순위로 새로이 전세권설정등기를 마치었다. 그 후 최의 근저당권 실행으로 인한 경매절차에서 9억 원이 넘는 매각대금 대부분이 신청채권자인 최에 배당되고 후순위인 김의 전세권의 전세금반환채권에 대하여는 전혀 배당되지 아니하였다. 이에 김은, 법무사인 박으로서는 전세권설정등기를 하는 가장 큰 이유가 전세금반환채권을 확보하는 데 있음을 잘 알고 있을 터이고, 당초 김의 제1차 전세권이 최선순위였는데, 김이 의뢰하는 바와 같이 기존의 전세권설정등기의 말소와 전세금이나 존속기간을 일부 변경한 새로운 전세권설정등기를 한다면 김은 다음 순위였던 근저당권자에게 우선권을 빼앗겨 치명적인 불이익을 입게 되는 점, 따라서 기존의 전세권자가 그러한 불이익을 스스로 감수하면서까지 위와 같은 방식으로 등기를 하는 것은 매우 이례적이고, 일반적인 의뢰인이라면 당연히 그러한 방식을 취하기보다는 기존의 전세권을 이전하는 부기등기를 하거나 그것이 어려우면 기존의 전세권설정등기를 그대로 두어 적어도 기존의 전세금반환채권에 대한 우선권을 유지하는 방식을 취하리라고 쉽게 예상할 수 있는 점 등을 고려하면, 등기업무에 관한 전문가의 자격에서 김으로부터 등기사무를 위임받은 박으로서는 마땅히 그 사무를 처리하는 과정에서 알게 된 내용에 비추어 의뢰받은 그대로 등기를 하면 불의의 타격을 입을 수 있음을 김에게 알려 주어 그가 진정으로 의도하는 목적에 맞는 등기가 이루어지도록 구체적인 설명 내지 조언을 할 주의의무가 있는데 이를 다하지 못하였다며, 박에게 손해배상을 청구한다. (대법원 2006.9.28. 선고 2004다55162 판결)

[해결] 법무사는 등기사무에 관한 한 전문적인 식견을 가진 사람으로서, 일반인이 등기업무를 법무사에게 위임하는 것은 그러한 전문가인 법무사에 대한 기대와 신뢰를 바탕으로 하는 것이므로, 비록 등기업무와 관련된 법무사의 주된 직무 내용이 서류의 작성과 신청 대리에 있다 하여도, 그 직무를 수행하는 과정에서 의뢰인의 지시에 따르는 것이 위임의 취지에 적합하지 않거나 오히려 의뢰인에게 불이익한 결과가 되는 것이 드러난 경우에는, 법무사법에 정한 직무의 처리와 관련되는 범위 안에서 그러한 내용을 의뢰인에게 알리고 의뢰인의 진정한 의사를 확인함과 아울러 적절한 방법으로 의뢰인이 진정으로 의도하는 등기가 적정하게 되도록 설명 내지 조언을 할 의무가 있다고 할 것이다. (대법원 2011.9.29. 선고 2010다5892 판결 참조)

[관련판결] 관세사의 설명·조언의무 : 대법원 2005.10.27. 선고 2005다38294 판결
세무사의 설명·조언의무 : 대법원 2018.9.13. 선고 2003다63968 판결
변호사의 설명·조언의무 : 대법원 2004.5.14. 선고 2004다7354 판결

4. 위임계약의 해지와 손해배상책임

[사안] A사는 B사가 C사의 주식을 인수하는 사무를 처리해주기로 하는 약정을 체결하였다. A사가 B사의 약정상의 의무의 불이행을 이유로 약정을 해지하자, B사는 자신은 의무를 불이행한 사실이 없다며 그로 인한 손해의 배상을 구한다. 그러나 A사는 자신이 사무처리의 완료 전에 약정을 해지함에 따라 B사가 궁극적으로 C사의 주식을 취득하지 못하게 되었다 하더라도 이는 위임계약의 임의해지권 행사에 따른 효과로서 약정 당시부터 당연히 예정되어 있었으므로, A사가 C사 주식을 인수하여 B사에게 이전하기 전에 약정을 해지하였다는 것만으로는 B사에게 불리한 시기에 해지한 것이라고 볼 수 없고, 또한 약정이 해지됨으로 인하여 B사가 궁극적으로 C사 주식을 이전받지 못하였다는 손해는 약정이 해지됨으로 인하여 생긴 손해일 뿐 약정이 적당한 시기에 해지되었더라면 입지 아니하였을 손해에는 해당하지 아니한다며 손해의 배상을 거절한다. (대법원 2015.12.23. 선고 2012다71411 판결)

[해결] 위임계약의 각 당사자는 민법 제689조 제1항에 따라 특별한 이유 없이도 언제든지 위임계약을 해지할 수 있다. 따라서 위임계약의 일방 당사자가 타방 당사자의 채무불이행을 이유로 위임계약을 해지한다는 의사표시를 하였으나 실제로는 채무불이행을 이유로 한 계약 해지의 요건을 갖추지 못한 경우라도, 의사표시에는 민법 제689조 제1항에 따른 임의해지로서의 효력이 인정된다. 또 민법상의 위임계약은 유상계약이든 무상계약이든 당사자 쌍방의 특별한 대인적 신뢰관계를 기초로 하는 위임계약의 본질상 각 당사자는 언제든지 해지할 수 있고 그로 말미암아 상대방이 손해를 입는 일이 있어도 그것을 배상할 의무를 부담하지 않는 것이 원칙이며, 다만 상대방이 불리한 시기에 해지한 때에는 해지가 부득이한 사유에 의한 것이 아닌 한 그로 인한 손해를 배상하여야 하나, 배상의 범위는 위임이 해지되었다는 사실로부터 생기는 손해가 아니라 적당한 시기에 해지되었더라면 입지 아니하였을 손해에 한한다. 그리고 수임인이 위임받은 사무를 처리하던 중 사무처리를 완료하지 못한 상태에서 위임계약을 해지함으로써 위임인이 사무처리의 완료에 따른 성과를 이전받거나 이익을 얻지 못하게 되더라도, 위임계약에서는 시기를 불문하고 사무처리 완료 전에 계약이 해지되면 당연히 위임인이 사무처리의 완료에 따른 성과를 이전받거나 이익을 얻지 못하는 것으로 계약 당시에 예정되어 있으므로, 수임인이 사무처리를 완료하기 전에 위임계약을 해지한 것만으로 위임인에게 불리한 시기에 해지한 것이라고 볼 수는 없다.

5. 화해계약 – 화해의 목적인 분쟁대상 여부

> **[사안]** 양계장을 운영하는 김은 A건설사의 교량건설로 인한 소음발생으로 양계장의 산란율이 저하하자 A사에 손해배상청구를 하여왔다. 이에 A사는 공사로 인한 소음 정도가 기준에 미달하여 손해배상책임이 없다는 주장을 하여왔고, 결국 김은 A사를 피고로 하여 민사소송을 제기하였다. 재판이 진행되는 상황에서 김과 A사는 "김이 공사로 인한 양계장 피해에 대한 손해배상을 구하는 소를 취하하는 대신 쌍방이 환경분쟁조정위원회의 결정에 승복하여 배상금액을 즉시 지급하기로 한다"고 합의하였다. 이에 따라 동 위원회의 배상금지급결정이 내려졌으나, A사는 공사로 인한 양계 피해가 없다는 것이 밝혀졌다며 김과의 합의의 취소를 주장한다. (대법원 2004.6.25. 선고 2003다32797 판결)

[해결] 화해계약이 성립되면 그 창설적 효력에 의하여 종전의 법률관계를 바탕으로 한 권리의무관계는 소멸되고 계약 당사자 간에는 종전의 법률관계가 어떠하였느냐를 묻지 않고 화해계약에 의하여 새로운 법률관계가 생기는 것이므로, 화해계약의 의사표시에 착오가 있더라도 이것이 당사자의 자격이나 목적인 분쟁 이외의 사항에 관한 것이 아니고 분쟁의 대상인 법률관계 자체에 관한 것일 때에는 이를 취소할 수 없다 할 것이고, 화해계약의 의사표시에 있어 중요 부분에 관한 착오의 존재 및 이것이 당사자의 자격이나 목적인 분쟁 이외의 사항에 관한 것이라는 점은 착오를 이유로 화해계약의 취소를 주장하는 자가 입증하여야 한다. 여기서 '화해의 목적인 분쟁 이외의 사항'이라 함은 분쟁의 대상이 아니라 분쟁의 전제 또는 기초가 된 사항으로서 쌍방 당사자가 예정한 것이어서 상호 양보의 내용으로 되지 않고 다툼이 없는 사실로 양해된 사항을 말한다.

사안에서 김과 A사이의 합의는 환경분쟁조정위원회의 결정에 따라 쌍방 사이에 양계장 피해를 둘러싼 분쟁을 종식시키기로 하는 내용의 화해계약에 해당한다고 볼 수 있고, 합의에서 손해배상책임 유무는 단순히 분쟁의 전제 또는 기초가 된 사항으로 쌍방 당사자가 예정한 것이어서 상호 양보의 내용으로 되지 않고 다툼이 없는 사실로 양해된 사항이 아니라, 화해의 목적인 분쟁의 대상 그 자체에 해당하는 것이므로 A사가 공사로 인한 양계 피해가 없다는 사유로는 이 합의를 취소할 수 없다.

6. 여행계약에서 여행업자의 안전배려의무

[사안] A여행사는 김과 2008.7.경 여행기간은 2008.11.23.부터 2008.11.28.까지 5박 6일, 여행지는 피지로 하는 기획여행 계약을 체결하면서 여행계약에 제공되는 A사의 여행약관을 통하여, "현지 여행업자 등의 고의 또는 과실로 여행자에게 손해를 가한 경우 당사는 여행자에게 손해를 배상한다."고 약정하였다. A사와의 사전 협의에 따라 현지에서 선택관광서비스를 제공해 온 B사의 고용인인 현지 운전자의 운전 미숙으로 인하여, 김이 탄 버스가 도로 아래로 110m 정도 굴러 떨어져 김이 사망하는 사고가 발생하였다. 이에 김의 부모는 A사에 약관을 통하여 체결된 여행계약에 따라 사고로 인하여 김과 그 부모가 입은 손해를 배상할 것을 청구한다. 그러나 A사는, 기획여행에서 여행업자가 부담하는 업무는 개별 서비스의 수배·알선에만 국한되며 B사는 약관상의 '현지 여행업자'에 해당하지 않는다고 항변한다. (대법원 2011.5.26. 선고 2011다1330 판결)

[해결] 기획여행업자는 통상 여행 일반은 물론 목적지의 자연적·사회적 조건에 관하여 전문적 지식을 가진 자로서 우월적 지위에서 행선지나 여행시설의 이용 등에 관한 계약 내용을 일방적으로 결정하는 반면, 여행자는 그 안전성을 신뢰하고 기획여행업자가 제시하는 조건에 따라 여행계약을 체결하는 것이 일반적이다. 이러한 점을 감안할 때, 기획여행업자는 여행자의 생명·신체·재산 등의 안전을 확보하기 위하여 여행목적지·여행일정·여행행정·여행서비스기관의 선택 등에 관하여 미리 충분히 조사·검토하여 여행계약 내용의 실시 도중에 여행자가 부딪칠지 모르는 위험을 미리 제거할 수단을 강구하거나, 여행자에게 그 뜻을 고지함으로써 여행자 스스로 그 위험을 수용할지 여부에 관하여 선택할 기회를 주는 등의 합리적 조치를 취할 신의칙상의 안전배려의무를 부담하며, 기획여행업자가 사용한 여행약관에서 그 여행업자의 여행자에 대한 책임의 내용 및 범위 등에 관하여 규정하고 있다면 이는 위와 같은 안전배려의무를 구체적으로 명시한 것으로 보아야 한다. 또한 사안에서 B사는 A사의 이행보조자로 볼 수 있고, 이행보조자가 채무의 이행을 위하여 제3자를 복이행보조자로서 사용하는 경우에도 채무자가 이를 승낙하였거나 적어도 묵시적으로 동의한 경우에는 채무자는 복이행보조자의 고의, 과실에 관하여 민법 제391조에 의하여 책임을 부담한다고 보아야 한다.

7. 혼합계약의 해석

> **[사안]** 김은 박으로부터 X디스코클럽에 대한 영업허가권 및 시설물 일체를 금 350,000,000원에 매수하고 같은 날 계약금으로 금 140,000,000원을 지급하며, 잔금지급 이전에 X클럽을 인도받아 이를 사용·수익하면서 잔금 210,000,000원에 대한 이자 상당액으로서 매월 금 4,200,000원 및 인도받은 날로부터 X클럽과 관련하여 아직 영업허가 등의 명의가 박에게 남아 있는 관계로 박 앞으로 부과되는 제세공과금, 임대료 및 관리비 등 건물주가 청구하는 일체의 금원을 지급하기로 하였다. 그런데 계약체결 1년후 박이 X클럽을 이중매도하고 제3자가 점유를 시작함으로써 김은 계약이 이행불능되었다며 계약을 해제하였다. 김은 박에게 원상회복으로서 계약금 및 매매잔대금에 대한 이자 상당액과 기타 공과금, 임대료 등 일체의 금원의 반환을 구한다. 그러나 박은 계약이 자신의 귀책사유로 이행불능되어 김이 이를 해제하였다 하더라도 계약으로 생겼던 법률효과가 모두 소급적으로 소멸하는 것이 아니라, 계약 중 임대차계약의 성질을 가진 부분은 이행불능시까지 이미 완전히 목적을 달성하고 있었으므로 이행불능으로 해지된 것으로서 장래에 향해서만 계약관계가 종료되었다고 보아야 하고 따라서 박은 계약금 중 연체된 이자 등을 상계하고 남은 금원의 반환책임만이 있다고 항변한다. (대법원 1996.7.26. 선고 96다14616 판결)

[해결] 위 계약의 법적 성격은 단순한 매매가 아니라 매매대금을 금 350,000,000원으로 하는 매매계약과 매매계약금을 임차보증금으로 하고 월 차임을 금 4,200,000원으로 하는 임대차계약이 혼합된 계약으로 봄이 상당하다. 따라서 박은 해지 이전에 김으로부터 수령한 차임에 해당하는 매매잔대금에 대한 이자 상당액을 해지로 인하여 김에게 반환할 의무가 없다.

8. 전속매니지먼트계약

> **[사안]** 김은 연예인 박과 전속계약을 체결하여, 김이 박으로부터 연예활동과 관련한 매니지먼트 업무를 위임받아 성실하게 수행하고 김은 사무처리에 대한 대가로 연예활동과 관련하여 발생한 모든 수입을 자신이 수령한 다음 비용을 공제한 나머지 금액 중 50%를 매달 일정한 날에 박에게 지급하기로 하였고, 또 박에게 전속료를 지급하였다. 그 후 김과 박 사이에 사실상 신뢰관계가 훼손되어 김은 박을 위한 매니

지먼트 활동을 하지 못하였고 박도 김과 별개로 연예활동을 하였다. 그 후 박은 김에게 신뢰관계가 깨어졌다는 이유로 전속계약을 해지한다고 통보하였다. 그러나 김은 전속계약은 위임계약과는 달라서 계약의 존속을 기대할 수 없는 중대한 사유가 있는 경우에만 해지가 가능하다고 항변한다. (대법원 2019.9.10. 선고 2017다258237 판결)

[해결] 전속매니지먼트계약이란 소속사나 매니저가 연예인의 연예업무 처리에 관한 서비스를 제공하고, 연예인은 소속사나 매니저를 통해서만 연예활동을 하고 직접 또는 제3자를 통해서는 연예활동을 하지 않을 의무를 부담하는 것을 주요 내용으로 하는 계약이다. 그 법적 성질은 기본적으로 당사자 일방이 상대방에 대하여 사무의 처리를 위탁하고 상대방이 이에 대하여 승낙함으로써 성립하는 위임계약의 성질을 가지되, 민법상 전형적인 위임계약으로 볼 수는 없고 위임과 비슷한 무명계약에 해당한다. 전속계약의 성질상 계약 목적의 달성을 위하여 계약당사자 사이에 고도의 신뢰관계를 유지하는 것이 필수적이고, 전속계약에 따라 연예인 박이 부담하는 전속활동의무는 다른 사람이 대신할 수 없다. 당사자 사이의 신뢰관계가 깨어졌는데도 계약의 존속을 기대할 수 없는 중대한 사유가 있는 경우가 아니라는 이유로 연예인에게 그 자유의사에 반하는 전속활동의무를 강제하는 것은 연예인의 인격권을 지나치게 침해하는 결과가 된다. 따라서 계약당사자 쌍방 간에 신뢰관계가 깨어졌다면 연예인인 박은 전속계약을 해지할 수 있다고 보아야 하고 이로써 전속계약은 종료되었다.

[유제] 만화잡지 출판판매업을 경영하는 김은 만화를 저작하는 박과의 사이에 향후 2년간 박의 본명 또는 필명으로 저작하는 신간단행본 만화제작물의 전량을 매월 10권 이상 김에게만 납품하기로 하는 전속계약을 체결하면서, 김이 박에게 전속료로서 금 50,000,000원을 지급하고 그 밖에 별도로 권당 금 2,500,000원의 원고료를 지급하되, 만일 김이 계약을 위반하였을 때에는 전속료의 반환을 청구할 수 없고 박이 계약을 위반하였을 때에는 전속료의 배액을 김에게 배상하기로 약정하였다. 그런데 박은 전속계약기간동안 다수의 신간만화 원고를 박의 필명으로 저작하여 다른 출판사에 납품하였다. 이에 김은 박의 전속계약위반으로 인하여 김이 입은 손해로서 지급한 전속료의 배액의 지급을 청구한다. (대법원 1993.2.9. 선고 92다33176 판결)

[해결] 일정한 예능적 활동으로서의 노무를 제공하는 자가 특정의 사업자에게 전속하는 전속계약에는, 다른 곳에 노무제공하는 것을 일체 인정하지 아니하는 완전전속계약, 사업자의 허락을 받은 경우에만 다른 곳에 노무를 제공할 수 있는 준전속계약, 사업자로부터 노무제공의 요청이 있으면 반드시 노무제공을 하지 않으면 안되는 계약관계 즉, 당해 사업자의 사업에 지장이 없으면 다른 곳에 노무제공이 가능한 우선전속(출연)계약, 일정계약기간 내에 제공하여야 할 노무제공의 횟수를 특약하는 횟수전속(출연)계약 등으로 분류할 수 있다. 사안의 경우는 완전전속계약이나 준전속계약에 해당한다. 박은 전속계약에 따른 채무불이행에 대한 위약금 약정에 따라 전속료의 배액을 김에게 지급하여야 한다.

제9강 사무관리

사무관리의 성립요건 - 타인을 위하여 사무를 처리하는 의사 /사무관리의 성립요건 - 사무처리의 긴급성 /사무관리의 효과 - 비용상환 또는 보수청구권 /사무관리의 효과 - 관리자의 손해배상책임

■ 사무관리는 법적 책임과 도덕적 책임의 경계선에 있어 판결이 많지 않다. 최근 몇 건의 관련 판결이 나온 것을 소개한다. 성립요건에 관한 사례, 효과로서 보수청구권의 인정여부 및 손해배상에 관한 사례이다.

1. 사무관리의 성립요건 - 타인을 위하여 사무를 처리하는 의사

[사안] A보험사는 대리운전업자 김과 자동차보험계약을 체결하면서 대리운전 차량이 자동차손해배상 보장법상 책임보험(대인배상 I) 대상인 경우에는 그 초과액만을 보상하는 약관규정을 두고 있었는데, A사는 대리운전자에 의한 사고 발생 후 책임보험금에 관하여는 A사에게 보상의무가 없음을 잘 알고 있으면서도 이를 피해자 박에게 지급하였다. 그 후 A사는 박이 가입한 보험의 보험자인 B사에게 비용의 상환을 구하나, B사는, A사가 책임보험금을 지급하면서 법률상 지급의무자인 B사를 대신하여 지급한다는 의사를 표시하였다는 사정이 보이지 않으므로 A사가 박에게 책임보험금을 지급함에 있어서 B사를 위하여 사무를 처리하는 의사가 있었다고 보기 어렵고 또한 본인인 B사의 의사에 명백히 반하는 것이라고 주장한다. 그러나 A사는, 박에게 보험금을 지급하면서 사고 당사자에 대하여 갖는 일체의 청구권과 관련하여서 권리포기서를 받은 사실 등으로 미루어 B사를 대신하여 지급한다는 의사를 외부적으로 표시하지 아니하였다 하더라도 A사에게는 B사를 위하여 사무를 처리하는 의사가 있었으며, B사의 보험금지급의무가 존재하고 B사가 보험금 부지급의사를 통지하지 않은 이상 본인의 의사에 반하는 것으로 볼 수도 없다고 항변한다. (대법원 2010.2.11. 선고 2009다71558 판결)

[해결] 사무관리가 성립하기 위하여는 우선 그 사무가 타인의 사무이고 타인을 위하여 사무를 처리하는 의사, 즉 관리의 사실상의 이익을 타인에게 귀속시키려는 의사가 있어야 함은 물론 나아가 그 사무의 처리가 본인에게 불리하거나 본인의 의사에 반한다는 것이 명백하지 아니할 것을 요한다. 여기에서 타인을 위하여 사무를 처리하는 의사는 관리자 자신의 이익을 위한 의사와 병존할 수 있고, 반드시 외부적으로 표시될 필요가 없으며, 사무를 관리할 당시에 확정되어 있을 필요도 없다. 따라서 B사는 A사에게 대해 사무관리비용 상환의무 또는 부당이득반환의무가 발생한다.

2. 사무관리의 성립요건 – 사무처리의 긴급성

[사안] A사 소유의 유조선에서 대규모로 원유가 유출되는 사고가 발생하였고 A사의 조치만으로는 이로 인한 해양오염을 방지하기 곤란할 정도로 긴급방제조치가 필요한 상황이었는데, 해상방제업을 영위하는 B사가 해양경찰의 직접적인 지휘를 받아 방제작업을 보조하였다. B사는, 위 방제작업은 자신이 국가를 위해 처리할 수 있는 국가의 의무영역과 이익영역에 속한 사무이고, 방제작업을 하면서 해양경찰의 지시·통제를 받았던 점 등에 비추어 B사는 국가의 사무를 처리한다는 의사로 방제작업을 한 것으로 볼 수 있어서, B사는 의무 없이 국가의 사무를 관리하였다고 할 것이므로, A사가 방제비용의 최종적인 부담자라고 하여도 B사는 국가에 대하여 사무관리를 근거로 방제비용을 청구한다. (대법원 2014.12.11. 선고 2012다15602 판결)

[해결] 타인의 사무가 국가의 사무인 경우, 원칙적으로 사인이 법령상의 근거 없이 국가의 사무를 수행할 수 없다는 점을 고려하면, 사인이 처리한 국가의 사무가 사인이 국가를 대신하여 처리할 수 있는 성질의 것으로서, 사무 처리의 긴급성 등 국가의 사무에 대한 사인의 개입이 정당화되는 경우에 한하여 사무관리가 성립하고, 사인은 그 범위 내에서 국가에 대하여 국가의 사무를 처리하면서 지출된 필요비 내지 유익비의 상환을 청구할 수 있다.

3. 사무관리의 효과 – 비용상환 또는 보수청구권

[사안] 대한주택공사는 A사에게 공사를 도급하면서 공사시방서 및 현장설명서를 통하여 공사현장에서 발생하는 건설폐기물의 분리수거, 재활용 및 이와 관련한 폐기물 배출자 신고, 관리 등에 관한 업무를 A사가 처리하도록 하였다. 한편 대한주택공사

는 관련법상 분리발주제에 따라 공사에 관한 도급계약과 별도로 B사와의 사이에 공사로 발생하는 건설폐기물의 처리에 관한 용역계약을 체결하여 B사로 하여금 공사현장에서 발생한 건설폐기물을 처리하도록 하였다. 그런데 공사의 시행 과정에서 당초 계약에서 예정하였던 양을 훨씬 초과한 건설폐기물이 발생하였고, 이는 A사가 공사를 시행하는 과정에서 폐기물 관리를 잘못하여 폐콘크리트, 마감자재의 포장지, 생활쓰레기 등이 분리되지 않은 채 혼합폐기물과 섞여 배출되도록 방치한 데 기인한 것이었다. B사는 건설폐기물의 처리를 중단하였다가 A사의 요청으로 용역업무를 재개하여 초과 건설폐기물을 처리하였다. B사는, 초과 건설폐기물의 처리에 관하여는 B사가 계약상의 의무를 부담하지 아니하므로, B사는 A사를 위하여 사무를 처리하는 의사, 즉 관리의 사실상의 이익을 A사에게 귀속시키려는 의사를 가지고 초과 건설폐기물을 처리하였다고 주장한다. 그리하여 B사는, 유상으로 일하는 관리자의 직업 내지 영업의 범위 내에서 사무관리가 이루어졌다면 관리자는 통상의 보수도 함께 청구할 수 있다고 보고 계약에서 정하여진 건설폐기물 처리비용 단가에 기초하여 초과 건설폐기물의 처리비용을 산출하여 A사에 이의 지급을 청구한다. (대법원 2010.1.14. 선고 2007다55477 판결)

[해결] 사무관리가 성립하기 위해서는 관리자가 법적인 의무 없이 타인의 사무를 관리해야 하는바, 관리자가 처리한 사무의 내용이 관리자와 제3자 사이에 체결된 계약상의 급부와 그 성질이 동일하다고 하더라도, 관리자가 위 계약상 약정된 급부를 모두 이행한 후 본인과의 사이에 별도의 계약이 체결될 것을 기대하고 사무를 처리하였다면 그 사무는 위 약정된 의무의 범위를 벗어나 이루어진 것으로서 법률상 의무 없이 사무를 처리한 것이며, 이 경우 그 사무처리로 인한 사실상의 이익을 본인에게 귀속시키려는 의사, 즉 타인을 위하여 사무를 처리하는 의사가 있다고 봄이 상당하다.

민법 제739조 제1항은 "관리자가 본인을 위하여 필요비 또는 유익비를 지출한 때에는 본인에 대하여 그 상환을 청구할 수 있다"고만 규정하고 있을 뿐, 사무관리자가 사무관리 본인에 대하여 보수를 청구할 수 있는지 여부에 관하여는 명시적으로 규정하고 있지 다. 그러나, 직업 또는 영업에 의하여 유상으로 타인을 위하여 일하는 사람이 향후 계약이 체결될 것을 예정하여 그 직업 또는 영업의 범위 내에서 타인을 위한 행위를 하였으나 그 후 계약이 체결되지 아니함에 따라 타인을 위한 사무를 관리한 것으로 인정되는 경우에 상법 제61조는 「상인이 그 영업범위 내에서 타인을 위하여 행위를 한 때에는 이에 대하여 상당한 보수를 청구할 수 있다」고 규정하고 있어 직업 또는 영업의 일환으로 제공한 용역은 그 자체로 유상행위로서 보수 상당의 가치를 가진다고 할 수 있으므로 그 관리자는 통상의 보수를 받을 것을 기대하고 사무관리를 하는 것으로 보는 것이 일반적인 거래

관념에 부합하고, 그 관리자가 사무관리를 위하여 다른 사람을 고용하였을 경우 지급하는 보수는 사무관리 비용으로 취급되어 본인에게 반환을 구할 수 있는 것과 마찬가지로, 다른 사람을 고용하지 않고 자신이 직접 사무를 처리한 것도 통상의 보수 상당의 재산적 가치를 가지는 관리자의 용역이 제공된 것으로서 사무관리 의사에 기한 자율적 재산희생으로서의 비용이 지출된 것이라 할 수 있으므로 그 통상의 보수에 상응하는 금액을 필요비 내지 유익비로 청구할 수 있다고 봄이 타당하고, 이 경우 통상의 보수의 수준이 어느 정도인지는 거래관행과 사회통념에 의하여 결정하되, 관리자의 노력의 정도, 사무관리에 의하여 처리한 업무의 내용, 사무관리 본인이 얻은 이익 등을 종합적으로 고려하여 판단하여야 한다.

다만, 사무관리 제도는 사회생활에서의 상호부조의 이상에 터잡은 것으로서, 사무관리가 성립하기 위해서는 우선 그 사무가 타인의 사무이고 타인을 위하여 사무를 처리하는 의사, 즉 관리의 사실상의 이익을 타인에게 귀속시키려는 의사가 있어야 함은 물론 그 사무의 처리가 본인에게 불리하거나 본인의 의사에 반한다는 것이 명백하지 아니할 것을 요하는바, 특히 관리자가 본인의 사무를 관리하게 된 주된 의도나 목적이 사무관리에 따른 보수를 지급받아 자신의 경제적 이익을 추구하고자 하는 데 있는 것으로 볼 수 있는 경우에는, 위와 같은 경제적 이익의 추구라고 하는 동기 때문에 관리자가 타인의 생활관계에 지나치게 개입함으로써 사적 자치의 원칙을 훼손시키고 오히려 사회적 상호부조의 이상에도 반할 우려가 있으므로, 이러한 경우 관리자에게 사무관리에 따른 비용청구권이 있는지를 판단함에 있어서는 그 사무의 처리가 본인의 이익과 의사에 부합하는지 여부 등 사무관리 성립요건의 충족 여부에 관하여 보다 엄격하고도 신중한 판단이 이루어져야 한다.

4. 사무관리의 효과 – 관리자의 손해배상책임

> [사안] 김이 경영하는 X레스토랑 부근의 Y레스토랑에서 주방장으로 일하던 박은 X레스토랑에 들렀다가 마침 손님이 들어와서 식사가 되느냐고 묻자 으레 식사를 주문할 것으로 알고 주방에 들어가 기름용기 등이 올려져 있는 가스레인지에 불을 켜 놓았다가, 손님이 식사를 주문하지 아니하고 음료수만을 주문하여 가스레인지의 불이 불필요하게 되었음에도 가스레인지의 불을 끄지 아니하고 줄여만 놓은 채 X레스토랑을 나가는 바람에 가스레인지 위의 기름용기가 과열되어 기름이 용기 밖으로 넘치면서 화재가 발생하여 주방 및 실내 일부와 가전제품 등이 소훼되어 약 900만 원 상당의 피해를 입게 되었다. 이에 김은 박에게 자신의 사무관리자로서 이로 인하여 발생한 손해에 대하여 배상을 청구한다. (대법원 1995.9.29. 선고 94다13008 판결)

[해결] 박이 김을 대신하여 손님이 주문할 음식의 조리를 위한 준비로 가스레인지를 점화하여 김의 사무를 개시한 이상 가스레인지의 사용이 필요없게 된 경우 스스로 가스레인지의 불을 끄거나 X레스토랑의 종업원으로 하여금 그 불을 끄도록 조치하는 등 김에게 가장 이익되는 방법으로 이를 관리하여야 함에도 이를 위반하였으므로 박은 사무관리자로서 이로 인하여 발생한 손해에 대하여 본인인 김이 입은 손해를 배상할 책임이 있다.

제10강 부당이득(1) - 요건과 효과

급부부당이득반환에서 증명책임 /건물공용부분의 무단점유와 침해부당이득의 성립 / 현존이익의 반환으로서 채권의 양도 /제한능력자의 행위의 취소시 현존이익의 반환 / 수익자의 선의·악의와 반환범위 /부당이득 반환시 운용이익의 반환 여부/ 민법 제748조 제2항과 민법 제201조 제2항의 관계/ 제3자에 대한 부당이득반환청구여부

■ 부당이득의 요건과 효과에 관한 판례들이다. 급부부당이득과 침해부당이득을 구별한 판결, 건물공용부분의 무단점유에 대해 침해부당이득을 인정한 전원합의체 판결을 본다. 효과로서는 현존이익의 의미와 범위의 문제가 중심에 온다. 채권의 양도가 현존이익이 되는 경우, 선의·악의의 판단기준 등의 문제를 본다. 나아가 운용이익의 반환문제, 물권법상 점유회복에 관한 조항과의 문제, 이른바 전용물소권이라고도 불리는 제3자에 대한 부당이득반환청구 등의 심화된 주제에 대한 판결도 소개한다.

1. 급부부당이득반환에서 증명책임

[사안] 김은 박에게 7천만원을 송금하였고 이를 대여금이라며 반환을 청구하나 박은 기존의 거래관계에서 발생한 채무의 이행이라고 한다. 이에 송금액이 대여금이라는 것을 입증하지 못한 김은 박이 받은 금전이 부당이득에 해당한다며 그 반환을 구한다. 그러나 박은 자신이 받은 금액이 부당이득이라는 점에 관하여서도 김이 입증하여야 한다고 반박한다. (대법원 2018.1.24. 선고 2017다37324 판결)

[해결] 당사자 일방이 자신의 의사에 따라 일정한 급부를 한 다음 그 급부가 법률상 원인 없음을 이유로 반환을 청구하는 이른바 급부부당이득의 경우에는 법률상 원인이 없다는 점에 대한 증명책임은 부당이득반환을 주장하는 사람에게 있다. 이 경우 부당이득의 반환을 구하는 자는 급부행위의 원인이 된 사실의 존재와 함께 그 사유

가 무효, 취소, 해제 등으로 소멸되어 법률상 원인이 없게 되었음을 주장·증명하여야 하고, 급부행위의 원인이 될 만한 사유가 처음부터 없었음을 이유로 하는 이른바 착오 송금과 같은 경우에는 착오로 송금하였다는 점 등을 주장·증명하여야 한다. 이는 타인의 재산권 등을 침해하여 이익을 얻었음을 이유로 부당이득반환을 구하는 이른바 침해부당이득의 경우에는 부당이득반환 청구의 상대방이 그 이익을 보유할 정당한 권원이 있다는 점을 증명할 책임이 있는 것과 구별된다.

2. 건물공용부분의 무단점유와 침해부당이득의 성립

> [사안] 지하 4층, 지상 9층에 18개의 점포로 구성되어 있는 X집합건물 1층의 전유부분인 상가 101호, 102호를 매수하여 골프연습장을 운영하고 있는 김은 건물 1층의 복도와 로비에 골프연습장의 부대시설로 퍼팅연습시설 등 시설물을 설치하여 내부공간처럼 사용하고 있다. X건물의 관리단은 김에게 공용부분인 복도와 로비를 전유부분처럼 이용하는 것이 관리단규약에 위배된다는 이유로 그 이용을 중단하도록 요구하고 아울러 이는 구분소유자가 집합건물의 공용부분을 정당한 권원 없이 배타적으로 점유·사용한 경우이므로 민법 제741조에 따른 차임 상당액의 부당이득의 반환을 청구한다. 그러나 김은 자신이 이용한 부분이 별개의 용도로 사용하거나 임대할 수 있는 대상이 아니라며 부당이득의 성립을 부인한다. (대법원 2020.5.21. 선고 2017다220744 전원합의체 판결)

[해결] 구분소유자 중 일부가 정당한 권원 없이 집합건물의 복도, 계단 등과 같은 공용부분을 배타적으로 점유·사용함으로써 이익을 얻고, 그로 인하여 다른 구분소유자들이 해당 공용부분을 사용할 수 없게 되었다면, 공용부분을 무단점유한 구분소유자는 해당 공용부분을 점유·사용함으로써 얻은 이익을 부당이득으로 반환할 의무가 있다. 해당 공용부분이 구조상 이를 별개 용도로 사용하거나 다른 목적으로 임대할 수 있는 대상이 아니더라도, 무단점유로 인하여 다른 구분소유자들이 해당 공용부분을 사용·수익할 권리가 침해되었고 이는 그 자체로 민법 제741조에서 정한 손해로 볼 수 있다. 그리고 부동산의 무단점유·사용에 대하여 차임 상당액을 부당이득으로 반환해야 한다고 보는 이유는 해당 부동산의 점유·사용으로 인한 이익을 객관적으로 평가할 때 그 부동산 사용에 관한 권리가 당사자 간의 합의로 설정된다고 가정하였을 경우 약정되었을 대가로 산정하는 것이 합리적이기 때문이지, 해당 부동산이 임대 가능한 부동산일 것을 요건으로 하기 때문이 아니다. 즉 '차임 상당액'은 부동산의 무단점유·사용으로 얻은 부당이득을 금전적으로 평가하는 데 필요한 기준일 뿐이다. (이 경우 부당이득이 성립하지 않는다고 판시한 종래의 대법원 판결들

을 모두 변경함)

3. 현존이익의 반환으로서 채권의 양도

> **[사안]** 김은 박에게 은행으로부터 대출을 받아야 하는데 자기 명의로는 불가능하니 대신 주채무자가 되어 줄 것을 요청하였고 박은 이를 승낙하였다. 이에 A은행의 지점장인 최의 공모아래 박이 주채무자로서 A은행부터 금 1억원을 대출받았고, 대출 즉시 박과 최와 김 사이에 사전합의된 내용에 따라 대출금 1억원이 입금된 박 명의의 예금통장과 도장을 김에게 제공하여 김이 그 돈 전액을 인출하여 사용하였다. 그 후 김이 운영하는 회사가 부도가 나고 원리금상환을 하지 못하게 되자, A은행은 박과의 대출계약을 사기를 이유로 취소하고, 박에게 현존이익의 반환으로서 대출금 1억원의 반환을 구한다. (대법원 2003.12.12. 선고 2001다37002 판결)

[해결] 금전소비대차계약에 의하여 금원을 대여받은 상대방은 그 대여당시 그 계약이 유효한 줄 믿고 금원을 교부받은 이상, 그 계약이 착오 또는 기망의 의사표시로서 취소됨으로 무효로 돌아간 경우 민법 제748조 제1항 소정의 선의의 수익자에 해당하므로 그 받은 이익이 현존한 한도에서 이를 반환할 책임이 있다. 한편, 법률상 원인 없이 타인의 재산 또는 노무로 인하여 이익을 얻고 이로 인하여 타인에게 손해를 가한 경우 그 취득한 것이 금전상의 이득인 때에는 그 금전은 이를 취득한 자가 소비하였는가의 여부를 불문하고 현존하는 것으로 추정된다 할 것이지만, 사안에서는 대출 즉시 박이 김에게 금전을 넘겼으므로 이러한 추정은 깨어졌다 할 것이므로, 결국 박이 김에게 가지는 대출금 상당의 반환채권(대여금채권) 자체 또는 그 평가액이 그 현존이익이 된다 할 것이다. 그렇다면 김의 자력에 비추어 대여금의 변제가능성이 지극히 불투명하므로 박에게 곧 그 대여금 1억 원 상당의 이익이 현존한다고 볼 수는 없어 그 대여금 1억원이 현존이익임을 전제로 하여 원리금의 지급을 구할 수는 없다. A은행은 박의 김에 대한 대여금채권의 평가액을 입증하든가, 박에 대하여 김에 대한 대여금채권의 양도를 구할 수 있을 것이다.

> **[유제]** 총칙편 제3강 2. 의사무능력자의 법률행위와 부당이득의 반환에 관한 사안 참조

4. 수익자의 선의·악의와 반환범위

[사안] X부동산에 관한 제1순위 근저당권자인 김은 당초 청구금액을 2천만원으로 하여 경매를 신청하였다가, 청구금액을 2억원으로 확장하였다. 경매절차에서 집행법원은 2005.10.14. X부동산의 매각대금 및 이자에서 집행비용을 공제한 6천만원 전액을 김에게 배당하였다. 박은 X부동산의 소유자인 최에 대한 약속어음금 채권자로서 그 채권을 담보하기 위하여 X부동산에 제2순위 근저당권을 설정하였다. 그런데 경매시 신청채권자의 청구금액은 그 기재된 채권액을 한도로 확정되는 것이므로 김이 경매절차에서 배당받을 수 있는 금액은 2천만원을 한도로 확정되었다며, 박은 김에게 2천만원을 초과한 부분 중 박이 배당받았어야 할 금액 3천만원에 관한 이익이 현존하는 것으로 보아 이를 부당이득으로 반환하여야 하며, 아울러 동 금액에 대하여 배당기일 다음날부터 법정이자 및 지연손해금의 지급을 구하는 소를 2006.9.14. 제기하여 승소하였다. (대법원 2008.6.26. 선고 2008다19966 판결)

[해결] 배당을 받아야 할 자가 배당을 받지 못하고 배당을 받지 못할 자가 배당을 받은 경우에는 배당을 받지 못한 채권자는 배당받은 자에 대하여 부당이득반환을 청구할 수 있다. 그리고 법률상 원인 없이 타인의 재산 또는 노무로 인하여 이익을 얻고 그로 인하여 타인에게 손해를 가한 경우, 그 취득한 것이 금전상의 이득인 때에는 이를 취득한 자가 소비하였는지 아닌지를 불문하고 그 이득은 현존하는 것으로 추정된다. 사안에서 김이 2천만원을 초과하여 배당받은 금액에 관한 이익은 현존하는 것이 되고 김이 부당이득으로 반환하여야 할 금액은 초과배당액 중 박이 배당받았어야 할 3천만원이 된다. 다만, 김은 선의의 수익자에 해당하므로, 박이 제기한 소송에서 김이 패소함으로써 악의의 수익자로 간주되는 박의 소 제기일 이전에는 금 3천만원에 대한 법정이자를 반환할 의무가 없다.

5. 부당이득 반환시 운용이익의 반환 여부

[사안] 김은 A종중 소유의 X토지를 종중의 대표자인 박으로부터 매수하는 계약을 체결하고 매매대금으로 7억5천만원을 지급하였다. 그런데 동 매매계약은 대표자 박이 적법한 종중총회의 결의를 거치지 않고 한 것이어서 결국 매매계약이 무효가 되었다. 이에 김은 매매대금 및 이에서 발생한 정기예금이자 중 박이 반환하지 않고 인출·사용한 4천만원을 부당이득으로서 반환할 것을 청구한다. 그러나 박은 매매대금을 초과하는 금액은 수익자인 박의 행위가 개입되지 아니하였더라도 부당이득된

> 재산인 매매대금으로부터 손실자인 김이 당연히 취득하였으리라고 생각되는 범위 내의 것이라고 볼 수 없어 반환해야 할 이득의 범위에 속하지 않고, 김이 동 매매계약을 체결하지 아니하였더라도 위 매매대금을 다른 용도로 지출하지 아니한 채 반드시 정기예금이자 이상의 수익이 확실하게 보장되는 예금 등의 상품에 투자하여 관리하였을 것이라고 볼 수 없어 정기예금이자 상당액이 김의 손해라고 볼 수도 없다고 항변한다. (대법원 2008.1.18. 선고 2005다34711 판결)

[해결] 부당이득반환의 경우, 수익자가 반환해야 할 이득의 범위는 손실자가 입은 손해의 범위에 한정되고, 여기서 손실자의 손해는 사회통념상 손실자가 당해 재산으로부터 통상 수익할 수 있을 것으로 예상되는 이익 상당이라 할 것이며, 부당이득한 재산에 수익자의 행위가 개입되어 얻어진 이른바 운용이익의 경우, 그것이 사회통념상 수익자의 행위가 개입되지 아니하였더라도 부당이득된 재산으로부터 손실자가 통상 취득하였으리라고 생각되는 범위 내에서는 반환해야 할 이득의 범위에 포함된다. 사안에서 금전을 정기예금에 예치함에는 예치자의 특별한 노력이나 비용, 수완 등을 필요로 하지 않고, 실제로 박도 역시 별다른 노력이나 비용 등을 들이지 않고 매매대금을 정기예금에 예치하여 그 이자를 수령하였으며, 위 매매대금과 같은 거액의 금전을 장기간 예금하는 경우에는 보통예금보다는 정기예금에 예치하는 것이 일반적이라고 볼 수 있으므로, 위 정기예금이자 상당액은 사회통념상 박의 행위가 개입되지 아니하였더라도 매매대금으로부터 김이 통상 취득하였으리라고 생각되는 범위 내의 이익으로 볼 수 있어, 박이 반환해야 할 이득의 범위에 포함되는 것으로 보아야 한다.

6. 민법 제748조 제2항과 민법 제201조 제2항의 관계

> **[사안]** 김은 한국전력이 아무런 권원 없이 김 소유 토지의 상공에 송전선을 설치하여 소유함으로써 일정 면적에 해당하는 부분을 사용·수익하였으니 그 구분지상권에 상응하는 임료 상당액을 반환할 의무가 있다고 주장하고, 나아가 이에 대하여 점유일 이후 소장부본 송달일까지의 법정이자 및 그 이자에 대한 지연손해금을 구한다. 그러나 한국전력은, 민법 제201조 제2항이 민법 제748조 제2항에 우선하여 적용되므로 악의의 점유자는 수취한 과실만을 반환하면 족하고 여기에 이자를 가산하여 지급할 필요가 없다고 항변한다. (대법원 2003. 11. 14. 선고 2001다61869 판결)

[해결] 타인 소유물을 권원 없이 점유함으로써 얻은 사용이익을 반환하는 경우 민법은 선의 점유자를 보호하기 위하여 제201조 제1항을 두어 선의 점유자에게 과실수취권을 인정함에 대하여, 이러한 보호의 필요성이 없는 악의 점유자에 관하여는 민법 제201조 제2항을 두어 과실수취권이 인정되지 않는다는 취지를 규정하는 것으로 해석되는바, 따라서 악의 수익자가 반환하여야 할 범위는 민법 제748조 제2항에 따라 정하여지는 결과 그는 받은 이익에 이자를 붙여 반환하여야 한다. 즉, 악의 점유자는 과실을 반환하여야 한다고만 규정한 민법 제201조 제2항이, 민법 제748조 제2항에 의한 악의 수익자의 이자지급의무까지 배제하는 취지는 아니기 때문에, 악의 수익자의 부당이득금 반환범위에 있어서 민법 제201조 제2항이 민법 제748조 제2항의 특칙이라거나 우선적으로 적용되는 관계를 이루는 것은 아니다. 그리고 이 조문에서 규정하는 이자는 당해 침해행위가 없었더라면 김이 임료로부터 통상 얻었을 법정이자상당액을 말하는 것이므로 악의 수익자는 위 이자의 이행지체로 인한 지연손해금도 지급하여야 한다.

7. 제3자에 대한 부당이득반환청구여부

> [사안] A회사의 화물차량 운전기사인 김은 A사 소유 화물차량을 운전하면서 A사의 지정 주유소가 아닌 박이 경영하는 주유소에서 대금을 지급할 의사나 능력이 없음에도 불구하고 박으로부터 경유 합계 17,963ℓ 시가 29,812,000원 상당을 공급받아 편취한 뒤 이를 A사의 화물운송사업에 사용하였다. 박은, A사는 법률상 원인 없이 위 유류대금 상당의 이익을 얻고 그로 말미암아 자신은 동액 상당의 손해를 입었으므로 이를 부당이득으로서 반환할 것을 청구한다. (대법원 2010.6.24. 선고 2010다9269 판결)

[해결] 계약상 급부가 계약의 상대방뿐만 아니라 제3자의 이익으로 된 경우에 급부를 한 계약당사자가 계약 상대방에 대하여 계약상의 반대급부를 청구할 수 있는 이외에 그 제3자에 대하여 직접 부당이득반환청구를 할 수 있다고 보면, 자기 책임하에 체결된 계약에 따른 위험부담을 제3자에게 전가시키는 것이 되어 계약법의 기본원리에 반하는 결과를 초래할 뿐만 아니라, 채권자인 계약당사자가 채무자인 계약 상대방의 일반채권자에 비하여 우대받는 결과가 되어 일반채권자의 이익을 해치게 되고, 수익자인 제3자가 계약 상대방에 대하여 가지는 항변권 등을 침해하게 되어 부당하므로, 위와 같은 경우 계약상 급부를 한 계약당사자는 이익의 귀속 주체인 제3자에 대하여 직접 부당이득반환을 청구할 수는 없다고 보아야 한다. 사안에서 김에게 경유를 공급한 박으로서는 비록 위 경유가 A사의 화물운송사업에 사용됨으로써 A사에게 이익이 되었다 하더라도 계약당사자가 아닌 A사에

대하여 직접 부당이득반환을 청구할 수는 없다.

> **[유제]** A 주식회사가 아파트 신축공사를 시행하여 완공한 후 B 주식회사를 아파트 주택관리업자로 선정하여 관리용역 계약을 체결하였고, B 회사는 직원 김을 아파트 관리소장으로 선임하였는데, 김이 입주자대표회의가 구성되지 않은 상태에서 아파트에 관한 화재보험 가입을 위한 자금을 A 회사에게서 차용하면서 아파트 입주율이 50% 이상이 되면 운영하는 관리비에서 이를 상환하기로 하는 내용의 확약서 및 차용증서를 작성하여 주었다. 후에 A사는 입주자대표회의를 상대로 김에 대한 차용금 상당액을 부당이득으로 반환청구한다. (대법원 2011.11.10. 선고 2011다48568 판결)

[해결] 김에게 아파트 화재보험료 납입자금 명목으로 돈을 대여한 A 회사로서는, 비록 그 돈이 김에 의하여 아파트 화재보험료 납입에 사용됨으로써 아파트 입주자대표회의가 동액 상당의 이득을 얻게 되었다고 하더라도, 단지 자신의 대여금이 화재보험료 납입에 사용되었다는 사정만으로 입주자대표회의에 직접 부당이득반환을 청구할 수는 없다.

제11강 부당이득(2) - 비채(非債)변제

악의의 비채변제 여부 /자유로운 의사에 반한 악의의 비채변제 /기한 전의 변제 여부 /도의관념에 적합한 비채변제 여부 /타인의 채무의 변제와 구상권의 행사

■ 부당이득에서 비채변제에 관한, 즉 제742조 - 제745조에 관련된 판결들이다.

1. 악의의 비채변제 여부

[사안] 김은 1977.4.15. 징역 1년에 집행유예 3년의 형을 선고받고 확정된 후 1981. 1.1. 서울시의 청원경찰로 임용되어 근무하던 중 2002.6.8. 퇴직하게 되었는데, 서울시는, 김의 임용행위는 집행유예기간의 만료일로부터 2년이 경과하기 전에 이루어진 것이므로 국가공무원법에 위배되어 당연무효라 할 것이어서 김은 적법한 공무원신분을 취득하지 못한다며 퇴직급의 지급을 거부한다. 이에 김은 자신의 임용시부터 퇴직시까지의 근로는 법률상 원인 없이 제공된 부당이득으로 서울시는 이를 반환하여야 할 것이며 따라서 김의 총 재직기간 및 퇴직 직전 3개월의 급여액을 기준으로 근로기준법의 규정에 따라 산출한 최저퇴직금 상당액 62,994,000원을 김의 근로에 대한 부당이득으로서 반환할 것을 청구한다. 그러나 서울시는 김의 노무제공행위가 민법 제742조 소정의 악의의 비채변제에 해당하여 그로 인한 부당이득의 반환을 구할 수 없다고 항변한다. (대법원 2004.7.22. 선고 2004다10350 판결)

[해결] 김이 공무원임용계약이 법률상 당연무효로 되어 그 노무제공의무가 발생하지 아니함을 알고서도 노무를 제공하였다고까지는 인정되지 아니한다면 이를 제742조의 악의의 비채변제라고 보기는 어렵고, 서울시는 제741조에 따라 퇴직금 상당액을 부당이득으로서 반환하여야 한다.

2. 자유로운 의사에 반한 악의의 비채변제

[사안] 김은 A사에 회원으로 가입하여 서비스를 받았으나 약정과 다른 내용의 서비스가 제공되자, 할부거래법 상의 항변권을 행사하면서도 계속하여 A사는 자동이체방식으로 김의 계좌에서 할부금을 이체해갔다. 김은 할부금 지급을 거절하면 신용불량자로 등록될 것이 염려되었고, 항변권행사의 효력 여부에 대한 판단이 불투명한 상태에서 할부금에 대한 고율의 지연이자가 발생할 것을 우려하여 할부금납부 중단조치를 하지 아니하였다. 후에 김이 항변권 행사 이후 납부한 할부금을 부당이득으로 반환할 것을 청구하자, A사는 김이 할부거래법상의 항변권행사를 포기하였거나 그렇지 않다고 하더라도 이는 민법 제742조에서 정한 비채변제에 해당하여 유효하다고 항변한다. (대법원 2006.7.28. 선고 2004다54633 판결)

[해결] 김이 항변권 행사 이후에도 계속적으로 할부금을 입금한 것만으로는 이로써 김이 항변권 행사를 포기하였다고 보기 어려울 뿐더러, 채무 없는 자가 착오로 인하여 변제한 것이 아니라면 비채변제는 지급자가 채무 없음을 알면서도 임의로 지급한 경우에만 성립하고 채무 없음을 알고 있었다 하더라도 변제를 강요당한 경우나 변제거절로 인한 사실상의 손해를 피하기 위하여 부득이 변제하게 된 경우 등 그 변제가 자기의 자유로운 의사에 반하여 이루어진 것으로 볼 수 있는 사정이 있는 때에는 지급자가 그 반환청구권을 상실하지 않는다.

3. 기한 전의 변제 여부

[사안] A사와 B사는 사업을 양도·양수하면서 경영방침에 의한 일방적인 결정에 따라 A사의 근로자인 김은 A사의 퇴직과 B사의 재입사의 형식을 거치게 되었다. 후에 B사를 퇴직하는 김은 비록 A사로부터 퇴직금을 지급받았더라도 김에게 근로관계를 단절할 의사가 없어 계속근로관계는 단절되지 않는 것이어서, B사는 김에게 근속기간을 포함한 근속연수에 상응하는 퇴직금에서 이미 지급된 퇴직금을 공제한 나머지를 지급할 의무가 있다고 주장한다. 그러나 B사는 김이 이미 A사로부터 지급받은 퇴직금에 대한 지급일 다음날부터 최종퇴직시까지의 연 5푼의 비율에 의한 법정이자 상당액은 민법 제743조에 따라 부당이득으로서 공제되어야 한다고 항변한다. (대법원 2005.2.25. 선고 2004다34790 판결)

[해결] 민법 제743조 단서의 '착오로 인하여'라 함은 변제기 전임을 알지 못하였음을 의미하므로 변제기가 도래하였다고 오신하고서 변제한 경우에 한하고 변제기 전임을 알면서 변제한 자는 기한의 이익을 포기한 것으로 볼 것이다. 사안에서 영업을 양도하면서 사용자가 근로자에 대하여 중간퇴직처리를 하면서 퇴직금을 지급하였으나 그 퇴직처리가 무효로 된 경우 이는 착오로 인하여 변제기에 있지 아니한 채무를 변제한 경우에 해당한다고 할 수 없으므로, 이미 지급한 퇴직금에 대한 지급일 다음날부터 최종퇴직시까지의 법정이자 상당액은 부당이득에 해당하지 않는다.

4. 도의관념에 적합한 비채변제 여부

> [사안] A은행은 B보증사의 신용보증서를 담보로 하여 농업경영개선자금을 대출하면서, 채무자들에 대한 신용조사 등의 업무를 처리함에 있어 지침이 되는 업무처리지침 및 경영평가기준의 규정을 위반하여 규정상 대출부적격자들에 대하여도 B사의 신용보증 하에 대출을 실행하였다. 이러한 규정위반행위는 A은행과 B사 사이의 업무위탁계약서에 정한 보증인 면책사유에 해당하는 것이었다. 그 후 채무자들의 대출금채무 연체에 따른 보증사고가 발생하여 보증인인 B사가 A은행의 요구에 따라 이를 대위변제하였는데, 그 후 보증인 면책사유에 해당하는 A은행의 규정위반의 부당대출행위가 조사결과 밝혀지자 이에 B사는 A은행에 대위변제금 상당의 부당이득의 반환을 구한다. 그러나 A은행은, 동 대출이 B사의 대출실행 독려로 이루어진 점, 업무처리지침이 해석상 불분명한 점 등을 내세우며 민법 제744조가 정하는 도의관념에 적합한 비채변제에 해당한다는 이유로, B사의 청구를 배척한다. (대법원 2008.10.9. 선고 2007다67654 판결)

[해결] 민법 제744조가 정하는 도의관념에 적합한 비채변제에 있어서 그 변제가 도의관념에 적합한 것인지 여부는, 객관적인 관점에서 그 비채변제의 급부가 수령자에게 그대로 보유되는 것이 일반인의 법감정에 부합하는 것으로서, 그 대상인 착오에 의한 비채변제가 강행법규에 위반한 무효의 약정 또는 상대방의 고의·중과실의 위법행위에 기하여 이루어진 것인 경우에는 그러한 변제행위를 도의관념에 적합한 비채변제라고 속단하여서는 안 될 것이다. 사안에서 A은행이 전문 금융기관의 지위에서 고의 혹은 중과실에 가까운 명백한 규정위반의 부당대출행위를 하고 그 때문에 면책되는 보증채무 상당액을 그 정을 알지 못하는 B사로부터 수령한 것이 도의관념에 적합한 변제라고 보기에 합당한 근거가 될 수는 없다.

5. 타인의 채무의 변제와 구상권의 행사

> [사안] A보험사의 피보험차량에 의한 사고로 사망한 김의 유족은 A보험사에 보험금을 청구하였으나 A보험사가 면책주장을 하며 김의 유족들에게 보험금을 지급하지 아니하였고, 피해자들의 차량의 보험자인 B보험사는 피해자들에게 자배법에 따른 보상금지급의무가 없음에도, 피해자들로부터 보상금을 청구받고 자신에게 자배법상 보상금지급의무가 있는 것으로 잘못 알고 피해자들에게 보상금을 지급하였다. 이로 인해 피해자의 유족들은 A사를 상대로 별도의 소를 제기하지 아니함으로써 결국 피해자들의 A사에 대한 보상금 상당액의 손해배상채권은 시효소멸하였다. 이에 B사는 A사에 구상권을 행사한다. (대법원 2007.12.27. 선고 2007다54450 판결)

[해결] 채무자 아닌 자가 착오로 인하여 타인의 채무를 변제한 경우라도 채권자가 선의로 증서를 훼멸하거나 담보를 포기하거나 시효로 인하여 그 채권을 잃은 때에는, 변제자는 그 반환을 청구하지 못하고 그 대신 채무자에 대하여 구상권을 행사할 수 있는데(민법 제745조 제1, 2항), 사안에서 채무자 아닌 B사가 착오로 인하여 A사의 채무를 변제함으로써 채권자인 피해자들이 선의로 시효로 인하여 그 채권을 잃은 경우에 해당한다고 할 것이므로, B사로서는 채무자인 A사에 대하여 민법 제745조 제2항에 의하여 구상권을 행사할 수 있다.

제12강 부당이득(3) - 불법원인급여

불법원인의 의의 - 성매매의 사례 /요건으로서 급여의 의미 /강행규정 위반과 불법원인급여 /불법성 비교론의 적용 /불법원인급여와 불법행위의 관계 /불법원인급여물의 반환약정의 효력

■ 불법원인으로 이루어진 급여는 반환되지 않는다는 법리의 의미를 성매매의 사례가 잘 보여주지만 구체적으로는 많은 쟁점이 있다. 우선 급여 자체가 무엇인가도 쟁점이 될 수 있고 또 반환을 허용하지 않을 정도의 불법성의 판단기준이 무엇인가도 어렵다. 이 점을 강행규정위반의 사례나 불법성비교론의 사례가 잘 보여준다. 나아가 불법원인급여와 불법행위의 관계도 생각할 만한 쟁점을 제공하고 사후의 임의반환약정의 효력도 주목할 만하다.

1. 불법원인의 의의 - 성매매의 사례

[사안] 이른바 '티켓다방'을 운영하는 김은 박녀를 종업원으로 고용하면서 선불금을 대여하였는데, 후에 박녀가 계약기간을 지키지 아니하자 선불금의 반환을 청구한다. 그러나 박녀는 선불금반환채무와 여러 명목의 경제적 부담이 더해지는 불리한 고용조건 탓에 윤락행위를 선택하지 않을 수 없었고, 김은 이를 알았을 뿐 아니라 유인, 조장하는 위치에 있었다고 보이므로, 위 선불금은 자신의 윤락행위를 전제로 한 것이거나 그와 관련성이 있는 경제적 이익으로서 그 대여행위는 반사회질서의 법률행위라며 선불금의 반환을 거절한다. (대법원 2013.6.14. 선고 2011다65174 판결)

[해결] '성매매알선 등 행위의 처벌에 관한 법률' 제10조는 성매매알선 등 행위를 한 사람 또는 성을 파는 행위를 할 사람을 고용한 사람이 그 행위와 관련하여 성을 파는 행위를 하였거나 할 사람에게 가지는 채권은 그 계약의 형식이나 명목에 관계없이 무효로 한다고

규정하고 있고, 부당이득의 반환청구가 금지되는 사유로 민법 제746조가 규정하는 불법원인급여는 그 원인이 되는 행위가 선량한 풍속 기타 사회질서에 반하는 경우를 말하는바, 윤락행위 및 그것을 유인·강요하는 행위는 선량한 풍속 기타 사회질서에 반하므로, 윤락행위를 할 사람을 고용하면서 성매매의 유인·권유·강요의 수단으로 이용되는 선불금 등 명목으로 제공한 금품이나 그 밖의 재산상 이익 등은 불법원인급여에 해당하여 그 반환을 청구할 수 없고, 나아가 성매매의 직접적 대가로서 제공한 경제적 이익뿐만 아니라 성매매를 전제하고 지급하였거나 성매매와 관련성이 있는 경제적 이익이면 모두 불법원인급여에 해당하여 반환을 청구할 수 없다고 보아야 한다. (민법총칙편 제4강 4.의 사안 및 유제 참조)

2. 요건으로서 급여의 의미

> [사안] 김은 친구들과 도박을 하던 중 그 도박장에서 장소료를 징수하거나 고리로 돈을 빌려주던 박으로부터 도박자금으로 3억원을 차용하고 그 차용금채무의 담보를 위하여 자기 소유의 부동산에 박을 근저당권자로 한 채권최고액 4억원의 근저당설정등기를 하였다. 후에 김은 위 저당권설정등기가 무효라며 그 등기의 말소를 구한다. (대법원 1995.8.11. 선고 94다54108 판결)

[해결] 김과 박 사이에 도박자금을 대여하고 또한 그 차용금의 담보를 위하여 근저당권을 설정한 행위는 모두 반사회질서의 법률행위로서 무효이다. 그러나 민법 제746조에서 불법의 원인으로 인하여 급여함으로써 그 반환을 청구하지 못하는 이익은 종국적인 것을 말하고, 도박자금으로 금원을 대여함으로 인하여 발생한 채권을 담보하기 위한 근저당권설정등기가 경료되었을 뿐인 경우와 같이 수령자가 그 이익을 향수하려면 경매신청을 하는 등 별도의 조치를 취하여야 하는 것은 이에 해당하지 않는다. 따라서 김은 무효인 근저당권설정등기의 말소를 구할 수 있다.

> [유제] 김은 도박장에서 도박자금으로 박으로부터 금 400만원을 차용하고 그 채무를 담보하기 위하여 그해 자기 소유의 X부동산에 근저당권설정등기와 소유권이전청구권보전의 가등기를 경료하였다가 후에 같은 채무담보의 목적으로 박 앞으로 소유권이전등기를 경료하였다. 김은 이 경우의 법률관계는 당사자 간에 환가처분과 정산을 필요로 하는 약한 의미의 양도담보라고 하여야 할 것인데 재산의 급부가 종국적인 것이 아니고 종속적인 것이어서 그 급부의 본래의 목적을 달성하려면 환가처분 등

> 담보권실행이나 정산금의 지급 등 다시 수령자쪽의 법률적 주장을 기다려야 하는 담보권설정 등은 위 민법 제746조에서 말하는 급부는 아니므로 부당이득의 본칙에 돌아가 그 반환청구가 인정되어야 하고 반환의 방법으로 박은 김에게 X부동산의 말소등기절차를 이행할 의무가 있다고 주장한다. (대법원 1989.9.29. 선고 89다카5994 판결)

[해설] 민법 제746조가 불법의 원인으로 인하여 재산을 급여한 때에는 그 이익의 반환을 청구하지 못한다고 규정한 취의는 민법 제103조의 규정과 함께 사법의 기본이념으로서 사회적 타당성이 없는 행위를 한 사람은 그 형식여하를 불문하고 스스로 한 불법행위의 무효를 주장하여 그 복구를 소구할 수 없다는 법의 이상을 표현한 것이라 할 것이고 부당이득반환청구만을 제한하는 규정이 아니라 할 것이다. 그러므로 불법의 원인으로 급여를 한 사람이 그 원인행위가 무효라고 주장하고 그 결과 급여물의 소유권이 자기에게 있다는 주장으로 소유권에 기한 반환청구를 하는 것도 허용할 수 없다함이 대법원의 판례이다 (1979.11.13. 선고 79다483 전원합의체 판결). 따라서 사안의 경우에도 김이 도박채무가 불법무효로 존재하지 아니한다는 주장으로 양도담보의 의미로 이전하여준 소유권이전등기의 말소를 청구하는 것은 민법 제746조의 적용에 의하여 허용되지 아니한다.

3. 강행규정 위반과 불법원인급여

> [사안] 김은 박에게 2011.4.부터 2012.4.까지 1년간 X부동산을 임대하였고, 박은 김에게 그 1년치 차임 450만 원을 선불로 지급하였는데, 임대차기간이 종료된 이후 2013.3.까지 박이 X부동산을 점유하였다. 김은 임대차기간 종료 이후 박이 X부동산을 점유한 것은 정당한 권원이 없는 불법점유에 해당한다고 하여 임료 상당 손해의 배상을 구하였다. 이에 대하여 박은 X부동산은 농지법상 농지에 해당하므로 임대차계약은 무효라는 이유로 이미 임료로 지급한 450만 원 상당의 부당이득반환을 구하였다. 김은 임대차계약이 무효라면 약정 임대차기간 동안 박은 X부동산을 권원 없이 점유·사용한 것이므로 그로 인한 임료 상당 손해를 배상할 의무가 있으므로 그 손해배상채권을 자동채권으로 하여 박이 주장하는 위 부당이득반환채권과 상계한다고 항변한다. 그러나 박은 김의 농지법 위반의 임대는 불법원인급여에 해당한다며 상계항변을 배척한다. (대법원 2017.3.15. 선고 2013다79887 판결)

[해결] 경자유전의 원칙을 천명한 헌법규정(제121조 제1항)과 원칙적으로 농지임대를 금지한 농지법 규정 등을 종합해보면, 이러한 입법 취지를 달성하기 위해서는 위반행위에 대하여 형사 처벌을 하는 것과 별도로 농지임대차계약의 효력 자체를 부정하여 그 계약 내용에 따른 경제적 이익을 실현하지는 못하도록 함이 상당하므로, 농지의 임대를 금지한 농지법 제23조의 규정은 강행규정으로 보아야 한다. 따라서 농지법 제23조가 규정한 예외사유에 해당하지 아니함에도 불구하고 이를 위반하여 농지를 임대하기로 한 사안의 임대차계약은 무효라고 할 것이다. 한편 민법 제746조에서 말하는 '불법'이 있다고 하려면, 급부의 원인이 된 행위가 그 내용이나 성격 또는 목적이나 연유 등으로 볼 때 선량한 풍속 기타 사회질서에 위반될 뿐 아니라 반사회성·반윤리성·반도덕성이 현저하거나, 급부가 강행법규를 위반하여 이루어졌지만 이를 반환하게 하는 것이 오히려 규범 목적에 부합하지 아니하는 경우 등에 해당하여야 한다. 그런데 구 농지법의 적용 대상인 농지의 임대차는, 그 대상이 농지라는 특수성이 있지만, 목적물을 사용·수익하게 하고 차임을 지급받기로 하는 약정이라는 점에서는 일반적인 부동산 임대차와 본질적인 차이가 없다. 따라서 그 계약 내용이나 성격 자체로 반윤리성·반도덕성·반사회성이 현저하다고 단정할 수는 없다. 그리하여 농지임대차 계약을 근거로 하여 약정 차임을 청구하는 등 계약 내용의 적극적 실현을 구하는 것은 허용될 수 없다고 할 것이나, 거기에서 더 나아가 임대차 계약기간 동안 임차인이 당해 농지를 사용·수익함으로써 얻은 토지사용료 상당의 점용이익에 대하여 임대인이 부당이득반환이나 손해배상을 청구하는 것마저 배척하여 임차인으로 하여금 사실상 무상사용을 하는 반사이익을 누릴 수 있도록 하여야만 구 농지법의 규범 목적이 달성된다고 볼 것은 아니다. 따라서 농지법의 이념에 정면으로 배치되어 반사회성이 현저하다고 볼 수 있는 특별한 사정이 있는 경우가 아니라면, 농지 임대인이 임대차기간 동안 임차인의 권원 없는 점용을 이유로 손해배상을 청구한 데 대하여 임차인이 불법원인급여의 법리를 이유로 그 반환을 거부할 수는 없다고 할 것이다.

[유제] 김이 보유하고 있는 양식어장에 관한 어업권을 박에게 임대하여 박이 양식어장을 운영하기로 하는 내용의 임대차계약이 체결되었다. 그 후 김이 임대차계약에 따라 박이 지급해야 할 차임 9,000만 원의 지급을 청구하자, 박은 동 임대차계약은 어업권의 임대차를 금지하는 효력규정인 구 수산업법 제33조에 위반되어 무효이고, 따라서 차임지급약정도 무효라며 이를 배척한다. 아울러 김이 어업권에 관한 임대차계약에 따라 임차인이 어장을 점유·사용함으로써 얻은 이익을 부당이득으로 반환할 것을 청구하자, 박은 이를 허용하는 것은 사실상 어업권에 대한 임대차를 사실상 허용하는 셈이 되고, 이는 곧 어업권의 임대차를 금지하는 구 수산업법의 근본취지를 몰각시키는 결과가 되어 부당하므로, 어업권을 임대한 어업권자는 그 임차

> 인이 어장을 점유·사용함으로써 얻은 이익을 부당이득으로 반환을 구할 수도 없다고 보아야 한다고 역시 이를 배척한다. (대법원 2010.12.9. 선고 2010다57626,57633 판결)

[해결] 불법의 원인이라 함은 그 원인되는 행위가 선량한 풍속 기타 사회질서에 위반하는 경우를 말하는 것으로서 법률의 금지에 위반하는 경우라 할지라도 그것이 선량한 풍속 기타 사회질서에 위반하지 않는 경우에는 이에 해당하지 않는다. 구 수산업법 제33조가 어업권의 임대차를 금지하고 있는 취지 등에 비추어 보면, 위 규정에 위반하는 행위가 무효라고 하더라도 그것이 선량한 풍속 기타 사회질서에 반하는 행위라고 볼 수는 없다. 따라서 어업권의 임대차를 내용으로 하는 임대차계약이 구 수산업법 제33조에 위반되어 무효라고 하더라도 그것이 부당이득의 반환이 배제되는 '불법의 원인'에 해당하는 것으로 볼 수는 없으므로, 김으로서는 임대차계약에 기해 박에게 한 급부로 인하여 박이 얻은 이익, 즉 박이 양식어장(어업권)을 점유·사용함으로써 얻은 이익을 부당이득으로 반환을 구할 수 있다.

4. 불법성 비교론의 적용

> [사안] 김은 1999.9. 박으로부터 차용기간 1년, 월 5%의 이율로 1억원을 빌렸고 매달 차용한 돈에 대하여 이자를 지급하였다. 차용기간 만료 후 박이 원금의 반환을 구하자, 김은 자신이 지급한 이자 중 정당한 이율 범위를 초과하는 부분은 부당이득으로서 김에게 반환되어야 하는 것이므로, 김은 반환원금에서 이를 상계하고 나머지만을 반환하겠다는 상계항변을 한다. 이에 대해 박은, 당사자 사이에 약정된 이율의 일부가 사회질서에 반하는 것으로서 일부 무효가 된다 하더라도 채무자가 그 이율에 따라 이자를 임의로 지급한 경우에는 이는 불법원인급여로 보아야 하므로 김은 그 반환을 구할 수 없다고 주장한다. (대법원 2007.2.15. 선고 2004다50426 전원합의체 판결)

[해결] 허용된 한도를 초과함으로써 선량한 풍속 기타 사회질서에 위반하여 무효인 부분의 이자 약정을 원인으로 차주가 대주에게 임의로 이자를 지급하는 것은 통상 불법의 원인으로 인한 재산 급여라고 볼 수 있을 것이나, 불법원인급여에 있어서도 그 불법원인이 수익자에게만 있는 경우이거나 수익자의 불법성이 급여자의 그것보다 현저히 커서 급여자의 반환청구를 허용하지 않는 것이 오히려 공평과 신의칙에 반하게 되는 경우에는 급여자의

반환청구가 허용된다고 해석되므로, 대주가 사회통념상 허용되는 한도를 초과하는 이율의 이자를 약정하여 지급받은 것은 그의 우월한 지위를 이용하여 부당한 이득을 얻고 차주에게는 과도한 반대급부 또는 기타의 부당한 부담을 지우는 것으로서 그 불법의 원인이 수익자인 대주에게만 있거나 또는 적어도 대주의 불법성이 차주의 불법성에 비하여 현저히 크다고 할 것이어서 차주는 그 이자의 반환을 청구할 수 있다고 봄이 상당하다.

(반대의견) 사회통념상 허용될 수 있는 한도를 초과하는 부분의 이자 약정이 일정한 요건하에 민법 제103조에 위반된 법률행위로서 무효로 평가될 수 있다 하더라도, 사회통념상 허용될 수 있는 한도란 약정 당시의 경제적·사회적 여건의 변화에 따라 유동적일 수밖에 없고 법률적인 평가나 가치판단이 개입되어야만 비로소 그 구체적인 범위를 확정할 수 있어 그 무효의 기준과 범위에 관하여 대주에게 예측가능성이 있다고 보기는 어려우며, 따라서 대주가 차주로부터 적정이율을 초과하는 이자를 지급받았다고 하더라도 대주가 명확하게 불법성을 인식했다고 평가하기는 어렵다. 적정이율을 초과하는 이자 약정이 민법 제103조에 위반되어 무효라고 보더라도 당사자 사이의 약정에 따라 이자가 지급된 이상 그 불법원인은 대주와 차주 쌍방 모두에게 있다고 볼 수밖에 없고, 일반적으로 차주가 대주보다 경제적으로 열악한 지위에 있다는 점을 감안하더라도 대주가 불법성을 명확하게 인식했다고 평가하기는 어렵다는 점에 비추어 보면, 일률적으로 대주의 불법성이 차주의 그것에 비해 현저히 크다고 단정할 수만은 없으며, 임의로 이자를 지급함으로써 이미 거래가 종료된 상황에서 다시 차주의 반환청구를 허용한다면 법적 안정성을 해칠 우려도 있으므로 결국 민법 제746조 본문에 따라 차주의 반환청구는 허용될 수 없다.

> **[유제]** A종중이 김에게 그 소유명의를 신탁하여 두었던 X토지를 박은 이 토지가 명의신탁된 토지임을 알면서도 김에게 권유하여 매매계약을 체결하고 매매대금을 지불하였다. 그러나 후에 실제소유자인 A종중으로부터 X토지를 추탈당하자 박은 김에게 매매대금의 반환을 구하였는데. 김은 위 매매대금의 지급이 불법원인급여임을 이유로 그 반환을 거절한다. (대법원 1993.12.10. 선고 93다12947 판결)

[해결] 민법 제746조 단서에서는 그 불법원인이 수익자에게만 있는 때에는 그러하지 아니하다고 규정하고 있으므로, 급여자에게 불법원인이 있는 경우에는 수익자에게 불법원인이 있는지의 여부나 그 수익자의 불법원인의 정도 내지 불법성이 급여자의 그것보다 큰지의 여부를 막론하고 급여자는 그 불법원인급여의 반환을 청구할 수 없는 것이 원칙이다. 그러나 수익자의 불법성이 급여자의 그것보다 현저히 크고, 그에 비하면 급여자의 불법성은 미약한 경우에도 급여자의 반환청구가 허용되지 않는다고 하는 것은 공평에 반하고 신의성실의 원칙에도 어긋난다고 할 것이므로, 이러한 경우에는 민법 제746조 본문의 적용이

배제되어 급여자의 반환청구는 허용된다고 해석함이 상당하다. 사안에서 김과 박 사이의 X토지에 관한 매매계약은 당사자들이 상호 공모하여 이루어진 것으로서 쌍방에 모두 불법성이 있었다고 할 것이나, 김은 박의 권유가 있다고 하더라도 이에 절대로 응하지 말았어야 할 것을 고려하면 김의 불법성은 명의신탁된 토지임을 알면서 명의수탁자인 김을 권유하여 매매계약을 체결한 박의 불법성보다 더욱 크다고 할 것이고, 따라서 급여자인 박보다 더 큰 불법을 저지른 김이 매매대금의 지급이 불법원인급여임을 이유로 그 반환을 거절하는 것은 신의칙에 위반되어 허용될 수 없다.

5. 불법원인급여와 불법행위의 관계

> **[사안]** 김은 기초자치단체의 의원으로서 관할 등기소에 청탁하여 A종중 임야의 등기명의인 표시가 경정되도록 하여 주겠다는 명목으로 A종중의 총무 박으로부터 1억원을 교부받았다. 후에 이를 안 A종중이 이를 부당이득으로 반환할 것을 청구하자 김은 박의 금전지급행위는 불법원인급여에 해당한다며 부당이득반환의무를 부인한다. 이에 A종중은 김이 고의 또는 과실로 박의 금전횡령행위에 관하여 박과 연대하여 공동불법행위책임을 지므로 위 금액 상당의 손해배상을 하여야 한다고 주장한다. (대법원 2013.8.22. 선고 2013다35412)

[해결] 불법의 원인으로 재산을 급여한 사람이 상대방의 불법행위를 이유로 그 재산의 급여로 말미암아 발생한 자신의 손해를 배상할 것을 주장할 수는 없다. 그와 같은 경우에 급여자의 손해배상청구를 인용한다면, 이는 급여자는 결국 자신이 행한 급부 자체 또는 그 경제적 동일물을 환수하는 것과 다름없는 결과가 되어, 민법 제746조에서 실정법적으로 구체화된 법이념에 반하게 된다. 즉 A종중은 김에 대하여 김의 불법행위를 이유로 1억원 상당의 손해를 배상할 것을 청구할 수 없다.

6. 불법원인급여물의 반환약정의 효력

> **[사안]** 정치인 김은 박으로부터 정치자금 명목으로 20억원을 받았는데, 후에 위법하게 수수한 정치자금이 문제될 수 있다는 점 등을 우려하여 이를 박에게 반환하기로 약정을 하였다. 박이 이에 기하여 반환을 청구하자 김은 다시 이러한 불법원인급여물의 반환약정 자체가 사회질서에 반하여 무효라며 반환을 거절한다. (대법원 2010.5.27. 선고 2009다12580 판결)

[해결] 불법원인급여 후 급부를 이행받은 자가 급부의 원인행위와 별도의 약정으로 급부 그 자체 또는 그에 갈음한 대가물의 반환을 특약하는 것은 불법원인급여를 한 자가 그 부당이득의 반환을 청구하는 경우와는 달리 그 반환약정 자체가 사회질서에 반하여 무효가 되지 않는 한 유효하다고 할 것이고, 여기서 반환약정 자체의 무효 여부는 반환약정 그 자체의 목적뿐만 아니라 당초의 불법원인급여가 이루어진 경위, 쌍방당사자의 불법성의 정도, 반환약정의 체결과정 등 민법 제103조 위반 여부를 판단하기 위한 제반 요소를 종합적으로 고려하여 결정하여야 하고, 한편 반환약정이 사회질서에 반하여 무효라는 점은 수익자가 이를 입증하여야 한다.

제13강 불법행위 일반

불법행위로 인한 손해배상의 산정 /불법행위로 인한 물건 훼손시 배상범위 /태아의 위자료청구권/ 미성년자의 불법행위에 대한 친권자의 책임 /친권자 및 대리감독자의 책임의 경합 /사용자책임의 요건 - 피해자의 중과실여부 /사용자의 구상권의 제한 / 명의대여자의 사용자책임 /공작물책임 /공동불법행위의 요건 /가해자 불명의 공동불법행위 /공동불법행위의 효과 /공동불법행위자간의 구상/ 부진정연대채무에서 다액채무자의 일부 변제시의 효과 /불법행위로 인한 손해배상청구권의 소멸시효 기산점

■ 일반불법행위의 요건과 효과에 관하여서는 무수한 판례가 있지만 특별히 쟁점화해서 소개할 만한 판례를 정하는 것은 쉽지 않다. 최근의 판결 중에서 손해배상의 산정과 범위에 관한 흥미있는 판결을 예시로서 소개한다. 이어 제755조 이하의 특수불법행위에 관한 판결들을 본다. 미성년자의 친권자의 책임에 관한 판례이론은 독특하고, 사용자 책임과 관련하여서는 특히 판례를 통해 구체화된 피해자중과실론, 구상권의 제한 등의 법리를 본다. 사용자책임에 준하는 명의대여자책임, 공작물책임 등을 본다. 공동불법행위와 관련하여서는 요건과 효과 그리고 제760조 제2항의 가해자 불명의 불법행위에 관한 사례를 보고, 공동불법행위자간의 구상이라는 까다로운 문제를 본다. 특히 이와 관련하여 부진정연대채무의 법리가 중심에 오는데 최근의 이에 관한 전원합의체 판결의 법리는 주목할만하다. 끝으로 제766조의 불법행위의 소멸시효에 관한 대표적 판결을 본다.

1. 불법행위로 인한 손해배상의 산정

[사안] 김은 자기 소유의 X토지 3천평에 대하여 박에게 옆으로 4차선 도로가 개설될 예정이라는 등 거짓말로 속여 2005.5. 시가 3억 2천만원의 X토지를 5억 4천만원에 매도하였다. 그 후 X토지를 경유하는 도로노선이 확정되어 X토지의 시가는 상

> 승하였고 그 중 1,000평은 협의취득되어 2009.2. 보상금으로 4억 2천만원을 받았고 나머지 2천평의 원심변론종결일 현재 시가는 8억 4천만원이다. 박은 김의 기망행위로 인하여 X토지를 제 값보다 비싸게 샀다며 매매당시 시가와의 차이를 손해배상으로 구한다. 그러나 김은 비록 기망행위로 말미암아 계약을 체결하였더라도 박이 현재 보유하고 있는 보상금 및 잔여토지의 가액이 기망행위가 없어 계약을 체결하지 아니하였을 경우 보유하였을 가액(매매대금 5억 4천만원 및 그에 대한 이자)을 상회하는 이상 박에게 재산적 손해가 발생하지 않는다고 항변한다. (대법원 2010.4.29. 선고 2009다91828 판결)

[해결] 불법행위로 인한 재산상 손해는 위법한 가해행위로 인하여 발생한 재산상 불이익, 즉 그 위법행위가 없었더라면 존재하였을 재산상태와 그 위법행위가 가해진 현재의 재산상태의 차이를 말하는 것이며, 그 손해액은 원칙적으로 불법행위시를 기준으로 산정하여야 한다. 여기에서 '현재'는 '기준으로 삼은 그 시점'이란 의미에서 '불법행위시'를 뜻하는 것이지 '지금의 시간'이란 의미로부터 '사실심 변론종결시'를 뜻하는 것은 아니다.

사안에서 김의 기망행위가 없었더라면 박은 X토지를 제값을 치르고, 즉 시가 상당액으로 매수하였을 것이고, 김의 기망행위가 가해진 결과는 박이 X토지를 제값보다 비싸게 매수하게 된 것이다. 따라서 박이 김의 기망행위로 인하여 X토지를 고가에 매수하게 됨으로써 입게 된 손해는 X토지를 매수 당시 시가와 매수가격과의 차액이다. 그 후 박이 X토지 중 일부에 대하여 보상금을 수령하였다거나 부동산 시가가 상승하여 매수가격을 상회하게 되었다고 하여 박에게 손해가 발생하지 않았다고 할 수 없다.

2. 불법행위로 인한 물건 훼손시 배상범위

> [사안] 김의 X차량은 신차등록이 된 후 약 2년 정도 경과한 후에 큰 사고가 발생하였고, 사고 당시 X차량의 시세는 약 145,000,000원 정도였다. 이 사고로 X차량은 좌우 프론트 휀더, 루프패널 등이 심하게 파손되어 그 수리비로 22,000,000원이 지급되었다. 이 사고로 인한 사고이력은 중고자동차 성능·상태점검기록부의 기재 대상에도 해당한다. 김은 X차량은 사고 후 물리적·기술적인 수리는 가능할지 몰라도 완벽하게 원상복구를 하는 것은 불가능할 정도로 중대한 손상을 입었고, 이러한 복구불능의 손상으로 말미암아 교환가치 감소의 손해가 발생하였다며 이의 배상을 구한다. (대법원 2017.5.17. 선고 2016다248806 판결)

[해결] 불법행위로 인하여 물건이 훼손되었을 때 통상의 손해액은 수리가 가능한 경우에는 그 수리비, 수리가 불가능한 경우에는 교환가치의 감소액이 되고, 수리를 한 후에도 일부 수리가 불가능한 부분이 남아있는 경우에는 수리비 외에 수리불능으로 인한 교환가치의 감소액도 통상의 손해에 해당한다. 자동차의 주요 골격 부위가 파손되는 등의 사유로 중대한 손상이 있는 사고가 발생한 경우에는, 기술적으로 가능한 수리를 마치더라도 원상회복이 안 되는 수리 불가능한 부분이 남는다고 보는 것이 경험칙에 부합하고, 그로 인한 자동차 가격 하락의 손해는 통상의 손해에 해당한다고 보아야 한다. 이 경우 그처럼 잠재적 장애가 남는 정도의 중대한 손상이 있는 사고에 해당하는지 여부는 중대한 손상이라고 주장하는 당사자가 주장·증명하여야 한다.

3. 태아의 위자료청구권

[사안] 김은 자동차를 운행하다가 과실로 박을 부상케 하였다. 박이 교통사고로 상해를 입을 당시 박의 처는 임신 중이었다. 후에 태어난 박의 자는 김에게 아버지의 부상으로 인하여 입게 될 정신적 고통에 대한 위자료를 청구한다. (대법원 1993.4.27. 선고 93다4663 판결)

[해결] 태아도 손해배상의 청구권에 관하여는 이미 출생한 것으로 보는바, 박이 교통사고로 상해를 입을 당시는 자녀가 출생하지 아니하였다고 하더라도 그 뒤에 출생한 이상 아버지인 박의 부상으로 인하여 입게 될 정신적 고통에 대한 위자료를 청구할 수 있다.

4. 미성년자의 불법행위에 대한 친권자의 책임

[사안] 김은 재수생으로서 학원에 다니면서 수학능력평가시험을 준비하고 있던 중 연장자인 박을 폭행하여 상해를 입혔다. 박은, 김이 나이와 수학 정도 등에 비추어 보면 불법행위에 대한 책임을 변식할 능력이 있었고, 자신을 폭행할 당시 아버지와 동거를 하면서 경제적인 면에서 전적으로 의존하는 등 아버지의 보호·감독 아래 생활하고 있었으므로, 김의 부친은 김이 타인을 폭행하는 등의 불법행위를 저지르지 않도록 일상적인 지도 및 조언을 계속하여야 할 보호·감독의무가 있음에도 이를 게을리 하여 자신을 폭행하게 함으로써 손해를 입혔다며, 김의 부친은 불법행위자로서 박이 입은 손해를 배상할 책임이 있다고 주장한다. 그러나 김의 부친은 김이 평소 행실로는 타인을 폭행하거나 비행을 저지르는 등의 문제를 일으키지 않았다며 책임

> 을 부인한다. (대법원 2003.3.28. 선고 2003다5061 판결)

[해결] 미성년자가 책임능력이 있어 그 스스로 불법행위책임을 지는 경우에도 그 손해가 당해 미성년자의 감독의무자의 의무위반과 상당인과관계가 있으면 감독의무자는 일반불법행위자로서 손해배상책임이 있다 할 것이지만, 이 경우에 그러한 감독의무위반사실 및 손해발생과의 상당인과관계의 존재는 이를 주장하는 자가 입증하여야 한다. 사안의 사정만으로는 김의 부친이 김에 대한 감독을 게을리 한 과실이 있다고 보기 어렵다.

5. 친권자 및 대리감독자의 책임의 경합

> **[사안]** 초등학생 김은 급우인 박과 최로부터 수개월에 걸쳐 이유 없이 폭행 등 괴롭힘을 당한 결과 충격 후 스트레스 장애 등의 증상에 시달리다 결국 자살에까지 이르게 되었다. 김의 유족은, 가해학생들은 사고 당시 만 12세 전후의 초등학교 6학년 학생들로서 자신의 행위로 인한 법률상 책임을 변식할 능력이 없는 책임무능력자라 할 것이므로, 가해학생들의 부모들에게 그들을 감독할 법정의무가 있는 보호감독자로서의 주의의무를 해태하였다며 민법 제755조 제1항에 따라 가해학생들의 불법행위로 망인 및 유족들이 입은 손해를 배상할 것을 청구한다. 그러나 박과 최의 부모는 이 사건은 학교에서 일어난 것이므로 담임교사와 학교장 그리고 이들의 공무수행상의 과실에 대하여 해당 지방자치단체인 경기도가 책임을 져야 한다고 항변한다. (대법원 2007.4.26. 선고 2005다24318 판결)

[해결] 민법 제755조에 의하여 책임능력 없는 미성년자를 감독할 친권자 등 법정감독의무자의 보호감독책임은 미성년자의 생활 전반에 미치는 것이고, 법정감독의무자에 대신하여 보호감독의무를 부담하는 교사 등의 보호감독책임은 학교 내에서의 학생의 모든 생활관계에 미치는 것이 아니라, 학교에서의 교육활동 및 이와 밀접 불가분의 관계에 있는 생활관계에 한하며, 이는 교육활동의 때와 장소, 가해자의 분별능력, 가해자의 성행, 가해자와 피해자의 관계, 기타 여러 사정을 고려하여 사고가 학교생활에서 통상 발생할 수 있다고 하는 것이 예측되거나 또는 예측가능성(사고발생의 구체적 위험성)이 있는 경우를 말한다. 결국 이와 같이 대리감독자가 있다는 사실만 가지고서 곧 친권자의 법정감독책임이 면탈된다고는 볼 수 없고, 사안은 가해학생들의 부모들의 보호감독의무의 해태로 인한 과실과 담임교사 및 교장의 보호감독의무의 해태로 인한 과실이 경합하여 발생하였다고 볼 수 있으므로 이들과 경기도가 공동불법행위자로서의 손해배상책임을 져야 한다.

6. 사용자책임의 요건 – 피해자의 중과실여부

> **[사안]** 김은 A은행에서 담보대출을 알아보던 중 동 은행에서 대출업무를 담당하고 있던 박의 권유로 담보가 부실하므로 선이자 및 이면담보 명목으로 대출금 18억원 중 2억 원을 예치하라는 이야기를 듣고 동 금원을 대출시 박이 지정한 창구에 맡기면서 영수증이나 예치금에 대한 통장 등을 교부받지는 않았다. 후에 동 금원을 박이 편취한 것이 드러났고 A은행이 대출금의 반환을 청구하자, 김은, 이른바 '꺾기'라는 대출관행이 널리 존재한다는 점에서 은행이 대출과정에서 선이자 및 이면담보 명목으로 2억원을 수수한 것은 외형상 객관적으로 A은행의 사무집행행위와 관련된 것이라고 볼 수 있으며, 대출과정에서 자신이 이면담보가 필요하다는 박의 말을 쉽게 믿고 A은행에 알아보지도 않은 채 선이자 및 이면담보 명목으로 2억원을 지급하고, 이에 관한 영수증이나 예금통장도 교부받지 않은 과실만으로는 A은행의 면책을 인정할 만한 중과실이라고 보기는 어렵다고 항변한다. (대법원 2006.10.26. 선고 2004다63019 판결)

[해결] 민법 제756조에 의한 사용자의 손해배상책임은 피용자의 배상책임에 대한 대체적 책임이라 할 것이고, 민법 제756조 제1항에서 사용자가 피용자의 선임 및 그 사무감독에 상당한 주의를 한 때 또는 상당한 주의를 하여도 손해가 있을 경우에는 책임을 면할 수 있도록 규정함으로써 사용자책임에서의 사용자의 과실은 직접의 가해행위가 아닌 피용자의 선임·감독에 관련된 것으로 해석된다. 또 민법 제756조 제1항에 규정된 사용자책임의 요건인 '사무집행에 관하여'라는 뜻은 피용자의 불법행위가 외형상 객관적으로 사용자의 사업활동 내지 사무집행행위 또는 그와 관련된 것이라고 보일 때에는 행위자의 주관적 사정을 고려함이 없이 이를 사무집행에 관하여 한 행위로 본다는 것이고, 외형상 객관적으로 사용자의 사무집행에 관련된 것인지 여부는 피용자의 본래 직무와 불법행위와의 관련 정도 및 사용자에게 손해발생에 대한 위험 창출과 방지조치 결여의 책임이 어느 정도 있는지를 고려하여 판단하여야 할 것이며, 피용자의 불법행위가 외관상 사무집행의 범위 내에 속하는 것으로 보이는 경우에 있어서도 피용자의 행위가 사용자나 사용자에 갈음하여 그 사무를 감독하는 자의 사무집행행위에 해당하지 않음을 피해자 자신이 알았거나 중대한 과실로 인하여 알지 못한 경우에는 사용자책임을 물을 수 없다고 할 것인바, 이 경우 중대한 과실이라 함은 거래의 상대방이 조금만 주의를 기울였더라면 피용자의 행위가 그 직무권한 내에서 적법하게 행하여진 것이 아니라는 사정을 알 수 있었음에도 만연히 이를 직무권한 내의 행위라고 믿음으로써 일반인에게 요구되는 주의의무에 현저히 위반하는 것으로 거의 고의에 가까운 정도의 주의를 결여하고, 공평의 관점에서 상대방을 구태여 보

호할 필요가 없다고 봄이 상당하다고 인정되는 상태를 말한다. 사안에서 박이 선이자 및 이면담보 명목으로 김으로부터 2억원을 지급받은 사실에 대하여 A은행의 사용자책임이 인정되고, 피해자에게 악의·중과실이 있어 사용자가 면책되는 경우라고 볼 수 없다.

> **[유제]** 김은 전혀 거래관계가 없던 A은행 지점 고객상담실에서 초면인 부지점장 박에게 거액의 자기앞수표를 교부하면서 지점 지배인의 사용인감이 날인되고 보관인 이름에 '박'이라고 기재된 현금보관증만을 교부받았을 뿐 예금증서를 교부받거나 이를 요구하지도 않는 등 비정상적인 방식으로 금융거래를 하였다가, 박이 수표금을 개인적으로 소비함에 따라 손해를 입고 A 은행을 상대로 사용자책임을 묻는다. 그러나 A은행은 수표 교부와 현금보관증 작성이 비록 A 은행 지점 고객상담실에서 이루어졌다 하더라도 외형상 객관적으로 박의 A 은행 부지점장으로서 사무집행과 관련이 있다고 보기 어렵고, 그렇지 않다고 하더라도 김은 위 수표 교부와 현금보관증 작성이 실제로는 박의 A 은행 부지점장으로서 사무집행 범위 내에 속하지 않음을 알고 있었거나 조금만 주의를 기울였다면 알 수 있었음에도 단기간에 고액의 수익을 얻으려는 욕심에서 일반인에게 요구되는 주의의무를 현저히 위반하였다고 보아야 하며, 공평의 관점에서 보더라도 김을 보호할 필요가 없다고 볼 여지가 충분하다며 면책을 주장한다. (대법원 2011.11.24. 선고 2011다41529 판결)

[해결] 특히 금융기관과의 거래에서는 금융기관의 피용자와 거래 상대방 사이에 이루어진 금융거래의 내용, 거래 방식, 사용된 서류의 양식 등이 건전한 금융거래의 상식에 비추어 정식 금융거래와는 동떨어진 때에는 거래 상대방에게 사무집행행위에 해당하지 않는다는 점에 대한 고의 또는 중대한 과실이 인정될 여지가 많다. 사안에서 수표 교부와 현금보관증 작성이 박의 A 은행 부지점장으로서 사무집행과 관련되어 있고, 박이 그렇게 믿은데 고의 또는 중대한 과실이 없다고 보아 A 은행의 사용자책임을 인정하기는 부족하다고 보인다.

7. 사용자의 구상권의 제한

> **[사안]** 공인중개사 자격증 소지자인 김은 박으로부터 일정한 이득을 제공받으면서 박이 자신의 명의를 빌려 자신의 부동산사무소에서 영업을 하도록 하였다. 박이 부동산매매계약을 중개하면서 매수인으로부터 지급받은 돈 중 2,000만원을 횡령한 불법행위를 저지르자, 김은 피용자인 박의 행위에 대해 사용자로서 피해자인 매도인에

게 손해배상책임을 부담하였다. 그 후 김이 박에게 구상권을 행사하자, 박은, 김이 부동산중개업법의 규정을 사실상 잠탈하면서도 박을 제대로 관리·감독하려는 노력은 거의 하지 않아 불법행위가 발생한 점을 고려하여 구상권의 범위는 제한되어야 한다고 항변한다. (대법원 2009.11.26. 선고 2009다59350 판결)

[해결] 일반적으로 사용자가 피용자의 업무수행과 관련하여 행하여진 불법행위로 인하여 직접 손해를 입었거나 그 피해자인 제3자에게 사용자로서의 손해배상책임을 부담한 결과로 손해를 입게 된 경우에 있어서, 사용자는 그 사업의 성격과 규모, 시설의 현황, 피용자의 업무내용과 근로조건 및 근무태도, 가해행위의 발생원인과 성격, 가해행위의 예방이나 손실의 분산에 관한 사용자의 배려의 정도, 기타 제반 사정에 비추어 손해의 공평한 분담이라는 견지에서 신의칙상 상당하다고 인정되는 한도 내에서만 피용자에 대하여 손해배상을 청구하거나 그 구상권을 행사할 수 있다고 할 것이나, 사용자의 감독이 소홀한 틈을 이용하여 고의로 불법행위를 저지른 피용자가 바로 그 사용자의 부주의를 이유로 자신의 책임의 감액을 주장하는 것은 신의칙상 허용될 수 없고, 이는 사용자와 피용자가 명의대여자와 명의차용자의 관계에 있다고 하더라도 마찬가지이다.

8. 명의대여자의 사용자책임

[사안] A사는 김에게 A사가 분양하는 리조트 회원권 분양과 관련하여 A사의 상호나 명칭을 사용하여 영업을 하도록 허락하였고, 고객들은 A사를 영업주체로 오인하여 김과 거래를 하였는데, 김은 이를 기화로 박 등에게 A사가 보유하는 골프장 회원권을 시세보다 저렴하게 구입해 주겠다고 기망하고, 이에 속은 박 등과 회원권에 관한 매매계약을 맺었다. 후에 박 등은 A사가 명의대여자로서 객관적으로 지휘·감독 관계에 있는 김의 매매계약의 형식을 빌린 사기행위로 인하여 자신들이 입은 손해를 배상할 책임이 있다고 주장한다. 또 A사의 면책주장에 대하여는, 일반적인 골프장 회원권 매매계약과는 다른 형식과 내용으로 이루어졌고, 김이 교부한 약정서와 영수증은 A사의 인장을 위조하여 작성된 사실 등만으로는 박 등이 김에게 회원권을 매매할 권한이 없었음을 알았거나 중대한 과실로 알지 못하였다고 할 수 없다고 항변한다. (대법원 2005.2.25. 선고 2003다36133 판결)

[해결] 타인에게 어떤 사업에 관하여 자기의 명의를 사용할 것을 허용한 경우에 그 사업이 내부관계에 있어서는 타인의 사업이고 명의자의 고용인이 아니라 하더라도 외부에 대한

관계에 있어서는 그 사업이 명의자의 사업이고 또 그 타인은 명의자의 종업원임을 표명한 것과 다름이 없으므로, 명의사용을 허용받은 사람이 업무수행을 함에 있어 고의 또는 과실로 다른 사람에게 손해를 끼쳤다면 명의사용을 허용한 사람은 민법 제756조에 의하여 그 손해를 배상할 책임이 있다고 할 것이고, 명의대여관계의 경우 민법 제756조가 규정하고 있는 사용자책임의 요건으로서의 사용관계가 있느냐 여부는 실제적으로 지휘·감독을 하였느냐의 여부에 관계없이 객관적·규범적으로 보아 사용자가 그 불법행위자를 지휘·감독해야 할 지위에 있었느냐의 여부를 기준으로 결정하여야 할 것이다.

9. 공작물책임

[사안] 김은 A사 경영의 스키장에서 스키를 타고 내려오던 중 넘어지면서 안전펜스에 부딪치는 바람에 중상을 입고 사망하였다. 김의 유족은 A사에 손해배상책임을 구하나, A사는, 스키라는 운동은 그 특성상 슬로프에서 미끄러지거나 넘어지는 등의 위험이 수반되는 것으로서 이를 즐기는 사람들도 그러한 위험을 감수하고 스키를 타게 되는데, 사고지점은 심하게 경사가 지거나 구부러진 곳이 아님에도 망인은 안전펜스 옆에서 스키를 타다가 제대로 회전을 하지 못하여 안전망에 부딪치게 되었던 점을 감안하여 보면, 사고가 발생하였다는 결과적인 면이나 안전망의 재질이 플라스틱이라는 점만을 들어 A사가 설치한 안전망에 통상 갖추어야 할 안정성이 결여된 하자가 있었다고 단정할 수 없고, A사가 안전망을 설치·관리함에 있어 이용자에 대한 안전배려의무를 다하지 못한 과실이 있다고 볼 수도 없다고 항변한다. (대법원 2006. 1. 26. 선고 2004다21053 판결)

[해결] 민법 제758조 제1항에 규정된 공작물의 설치·보존상의 하자라 함은 공작물이 그 용도에 따라 통상 갖추어야 할 안전성을 갖추지 못한 상태에 있음을 말하는 것으로서, 이와 같은 안전성의 구비 여부를 판단함에 있어서는 당해 공작물의 설치·보존자가 그 공작물의 위험성에 비례하여 사회통념상 일반적으로 요구되는 정도의 방호조치 의무를 다하였는지의 여부를 기준으로 삼아야 할 것이므로, 공작물에서 발생한 사고라도 그것이 공작물의 통상의 용법에 따르지 아니한 이례적인 행동의 결과 발생한 사고라면, 공작물의 설치·보존자에게 그러한 사고에까지 대비하여야 할 방호조치 의무가 있다고 할 수는 없다.

10. 공동불법행위의 요건

[사안] 김은 A사내 작업장에서 프레스 기계를 이용하여 작업을 하던 중 양손이 기계에 압착되어 좌, 우측 각 제1, 2 수지가 절단되는 사고를 당하였다. 김은 박이 운영하는 B병원으로 후송되어 B병원 소속 의사들인 최, 정으로부터 수지절단 및 접합수술을 받았다. B병원의 의료진은 수술을 전후하여 전신기능이 저하된 김에게 적정 수액량을 훨씬 초과하여 수액을 과다투여하여 심폐기능에 갑작스런 장애를 일으켜 사망에 이르게 되었다. 김의 유족은 대응조치를 제대로 취하지 아니한 채 수액을 계속 투여하고 망인의 신체상태를 제대로 살펴보지 아니한 최, 강의 잘못으로 인하여 사고가 발생하였다며 박, 최, 정에게 배상책임을 묻는다. 그러나 이들은 망인은 자신들의 의료상 과실 때문이 아니라 오로지 기존에 앓아오던 만성 심낭염 증세로 인하여 사망한 것뿐이라는 점, 망인의 수지절단에 따른 노동능력 상실률을 고려해 줄 것, 또 수술 관여의사 중 누구의 과실에 의한 것인지가 밝혀지지 않은 점 등을 들어 항변한다. (대법원 2005.9.30. 선고 2004다52576 판결)

[해결] 산재사고로 인하여 상해를 입은 피해자가 치료를 받던 중 치료를 하던 의사의 과실 등으로 인한 의료사고로 증상이 악화되거나 새로운 증상이 생겨 손해가 확대된 경우에는, 그와 같은 손해와 산재사고 사이에도 상당인과관계가 있다고 보아야 하므로, 산재사고와 의료사고가 각기 독립하여 불법행위의 요건을 갖추고 있으면서 객관적으로 관련되고 공동하여 위법하게 피해자에게 손해를 가한 것으로 인정된다면, 공동불법행위가 성립되어 공동불법행위자들이 연대하여 그 손해를 배상할 책임이 있다. 사안에서 1차 산재사고와 2차 의료사고는 공동불법행위를 구성하고, 망인의 수지 절단에 따른 노동능력 상실률을 별도로 고려하지 아니한 채 100%의 가동능력을 기준으로 망인의 일실수입을 산정하여야 하고, 1차 산재사고 발생에 있어서의 과실을 포함한 망인의 과실을 공동불법행위자들인 A회사와 B병원 의사들 전원에 대하여 전체적으로 평가한 후 이를 최종 배상액의 산정에 있어 반영하여야 한다. 또한 다수의 의사가 의료행위에 관여한 경우 그 중 누구의 과실에 의하여 의료사고가 발생한 것인지 분명하게 특정할 수 없는 때에는 일련의 의료행위에 관여한 의사들 모두에 대하여 민법 제760조 제2항에 따라 공동불법행위책임을 물을 수 있다.

[유제] A사가 신축한 X아파트는 1996.6.7. 착공하여 2002.12.31.경 골조공사를 마치고 2003.4.24.경 사용승인을 받았고, B사가 신축한 Y아파트는 2000.12.15.경 착공하여 2002.11.22.경 완공 후 사용승인을 받았으며, X아파트와 Y아파트가 공동

으로 김 등이 소유 또는 거주하고 있는 Z빌라 중 일부 세대에 대한 직사광선을 차단하여 수인한도를 넘는 일조 침해를 야기하였다. 김 등은 A사와 B사가 거의 같은 시기에 신축한 X아파트 및 Y아파트로 인하여 이러한 일조 침해가 초래될 수 있음을 충분히 예견할 수 있었다고 할 것이므로, A사와 B사의 일조 침해행위는 김 등에 대하여 공동불법행위를 구성한다고 주장한다. (대법원 2006.1.26. 선고 2005다47014,47021,47038 판결)

[해결] 수인이 공동하여 타인에게 손해를 가하는 민법 제760조의 공동불법행위에 있어서는 행위자 상호간의 공모(共謀)는 물론 공동의 인식을 필요로 하지 아니하고, 다만 객관적으로 그 공동행위가 관련 공동되어 있으면 족하며 그 관련 공동성 있는 행위에 의하여 손해가 발생함으로써 이의 배상책임을 지는 공동불법행위가 성립하는 것이므로, 동시에 또는 거의 같은 시기에 건축된 가해 건물들이 피해 건물에 대하여 전체적으로 수인한도를 초과하는 일조 침해의 결과를 야기한 경우, 각 가해 건물들이 함께 피해 건물의 소유자 등이 종래 향유하던 일조를 침해하게 된다는 점을 예견할 수 있었다면 각 가해 건물의 건축자 등은 일조 침해로 피해 건물의 소유자 등이 입은 손해 전부에 대하여 공동불법행위자로서의 책임을 부담한다.

11. 가해자 불명의 공동불법행위

[사안] 피해자 망 김은 음주 상태에서 오토바이를 운전하고 가다가 중앙선을 침범한 과실로 반대차로에서 마주오던 박 운전의 차량과 1차 충돌하여 그 충격으로 자신이 진행하던 차로로 떨어졌고, 이어서 성명불상자 운전의 차량에 2차로 충돌한 후 도로상에 쓰러져 있던 상태에서 약 5분 후에 최 운전의 차량과 3차로 충돌하는 교통사고를 당하여 결국 사망에 이르게 되었고, 위 3차례에 걸친 충돌사고 중 어느 충돌사고로 인하여 김이 사망에 이르게 된 것인지는 정확히 알 수 없다. 김의 보험자인 A보험사는 최에게 민법 제760조 제1항 또는 같은 조 제2항에 기한 공동불법행위자로서의 책임이 있다며 구상금을 청구하나, 최는 자신이 운전한 차량에 의한 3차 충돌 당시 망 김이 생존하였음이 인정되지 아니하는 이상 자신의 운전행위와 망 김의 사망 사이에 상당인과관계가 존재한다고 할 수 없다며 항변한다. (대법원 2008.4.10. 선고 2007다76306 판결)

[해결] 민법 제760조 제2항은 같은 조 제1항에서 말하는 공동의 불법행위로 보기에 부족한, 여러 사람의 행위가 경합하여 손해가 생긴 경우, 입증책임을 덜어줌으로써 피해자를 보호하려는 입법정책상의 고려에 따라 각각의 행위와 손해 발생 사이의 인과관계를 법률상 추정한 것이므로, 이러한 경우 개별 행위자가 자기의 행위와 손해 발생 사이에 인과관계가 존재하지 아니함을 입증하면 면책되고, 손해의 일부가 자신의 행위에서 비롯된 것이 아님을 입증하면 배상책임이 그 범위로 감축된다. 사안에서 3차례의 충돌에 의한 교통사고로 인하여 김이 사망에 이르게 된 손해는, 설사 민법 제760조 제1항에 기한 협의의 공동불법행위로 인한 손해에 해당한다고 인정할 수 없다고 하더라도, 적어도 민법 제760조 제2항에서 말하는 이른바 가해자 불명의 공동불법행위로 인한 손해에는 해당한다고 볼 여지가 있고, 따라서 교통사고와 관련된 최를 포함한 '공동 아닌 수인'의 각각의 행위(다만, 고의 또는 과실에 의한 위법·유책한 행위임을 전제로 하는 것이다)와 위 손해 발생 사이의 상당인과관계는 일응 법률상 추정되므로, 위 3차 충돌사고를 야기한 차량의 운전자인 최가 위 법조항에 따른 공동불법행위자로서의 책임을 면하기 위하여서는 자기의 행위와 위 손해 발생 사이에 상당인과관계가 존재하지 아니함을 적극적으로 주장·입증하여야 할 것이다.

12. 공동불법행위의 효과

[사안] A주택조합의 조합장이던 김은 B사 소유의 X토지를 조합의 아파트 건축부지로 매수하면서 B사의 박과 공모하여 매매대금이 실제로는 95억원임에도 마치 111억원인 것처럼 매매계약서 등을 조작하고, 이를 이용하여 조합원들로부터 징수·보관중이던 토지분담금에서 16억원을 인출한 후 이를 나누어 가졌고 이 과정에서 B사의 최는 김과 박으로부터 약간의 대가를 받고 허위 영수증을 발행하여 주는 등의 행위를 함으로써 김과 박이 저지른 횡령행위에 가담하였다. 후에 A조합은 김과 박과 최는 연대하여 조합이 입은 손해를 배상할 책임을 묻는다. 최는 김과 박의 횡령행위가 일어나는 데에는 조합의 부주의도 원인을 제공하였으며, 자신은 김과 박에 비하여 횡령행위에 가공한 정도가 경미하므로 책임비율을 70%로 제한하여 줄 것을 주장한다. (대법원 2005.11.10. 선고 2003다66066 판결)

[해결] 피해자의 부주의를 이용하여 고의로 불법행위를 저지른 자가 바로 그 피해자의 부주의를 이유로 자신의 책임을 감하여 달라고 주장하는 것은 허용될 수 없다고 할 것이고, 또 공동불법행위책임은 가해자 각 개인의 행위에 대하여 개별적으로 그로 인한 손해를 구하는 것이 아니라 그 가해자들이 공동으로 가한 불법행위에 대하여 그 책임을 추궁하는

것이므로, 공동불법행위로 인한 손해배상책임의 범위는 피해자에 대한 관계에서 가해자들 전원의 행위를 전체적으로 함께 평가하여 정하여야 하고, 그 손해배상액에 대하여는 가해자 각자가 그 금액의 전부에 대한 책임을 부담하는 것이며, 가해자 1인이 다른 가해자에 비하여 불법행위에 가공한 정도가 경미하다고 하더라도 피해자에 대한 관계에서 그 가해자의 책임 범위를 위와 같이 정하여진 손해배상액의 일부로 제한하여 인정할 수는 없다.

13. 공동불법행위자간의 구상

> [사안] 김은 승용차를 운전하여 가던 중 노면에 흩어져 있던 제강슬러그에 미끄러지면서 경계석을 잇달아 들이받아 사망하였고 이 차에 동승한 박도 사망하였다. 이 슬러그는 A사가 서울시로부터 발주받아 미끄럼 방지 공사를 하던 중 공사마무리를 잘 하지 못하여 도로로부터 떨어져 나와 노면에 흩어진 것이었다. 김도 제한속도를 시간당 36km 초과하여 과속운전하면서 안전운전의무를 해태한 과실이 있다고 보아 과실비율이 40%로 인정되었다. 김의 유족이 A사와 서울시를 상대로 손해배상책임을 구하자, 서울시는 박의 유족들에게 지급한 1억원 중 김의 과실 부분에 해당하는 4천만원을 공제하여야 한다고 주장한다. 그러나 김의 유족은 김과 A사 그리고 서울시가 박의 사망에 대한 공동불법행위자로서, 서울시가 박의 사망에 따른 손해배상금을 지출하였다 하여 김의 유족들에 대한 구상금채권을 산정하는 전제로서 김과 서울시의 가해자로서의 과실 내용 및 비율을 정하는데 있어, 김의 과실상계에 있어서의 과실 내용과 비율을 그대로 박의 사망에 대한 김의 과실비율로 보아 이를 토대로 서울시의 김의 유족에 대한 구상금채권액을 정할 수는 없다고 항변한다. (대법원 2005.7.8. 선고 2005다8125 판결)

[해결] 공동불법행위자는 채권자에 대한 관계에서는 연대책임(부진정연대채무)을 지되, 공동불법행위자들 내부관계에서는 일정한 부담 부분이 있고, 이 부담 부분은 공동불법행위자의 과실의 정도에 따라 정하여지는 것으로서 공동불법행위자 중 1인이 자기의 부담 부분 이상을 변제하여 공동의 면책을 얻게 하였을 때에는 다른 공동불법행위자에게 그 부담 부분의 비율에 따라 구상권을 행사할 수 있고, 따라서 그 공동불법행위자의 1인이 동시에 피해자이기도 한 경우에도 다른 공동불법행위자가 당해 불법행위로 인해 손해를 입은 제3자에 대해 손해배상금을 지출한 때에는 그 중 피해자인 공동불법행위자의 부담 부분에 상응하는 금원에 대해 구상금채권을 가질 수 있다. 그런데 그 구상금채권을 인정하기 위하여는 우선 각 공동불법행위자들의 가해자로서의 과실 내용 및 비율을 정하여야 할 것이고, 한편 불법행위에 있어 손해액을 정함에 참작하는 피해자의 과실, 즉 과실상계에 있어

서의 과실은 가해자의 과실과 달리 사회통념이나 신의성실의 원칙에 따라 공동생활에 있어 요구되는 약한 의미의 부주의를 가리키는 것이므로, 그러한 과실 내용 및 비율을 그대로 공동불법행위자로서의 과실 내용 및 비율로 삼을 수는 없다.

14. 부진정연대채무에서 다액채무자의 일부 변제시의 효과

[사안] 김은 개업공인중개사인 박의 중개로 X아파트를 최에게 임대하기로 하는 임대차계약을 체결하면서, 최로부터 임대차보증금 잔금을 수령할 권한을 박의 중개보조원인 정에게 위임하였다. 정은 최로부터 임대차보증금 잔금 2억원을 수령하여 횡령하였다. 그 후 정은 김에게 1억원을 변제하였다. 박은, 정이 변제한 1억원중 박의 과실비율에 상응하는 5천만원은 박이 배상하여야 할 손해액의 일부로 변제된 것으로서 자신의 손해배상책임은 그 범위에서 소멸하였다 주장한다. 그러나 김은, 정은 자신의 불법행위로 인하여 김이 입은 전체 손해액 2억원에 대하여 손해배상책임이 있고, 박은 공인중개사법에 따라 정의 불법행위로 인한 손해배상책임을 부담하나, 다만 김 측에게도 과실이 있으므로, 과실상계에 의하여 그중 50%인 1억원에 대하여만 손해배상책임을 부담하는데, 정이 변제한 1억원은 정이 단독으로 채무를 부담하는 부분에서 변제된다고 보아 박의 손해배상책임은 소멸하지 아니하였다고 항변한다. (대법원 2018.3.22. 선고 2012다74236 전원합의체 판결)

[해결] 사안의 쟁점은 정이 변제한 1억원이 정이 단독으로 채무를 부담하는 부분부터 소멸시키는지 아니면 박의 과실비율에 상응하는 금액만큼 박과 공동으로 채무를 부담하는 부분도 소멸시키는지 여부이다. 금액이 다른 채무가 서로 부진정연대 관계에 있을 때 다액채무자가 일부 변제를 하는 경우 그 변제로 인하여 먼저 소멸하는 부분은 당사자의 의사와 채무 전액의 지급을 확실히 확보하려는 부진정연대채무 제도의 취지에 비추어 볼 때 다액채무자가 단독으로 채무를 부담하는 부분으로 보아야 한다. 이러한 법리는 사용자의 손해배상액이 피해자의 과실을 참작하여 과실상계를 한 결과 타인에게 직접 손해를 가한 피용자 자신의 손해배상액과 달라졌는데 다액채무자인 피용자가 손해배상액의 일부를 변제한 경우에 적용되고, 공동불법행위자들의 피해자에 대한 과실비율이 달라 손해배상액이 달라졌는데 다액채무자인 공동불법행위자가 손해배상액의 일부를 변제한 경우에도 적용된다. 사안과 같이 중개보조원을 고용한 개업공인중개사의 공인중개사법에 따른 손해배상액이 과실상계를 한 결과 거래당사자에게 직접 손해를 가한 중개보조원 자신의 손해배상액과 달라졌는데 다액채무자인 중개보조원이 손해배상액의 일부를 변제한 경우에도 마찬가지이다. (사용자책임 또는 공동불법행위책임이 문제 되는 사안에서 다액채무자가 손해배상

액의 일부를 변제하는 경우 소액채무자의 과실비율에 상응하는 만큼 소액채무자와 공동으로 채무를 부담하는 부분에서도 변제된 것으로 보아야 한다고 판시한 종래의 대법원 판결들을 변경함)

> [유제] 김은 공인중개사인 박의 중개로 X주택 소유자인 최와 X주택을 임차하는 임대차계약을 체결하고 임대차보증금 2억원을 지급하였다. 그러나 X주택의 등기부상 소유자였던 정은 김을 상대로 건물퇴거의 소를 제기하여 김은 임대차보증금을 반환받지 못한 채 X주택에서 퇴거하였다. 최는 김과 임대차계약을 체결하면서 X주택의 복잡한 소유관계에 대해 김에게 알리지 않았다. 박도 임대차계약을 중개하면서 김이 계약의 종료 후에 임대차보증금을 제대로 반환받을 수 있는지 판단하는데 필요한 권리관계 등에 관한 자료를 제대로 제공하지 않았다. 법원은 김의 과실을 참작하여 박의 책임을 50%로 제한하였다. 최는 김에게 1억원을 일부 변제하였다. 김은 박에게 어떠한 청구를 할 수 있는가? (대법원 2018.4.10. 선고 2016다252898 판결)

[해결] 부진정연대채무는 여러 채무자가 같은 내용의 채무에 대하여 각자 독립하여 채권자에게 전부 이행할 의무를 부담하는 다수당사자의 법률관계로서, 연대채무에 비해서 채권자의 지위가 강화되어 있다. 채권자는 채무자 중 누구에게든지 그 채무 범위 내에서 이행을 청구할 수 있고, 한 채무자에게 생긴 사유는 채권자의 채권 만족에 이른 것으로 볼 수 있는 변제 등과 같은 사유 외에는 다른 채무자에게 효력이 없다. 금액이 서로 다른 채무가 서로 부진정연대 관계에 있을 때 다액채무자가 일부 변제를 하는 경우 그 변제로 먼저 소멸하는 부분은 다액채무자가 단독으로 채무를 부담하는 부분으로 보아야 한다. 이러한 결론이 부진정연대채무자들의 자력, 변제 순서, 이들 사이의 구상관계와 무관하게 채권자에 대한 채무 전액의 지급을 확실히 보장하려는 부진정연대채무 제도의 취지에 부합한다. 다액채무자인 최가 김에게 일부 변제한 돈은 최가 단독으로 채무를 부담하는 부분부터 변제된다. 김은 여전히 박에게 잔존채무액을 청구할 수 있다.

15. 불법행위로 인한 손해배상청구권 소멸시효의 기산점

> [사안] 김은 만 15개월 무렵에 박이 운전하는 차량에 교통사고를 당하여 뇌 손상 등을 입은 후 약간의 발달지체 등의 증세를 보여 계속 치료를 받던 중 만 6세 때 처음으로 의학적으로 언어장애 등의 장애진단이 내려지고 제1심에서의 신체감정 결과 치매, 주요 인지장애의 진단이 내려졌다. 김의 부(父)는 박의 보험자인 A보험사를 상대

로 손해배상청구권을 행사하나, A사는, 교통사고 당시 김이 손해의 발생 사실을 알았다고 볼 수 있고, 따라서 교통사고가 발생한 날이 불법행위에 기한 손해배상청구권의 소멸시효의 기산점이 되고 그로부터 3년이 지난 시점에 비로소 손해배상을 청구하였으므로 시효가 완성되어 배상청구권이 소멸하였다고 항변한다. 그러나 김의 부는, 치료경과나 증상의 발현시기, 정도와 함께 사고 당시 김의 나이 등을 종합적으로 고려하면, 사고 직후에 언어장애 등으로 인한 손해가 현실화되었다고 단정하기 어렵고, 나아가 김이나 그 법정대리인으로서도 그 무렵에 혹시라도 장차 상태가 악화되면 김에게 어떠한 장애가 발생할 수도 있을 것이라고 막연하게 짐작할 수 있었을지언정 뇌손상으로 인하여 발생할 장애의 종류나 정도는 물론 장애가 발생할지 여부에 대해서조차 확실하게 알 수 없었을 것으로 볼 수 있어 사고발생일이 배상청구의 기산점이 되어서는 안된다고 반박한다. (대법원 2019.7.25. 선고 2016다1687 판결)

[해결] 불법행위로 인한 손해배상의 청구권은 피해자나 그 법정대리인이 손해 및 가해자를 안 날로부터 소멸시효가 시작된다. 가해행위와 이로 인한 현실적인 손해의 발생 사이에 시간적 간격이 있는 불법행위의 경우 소멸시효의 기산점이 되는 불법행위를 안 날은 단지 관념적이고 부동(浮動)적인 상태에서 잠재하고 있던 손해에 대한 인식이 있었다는 정도만으로는 부족하고, 그러한 손해가 그 후 현실화될 것을 안 날을 의미한다. 이때 신체에 대한 가해행위가 있은 후 상당한 기간 동안 치료가 계속되는 과정에서 어떠한 증상이 발현되어 그로 인한 손해가 현실화된 사안이라면, 법원은 피해자가 담당의사의 최종 진단이나 법원의 감정 결과가 나오기 전에 손해가 현실화된 사실을 알았거나 알 수 있었다고 인정하는 데 매우 신중할 필요가 있다. 특히 가해행위가 있을 당시 피해자의 나이가 왕성하게 발육·성장활동을 하는 때이거나, 최초 손상된 부위가 뇌나 성장판과 같이 일반적으로 발육·성장에 따라 호전가능성이 매우 크거나(다만 최초 손상의 정도나 부위로 보아 장차 호전가능성이 전혀 없다고 단정할 수 있는 경우는 제외한다), 치매나 인지장애 등과 같이 증상의 발현 양상이나 진단 방법 등으로 보아 일정한 연령에 도달한 후 전문가의 도움을 받아야 정확하게 진단할 수 있는 등의 특수한 사정이 있는 때에는 더욱 그러하다.

[유제] A건설사는 건축주로서 1995.11.20. 사용승인을 받은 X아파트의 신축으로 인하여 김 등이 소유하는 Y아파트 부지에 일조방해를 일으켰고 그 정도는 사회통념상 일반적으로 인용해야 할 수인한도를 초과하는 것이지만 그 위법성의 정도가 A사에게 철거의무를 부과해야 할 정도에는 이르지 않는다고 판정되었다. 김 등은 2000.11.경 A사를 상대로 일조방해로 인한 손해배상을 청구한다. 그러나 A사는 X

> 아파트가 건축된 시점에 A사의 불법행위로 인하여 재산상 손해 및 정신적 손해가 발생한다는 점 등을 모두 알았다고 할 것이므로 그로부터 3년이 경과함으로써 김 등의 손해배상청구권의 소멸시효가 완성되었다고 항변한다. (대법원 2008.4.17. 선고 2006다35865 전원합의체 판결)

[해결] 건물 신축으로 인한 일조방해가 이웃 토지 소유자의 수인한도를 넘게 되면 그 건축행위는 정당한 권리행사의 범위를 벗어나 사법상 위법한 가해행위로 평가되는데, 건물 등이 준공되거나 외부골조공사가 완료되면 그 건축행위에 따른 일영의 증가는 더 이상 발생하지 않게 되고 해당 토지의 소유자는 그 시점에 이러한 일조방해행위로 인하여 현재 또는 장래에 발생 가능한 재산상 손해나 정신적 손해 등을 예견할 수 있다고 할 것이므로, 이러한 손해배상청구권에 관한 민법 제766조 제1항 소정의 소멸시효는 원칙적으로 그때부터 진행한다. 사안에서 Y아파트에 대한 일조방해로 인한 김 등의 손해배상청구권의 소멸시효는 완성되었다고 볼 것이다.

(반대의견) 위법한 일조방해행위로 인한 피해 부동산의 시세 하락 등 재산상의 손해는 가해 건물이 완성될 때에 일회적으로 발생한다고 볼 수 있으나, 위법한 일조방해로 인하여 직사광선이 차단되는 등 생활환경이 악화됨으로써 피해 건물의 거주자가 입게 되는 정신적 손해는 가해 건물이 존속하는 한 날마다 계속적으로 발생하는 것으로 보아야 한다. 따라서 X아파트가 신축되어 Y아파트의 일조를 방해하는 상태로 존속하는 한, 날마다 새로운 일조방해행위가 되어 Y아파트 주민인 김 등의 정신적 손해를 발생시키는 것으로 보아야 하고, 그 위자료 청구권의 소멸시효는 X아파트가 존속하는 한 날마다 개별적으로 진행된다고 할 것이다.

제14강 현대적 불법행위

초상권의 침해 /언론매체의 명예훼손 /포털사이트의 명예훼손과 불법행위책임 /제조물책임 /제조물책임법의 적용범위 /의료과오에 대한 손해배상책임 /환경오염책임 /일조권의 침해 /조망권의 침해

■ 현대적 불법행위는 각 분야별로 많은 고유한 판례법리나 특별법에 따른 해석론 등을 발전시켜왔다. 여기에서는 각 분야별로 최근의 대표적인 판결을 통하여 큰 흐름의 일단을 살펴보는 것으로 족하다. 인격권의 한 내용으로서의 초상권, 언론 또는 포털사이트의 명예훼손 등을 다루고, 제조물책임법은 특별법이 제정되어있어 이 전의 판례법리는 물론 제정법의 해석론도 주목해야 한다. 의료과오나 환경오염은 방대한 독자적인 법영역이 되어가고 있으며 일조권이나 조망권은 근래에 많이 대두되는 새로운 권리유형이다.

1. 초상권의 침해

[사안] A보험사의 직원 김은 박이 A보험사를 상대로 제기한 손해배상청구소송에서 박의 후유장해 정도에 대한 증거자료를 수집할 목적으로 몰래 박의 사진을 촬영하여 법원에 제출하였다. 그 사진의 내용은 박이 일상생활에서 장해부위를 사용하는 모습으로서 박의 아파트 주차장, 직장의 주차장 등 일반인의 접근이 허용된 공개된 장소에서 촬영한 것이며, 김은 위 사진을 촬영하기 위하여 박을 몰래 지켜보거나 미행하고 때에 따라서는 차량으로 뒤따라가 사진을 촬영하였다. 이에 박은, 김의 행위는 특정의 목적을 가지고 의도적·계속적으로 주시하고 미행하면서 사진을 촬영함으로써 박에 관한 정보를 임의로 수집한 것이어서, 비록 그것이 공개된 장소에서 민사소송의 증거를 수집할 목적으로 이루어졌다고 하더라도 초상권 및 사생활의 비밀과 자유의 보호영역을 침범한 것으로서 불법행위를 구성한다며 위자료의 지급을 청구한다. (대법원 2006.10.13. 선고 2004다16280 판결)

[해결] 사람은 누구나 자신의 얼굴 기타 사회통념상 특정인임을 식별할 수 있는 신체적 특징에 관하여 함부로 촬영 또는 그림묘사되거나 공표되지 아니하며 영리적으로 이용당하지 않을 권리를 가지는데, 이러한 초상권은 우리 헌법 제10조 제1문에 의하여 헌법적으로도 보장되고 있는 권리이다. 또한, 헌법 제10조는 헌법 제17조와 함께 사생활의 비밀과 자유를 보장하는데, 이에 따라 개인은 사생활 활동이 타인으로부터 침해되거나 사생활이 함부로 공개되지 아니할 소극적인 권리는 물론, 오늘날 고도로 정보화된 현대사회에서 자신에 대한 정보를 자율적으로 통제할 수 있는 적극적인 권리도 가진다. 그러므로 초상권 및 사생활의 비밀과 자유에 대한 부당한 침해는 불법행위를 구성하는데, 이러한 침해는 그것이 공개된 장소에서 이루어졌다거나 민사소송의 증거를 수집할 목적으로 이루어졌다는 사유만으로는 정당화되지 아니한다.

한편, A사에게는 위 침해행위로 인하여 달성하려는 이익, 즉 위 손해배상소송에서 승소함으로써 손해배상책임을 면하여 얻는 재산상 이익, 허위 또는 과장된 청구를 밝혀내어야 할 소송에서의 진실발견이라는 이익, 부당한 손해배상책임을 면함으로써 보험료를 낮출 수 있다는 보험가입자들의 공동이익 등이 있고, 이는 김의 초상권 및 사생활의 비밀과 자유와 충돌하는 이익이 된다. 이처럼 초상권이나 사생활의 비밀과 자유를 침해하는 행위를 둘러싸고 서로 다른 두 방향의 이익이 충돌하는 경우에는 구체적 사안에서의 사정을 종합적으로 고려한 이익형량을 통하여 위 침해행위의 최종적인 위법성이 가려진다. 이러한 이익형량과정에서, 첫째 침해행위의 영역에 속하는 고려요소로는 침해행위로 달성하려는 이익의 내용 및 그 중대성, 침해행위의 필요성과 효과성, 침해행위의 보충성과 긴급성, 침해방법의 상당성 등이 있고, 둘째 피해이익의 영역에 속하는 고려요소로는 피해법익의 내용과 중대성 및 침해행위로 인하여 피해자가 입는 피해의 정도, 피해이익의 보호가치 등이 있다. 그리고 일단 권리의 보호영역을 침범함으로써 불법행위를 구성한다고 평가된 행위가 위법하지 않다는 점은 이를 주장하는 사람이 증명하여야 한다.

2. 언론매체의 명예훼손

[사안] A방송사는 B신문사가 싼 이자로 대출을 받아 특정 회사의 주식을 매입하여 상당한 평가차익을 얻었다는 보도를 하였다. 이에 B신문사는 A사의 보도가 공익적 목적보다는 B사를 비난하기 위한 사익적 목적에 기초한 것이며 대출과정에 대한 의혹의 제기는 악의적 공격이며 취득 주식 수 등 여러 부분에 오류와 과장이 있다며 A사의 명예훼손에 대한 불법행위책임을 묻는다. (대법원 2006.3.23. 선고 2003다52142 판결)

[해결] 방송 등 언론매체가 사실을 적시하여 타인의 명예를 훼손하는 행위를 한 경우에도 그것이 공공의 이해에 관한 사항으로서 그 목적이 오로지 공공의 이익을 위한 것일 때에는 적시된 사실이 진실이라는 증명이 있거나 그 증명이 없다 하더라도 행위자가 그것을 진실이라고 믿었고 또 그렇게 믿을 상당한 이유가 있으면 위법성이 없다고 보아야 할 것인바, 여기서 '그 목적이 오로지 공공의 이익을 위한 것일 때'라 함은 적시된 사실이 객관적으로 볼 때 공공의 이익에 관한 것으로서 행위자도 공공의 이익을 위하여 그 사실을 적시한 것을 의미하는데, 행위자의 주요한 목적이나 동기가 공공의 이익을 위한 것이라면 부수적으로 다른 사익적 목적이나 동기가 내포되어 있더라도 무방하고, 여기서 '진실한 사실'이라고 함은 그 내용 전체의 취지를 살펴볼 때 중요한 부분이 객관적 사실과 합치되는 사실이라는 의미로서 세부에 있어 진실과 약간 차이가 나거나 다소 과장된 표현이 있더라도 무방하다.

그리고 언론·출판의 자유와 명예보호 사이의 한계를 설정함에 있어서는 당해 표현으로 인하여 명예를 훼손당하게 되는 피해자가 공적인 존재인지 사적인 존재인지, 그 표현이 공적인 관심 사안에 관한 것인지 순수한 사적인 영역에 속하는 사안에 관한 것인지 등에 따라 그 심사기준에 차이를 두어 공공적·사회적인 의미를 가진 사안에 관한 표현의 경우에는 언론의 자유에 대한 제한이 완화되어야 하고, 특히 당해 표현이 언론사에 대한 것인 경우에는, 언론사가 타인에 대한 비판자로서 언론의 자유를 누리는 범위가 넓은 만큼 그에 대한 비판이 수인 범위 역시 넓어야 하고, 언론사는 스스로 반박할 수 있는 매체를 가지고 있어서 이를 통하여 잘못된 정보로 인한 왜곡된 여론의 형성을 막을 수 있으며, 일방 언론사의 인격권의 보장은 다른 한편 타방 언론사의 언론자유를 제약하는 결과가 된다는 점을 감안하면, 언론사에 대한 감시와 비판 기능은 그것이 악의적이거나 현저히 상당성을 잃은 공격이 아닌 한 쉽게 제한되어서는 아니 된다.

3. 포털사이트의 명예훼손과 불법행위책임

[사안] 인터넷 종합 정보제공 사업자인 다음커뮤니케이션은 보도매체로부터 자사의 각 자료저장 컴퓨터 설비에 전송된 기사들 가운데 김과 관련된 기사를 선별하여 자사의 뉴스 게시공간에 게재하였다. 김은 동 기사들이 자신의 명예를 훼손하는 내용이므로, 다음은 각 기사들에 관하여 이를 최초로 작성한 해당 보도매체들과 함께 김에 대한 공동불법행위자로서 손해배상책임을 부담한다고 주장한다. 그러나 다음은 인터넷에서 타인의 명예를 훼손하는 게시물에 대하여 1차적인 책임을 지는 자는 게시물을 직접 게시한 자라 할 것이고, 포털 사이트가 제공한 인터넷 게시공간에 게시물이 게시되었고 포털의 검색기능을 통하여 인터넷 이용자들이 그 게시물을 쉽게

> 찾을 수 있다고 하더라도, 곧바로 포털 사업자에게 명예훼손적 게시물에 대한 불법행위책임을 지울 수는 없다고 항변한다. (대법원 2009.4.16. 선고 2008다53812 전원합의체 판결)

[해결] 인터넷 종합 정보제공 사업자가 보도매체가 작성·보관하는 기사에 대한 인터넷 이용자의 검색·접근에 관한 창구 역할을 넘어서서, 보도매체로부터 기사를 전송받아 자신의 자료저장 컴퓨터 설비에 보관하면서 스스로 그 기사 가운데 일부를 선별하여 자신이 직접 관리하는 뉴스 게시공간에 게재하였고 그 게재된 기사가 타인의 명예를 훼손하는 내용을 담고 있다면, 이는 단순히 보도매체의 기사에 대한 검색·접근 기능을 제공하는 경우와는 달리 인터넷 종합 정보제공 사업자가 보도매체의 특정한 명예훼손적 기사 내용을 인식하고 이를 적극적으로 선택하여 전파한 행위에 해당하므로, 사업자는 명예훼손적 기사를 보도한 보도매체와 마찬가지로 그로 인하여 명예가 훼손된 피해자에 대하여 불법행위로 인한 손해배상책임을 진다.

다만 사업자의 관리책임은 제한적으로 인정되어야 하는 바, 명예훼손적 게시물이 게시된 목적, 내용, 게시 기간과 방법, 그로 인한 피해의 정도, 게시자와 피해자의 관계, 반론 또는 삭제 요구의 유무 등 게시에 관련한 쌍방의 대응태도 등에 비추어, 인터넷 종합 정보제공 사업자가 제공하는 인터넷 게시공간에 게시된 명예훼손적 게시물의 불법성이 명백하고, 위 사업자가 위와 같은 게시물로 인하여 명예를 훼손당한 피해자로부터 구체적·개별적인 게시물의 삭제 및 차단 요구를 받은 경우는 물론, 피해자로부터 직접적인 요구를 받지 않은 경우라 하더라도 그 게시물이 게시된 사정을 구체적으로 인식하고 있었거나 그 게시물의 존재를 인식할 수 있었음이 외관상 명백히 드러나며, 또한 기술적, 경제적으로 그 게시물에 대한 관리·통제가 가능한 경우에는, 위 사업자에게 그 게시물을 삭제하고 향후 같은 인터넷 게시공간에 유사한 내용의 게시물이 게시되지 않도록 차단할 주의의무가 있고, 그 게시물 삭제 등의 처리를 위하여 필요한 상당한 기간이 지나도록 그 처리를 하지 아니함으로써 타인에게 손해가 발생한 경우에는 부작위에 의한 불법행위책임이 성립한다.

(별개의견) 인터넷 종합 정보제공 사업자의 명예훼손 게시물에 대한 삭제의무는 사업자가 피해자로부터 명예훼손의 내용이 담긴 게시물을 '구체적·개별적으로 특정'하여 '삭제하여 달라는 요구'를 받았고, 나아가 그 게시물에 명예훼손의 불법성이 '현존'하는 것을 '명백'히 인식하였으며, 그러한 삭제 등의 조치를 하는 것이 '기술적·경제적으로 가능'한 경우로 제한하는 것이 합리적이고 타당하다.

4. 제조물책임

> **[사안]** 30갑년 이상의 흡연력을 가진 김은 폐암진단을 받게 되자 국가를 상대로 제조물책임법에 기한 손해배상책임을 물으면서, 국가가 니코틴이나 타르를 완전히 제거할 수 있는 방식으로 대체설계를 채용하지 않은 설계상의 결함, 그리고 담뱃갑에 경고 문구외에 추가적인 설명이나 경고 기타의 표시를 하지 않은 점에서 표시상의 결함이 있다고 주장한다. (대법원 2014.4.10. 선고 2011다22092 판결)

[해결] 니코틴과 타르의 양에 따라 담배의 맛이 달라지고 담배소비자는 자신이 좋아하는 맛이나 향을 가진 담배를 선택하여 흡연하는 점, 담배소비자는 안정감 등 니코틴의 약리효과를 의도하여 흡연을 하는 점 등에 비추어 국가 등이 니코틴이나 타르를 완전히 제거할 수 있는 방법이 있다 하더라도 이를 채용하지 않은 것 자체를 설계상 결함이라고 볼 수 없고, 달리 흡연으로 인한 담배소비자의 피해나 위험을 줄일 수 있는 합리적 대체설계를 채용할 수 있었는데도 이를 채용하지 않았다고 인정하기 어렵다. 또한 제조업자 등이 합리적인 설명, 지시, 경고 기타의 표시를 하였더라면 당해 제조물에 의하여 발생될 수 있는 피해나 위험을 줄이거나 피할 수 있었음에도 이를 하지 아니한 때에는 그와 같은 표시상의 결함(지시·경고상의 결함)에 대하여도 불법행위로 인한 책임이 인정될 수 있으나, 언론보도와 법적 규제 등을 통하여 흡연이 폐를 포함한 호흡기에 암을 비롯한 각종 질환의 원인이 될 수 있다는 것이 담배소비자들을 포함한 사회 전반에 널리 인식되게 되었다고 보이는 점 등에 비추어 담배제조자인 국가가 법률의 규정에 따라 담뱃갑에 경고 문구를 표시하는 외에 추가적인 설명이나 경고 기타의 표시를 하지 않았다고 하여 담배에 표시상의 결함이 있다고 보기 어렵다.

> **[유제 1]** A사가 생산한 비료를 구입한 김은 자신의 비닐하우스 시설내에 있는 화훼작물에 살포하였는데, 발효과정에서 포장지에 명시된 기간보다 훨씬 장기간 암모니아 가스가 배출되어 장미가 고사하였다. 이에 대해 김이, 피해는 A사가 제조하여 그의 배타적 지배영역 내에 있는 비료 자체의 결함에 기인한 것일 뿐만 아니라, 동 비료가 김의 경우와 같은 재배환경하에서 이용하기에 부적절한 이상 그 용법에 관한 표시상의 결함이 존재한다며 배상책임을 묻는다. 그러나 A사는 시비과정에 있어서 통상의 경우를 가정하여 위 비료의 포장지 등에 명시한 설명방법을 김이 그대로 따르지 아니한 바, 이는 김의 귀책으로 돌아가는 비정상적인 사용상태로 인하여 피해가 발생한 경우에 해당한다며 책임을 부인한다. (대법원 2006.3.10. 선고 2005

다31361 판결)

[해결] 제품이 정상적으로 사용되는 상태에서 사고가 발생한 경우 그 제품의 결함을 이유로 제조업자에게 손해배상책임을 지우기 위해서는 달리 제조업자측에서 그 사고가 제품의 결함이 아닌 다른 원인으로 말미암아 발생한 것임을 입증하지 못하는 이상 소비자측에서 그 사고가 제조업자의 배타적 지배하에 있는 영역에서 발생하였다는 점과 그 사고가 어떤 자의 과실 없이는 통상 발생하지 않는다고 하는 사정을 증명하는 것으로서 충분하다.

[유제 2] 합성 교감신경흥분제인 페닐프로판올아민 함유 일반의약품인 감기약 "콘택600"을 복용한 김이 출혈성 뇌졸중으로 사망하자, 김의 유족은 동 약품의 제조사인 A제약사를 상대로 하여 제조물의 결함으로 인한 손해라며 배상을 구한다. 그러나 A제약사는 동 약품의 제조 및 공급 당시의 페닐프로판올아민과 출혈성 뇌졸중의 상관관계에 관한 연구 결과와 기술 수준 및 경제성 등에 비추어 위 감기약이 이를 복용하였다가 피해를 입은 소비자에 대하여 불법행위책임을 부담하게 할 정도의 설계상 결함을 지니고 있다고 보기 어렵다고 항변한다. 또 김의 유족은 동 약품의 부작용에 대한 충분한 표시가 없었다며 표시상의 결함을 주장하나, A제약사는 사용설명서에 부작용으로 출혈성 뇌졸중이 표시되어 있고, 그 병력이 있는 환자 등에게 투여하지 말라는 등의 지시사항이 기재되어 있는 점 등에 비추어 위 의약품에 표시상의 결함도 없다고 항변한다. (대법원 2008.2.28. 선고 2007다52287 판결)

[해결] 설계상의 결함으로 인한 제조물책임의 법리는 의약품의 경우에도 마찬가지로 적용되어야 하되, 다만 의약품은 통상 합성화학물질로서 인간의 신체 내에서 화학반응을 일으켜 질병을 치유하는 작용을 하는 한편 정상적인 제조과정을 거쳐 제조된 것이라 하더라도 본질적으로 신체에 유해한 부작용이 있다는 측면을 고려하여야 한다. (참고판결 : 의약품의 제조물책임 대법원 2011.9.29. 선고 2008다16776 판결)

5. 제조물책임법의 적용범위

[사안] A사는 B사와의 도급계약에 따른 발전설비공사를 완공하였는데, B사가 발전기를 운전하던 중 절연볼트가 파손되어 B사는 약 40일간의 수리기간 동안 발전소를 정상적으로 가동하지 못하였다. B사는 A사에 대하여 제조물책임을 물으면서 발전설

> 비의 가동이 중단됨으로써 발생하는 영업 손실 상당의 손해의 배상을 구한다. 그러나 A사는 이는 발전기의 가동 중단으로 인하여 논리필연적으로 발생하는 손해로서 제조물 그 자체에 발생한 손해에 해당하여 제조물 책임법의 적용 대상이 될 수 없다며 B사의 제조물책임 주장을 배척한다. (대법원 2015.3.26. 선고 2012다4824 판결)

[해결] 제조물책임이란 제조물에 통상적으로 기대되는 안전성을 결여한 결함으로 인하여 생명·신체 또는 재산에 손해가 발생한 경우에 제조업자 등에게 지우는 손해배상책임인데, '그 제조물에 대하여만 발생한 재산상 손해'는 여기서 제외된다(제조물 책임법 제3조 제1항). 그리고 '제조물에 대하여만 발생한 재산상 손해'에는 제조물 그 자체에 발생한 재산상 손해뿐만 아니라 제조물의 결함 때문에 발생한 영업 손실로 인한 손해도 포함된다고 봄이 상당하므로 그로 인한 손해는 제조물 책임법의 적용 대상이 아니다.

6. 의료과오에 대한 손해배상책임

> **[사안]** 甲이 의사 乙로부터 '전방 경유술'이라는 추간판 수술을 받은 후 배뇨장애가 영구적으로 계속될 가능성이 높다는 진단을 받았고, 甲은 乙에게 이로 인한 배상책임을 묻는다. 乙은 위 수술 방법을 택한 것이 의사에게 인정되는 합리적 재량의 범위를 벗어난 것이라고 볼 수 없으므로 주의의무 위반을 인정할 수 없고, 수술 중에 신경이 손상되어 후유증이 발생하였다고 보더라도 그것만으로 乙의 의료상 과실을 추정할 수 없을 뿐만 아니라 그 후유증은 수술과정에서 불가피하게 발생하는 손상이거나 그로 인한 장해는 일반적으로 인정되는 합병증으로 볼 여지가 있다며 의료상 과실을 부인한다. (대법원 2019.2.14. 선고 2017다203763 판결)

[해결] 의료과오로 인한 손해배상청구 사건에서 일반인의 상식에 비추어 의료행위 과정에서 저질러진 과실 있는 행위를 증명하고 그 행위와 결과 사이에 의료행위 외에 다른 원인이 개재될 수 없다는 점을 증명한 경우에는 의료상 과실과 결과 사이의 인과관계를 추정하여 손해배상책임을 지울 수 있도록 증명책임이 완화된다. 그러나 이 경우에도 의료상 과실의 존재는 피해자가 증명하여야 하므로 의료과정에서 주의의무 위반이 있었다는 점이 부정된다면 그 청구는 배척된다. 의사는 진료를 하면서 환자의 상황, 당시의 의료 수준과 자신의 전문적 지식·경험에 따라 적절하다고 판단되는 진료방법을 선택할 수 있다. 그것

이 합리적 재량의 범위를 벗어난 것이 아닌 한 진료 결과를 놓고 그중 어느 하나만이 정당하고 이와 다른 조치를 취한 것에 과실이 있다고 할 수는 없다. 또 의료행위는 고도의 전문적 지식을 필요로 하는 분야로서 전문가가 아닌 일반인으로서는 의사의 의료행위 과정에 주의의무 위반이 있는지나 주의의무 위반과 손해 발생 사이에 인과관계가 있는지를 밝혀내기가 매우 어렵다. 따라서 문제 된 증상 발생에 관하여 의료 과실 이외의 다른 원인이 있다고 보기 어려운 간접사실들을 증명함으로써 그와 같은 증상이 의료 과실에 기한 것이라고 추정할 수도 있다. 그러나 그 경우에도 의사의 과실로 인한 결과 발생을 추정할 정도의 개연성이 담보되지 않는 사정을 가지고 막연하게 중대한 결과에서 의사의 과실과 인과관계를 추정함으로써 결과적으로 의사에게 무과실의 증명책임을 지우는 것까지 허용되지는 않는다. 나아가 의료행위로 후유장해가 발생한 경우 후유장해가 당시 의료수준에서 최선의 조치를 다하는 때에도 의료행위 과정의 합병증으로 나타날 수 있거나 그 합병증으로 2차적으로 발생될 수 있다면, 의료행위의 내용이나 시술 과정, 합병증의 발생 부위·정도, 당시의 의료수준과 담당 의료진의 숙련도 등을 종합하여 볼 때에 그 증상이 일반적으로 인정되는 합병증의 범위를 벗어났다고 볼 수 없는 한, 후유장해가 발생되었다는 사실만으로 의료행위 과정에 과실이 있었다고 추정할 수 없다.

7. 환경오염책임

> **[사안]** 경마공원 인근에서 화훼농원을 운영하는 김은 한국마사회가 경마공원을 운영하면서 경주로 모래의 결빙을 방지하기 위하여 살포한 소금이 지하수를 통해 농원으로 유입되어 김이 재배하던 분재와 화훼 등이 고사하였다고 주장하며 한국마사회를 상대로 중앙환경분쟁조정위원회에 환경분쟁 재정신청을 하였다. 위원회는 마사회의 손해배상책임을 인정하는 재정결정을 하였는데, 마사회는 채무부존재확인의 소를 제기하였고 김은 마사회를 상대로 손해배상을 구하는 반소를 제기하였다. (대법원 2020.6.25. 선고 2019다292026 판결)

[해결] 환경정책기본법 제44조 제1항은 '환경오염의 피해에 대한 무과실책임'이라는 제목으로 "환경오염 또는 환경훼손으로 피해가 발생한 경우에는 해당 환경오염 또는 환경훼손의 원인자가 그 피해를 배상하여야 한다."라고 정하고 있다. 이는 민법의 불법행위 규정에 대한 특별 규정으로서, 환경오염 또는 환경훼손의 피해자가 원인자에게 손해배상을 청구할 수 있는 근거규정이며 원인자는 이에 따라 귀책사유가 없더라도 피해를 배상하여야 한다. 대기오염이나 수질오염 등에 의한 공해로 손해배상을 청구하는 소송에서 피해자에게 사실적인 인과관계의 존재에 관하여 과학적으로 엄밀한 증명을 요구하는 것은 공해로 인

한 사법적 구제를 사실상 거부하는 결과가 될 수 있다. 반면에 기술적·경제적으로 피해자보다 가해자에 의한 원인조사가 훨씬 용이한 경우가 많을 뿐만 아니라 가해자는 손해발생의 원인을 은폐할 염려가 있기 때문에, 가해자가 어떤 유해한 원인물질을 배출하고 그것이 피해물건에 도달하여 손해가 발생하였다면 가해자 측에서 그것이 무해하다는 것을 증명하지 못하는 한 가해행위와 피해자의 손해발생 사이의 인과관계를 인정할 수 있다. 그러나 이 경우에 적어도 가해자가 어떤 유해한 원인물질을 배출한 사실, 유해의 정도가 사회통념상 참을 한도를 넘는다는 사실, 그것이 피해물건에 도달한 사실, 그 후 피해자에게 손해가 발생한 사실에 관한 증명책임은 피해자가 여전히 부담한다. 사안에서 마사회가 뿌린 소금이 땅속으로 스며들어 지하수로 유입되었고 이것이 김이 사용하는 지하수를 오염시켰을 것으로 추정된다면, 환경정책기본법 제44조 제1항에 따라 한국마사회의 손해배상책임이 인정된다.

[유제 1] 고속도로에 인접한 과수원의 운영자인 김은, 과수원에 식재된 과수나무 중 고속도로에 접한 1열과 2열에 식재된 과수나무의 생장과 결실이 다른 곳에 식재된 과수나무에 비해 현격하게 부진하자, 과수원의 과수가 고사하는 등의 피해는 고속도로에서 발생하는 매연과 한국도로공사의 제설제 사용 등으로 인한 것이라고 주장하며 한국도로공사를 상대로 손해배상을 구한다. 한국도로공사는 김이 입은 손해는 도로시설이 적법하게 가동되고 공용에 제공하는 것을 감안하면 통상의 참을 한도 이내이고 따라서 위법성이 인정되기 힘들다고 항변한다. (대법원 2019.11.28. 선고 2016다233538 판결)

[해결] 한국도로공사가 설치·관리하는 고속도로에서 발생한 매연과 한국도로공사가 살포한 제설제의 염화물 성분 등이 김이 운영하는 과수원에 도달함으로써, 과수가 고사하거나 성장과 결실이 부족하고 상품판매율이 떨어지는 피해가 발생하였고 이것이 통상의 '참을 한도'를 넘는 것이어서 위법성이 인정된다면 한국도로공사의 배상책임이 인정된다. 입증에 있어서는 적어도 가해자가 어떤 유해한 원인물질을 배출한 사실, 그 유해의 정도가 사회통념상 일반적으로 참아내야 할 정도를 넘는다는 사실, 그것이 피해물건에 도달한 사실, 그 후 피해자에게 손해가 발생한 사실에 관한 증명책임은 피해자가 여전히 부담한다.

[유제 2] 여천공단에 위치한 A사가 운영하는 공장에서 재첩의 생육에 악영향을 줄 수 있는 페놀 등의 폐수가 배출되었고, 그 폐수 중 일부가 김의 양식장에 도달하여 재첩이 폐사하였다. 김이 A사에 손해배상책임을 구하자, A사는 도달된 배출수의 유

> 해성분은 극히 미미하여서 재첩의 생육에 별다른 영향을 주지 아니하며, 여름철 특히 가뭄시 양식장 내의 수온이 급격히 상승할 수 있는 점 등에 비추어 A사의 공장의 폐수와 재첩 양식장의 피해와의 사이에 인과관계를 인정하기에 부족하다고 항변한다. (대법원 2004.11.26. 선고 2003다2123 판결)

[해결] 수질오염으로 인한 공해소송인 사안에서 (1) A사의 공장이 위치한 여천공단에서 재첩 양식에 악영향을 줄 수 있는 폐수가 배출되고, (2) 그 폐수 중 일부가 물의 흐름에 따라 김의 재첩 양식장에 도달하였으며, (3) 그 후 재첩에 피해가 있었다는 사실이 각 모순 없이 증명되면 A사의 공장의 폐수 배출과 재첩 양식이 폐사함으로 발생한 손해 사이의 인과관계가 일응 증명되었다고 할 것이므로, A사가 반증으로 (1) A사의 공장이 배출하는 폐수 중에는 재첩의 생육에 악영향을 끼칠 수 있는 원인물질이 들어 있지 않으며, (2) 원인물질이 들어 있다 하더라도 안전농도 범위 내에 속한다는 사실을 입증하거나, 간접반증으로 재첩 양식장의 피해는 A사 공장이 배출한 폐수가 아닌 다른 원인이 전적으로 작용하여 발생한 것임을 입증하지 못하는 이상 A사는 그 책임을 면할 수 없다.

8. 일조권의 침해

> [사안] 김의 주택 옆에 박의 숙박시설이 들어서자 김은 그로 인한 자신이 받는 일조방해가 사회통념상 수인한도를 넘었다며 박에게 불법행위책임을 묻는다. 그러나 박은 이 지역이 일반상업지역인데도 일반적인 주거지역에서의 일조방해의 수인한도를 적용하여 위법성을 판단하였으며, 이미 건너편에 19층의 빌딩이 있어 김의 주택의 일조에 영향을 줄 가능성이 있는바, 이러한 요소를 고려하지 않은 채 박의 건물에 의한 일조방해만의 감정에 기초한 김의 주장은 근거없다고 항변한다. (대법원 2004.10.28. 선고 2002다63565 판결)

[해결] 건물의 신축으로 인하여 그 이웃 토지상의 거주자가 직사광선이 차단되는 불이익을 받은 경우에 그 신축 행위가 정당한 권리행사로서의 범위를 벗어나 사법상 위법한 가해행위로 평가되기 위해서는 그 일조방해의 정도가 사회통념상 일반적으로 인용하는 수인한도를 넘어야 하고, 일조방해행위가 사회통념상 수인한도를 넘었는지 여부는 피해의 정도, 피해이익의 성질 및 그에 대한 사회적 평가, 가해 건물의 용도, 지역성, 토지이용의 선후관계, 가해 방지 및 피해 회피의 가능성, 공법적 규제의 위반 여부, 교섭 경과 등 모든 사정을 종합적으로 고려하여 판단하여야 한다. 그리고 쾌적하고 건강한 생활에 필요한 생활이

익으로서 법적 보호의 대상이 되는 주거의 일조는 현재 살고 있는 지역주민을 보호하기 위한 것이므로 일조방해행위가 수인한도를 넘었는지 여부를 판단하기 위한 지역성은 그 지역의 토지이용 현황과 실태를 바탕으로 지역의 변화 가능성과 변화의 속도 그리고 지역주민들의 의식 등을 감안하여 결정하여야 할 것이고, 바람직한 지역 정비로 토지의 경제적·효율적 이용과 공공의 복리증진을 도모하기 위한 도시계획법 등 공법에 의한 지역의 지정은 그 변화 가능성 등을 예측하는 지역성 판단의 요소가 된다고 할 것이다. 또한, 구체적인 수인한도를 판단하기 위하여는 일조피해를 받는 건물이 이미 다른 기존 건물에 의하여 일조방해를 받고 있는 경우에는 그 일조방해의 정도와 신축 건물에 의한 일조방해와의 관련성 등도 고려하여 신축 건물에 의한 일조방해가 수인한도를 넘었는지 여부를 판단하여야 할 것이다.

9. 조망권의 침해

> **[사안]** 김 등이 소유하는 주택보다 남쪽방향으로 13~15m 정도 높은 언덕 위에 그 지상 건물의 소유자 432세대가 재건축조합을 설립하여 A건설사가 노후된 5층 아파트를 철거하고 그 지상에 16층 내지 21층의 아파트 13동을 건축하였다. 이에 김 등은 아파트가 건축되어 기존 건물에서 바라다 보이는 전망이 종전보다 나쁘게 되었다며 A사에 불법행위 책임을 묻는다. 그러나 A사는, 김 등의 주택 주위에는 특별히 경관으로서 내세울 만한 것이 없고, 이미 아파트 건축 전의 5층 아파트 단지에 의하여 시야가 가로막혀 남쪽으로의 조망이 양호하지 못하였으며, 건축 당시 아파트의 방향이나 높이를 김 등의 조망에 유리하도록 배려하였더라도 김 등의 조망이 그리 크게 개선되었을 것으로 보이지는 아니한다며, 김 등의 조망이익에 대한 침해의 정도가 그 수인한도를 벗어난 것으로 보기 어렵다고 항변한다. (대법원 2004.9.13. 선고 2003다64602 판결)

[해결] 어느 토지나 건물의 소유자가 종전부터 향유하고 있던 경관이나 조망이 그에게 하나의 생활이익으로서의 가치를 가지고 있다고 객관적으로 인정된다면 법적인 보호의 대상이 될 수 있는 것인바, 이와 같은 조망이익은 원칙적으로 특정의 장소가 그 장소로부터 외부를 조망함에 있어 특별한 가치를 가지고 있고, 그와 같은 조망이익의 향유를 하나의 중요한 목적으로 하여 그 장소에 건물이 건축된 경우와 같이 당해 건물의 소유자나 점유자가 그 건물로부터 향유하는 조망이익이 사회통념상 독자의 이익으로 승인되어야 할 정도로 중요성을 갖는다고 인정되는 경우에 비로소 법적인 보호의 대상이 되는 것이라고 할 것이고, 그와 같은 정도에 이르지 못하는 조망이익의 경우에는 법적인 보호의 대상이 될

수 없다고 할 것이다. 그리고 조망이익이 법적인 보호의 대상이 되는 경우에 이를 침해하는 행위가 사법상 위법한 가해행위로 평가되기 위해서는 조망이익의 침해 정도가 사회통념상 일반적으로 인용하는 수인한도를 넘어야 하고, 그 수인한도를 넘었는지 여부는 조망의 대상이 되는 경관의 내용과 피해건물이 입지하고 있는 지역에 있어서 건조물의 전체적 상황 등의 사정을 포함한 넓은 의미에서의 지역성, 피해건물의 위치 및 구조와 조망상황, 특히 조망과의 관계에서의 건물의 건축·사용목적 등 피해건물의 상황, 주관적 성격이 강한 것인지 여부와 여관·식당 등의 영업과 같이 경제적 이익과 밀접하게 결부되어 있는지 여부 등 당해 조망이익의 내용, 가해건물의 위치 및 구조와 조망방해의 상황 및 건축·사용목적 등 가해건물의 상황, 가해건물 건축의 경위, 조망방해를 회피할 수 있는 가능성의 유무, 조망방해에 관하여 가해자측이 해의(害意)를 가졌는지의 유무, 조망이익이 피해이익으로서 보호가 필요한 정도 등 모든 사정을 종합적으로 고려하여 판단하여야 한다.

제4편 물권법

제1강 부동산물권의 양도와 등기

> 물권과 채권의 관계 : 부동산이중양도의 사례 /등기의 형식적 유효요건 - 이중등기 / 등기의 실질적 유효요건(1) - 중간생략등기 /등기의 실질적 유효요건(2) - 무효등기의 유용(流用) /부동산실명법의 해석 - 명의신탁/ 계약의 무효·취소와 물권의 복귀 / 미등기 양수인의 보호
>
> ■ 제186조의 해석론을 중심으로 한 부동산물권변동과 등기는 매우 다양한 주제를 포함하고 있다. 여기서는 우선 부동산이중양도의 사례를 들어 물권과 채권의 기본관계를 살펴보는 것으로 시작한다. 부동산물권변동의 주제는 등기의 유효요건이라고 할 수 있는데 형식적 유효요건의 대표로서 이중등기의 문제를 보고 실질적 유효요건으로서는 중간생략등기와 무효등기의 유용에 관한 사례를 본다. 그 연장에서 명의신탁의 문제가 대두되는데 이것은 부동산실명법의 해석과 관련되어 복잡다단한 판례이론을 발전시켜 왔는데 그 중 의미있는 판결들을 엄선하였다. 특히 명의신탁이 불법원인급여가 되는가는 명의신탁과 관련한 본질적인 관점에 관한 것인데 2019년 6월의 대법원 전원합의체판결을 소개하였다. 그리고 계약의 무효나 취소시 물권의 복귀문제도 총칙의 제107 - 제110조의 규정과 관련하여 이해되어야 할 중요한 주제이다. 끝으로 등기주의 하에서 미등기양수인의 보호가 어떻게 이루어지는가를 보여주는 판결을 소개한다.

1. 물권과 채권의 관계 : 부동산이중양도의 사례

1) 부동산의 이중매매와 사회질서위반의 판단기준

> [사안] 김은 2001.1. 박과 X토지에 관하여 매매대금을 700만원으로 한 매매계약(제1매매계약)을 체결한 후 계약 당일 계약금 100만원, 2001.2. 잔금 600만

> 원 등 매매대금 전액을 박으로부터 지급받았으나, X토지에 관한 소유권이전등기를 넘겨주지는 않았다. 그런데 2010.9.경 최는 마을 사람들에게 X토지의 소유자가 박이라는 말을 듣고 X토지의 등기부등본을 확인한 후 이전등기가 되지 않은 사실을 알고는 김을 설득하여 김과 매매대금 1,450만 원으로 하는 매매계약(제2매매계약)을 다시 체결하였고, 2010.10. 김은 최에게 X토지에 관하여 최 명의 소유권이전등기를 해 주었다. X토지는 공익사업을 위해 수용 예정이었으며, 수용이 진행될 경우 보상예정액은 제2매매계약의 매매대금의 약 2배에 이를 것으로 추정되었다. 박은 김에 대한 X토지에 관한 소유권이전등기청구권을 보전하기 위해 김을 대위하여 최에게 최 명의 소유권이전등기의 말소를 구한다. (대법원 2013.10.11. 선고 2013다52622 판결)

[해결] 어떠한 부동산에 관하여 소유자가 양도의 원인이 되는 매매 기타의 계약을 하여 일단 소유권 양도의 의무를 짐에도 다시 제3자에게 매도하는 등으로 같은 부동산에 관하여 소유권 양도의 의무를 이중으로 부담하고 나아가 그 의무의 이행으로, 그러나 제1의 양도채권자에 대한 양도의무에 반하여, 소유권의 이전에 관한 등기를 그 제3자 앞으로 경료함으로써 이를 처분한 경우에, 소유자의 그러한 제2의 소유권양도의무를 발생시키는 원인이 되는 매매 등의 계약이 소유자의 위와 같은 의무위반행위를 유발시키는 계기가 된다는 것만을 이유로 이를 공서양속에 반하여 무효라고 할 것이 아님은 물론이다. 그것이 공서양속에 반한다고 하려면, 상대방에게도 그러한 무효의 제재, 보다 실질적으로 말하면 나아가 그가 의도한 권리취득 자체의 좌절을 정당화할 만한 책임귀속사유가 있어야 한다. 제2의 양도채권자에게 그와 같은 사유가 있는지를 판단함에 있어서는, 그가 당해 계약의 성립과 내용에 어떠한 방식으로 관여하였는지(판례가 말하는 '소유자의 배임행위에 적극 가담하였는지' 여부라는 기준)를 일차적으로 고려할 것이고, 나아가 계약에 이른 경위, 약정된 대가 등 계약내용의 상당성 또는 특수성, 그와 소유자의 인적 관계 또는 종전의 거래상태, 부동산의 종류 및 용도, 제1양도채권자의 점유 여부 및 그 기간의 장단과 같은 이용현황, 관련 법규정의 취지·내용 등과 같이 법률행위가 공서양속에 반하는지 여부의 판단에서 일반적으로 참작되는 제반 사정을 여기서도 종합적으로 살펴보아야 할 것이다. 사안에서 최와 김이 체결한 제2매매계약은 사회질서에 반하는 법률행위에 해당하여 민법 제103조 위반으로 무효라 할 것이고, 최는 김에게 자신 명의 소유권이전등기의 말소등기절차를 이행할 의무가 있다.

2) 이미 매도된 부동산에 관하여 체결된 근저당권설정계약의 효력

[사안] A사는 X토지위에 건설예정인 아파트를 김 등에게 분양하여 그들로부터 계약금 전액과 중도금 일부 또는 전부를 지급받았다. 공사가 80% 정도 진행되던 중 A사가 자금사정이 어려워져 부도위기에 빠지게 되자, 전부터 A사와 금전거래를 해오던 B금고가 채권확보책을 강구하여 줄 것을 다그치자 A사는 요구를 물리치지 못하여, 입주자 모집공고 후 당해 토지의 담보제공을 금지한 관련법규의 규정을 어기고 X토지에 대해 B금고 앞으로 근저당권설정등기를 경료하여 주고 도피하였다. 이에 김 등은 B금고의 근저당권설정등기는 A사의 배임행위에 B금고가 적극 가담하여 이루어진 것으로서 무효라고 주장한다. (대법원 2002.9.6. 선고 2000다41820 판결)

[해결] 이미 매도된 부동산에 관하여 체결한 근저당권설정계약이 반사회적 법률행위로 무효가 되기 위하여는 매도인의 배임행위와 근저당권자가 매도인의 배임행위에 적극 가담한 행위로 이루어진 것으로서 그 적극 가담하는 행위는 근저당권자가 다른 사람에게 그 목적물이 매도된 것을 알고도 근저당권설정을 요청하거나 유도하여 계약에 이르는 정도가 되어야 한다고 할 것이다. 사안에서 아파트를 분양한 자가 부도위기에 직면하여 도피하기 직전 일부 채권자들에게 아파트 부지를 일괄 담보로 제공한 경우라면, 근저당권자가 매도인의 배임행위에 적극 가담하였는지의 여부를 판단함에 있어서는 근저당권자가 목적 부동산이 이미 피분양자들에게 분양된 사실을 알면서도 그와 같은 근저당권을 설정하게 된 목적, 매도인과 근저당권자 사이에 근저당권설정 전에도 금전대차관계가 있었는지의 여부와 담보제공 여부 및 만일 담보 없이 금전거래를 하여왔다면 그 경위와 이유, 매도인과 근저당권자 사이의 관계, 이러한 배임행위의 사회적 파장과 피분양자들에 대한 예상되는 피해규모에 관하여 매도인 및 근저당권자가 취한 태도 등을 종합적으로 고려하여야 한다.

3) 부동산의 이중양도와 선의의 전득자

[사안] 김은 그의 부친이 생전에 X토지를 박에게 매도한 사실을 알면서도 이를 최에게 이중으로 매도하였고 최도 이를 알면서도 단지 전매차익을 얻기 위하여 김에게 X토지의 매도를 요청하여 이를 매수하였다. 최는 X토지를 다시 사정을 모르는 정에게 매도하고 등기를 이전하여 주었다. 박은 정을 상대로 김과 최 사이의 매매계약은 반사회적인 행위로서 무효이고 따라서 최의 명의의 소유권이전등기는 무효이며 이에 터잡은 정의 소유권이전등기 역시 무효라고 주장한다. 그러나 정은 이중양도가

무효라 하더라도 신의칙상 선의의 제3자에게 대하여는 무효를 주장할 수 없다고 항변한다. (대법원 1996.10.25. 선고 96다29151 판결)

[해결] 부동산의 이중매매가 반사회적 법률행위에 해당하는 경우에는 이중매매계약은 절대적으로 무효이므로, 당해 부동산을 제2매수인으로부터 다시 취득한 제3자는 설사 제2매수인이 당해 부동산의 소유권을 유효하게 취득한 것으로 믿었더라도 이중매매계약이 유효하다고 주장할 수 없다. 이러한 판례이론에 의하면 이중매매는 절대적 무효가 되어 선의의 전득자를 구제할 수 없게 되는바, 이는 거래안전을 해할뿐더러 제1매수인을 지나치게 보호하는 결과가 된다.

2. 등기의 형식적 유효요건 – 이중등기

[판결요지] 동일 부동산에 관하여 경료된 각 소유권보존등기가 그 부동산을 표상함에 부족함이 없는 것으로 인정되는 경우, 그 각 등기는 모두 공시의 효력을 가지게 되고, 따라서 뒤에 이루어진 소유권보존등기는 중복등기에 해당하여 선등기에 원인무효의 사유가 없는 한 원인무효로 귀착될 수밖에 없다. (대법원 2002.7.12. 선고 2001다16913 판결)

[사안] X 토지는 6·25사변으로 인하여 그 토지대장과 등기부가 멸실되었다가 1954.3. 김 명의로 전등기의 원인은 1942.2. 매매로 된 소유권이전등기가 회복등재되고, 그 후 이에 터잡아 1971.1. 박 명의의 소유권이전등기, 1987.9. 최 명의의 소유권이전등기가 순차로 각 경료되었다. 한편, 1954.7. 멸실 전 등기필증이 첨부된 회복등기신청에 의하여 등기용지를 달리하여 매매를 원인으로 한 강 명의의 소유권이전등기가 중복하여 회복등재되었는바, 이는 1917.6. X 토지에 관하여 이루어진 정 명의의 소유권보존등기에 그 바탕을 두고 있다. 강의 아들은 X 토지에 관하여 경료된 김 명의의 회복등기는 김이 강으로부터 X 토지를 매수하는 등의 실체적 등기원인이 없음에도 근거서류 없이 허위로 마친 것이거나 강 명의의 소유권이전등기의 기초가 된 소유권보존등기보다 늦게 경료된 중복된 소유권보존등기에 터잡은 것으로서 무효이므로 이에 터잡아 경료된 박과 최 명의의 각 등기의 말소를 구한다. (대법원 2001.2.15. 선고 99다66915 전원합의체 판결)

[해결] 동일 부동산에 관하여 등기명의인을 달리하여 중복된 소유권보존등기가 경료된 경우에는 먼저 된 소유권보존등기가 원인무효가 되지 아니하는 한 나중 된 소유권보존등기는 1부동산1용지주의를 채택하고 있는 현행 부동산등기법 아래에서는 무효라고 해석함이 상당하고, 동일 부동산에 관하여 중복된 소유권보존등기에 터잡아 등기명의인을 달리하는 각 소유권이전등기가 경료된 경우에 등기의 효력은 소유권이전등기의 선후에 의하여 판단할 것이 아니고 각 소유권이전등기의 바탕이 된 소유권보존등기의 선후를 기준으로 판단하여야 하며, 그 이전등기가 멸실회복으로 인한 이전등기라 하여 달리 볼 것은 아니고, 이와 달리 이와 같은 경우에 멸실 후 회복된 소유권이전등기의 각 회복등기일자의 선후로 각 회복등기의 우열을 가릴 수는 없다고 한 대법원 1996.11.29. 선고 94다60783 판결 및 대법원 1995.6.30. 선고 94다49274 판결 부분은 이를 변경하기로 한다. 사안에서 X토지에 관하여 멸실 후 회복된 각 소유권이전등기의 바탕이 된 소유권보존등기가 동일 등기인지 중복등기인지, 중복등기라면 각 소유권보존등기가 언제 이루어졌는지가 불명이고, 위 각 회복등기의 추정력을 번복할 사정이 보이지 않는다면, 먼저 경료된 김 명의의 회복등기가 우선한다고 할 것이다.

(별개의견) 부동산등기제도가 권리관계의 공시제도로서 기능하기 위하여는 하나의 부동산에 대하여 하나의 등기부만이 존재하여야 한다는 것은 너무나 당연한 원리일 것이다. 이러한 1부동산1용지주의를 관철하기 위하여 부동산등기법은 등기신청단계에서 일단 하나의 부동산에 관하여 소유권보존등기가 경료되어 등기부가 개설된 후에는 비록 진정한 소유자가 다시 소유권보존등기신청을 한다고 하더라도 그 신청을 각하하도록 함으로써(부동산등기법 제55조 제2호) 중복된 등기부가 개설되는 것을 막고 있다. 그럼에도 불구하고 어떤 사유로 등기명의인을 달리하여 중복된 소유권보존등기가 경료된 경우에 관하여 대법원 1990.11.27. 선고 87다카2961, 87다453 전원합의체 판결은 먼저 된 소유권보존등기가 다른 사유로 원인무효가 되지 않는 한 원래 각하되었어야 할 나중 된 소유권보존등기를 무효로 한다고 선언함으로써 사후적으로도 하나의 부동산에 대하여 중복된 등기부가 존재할 수 없도록 1부동산1용지주의를 관철하고 있는 것이다.

그런데 이와 같은 1부동산1용지주의는 소유권보존등기에 의하여 등기부가 개설되는 경우에만 적용될 것이 아니고, 이 사건과 같이 멸실회복등기에 의하여 등기부가 개설되는 경우에도 동일하게 요청되는 원리인 것이다. 따라서 일단 하나의 부동산에 관하여 멸실회복등기가 경료되어 등기부가 개설된 후에는 새로운 멸실회복등기신청이 비록 진정한 소유자에 의하여 이루어진 것이라 하더라도 마찬가지로 부동산등기법 제55조 제2호에 의하여 각하되어야 함은 당연한 것이다. 뿐만 아니라, 잘못하여 중복된 멸실회복등기가 경료됨으로써 복수의 등기부가 개설된 경우에 있어서도 등기명의인을 달리하여 중복된 소유권보존등기가 경료된 경우와 마찬가지로 먼저 된 멸실회복등기가 다른 사유로 원인무효가 되지 않는 한 원래 각하되었어야 할 나중 된 멸실회복등기를 무효로 하는 것으로 해석하여야 할 것이다.

    사안에서 김 명의의 멸실회복등기가 먼저 경료되었고, 그 멸실회복등기를 원인무효로 볼 아무런 사정을 찾아볼 수 없는 이상 먼저 된 멸실회복등기인 김 명의의 소유권이전등기가 유효하다고 할 것이다. 그러나 다수의견이 동일 부동산에 관하여 등기명의인을 달리하는 멸실회복된 각 소유권이전등기의 바탕이 된 각 소유권보존등기가 동일등기인지 중복등기인지, 중복등기라면 각 소유권보존등기가 언제 이루어졌는지가 밝혀지지 아니한 경우에 한정하여 멸실 후 회복된 소유권이전등기의 회복등기일자를 기준으로 하여 회복등기의 우열을 가려야 한다는 점에는 찬성할 수 없다.

3. 등기의 실질적 유효요건(1) - 중간생략등기

1) 중간생략등기에 관한 합의가 없이 이루어진 등기의 효력

> **[사안]** 김은 X임야를 망인 박으로부터 생전에 증여받았으나 그 상속인들의 동의를 받지 아니하고 직접 자기 앞으로 등기를 경료하였다. 이에 박의 상속인들은 김의 중간생략등기가 원인무효라고 주장하며 소유권이전등기의 말소를 구한다. (대법원 2005.9.29. 선고 2003다40651 판결)

[해결] 최종 양수인이 중간생략등기의 합의를 이유로 최초 양도인에게 직접 중간생략등기를 청구하기 위하여는 관계 당사자 전원의 의사합치가 필요하지만, 당사자 사이에 적법한 원인행위가 성립되어 일단 중간생략등기가 이루어진 이상 중간생략등기에 관한 합의가 없었다는 이유만으로는 중간생략등기가 무효라고 할 수는 없다.

2) 중간생략등기의 합의의 효력

> **[사안]** 김과 박과 최 사이에는 X토지에 관하여 각 순차로 매매계약이 체결되었는데, 이들 사이에는 X토지에 관하여 박 명의의 소유권이전등기를 생략하고 박과 최 사이에 체결된 매매계약에 기하여 바로 김으로부터 최 명의로 소유권이전등기를 경료하여 주기로 하는 중간생략등기의 합의가 이루어졌다. 그 후 김이 박에게 토지매매대금을 당초 계약가격보다 올려달라고 고집하자 박은 최로부터는 매매계약상의 대금을 모두 지급받은 후에 김과의 사이에 매매대금을 평당 55만원으로 인상하여 그 매매대금을 지급하기로 약정하였다. 그러나 박이 인상된 매매대금의 지급을 하지 아니

> 하자, 김은 최에 대한 소유권이전등기의 이행을 거절한다. 이에 최는, 김이 박에게는 인상된 매매대금의 지급을 청구할 수 있을지언정 최에게는 당초의 박과 최 사이의 매매계약상의 항변권만을 주장할 수 있을 뿐이므로 당초의 매매계약 및 중간생략등기 합의 이후에 김과 박 사이에서 이루어진 매매대금 인상의 합의를 가지고 최에게 대항할 수 없다고 항변한다. (대법원 2005.4.29. 선고 2003다66431 판결)

[해결] 중간생략등기의 합의란 부동산이 전전 매도된 경우 각 매매계약이 유효하게 성립함을 전제로 그 이행의 편의상 최초의 매도인으로부터 최종의 매수인 앞으로 소유권이전등기를 경료하기로 한다는 당사자 사이의 합의에 불과할 뿐이므로, 이러한 합의가 있다고 하여 최초의 매도인이 자신이 당사자가 된 매매계약상의 매수인인 중간자에 대하여 갖고 있는 매매대금청구권의 행사가 제한되는 것은 아니다.

사안에서 X토지에 관하여 자신의 소유 명의로 등기가 되어 있는 김으로서는 매수인인 박 명의로 소유권이전등기를 경료해 줄 의무의 이행과 동시에 박에 대하여 인상된 매매대금의 지급을 구하는 내용의 동시이행의 항변권을 보유하고 있다고 보아야 할 것이므로, 김은 인상된 매매대금이 지급되지 아니하였음을 이유로 최 명의로의 소유권이전등기의무의 이행을 거절할 수 있다고 할 것이다.

4. 등기의 실질적 유효요건(2) - 무효등기의 유용(流用)

> [사안] 김은 그 소유인 X부동산에 관하여 박을 매매예약 권리자로 하는 매매예약을 체결한 다음, 박 명의로 소유권이전청구권 가등기를 경료하였다. 그 후 10여년이 지난 후에 김은 최와의 사이에 새로운 매매계약을 체결하고 위 가등기를 최 앞으로 이전하는 부기등기를 경료해 주었다. 그러나 그 부기등기가 경료되기 이전에 이미 X부동산에는 김에 대해 채권을 갖고 있는 A은행 명의의 가압류 등기가 경료되어 있었다. A은행은 김을 대위하여 최에게 가등기의 말소를 구한다. (대법원 2009.5.28. 선고 2009다4787 판결)

[해결] 부동산의 매매예약에 기하여 소유권이전등기청구권의 보전을 위한 가등기가 마쳐진 경우에 그 매매예약완결권이 소멸하였다면 그 가등기 또한 효력을 상실하여 말소되어야 할 것이나, 그 부동산의 소유자가 제3자와 사이에 새로운 매매예약을 체결하고 그에 기한 소유권이전등기청구권의 보전을 위하여 이미 효력이 상실된 가등기를 유용하기로 합의하

고 실제로 그 가등기 이전의 부기등기를 마쳤다면, 그 가등기 이전의 부기등기를 마친 제3자로서는 언제든지 부동산의 소유자에 대하여 위 가등기 유용의 합의를 주장하여 가등기의 말소청구에 대항할 수 있고, 다만 그 가등기 이전의 부기등기 전에 등기부상 이해관계를 가지게 된 자에 대하여는 위 가등기 유용의 합의 사실을 들어 그 가등기의 유효를 주장할 수는 없다.

5. 부동산실명법의 해석 - 명의신탁

1) 명의신탁의 기본법리

> [사안] X부동산에 관하여 부동산실명법 시행 이전에 김에게 지분소유권이전등기가 마쳐졌고, A농협이 X부동산에 관하여 강제경매개시결정을 받아 그 기입등기가 마쳐지었다. 그런데 B 종중이 김 명의의 X부동산에 관한 명의신탁자라고 주장하며 A농협을 상대로 소유권자로서 제3자이의(異議)의 소를 제기하였다. 그러나 A농협은 명의신탁의 법리상 명의신탁자는 명의수탁자의 집행채권자에 대하여 소유권을 주장할 수 없다고 항변한다. (대법원 2007.5.10. 선고 2007다7409 판결)

[해결] 부동산실명법 제8조 제1호에 의하면 종중이 보유한 부동산에 관한 물권을 종중 이외의 자의 명의로 등기하는 명의신탁의 경우 조세포탈, 강제집행의 면탈 또는 법령상 제한의 회피를 목적으로 하지 아니하는 경우에는 같은 법 제4조 내지 제7조 및 제12조 제1항·제2항의 규정의 적용이 배제되어 종중이 같은 법 시행 전에 명의신탁한 부동산에 관하여 같은 법 제11조의 유예기간 이내에 실명등기 또는 매각처분을 하지 아니한 경우에도 그 명의신탁약정은 여전히 그 효력을 유지하는 것이지만, 부동산을 명의신탁한 경우에는 소유권이 대외적으로 수탁자에게 귀속하므로 명의신탁자는 신탁을 이유로 제3자에 대하여 그 소유권을 주장할 수 없고, 신탁자가 수탁자에 대해 가지는 명의신탁해지를 원인으로 한 소유권이전등기청구권은 집행채권자에게 대항할 수 있는 권리가 될 수 없으므로, 결국 명의신탁자인 종중은 명의신탁된 부동산에 관하여 제3자 이의의 소의 원인이 되는 권리를 가지고 있지 않다.

2) 명의수탁자의 임의처분과 불법행위의 성립

[사안] 김은 박으로부터 박 소유의 X부동산을 명의신탁받아 소유권이전등기를 마치고 박을 위하여 보관하던 중 임의로 X부동산을 최에게 매도하였다. 박은 김을 횡령죄로 형사고소하였으나 김이 무죄판결을 받자, 민사상 김의 불법행위로 인한 손해배상을 청구한다. (대법원 2021.6.3. 선고 2016다34007 판결)

[해결] 부동산실명법 제4조 제3항에서는 명의신탁약정과 그에 따른 물권변동의 무효는 "제3자에게 대항하지 못한다."라고 정하고 있으므로, 명의신탁자는 명의수탁자가 제3자에게 부동산을 임의로 처분한 경우 제3자에게 자신의 소유권을 주장하여 소유권이전등기의 말소를 구할 수 없고, 명의수탁자로부터 부동산을 양수한 제3자는 소유권을 유효하게 취득하게 된다. 그렇다면 명의신탁받은 부동산을 명의신탁자의 동의 없이 제3자에게 임의로 처분한 명의수탁자는 명의신탁자의 소유권을 침해하는 위법행위를 한 것이고 이로 인하여 명의신탁자에게 손해가 발생하였으므로, 비록 명의수탁자의 임의처분 행위가 형사상 횡령죄로 처벌되지 않더라도(대법원 2021.2.18. 선고 2016도18761 전원합의체 판결로 변경), 이와 관계없이 민법 제750조에 따른 불법행위책임의 성립 요건을 충족한다.

3) 명의신탁약정과 불법원인급여

[사안] 김녀의 남편은 1998년 농지를 취득한 뒤 농지법 위반 문제가 발생하자 박녀의 남편 명의로 소유권 등기를 했다. 김녀는 2009년 남편이 사망하자 농지를 상속받았고, 뒤이어 2012년 박녀의 남편도 사망하자 박녀를 상대로 명의신탁약정과 등기는 무효이므로 진정 명의회복을 원인으로 소유권을 이전할 것을 청구한다. 이에 박녀는 명의신탁약정은 불법원인급여에 해당하므로 김녀는 토지의 반환을 구할 수 없다고 항변한다. (대법원 2019.6.20. 선고 2013다218156 전원합의체 판결)

[해결] 부동산실명법을 위반하여 무효인 명의신탁약정에 따라 명의수탁자 명의로 등기를 하였다는 이유만으로 당연히 불법원인급여에 해당한다고 단정할 수 없다. 부동산실명법은 부동산 소유권을 실권리자에게 귀속시키는 것을 전제로 명의신탁약정과 그에 따른 물권변동을 규율하고 있으며 법을 제정한 입법자의 의사도 신탁부동산의 소유권을 실권리자에게 귀속시키는 것을 전제로 하고 있다. 명의신탁에 대해 불법원인급여 규정을 적용한다면 재

화 귀속에 관한 정의 관념에 반하는 불합리한 결과를 가져올 뿐만 아니라 그간 판례의 태도에도 합치되지 않는다. 명의신탁을 금지하겠다는 목적만으로 명의신탁자의 신탁부동산에 대한 재산권의 본질적 부분을 침해할 수는 없다. 대법원은 이처럼 무효인 명의신탁약정에 기하여 타인 명의의 등기가 마쳐졌다는 이유만으로 당연히 불법원인급여에 해당한다고 볼 수 없다는 종래의 견해(대법원 2003.11.27. 선고 2003다41722 판결 등)를 유지하였다.

(반대의견) 부동산실명법을 위반해 무효인 명의신탁약정에 따라 명의수탁자에게 마친 등기는 민법 제746조의 불법원인급여에 해당한다. 불법원인급여에서 '불법의 원인'은 선량한 풍속 기타 사회질서에 위반하는 경우이고, '사회질서에 위반하는 법률행위'는 현재 우리 사회 일반인의 이성적이며 공정하고 타당한 관념에 따라 결정돼야 한다. 부동산실명법 제정 20여년이 지난 현재 부동산실명제는 하나의 사회질서로 자리를 잡아 이를 위반한 명의신탁은 반사회질서의 법률행위라는 불법성에 관한 공통의 인식이 형성됐다.

4) 3자간 등기명의신탁에서 명의신탁자의 부당이득반환청구

[사안] 김은 2010.3. X부동산에 관하여 소유자인 박과 매매계약을 체결하고 2010.5.까지 매매대금 10억원을 모두 지급하였다. 박은 김과 최의 명의신탁약정에 따라 2010.5. X부동산에 관하여 최의 명의로 소유권이전등기를 마쳐주었다. 최는 2014.12. A은행으로부터 5억원을 대출받으면서 X부동산에 채권최고액 6억원인 근저당권을 설정하였다. 김은 명의수탁자인 최가 근저당권을 설정하고 대출을 받음으로써 피담보채무액 상당의 이익을 얻었고 그로 인하여 김에게 같은 금액의 손해를 가하였다고 주장하면서, 최를 상대로 부당이득반환을 구한다. 그러나 최는, 3자간 등기명의신탁의 경우 명의신탁약정과 그에 따른 소유권이전등기가 모두 무효로 되고 부동산의 소유권은 매도인에게 남아 있으므로 근저당권설정으로 손해를 입은 자는 매도인이자 소유자인 박이지 김이 아니라는 이유로 김의 부당이득반환청구를 거절한다. (대법원 2021.9.9. 선고 2018다284233 전원합의체 판결)

[해결] 3자간 등기명의신탁에서 명의수탁자의 임의처분 등 처분행위를 원인으로 제3자 명의로 소유권이전등기가 마쳐진 경우, 제3자는 유효하게 소유권을 취득한다('부동산실명법' 제4조 제3항). 그 결과 매도인의 명의신탁자에 대한 소유권이전등기의무는 이행불능이 되어 명의신탁자로서는 부동산의 소유권을 이전받을 수 없게 되는 한편, 명의수탁자는 부동산의 처분대금이나 보상금 등을 취득하게 된다. 판례는, 명의수탁자가 그러한 처분대금이나 보상금 등의 이익을 명의신탁자에게 부당이득으로 반환할 의무를 부담한다고 보고 있

다. 명의수탁자가 부동산에 관하여 제3자에게 근저당권을 설정하여 준 경우에도 제3자는 부동산실명법 제4조 제3항에 따라 유효하게 근저당권을 취득한다. 명의수탁자는 제3자에게 근저당권을 설정하여 줌으로써 피담보채무액 상당의 이익을 얻었고, 명의신탁자는 매도인을 매개로 하더라도 피담보채무액만큼의 교환가치가 제한된 소유권만을 취득할 수밖에 없는 손해를 입은 한편, 매도인은 명의신탁자로부터 매매대금을 수령하여 매매계약의 목적을 달성하였으면서도 근저당권이 설정된 상태의 소유권을 이전하는 것에 대하여 손해배상책임을 부담하지 않으므로 실질적인 손실을 입지 않는다. 따라서 3자간 등기명의신탁에서 명의수탁자가 부동산에 관하여 제3자에게 근저당권을 설정한 경우 명의수탁자는 근저당권의 피담보채무액 상당의 이익을 얻었고 그로 인하여 명의신탁자에게 그에 상응하는 손해를 입혔으므로, 명의수탁자는 명의신탁자에게 이를 부당이득으로 반환할 의무를 부담한다.

(반대의견) 부동산실명법 시행 후에는 명의신탁자와 명의수탁자 사이에 직접적인 법률관계가 없다. 부동산에 관하여 아무런 권리 없이 소유명의를 가지는 자에 불과한 명의수탁자가 부동산에 관하여 제3자에 대하여 근저당권을 설정하는 행위는 매도인의 소유권을 침해하는 행위로서 명의수탁자는 근저당권설정으로 얻은 이익을 침해부당이득으로서 매도인에게 반환할 의무 또는 불법행위에 따른 손해배상의무를 부담한다. 매도인이 명의수탁자가 설정한 근저당권을 말소하지 못한 채 명의신탁자에게 부동산의 소유권을 이전하였다면 이는 매매계약에 따른 채무를 이행하지 않은 것으로서 명의신탁자에게 손해배상책임을 부담한다. 또한 명의신탁자는 매도인과 관계에서 매매계약에 따라 부동산에 관한 소유권이전등기청구권만 가지는 지위에 있을 뿐이고 부동산의 소유권을 가지지 않으므로, 명의수탁자가 부동산에 근저당권을 설정하는 행위로 명의신탁자의 권리가 침해되는 것은 아니다. 따라서 명의수탁자는 매도인에 대하여 부당이득반환의무나 손해배상의무를 부담하고, 명의신탁자에 대하여 부당이득반환의무를 부담하지 않는다.

5) 계약명의신탁의 법률관계

> [사안] 김은 박을 대리하여 최로부터 X주택을 대금 3억 9,000만원에 매수하기로 하는 매매계약을 체결하였고, 이에 따라 2000.4. X주택에 관하여 박 앞으로 위 매매를 원인으로 한 소유권이전등기가 경료되었다. 박이 최로부터 X주택을 매수함에 있어 박과 김 사이에서는 X주택에 관한 소유명의를 박에게 신탁하기로 하는 약정이 이루어졌고, 그 매수자금 중 박 명의로 X주택을 담보로 A은행으로부터 대출하여 매매대금의 일부로 지급한 2억 5,000만원을 제외한 나머지 1억 4,000만원은 김이 조달하여 박에게 제공하였다. 거래상대방인 최는 그와 같은 명의신탁약정을 알지 못하

였다. 후에 김은 박에게 부당이득의 반환으로서 X토지의 소유권이전등기의 이행을 청구한다. (대법원 2005.1.28. 선고 2002다66922 판결)

[해결] 부동산실명법 제4조 제1항, 제2항에 의하면, 명의신탁자와 명의수탁자가 이른바 계약명의신탁약정을 맺고 명의수탁자가 당사자가 되어 명의신탁약정이 있다는 사실을 알지 못하는 소유자와의 사이에 부동산에 관한 매매계약을 체결한 후 그 매매계약에 따라 당해 부동산의 소유권이전등기를 수탁자 명의로 마친 경우에는 명의신탁자와 명의수탁자 사이의 명의신탁약정의 무효에도 불구하고 그 명의수탁자는 당해 부동산의 완전한 소유권을 취득하게 되고, 다만 명의수탁자는 명의신탁자에 대하여 부당이득반환의무를 부담하게 될 뿐이라 할 것인데, 그 계약명의신탁약정이 부동산실명법 시행 후인 경우에는 명의신탁자는 애초부터 당해 부동산의 소유권을 취득할 수 없었으므로 위 명의신탁약정의 무효로 인하여 명의신탁자가 입은 손해는 당해 부동산 자체가 아니라 명의수탁자에게 제공한 매수자금이라 할 것이고, 따라서 명의수탁자는 당해 부동산 자체가 아니라 명의신탁자로부터 제공받은 매수자금을 부당이득하였다고 할 것이다. 결국 부동산실명법 제4조 제2항 단서의 규정에 따라 명의수탁자인 박은 X주택에 관한 소유권을 취득하였고, 법률상 원인 없이 김으로부터 제공받은 X주택 매수자금 상당의 이득을 얻었다고 볼 것이다.

6) 계약명의신탁에서 사후적 반환약정의 효력

[사안] 김과 박은 계약명의신탁약정을 체결하고 명의수탁자인 김이 매도인인 최와 사이에 X부동산에 관하여 매매계약을 체결하였고, 김은 박으로부터 매매대금 일부를 제공받고 금융기관으로부터 X부동산을 담보로 하여 김 명의로 자금을 대출받아 최에게 매매대금을 지급한 다음 X부동산에 관하여 김 명의로 소유권이전등기를 마쳤다. 당시 최는 김과 박 사이의 명의신탁약정의 존재에 관하여 알지 못하였다. 그 후 김과 박 사이에 X부동산의 소유권을 박 앞으로 이전하여 주기로 하는 양도약정이 체결되었고, 그에 따라 X부동산에 관하여 박 앞으로 소유권이전등기가 마쳐졌다. 그 후 김은, 부동산실명법 제4조 제1항, 제2항에 의하여 명의수탁자인 김이 X부동산의 완전한 소유권을 취득하였는데, 그 후 김이 박의 요구에 따라 다시 X부동산에 관하여 박 앞으로 소유권이전등기를 하기로 양도약정을 체결한 것은 새로운 약정의 형식을 통하여 무효인 명의신탁약정이 유효함을 전제로 명의신탁부동산 자체의 반환을 약속한 것에 불과하여 역시 무효이고 따라서 박 명의의 소유권이전등기는 적

법한 원인이 없는 무효의 등기라며 소유권이전등기의 말소를 구한다. (대법원 2014.8.20. 선고 2014다30483 판결)

[해결] 계약명의신탁의 당사자들이 그 명의신탁약정이 유효한 것, 즉 명의신탁자가 이른바 내부적 소유권을 가지는 것을 전제로 하여 장차 명의신탁자 앞으로 목적 부동산에 관한 소유권등기를 이전하거나 그 부동산의 처분대가를 명의신탁자에게 지급하는 것 등을 내용으로 하는 약정을 하였다면 이는 명의신탁약정을 무효라고 정하는 부동산실명법 제4조 제1항에 좇아 무효라고 할 것이다. 그러나 명의수탁자가 명의수탁자의 완전한 소유권 취득을 전제로 하여 사후적으로 명의신탁자와의 사이에 매수자금반환의무의 이행에 갈음하여 명의신탁된 부동산 자체를 양도하기로 합의하고 그에 기하여 명의신탁자 앞으로 소유권이전등기를 마쳐준 경우에는 그 소유권이전등기는 새로운 소유권 이전의 원인인 대물급부의 약정에 기한 것이므로 그 약정이 무효인 명의신탁약정을 명의신탁자를 위하여 사후에 보완하는 방책에 불과한 등의 다른 특별한 사정이 없는 한 유효하다고 할 것이고, 그 대물급부의 목적물이 원래의 명의신탁부동산이라는 것만으로 그 유효성을 부인할 것은 아니다.

사안에서 김과 박 사이의 양도약정은 양 당사자가 명의신탁약정의 무효에 따른 김의 매수자금반환의무 등 부당이득반환의무의 이행에 갈음하여 체결한 대물급부의 약정으로서 새로운 소유권이전의 원인이 된다고 볼 것이고, '무효인 명의신탁약정이 유효함을 전제로 명의신탁부동산 자체의 반환을 약속한 것'이라고 쉽사리 단정할 수 없다. 따라서 양도약정에 기하여 마쳐진 소유권이전등기는 유효한 등기라고 보아야 한다.

6. 계약의 무효·취소와 물권의 복귀

1) 통정허위표시와 제3자의 등기

[사안] A건설회사가 축조하여 자사 명의로 소유권보존등기가 되어 있던 X부동산에 관하여 매매예약을 원인으로 하여 1987.2. 김 명의의 소유권이전등기청구권 보전을 위한 가등기가 경료되었다. 박은 1987.11.9. A사로부터 X부동산을 매수하고 같은 달 12일 X부동산에 관하여 매매를 원인으로 한 소유권이전등기를 하였다. 그 후 X부동산에 관하여 1987.11.24. 김 명의의 가등기에 기하여 매매를 원인으로 한 소유권이전의 본등기가 마쳐졌고, 이로 인하여 위 가등기 후에 이루어진 박 명의의 위 소유권이전등기는 직권으로 말소되었다. X부동산은 1987.12. 매매를 원인으로 하여 최 명의로 소유권이전등기가 마쳐졌다. 그런데 X부동산에 관한 김 명의의

> 가등기 및 소유권이전의 본등기는 A사가 그 재산을 도피 또는 은닉할 목적으로 김과 사이에서 아무런 원인도 없이 통정하여 한 것임이 밝혀졌다. 이에 박은, X부동산에 관하여 김 명의로 경료된 가등기 및 그에 기한 각 본등기는 당사자 사이의 통정한 허위의 의사표시에 의하여 이루어진 것으로서 원인무효의 등기이고, X부동산에 관한 박 명의의 소유권이전등기는 김이 무효인 가등기에 기하여 본등기를 경료함으로 인하여 잘못 말소되었다 할 것이어서 박은 여전히 X부동산의 소유자이고 최 명의의 소유권이전등기는 원인 무효인 김 명의의 가등기 및 그에 기한 본등기에 터 잡아 이루어진 것으로서 역시 원인무효라고 주장하며 등기의 말소를 청구한다. 그러나 최는 선의로 X부동산을 양수하였으므로 자신에게 통정허위표시의 무효를 대항할 수 없다고 항변한다. (대법원 1996.4.26. 선고 94다12074 판결)

[해결] 민법 제108조에 의하면, 상대방과 통정한 허위의 의사표시는 무효이고 누구든지 그 무효를 주장할 수 있는 것이 원칙이나, 허위표시의 당사자 및 포괄승계인 이외의 자로서 허위표시에 의하여 외형상 형성된 법률관계를 토대로 실질적으로 새로운 법률상 이해관계를 맺은 선의의 제3자에 대하여는 허위표시의 당사자뿐만 아니라 그 누구도 허위표시의 무효를 대항하지 못한다 할 것이고, 따라서 위와 같은 선의의 제3자에 대한 관계에 있어서는 허위표시도 그 표시된 대로 효력이 있다고 할 것이다.

사안에서 최가 X부동산을 양수함에 있어 김 명의의 가등기 및 이에 기한 본등기의 원인이 된 의사표시가 허위표시임을 알지 못하였다면, 박은 선의의 제3자인 최에 대하여는 김 명의의 가등기 및 본등기의 원인이 된 각 허위표시가 무효임을 주장할 수 없고, 따라서 최에 대한 관계에서는 허위표시가 유효한 것이 되므로 허위표시를 원인으로 한 김 명의의 등기와 이를 바탕으로 그 후에 이루어진 최 명의의 소유권이전등기도 유효하다. 최에 대한 관계에서 김 명의의 등기가 유효하다면, 박 명의의 소유권이전등기는 김 명의의 가등기가 가지고 있는 본등기 순위 보전의 효력에 의하여 그 가등기에 기한 김 명의의 본등기에 우선 당하여 효력을 상실하게 되고, 따라서 박은 최에 대하여 X부동산의 소유권이 박에게 있음을 주장할 수 없게 된다.

2) 기망에 의한 의사표시와 제3자의 등기

> [사안] 김은 1994.3. 박과 사이에 박의 임야를 자신에게 귀속시키는 대신 김의 목욕탕 건물을 최의 X토지와 교환하여 이를 박에게 귀속시키기로 합의하였다. 김은 박의 요청에 따라 최에게 X토지에 관하여 정 앞으로 바로 소유권이전등기를 마쳐 줄

[사안] 것을 부탁하였고, 이를 승낙한 최는 1994.9. 정 앞으로 소유권이전등기를 미치었다. 그 후 김과 최 사이의 X토지에 관한 교환계약은 사기에 의한 의사표시에 해당하여 최의 취소권 행사에 따라 1995.3. 적법하게 취소되었고 최는 정의 등기의 말소를 구한다. 그러나 정은 박으로부터 X토지를 전득한 자로서 민법 제110조 제3항 소정의 선의의 제3자에 해당하므로 최는 교환계약의 취소를 정에게 대항할 수 없다고 항변한다. (대법원 1997.12.26. 선고 96다44860 판결)

[해결] 사기를 이유로 한 법률행위의 취소로써 대항할 수 없는 민법 제110조 제3항 소정의 제3자라 함은 사기에 의한 의사표시의 당사자 및 포괄승계인 이외의 자로서 사기에 의한 의사표시를 기초로 하여 새로운 법률원인으로써 이해관계를 맺은 자를 의미하는바, 사안에서 정은 사기에 의한 의사표시에 기하여 X토지를 취득한 김으로부터 박을 거쳐 소유권이전등기를 마침에 따라 김과 최 간의 X토지에 대한 교환계약을 기초로 하여 새로운 법률원인으로써 이해관계를 갖게 된 자로서 민법 제110조 제3항 소정의 제3자에 해당한다.

3) 제108조 제2항의 유추적용론

[사안] 김은 박으로부터 그의 인감도장을 교부받으면서 박 소유의 X부동산을 담보로 삼아 대출을 받아 달라는 부탁을 받고 박을 대리하여 A사로부터 금원을 차용하였는데, 그 과정에서 우연히 X부동산의 등기권리증을 입수하게 되자 이 등기권리증과 위 인감도장을 마음대로 사용하여 X부동산에 관해 자기 앞으로 소유권이전등기를 마치었다. 박은 김 명의의 부실등기가 이루어진 사실을 알고 곧 그 원상회복을 위하여 김으로부터 경위서를 교부받고 "곧 해결해 주겠다"는 김의 말을 믿고 기다렸는데, 김은 그 동안에 최 앞으로 소유권이전등기를 넘겨주었다. 이에 박은 김의 소유권이전등기는 원인없이 경료된 것으로서 무효이고 이에 터잡은 최 명의의 소유권이전등기도 무효라며 등기의 말소를 주장하나, 최는 "박이 김에게 그의 인감도장뿐 아니라 X부동산의 등기권리증까지 교부하였고, X부동산에 관하여 김 명의의 소유권이전등기가 경료된 데에 박의 의사가 관련이 있는 이상, 박은 민법 제108조 제2항 및 제126조의 법리에 따라 최에게 김의 소유권이전등기가 무효임을 주장할 수 없다"고 항변한다. (대법원 1991.12.27. 선고 선고 91다3208 판결)

[해결] 김이 박으로부터 X 부동산에 관한 담보권설정의 대리권만 수여받고도 X부동산에 관하여 자기 앞으로 소유권이전등기를 하고 이어서 최에게 그 소유권이전등기를 경료한 경우, 최가 김을 박의 대리인으로 믿고서 위 등기의 원인행위를 한 것도 아니고, 박도 김 명의의 소유권이전등기가 경료된 데 대하여 이를 통정·용인하였거나 이를 알면서 방치하였다고 볼 수 없다면, 여기에 민법 제126조나 제108조 제2항을 유추할 수는 없다.

7. 미등기 양수인의 보호

1) 매도인의 전득자에 대한 물권적 청구권의 행사의 가부

[사안] 김은 박으로부터 X토지를 매수하여 이를 인도받았으나 아직 이전등기를 하지 않은 상태에서 X토지를 다시 최에게 매도하였다. 박은 최를 상대로 X토지의 소유권자로서 X토지 지상의 건물철거 및 토지의 인도를 구한다. (대법원 1998.6.26. 선고 97다42823 판결)

[해결] 토지의 매수인이 아직 소유권이전등기를 경료받지 아니하였다 하여도 매매계약의 이행으로 그 토지를 인도받은 때에는 매매계약의 효력으로서 이를 점유·사용할 권리가 생기게 된 것으로 보아야 하고, 또 매수인으로부터 위 토지를 다시 매수한 자는 위와 같은 토지의 점유사용권을 취득한 것으로 봄이 상당하므로 매도인은 매수인으로부터 다시 위 토지를 매수한 자에 대하여 토지 소유권에 기한 물권적청구권을 행사할 수 없다.

2) 점유를 상실한 매수인의 등기청구권의 시효소멸 여부

[사안] 김은 1970.3. 박에게 X임야를 매도 및 인도하였고 망인 박은 1971.12. 최에게 이를 매도 및 인도하였다. 최는, 김은 박의 상속인들에게는 1970.3. 매매를 원인으로 한 소유권이전등기절차를, 박의 상속인은 최에게 1971.12. 매매를 원인으로 한 소유권이전등기절차를 각 이행할 것을 청구한다. 그러나 김은, 부동산 매수인이 매매목적물을 인도받아 사용·수익하고 있는 경우에는 그의 이전등기청구권은 소멸시효에 걸리지 아니하지만 매수인이 그 목적물의 점유를 상실하여 더 이상 사용·수익하고 있는 상태가 아니라면 그 점유 상실 시점으로부터 매수인의 이전등기청구권에 관한 소멸시효는 진행한다고 보아 박이 최에게 X임야를 인도하여 점유를 상실한 1971.12.부터 10년이 경과하였으므로 박의 김에 대한 소유권이전등기청구권은 시

> 효소멸하였다고 판단하여 최의 소유권이전등기청구를 배척한다. (대법원 1999.3.18. 선고 98다32175 전원합의체 판결)

[해결] 부동산의 매수인이 그 부동산을 인도받은 이상 이를 사용·수익하다가 그 부동산에 대한 보다 적극적인 권리 행사의 일환으로 다른 사람에게 그 부동산을 처분하고 그 점유를 승계하여 준 경우에도 그 이전등기청구권의 행사 여부에 관하여 그가 그 부동산을 스스로 계속 사용·수익만 하고 있는 경우와 특별히 다를 바 없으므로 위 두 어느 경우에나 이전등기청구권의 소멸시효는 진행되지 않는다고 보아야 한다.

　(반대의견) 부동산의 매수인이 매매목적물을 인도받아 이를 사용·수익하고 있는 동안에는 그 소유권이전등기청구권의 소멸시효가 진행하지 않는다고 보아야 할 것이나, 매수인이 목적물의 점유를 상실하여 더 이상 사용·수익하고 있는 상태가 아니라면, 매도인에 대한 관계에서 권리의 주장 내지 행사가 계속되고 있다고 볼 만한 사정이 없고, 비록 매수인이 그 부동산을 다른 사람에게 처분하고 인도하여 준 경우라고 하더라도 그 처분은 타인의 권리를 전매한 것에 불과할 뿐이고 그 소유권을 처분 내지 행사하였다고 볼 수는 없으며, 그 인도 또한 매수인이 새로운 매매계약에 따른 자신의 의무를 이행한 것에 지나지 아니할 뿐만 아니라 오히려 그 점유를 이전함으로써 목적물에 대한 사용·수익의 상태에서 벗어나게 된 것이어서 위 처분 내지 인도를 가리켜 매도인에 대한 관계에서 권리 행사라고 볼 수도 없는 것이므로, 점유의 상실원인이 무엇이든지 간에 점유 상실 시점으로부터 그 이전등기청구권의 소멸시효가 진행한다고 봄이 상당하다.

　(보충의견) 부동산의 매수인의 매도인에 대한 소유권이전등기청구와 인도청구는 일반적으로 그 자체가 채권이라고 이해되고 있으나 그 법률적 성질은 소유권을 이전받을 매수인의 채권에 기한 채권적 권리 행사인 것으로서 매수인이 이전등기청구를 하거나 또는 인도청구를 하는 것은 모두 매수채권을 행사하였다는 점에서 동일하고, 또한 매수인이 부동산을 인도받음으로써 인도에 관한 채권행사는 일단 완료된 것이고 그 이후 이를 점유·사용하는 것은 매수채권 행사 자체가 계속되는 것이 아니고 그 권리 행사 결과의 상태가 유지되는 것 뿐이므로 목적물을 매수인 본인이 점유·사용하든지 또는 제3자에 양도하여 점유·사용하게 하든지 매수인의 인도청구권 행사의 결과에 따른 상태는 마찬가지로 유지되고 있어 권리 행사의 상태가 관건이 되는 시효 적용에서 이를 구별할 필요가 없다.

[관련판례] 시효제도의 존재이유에 비추어 보아 부동산 매수인이 그 목적물을 인도 받아서 이를 사용수익하고 있는 경우에는 그 매수인을 권리 위에 잠자는 것으로 볼 수도 없고 또 매도인 명의로 등기가 남아 있는 상태와 매수인이 인도받아 이를 사용수익하고 있는 상태를 비교하면 매도인 명의로 잔존하고 있는 등기를 보호하기 보다는 매수인의 사용·수익상태를 더욱 보호하여야 할 것이므로 그 매수인의 등기청구권은 다른 채권과는 달리 소멸시효에 걸리지 않는다고 해석함이 타당하다(다수의견). (76다148 전원합의체판결)

[관련판례] 미등기 무허가건물의 양수인이라 할지라도 그 소유권이전등기를 경료받지 않는 한 그 건물에 대한 소유권을 취득할 수 없고, 그러한 상태의 건물 양수인에게 소유권에 준하는 관습상의 물권이 있다고 볼 수도 없으므로 {현행법상 '사실상의 소유권'이라고 하는 포괄적인 권리 또는 법률상의 지위를 인정하기도 어렵다.(대법원 2006.10.27. 선고 2006다49000 판결)}, 건물을 신축하여 그 소유권을 원시취득한 자로부터 그 건물을 매수하였으나 아직 소유권이전등기를 갖추지 못한 자는 그 건물의 불법점거자에 대하여 직접 자신의 소유권 등에 기하여 명도를 청구할 수는 없다. - 미등기 건물을 그 원시취득자로부터 매수하였으나 아직 소유권이전등기를 갖추지 못한 원고가 위 매도인을 대위하여 건물명도청구를 한 것이 아닌데도, 위 건물을 점유하는 피고들은 원고에게 건물을 명도할 의무가 있다고 판단한 원심판결을 파기한 사례. (대법원 2007.6.15. 선고 2007다11347 판결)

제2강 부동산취득시효

점유의 개념 -점유회수의 소 /점유의 소와 본권의 소와의 관계 /자주점유의 추정여부 /매매와 자주점유의 변경 /자주점유와 등기 /취득시효 완성 후의 원소유자의 처분과 불법행위 /시효취득 후 원소유자의 담보권설정의 효력 /점유취득시효 완성 후 2차취득시효의 인정 /등기부취득시효

■ 점유에 관한 규정과 점유취득시효를 묶었다. 점유의 개념과 관련하여서 특히 점유의 소와 본권의 소의 관계에 관한 쟁점은 점유의 개념을 이해하는 좋은 사례이다. 점유취득시효도 다양한 내용을 가진 판례법의 체계를 이루고 있는데 크게 보면 요건으로서 자주점유의 해석과 관련된 것이고 또 하나는 효과로서 취득시효 완성 후 처분의 문제이다. 대표적인 판결들을 골라서 사례화하였다. 끝으로 등기부취득시효를 소개한다.

1. 점유의 개념 - 점유회수의 소

[사안] A사가 소유하고 있는 X건물에 대해 경매개시결정이 내리자 A사에 대해 공사대금채권을 갖고 있던 김은 유치권신고를 하고 정문 및 후문 입구 등에 '김이 점유, 유치 중인 건물임. 관계자 외 출입을 금함'이라는 내용의 경고문을 부착하였다. 또 X건물의 Y부분을 A사와 협의하여 박에게 임대하였다. 후에 최는 X건물에 대하여 부동산인도명령을 받은 후 건물 주위에 철제펜스를 설치하고 김과 박의 출입을 막았다. 이에 김은 최를 상대로 점유회수의 소를 제기하여 펜스철거 및 건물의 명도를 구한다. (대법원 2012.2.23. 선고 2011다61424 판결)

[해결] 점유자가 점유의 침탈을 당한 때에는 그 물건의 반환 등을 청구할 수 있다(민법 제204조 제1항 참조). 이러한 점유회수의 소에 있어서는 점유를 침탈당하였다고 주장하는

당시에 점유하고 있었는지의 여부만을 살피면 되는 것이고, 여기서 점유라고 함은 물건이 사회통념상 그 사람의 사실적 지배에 속한다고 보이는 객관적 관계에 있는 것을 말하고 사실상의 지배가 있다고 하기 위하여는 반드시 물건을 물리적·현실적으로 지배하는 것만을 의미하는 것이 아니고 물건과 사람과의 시간적·공간적 관계와 본권관계, 타인지배의 배제가능성 등을 고려하여 사회관념에 따라 합목적적으로 판단하여야 한다. 그리고 점유회수의 소에 있어서의 점유에는 직접점유뿐만 아니라 간접점유도 포함되는 것이기는 하나, 간접점유를 인정하기 위해서는 간접점유자와 직접점유를 하는 자 사이에 일정한 법률관계, 즉 점유매개관계가 필요하다. 이러한 점유매개관계는 직접점유자가 자신의 점유를 간접점유자의 반환청구권을 승인하면서 행사하는 경우에 인정된다. 사안에서 X건물 중 제3자에게 임대가 이루어진 Y부분에 대한 김의 간접점유가 인정되기 위해서는 김과 직접점유자인 임차인 박과의 사이에 점유매개관계가 인정되어야 한다. 그런데 박과의 임대차 계약은 당시 소유자이던 A사와 사이에 체결되었으므로 임대차계약에 기하여 임차 부분의 직접점유자인 박에 대하여 반환청구권을 갖는 자는 A사 뿐이다. 따라서 김과 박 사이에는 점유매개관계가 인정되지 않고 김의 점유회수청구도 인정되지 않는다.

2. 점유의 소와 본권의 소와의 관계

> [사안] 김은 X토지 위에 있는 Y건물의 소유권을 취득한 다음 X토지를 Y건물의 주차장 진출입로로 사용해왔다. X토지의 소유자인 박은 2017.1. 토지의 사용료가 지급되지 않았음을 이유로 X토지에 펜스를 설치하였고 이로 인해 김은 X토지를 주차장 진출입로로 사용·수익하지 못하고 있다. 김은 민법 제204조에 따라 점유물의 반환으로 펜스철거 및 토지의 인도를 구하였다. 박은 김의 청구가 인용될 경우에 대비하여 민법 제213조에 따라 소유권에 기하여 X토지의 인도를 구한다. (대법원 2021.2.4. 선고 2019다202795 판결)

[해결] 점유권에 기인한 소와 본권에 기인한 소는 서로 영향을 미치지 아니하고, 점유권에 기인한 소는 본권에 관한 이유로 재판하지 못하므로 점유회수의 청구에 대하여 점유침탈자가 점유물에 대한 본권이 있다는 주장으로 점유회수를 배척할 수 없다(민법 제208조). 그러므로 점유권에 기한 본소에 대하여 본권자가 본소청구 인용에 대비하여 본권에 기한 예비적 반소를 제기하고 양 청구가 모두 이유 있는 경우, 법원은 점유권에 기한 본소와 본권에 기한 예비적 반소를 모두 인용해야 하고 점유권에 기한 본소를 본권에 관한 이유로 배척할 수 없다. 사안에서 김이 박이 설치한 펜스를 제거할 것과 함께 X토지를 반환할 것을 청구하는 본소청구는 일단 인용되어야 한다. 본권자의 소유권에 기한 반소청구는 본

소의 의무 실현을 정지조건으로 하므로, 본권자는 본소 집행 후 집행문을 부여받아 비로소 반소 확정판결에 따른 강제집행으로 물건의 점유를 회복할 수 있다.

3. 자주점유의 추정여부

> [사안] 김은 국유지 위에 무허가주택을 가지고 있던 박으로부터 이를 매수하여 거주하여 왔는데, 동 지역이 A시가 시행하는 재개발사업에 포함되자, 김은 매도인 및 자신이 위 토지를 자주점유하여 시효취득하였다고 주장한다. 그러나 A시는 박과 김은 그 점유의 개시 또는 승계 당시에 당해 토지가 국유지에 해당한다는 사정을 알면서도 이를 점유하여 온 사실, A시가 1974. 6.경 재개발구역 내 주민들에게 국공유지에 관하여는 A시와 매도계약을 체결한 후 장기적으로 상환하도록 통지한 사실, 김이 A시에게 위 토지를 저렴한 가격에 매도할 것을 요구한 사실 등에 비추어보면, 위 토지에 대한 점유는 성질상 타주점유에 해당할 뿐만 아니라 외형적, 객관적으로 보아 김이 타인의 소유권을 배척하고 위 토지를 점유할 의사 즉 소유의 의사를 가지고 토지를 점유한 것으로 볼 수 없다고 항변한다. (대법원 2006.4.27. 선고 2004다38150,38167,38174,38181 판결)

[해결] 부동산의 점유권원의 성질이 분명하지 않을 때에는 민법 제197조 제1항에 의하여 점유자는 소유의 의사로 선의·평온 및 공연하게 점유한 것으로 추정된다. 점유자의 점유가 소유의 의사 있는 자주점유인지 아니면 소유의 의사 없는 타주점유인지의 여부는 점유자의 내심의 의사에 의하여 결정되는 것이 아니라 점유 취득의 원인이 된 권원의 성질이나 점유와 관계가 있는 모든 사정에 의하여 외형적·객관적으로 결정되어야 하는 것이기 때문에 점유자가 성질상 소유의 의사가 없는 것으로 보이는 권원에 바탕을 두고 점유를 취득한 사실이 증명되었거나, 점유자가 타인의 소유권을 배제하여 자기의 소유물처럼 배타적 지배를 행사하는 의사를 가지고 점유하는 것으로 볼 수 없는 객관적 사정, 즉 점유자가 진정한 소유자라면 통상 취하지 아니할 태도를 나타내거나 소유자라면 당연히 취했을 것으로 보이는 행동을 취하지 아니한 경우 등 외형적·객관적으로 보아 점유자가 타인의 소유권을 배척하고 점유할 의사를 갖고 있지 아니하였던 것이라고 볼 만한 사정이 증명된 경우에도 그 추정은 깨어진다. 특히 점유자가 점유 개시 당시에 소유권 취득의 원인이 될 수 있는 법률행위 기타 법률요건이 없이 그와 같은 법률요건이 없다는 사실을 잘 알면서 타인 소유의 부동산을 무단(無斷)점유한 것임이 입증된 경우, 점유자는 타인의 소유권을 배척하고 점유할 의사를 갖고 있지 않다고 보아야 하고 소유의 의사가 있는 점유라는 추정은 깨어진다(대법원 1997.8.21. 선고 95다28625 전원합의체 판결).

4. 매매와 자주점유의 변경

[사안] X토지는 1937.3. 김의 부(父) 명의로 소유권이전등기가 경료되었다가 1961.5.2 매매를 원인으로 하여 박 명의로 소유권이전등기가 경료되었다. 김의 부는 박 명의의 소유권이전등기가 경료된 이후에도 X토지를 논으로 경작하여 왔고, 김의 부가 1970.5. 사망한 이후에는 상속인인 김이 이를 논으로 경작하여 왔다. 김은 자신의 부를 승계하여 X토지를 소유의 의사로 평온·공연하게 점유한 것으로 추정되므로, 박 명의의 소유권이전등기가 경료된 1961.5.2.경부터 20년이 경과한 1981.5.2. X토지에 관한 점유취득시효가 완성되었다고 주장한다. 그러나 박은 매도인 김의 부의 점유는 박 앞으로 소유권이전등기를 경료한 이후에는 타주점유로 전환되었다고 할 것이고, 상속에 의하여 부의 점유를 승계한 김의 점유 역시 타주점유로 보아야 할 것이므로, 김이 소유자인 박에 대하여 소유의 의사가 있다는 것을 표시하였거나 새로운 권원에 의하여 소유의 의사로 점유를 시작하였다는 등의 특단의 사정이 없는 이상, 김의 X토지의 점유는 타주점유라고 항변한다. (대법원 2004.9.24, 2004다27273 판결)

[해결] 부동산을 다른 사람에게 매도하여 그 인도의무를 지고 있는 매도인의 점유는 타주점유로 변경된다고 할 것이고, 또한 상속에 의하여 점유권을 취득한 경우에는 상속인이 새로운 권원에 의하여 자기 고유의 점유를 시작하지 않는 한 피상속인의 점유를 떠나 자기만의 점유를 주장할 수 없고, 선대의 점유가 타주점유인 경우 선대로부터 상속에 의하여 점유를 승계한 자의 점유도 그 성질 내지 태양을 달리하는 것이 아니어서 특단의 사정이 없는 한 그 점유가 자주점유로 될 수 없고, 그 점유가 자주점유가 되기 위하여는 점유자가 소유자에 대하여 소유의 의사가 있는 것을 표시하거나 새로운 권원에 의하여 다시 소유의 의사로써 점유를 시작하여야 하는 것이다.

5. 자주점유와 등기

[사안] X토지에 관하여 1929.12.16. 망 김 명의로 소유권보존등기가 마쳐지고, 1990.7.23. 김의 자(子) 명의로 1957.10.2. 상속을 원인으로 한 소유권이전등기가 마쳐지었다. X토지는 박이 1965년 1월경 망 최로부터 매수하여 파, 시금치 등의 채소를 재배하며 경작하다가 같은 해 5월경 그 위에 Y건물을 신축하여 그 부지 및 마당으로 점유·사용하다가 1985년 5월경 정에게 X토지 및 Y건물을 매도하였으며

> 그 이후 정이 그 지상의 건물 및 장독대 등을 소유하면서 계속 점유·사용하고 있다. 김의 자는 정에게 토지의 소유권에 기하여 Y건물 등의 철거를 구하자, 정은, 박이 X토지를 매수하여 점유하기 시작한 1965년 1월경부터 이 토지를 소유의 의사로 평온, 공연하게 점유하였다고 추정되고, 박이 망 김의 소유인 토지를 망 최로부터 매수하여 그 점유를 취득하였다고 하더라도 그 사실만으로는 박의 X토지에 대한 점유를 타주점유라고 볼 수 없으며, 1985.1.31. X토지에 관한 박의 점유취득시효가 완성되었으므로, 박에 대한 위 매매를 원인으로 한 소유권이전등기청구권을 보전하기 위하여 김의 자에 대하여 박을 대위하여 취득시효 완성을 원인으로 한 소유권이전등기절차를 구할 지위에 있는 정에게 김의 자가 X토지의 소유권에 기하여 그 지상 건물 등의 철거를 구하는 것은 신의칙에 반한다고 항변한다. (대법원 2000.3.16. 선고 97다37661 전원합의체 판결)

[해결] 현행 우리 민법은 법률행위로 인한 부동산 물권의 득실변경에 관하여 등기라는 공시방법을 갖추어야만 비로소 그 효력이 생긴다는 형식주의를 채택하고 있음에도 불구하고 등기에 공신력이 인정되지 아니하고, 또 현행 민법의 시행 이후에도 법생활의 실태에 있어서는 상당기간 동안 의사주의를 채택한 구 민법에 따른 부동산 거래의 관행이 잔존하고 있었던 점 등에 비추어 보면, 토지의 매수인이 매매계약에 의하여 목적 토지의 점유를 취득한 경우 설사 그것이 타인의 토지의 매매에 해당하여 그에 의하여 곧바로 소유권을 취득할 수 없다고 하더라도 그것만으로 매수인이 점유권원의 성질상 소유의 의사가 없는 것으로 보이는 권원에 바탕을 두고 점유를 취득한 사실이 증명되었다고 단정할 수 없을 뿐만 아니라, 매도인에게 처분권한이 없다는 것을 잘 알면서 이를 매수하였다는 등의 다른 특별한 사정이 입증되지 않는 한, 그 사실만으로 바로 그 매수인의 점유가 소유의 의사가 있는 점유라는 추정이 깨어지는 것이라고 할 수 없고, 민법 제197조 제1항이 규정하고 있는 점유자에게 추정되는 소유의 의사는 사실상 소유할 의사가 있는 것으로 충분한 것이지 반드시 등기를 수반하여야 하는 것은 아니므로 등기를 수반하지 아니한 점유임이 밝혀졌다고 하여 이 사실만 가지고 바로 점유권원의 성질상 소유의 의사가 결여된 타주점유라고 할 수 없다. 만일 이와 반대의 입장에 선다면 이는 등기부취득시효 제도만을 인정하고 있는 일부 외국의 법제와 달리 우리 민법이 점유취득시효 제도를 인정하고 있는 그 취지 자체를 부정하는 결과에 이르를 것이다.

사안에서 박에게 X토지를 매도한 망 최가 등기부상 소유자가 아니어서 박이 그에 의하여 바로 X토지의 소유권을 유효하게 취득할 수 없기는 하나, 박이 망 최에게 X토지에 대한 처분권한이 없다는 것을 잘 알면서 매매에 이르렀다고 볼만한 사정이 없다면, 망 최가 X토지의 등기부상 소유자가 아니라는 사정만으로 박의 점유가 점유권원의 성질상 소유의 의사가 없는 것으로 보이는 권원에 바탕을 둔 것이라고 할 수 없을 뿐만 아니라, 박이 매매 당시 매도인에게 처분권한이 없음을 알고 있었다고 추단할 수도 없다고 할 것이므로 그에 의하여 소유의 의사가 있는 점유라는 추정이 깨어진다고 할 수 없다. 결국 X토지에 대한 박의 점유가 자주점유라는 추정은 깨어지지 않았다고 할 것이므로 김의 자의 청구는 인정될 수 없다.

(반대의견) 민법은 제245조 제1항에서 "20년간 소유의 의사로 평온, 공연하게 부동산을 점유하는 자는 등기함으로써 그 소유권을 취득한다."고 규정하고, 제197조 제1항에서 "점유자는 소유의 의사로 선의, 평온 및 공연하게 점유한 것으로 추정한다."고 규정하고 있는바, 여기에서 '소유의 의사'라 함은 점유자가 타인의 소유권을 배제하여 자기의 소유물처럼 배타적으로 지배하는 의사를 말하는 것으로서, 점유자의 점유가 이러한 소유의 의사가 있는 자주점유인지 아니면 소유의 의사가 없는 타주점유인지 여부는 점유자의 내심의 의사에 의하여 결정되는 것이 아니라 점유권원의 성질이나 점유와 관계가 있는 모든 사정에 의하여 외형적·객관적으로 결정되어야 하는 것이고, 또한 여기에서 점유권원이라 함은 점유를 정당화하는 법적 원인이 되는 사실관계라는 의미로 이해할 수 있고, 이러한 점유권원에는 매매, 임대차 등과 같은 법률행위를 비롯하여 무주물 선점, 매장물 발견 등과 같은 비법률행위 또는 상속, 공용징수, 판결, 경매 기타 법률의 규정에 의한 물권의 취득 사유 등도 있을 수 있는바, 어떠한 부동산 점유의 권원이 등기를 수반하지 아니한 매매 등 소유권이전 목적의 법률행위로 밝혀졌다면, 그 점유에 대하여는 민법 제197조 제1항이 규정하는 자주점유의 추정은 더 이상 유지될 여지가 없어지고, 나아가 부동산 물권 변동에 관하여 의사주의가 아닌 형식주의를 취하고 있음이 명백한 현행 민법 아래에서 그러한 점유는 권원의 성질상 타주점유로 보아 이로 인한 소유권의 취득시효를 부정하여야 할 것이다.

(보충의견) 등기를 수반하지 아니한 채 소유권이전 목적의 법률행위만에 의한 부동산의 점유는 그 권원의 성질상 타주점유라고 보아야 한다는 반대견해가 타당하기 위하여는, 점유취득시효제도가 법률행위에 의한 부동산소유권취득의 제도일 것과 점유취득기간 완성의 효과로서 점유자가 등기 없이 그 부동산의 소유권을 취득하게 되는 장치가 전제되어야 할 것인데, 점유취득시효제도가 법률행위로 인한 부동산 물권취득제도가 아니라 법률의 규정에 의한 부동산 물권취득제도인 점에 관하여는 이견이 없고, 한편 점유로 인한 부동산물권의 취득은 법률의 규정에 의한 물권변동이지만 민법 제187조의 예외로서 점유기간 완성 후에 등기를 하여야 비로소 그 물권의 취득이 이루어지도록 마련되어 있어서 시효기간을 완성시킨 점유자로서는 그 완성으로써 등기 없이 바로 그 점유부동산의 소유권을 취득하게 되는 것이 아니라 채권적 청구권인 당해 부동산의 소유권이전등기청구권을 취득함에 그치는 것이고, 또한 반

대의견처럼 점유취득시효완성을 주장하는 사람이 등기를 수반하는 점유를 하는 것을 그 시효완성의 요건으로 삼는다면 그 시효완성 후에라야 그 시효기간 완성의 효과로서 등기청구권을 취득하게 되는 점유취득시효제도에 있어서 그 등기를 할 수 있기 위한 요건으로서 등기를 수반해야 한다는 순환론적 모순에 빠지고 만다.

6. 취득시효 완성 후의 원소유자의 처분과 불법행위

> **[사안]** 김은 X토지에 관하여 이미 취득시효가 완성되었고 박이 이에 관한 소유권이전등기청구권자임을 이미 알고 있었으나, 김은 최와 협의하여 박의 권리를 배제하고 X토지의 소유권을 최에게 귀속시키었다. 이에 박은 최 명의의 소유권이전등기는 김의 불법행위에 최가 적극가담하여 경료된 것으로서 사회질서에 반하는 무효의 등기라고 주장한다. (대법원 2002.3.15. 선고 2001다77352,77369 판결)

[해결] 부동산 소유자가 취득시효가 완성된 사실을 알고 그 부동산을 제3자에게 처분하여 소유권이전등기를 넘겨줌으로써 취득시효 완성을 원인으로 한 소유권이전등기의무가 이행불능에 빠지게 되어 시효취득을 주장하는 자가 손해를 입었다면 불법행위를 구성한다고 할 것이고, 부동산을 취득한 제3자가 부동산 소유자의 이와 같은 불법행위에 적극 가담하였다면 이는 사회질서에 반하는 행위로서 무효라고 할 것이다.

7. 시효취득 후 원소유자의 담보권설정의 효력

> **[사안]** 김은 박 소유의 X부동산을 1995.2.25.자로 점유를 원인으로 시효취득하였다. 김이 2001.11.17. 박에 대하여 취득시효완성에 기한 권리를 행사하기까지 사이에 박은 1999.2.18.자로 A농협으로부터 40,000,000원을 대출받으면서 채권최고액 60,000,000원의 근저당권을 설정하였다. 김은 이에 기한 임의경매절차에서 X부동산이 경락되는 것을 막기 위하여 근저당권자인 A농협에게 57,747,540원을 지급하여 경매의 취하와 아울러 근저당권 등을 말소시키고 이에 대해 박에게 구상금 혹은 부당이득금의 지급을 청구한다. 그러나 박은 김의 변제는 김의 자신의 이익을 위한 것이지 원소유자인 박을 대신하여 변제한 것이 아니라며 김의 청구를 배척한다. (대법원 2006.5.12. 선고 2005다75910 판결)

[해결] 타인의 토지를 20년간 소유의 의사로 평온·공연하게 점유한 자는 등기를 함으로써 비로소 그 소유권을 취득하게 되므로 점유자가 원소유자에 대하여 점유로 인한 취득시효기간이 만료되었음을 원인으로 소유권이전등기청구를 하는 등 그 권리행사를 하거나 원소유자가 취득시효완성 사실을 알고 점유자의 권리취득을 방해하려고 하는 등의 특별한 사정이 없는 한 원소유자는 점유자 명의로 소유권이전등기가 마쳐지기까지는 소유자로서 그 토지에 관한 적법한 권리를 행사할 수 있다.

따라서 원소유자가 취득시효의 완성 이후 그 등기가 있기 전에 그 토지를 제3자에게 처분하거나 제한물권의 설정, 토지의 현상 변경 등 소유자로서의 권리를 행사하였다 하여 시효취득자에 대한 관계에서 불법행위가 성립하는 것이 아님은 물론 위 처분행위를 통하여 그 토지의 소유권이나 제한물권 등을 취득한 제3자에 대하여 취득시효의 완성 및 그 권리취득의 소급효를 들어 대항할 수도 없다 할 것이니, 이 경우 시효취득자로서는 원소유자의 적법한 권리행사로 인한 현상의 변경이나 제한물권의 설정 등이 이루어진 그 토지의 사실상 혹은 법률상 현상 그대로의 상태에서 등기에 의하여 그 소유권을 취득하게 된다. 따라서 시효취득자가 원소유자에 의하여 그 토지에 설정된 근저당권의 피담보채무를 변제하는 것은 시효취득자가 용인하여야 할 그 토지상의 부담을 제거하여 완전한 소유권을 확보하기 위한 것으로서 그 자신의 이익을 위한 행위라 할 것이니, 위 변제액 상당에 대하여 원소유자에게 대위변제를 이유로 구상권을 행사하거나 부당이득을 이유로 그 반환청구권을 행사할 수는 없다.

8. 점유취득시효 완성 후 2차취득시효의 인정

[사안] 김은 X토지에 대해 1961.1.경 인근 대지를 매수하면서 그 점유를 승계하여 텃밭으로 점유·사용하여 왔다. 그 후 X토지에 관한 1차 취득시효가 완성된 후 이를 등기하지 않고 있는 사이에 1982.2. 경 X토지에 관하여 박 앞으로 소유권이전등기가 이루어졌고 그 후 1988.9. 다시 최 앞으로 소유권이전등기가 경료되었다. 김은 최에게 박 앞으로의 소유권변동시를 새로이 2차취득시효의 기산점으로 삼을 수 있고, 그 때로부터 2차의 취득시효 기간이 경과하기 전에 X토지의 등기부상의 소유명의를 취득하였다며 X토지에 관한 시효취득을 주장한다. 그러나 최는, 김의 주장은 점유자의 1차 취득시효완성 후에 점유자가 점유를 계속하여 20년이 경과하기만 하면 그사이에 등기부상의 소유자가 여러 차례 변경되었더라도 그 등기부상의 소유자가 변동된 시점을 기산점으로 한 새로운 점유취득시효기간이 진행될 수 있다는 취지로서 이는 부당하다고 항변한다. (대법원 2009.7.16. 선고 2007다15172 전원합의체 판결)

[해결] 부동산에 대한 점유취득시효가 완성된 후 취득시효 완성을 원인으로 한 소유권이전등기를 하지 않고 있는 사이에 그 부동산에 관하여 제3자 명의의 소유권이전등기가 경료된 경우라 하더라도 당초의 점유자가 계속 점유하고 있고 소유자가 변동된 시점을 기산점으로 삼아도 다시 취득시효의 점유기간이 경과한 경우에는 점유자로서는 제3자 앞으로의 소유권 변동시를 새로운 점유취득시효의 기산점으로 삼아 2차의 취득시효의 완성을 주장할 수 있다.

나아가 취득시효기간이 경과하기 전에 등기부상의 소유명의자가 변경된다고 하더라도 그 사유만으로는 점유자의 종래의 사실상태의 계속을 파괴한 것이라고 볼 수 없어 취득시효를 중단할 사유가 되지 못하므로, 새로운 소유명의자는 취득시효 완성 당시 권리의무 변동의 당사자로서 취득시효 완성으로 인한 불이익을 받게 된다 할 것이어서 시효완성자는 그 소유명의자에게 시효취득을 주장할 수 있는바, 이러한 법리는 새로이 2차의 취득시효가 개시되어 그 취득시효기간이 경과하기 전에 등기부상의 소유명의자가 다시 변경된 경우에도 마찬가지로 적용된다고 봄이 상당하다.

(반대의견) (가) 우리 민법은 법률행위로 인한 물권변동은 등기하여야 한다는 이른바 형식주의를 취하고 부동산의 점유취득시효에 관하여도 등기함으로써 소유권을 취득한다고 규정하고 있으므로, 등기가 아니라 점유에 기하여 법률관계가 정해지도록 하는 것은 예외적으로 제한된 범위 내에서만 허용된다고 보는 것이 바람직하다.

(나) 다수의견은 이른바 형식주의를 채택한 우리 민법 아래에서 거래의 안전을 심각하게 침해하는 결과를 초래할 수 있다. 우리 민법의 점유취득시효제도의 운용에 관하여 이미 종전 대법원 판결이 "무릇 점유취득시효제도란 권리 위에 잠자는 자를 배제하고 점유 사용의 현실적 상황을 존중하자는 제도이기는 하지만, 이는 극히 예외적인 상황하에서만 인정되어야 할 것이고, 이를 지나치게 넓게 인정하는 것은 타인의 재산권을 부당히 침해할 요소가 큰 것이므로, 법이 진정한 재산권을 보호하지 못하는 결과가 되어 온당치 않다고 보이고, 따라서 그 취득요건은 극히 엄격히 해석하여야 할 것"이라는 판시를 한 바 있고, 이는 현재에도 유효하다.

(다) 다수의견은 1차 점유취득시효가 완성된 후에 등기부상의 소유명의자가 변경된 경우에 그 등기부상의 명의 변경 시점을 새로이 점유취득시효의 기산점으로 볼 수 있는 근거 내지 이유에 대한 설명이 없다. 만일 1차 점유취득시효가 완성된 후에 등기부상의 소유명의자가 변경된 경우, 만일 당초의 점유자가 그와 같은 등기부상 소유자의 변경 사실을 잘 알면서도 감히 점유를 개시한 것이라면 이는 타주점유에 해당하는 것으로 보아야 하고, 그렇지 아니하고 당초의 점유자가 등기부상 소유자의 변경 사실을 알지 못한 채 점유를 계속한 것이라면 그 등기부상 소유자의 변경 시점을 새로운 점유의 기산점으로 볼 아무런 이유가 없다.

9. 등기부취득시효

[사안] 김은 박의 소유로 등기되어있는 X토지를 박으로부터 매수하여 1972.8.18. 소유권이전등기를 마치고 이를 다시 1976.3.25. 최에게 등기를 이전하였다. 그 후 1982.10.25. 김의 소유권이전등기가 법원의 판결에 의하여 말소되었다. 최는, 김이 X토지에 대한 소유권이전등기를 경료한 때로부터 10년이 경과한 때에 X토지에 대한 소유권을 취득하였다는 등기부취득시효를 주장하나, 진정한 소유자임을 주장하는 정은 부동산에 관한 권리의 공시방법으로써의 등기가 말소되어 그 등기용지가 폐쇄된 이상 그 기간 동안에는 소유자로 등기되어 있었다고 할 수는 없을 것이라며 김의 등기부취득시효를 부인한다. (대법원 2001.1.16. 선고 98다20110 판결)

[해결] 등기부취득시효에 관하여 민법 제245조 제2항은 "부동산의 소유자로 등기한 자가 10년간 소유의 의사로 평온, 공연하게 선의이며 과실 없이 그 부동산을 점유한 때에는 소유권을 취득한다."고 규정하고 있는데, 위 규정에 의하여 소유권을 취득하는 자는 10년간 반드시 그의 명의로 등기되어 있어야 하는 것은 아니고 앞 사람의 등기까지 아울러 그 기간 동안 부동산의 소유자로 등기되어 있으면 된다고 할 것이고(대법원 1989.12.26. 선고 87다카2176 전원합의체 판결 참조), 등기는 물권의 효력발생요건이고 효력존속요건이 아니므로 물권에 관한 등기가 원인 없이 말소된 경우에 그 물권의 효력에는 아무런 영향을 미치지 않는 것이므로, 등기부취득시효가 완성된 후에 그 부동산에 관한 점유자 명의의 등기가 말소되거나 적법한 원인 없이 다른 사람 앞으로 소유권이전등기가 경료되었다 하더라도, 그 점유자는 등기부취득시효의 완성에 의하여 취득한 소유권을 상실하는 것은 아니라고 할 것이다. 사안에서 최는 등기부취득시효에 관한 다른 요건을 갖추었다면 김 명의의 소유권이전등기를 경료한 1972.8.18.부터 10년이 경과한 1982.8.18. X 토지를 시효취득하였다고 할 것이고, 그 이후인 1982.10.25. 그 등기명의가 말소되었다고 하더라도 이미 취득한 소유권에는 영향을 미칠 수 없다고 할 것이다.

[유제] 김은 X토지에 대하여 등기명의자 최로부터 매수하여 소유의 의사로 과실 없이 목적 토지를 점유하기 시작하였다며 취득시효의 완성을 주장하나, 박은 등기부상 소유자로 등재되어 있던 최가 실소유자가 아니라는 것에 대해 의문을 가질 만한 상황이었고 이에 기해 등기부상의 등기원인을 살펴보았다면 부적법하게 최앞으로 소유권보존등기가 이루어진 사실을 알 수 있었다며 김의 시효취득을 부정한다. (대법원 2004.6.25. 선고 2004다13052 판결)

[해결] 등기부취득시효에서 선의·무과실은 등기에 관한 것이 아니고 점유 취득에 관한 것으로서 그 무과실에 관한 입증책임은 시효취득을 주장하는 쪽에 있고, 부동산을 취득한 자는 부동산을 양도하는 자가 처분할 권한이 있는지 여부를 조사하여야 할 것이며, 이를 조사하였더라면 양도인에게 처분권한이 없음을 알 수 있었음에도 불구하고 이러한 조사를 하지 아니하고 양수하였다면 그 부동산의 점유에 대하여 과실이 있다고 하지 않을 수 없는 것이며, 매도인이 등기부상의 소유명의자와 동일인인 경우에는 일반적으로는 등기부의 기재가 유효한 것으로 믿고 매수한 사람에게 과실이 있다고 할 수 없을 것이나, 만일 그 등기부의 기재나 다른 사정에 의하여 매도인의 권한에 대하여 의심할 만한 사정이 있다면 매도인 명의로 된 등기를 믿고 매수하였다 하여 그것만 가지고 과실이 없다고 할 수 없다.

제3강 부동산소유권의 행사와 제한

소유권자의 배타적 사용·수익권의 포기 /물권적 청구권의 이행불능과 전보배상청구권 /소유권에 기한 방해배제청구권과 손해배상 /점유자와 회복자와의 관계 /소음, 태양반사광에 의한 생활방해 /주위토지통행권 /상린관계(1) - 타인의 토지의 시설물의 이용 /상린관계(2) - 경계선 부근의 건축 /토지 거래의 제한 - 구 '국토의 계획 및 이용에 관한 법률'의 해석

■ 물건에 대한 전면적 지배를 내용으로 하는 소유권은 부동산을 목적으로 하는 경우에는 여러 제한을 받는다. 소유권의 배타적 사용·수익권의 포기에 관한 최근의 전원합의체 판결이나 물권적 청구권의 이행불능에 관한 전원합의체 판결은 소유권의 본질에 대하여 숙고할 자료를 제공하고 있다. 소유권에 기한 물권적청구권이나 소유권의 회복시 점유자와의 관계도 소유권법의 중요한 주제들이다. 제217조의 생활방해의 한 예로서 태양반사광에 의한 침해와 같은 새로운 분쟁들이 문제되고, 제219조의 주위토지통행권 그 외에도 다양한 상린관계에서 나오는 법적 분쟁들을 개관해본다. 끝으로 부동산소유권의 처분의 제한의 법리 즉 토지거래허가제를 관련법의 해석과 관련하여 살펴본다.

1. 소유권자의 배타적 사용·수익권의 포기

[사안] 김은 X토지의 소유자로서 여기에 매설된 우수관의 관리 주체인 A시를 상대로 우수관 철거와 함께 그 부분 토지 사용에 따른 차임 상당의 부당이득반환을 구한다. 이에 대하여 A시는, X토지 중 우수관이 매설된 부분을 소유하던 김의 부친이 우수관 매설 당시 당해 토지 부분에 대한 독점적이고 배타적인 사용·수익권을 포기하였으며 상속인인 김도 그러한 제한이 있는 토지를 상속한 것이라고 한다. (대법원 2019.1. 24. 선고 2016다264556 전원합의체 판결)

[해결] 대법원 판례를 통하여 토지 소유자 스스로 그 소유의 토지를 일반 공중을 위한 용도로 제공한 경우에 그 토지에 대한 소유자의 독점적이고 배타적인 사용·수익권의 행사가 제한되는 법리가 확립되었고, 대법원은 그러한 법률관계에 관하여 판시하기 위하여 '배타적 사용·수익권의 포기', '무상으로 통행할 권한의 부여' 등의 표현을 사용하여 왔다. 이러한 법리는 대법원이 오랜 시간에 걸쳐 발전시켜 온 것으로서, 현재에도 여전히 그 타당성을 인정할 수 있다. 다만 토지 소유자의 독점적이고 배타적인 사용·수익권 행사의 제한 여부를 판단하기 위해서는 토지 소유자의 소유권 보장과 공공의 이익 사이의 비교형량을 하여야 한다. 소유자가 그 토지에 대한 독점적·배타적인 사용·수익권을 포기한 것으로 볼 수 있다면, 타인이 그 토지를 점유·사용하고 있다 하더라도 그로 인해 토지 소유자에게 어떤 손해가 생긴다고 볼 수 없으므로, 토지 소유자는 그 타인을 상대로 부당이득반환을 청구할 수 없고, 토지의 인도 등을 구할 수도 없다. 다만 소유권의 핵심적 권능에 속하는 사용·수익 권능의 대세적·영구적인 포기는 물권법정주의에 반하여 허용할 수 없으므로, 토지 소유자의 독점적·배타적인 사용·수익권의 행사가 제한되는 것으로 보는 경우에도, 일반 공중의 무상 이용이라는 토지이용현황과 양립 또는 병존하기 어려운 토지 소유자의 독점적이고 배타적인 사용·수익만이 제한될 뿐이고, 토지 소유자는 일반 공중의 통행 등 이용을 방해하지 않는 범위 내에서는 그 토지를 처분하거나 사용·수익할 권능을 상실하지 않는다.

(반대의견) 사용·수익권의 포기를 '소유권을 이루는 권능의 일부포기'로 볼 경우 소유권의 본질에 어긋날 뿐만 아니라, 사실상 영구 제한물권의 설정과 마찬가지의 결과를 가져오며 공시의 원칙이나 물권법정주의와도 부합하지 않는다. 또 사용·수익권의 포기를 '채권적 의미의 포기 또는 사용승낙'으로 보는 것이라면, 왜 채권계약의 당사자가 아닌 제3자에게 그 효력이 미치는지 설명하기 어렵다. 사용·수익권의 포기를 '권리 불행사의 상태'로 보는 경우에도, 소멸시효가 완성되었거나, 이른바 실효의 원칙에 위반되는 경우가 아닌 한, 권리가 소멸하거나 그 행사가 불가능하게 되었다고 볼 수 없다는 점에서 부당하다. 사용·수익권의 포기를 '신의칙상 권리행사 제한'으로 보더라도, 적법하게 소유권을 취득한 자의 권리행사를 신의칙이라는 명목하에 쉽사리 배척하는 것이 되어 받아들일 수 없다. 토지 소유자의 사용·수익권의 포기를 긍정함으로써 국가 또는 지방자치단체에 대한 부당이득반환청구를 배척하게 되면, 이는 실질적으로 보상 없는 수용을 인정하는 것과 마찬가지가 되어, 공공필요에 의한 재산권의 수용·사용 또는 제한에 대하여 정당한 보상을 지급하여야 한다는 헌법 제23조 제3항의 취지에 어긋난다.

[유제] X토지의 원소유자인 김이 택지를 조성·분양하면서 도로부지로 예정된 X토지에 대한 독점적이고 배타적인 사용·수익권을 포기하고 택지의 매수인을 비롯하여

그 택지를 내왕하는 모든 사람에게 무상으로 통행할 수 있는 권한을 부여하였고, 박은 그와 같은 사용·수익의 제한이라는 부담이 있다는 사정을 용인하거나 적어도 그러한 사정이 있음을 알면서 X토지의 소유권을 취득하였다. A시는 박을 상대로 'X토지를 일반 공중의 통행에 무상으로 제공하는 것'과 동일한 의미로서 배타적인 사용·수익권이 존재하지 아니함을 확인한다는 취지의 소를 제기하였다. (대법원 2012.06.28. 선고 2010다81049 판결)

[해결] 민법 제211조는 "소유자는 법률의 범위 내에서 그 소유물을 사용, 수익, 처분할 권리가 있다."고 규정하고 있으므로, 소유자가 채권적으로 그 상대방에 대하여 사용·수익의 권능을 포기하거나 사용·수익권의 행사에 제한을 설정하는 것 외에 소유권의 핵심적 권능에 속하는 배타적인 사용·수익의 권능이 소유자에게 존재하지 아니한다고 하는 것은 물권법정주의에 반하여 허용될 수 없다. 비록 박이 X토지 인근의 택지소유자들을 비롯하여 그 택지를 내왕하는 사람들에 대하여 배타적 사용·수익권을 주장하며 그 통행을 방해하는 등의 행위를 할 수 없다고 하더라도, 이러한 권리행사의 제약이나 그에 따른 법률상 지위는 채권적인 것에 불과하여 권리행사의 상대방이 누구인지, 그 상대방이 그 토지를 이용하려는 목적과 태양은 어떠한지, 장래에 이러한 이용관계가 변경될 가능성은 없는지 등의 구체적 상황과 맥락에 따라 박이 수인하여야 하는 권리행사상 제약의 내용이나 범위가 달라질 수밖에 없고, 따라서 이러한 구체적 상황 및 맥락과 분리하여 일반적으로 토지소유자에 대하여 '배타적 사용·수익권이 존재하지 않는다'는 취지의 확인을 구하는 것은 당사자 또는 제3자 사이의 권리관계의 불안이나 위험을 제거할 수 있는 유효·적절한 수단이 된다고 볼 수 없어 그 확인을 구할 소의 이익이 없다.

[판결요지] 소유권은 외계 물자의 배타적 지배를 규율하는 기본적 법질서에서 그 기초를 이루는 권리로서 대세적 효력이 있으므로, 그에 관한 법률관계는 이해당사자들이 이를 쉽사리 인식할 수 있도록 명확하게 정하여져야 한다. 그런데 소유권의 핵심적 권능에 속하는 사용·수익의 권능이 소유자에 의하여 대세적으로 유효하게 포기될 수 있다고 하면, 이는 결국 처분권능만이 남는 민법이 알지 못하는 새로운 유형의 소유권을 창출하는 것으로서, 객체에 대한 전면적 지배권인 소유권을 핵심으로 하여 구축된 물권법의 체계를 현저히 교란하게 된다. (대법원 2009.3.26. 선고 2009다228,235 판결)

2. 물권적 청구권의 이행불능과 전보배상청구권

> **[사안]** X토지에 관하여 1974.6.26. 김 앞으로 소유권보존등기가 경료되었고, 1997.12.2.자 매매를 원인으로 하여 1998.1.22. 박 앞으로 소유권이전등기가 경료되었다. 최가 김을 상대로 위 소유권보존등기의, 박을 상대로 위 소유권이전등기의 각 말소등기를 청구한 소송에서 법원은 김 앞으로의 소유권보존등기는 원인무효라 선언하고 김은 최에게 그 말소등기절차를 이행할 것을 명하였다. 반면에 박은 그 앞으로 소유권이전등기가 경료된 날부터 10년이 경과하여 등기부취득시효가 완성되었으므로 유효한 등기라고 선언하였다. 이에 최는 김을 상대로 하여, 박 명의의 소유권이전등기가 취득시효 완성을 이유로 유효한 것으로 인정됨에 따라 김의 말소등기절차 이행의무는 결국 이행불능이 되었다고 할 것이어서 말소등기절차 이행의무의 이행불능으로 인한 손해를 배상할 것을 청구한다. (대법원 2012.5.17. 선고 2010다28604 전원합의체 판결)

[해결] 소유자가 자신의 소유권에 기하여 실체관계에 부합하지 아니하는 등기의 명의인을 상대로 그 등기말소나 진정명의회복 등을 청구하는 경우에, 그 권리는 물권적 청구권으로서의 방해배제청구권(제214조)의 성질을 가진다. 그러므로 소유자가 그 후에 소유권을 상실함으로써 이제 등기말소 등을 청구할 수 없게 되었다면, 이를 위와 같은 청구권의 실현이 객관적으로 불능이 되었다고 파악하여 등기말소 등 의무자에 대하여 그 권리의 이행불능을 이유로 민법 제390조상의 손해배상청구권을 가진다고 말할 수 없다. 위 법규정에서 정하는 채무불이행을 이유로 하는 손해배상청구권은 계약 또는 법률에 기하여 이미 성립하여 있는 채권관계에서 본래의 채권이 동일성을 유지하면서 그 내용이 확장되거나 변경된 것으로서 발생한다. 그러나 위와 같은 등기말소청구권 등의 물권적 청구권은 그 권리자인 소유자가 소유권을 상실하면 이제 그 발생의 기반이 아예 없게 되어 더 이상 그 존재 자체가 인정되지 아니하는 것이다. 사안에서 최는 박의 등기부취득시효 완성으로 X토지에 관한 소유권을 상실하였으므로, 최가 불법행위를 이유로 소유권 상실로 인한 손해배상을 청구할 수 있음은 별론으로 하고, 애초 김의 등기말소의무의 이행불능으로 인한 채무불이행책임을 논할 여지는 없다. (이와 달리 물권적 청구권인 말소등기청구권의 이행불능으로 인하여 전보배상청구권이 인정됨을 전제로 한 대법원 2008.8.21. 선고 2007다17161 판결 등은 이 판결의 견해와 저촉되는 한도에서 변경됨)

3. 소유권에 기한 방해배제청구권과 손해배상

> **[사안]** A시는 1984.1.경 상습침수지역인 X토지의 소유자인 김에게 X토지에 연탄재 등의 쓰레기를 매립하여 양질의 농지로 만들어주겠다고 제의하여 김으로부터 쓰레기 매립장 설치에 대한 동의서를 받아 연탄재를 포함한 쓰레기 등으로 약 3m 가량을 매립한 후 농작물경작이 가능하도록 그 위에 약 2m 가량을 양질의 토양으로 복토하여 1985.3. 매립공사를 완공하였으며 X토지는 그 지상에 비닐하우스가 설치되어 채소를 재배하는 농경지로 사용되어왔다. 그 후 김은, A시가 X토지 아래에 생활쓰레기와 산업쓰레기 등을 위법하게 매립하였고, 그 쓰레기 등이 부패, 소멸되지 않고 현재도 토지 지하에 그대로 남아 있어 자신의 소유권을 침해하고 있다며, 소유권에 기한 방해배제청구권으로서 쓰레기의 수거 및 원상복구를 구한다. (대법원 2003.3.28. 선고 2003다5917 판결)

[해결] 소유권에 기한 방해배제청구권에 있어서 '방해'라 함은 현재에도 지속되고 있는 침해를 의미하고, 법익 침해가 과거에 일어나서 이미 종결된 경우에 해당하는 '손해'의 개념과는 다르다 할 것이어서, 소유권에 기한 방해배제청구권은 방해결과의 제거를 내용으로 하는 것이 되어서는 아니 되며(이는 손해배상의 영역에 해당한다 할 것이다.) 현재 계속되고 있는 방해의 원인을 제거하는 것을 내용으로 한다. 사안에서 X토지에 김이 매립에 동의하지 않은 쓰레기가 매립되어 있다 하더라도 이는 과거의 위법한 매립공사로 인하여 생긴 결과로서 김이 입은 손해에 해당한다 할 것일 뿐, 그 쓰레기가 현재 김의 소유권에 대하여 별도의 침해를 지속하고 있다고 볼 수 없고 따라서 소유권에 기한 방해배제청구권을 행사할 수 있는 경우에 해당하지 아니한다.

> **[유제]** 김은 박의 굴토로 인하여 자신의 X토지의 일부분이 비바람 등 자연적인 현상에 의하여 경사지 흙의 유실 등으로 장차 붕괴할 가능성이 있다며 박에게 X토지의 붕괴위험에 대한 예방조치를 해줄 것을 소로써 구한다. 그러나 박은 위 경사지가 형성된 후 4년 이상이 경과한 현재의 형상이 당시보다 크게 변하지 않았고 예방조치가 강제될 정도로 X토지가 붕괴될 개연성이 상당하다거나 X토지에 대한 김의 소유권이 방해받을 염려가 없다며 이를 거절한다. (대법원 1995.7.14. 선고 94다50533 판결)

[해결] 토지의 소유자는 소유권을 방해할 염려가 있는 행위를 하는 자에 대하여 그 예방을

청구할 수 있는데, 위 예방청구권은 방해의 발생을 기다리지 않고 현재 예방수단을 취할 것을 인정하는 것이므로 그 방해의 염려가 있다고 하기 위하여는 방해예방의 소에 의하여 미리 보호받을 만한 가치가 있는 것으로서 객관적으로 근거 있는 상당한 개연성을 가져야 할 것이고 관념적인 가능성만으로는 이를 인정할 수 없다.

4. 점유자와 회복자와의 관계

> [사안] 김은 박 소유의 건물을 최로부터 임차하여 점유·사용하여 왔는데 박은 김에게 명도일까지 차임 상당액인 월 50만원의 비율에 의한 금원을 부당이득으로 반환할 것을 청구한다. 그러나 김은 최가 임대할 정당한 권원이 있는 것으로 믿고 그로부터 임대하였으므로 자신은 선의의 점유자이고 따라서 점유·사용으로 인한 이득을 반환할 의무가 없다고 항변한다. (대법원 1996.1.26. 선고 95다44290 판결)

[해결] 민법 제201조 제1항에 의하면 선의의 점유자는 점유물의 과실을 취득한다고 규정하고 있고, 한편 건물을 사용함으로써 얻는 이득은 그 건물의 과실에 준하는 것이므로, 선의의 점유자는 비록 법률상 원인 없이 타인의 건물을 점유·사용하고 이로 말미암아 그에게 손해를 입혔다고 하더라도 그 점유·사용으로 인한 이득을 반환할 의무는 없다. 김이 점유를 개시하게 된 경위 등을 따져 과연 김이 선의의 점유자인지 악의의 점유자인지, 또는 언제부터 악의의 점유자가 되었는지를 밝혀 그에 따라 책임의 범위를 정하여야 한다.

> [유제 1] 김이 다년간 점유하며 영업을 해온 X토지에 대해 소유자인 박이 이를 회수하려 하자, 김은 X토지에 지출한 금액으로 10억원의 지급을 청구한다. 그러나 박은 '김이 주장하는 지출금액과 감정 결과에 나타난 현존 증가액 중 적은 금액인 현존 증가액을 선택한다'는 취지의 의사표시를 하였다. 그 후 감정결과 김의 유익비 지출로 인해 X토지의 가액이 15억원만큼 증가한 것으로 나왔다. 이에 김은 박에게 증가액의 반환을 청구한다. (대법원 2018.6.15. 선고 2018다206707 판결)

[해설] 유익비상환청구에 관하여 민법 제203조 제2항은 "점유자가 점유물을 개량하기 위하여 지출한 금액 기타 유익비에 관하여는 그 가액의 증가가 현존한 경우에 한하여 회복자의 선택에 좇아 그 지출금액이나 증가액의 상환을 청구할 수 있다."라고 규정하고 있다. 즉 유익비의 상환범위는 '점유자가 유익비로 지출한 금액'과 '현존하는 증가액' 중에서 회복자가 선택하는 것으로 정해진다. 위와 같은 실제 지출금액 및

현존 증가액에 관한 증명책임은 모두 유익비의 상환을 구하는 점유자에게 있다. 따라서 점유자의 증명을 통해 실제 지출금액 및 현존 증가액이 모두 산정되지 아니한 상태에서 박이 한 의사표시는 실제 지출금액과 현존 증가액 중 적은 금액을 선택하겠다는 것으로 해석되는 것이 타당하다.

[유제 2] 김이 2010.9.경 사망하면서 김의 아들과 김의 딸이 김 소유의 X건물을 각 2분의1 지분으로 상속하였는데, 아들이 부의 사망 이후부터 X건물 전부를 단독으로 점유하면서 이를 박에게 임대차보증금 10억원에 전세를 주었다. 딸은 아들이 자신의 동의없이 X건물 전부를 무단으로 점유하였다며 X건물의 일부에 대한 차임에 해당하는 부당이득금 또는 손해배상의 지급과 아울러 임대차보증금의 절반도 반환할 것을 구한다. 이에 대해 아들은 무단 점유 중 X건물의 관리를 위하여 3천6백만원을 통상의 필요비로 지출하였는 바, 이 중 딸의 지분비율에 해당하는 1천8백만원을 지급하여야 할 부당이득금에서 공제할 것을 주장한다. 그러나 딸은 과실을 취득한 점유자는 통상의 필요비를 청구할 수 없다고 항변한다. (대법원 2021.4.29. 선고 2018다261889 판결)

[해결] 부동산의 일부 지분 소유자가 다른 지분 소유자의 동의 없이 부동산을 다른 사람에게 임대하여 임대차보증금을 받았다면, 그로 인한 수익 중 자신의 지분을 초과하는 부분은 법률상 원인 없이 취득한 부당이득이 되어 다른 지분 소유자에게 이를 반환할 의무가 있다. 또한 이러한 무단 임대행위는 다른 지분 소유자의 공유지분의 사용·수익을 침해한 불법행위가 성립되어 그 손해를 배상할 의무가 있다. 한편 민법 제203조 제1항은 "점유자가 점유물을 반환할 때에는 회복자에 대하여 점유물을 보존하기 위하여 지출한 금액 기타 필요비의 상환을 청구할 수 있다. 그러나 점유자가 과실을 취득한 경우에는 통상의 필요비는 청구하지 못한다."라고 정하고 있다. 위 규정을 제201조의 규정을 고려하여 체계적으로 해석하면, 단서에서 말하는 '점유자가 과실을 취득한 경우'란 점유자가 선의의 점유자로서 민법 제201조 제1항에 따라 과실수취권을 보유하고 있는 경우를 뜻한다고 보아야 한다. 선의의 점유자는 과실을 수취하므로 물건의 용익과 밀접한 관련을 가지는 비용인 통상의 필요비를 스스로 부담하는 것이 타당하기 때문이다. 따라서 과실수취권이 없는 악의의 점유자에 대해서는 위 단서 규정이 적용되지 않으며 아들은 딸의 지분비율에 해당하는 필요비를 지급하여야 할 부당이득금에서 공제할 수 있다. 다만 그 반환 또는 배상의 범위는 부동산 임대차로 인한 차임 상당액이고 부동산의 임대차보증금 자체에 대한 다른 지분 소유자의 지분비율 상당액을 반환할 의무는 없다.

5. 소음, 태양반사광에 의한 생활방해

[사안] 국도변의 X아파트에 거주하는 김 등은 주거지의 소음도가 환경정책기본법에서 정한 일반주거지역의 소음환경기준을 넘어 사회통념상 참을 한도를 넘어서는 생활이익의 침해가 있었다며 B시를 상대로 방음설비설치와 소음으로 인하여 발생한 정신적 손해의 배상을 구한다. 그러나 B시는 관련 국도의 사용 개시 시점 이후에 X아파트의 주택건설사업계획 승인이 이루어졌고 그 후 사용승인을 받아 수분양자들이 입주하기 시작하였는바, 김 등은 X아파트에 거주할 당시 일정 정도의 도로소음 발생과 증가를 알았거나 알 수 있었다고 볼 수 있다며 이의를 제기한다. (대법원 2016.11.25. 선고 2014다57846 판결)

[해결] 소음은 민법 제217조 제1항에서 정하는 생활방해에 해당하므로, 제2항에 따라 이웃 거주자는 소음이 이웃 토지의 통상의 용도에 적당한 것인 때에는 이를 인용할 의무가 있다. 도로에서 발생하는 소음으로 말미암아 생활에 고통을 받는 경우에 이웃 거주자에게 인용의무가 있는지 여부는 일반적으로 사회통념에 비추어 도로소음이 참아내야 할 정도('참을 한도')를 넘는지 여부에 따라 결정하여야 한다. 특히 도시화·산업화에 따라 주거의 과밀화가 진행되고 있는 현실에서 일정한 정도의 도로소음의 발생과 증가는 사회발전에 따라 피할 수 없는 변화에 속하는 점 등도 충분히 고려되어야 한다. 또 도로소음을 규제하는 행정법규는 인근 주민을 소음으로부터 보호하는 데 주요한 목적이 있기 때문에 도로소음이 이 기준을 넘는지 여부는 참을 한도를 정하는 데 중요하게 고려해야 한다. 그러나 도로변 지역의 소음에 관한 환경정책기본법의 소음환경기준을 넘는 도로소음이 있다고 하여 바로 참을 한도를 넘는 위법한 침해행위가 있어 민사책임이 성립한다고 단정할 수 없다. 아울러 거주자가 고요하고 평온한 상태에서 쾌적한 일상생활을 누릴 수 있는 생활이익은 원칙적으로 그가 거주를 시작한 때 그 장소에 있는 소음도를 기초로 형성되기 시작한다는 점도 고려되어야 한다.

[유제] 甲 주식회사가 외벽 전체를 통유리로 한 건물을 신축하여 사용하고 있는데, 인근 아파트에 거주하는 乙 등이 甲 회사를 상대로 건물 외벽유리를 매개물로 하여 생성된 태양반사광이 주거지에 유입되어 이로 인한 생활방해가 참을 한도를 초과하였다고 주장하며 손해배상청구 및 방지청구를 하였다. 甲 회사는 일조방해의 기준에 비추어 태양반사광으로 인한 생활방해가 참을 한도를 넘지 않았다고 항변한다. (대법원 2021.6.3. 선고 2016다33202 판결)

[해결] 생활방해를 이유로 손해배상을 청구하려면, 건축행위로 인한 생활방해의 정도가 사회통념상 일반적으로 참아내야 할 정도('참을 한도')를 넘는 것이어야 한다. 태양직사광으로 인한 생활방해는 어떠한 책임도 발생시키지 않는 '자연에 의한' 생활방해인 반면, 태양반사광으로 인한 생활방해는 태양광이 '인위적으로 축조된' 건물 외벽에 의한 반사 효과와 결합하여 발생시키는 것이고, 태양반사광 침해는 반사되는 강한 태양빛이 직접 눈에 들어와 시각장애를 일으키는 점에서 침해행위의 태양이 일조방해의 경우보다 더 적극적인 침습의 형태이므로, 태양반사광으로 인한 생활방해의 참을 한도를 판단하는 때에는 일조방해의 판단 기준과는 다른 기준을 적용할 필요가 있다. 태양반사광이 아파트 거실이나 안방과 같은 주된 생활공간에 어느 정도의 밝기로 얼마 동안 유입되어 눈부심 등 시각장애가 발생하는지와 태양반사광으로 인하여 아파트의 주거로서의 기능이 훼손되어 참을 한도를 넘는 생활방해에 이르렀는지 등을 직접적으로 심리하여야 한다. 반면 태양반사광의 예방 또는 배제를 구하는 방지청구는 금전배상을 구하는 손해배상청구와는 내용과 요건이 다를 수 있는 바, 그것이 허용될 경우 소송당사자뿐 아니라 제3자의 이해관계에도 중대한 영향을 미칠 수 있어, 해당 청구가 허용될 경우에 방지청구를 구하는 당사자가 받게 될 이익과 상대방 및 제3자가 받게 될 불이익 등을 비교·교량하여야 한다.

6. 주위토지통행권

[사안] 본래 1필지이던 김 소유의 토지 일부를 박이 매수하여 토지가 분할되었다. 박이 매수한 토지에 인접하여 김의 선친들의 가족묘지가 있었는데, 김은 공로에서 박 소유의 토지 약 44m를 거쳐 그 곳에 이를 수 있다. 박의 매수 전부터 이 길을 김이 통로로 사용하여 왔으며, 박으로서도 토지 매수 당시 그러한 김의 통행사실을 알고 있었다. 김은 성묘, 벌초, 벌초 후의 초목 반출, 분묘의 설치 및 이장, 비석과 상석의 설치, 식목조경 등의 작업을 위해서는 차량의 출입이 필수적이라고 주장하며 박 소유 토지의 남쪽 경계선에 설치된 담장을 따라 약 3m의 일정한 폭으로 특정하여 통행권의 확인을 구한다. 아울러 토지 경계에 설치된 담장은 통행에 방해가 되는 장애물이라며 그 담장의 철거를 청구한다. 그러나 박은, 거리가 가깝고 토지가 평지인 점 등에 비추어 볼 때 도보로도 충분히 그 목적을 달성할 수 있으며, 그로 인한 비용이 크게 늘어나는 것도 아닌 점 등을 고려할 때 김은 다만 도보를 통하여 출입하는데 필요한 범위 내에서만 주위토지통행권이 인정된다고 항변한다. (대법원 2006.6.2. 선고 2005다70144 판결)

[해결] 민법 제219조에 규정된 주위토지통행권은 공로와의 사이에 그 용도에 필요한 통로가 없는 토지의 이용이라는 공익목적을 위하여 피통행지 소유자의 손해를 무릅쓰고 특별히 인정되는 것이므로, 그 통행로의 폭이나 위치 등을 정함에 있어서는 피통행지의 소유자에게 가장 손해가 적게 되는 방법이 고려되어야 할 것이고, 어느 정도를 필요한 범위로 볼 것인가는 구체적인 사안에서 사회통념에 따라 쌍방 토지의 지형적·위치적 형상 및 이용관계, 부근의 지리상황, 상린지 이용자의 이해득실 기타 제반 사정을 기초로 판단하여야 하며, 토지의 이용방법에 따라서는 자동차 등이 통과할 수 있는 통로의 개설도 허용되지만 단지 토지이용의 편의를 위해 다소 필요한 상태라고 여겨지는 정도에 그치는 경우까지 자동차의 통행을 허용할 것은 아니다.

주위토지통행권의 확인을 구하기 위해서는 통행의 장소와 방법을 특정하여 청구취지로써 이를 명시하여야 하고, 또한 민법 제219조 소정의 요건을 주장·입증하여야 하며, 통행권의 확인을 구하는 특정의 통로 부분 중 일부분이 민법 제219조 소정의 요건을 충족하여 주위토지통행권이 인정된다면, 그 일부분에 대해서만 통행권의 확인을 구할 의사는 없음이 명백한 경우가 아니라면 그 부분에 한정하여 통행권을 인정하여야 한다. 또 주위토지통행권의 본래적 기능발휘를 위해서는 그 통행에 방해가 되는 담장과 같은 축조물도 위 통행권의 행사에 의하여 철거되어야 할 것이다.

7. 상린관계(1) - 타인의 토지의 시설물의 이용

[사안] A사는 운영하는 공장의 변전소에 전기를 공급받기 위하여 새로 송전선을 설치하려면 많은 비용 등이 소요되는 반면, 그 인근의 B사의 공장부지 등에 이미 설치되어 있는 송전선을 이용하면 비용 등이 발생하지 아니하고 송전선의 소유자인 B사도 사용료를 수령할 수 있어 이익이므로, B사는 민법 제219조, 제227조의 유추적용에 의하여 A사가 송전선을 이용하는 것을 수인할 의무가 있다고 주장한다. (대법원 2012.12.27. 선고 2010다103086 판결)

[해결] 인접하는 토지 상호간의 이용의 조절을 위한 상린관계에 관한 민법 등의 규정은 인접지 소유자에게 그 소유권에 대한 제한을 수인할 의무를 부담하게 하는 것이므로 그 적용요건을 함부로 완화하거나 유추하여 적용할 수는 없고, 상린관계 규정에 의한 수인의무의 범위를 넘는 토지이용관계의 조정은 사적자치의 원칙에 맡겨야 한다. 그러므로 어느 토지소유자가 타인의 토지를 통과하지 아니하면 필요한 전선 등을 시설할 수 없거나 과다한 비용을 요하는 경우에는 그 타인은 자기 토지를 통과하여 시설을 하는 데 대하여 수인할 의무가 있고(제218조 참조), 또한 그 소유지의 물을 소통하기 위하여 이웃토지 소유자

가 시설한 공작물을 사용할 수 있지만(제227조), 이는 타인의 토지를 통과하지 않고는 전선 등 불가피한 시설을 할 수가 없거나 타인의 토지를 통하지 않으면 물을 소통할 수 없는 합리적 사정이 있어야만 인정되는 것이다. 인접한 타인의 토지를 통과하지 않고도 시설을 하고 물을 소통할 수 있는 경우에는 스스로 그와 같은 시설을 하는 것이 타인의 토지 등을 이용하는 것보다 비용이 더 든다는 등의 사정이 있다는 이유만으로 이웃토지 소유자에게 그 토지의 사용 또는 그가 설치·보유한 시설의 공동사용을 수인하라고 요구할 수 있는 권리는 인정될 수 없다. A사는 상린관계에 관한 규정의 유추적용에 의하여 타인의 토지나 타인이 시설한 전선 등에 대한 사용권을 갖게 된다고 볼 여지는 없다.

> [유제] 甲이 자신 소유의 토지에 신축한 건물의 급수공사를 위하여 관할 지방자치단체에 급수공사 시행을 신청하였는데, 지방자치단체가 수도급수 조례 등에 근거하여 급수공사시 경유하여야 하는 乙 소유 토지의 사용승낙서 제출을 요구하며 신청을 반려하자, 甲이 민법 제218조의 수도 등 시설권을 근거로 乙을 상대로 '乙 소유 토지 중 수도 등 시설공사에 필요한 토지 사용을 승낙한다'는 진술을 구하는 소를 제기하였다. 이는 용인될 수 있는가? (대법원 2016.12.15. 선고 2015다247325 판결)

[해결] 민법 제218조 제1항에 기한 수도 등 시설권은 법정의 요건을 갖추면 당연히 인정되는 것이고, 시설권에 근거하여 수도 등 시설공사를 시행하기 위해 따로 수도 등이 통과하는 토지 소유자의 동의나 승낙을 받아야 하는 것이 아니다. 따라서 토지 소유자의 동의나 승낙은 민법 제218조에 기초한 수도 등 시설권의 성립이나 효력 등에 어떠한 영향을 미치는 법률행위나 준법률행위라고 볼 수 없다. 따라서 乙에게 토지사용 승낙의 의사표시를 구하는 소는 권리보호의 이익을 인정할 수 없어 부적법하고, 이 경우 甲은 자신에게 乙 소유 토지 중 수도 등 시설공사에 필요한 부분에 관하여 민법 제218조의 수도 등 시설권이 있다는 확인을 구하는 소 등을 제기하여 승소판결을 받은 다음 이를 甲의 사용권한을 증명하는 자료로 제출하여 지방자치단체에 급수공사의 시행을 신청하면 된다.

8. 상린관계(2) - 경계선 부근의 건축

> [사안] 김은 자기 소유의 땅에 한옥을 지어 완공하였는데, 한옥의 벽은 이웃하는 박의 토지와의 경계선으로부터 54cm, 처마는 39cm 떨어져 있다. 박은 김의 한옥이 이격거리 내에 있다며 건물 지붕과 벽의 철거를 구하나, 김은 인접대지경계선으로부터 건축물의 외벽을 50cm 이상 이격하여 건축해야 한다는 의미이지 지붕이나 처마

등을 인접대지경계선으로부터 50cm 이상 이격하여 건축해야 한다는 것을 의미하는 것은 아니라며 이를 거절한다. (대법원 2011.07.28. 선고 2010다108883 판결)

[해결] 민법 제242조 제1항이 건물을 축조함에 있어 특별한 관습이 없으면 경계로부터 반 미터 이상의 거리를 두어야 한다고 규정한 것은 서로 인접한 대지에 건물을 축조하는 경우에 각 건물의 통풍이나 채광 또는 재해방지 등을 꾀하려는 데 그 취지가 있다고 할 것이므로, '경계로부터 반 미터'는 경계로부터 건물의 가장 돌출된 부분까지의 거리를 말한다. 그러나 위 이격거리를 위반한 경우라도 건축에 착수한 후 1년을 경과하거나 건물이 완성된 후에는 손해배상만을 청구할 수 있을 뿐 그 건물의 변경이나 철거를 청구할 수 없는바(제242조 제2항), 여기에서 '건축의 착수'는 인접지의 소유자가 객관적으로 건축공사가 개시되었음을 인식할 수 있는 상태에 이른 것을 말하고, '건물의 완성'은 사회통념상 독립한 건물로 인정될 수 있는 정도로 건축된 것을 말하며, 그것이 건축 관계 법령에 따른 건축허가나 착공신고 또는 사용승인 등의 적법한 절차를 거친 것인지 여부는 문제되지 아니한다. 김 소유의 건물이 이미 완성된 것이라면 박은 이격거리를 위반한 부분에 대하여 변경이나 철거를 구할 수 없다.

9. 토지 거래의 제한 – 구 '국토의 계획 및 이용에 관한 법률'의 해석

[관계법령] 구 '국토의 계획 및 이용에 관한 법률'
제118조 (토지거래계약에 관한 허가) ①허가구역안에 있는 토지에 관한 소유권·지상권을 이전 또는 설정하는 계약을 체결하고자 하는 당사자는 공동으로 대통령령이 정하는 바에 따라 시장·군수 또는 구청장의 허가를 받아야 한다.
⑥제1항의 규정에 의한 허가를 받지 아니하고 체결한 토지거래계약은 그 효력을 발생하지 아니한다.
(위 규정은 2016.1.19. 제정된 '부동산 거래신고 등에 관한 법률' 제11조에 승계되었다.)

[판결요지] 대법원 1991.12.24. 선고 90다12243 전원합의체 판결
가. 국토이용관리법상의 규제구역 내의 '토지등의 거래계약' 허가에 관한 관계규정의 내용과 그 입법취지에 비추어 볼 때 토지의 소유권 등 권리를 이전 또는 설정

하는 내용의 거래계약은 관할 관청의 허가를 받아야만 그 효력이 발생하고 허가를 받기 전에는 물권적 효력은 물론 채권적 효력도 발생하지 아니하여 무효라고 보아야 할 것인바, 다만 허가를 받기 전의 거래계약이 처음부터 허가를 배제하거나 잠탈하는 내용의 계약일 경우에는 확정적으로 무효로서 유효화될 여지가 없으나 이와 달리 허가받을 것을 전제로 한 거래계약(허가를 배제하거나 잠탈하는 내용의 계약이 아닌 계약은 여기에 해당하는 것으로 본다)일 경우에는 허가를 받을 때까지는 법률상 미완성의 법률행위로서 소유권 등 권리의 이전 또는 설정에 관한 거래의 효력이 전혀 발생하지 않음은 위의 확정적 무효의 경우와 다를 바 없지만, 일단 허가를 받으면 그 계약은 소급하여 유효한 계약이 되고 이와 달리 불허가가 된 때에는 무효로 확정되므로 허가를 받기까지는 유동적 무효의 상태에 있다고 보는 것이 타당하므로 허가받을 것을 전제로 한 거래계약은 허가받기 전의 상태에서는 거래계약의 채권적 효력도 전혀 발생하지 않으므로 권리의 이전 또는 설정에 관한 어떠한 내용의 이행청구도 할 수 없으나 일단 허가를 받으면 그 계약은 소급해서 유효화되므로 허가 후에 새로이 거래계약을 체결할 필요는 없다.

라. 규제지역 내의 토지에 대하여 거래계약이 체결된 경우에 계약을 체결한 당사자 사이에 있어서는 그 계약이 효력 있는 것으로 완성될 수 있도록 서로 협력할 의무가 있음이 당연하므로, 계약의 쌍방 당사자는 공동으로 관할 관청의 허가를 신청할 의무가 있고, 이러한 의무에 위배하여 허가신청절차에 협력하지 않는 당사자에 대하여 상대방은 협력의무의 이행을 소송으로써 구할 이익이 있다.

바. 매매계약을 체결한 경우에 있어 관할 관청으로부터 토지거래허가를 받기까지는 매매계약이 그 계약내용대로의 효력이 있을 수 없는 것이어서 매수인으로서도 그 계약내용에 따른 대금지급의무가 있다고 할 수 없으며, 설사 계약상 매수인의 대금지급의무가 매도인의 소유권이전등기의무에 선행하여 이행하기로 약정되어 있었다고 하더라도, 매수인에게 그 대금지급의무가 없음은 마찬가지여서 매도인으로서는 그 대금지급이 없었음을 이유로 계약을 해제할 수 없다.

1) 거래허가를 요하는 토지매매계약상의 협력의무

[사안] 김은 박에게 토지를 매매하는 매매계약에서 특약조항으로 목적토지의 거래허가를 취득하기 위한 사전 조치의 일환으로 김이 일단 박을 위하여 김 명의로 공유수면 점용·사용허가를 받은 후 잔금 수령시에 그 허가명의를 박에게 이전하여 주기로 약정하였다. 이에 박이 특약조항을 근거로 김 명의로 공유수면 점용·사용허가신

> 청서를 제출하자, 김은 그러한 협력의무의 존재를 부정하고 오히려 박이 제출한 신청서를 임의로 철회하는 등 그 협력의무를 이행하지 아니할 의사를 분명히 하였다. 이에 박은 관련 인허가절차의 이행을 소로써 구한다. 그러나 김은 협력의무의 이행을 소로써 구할 법률상 이익이 없으며, 오히려 박이 중도금 지급기일이 도과하였음에도 이를 지급하지 아니한다며 매매계약을 해제하였다고 항변한다. (대법원 2006.1.27. 선고 2005다52047 판결)

[해결] 토지거래허가 취득절차의 일환으로 당사자 사이의 약정에 기초하여 그 거래의 목적인 토지이용계획 관련 인허가절차의 이행을 소로써 구하는 것 또한 그 전제인 토지거래허가 신청절차에 대한 협력의무에 포함되는 것으로서 허용된다. 또한 토지거래허가를 취득하기 이전의 유동적 무효상태인 토지거래계약에 기하여서는 아직 거래계약상의 매매대금 지급의무가 발생하지 아니하므로 박이 중도금 지급기일을 도과하였음에도 이를 지급하지 아니한다고 하여도 이를 이유로 김이 매매계약을 일방적으로 해제할 수는 없다.

2) 거래허가를 요하는 토지매매계약에 따른 손해배상의무

> [사안] 김은 박으로부터 X임야를 매수하면서 약정에 따라 1995.5. 매매대금과 제세공과금 등 제 비용을 완납하였음에도 불구하고 박은 1997.7.에야 소유권이전등기 소요서류를 김에게 교부하자, 김은 박에게 매매대금을 모두 수령한 때로부터 이행지체로 인한 손해배상책임을 묻는다. 그러나 박은 X임야가 토지거래허가구역 내의 토지이어서 관할관청으로부터 토지거래허가를 받을 때까지는 이행지체로 인한 손해배상책임을 부담하지 않는다고 항변한다. (대법원 2000.1.28. 선고 99다40524 판결)

[해결] X임야가 토지거래허가구역 내의 토지라면 김과 박 사이의 매매계약은 관할관청으로부터 토지거래허가를 받기 전까지는 물권적 효력은 물론 채권적 효력도 발생하지 아니하여 박이 김에 대하여 매매계약에 기한 소유권이전등기의무나 인도의무를 부담하지 아니하는 것이므로, 박이 김으로부터 매매계약에 기한 매매대금을 전액 수령하고서 그 이후 X임야에 관한 소유권이전등기의무와 인도의무의 이행을 지체하였다 하더라도 매매계약에 대하여 관할관청으로부터 토지거래허가를 받을 때까지는 그 이행지체로 인한 손해배상책임을 부담하지 아니한다.

제4강 공동소유

소수지분권자의 공유물 보존행위 /공유물분할의 방법(1) − 현물분할 /공유물분할의 방법(2) − 대금분할 /부동산의 공동매수시의 소유관계 − 합유 /총유물의 보존행위 / 총유물의 관리·처분 행위의 판단기준

■ 공동소유의 3가지 유형 중 공유에 대하여는 토지의 소수지분권자가 공유물 보존행위로서 공유물의 인도를 청구할 수 있는 가를 다룬 전원합의체 판결을 본다. 또 공유물은 분할이 가능한데 분할의 법리에 대하여는 자세한 판례법리가 전개되어 있어 현물분할과 대금분할에 관하여 각각 대표적 판결을 살펴본다. 합유의 개념을 보여주는 사례를 보고 총유물에 관하여는 특히 관리·처분행위의 판단을 둘러싼 전원합의체 판결이 총유의 본질의 이해에 도움을 준다.

1. 소수지분권자의 공유물 보존행위

[사안] 김은 X토지의 1/2 지분을 소유하고 있는 소수지분권자로서, 그 지상에 소나무를 식재하여 X토지를 독점적으로 점유하고 있는 박을 상대로 소나무 등 지상물의 수거와 점유 토지의 인도 등을 청구하였다. 아울러 토지점거일로부터 인도완료일까지 부당이득금의 반환을 청구한다. 그러나 박은 김이 소수지분권자로서 또 다른 소수지분권자를 상대로 공유물의 보존행위로서 X토지의 인도를 청구할 수 없다고 항변한다. (대법원 2020.5.21. 선고 2018다287522 전원합의체 판결)

[해결] 공유자 중 1인인 박이 공유물을 독점적으로 점유하고 있어 다른 공유자인 김이 박을 상대로 공유물의 인도를 청구할 수 있다면 이는 공유물을 점유하는 박의 이해와 충돌하므로 이것은 민법 제265조 단서에서 정한 보존행위라고 보기 어렵다. 또한 박은 적어도 자신의 지분 범위에서는 공유물 전부를 점유하여 사용·수익할 권한이 있으므로 박의 점유

는 지분비율을 초과하는 한도에서만 위법하다. 김의 인도청구는 박이 적법하게 보유하는 '지분비율에 따른 사용·수익권'까지 근거 없이 박탈하는 부당한 결과를 가져온다. 그리고 김은 박과 마찬가지로 소수지분권자에 지나지 않으므로 김이 공유자인 박을 전면적으로 배제하고 자신만이 단독으로 공유물을 점유하도록 인도해 달라고 청구할 권원은 없으며, 김의 청구가 집행된다해도 소수지분권자의 독점 점유라는 위법한 상태는 마찬가지이다. 한편 김은 박을 상대로 지분권에 기한 방해배제청구권(제214조)을 행사함으로써 박이 자의적으로 공유물을 독점하고 있는 위법 상태를 충분히 시정할 수 있다. 결국 공유물의 소수지분권자가 다른 공유자와 협의 없이 공유물의 전부 또는 일부를 독점적으로 점유·사용하고 있는 경우 다른 소수지분권자는 공유물의 보존행위로서 그 인도를 청구할 수는 없고, 다만 자신의 지분권에 기초하여 공유물에 대한 방해 상태를 제거하거나 공동 점유를 방해하는 행위의 금지 등을 청구할 수 있다. (이와 달리 사안과 같은 경우 소수지분권자가 공유물에 대한 보존행위로서 공유물의 인도를 청구할 수 있다고 판단한 종래의 판결들을 변경함)

(반대의견) 김의 인도청구를 허용한 결과 종전 점유자인 박이 일시적으로 점유에서 배제되는 현상이 나타나기는 하지만 이는 박의 독점적 점유를 해제하고 위법 상태를 시정하기 위한 조치로 인한 반사적 결과이므로 불가피하다. 보존권을 행사한 김은 인도 집행을 마친 다음에는 선량한 보관자의 지위에서 공유물을 공유자들이 공동으로 이용할 수 있도록 제공하여야 하며, 보존행위 과정에서 일시적으로 배제되었던 박도 이때는 다른 공유자들과 함께 공유물을 공동으로 사용·수익할 수 있다. 따라서 민법 제265조 단서에 따른 보존행위를 실현하기 위한 차선책으로서 공유자 중 1인인 김이 일단 박의 점유를 해제한 뒤 이를 공유자들의 공동 이용에 제공하도록 하는 것은 부득이하다.

2. 공유물분할의 방법(1) – 현물분할

> [사안] 김과 박은 X토지를 각각 2분의 1 지분으로 공유하고 있는데, 약 20년 가량 담장을 경계로 X토지를 사실상 구분하여 김은 A부분, 박은 B부분을 점유·사용하여 왔다. X토지의 이용을 둘러싸고 김과 박 사이에 분쟁이 생겨 김은 박을 상대로 공유물의 분할을 청구하면서, 양자가 약 20년 가량을 담장을 경계로 토지를 사실상 구분하여 점유·사용하여 왔다며, 김이 A부분, 박이 B부분을 소유하는 것으로 현물분할하여 줄 것을 청구한다. 그러나 박은 X토지에 대한 김과 박의 점유관계와 지분 비율이 일치하지 않고 각 점유하고 있는 부분의 이용형태 및 이용가치가 상이한 바, 현재 점유하고 있는 상태대로 분할하는 것은 각 그 지분 비율에 상응하는 공평한 분할이 될 수 없어서 결국 김과 박의 각 지분 비율에 상응하면서 경제적 만족을 주

> 는 적절한 현물분할의 방법을 찾기 어렵다며 대금분할의 방법에 의할 것을 주장한다. (대법원 2004.7.22. 선고 2004다10183 판결)

[해결] 공유물분할의 소는 형성의 소로서 공유자 상호간의 지분의 교환 또는 매매를 통하여 공유의 객체를 단독 소유권의 대상으로 하여 그 객체에 대한 공유관계를 해소하는 것을 말하므로, 법원은 공유물분할을 청구하는 자가 구하는 방법에 구애받지 아니하고 자유로운 재량에 따라 공유관계나 그 객체인 물건의 제반 상황에 따라 공유자의 지분 비율에 따른 합리적인 분할을 하면 된다.

    공유물의 분할은 공유자 간에 협의가 이루어지는 경우에는 그 방법을 임의로 선택할 수 있으나 협의가 이루어지지 아니하여 재판에 의하여 공유물을 분할하는 경우에는 법원은 현물로 분할하는 것이 원칙이고, 현물로 분할할 수 없거나 현물로 분할을 하게 되면 현저히 그 가액이 감손될 염려가 있는 때에 비로소 물건의 경매를 명하여 대금분할을 할 수 있는 것이므로, 위와 같은 사정이 없는 한 법원은 각 공유자의 지분 비율에 따라 공유물을 현물 그대로 수 개의 물건으로 분할하고 분할된 물건에 대하여 각 공유자의 단독소유권을 인정하는 판결을 하여야 하는 것이며, 그 분할의 방법은 당사자가 구하는 방법에 구애받지 아니하고 법원의 재량에 따라 공유관계나 그 객체인 물건의 제반 상황에 따라 공유자의 지분 비율에 따른 합리적인 분할을 하면 되는 것이라 할 것이고, 토지를 분할하는 경우에는 원칙적으로는 각 공유자가 취득하는 토지의 면적이 그 공유지분의 비율과 같도록 하여야 할 것이나, 반드시 그런 방법으로만 분할하여야 하는 것은 아니고, 토지의 형상이나 위치, 그 이용상황이나 경제적 가치가 균등하지 아니할 때에는 이와 같은 제반 사정을 고려하여 경제적 가치가 지분 비율에 상응되도록 분할하는 것도 허용되며, 일정한 요건이 갖추어진 경우에는 공유자 상호간에 금전으로 경제적 가치의 과부족을 조정하게 하여 분할을 하는 것도 현물분할의 한 방법으로 허용된다.

    또 여러 사람이 공유하는 물건을 현물분할하는 경우에는 분할청구자의 지분한도 안에서 현물분할을 하고 분할을 원하지 않는 나머지 공유자는 공유로 남는 방법도 허용된다. 그러나 분할청구자가 상대방들을 공유로 남기는 방식의 현물분할을 청구하고 있다고 하여, 상대방들이 그들 사이만의 공유관계의 유지를 원하고 있지 아니한데도 상대방들을 여전히 공유로 남기는 방식으로 현물분할을 하여서는 아니 된다. (대법원 2015.03.26. 선고 2014다233428 판결)

    나아가 공유관계의 발생원인과 공유지분의 비율 및 분할된 경우의 경제적 가치, 분할방법에 관한 공유자의 희망 등의 사정을 종합적으로 고려하여 당해 공유물을 특정한 자에게 취득시키는 것이 상당하다고 인정되고, 다른 공유자에게는 그 지분의 가격을 취득시키는 것이 공유자 간의 실질적인 공평을 해치지 않는다고 인정되는 특별한 사정이 있는 때에는 공유물을 공유자 중의 1인의 단독소유 또는 수인의 공유로 하되 현물을 소유하게 되는 공유자로 하여금 다른 공유자에 대하여 그 지분의 적정하고도 합리적인 가격을 배상시키는 방법에 의한 분할도 현물분할의 하나로 허용된다.

사안에서 김과 박의 점유관계와 지분 비율이 일치하지 않고 각 점유부분의 이용형태 및 이용가치가 상이하다는 사정만으로는 X토지를 현물로 분할할 수 없거나 분할로 인하여 현저히 그 가액이 감손될 염려가 있다고 단정하기 어렵다. 오히려 20년 가량의 구분점유는 현물분할을 필요로 하는 하나의 사정이 될 수 있는 것으로서, 이러한 이용상황에 터잡아 현재의 담장을 기준으로 분할하되 김과 박 사이에 금전으로 경제적 가치의 과부족을 조정하게 하거나 또는 경제적 가치가 지분 비율에 상응하도록 새로운 경계를 세워 이를 기준으로 분할하는 등의 적절한 현물분할 방법을 찾는 것이 더 바람직할 것이다.

3. 공유물분할의 방법(2) - 대금분할

> **[사안]** X건물을 김과 박이 같은 지분으로 공유하면서 1층은 김이, 2층은 박이 점유 사용하고 있다. 김은 X건물의 분할을 청구하면서 자신이 1층을 소유하도록 현물분할하여 줄 것을 요구한다. 그러나 박은 각 층별로 효용가치가 각 상이하고 건물 층의 귀속에 관하여 양자의 이해관계가 첨예하게 대립되어 있는 점, 또 X건물을 층별로 현물분할하는 경우 각 공유지분의 가액과는 경제적인 차이가 발생하므로 그 차이를 금액으로 계산하여 가액 보상을 하여야 할 것이나, 김의 지분에 대하여 근저당권이 설정되어 있어 상호 보상관계가 매우 복잡해진다는 점 등을 고려하면 X건물은 현물분할 방법에 의한 공유물분할이 부적당하다 할 것이고, 이를 경매에 부쳐 그 대금 중 경매비용을 공제한 나머지 금액을 각 지분비율에 따라 분배하여야 한다고 주장한다. (대법원 2002.4.12. 선고 2002다4580 판결)

[해결] 재판에 의한 공유물분할은 각 공유자의 지분에 따른 합리적인 분할을 할 수 있는 한 현물분할을 하는 것이 원칙이나, 대금분할에 있어 '현물로 분할할 수 없다.'는 요건은 이를 물리적으로 엄격하게 해석할 것은 아니고, 공유물의 성질, 위치나 면적, 이용상황, 분할 후의 사용가치 등에 비추어 보아 현물분할을 하는 것이 곤란하거나 부적당한 경우를 포함한다 할 것이고, '현물로 분할을 하게 되면 현저히 그 가액이 감손될 염려가 있는 경우'라는 것도 공유자의 한 사람이라도 현물분할에 의하여 단독으로 소유하게 될 부분의 가액이 분할 전의 소유지분 가액보다 현저하게 감손될 염려가 있는 경우도 포함한다. 사안에서 박이 주장하는 사정을 고려하면 법원은 X 건물에 대하여 경매를 통한 대금분할을 명하는 것이 바람직할 것이다.

4. 부동산의 공동매수시의 소유관계 – 합유

> **[사안]** 김과 박은 X부동산을 매수한 후 다른 사람에게 전매하여 그 이익금을 출자비율에 따라 분배하기로 하는 내용의 동업계약을 체결한 후, X부동산을 공동으로 매수하되 매수인을 김 명의로 하기로 하는 내용의 매매계약을 체결하고, 김 명의로 X부동산에 관한 소유권이전등기를 마치었다. 그 후 박은, X부동산은 조합재산이 되었음에도 이를 조합원의 합유로 등기하지 않고 조합원 중의 1인에 불과한 김 명의로 소유권이전등기를 한 것은 김과 박으로 구성된 조합체가 김에게 X부동산을 명의신탁하였다고 봄이 상당하므로, 이는 부동산 실권리자명의 등기에 관한 법률에 위반되어 무효이고, 따라서 김에게 X부동산 중 박의 지분에 관하여 소유권이전등기를 말소해줄 것을 청구한다. (대법원 2006.4.13. 선고 2003다25256 판결)

[해결] 수 인이 부동산을 공동으로 매수한 경우, 매수인들 사이의 법률관계는 공유관계로서 단순한 공동매수인에 불과하여 매도인은 매수인 수인에게 그 지분에 대한 소유권이전등기의무를 부담하는 경우도 있을 수 있고, 그 수인을 조합원으로 하는 조합체에서 매수한 것으로서 매도인이 소유권 전부의 이전의무를 그 조합체에 대하여 부담하는 경우도 있을 수 있으나, 매수인들이 상호 출자하여 공동사업을 경영할 것을 목적으로 하는 조합이 조합재산으로서 부동산의 소유권을 취득하였다면 민법 제271조 제1항의 규정에 의하여 당연히 그 조합체의 합유물이 되고, 다만 그 조합체가 합유등기를 하지 아니하고 그 대신 조합원 1인의 명의로 소유권이전등기를 하였다면 이는 조합체가 그 조합원에게 명의신탁한 것으로 보아야 한다.

5. 총유물의 보존행위

> **[사안]** A종중의 대표자였던 김①은 종중을 대표하여, 국가에게 종중 소유의 X토지를 매도하고 국가 명의의 소유권이전등기를 마치었다. 종중규약에는 종중재산의 매도에 관한 사항은 총회의 의결을 거치도록 규정하고 있으나, 김①은 토지매도를 위한 총회결의를 함에 있어 600여 종원들에게 아무런 소집통지도 아니한 채 자신과 잘 아는 10여 명의 종원들을 자신의 집에 모아 놓고 총회의결서를 작성하고, 이에 터잡아 "X토지에 대한 처분권한을 김①에게 위임한다."는 임원결의서를 작성한 다음, 이를 매도원인서류로 국가에게 교부하여 주었다. 이에 종중원 중 김② 등이 주축이 되어 김①의 재산처분에 반발하여 종중총회를 개최하여 김②를 종중 대표자로 선임

> 하고, 김①이 처분한 X토지 등 종중재산을 환수하기로 결의하였다. 김②는 김①이 적법한 종중총회의 결의를 거치지 않고 매도하였으므로 국가 명의의 소유권이전등기는 원인무효라고 주장하며, 종중의 종원으로서 종중결의를 받아 보존행위로서 위 등기의 말소를 청구한다. (대법원 2005.9.15. 선고 2004다44971 전원합의체 판결)

[해결] 민법 제276조 제1항은 "총유물의 관리 및 처분은 사원총회의 결의에 의한다.", 같은 조 제2항은 "각 사원은 정관 기타의 규약에 좇아 총유물을 사용·수익할 수 있다."라고 규정하고 있을 뿐 공유나 합유의 경우처럼 보존행위는 그 구성원 각자가 할 수 있다는 민법 제265조 단서 또는 민법 제272조 단서와 같은 규정을 두고 있지 아니한바, 이는 법인 아닌 사단의 소유형태인 총유가 공유나 합유에 비하여 단체성이 강하고 구성원 개인들의 총유재산에 대한 지분권이 인정되지 아니하는 데에서 나온 당연한 귀결이다. 따라서 총유재산에 관한 소송은 법인 아닌 사단이 그 명의로 사원총회의 결의를 거쳐 하거나 또는 그 구성원 전원이 당사자가 되어 필수적 공동소송의 형태로 할 수 있을 뿐 그 사단의 구성원은 설령 그가 사단의 대표자라거나 사원총회의 결의를 거쳤다 하더라도 그 소송의 당사자가 될 수 없고, 이러한 법리는 총유재산의 보존행위로서 소를 제기하는 경우에도 마찬가지라 할 것이다. (법인 아닌 사단의 대표자 개인 또는 구성원 일부가 총유재산의 보존을 위한 소를 제기할 수 있다고 판시한 종전의 판견들은 변경됨)

6. 총유물의 관리·처분 행위의 판단기준

> [사안] A사는 B사와 사이에, B사가 C재건축조합으로부터 수급한 재건축아파트신축공사에 관하여 건설공사하도급계약을 체결하였다. 이후 공사대금을 B사가 A사에게 지급하기로 하고 C조합의 조합장 김은 C조합이 공사대금의 지급을 보증하기로 합의하였다. 그 후 A사는, 공사를 수행하였음에도 불구하고 B사가 기성공사대금을 전혀 지급하지 아니하고 합리적 이유 없이 계약을 일방적으로 해제하였고 C조합은 B사의 공사대금채무의 지급을 보증하였으므로 C조합에 기성공사대금의 지급을 청구한다. 그러나 C조합은 조합장 김이 한 지급보증약정은 준총유물의 관리 및 처분에 해당하는 행위로서 재건축조합의 정관이나 규약에 따라야 하고 그에 관한 정관이나 규약이 없으면 조합원 총회의 결의에 의하여야 함에도 이러한 절차를 거치지 아니하였으므로 무효라고 항변한다. (대법원 2007.4.19. 선고 2004다60072 전원합의체 판결)

[해결] 민법 제275조, 제276조 제1항에서 말하는 총유물의 관리 및 처분이라 함은 총유물 그 자체에 관한 이용·개량행위나 법률적·사실적 처분행위를 의미하는 것이므로, 비법인사단이 타인 간의 금전채무를 보증하는 행위는 총유물 그 자체의 관리·처분이 따르지 아니하는 단순한 채무부담행위에 불과하여 이를 총유물의 관리·처분행위라고 볼 수는 없다. 따라서 비법인사단인 재건축조합의 조합장이 채무보증계약을 체결하면서 조합규약에서 정한 조합 임원회의 결의를 거치지 아니하였다거나 조합원총회 결의를 거치지 않았다고 하더라도 그것만으로 바로 그 보증계약이 무효라고 할 수는 없다. 다만, 이와 같은 경우에 조합 임원회의의 결의 등을 거치도록 한 조합규약은 조합장의 대표권을 제한하는 규정에 해당하는 것이므로, 거래 상대방이 그와 같은 대표권 제한 및 그 위반 사실을 알았거나 과실로 인하여 이를 알지 못한 때에는 그 거래행위가 무효로 된다고 봄이 상당하며, 이 경우 그 거래 상대방이 대표권 제한 및 그 위반 사실을 알았거나 알지 못한 데에 과실이 있다는 사정은 그 거래의 무효를 주장하는 측이 이를 주장·입증하여야 한다.

(별개의견) 법인 아닌 사단의 보증채무 부담행위는 결국 장래의 총유물의 처분행위와 같은 것이고 따라서 여기에도 총유물의 관리·처분에 관한 법리가 적용되어야 한다는 취지의 반대의견의 견해 및 거기서 들고 있는 논거들에 대하여 기본적으로 찬성한다. 그런데 통상 아파트재건축사업을 시행함에 있어 새로운 아파트를 신축하기 위하여는 시공업자의 선정부터 공사도급계약의 체결, 설계와 공사 시공 및 완공에 이르기까지 재건축조합으로서는 많은 의사결정과 법률행위들을 하여야 하는데, 그러한 아파트 신축과 관련한 주요한 사항들에 관하여 조합원총회에서 결의를 함에 있어서는, 그 아파트 신축과 관련하여 통상적으로 예상 가능한 세부적이고 구체적인 일련의 행위(이 사건에서는 보증채무 부담행위 포함)들이 계속 진행되는 것을 당연한 전제로 하는 것으로서, 그 결의 속에는 그에 따른 세부적이고 구체적인 일련의 행위들에 대한 결의까지 함께 이루어진 것이라고 봄이 상당하다.

(반대의견) (가) 비법인사단이 부담하는 채무가 총유물 그 자체 또는 재산권 그 자체에 해당하지 않는다고 해서 곧바로 비법인사단이 타인 간의 금전채무를 보증하는 행위가 민법 제276조 제1항에서 말하는 총유물의 관리·처분에 해당하지 않는다고 단정하기는 어렵다. 왜냐하면 비법인사단이 부담하는 보증채무가 자연채무가 아닌 한, 그러한 보증채무 부담행위는 그 채무 변제를 위한 책임재산과 별도로 생각할 수 없기 때문이다. 그 채무의 변제기가 도래하고 주채무자가 채무를 이행하지 않으면 비법인사단은 자신이 보유하고 있는 현금이나 총유물을 처분하여 그 채무를 만족시켜야 하므로 결국 보증채무 부담행위는 비법인사단의 총유물의 처분으로 연결될 수밖에 없다. 그렇다면 비법인사단의 보증채무 부담행위는 장래의 총유물의 처분행위와 같다고 보아야만 한다.

(나) 총유물 자체의 관리·처분이 따르는 채무부담행위와 그렇지 않은 채무부담행위가 명확하게 구별되는 것은 아니다. 비법인사단이 현재 보유하고 있는 금전 또는 장래에 보

유하게 될 금전도 총유물에 속함은 당연하고, 이러한 금전 처분행위도 정관 기타 규약에 달리 정함이 없는 한 사원총회의 결의에 의하지 않으면 무효라고 하여야 한다. 그런데 비법인사단이 현재 또는 장래에 보유하는 금전을 유상 또는 무상으로 지급하기로 하는 행위와 금전채무 보증행위가 실질적으로 다르다고 보아, 전자는 사원총회의 결의를 요한다고 하고 후자는 그럴 필요가 없다고 하는 것이 타당한지 의문이 든다. 총유물의 관리·처분을 수반하지 않는 금전채무 부담행위는 생각하기 어려우므로 현재 또는 장래에 보유하는 금전을 유상 또는 무상으로 지급하기로 하는 행위와 금전채무 부담행위는 결국 실질적으로 같다고 보아야 한다.

(다) 비법인사단이 채무로부터 벗어나기 위한 소송을 함에 있어서도 사원총회의 결의를 요한다고 한다면 비법인사단이 채무를 부담하는 행위는 더욱더 사원총회의 결의를 요한다고 보아야 한다.

(라) 비법인사단의 거래행위를 둘러싸고 발생하는 거래의 안전 문제는 총유물의 관리·처분에 관한 우리 민법과 대법원판례의 입장을 총체적으로 재검토하여 해결하거나 비법인사단으로 하여금 법인격을 취득하도록 유도하여 해결할 일이지 채무부담행위가 총유물의 관리·처분에 해당하지 않는다고 하는 방법으로 해결할 것은 아니다.

(마) 그렇다면 비법인사단의 대표자가 그 사단의 이름으로 채무를 보증하는 계약을 체결하는 경우에도 총유물의 관리·처분에 관한 법리가 적용된다고 하여야 하고, 비법인사단인 재건축조합의 조합장이 보증계약을 체결함에 있어 조합규약에서 정한 조합 임원회의 결의를 거치지 아니하였다면 그 보증계약은 효력이 없다고 보아야 한다.

(반대의견에 대한 보충의견) 타인 간의 금전채무를 보증하는 계약은 단순한 채무부담행위에 불과하여 총유물의 처분행위에 해당하지 아니하므로, 재건축조합의 대표자가 조합규약에 위반하여 보증계약을 체결하였다고 하더라도 바로 무효라고 할 수는 없다고 보는 다수의견의 해석은 총유에 관하여 조합원들이 선택한 규약 내용과 민법의 입법자가 선택한 공동소유의 형태와 내용에 모두 실질적인 수정을 가하는 것이어서 해석의 범위를 넘어서는 것이다. 총유물 처분행위의 개념을 다수의견과 같이 해석하게 되면, 총유에 있어서 비법인사단의 자율성을 보장하려는 민법 제275조 제2항의 입법 취지에 반할 뿐만 아니라, 비법인사단의 소유관계를 총유로 규정함으로써 비법인사단 자체의 존속과 그 구성원들의 이익보호를 도모하고자 한 입법자의 선택에도 어긋나며, 법률의 통일적인 해석과 적용도 곤란해지게 된다.

제5강 지상권

담보목적 지상권의 부종성 /지상권에 기한 방해배제청구권 /구분지상권의 유추적용 / 토지임차인(또는 지상권자)의 건물매수청구권 /관습상의 법정지상권 성립의 기준시점 /시효취득 분묘기지권자의 지료지급의무

■ 용익물권으로서 지상권은 그 본래의 취지와는 달리 담보목적으로 많이 쓰이는데 이를 법적으로 평가하는 문제에 관하여 판례를 살펴본다. 토지임차인의 건물매수청구권의 문제는 지상권과 토지임대차의 법리의 유사성을 보여준다. 관습상의 법정지상권과 2017년의 대법원 전원합의체 판결을 통하여 부각되었던 분묘기지권의 파생문제로서 지료청구권을 다룬 전원합의체 판결을 소개한다.

1. 담보목적 지상권의 부종성

[사안] 김은 박으로부터 7천만원을 이자 월 3%로 차용하면서 차용금채무를 담보하기 위하여 자기 소유의 X토지에 채권최고액을 1억원으로 하는 근저당권설정등기를 박에게 하여 주었다. 동시에 근저당권이 설정된 X토지상에 타인이 건물 등을 축조하여 점유, 사용함으로써 생길 염려가 있는 담보가치의 하락을 방지하기 위하여 박 명의로 지상권설정등기를 하여 주었다. 그 후 김은 차용금채무가 시효의 완성으로 소멸되었다며 근저당권설정등기의 말소를 구하며 아울러 근저당권설정등기와 함께 경료된 지상권설정등기 또한 그 목적을 잃어 말소되어야 한다고 주장한다. (대법원 2011.4.14. 선고 2011다6342 판결)

[해결] 지상권은 용익물권으로서 담보물권이 아니므로 피담보채무라는 것이 존재할 수 없다. 근저당권 등 담보권 설정의 당사자들이 담보로 제공된 토지에 추후 용익권이 설정되거나 건물 또는 공작물이 축조·설치되는 등으로 토지의 담보가치가 줄어드는 것을 막기

위하여 담보권과 아울러 설정하는 지상권을 이른바 담보지상권이라고 하는데, 이는 당사자의 약정에 따라 담보권의 존속과 지상권의 존속이 서로 연계되어 있을 뿐이고, 이러한 경우에도 지상권의 피담보채무가 존재하는 것은 아니다. 이러한 담보지상권은 함께 설정된 담보권의 피담보채권이 변제 등으로 만족을 얻어 소멸한 경우는 물론이고 시효소멸한 경우에도 그에 부종하여 소멸한다.

2. 지상권에 기한 방해배제청구권

[사안] A은행은 X토지의 소유자인 김에게 대출을 하면서 채권최고액 26억 원으로 된 근저당권설정계약 및 존속기간 30년으로 된 지상권설정계약을 체결하고, 같은 날 X토지에 근저당권설정등기 및 지상권설정등기를 경료하였다. A은행이 근저당권설정등기 및 지상권설정등기를 할 당시 X토지에 철근콘크리트 8층 건물이 신축중이었고 이미 2층 골조공사까지 진행된 상태였는데, A은행은 김으로부터 "임의로 토지 또는 건물 소유권을 제3자에게 이전하는 등으로 인하여 귀행이 채권보전에 지장이 있다고 판단하여 담보권을 실행하는 경우에는 어떠한 불이익도 감수하겠다."라는 취지의 각서를 받고, 김에게 건물의 신축을 허용하였다. 김은 그 후 건물에 관한 건축주 명의를 박으로 변경하였고 박이 현재 건축주로서 건물에 관한 공사를 수행하고 있다. A은행은 지상권에 기한 방해배제청구로서 박을 상대로 공사중지를 청구한다. 그러나 박은, A은행이 자신의 근저당권 및 지상권이 신축건물에 의하여 제한을 받을 수도 있다는 것을 예상하였거나 예상할 수 있었음에도 X 토지에 근저당권 및 지상권을 설정한 것이므로, 따라서 김으로부터 건축주 명의를 변경받은 박이 건물 건축을 위하여 공사를 하는 데 대하여 A은행이 공사중지를 구할 수 없다고 항변한다. (대법원 2004.3.29. 자 2003마1753 결정)

[해결] 토지에 관하여 저당권을 취득함과 아울러 그 저당권의 담보가치를 확보하기 위하여 지상권을 취득하는 경우, 당해 지상권은 저당권이 실행될 때까지 제3자가 용익권을 취득하거나 목적 토지의 담보가치를 하락시키는 침해행위를 하는 것을 배제함으로써 저당 부동산의 담보가치를 확보하는 데에 그 목적이 있다고 할 것이므로, 그와 같은 경우 제3자가 비록 토지소유자로부터 신축중인 지상 건물에 관한 건축주 명의를 변경받았다 하더라도, 그 지상권자에게 대항할 수 있는 권원이 없는 한 지상권자로서는 제3자에 대하여 목적 토지 위에 건물을 축조하는 것을 중지하도록 구할 수 있다. 사안에서 A은행이 근저당권 및 지상권 취득 당시 X토지에 토지소유자인 김이 건물을 신축하는 것을 알고서 이로 인한 제한을 용인하였다고 하더라도, 제3자인 박이 김으로부터 건축주 명의를 변경받아

건물을 축조하는 데에 대하여도 용인한 것으로 볼 수는 없으므로, A은행으로서는 박에 대하여 건물의 축조를 중지하도록 구할 피보전권리가 있다.

3. 구분지상권의 유추적용

> [사안] 한국전력은 아무런 권원 없이 김 소유 X토지의 상공에 송전선을 설치하여 소유함으로써 X토지의 일정면적의 상공 부분을 사용·수익하여왔다. 김은 한국전력에 X토지에 송전선이 없는 상태에서의 정상임료에 공중공간에 대한 입체이용의 제한 정도에 상응하는 비율인 '입체이용 저해율'을 곱하여 X토지의 상공에 대한 구분지상권에 상응하는 임료 상당액을 부당이득으로 반환할 것을 청구한다. (대법원 2003.11.14. 선고 2001다61869 판결)

[해결] 구분지상권이란 지하 또는 지상의 공간을 상하의 범위를 정하여 건물 기타 공작물(터널, 지하도로, 송전선, 고가선, 지하철, 교량 등)을 소유하기 위한 지상권을 설정하는 것으로(제289조의2) 토지의 입체적, 다면적 사용을 가능케 하여 토지이용의 효율화를 꾀하기 위하여 1984년 도입되었다. 즉 구분지상권으로 토지소유자와 지상권자가 사용영역을 구분하여 공동사용할 수 있게 된다. 지상권에 관한 모든 규정은 구분지상권에 준용된다(제290조 제2항). 한국전력은 당해 전선으로 사용·수익이 저해된 면적에 토지의 기초가격, 입체이용저해율, 기대이율을 순차로 곱하여, 저해면적에 구분지상권을 설정하였을 경우 얻을 수 있는 차임 상당액을 토지소유자에게 부당이득으로서 반환할 의무가 있다.

4. 토지임차인(또는 지상권자)의 건물매수청구권

> [사안] 김은 박 소유의 X토지를 그 위에 가옥의 소유를 목적으로 임대하여 Y건물을 지어 사용하다가 그 건물이 전전매도된 결과 현재 최가 Y건물을 등기하여 소유하면서 점유·사용하고 있다. 박은 Y건물을 전전매수한 매수인들과 임대차계약을 갱신하면서 차임을 징수하여왔다. 그 후 박이 최에게 1998. 1. 말에 임대기간이 만료되면 임대차계약을 해지한다는 통고를 하였다. 그러자 최는 박에게 Y건물에 대한 매수청구권을 행사하였다. 그러나 박은 건물의 철거와 점유부분 대지의 인도를 청구하면서, 지은 지 30년이 경과하여 경제적 가치가 거의 없고 박에게 아무 소용이 없는 Y건물의 매수청구는 신의칙 위반 또는 권리남용이라거나 또는 최가 전에 건물의 철거를 약정하였다며 항변한다. (대법원 2002.5.31. 선고 2001다42080 판결)

[해결] 민법 제643조, 제283조에 규정된 임차인의 매수청구권은, 건물의 소유를 목적으로 한 토지 임대차의 기간이 만료되어 그 지상에 건물이 현존하고 임대인이 계약의 갱신을 원하지 아니하는 경우에 임차인에게 부여된 권리로서 그 지상 건물이 객관적으로 경제적 가치가 있는지 여부나 임대인에게 소용이 있는지 여부가 그 행사요건이라고 볼 수 없는 것이고, 건물의 소유를 목적으로 한 토지의 임차인이 임대차가 종료하기 전에 임대인과 간에 건물 기타 지상 시설 일체를 포기하기로 약정을 하였다고 하더라도 임대차계약의 조건이나 계약이 체결된 경위 등 제반 사정을 종합적으로 고려하여 실질적으로 임차인에게 불리하다고 볼 수 없는 특별한 사정이 인정되지 아니하는 한 위와 같은 약정은 임차인에게 불리한 것으로서 민법 제652조에 의하여 효력이 없는 것이다.

5. 관습상의 법정지상권 성립의 기준시점

[사안] 김은 2005.6.13. 박으로부터 그 소유의 X토지를 매수하여 2005.11.30. 김 명의로 소유권이전등기를 경료하였다. 한편 최는 2003.1.3. 당시 박의 소유이던 X토지 위에 건립되어 있던 Y건물에 관하여 자기 명의로 소유권보존등기를 경료하였다. 그 후 Y건물에 관하여는 2003.10.20. 최의 채권자인 A농협을 위한 가압류등기가, 2004.9.18. 위 가압류를 바탕으로 강제경매개시결정의 등기가 각 경료되었다. 김은 위 경매절차가 진행 중이던 2005.11.29. 최로부터 Y건물을 매수하여 2005.12.12. 김 명의로 소유권이전등기를 경료하였으나, 그 경매절차에서 Y건물이 2006.6.9. 정에게 매각되어 그 대금이 완납되고 이를 원인으로 하여 2006.6.15.에 김 명의의 위 소유권이전등기가 말소되고 정 명의로 소유권이전등기가 경료되었다. 김은 정에게 X토지의 인도를 청구하나, 정은 매각대금을 완납한 시점(2006.6.9.)을 기준으로 김이 X토지와 그 지상의 Y건물을 소유하였으므로 Y건물의 강제경매로 Y건물을 위한 관습상 법정지상권이 성립한다고 항변한다. (대법원 2012.10.18. 선고 2010다52140 전원합의체 판결)

[해결] 동일인의 소유에 속하고 있던 토지와 그 지상 건물이 강제경매 또는 국세징수법에 의한 공매 등으로 인하여 소유자가 다르게 된 경우에는 그 건물을 철거한다는 특약이 없는 한 건물소유자는 토지소유자에 대하여 그 건물의 소유를 위한 관습상 법정지상권을 취득한다. 원래 관습상 법정지상권이 성립하려면 토지와 그 지상 건물이 애초부터 원시적으로 동일인의 소유에 속하였을 필요는 없고, 그 소유권이 유효하게 변동될 당시에 동일인이 토지와 그 지상 건물을 소유하였던 것으로 족하다고 할 것이다. 그런데 부동산강제경

매절차에서 목적물을 매수한 사람의 법적 지위는 그 절차상 압류의 효력이 발생하는 때를 기준으로 하여 정하여지고, 매수신청인·담보권자·채권자·채무자 기타 그 절차에 이해관계를 가지는 여러 당사자는 그와 같이 하여 정하여지는 법적 지위를 전제로 하여 자신의 이해관계를 계산하고, 나아가 경매절차에의 참여, 채무이행, 대위변제 기타의 재산적 결정에 이르게 된다. 강제경매의 목적이 된 토지 또는 그 지상 건물의 소유권이 강제경매로 인하여 그 절차상의 매수인에게 이전된 경우에 건물의 소유를 위한 관습상 법정지상권이 성립하는가 하는 문제에 있어서도 그 매수인이 소유권을 취득하는 매각대금의 완납시가 아니라 그 압류의 효력이 발생하는 때를 기준으로 하여 토지와 그 지상 건물이 동일인에 속하였는지 여부가 판단되어야 한다. 강제경매개시결정의 기입등기가 이루어져 압류의 효력이 발생한 후에 경매목적물의 소유권을 취득한 이른바 제3취득자는 그의 권리를 경매절차상의 매수인에게 대항하지 못하고, 그 매각대금이 완납되면 직권으로 그 말소가 촉탁되어야 하는 것이다. 한편 강제경매개시결정 이전에 가압류가 있는 경우에는, 그 가압류가 강제경매개시결정으로 인하여 본압류로 이행되어 가압류집행이 본집행에 포섭됨으로써 당초부터 본집행이 있었던 것과 같은 효력이 있다. 따라서 경매의 목적이 된 부동산에 대하여 가압류가 있고 그것이 본압류로 이행되어 경매절차가 진행된 경우에는 애초 가압류가 효력을 발생하는 때를 기준으로 토지와 그 지상 건물이 동일인에 속하였는지 여부를 판단할 것이다. 이와 달리 강제경매로 인하여 관습상 법정지상권이 성립함에는 그 매각 당시를 기준으로 토지와 그 지상 건물이 동일인에게 속하여야 한다는 취지의 대법원 1970.9.29. 선고 70다1454 판결, 대법원 1971.9.28. 선고 71다1631 판결 등은 이 판결의 견해와 저촉되는 한도에서 변경하기로 한다.

사안에서 경매의 목적물인 Y건물에 대하여는 강제경매개시결정 이전에 A농협의 가압류가 있었고 그 후 그 가압류가 본압류로 이행하였으므로, 위 경매절차상의 매수인인 정이 관습상 법정지상권을 취득하는지 하는 문제에 있어서 정이 그 매각대금을 완납한 2006.6.9.이 아니라 위 가압류가 효력을 발생한 2003.10.20.을 기준으로 X토지와 Y건물이 동일인에게 속하였는지를 판단하여야 한다.

6. 시효취득 분묘기지권자의 지료지급의무

[사안] X임야 중 400㎡ 지상에는 1940.7.경 사망한 김의 조부와 1961.4.경 사망한 김의 부(父)의 각 분묘가 설치되어 있고, 김은 현재까지 이 분묘를 수호·관리해 왔다. 박은 2014년경 X임야를 경매로 취득한 다음, 김을 상대로 분묘의 기지 점유에 따른 박의 소유권 취득일 이후의 지료 지급을 구한다. 이에 대해 김은 20년 이상 평온·공연하게 분묘의 기지를 점유하여 분묘기지권을 시효로 취득하였으므로 지료

> 를 지급할 의무가 없다고 항변한다. (대법원 2021.4.29. 선고 2017다228007 전원합의체 판결)

[해결] 장사법 시행일(2001.1.13.) 이전에 타인의 토지에 분묘를 설치한 다음 20년간 평온·공연하게 분묘의 기지를 점유함으로써 분묘기지권을 시효로 취득하였더라도(대법원 2017.1.19. 선고 2013다17292 전원합의체 판결 - 관습법의 효력(1) 사안 참조), 분묘기지권자는 토지소유자가 분묘기지에 관한 지료를 청구하면 그 청구한 날부터의 지료를 지급할 의무가 있다고 보아야 한다. 취득시효형 분묘기지권은 당사자의 합의에 의하지 않고 성립하는 지상권 유사의 권리이고, 그로 인하여 토지 소유권이 사실상 영구적으로 제한될 수 있는 바, 시효로 분묘기지권을 취득한 사람은 일정한 범위에서 토지소유자에게 토지 사용의 대가를 지급할 의무를 부담한다고 보는 것이 형평에 부합한다. 다만 분묘기지권의 특수성이나 법적 안정성 등을 고려하여 볼 때, 시효로 분묘기지권을 취득한 사람은 토지 소유자가 분묘기지에 관한 지료를 청구하면 그 청구한 날부터의 지료를 지급하여야 한다고 봄이 타당하다.

(별개의견) 분묘기지권의 토지 이용관계와 가장 유사한 모습은 법정지상권이다. 민법 제366조 등에 따라 법정지상권이 성립하면 지상권자는 '지상권 성립 시부터' 토지소유자에게 지료를 지급하여야 한다. 분묘기지권을 시효취득하여 성립하는 토지 이용관계에 관해서도 법정지상권의 경우와 마찬가지로 분묘기지권이 성립한 때부터 즉 박이 X임야의 소유권을 취득한 날로부터 지료를 지급하여야 한다.

(반대의견) 분묘기지권은 관습법상 물권이므로, 관습에 대한 조사나 확인을 통하여 관습법의 내용을 선언하여야 하고 법원이 해석을 통해 그 내용을 정하는 것은 타당하지 않다. 지금까지 분묘기지권에 관하여 유상성을 내용으로 하는 관습이 확인된 적이 없었다는 사실은 분묘기지권이 관습상 무상이었음을 반증하며, 분묘기지권자에게 지료 지급의무가 있다고 볼 수 없다.

> **[유제]** A종중은 X토지를 소유할 때부터 설치되어 있던 분묘들을 수호·관리하다가 X토지를 김에게 양도하였다. 김이 분묘의 철거와 X부동산의 인도를 청구하자 A종중은 양도시에 해당 분묘들을 이장하겠다는 합의를 해준 적이 없으므로 해당 분묘에 대한 분묘기지권을 취득하였다고 항변한다. 이에 김은 분묘의 기지에 대한 지료의 지급을 구하나, A종중은 지료에 관한 약정이 없는 이상 김은 지료를 구할 수도 없다고 항변한다. (대법원 2021.5.27. 선고 2020다295892 판결)

[해결] 자기 소유 토지에 분묘를 설치한 사람이 그 토지를 양도하면서 분묘를 이장하겠다는 특약을 하지 않음으로써 분묘기지권을 취득한 경우, 분묘기지권자는 분묘기지권이 성립한 때부터 토지 소유자에게 그 분묘의 기지에 대한 토지사용의 대가로서 지료를 지급할 의무가 있다. 법원은 김의 청구에 대하여 지료의 액수를 심리하고 그 금액의 지료 지급을 명하여야 한다.

제6강 전세권

채권담보만을 목적으로 한 전세권의 효력 /전세목적물의 소유권이전과 전세금의 반환채권관계 /전세금반환채권의 양도(1) - 전세권 소멸 후 /전세금반환채권의 양도(2) - 전세권 존속 중 /전세권과 주택임대차의 관계

■ 채권담보만을 목적으로 한 전세권은 효력이 없다는 판결은 전세권의 역할과 한계를 보여준다. 전세권에서는 전세금의 반환이 중요한 문제가 되는데 전세목적물의 소유권이전시 누가 반환책임을 지는지, 또 전세금반환채권을 전세권자가 양도하면 그 법률관계가 어떠한지 등에 대하여 판례의 설시를 통하여 기본법리를 공부한다. 전세권과 특별법상의 주택임대차와의 관계도 주목해볼 필요가 있다.

1. 채권담보만을 목적으로 한 전세권의 효력

[사안] 김은 자기 소유 X건물에 대하여 박 앞으로 전세금 2억원의 전세권설정등기를 하여 주었다. 최는 김에게 2억원을 대여하면서 김이 대여금을 변제하지 못하는 경우 박이 가지고 있는 전세권에 관한 권리를 양도받기로 하였다. 그 후 대여금이 변제되지 않아 최는 박을 상대로 전세권의 이전을 청구하나, 박은 이 전세권은 통상의 전세권과 같이 사용·수익권을 포함하고 있다고 보기 어려워서 전세권설정등기를 무효로 보아야 한다고 항변한다. (대법원 2021.12.30. 선고 2018다40235 판결)

[해결] 민법 제185조는 "물권은 법률 또는 관습법에 의하는 외에는 임의로 창설하지 못한다."라고 정하여 물권법정주의를 선언하고 있다. 물권법의 강행법규성에 따라 법률과 관습법이 인정하지 않는 새로운 종류나 내용의 물권을 창설하는 것은 허용되지 않는다. 전세권자는 전세금을 지급하고 타인의 부동산을 점유하여 그 부동산의 용도에 좇아 사용·수익하며, 그 부동산 전부에 대하여 후순위권리자 기타 채권자보다 전세금의 우선변제를

받을 권리가 있다(민법 제303조 제1항). 전세권설정계약의 당사자가 주로 채권담보 목적으로 전세권을 설정하고 설정과 동시에 목적물을 인도하지 않는다고 하더라도 장차 전세권자가 목적물을 사용·수익하는 것을 배제하지 않는다면, 전세권의 효력을 부인할 수는 없다. 그러나 전세권 설정의 동기와 경위, 전세권 설정으로 달성하려는 목적, 채권의 발생 원인과 목적물의 관계, 전세권자의 사용·수익 여부와 그 가능성, 당사자의 진정한 의사 등에 비추어 전세권설정계약의 당사자가 전세권의 핵심인 사용·수익 권능을 배제하고 채권담보만을 위해 전세권을 설정하였다면, 법률이 정하지 않은 새로운 내용의 전세권을 창설하는 것으로서 물권법정주의에 반하여 허용되지 않고 이러한 전세권설정등기는 무효라고 보아야 한다.

2. 전세목적물의 소유권이전과 전세금의 반환채권관계

> [사안] 김은 자기 소유의 X건물에 대해 박에게 전세권을 설정해주었다. 그 후 김은 X건물을 최에게 매도하고 소유권이전등기를 하여 주었다. 전세권이 기간만료로 소멸되자 박은 김에게 전세금의 반환을 구하나, 김은 전세금채권관계도 신 소유자인 최에게 이전하였으므로 최가 반환의무를 부담한다고 항변한다. (대법원 2006.5.11. 선고 2006다6072 판결)

[해결] 전세권이 성립한 후 목적물의 소유권이 이전되는 경우에 있어서 전세권 관계가 전세권자와 전세권설정자인 종전 소유자와 사이에 계속 존속되는 것인지 아니면 전세권자와 목적물의 소유권을 취득한 신 소유자와 사이에 동일한 내용으로 존속되는지에 관하여 민법에 명시적인 규정은 없으나, 전세목적물의 소유권이 이전된 경우 민법이 전세권 관계로부터 생기는 상환청구, 소멸청구, 갱신청구, 전세금증감청구, 원상회복, 매수청구 등의 법률관계의 당사자로 규정하고 있는 전세권설정자 또는 소유자는 모두 목적물의 소유권을 취득한 신 소유자로 새길 수밖에 없다고 할 것이므로, 전세권은 전세권자와 목적물의 소유권을 취득한 신 소유자 사이에서 계속 동일한 내용으로 존속하게 된다고 보아야 할 것이고, 따라서 목적물의 신 소유자는 구 소유자와 전세권자 사이에 성립한 전세권의 내용에 따른 권리의무의 직접적인 당사자가 되어 전세권이 소멸하는 때에 전세권자에 대하여 전세권설정자의 지위에서 전세금반환의무를 부담하게 되고, 구 소유자는 전세권설정자의 지위를 상실하여 전세금반환의무를 면하게 된다고 보아야 하고, 전세권이 전세금 채권을 담보하는 담보물권적 성질을 가지고 있다고 하여도 전세권은 전세금이 존재하지 않으면 독립하여 존재할 수 없는 용익물권으로서 전세금은 전세권과 분리될 수 없는 요소이므로 전세권 관계로 생기는 위와 같은 법률관계가 신 소유자에게 이전되었다고 보는 이상, 전

세금 채권 관계만이 따로 분리되어 전 소유자와 사이에 남아 있다고 할 수는 없을 것이고, 당연히 신 소유자에게 이전되었다고 보는 것이 옳다.

3. 전세금반환채권의 양도(1) - 전세권 소멸 후

[사안] 김은 2000.2.16. 박과의 사이에 자기 소유의 X부동산에 관하여 전세금 524,000,000원, 전세기간 2000.2.16.부터 2001.2.15.까지, 전세권자 박으로 하는 전세권설정계약을 체결하고 2000.2.22. 이 사건 전세권설정등기를 마치었다. 김은 그 후 2001.7.1.경 박과의 전세계약을 합의해지하고, 최와 사이에 X부동산에 관하여 임대차보증금을 506,000,000원으로 하고, 월 차임을 1,800,000원, 임대차기간을 2001.7.1.부터 2002.2.15.까지로 하는 부동산임대차계약서를 작성하였다. 같은 날 최는 김의 승인하에 박과 사이에 박 명의의 전세권에 관한 양도계약을 체결하고 2001.7.6. 전세권설정등기의 명의자를 최로 바꾸는 전세권이전의 부기등기를 마치었다. 한편 정은 2001.7.9. 박의 김에 대한 전세금반환채권을 7억원을 한도로 압류하고 이를 자신에게 전부하는 내용의 채권압류 및 전부명령을 받았고 이 명령은 그 무렵 김에게 송달되어 같은 해 7.28. 확정되었다. 김과 박은 전세금반환채권은 이미 양도되었다고 주장하나, 정은 전세금반환채권의 양도에 관하여 확정일자있는 통지나 승낙이 있었다고 볼 수 없다고 항변한다. (대법원 2005.3.25. 선고 2003다35659 판결)

[해결] 전세권설정등기를 마친 민법상의 전세권은 그 성질상 용익물권적 성격과 담보물권적 성격을 겸비한 것으로서, 전세권의 존속기간이 만료되면 전세권의 용익물권적 권능은 전세권설정등기의 말소 없이도 당연히 소멸하고 단지 전세금반환채권을 담보하는 담보물권적 권능의 범위 내에서 전세금의 반환시까지 그 전세권설정등기의 효력이 존속하고 있다 할 것인데, 이와 같이 존속기간의 경과로서 본래의 용익물권적 권능이 소멸하고 담보물권적 권능만 남은 전세권에 대해서도 그 피담보채권인 전세금반환채권과 함께 제3자에게 이를 양도할 수 있다 할 것이지만 이 경우에는 민법 제450조 제2항 소정의 확정일자 있는 증서에 의한 채권양도절차를 거치지 않는 한 위 전세금반환채권의 압류·전부 채권자 등 제3자에게 위 전세보증금반환채권의 양도사실로써 대항할 수 없다.

사안에서 박의 전세권은 갱신약정에 따른 등기를 경료함이 없이 그 존속기간이 경과함으로써 소멸하고 단지 전세금반환채권을 담보하는 담보물권적 권능만이 남게 되었다가 박과 최사이의 2001.7.1.자 X부동산에 관한 전세권양도계약의 체결 및 전세권이전의 부기등기로써 전세금반환채권이 전세권의 담보물권적 권능과 함께 최에게 양도된 것으로 보아야 할 것인데, 전세금반환채권의 양도에 관하여 확정일자 있는 통지나 승낙이 있었다고 볼 수 없어 이로써 전세금반환채권의 압류·전부 채권자인 정에게 대항할 수 없게 되었다 할 것이다.

4. 전세금반환채권의 양도(2) – 전세권 존속 중

> [사안] 김은 박과의 사이에 1991.9.15. 박 소유의 X건물에 대해 임차보증금을 552,760,000원, 월 차임을 7,396,000원, 임대차기간을 1991.12.15.부터 1992.12.14.까지로 정하여 임차하기로 하는 내용의 임대차계약을 체결하고, 그 후 김의 요구에 의하여 전세금을 위의 임차보증금과 같은 금액으로, 존속기간을 1997.3.1.까지로 정하여 전세권설정계약을 체결하고 김을 전세권자로 한 전세권설정등기를 마쳐 주었다. 박은 전세권의 존속기간 만료 전 6월부터 1월까지 사이에 김에 대하여 전세권의 갱신거절의 통지나 조건을 변경하지 아니하면 갱신하지 아니한다는 뜻의 통지를 하지 아니하였고, 김도 전세권의 존속기간이 만료된 이후에도 계속하여 X건물을 점유·사용하여 왔다. 김은 1998.3.10. 최에게 X건물에 대한 임차보증금반환채권을 양도하고, 1998.3.31.자의 확정일자부 우편으로 그 채권양도사실을 박에게 통지하여 1998.4.1. 그 통지가 박에게 도달하였다. 한편 정은 1998.5.7. X건물에 대한 김의 전세권을 가압류한 후 1999.8.11. 김의 박에 대한 전세금반환채권에 대하여 채권압류 및 전부명령을 받았으며, 그 명령은 그 무렵 박에게 송달되어 그대로 확정되었다. 정은 김이 전세권이 존속하는 동안에 전세권을 존속시키기로 하면서 전세금반환채권만을 전세권과 분리하여 양도한 것은 무효라고 주장하며 박에게 전부금의 지급을 청구한다. (대법원 2002.8.23. 선고 2001다69122 판결)

[해결] 전세권은 전세금을 지급하고 타인의 부동산을 그 용도에 따라 사용·수익하는 권리로서 전세금의 지급이 없으면 전세권은 성립하지 아니하는 등으로 전세금은 전세권과 분리될 수 없는 요소일 뿐 아니라, 전세권에 있어서는 그 설정행위에서 금지하지 아니하는 한 전세권자는 전세권 자체를 처분하여 전세금으로 지출한 자본을 회수할 수 있도록 되어 있으므로 전세권이 존속하는 동안은 전세권을 존속시키기로 하면서 전세금반환채권만을 전세권과 분리하여 확정적으로 양도하는 것은 허용되지 않는 것이며, 다만 전세권 존속 중에는 장래에 그 전세권이 소멸하는 경우에 전세금 반환채권이 발생하는 것을 조건으로 그 장래의 조건부 채권을 양도할 수 있을 뿐이라 할 것이다.

사안에서 전세권설정등기를 마친 후에 김이 최에게 양도한 채권은 X건물에 대한 임차보증금반환채권이 아니라 전세금반환채권인데, X건물에 관한 전세권은 원래의 존속기간이 만료된 이후에도 묵시적으로 갱신되어 존속중이었고 달리 전세권설정계약을 합의해지하였다거나 전세권을 소멸시키기로 합의하였다고 볼 수 없다면, 김이 전세권이 존속하는 동안에 전세권을 존속시키기로 하면서 전세금반환채권만을 전세권과 분리하여 양도한 것은 무효라고 보아야 할 것이다.

> **[판결요지]** 전세권이 담보물권적 성격도 가지는 이상 부종성과 수반성이 있는 것이므로 전세권을 그 담보하는 전세금반환채권과 분리하여 양도하는 것은 허용되지 않는다고 할 것이나, 한편 담보물권의 수반성이란 피담보채권의 처분이 있으면 언제나 담보물권도 함께 처분된다는 것이 아니라 채권담보라고 하는 담보물권 제도의 존재 목적에 비추어 볼 때 피담보채권의 처분에는 담보물권의 처분도 당연히 포함된다고 보는 것이 합리적이라는 것일 뿐이므로, 피담보채권의 처분이 있음에도 불구하고 담보물권의 처분이 따르지 않는 특별한 사정이 있는 경우에는 채권양수인은 담보물권이 없는 무담보의 채권을 양수한 것이 되고 채권의 처분에 따르지 않은 담보물권은 소멸한다. (대법원 1999.2.5. 선고 97다33997 판결)

5. 전세권과 주택임대차의 관계

> **[사안]** 김은 2002.9.6. 박으로부터 그 소유 X건물에 관하여 금 17,000,000원에 2002.9.27.부터 24월간 전세를 얻어 입주하면서 2002.10.9. X건물의 주소로 전입하였다가, 2002.11.4. 그 전세권 설정등기를 경료하고 2003.4.21. 다른 주소로 전출하였다. 한편, A은행이 2002.8.3. X건물에 관하여 채권최고액 금 62,400,000원으로 설정받은 근저당권에 기하여 2003.4.3. 개시된 부동산임의경매 절차에서, 경매법원은 2004.2.27. 그 배당기일에서 근저당권자인 A은행에 금 19,560,000원을 배당하는 것으로 배당표를 작성하자, 김은 A은행에 대한 배당에 관하여 배당이의의 소를 제기하여, 김이 그 주민등록의 이전에 앞서 민법 소정 주택임대차등기 또는 주택임대차보호법 소정 임차권등기명령의 집행에 의한 임차권등기보다 강력한 전세권 설정등기를 경료한 만큼, 주택임대차보호법 소정 소액임차인으로서 위 전세금 중 일부 금 9,794,000원을 우선 배당받을 권리가 있다고 주장한다. (대법원 2007.6.28. 선고 2004다69741 판결)

[해결] 전세권은 전세금을 지급하고 타인의 부동산을 점유하여 그 부동산의 용도에 좇아 사용·수익하며 그 부동산 전부에 대하여 후순위권리자 기타 채권자보다 전세금의 우선변제를 받을 권리를 내용으로 하는 물권이지만, 임대차는 당사자 일방이 상대방에게 목적물을 사용, 수익하게 할 것을 약정하고 상대방이 이에 대하여 차임을 지급할 것을 약정함으로써 그 효력이 발생하는 채권계약으로서, 주택임차인이 주택임대차보호법 제3조 제1항의 대항요건을 갖추거나 민법 제621조의 규정에 의한 주택임대차등기를 마치더라도 채권계약이라는 기본적인 성질에 변함이 없다. 이러한 차이와 더불어, 주택임차인이 그 지위를 강화하고자 별도로 전세권설정등기를 마치더라도 주택임대차보호법상 주택임차인으로서의 우선변제를 받을 수 있는 권리와 전세권자로서 우선변제를 받을 수 있는 권리는 근거 규정 및 성립요건을 달리하는 별개의 것이라는 점, 주택임대차보호법 제3조의3 제1항에서 규정한 임차권등기명령에 의한 임차권등기와 동법 제3조의4 제2항에서 규정한 주택임대차등기는 공통적으로 주택임대차보호법상의 대항요건인 '주민등록일자', '점유개시일자' 및 '확정일자'를 등기사항으로 기재하여 이를 공시하지만 전세권설정등기에는 이러한 대항요건을 공시하는 기능이 없는 점, 주택임대차보호법 제3조의4 제1항에서 임차권등기명령에 의한 임차권등기의 효력에 관한 동법 제3조의3 제5항의 규정은 민법 제621조에 의한 주택임대차등기의 효력에 관하여 이를 준용한다고 규정하고 있을 뿐 주택임대차보호법 제3조의3 제5항의 규정을 전세권설정등기의 효력에 관하여 준용할 법적 근거가 없는 점 등을 종합하면, 주택임차인이 그 지위를 강화하고자 별도로 전세권설정등기를 마쳤더라도 주택임차인이 주택임대차보호법 제3조 제1항의 대항요건을 상실하면 이미 취득한 주택임대차보호법상의 대항력 및 우선변제권을 상실한다고 봄이 상당하다. 사안에서 김은 주택임대차보호법 제3조 제1항의 대항요건인 주민등록을 상실함으로써 동법 제8조 제1항의 소액보증금 우선변제권을 상실하였다고 보아야 한다.

제7강 부동산유치권

유치권의 제도적 취지와 한계 / 초과부분에 대한 유치권 부존재 확인 소송 /매도인의 목적물인도의무와 유치권 행사의 가부 /유치권의 피담보채권이 되기 위한 요건 /유치권의 불가분성 /유치권자의 처분행위의 효력 /담보제공과 유치권의 소멸 /유치권배제 특약의 효력

■ 부동산유치권은 특수한 담보물권으로서 폐지론이 논의될 정도로 부작용도 많은 권리이다. 그 남용을 견제해야 한다는 대법원의 장문의 설시를 담은 판결들은 의미가 크다. 이런 연장선에서 유치권의 성립이나 그 요건을 엄격히 해석하는 여러 판결들을 본다, 그 외 유치권의 특수성을 반영하는 여러 세부 논점들을 다루는 다양한 판결들을 본다.

1. 유치권의 제도적 취지와 한계

[사안] A은행은 B사에 대한 대출금채권을 담보하기 위하여 2003.3. B사 소유의 X건물과 그 부지 및 X건물에 설치된 기계기구에 관하여 공장저당법에 의한 근저당권으로서 채권최고액 100억원으로 된 제1순위의 근저당권을 설정받았다. B사가 대출금 채권을 연체하여 결국 A은행은 위 근저당권에 기한 경매개시신청을 하여 2009.4. 임의경매개시결정의 기입등기가 마쳐졌다. C은행은 B사에 대한 대출금채권 등을 담보하기 위하여 2004.6. B사로부터 같은 목적물에 관하여 공장저당법에 의한 근저당권으로서 채권최고액 13억 원으로 된 제2순위의 근저당권을 설정받았다. C은행은 2008.12. B사와 사이에 X건물의 일부에 관하여 "임대차기간 2년, 보증금 없이 월 임료를 300만 원으로 한다"는 내용의 임대차계약을 체결하였고 현재까지 직원을 통하여 유치목적물을 점유하고 있으며 2009.5. 경매절차에서 유치목적물에 대하여 유치권신고를 하였다. 그러나 A은행은, C은행은 선순위 근저당권자

인 A은행의 신청에 의하여 X건물에 관한 경매절차가 곧 개시되리라는 사정을 충분히 인식하면서 임대차계약을 체결하고, 그에 따라 유치목적물에 관한 점유를 이전받았다고 볼 것이므로, C은행이 선순위 근저당권자의 신청에 의하여 개시된 경매절차에서 유치목적물에 관한 유치권을 주장하는 것은 신의칙상 허용될 수 없다며 유치권부존재확인을 구한다. (대법원 2011.12.22. 선고 2011다84298 판결)

[해결] 우리 법에서 유치권제도는 무엇보다도 권리자에게 그 목적인 물건을 유치하여 계속 점유할 수 있는 대세적 권능을 인정한다(민법 제320조 제1항, 민사집행법 제91조 제5항 등 참조). 그리하여 소유권 등에 기하여 목적물을 인도받고자 하는 사람(물건의 점유는 대부분의 경우에 그 사용수익가치를 실현하는 전제가 된다)은 유치권자가 가지는 그 피담보채권을 만족시키는 등으로 유치권이 소멸하지 아니하는 한 그 인도를 받을 수 없으므로 실제로는 그 변제를 강요당하는 셈이 된다. 그와 같이 하여 유치권은 유치권자의 그 채권의 만족을 간접적으로 확보하려는 것이다.

그런데 우리 법상 저당권 등의 부동산담보권은 이른바 비점유담보로서 그 권리자가 목적물을 점유함이 없이 설정되고 유지될 수 있고 실제로도 저당권자 등이 목적물을 점유하는 일은 매우 드물다. 따라서 어떠한 부동산에 저당권 또는 근저당권과 같이 담보권이 설정된 경우에도 그 설정 후에 제3자가 그 목적물을 점유함으로써 그 위에 유치권을 취득하게 될 수 있다. 이와 같이 저당권 등의 설정 후에 유치권이 성립한 경우에도 마찬가지로 유치권자는 그 저당권의 실행절차에서 목적물을 매수한 사람을 포함하여 목적물의 소유자 기타 권리자에 대하여 위와 같은 대세적인 인도거절권능을 행사할 수 있다. 따라서 부동산유치권은 대부분의 경우에 사실상 최우선순위의 담보권으로서 작용하여, 유치권자는 자신의 채권을 목적물의 교환가치로부터 일반채권자는 물론 저당권자 등에 대하여도 그 성립의 선후를 불문하고 우선적으로 자기 채권의 만족을 얻을 수 있게 된다. 이렇게 되면 유치권의 성립 전에 저당권 등 담보를 설정받고 신용을 제공한 사람으로서는 목적물의 담보가치가 자신이 애초 예상·계산하였던 것과는 달리 현저히 하락하는 경우가 발생할 수 있다. 이와 같이 유치권제도는 "시간에서 앞선 사람은 권리에서도 앞선다"는 일반적 법원칙의 예외로 인정되는 것으로서, 특히 부동산담보거래에 일정한 부담을 주는 것을 감수하면서 마련된 것이다.

유치권은 목적물의 소유자와 채권자와의 사이의 계약에 의하여 설정되는 것이 아니라 법이 정하는 일정한 객관적 요건(민법 제320조 제1항, 상법 제58조, 제91조, 제111조, 제120조, 제147조 등 참조)을 갖춤으로써 발생하는 이른바 법정담보물권이다. 법이 유치권제도를 마련하여 위와 같은 거래상의 부담을 감수하는 것은 유치권에 의하여 우선적으로 만족을 확보하여 주려는 그 피담보채권에 특별한 보호가치가 있다는 것에 바탕을 둔 것으로서, 그러한 보호가치는 예를 들어 민법 제320조 이하의 민사유치권의 경우에는 객관적으로 점유자의 채권과 그 목적물 사이에 특수한 관계(민법 제320조 제1항의 문언에 의하면 "그 물건에 관한 생긴 채권"일 것, 즉 이른바 '물건과 채권과의 견련관계'가 있는 것)가 있는 것에서 인정된다. 나아가 상법 제58조에서 정하는 상사유치권은 단지 상인 간의 상행위에 기하여 채권을 가지는 사람이 채무자와의 상행위(그 상행위가 채권 발생의 원인이 된 상행위일 것이 요구되지 아니한다)에 기하여 채무자 소유의 물건을 점유하는 것만으로 바로 성립하는 것으로서, 피담보채권의 보호가치라는 측면에서 보면 위와 같이 목적물과 피담보채권 사이의 이른바 견련관계를 요구하는 민사유치권보다 그 인정범위가 현저하게 광범위하다.

이상과 같은 사정을 고려하여 보면, 유치권제도와 관련하여서는 거래당사자가 유치권을 자신의 이익을 위하여 고의적으로 작출함으로써 유치권의 최우선순위담보권으로서의 성질을 부당하게 이용하고 전체 담보권질서에 관한 법의 구상을 왜곡할 위험이 내재한다. 이러한 위험에 대처하여, 개별 사안의 구체적인 사정을 종합적으로 고려할 때 신의성실의 원칙에 반한다고 평가되는 유치권제도 남용의 유치권 행사는 이를 허용하여서는 안 될 것이다. 특히 채무자가 채무초과의 상태에 이미 빠졌거나 그러한 상태가 임박함으로써 채권자가 원래라면 자기 채권의 충분한 만족을 얻을 가능성이 현저히 낮아진 상태에서 이미 채무자 소유의 목적물에 저당권 기타 담보물권이 설정되어 있어서 유치권의 성립에 의하여 저당권자 등이 그 채권 만족상의 불이익을 입을 것을 잘 알면서 자기 채권의 우선적 만족을 위하여 위와 같이 취약한 재정적 지위에 있는 채무자와의 사이에 의도적으로 유치권의 성립요건을 충족하는 내용의 거래를 일으키고 그에 기하여 목적물을 점유하게 됨으로써 유치권이 성립하였다면, 유치권자가 그 유치권을 저당권자 등에 대하여 주장하는 것은 신의칙에 반하는 권리행사 또는 권리남용으로서 허용되지 아니한다. 그리고 저당권자 등은 경매절차 기타 채권실행절차에서 위와 같은 유치권을 배제하기 위하여 그 부존재의 확인 등을 소로써 청구할 수 있다고 할 것이다.

2. 초과부분에 대한 유치권 부존재 확인 소송

[사안] X부동산에 대한 선순위 근저당권자인 A조합의 신청에 의한 임의경매절차에서 A조합의 청구금액은 41억원이고 X건물의 감정평가액은 48억원인데, X부동산의 부지 조성 및 건축물 축조 등의 공사를 도급받아 완성한 김이 36억원의 공사대금채권을 피담보채권으로 하는 유치권을 신고하였다. 이로 인해 X건물의 경매절차가 수차례 유찰되자, A조합은 김의 유치권이 있더라도 23억원을 초과하여서는 존재하지 아니한다고 주장한다. 그러나 김은 유치권은 불가분성을 가지므로 피담보채무의 범

위에 따라 그 존부나 효력을 미치는 목적물의 범위가 달라지는 것이 아니므로 공사대금채권이 변제로 전액 소멸하였음을 인정되지 않는 한, A조합의 주장은 성립하지 않는다고 항변한다. (대법원 2016.3.10. 선고 2013다99409 판결)

[해결] 유치권자는 경락인에 대하여 그 피담보채권의 변제를 청구할 수는 없지만 자신의 피담보채권이 변제될 때까지 유치목적물인 부동산의 인도를 거절할 수 있어 경매절차의 입찰인들은 낙찰 후 유치권자로부터 경매목적물을 쉽게 인도받을 수 없다는 점을 고려하여 입찰하게 되고 그에 따라 경매목적 부동산이 그만큼 낮은 가격에 낙찰될 우려가 있다. 이와 같이 저가낙찰로 인해 경매를 신청한 근저당권자의 배당액이 줄어들거나 경매목적물 가액과 비교하여 거액의 유치권 신고로 매각 자체가 불가능하게 될 위험은 경매절차에서 경매신청자의 법률상 지위를 불안정하게 하는 것이므로 위 불안을 제거하는 것을 단순한 사실상·경제상의 이익이라고 볼 수는 없다. 따라서 A조합은 김을 상대로 유치권 전부의 부존재뿐만 아니라 경매절차에서 유치권을 내세워 대항할 수 있는 범위를 초과하는 유치권의 부존재 확인을 구할 법률상 이익이 있고, 심리 결과 김이 유치권의 피담보채권으로 주장하는 금액의 일부만이 당해 경매절차에서 유치권으로 대항할 수 있는 것으로 인정되는 경우에는 법원은 그 유치권 부분에 대하여 일부패소의 판결을 하여야 한다. 그리고 유치권 부존재 확인소송에서 유치권의 요건사실인 유치권의 목적물과 견련관계 있는 채권의 존재에 대해서는 유치권자가 주장·입증하여야 한다.

3. 매도인의 목적물인도의무와 유치권 행사의 가부

[사안] 김은 자기 소유의 X건물을 박에게 매도하고 매매대금을 지급받지 않은 상태에서 X건물의 소유권을 이전해 주었다. 박이 2008.3.28. A은행에게 X건물에 관하여 채권최고액을 32억원으로 하는 근저당권을 설정해 주고 대출을 받아 그 중 20억원을 김에게 매매대금의 일부로 지급하였다. 근저당권자인 A은행의 신청으로 X건물에 관하여 개시된 경매절차에서 최가 X건물을 매수하여 2011.7.6. 대금을 납부하고 소유권을 취득하였다. 김은 위 경매절차에서 2009.11.26. 경매법원에, 박으로부터 매매잔대금을 지급받지 못하여 X건물을 점유하고 있다는 내용으로 유치권신고를 하였다. 위 경매절차에서 X건물의 소유권을 취득한 최가 김을 상대로 부동산인도명령을 신청하자, 김은 박에 대하여 가지는 매매대금채권을 피담보채권으로 하는 유치권에 기하여 X건물을 점유할 정당한 권원이 있다고 주장하나, 최는, 김은 X건물에 관한 매매계약의 상대방인 박에 대하여 매매대금채권에 기한 동시이행의 항변

> 권을 가질 뿐이고, 매매대금채권이 X건물 자체로부터 발생하거나 X건물의 반환청구권과 동일한 법률관계 또는 사실관계로부터 발생한 것이라고 할 수 없다며 김의 유치권 주장을 배척한다. (대법원 2012.1.12. 자 2011마2380 결정)

[해결] 부동산의 매도인은 매매대금을 지급받을 때까지 소유권이전의무와 목적물인도의무의 이행을 거절할 수 있는 동시이행의 항변권을 가진다(제568조, 제536조). 그런데 부동산매도인이 매매대금을 다 지급받지 아니한 상태에서 매수인에게 소유권이전등기를 경료하여 목적물의 소유권을 매수인에게 이전한 경우에는, 매도인의 목적물인도의무에 관하여 위와 같은 동시이행의 항변권 외에 물권적 권리인 유치권까지 인정할 것은 아니다. 왜냐하면, 법률행위로 인한 부동산물권변동의 요건으로 등기를 요구함으로써 물권관계의 명확화 및 거래의 안전·원활을 꾀하는 우리 민법의 기본정신에 비추어 볼 때, 만일 이를 인정한다면 매도인은 등기에 의하여 매수인에게 소유권을 이전하였음에도 불구하고, 매수인 또는 그의 처분에 기하여 소유권을 취득한 제3자에 대하여 소유권에 속하는 대세적인 점유의 권능을 여전히 보유하게 되는 결과가 되어 부당하기 때문이다. 또한 매도인으로서는 자신이 원래 가지는 동시이행의 항변권을 행사하지 아니하고 자신의 소유권이전의무를 선이행함으로써 매수인에게 소유권을 넘겨 준 것이므로 그에 필연적으로 부수하는 위험은 스스로 감수하여야 한다. 따라서 김이 X건물을 점유하고 있고 이의 소유권을 이전받은 박으로부터 매매대금 일부를 지급받지 못하고 있다고 하여, 그 매매대금채권을 피담보채권으로 하여 박이나 그로부터 소유권을 취득한 최를 상대로 유치권을 주장할 수 없다.

4. 유치권의 피담보채권이 되기 위한 요건

> [사안] 김은 A사로부터 X건물 신축공사를 도급받은 B사에게 공사현장에 시멘트, 모래 등 건축자재를 공급하였고, 그 대금 중 1억 4천만원을 지급받지 못하였다. A사는 X건물에 관하여 소유권보존등기를 마쳤고, 박은 2005.2. 이루어진 강제경매절차에서 X건물을 매수하여 대금을 납부하고 소유권을 취득하였다. 김은 2004년 말부터 A사와 B사의 승낙을 받아 X건물에 거주하면서 유치권 신고를 하였다. 박은 김이 X건물 신축공사에 시멘트와 모래 등 건축자재를 공급하였을 뿐이므로 건축자재대금채권에 불과한 김의 채권은 X건물과 견련관계가 없어 유치권의 피담보채권이 될 수 없다고 주장하며 김을 상대로 X건물의 인도를 구한다. 그러나 김은 자신이 공급한 건축자재가 공사에 사용되어 X건물의 구성 부분으로 부합된 이상, 위 건축자재대금채권은 X건물과 견련관계가 인정된다며 항변한다. (대법원 2012.1.26. 선고 2011다96208 판결)

[해결] 유치권의 피담보채권은 '그 물건에 관하여 생긴 채권'이어야 한다. 사안에서 김은 건물 신축공사의 수급인인 B사와의 약정에 따라 그 공사현장에 시멘트와 모래 등의 건축자재를 공급하였을 뿐인바, 김의 건축자재대금채권은 그 건축자재를 공급받은 B사와의 매매계약에 따른 매매대금채권에 불과한 것이고, 김이 공급한 건축자재가 수급인 등에 의해 건물의 신축공사에 사용됨으로써 결과적으로 건물에 부합되었다고 하여도 건축자재의 공급으로 인한 매매대금채권이 건물 자체에 관하여 생긴 채권이라고 할 수는 없다.

5. 유치권의 불가분성

[사안] 김이 시행하는 총 7동 56세대 규모의 다세대주택을 재건축하는 공사에서 박은 창호공사를 하도급받아 공사를 완료하였는데 김이 총 공사대금 2억7천만원 중 1억1천만원만을 지급하고 나머지 1억6천만원을 지급하지 아니하자, 신축된 다세대주택 중 구분소유권의 목적인 한 세대인 X주택을 점유하기 시작하였고, 김에게 공사대금채권에 기하여 X주택을 포함한 7세대의 주택에 대하여 유치권을 행사한다는 통지를 하였다. 한편 X주택을 취득하게 된 최는, 박의 유치권의 행사범위는 공평의 원칙상 당해 채권과 유치권자가 점유하고 있는 특정한 물건과의 견련성이 인정되는 범위로 엄격히 제한될 필요성이 있는 점, X주택은 구분건물로서 다른 55세대의 주택과는 구별되어 독립한 소유권의 객체가 되는 특정한 부동산인 점 등에 비추어, 독립한 특정물로서의 X주택을 담보로 성립하는 박의 유치권은 공사대금 전부가 아니라, 박이 점유하고 있는 X주택에 대하여 시행한 공사대금 350만원만을 피담보채권으로 하여 성립한다고 주장한다. 그러나 박은 공사대금이 각 구분건물에 관한 공사부분별로 개별적으로 정해졌거나 처음부터 각 구분건물이 각각 별개의 공사대금채권을 담보하였던 것으로 볼 수 없는 이상, 공사대금채권 전부와 공사 목적물 전체 사이에는 견련관계가 있고 현재 나머지 목적물에 대하여는 점유를 상실하고 X주택만을 점유하고 있다고 하더라도, 유치물은 그 각 부분으로써 피담보채권의 전부를 담보한다고 하는 유치권의 불가분성에 의하여 X주택은 공사대금채권 잔액 전부를 담보하는 것으로 보아야 할 것이라고 항변한다. (대법원 2007.9.7. 선고 2005다16942 판결)

[해결] 민법 제320조 제1항은 "타인의 물건 또는 유가증권을 점유한 자는 그 물건이나 유가증권에 관하여 생긴 채권이 변제기에 있는 경우에는 변제를 받을 때까지 그 물건 또는 유가증권을 유치할 권리가 있다."라고 규정하고 있는바, 여기서 '그 물건에 관하여 생긴 채권'이라 함은, 위 유치권 제도 본래의 취지인 공평의 원칙에 특별히 반하지 않는 한, 채권이 목적물 자체로부터 발생한 경우는 물론이고 채권이 목적물의 반환청구권과 동일한

법률관계나 사실관계로부터 발생한 경우도 포함한다고 할 것이고, 한편 민법 제321조는 "유치권자는 채권 전부의 변제를 받을 때까지 유치물 전부에 대하여 그 권리를 행사할 수 있다."고 규정하고 있으므로, 유치물은 그 각 부분으로써 피담보채권의 전부를 담보한다고 할 것이며, 이와 같은 유치권의 불가분성은 그 목적물이 분할 가능하거나 수개의 물건인 경우에도 적용된다.

6. 유치권자의 처분행위의 효력

[사안] X건물에 대해 유치권을 갖고 있는 김은 박에게 X건물의 2층부분을 임대하였다. 그 후 X건물은 경매되어 최에게 낙찰되었다. 최는 박에게 X건물의 인도를 청구하나 박은 자신이 경락인에게 대항할 수 있는 권원을 갖고 있다고 항변한다. (대법원 2002.11.27. 자 2002마3516 결정)

[해결] 유치권의 성립요건인 유치권자의 점유는 직접점유이든 간접점유이든 관계없지만, 유치권자는 채무자의 승낙이 없는 이상 그 목적물을 타에 임대할 수 있는 처분권한이 없으므로(민법 제324조 제2항 참조), 유치권자의 그러한 임대행위는 소유자의 처분권한을 침해하는 것으로서 소유자에게 그 임대의 효력을 주장할 수 없고, 따라서 소유자의 동의 없이 유치권자로부터 유치권의 목적물을 임차한 자의 점유는 구 민사소송법 제647조 제1항(현행 민사집행법 제136조 제1항 참조) 단서에서 규정하는 '경락인에게 대항할 수 있는 권원'에 기한 것이라고 볼 수 없다.

7. 담보제공과 유치권의 소멸

[사안] 김은 건축주 박의 X주택을 완공하였으나 박이 공사대금을 지급하지 못하지 이를 담보하기 위하여 X주택에 공사대금채권액을 피담보채권으로 하여 근저당권을 설정하였다. 그 후 경매에 붙여진 X주택을 낙찰받은 최는 X주택을 점유하여 유치권을 주장하고 있는 김에게 공사대금채권액 상당의 가치가 있는 상당한 담보가 제공되었으므로 유치권은 소멸하였다며 X주택의 인도를 청구한다. (대법원 2001.12.11. 선고 2001다59866 판결)

[해결] 민법 제327조에 의하여 제공하는 담보가 상당한가의 여부는 그 담보의 가치가 채권의 담보로서 상당한가, 태양에 있어 유치물에 의하였던 담보력을 저하시키지는 아니한

가 하는 점을 종합하여 판단하여야 할 것인바, 유치물의 가격이 채권액에 비하여 과다한 경우에는 채권액 상당의 가치가 있는 담보를 제공하면 족하다고 할 것이고, 한편 당해 유치물에 관하여 이해관계를 가지고 있는 자인 채무자나 유치물의 소유자는 상당한 담보가 제공되어 있는 이상 유치권 소멸 청구의 의사표시를 할 수 있다고 봄이 상당하다. 사안에서 최가 박의 담보제공에 근거한 유치권 소멸청구의 의사표시를 함으로써 김의 유치권은 민법 제327조의 규정에 의하여 소멸하였다고 할 것이다.

8. 유치권배제특약의 효력

> [사안] A건설사와 B사의 사업약정에서 A사는 '부도, 파산 등으로 본 사업을 수행할 수 없을 경우, 본 공사와 관련한 유치권 및 시공권 주장 등 일체의 권리를 포기하겠다.'는 약정을 하였다. 그 후 A사는 파산선고를 받고 X건물을 공매절차에서 매수한 C사는, A사는 사업약정의 당사자로서 유치권 포기 약정을 하였는바, 위 약정의 효력에 따라 A사의 유치권행사를 부인한다. (대법원 2018.1.24. 선고 2016다234043 판결)

[해결] 제한물권은 이해관계인의 이익을 부당하게 침해하지 않는 한 자유로이 포기할 수 있는 것이 원칙이다. 유치권은 채권자의 이익을 보호하기 위한 법정담보물권으로서, 당사자는 미리 유치권의 발생을 막는 특약을 할 수 있고 이러한 특약은 유효하다. 유치권 배제 특약이 있는 경우 다른 법정요건이 모두 충족되더라도 유치권은 발생하지 않는데, 특약에 따른 효력은 특약의 상대방뿐 아니라 그 밖의 사람도 주장할 수 있다.

제8강 부동산담보법 – 저당권, 가등기담보

저당권의 부수성 /저당권의 효력이 미치는 범위 /저당권의 실행 – 저당권자의 물상대위(物上代位) /저당권에 기한 방해배제청구 /건물이 건축 중인 경우 법정지상권의 성립여부 /미등기건물의 매도와 법정지상권의 성립 /저당지상의 건물에 대한 일괄경매신청 /물상보증의 목적물인 저당부동산의 제3취득자의 구상권 /공동저당권에서 후순위저당권자의 기대의 보호 /공동저당의 목적물이 채무자 소유와 물상보증인의 소유인 경우 /이른바 '누적적 근저당권'의 법리 /전세권저당권자의 물상대위권의 행사 /근저당권의 의의 /근저당권에서 피담보채무의 확정 /포괄근저당에서 피담보채무의 범위 /가등기담보권의 피담보채권의 범위 /가등기담보와 청산금의 지급

■ 저당권의 부수성에 관한 판결은 보전저당권으로서의 저당권의 특질을 잘 보여주고 있다. 저당권의 실행과 관련하여서는 물상대위의 문제를 보고, 저당권에 기안 방해배제청구도 의미있는 주제이다. 법정지상권이나 일괄경매권 등 저당권과 용익물권 사이의 갈등에 관한 판결, 저당권과 제3취득자의 관계 등을 본다. 공동저당은 특히 난삽한 부분이 많은데 후순위저당권자의 보호와 물상보증인이 관여된 경우를 대표적인 판결로 선별하여 소개하였고 기능적으로 대비되는 '누적적 저당권'에 대한 최근의 판결을 다루었다. 특수한 저당권으로서 전세권저당권에 관한 판결을 본다. 그리고 근저당 내지 포괄근저당에 관한 몇 개의 판결을 소개하였고 가등기담보권의 행사와 관련하여 청산금 등에 관한 판결을 본다.

1. 저당권의 부수성

[사안] 김은 1996.11. A사에 자기 소유의 X대지를 계약금 5,000만원, 중도금 및 잔대금 각 2억원, 합계 4억 5,000만원에 매도하면서, A사가 그 명의로 소유권이전등기를 경료하기 전에 X대지를 금융기관에 담보로 제공하여 대출받는 돈으로 중도

금 및 잔대금을 지급하기로 하되, 잔대금의 지급을 담보하기 위하여 액면 2억원의 당좌수표를 발행·교부함과 아울러 X대지에 김이 지정하는 사람 명의로 채권최고액을 2억원으로 하는 근저당권설정등기를 마치기로 약정하였다. 이에 따라 김은 1996.12. 아무런 금전대차 관계가 없음에도 불구하고 형식상 자신의 처인 박녀로부터 2억원을 이율 연 2할 5푼으로 정하여 차용한다는 내용의 차용금증서를 작성하고, 같은 날 이를 피담보채권으로 하여 X대지에 관하여 채무자를 김, 근저당권자를 박, 채권최고액을 2억원으로 하는 근저당권설정등기를 마친 후, A사에 근저당권설정등기에 필요한 일체의 서류를 교부하였다. A사는 김으로부터 교부받은 근저당권설정서류를 이용하여 B은행에게 X대지에 관하여 1996.12. 채무자를 최, 근저당권자를 B은행, 채권최고액을 2억 6,000만원으로 하는 근저당권설정등기를 마쳐 주고, 같은 달 18일 4억원을 대출받았다. 그러나 A사는 김에게 잔대금 2억원을 지급하지 아니하였고, 김에게 발행·교부한 액면 2억원의 당좌수표도 지급거절되었다. 한편, 최의 명의를 빌려 금원을 대출받은 A사가 B은행에 대한 대출원리금 채무의 이행을 지체하자, B은행은 제2근저당의 실행으로 경매신청을 하여 그 경매절차에서 X대지는 1997.10. 4억4천만 원에 낙찰되었다. B은행은 경매신청권자 겸 제2순위 근저당권자로서 경매법원에 최에 대한 대여원리금 채권 합계 4억6천만원의 배당을 구하는 채권계산서를 제출하였고, 박녀는 제1순위 근저당권자로서 경매법원에 김에 대한 대여원리금 채권 2억5천만원의 배당을 요구하는 채권계산서를 제출하였다. 경매법원은 1997.11. 실시한 배당기일에서 배당금액에서 제1 순위 근저당권자인 박녀에게 1순위로 그 배당요구액 중 채권최고액인 2억 원을, 경매신청권자 겸 제2순위 근저당권자인 B은행에게 2순위로 나머지 금액인 2억4천만원을 배당하는 내용의 배당표를 작성하였고, 같은 날 B은행은 경매법원에 박녀에 대한 배당액 전액에 관하여 이의를 제기하였다. B은행은 X대지에 관하여 마쳐진 제1 순위 근저당권은 김의 A사에 대한 2억 원의 매매잔대금 채권의 지급담보를 위한 것임에도 불구하고, 채권자인 김을 채무자로 하고 채무자인 A사와 사이에 아무런 채권·채무관계가 없는 박녀를 채권자로 하여 마쳐진 것으로서 담보물권의 부수성에 반하는 무효의 등기라 할 것이어서, 경매절차에서 박녀 명의의 제1 순위 근저당권이 유효하게 성립된 것임을 전제로 하여 그녀에게 1순위로 배당된 2억원은 그 전액이 B은행에게 추가배당되어야 한다고 주장한다. (대법원 2001.3.15. 선고 99다48948 전원합의체 판결)

[해결] 근저당권은 채권담보를 위한 것이므로 원칙적으로 채권자와 근저당권자는 동일인이 되어야 하고, 다만 제3자를 근저당권 명의인으로 하는 근저당권을 설정하는 경우 그 점에 대하여 채권자와 채무자 및 제3자 사이에 합의가 있고, 채권양도, 제3자를 위한 계약, 불

가분적 채권관계의 형성 등 방법으로 채권이 그 제3자에게 실질적으로 귀속되었다고 볼 수 있는 특별한 사정이 있는 경우에는 제3자 명의의 근저당권설정등기도 유효하다고 보아야 할 것이다. 그리고 부동산을 매수한 자가 소유권이전등기를 마치지 아니한 상태에서 매도인인 소유자의 승낙 아래 매수 부동산을 타에 담보로 제공하면서 당사자 사이의 합의로 편의상 매수인 대신 등기부상 소유자인 매도인을 채무자로 하여 마친 근저당권설정등기는 실제 채무자인 매수인의 근저당권자에 대한 채무를 담보하는 것으로서 유효하다. 그렇다면 이러한 양자의 형태가 결합된 근저당권이라 하여도, 그 자체만으로는 부종성의 관점에서 근저당권이 무효라고 보아야 할 어떤 질적인 차이를 가져오는 것은 아니다.

김이 차용금증서를 근저당권자로 될 박녀에게 작성·교부하는 방법으로 박녀에게 매매잔대금 채권을 이전시킨 것은 박녀 명의의 제1 순위 근저당권을 설정하고자 함이 그 동기 내지 계기가 된 것이지만, 그렇다고 하여 그 차용금증서에 부합하는 금전대차관계가 없다는 점에 주목하여 제1 순위 근저당권이 제3자인 박녀에게 매매잔대금 채권의 이전 없이 단순히 명의만을 신탁한 것으로 볼 것은 아니고, 채무자의 승낙 아래 매매잔대금 채권이 박녀에게 이전되었다고 보는 것이 당사자들의 진정한 의사에 부합하는 해석이다. 즉 제1 순위 근저당권이 단순히 채권자인 김을 채무자로 하고 채무자인 A사와 사이에 채권·채무관계가 없는 박녀를 채권자로 하여 마쳐진 것이라고 보아 담보물의 부수성에 반하는 무효의 근저당권이라고 단정하는 것은, 당사자의 진정한 의사를 외면한 결과가 된다. 결론적으로 제1 순위 근저당권이 담보하는 채무는 A사의 김에 대한 2억 원의 매매잔대금 채무라고 보아야 할 것인바, A사가 박녀에게 매매잔대금을 지급하지 아니한 이상, 박녀 명의의 제1 순위 근저당권설정등기는 그 피담보채무가 엄연히 존재하고 있어 그 원인이 없거나 부종성에 반하는 무효의 등기라고 볼 수 없다.

(반대의견) 매도인이 부동산을 매도하면서 잔대금 채권의 지급확보를 위하여 매도인과 제3자 사이에 아무런 금전 대차관계가 없음에도 불구하고 형식상 제3자로부터 금전을 차용한다는 내용의 차용금증서를 작성하고 그 제3자 명의의 근저당권을 설정하였다면, 아무리 당사자들의 일련의 행위를 종합적으로 파악하더라도 이를 가리켜 '매도인이 차용금증서를 작성·교부하는 방법으로 매매잔대금 채권을 제3자에게 양도하고 채무자는 그 양도를 승낙함으로써 그 매매잔대금 채권이 제3자에게 이전'되었다고 해석할 수는 없다 할 것이다. 한편, 근저당권설정등기에 '본래 채권자라고 되어야 할 소유자인 자가 채무자로 되는 것'을 허용하게 되면 이는 마치 우리 민법이 채택하지 않은 독일 민법의 유통저당권이나 토지채무제도를 승인하는 것과 같은 결과로 되므로, 이 때에는 부종성의 관점에서 그 근저당권을 무효라고 보아야 하고 이를 유효로 하는 것은 비록 당사자 간의 의사의 합치가 있다 하더라도 그에 의한 새로운 제도의 창설을 금지하는 물권법의 대원칙인 물권법정주의에 반하게 되어 허용될 수 없다 할 것이다. 그리고 다수의견이 채권자 아닌 제3자를 근저당권 명의로 하여 근저당권을 설정하는 경우 그 점에 대하여 채권자와 채무자 및 제3자 사이에 합의가

있고, 채권이 제3자에게 이전 또는 실질적으로 귀속되었다고 볼 수 있는 특별한 사정이 있으면 제3자 명의의 설정등기도 유효하다고 보는 것은 부동산실권리자명의등기에관한법률이 규정한 부동산 물권에 관한 명의신탁금지를 잠탈하는 것으로 보아야 할 것이다.

2. 저당권의 효력이 미치는 범위

> **[사안]** 김은 지하 1층, 지상 7층의 주상복합건물을 신축하면서 불법으로 위 건물 중 주택 부분인 7층의 복층으로 건물의 상층을 건축하였다. 박은 1992.11.경 김에 대한 대여금 채권을 담보하기 위하여 위 건물 7층 부분에 대하여 근저당권설정등기를 경료받았고, 1994.1.경 위 근저당권에 기하여 위 건물 7층 부분에 대하여 부동산임의경매를 신청하여 그 경매절차에서 위 건물 7층 부분을 낙찰받아 소유권이전등기를 경료하였다. 이 건물 7층 부분은 상·하층 복층 구조로서 상층은 독립된 외부 통로가 없이 하층 내부에 설치된 계단을 통해서만 출입이 가능하고, 별도의 주방시설도 없이 방과 거실로만 이루어져 있으며, 상·하층 전체가 단일한 목적물로 임대되어 사용되어왔다. 김은 박이 위 7층 부분을 낙찰받은 이후에 상층부분의 통로를 막고 독립된 출입문을 설치하였다. 김은 경매절차에서 경매목적물로 평가되지 아니한 건물의 상층 부분에 대하여는 경락인이 소유권을 취득 할 수 없다고 주장한다. 그러나 박은 건물의 상층은 축조 당시 건물 하층의 구성 부분에 불과하여 건물 하층과 분리하여서는 경제상 독립물로서의 효용을 갖지 못하여 독립하여 소유권의 객체가 될 수 없는 것으로서 근저당권의 목적물에 포함된다 할 것이어서 경매에 의하여 건물 하층과 일체로 박에게 소유권이 귀속되었다고 주장한다. (대법원 2002.10.25. 선고 2000다63110 판결)

[해결] 건물이 증축된 경우에 증축 부분이 기존건물에 부합된 것으로 볼 것인가 아닌가 하는 점은 증축 부분이 기존건물에 부착된 물리적 구조뿐만 아니라, 그 용도와 기능의 면에서 기존건물과 독립한 경제적 효용을 가지고 거래상 별개의 소유권 객체가 될 수 있는지의 여부 및 증축하여 이를 소유하는 자의 의사 등을 종합하여 판단하여야 한다. 사안에서 상·하층 전체가 단일한 목적물로 임대되어 사용되었다면 그 상층 부분은 하층에 부합되었다고 볼 것이고, 따라서 건물의 증축 부분이 기존건물에 부합하여 기존건물과 분리하여서는 별개의 독립물로서의 효용을 갖지 못하는 이상 기존건물에 대한 근저당권은 민법 제358조에 의하여 부합된 증축 부분에도 효력이 미치는 것이므로 기존건물에 대한 경매절차에서 경매목적물로 평가되지 아니하였다고 할지라도 경락인은 부합된 증축 부분의 소유권을 취득한다.

3. 저당권의 실행 – 저당권자의 물상대위(物上代位)

[사안] 김의 근저당권의 목적물로 되어 있던 박의 토지 지분이 수용되어 이에 관한 보상금이 변제공탁되었다. 김이 이에 관하여 저당권자로서 물상대위권을 전혀 행사하지 아니하고 있는 사이에, 다른 채권자 최가 위 변제공탁금을 출급받아갔다. 이에 김은 최를 상대로 출급받아간 금액을 부당이득으로서 반환청구한다. 그러나 최는 김이 물상대위권의 행사에 나아가지 아니하여 우선변제권을 상실한 이상 최에 대하여 그 금원을 부당이득으로서 반환청구할 수 없다고 항변한다. (대법원 2002.10.11. 선고 2002다33137 판결)

[해결] 민법 제370조, 제342조 단서가 저당권자는 물상대위권을 행사하기 위하여 저당권설정자가 받을 금전 기타 물건의 지급 또는 인도 전에 압류하여야 한다고 규정한 것은 물상대위의 목적인 채권의 특정성을 유지하여 그 효력을 보전함과 동시에 제3자에게 불측의 손해를 입히지 않으려는데 있는 것이므로, 저당목적물의 변형물인 금전 기타 물건에 대하여 이미 제3자가 압류하여 그 금전 또는 물건이 특정된 이상 저당권자가 스스로 이를 압류하지 않고서도 물상대위권을 행사하여 일반 채권자보다 우선변제를 받을 수 있으나, 그 행사방법으로는 민사집행법 제273조(구 민사소송법 제733조)에 의하여 담보권의 존재를 증명하는 서류를 집행법원에 제출하여 채권압류 및 전부명령을 신청하는 것이거나 민사집행법 제247조 제1항(구 민사소송법 제580조 제1항)에 의하여 배당요구를 하는 것이므로, 이러한 물상대위권의 행사에 나아가지 아니한 채 단지 수용대상토지에 대하여 담보물권의 등기가 된 것만으로는 그 보상금으로부터 우선변제를 받을 수 없고, 저당권자가 물상대위권의 행사에 나아가지 아니하여 우선변제권을 상실한 이상 다른 채권자가 그 보상금 또는 이에 관한 변제공탁금으로부터 이득을 얻었다고 하더라도 저당권자는 이를 부당이득으로서 반환청구할 수 없다할 것이다.

4. 저당권에 기한 방해배제청구

[사안] A사는 X 대지에 관하여 B은행에게 근저당권설정등기를 마치고 그 대지상에 20층 규모의 오피스텔을 착공한 지 1년 여 만에 지하층의 공사를 한 상태에서 부도를 내자 C재건축조합이 그 무렵 A사로부터 건축사업 시행권을 양수하고 공사를 속행하였고, 이후 B은행으로부터 근저당권부 채권을 양수한 D사의 신청에 의하여 임의경매절차가 개시되었다. 그럼에도 C조합이 공사를 강행하자 B은행은 C조합의

공사가 B은행의 저당권을 침해하는 행위라고 판단하여 건축공사 중지청구의 소를 제기하였다. 그러나 C조합은 X대지위의 건물에 대하여는 법정지상권이 성립하지 않으므로 저당권을 침해하는 것으로 볼 수 없다고 항변한다. (대법원 2006.1.27. 선고 2003다58454 판결)

[해결] 저당권자는 저당권을 방해하거나 방해할 염려있는 행위를 하는 자에 대하여 방해의 제거 및 예방을 청구할 수 있다(민법 제370조, 제214조). 저당권은 목적 부동산의 사용·수익을 그대로 설정자에게 맡겨 두었다가 경매 절차를 통하여 경매목적물을 환가하고 그 대금에서 피담보채권을 우선 변제받는 것을 본질적인 내용으로 하는 담보물권으로서(민법 제356조) 저당부동산의 소유자 또는 그로부터 점유권원을 설정받은 제3자에 의한 점유가 전제되어 있으므로 소유자 또는 제3자가 저당부동산을 점유하고 통상의 용법에 따라 사용·수익하는 한 저당권을 침해한다고 할 수 없다. 그러나 저당권자는 저당권 설정 이후 환가에 이르기까지 저당물의 교환가치에 대한 지배권능을 보유하고 있으므로 저당목적물의 소유자 또는 제3자가 저당목적물을 물리적으로 멸실·훼손하는 경우는 물론 그 밖의 행위로 저당부동산의 교환가치가 하락할 우려가 있는 등 저당권자의 우선변제청구권의 행사가 방해되는 결과가 발생한다면 저당권자는 저당권에 기한 방해배제청구권을 행사하여 방해행위의 제거를 청구할 수 있다.

사안에서와 같이 대지의 소유자가 나대지 상태에서 저당권을 설정한 다음 대지상에 건물을 신축하기 시작하였으나 피담보채무를 변제하지 못함으로써 저당권이 실행에 이르렀거나 실행이 예상되는 상황인데도 소유자 또는 제3자가 신축공사를 계속한다면 신축건물을 위한 법정지상권이 성립하지 않는다고 할지라도 경매절차에 의한 매수인으로서는 신축건물의 소유자로 하여금 이를 철거하게 하고 대지를 인도받기까지 별도의 비용과 시간을 들여야 하므로, 저당목적 대지상에 건물신축공사가 진행되고 있다면 이는 경매절차에서 매수희망자를 감소시키거나 매각가격을 저감시켜 결국 저당권자가 지배하는 교환가치의 실현을 방해하거나 방해할 염려가 있는 사정에 해당한다.

5. 건물이 건축 중인 경우 법정지상권의 성립여부

[사안] 김은 자기 소유의 X토지 지상에 Y건물을 신축하기 위한 건축허가를 받았고, 다시 건축주를 김과 박의 공동명의로 변경하는 건축관계자 변경신고를 마치었다. 김은 Y건물의 지하 1층 슬라브 및 벽면 등 골조공사를 마무리한 후인 2002.8. 최와 사이에 나머지 공사에 관하여 공사도급계약을 체결하고, 그 공사대금채무를 담보하

기 위하여 2002.9. X토지에 관하여 채권최고액 2억원의 근저당권을 설정하여 주었다. 이 근저당권에 기해 임의경매절차가 개시되었고, 그 경매절차에서 정이 2007.4. 매각대금을 납부하고 소유권을 취득하였다. 정이 매각대금을 납부할 당시 Y건물 중 주된 부분은 거의 완공되어 있었으며, 나머지 부분도 대부분 공사가 완료되어 있었다. 강은 김과 박에게 Y건물의 철거를 요구하나, 김과 박은 자신들이 Y건물의 공유자로서 X토지에 관하여 법정지상권을 취득하였다고 주장한다. (대법원 2011.01.13. 선고 2010다67159 판결)

[해결] 민법 제366조의 법정지상권은 저당권설정 당시 동일인의 소유에 속하던 토지와 건물이 경매로 인하여 양자의 소유자가 다르게 된 때에 건물의 소유자를 위하여 발생하는 것으로서, 토지에 관하여 저당권이 설정될 당시 토지 소유자에 의하여 그 지상에 건물이 건축 중이었던 경우 그것이 사회관념상 독립된 건물로 볼 수 있는 정도에 이르지 않았다 하더라도 건물의 규모, 종류가 외형상 예상할 수 있는 정도까지 건축이 진전되어 있었고, 그 후 경매절차에서 매수인이 매각대금을 다 낸 때까지 최소한의 기둥과 지붕 그리고 주벽이 이루어지는 등 독립된 부동산으로서 건물의 요건을 갖춘 경우에는 법정지상권이 성립한다. 한편, 건물공유자의 1인이 그 건물의 부지인 토지를 단독으로 소유하면서 그 토지에 관하여만 저당권을 설정하였다가 위 저당권에 의한 경매로 인하여 토지의 소유자가 달라진 경우에도, 위 토지 소유자는 자기뿐만 아니라 다른 건물공유자들을 위하여도 위 토지의 이용을 인정하고 있었다고 할 것인 점, 저당권자로서도 저당권 설정 당시 법정지상권의 부담을 예상할 수 있었으므로 불측의 손해를 입는 것이 아닌 점, 건물의 철거로 인한 사회경제적 손실을 방지할 공익상의 필요성도 인정되는 점 등에 비추어 위 건물공유자들은 민법 제366조에 의하여 토지 전부에 관하여 건물의 존속을 위한 법정지상권을 취득한다.

6. 미등기건물의 매도와 법정지상권의 성립

[사안] 김은 박으로부터 X대지 및 그 지상의 미등기인 Y건물을 일괄하여 매수하였으나 X 대지의 지분에 관하여만 소유권이전등기를 경료받고 Y건물에 관하여는 이전등기를 경료받지 못하고 있다가 X대지의 지분에 관하여 설정한 근저당권의 실행에 의한 경매로 X대지의 소유권이 최에게 이전되었다. 최는 김에 대하여 건물철거를 요구하나 김은 법정지상권에 관한 항변을 한다. 그러나 최는 김이나 박은 Y건물을 위한 법정지상권이나 관습상의 법정지상권을 취득할 수 없고 김이 박을 대위하

여 관습상의 법정지상권을 행사할 수도 없다고 주장한다. (대법원 2002.6.20. 선고 2002다9660 전원합의체 판결)

[해결] 민법 제366조의 법정지상권은 저당권 설정 당시에 동일인의 소유에 속하는 토지와 건물이 저당권의 실행에 의한 경매로 인하여 각기 다른 사람의 소유에 속하게 된 경우에 건물의 소유를 위하여 인정되는 것이므로, 미등기건물을 그 대지와 함께 매수한 사람이 그 대지에 관하여만 소유권이전등기를 넘겨받고 건물에 대하여는 그 등기를 이전 받지 못하고 있다가, 대지에 대하여 저당권을 설정하고 그 저당권의 실행으로 대지가 경매되어 다른 사람의 소유로 된 경우에는, 그 저당권의 설정 당시에 이미 대지와 건물이 각각 다른 사람의 소유에 속하고 있었으므로 법정지상권이 성립될 여지가 없다.

또한 관습상의 법정지상권은 동일인의 소유이던 토지와 그 지상건물이 매매 기타 원인으로 인하여 각각 소유자를 달리하게 되었으나 그 건물을 철거한다는 등의 특약이 없으면 건물 소유자로 하여금 토지를 계속 사용하게 하려는 것이 당사자의 의사라고 보아 인정되는 것이므로 토지의 점유·사용에 관하여 당사자 사이에 약정이 있는 것으로 볼 수 있거나 토지 소유자가 건물의 처분권까지 함께 취득한 경우에는 관습상의 법정지상권을 인정할 까닭이 없다 할 것이어서, 미등기건물을 그 대지와 함께 매도하였다면 비록 매수인에게 그 대지에 관하여만 소유권이전등기가 경료되고 건물에 관하여는 등기가 경료되지 아니하여 형식적으로 대지와 건물이 그 소유 명의자를 달리하게 되었다 하더라도 매도인에게 관습상의 법정지상권을 인정할 이유가 없다. (이 경우 양도인이 그 지상건물을 위한 관습상의 법정지상권을 취득한다는 견해를 표명한 대법원 1972.10.31. 선고 72다1515 판결은 폐기됨)

7. 저당지상의 건물에 대한 일괄경매신청

[사안] 김은 자신의 X토지위에 박에게 저당권을 설정해준 후에 다시 X토지를 최에게 임대하여 주었다. 최는 X토지위에 Y건물을 축조하였는데 임대차계약의 만료시 최가 Y건물에 대한 매수청구권을 행사하여 김이 이를 매수하였다. 후에 박이 X토지에 대한 저당권을 실행하면서 Y건물도 함께 일괄하여 경매를 청구하였다. 그러나 김은 Y건물은 자신이 축조한 것이 아니어서 일괄경매청구의 대상이 될 수 없다고 항변한다. (대법원 2003.4.11. 선고 2003다3850 판결)

[해결] 민법 제365조가 토지를 목적으로 한 저당권을 설정한 후 그 저당권설정자가 그 토지에 건물을 축조한 때에는 저당권자가 토지와 건물을 일괄하여 경매를 청구할 수 있도록 규정한 취지는, 저당권은 담보물의 교환가치의 취득을 목적으로 할 뿐 담보물의 이용을 제한하지 아니하여 저당권설정자로서는 저당권설정 후에도 그 지상에 건물을 신축할 수 있는데, 후에 그 저당권의 실행으로 토지가 제3자에게 경락될 경우에 건물을 철거하여야 한다면 사회경제적으로 현저한 불이익이 생기게 되어 이를 방지할 필요가 있으므로 이러한 이해관계를 조절하고, 저당권자에게도 저당토지상의 건물의 존재로 인하여 생기게 되는 경매의 어려움을 해소하여 저당권의 실행을 쉽게 할 수 있도록 한 데에 있다는 점에 비추어 볼 때, 저당지상의 건물에 대한 일괄경매청구권은 저당권설정자가 건물을 축조한 경우뿐만 아니라 저당권설정자로부터 저당토지에 대한 용익권을 설정받은 자가 그 토지에 건물을 축조한 경우라도 그 후 저당권설정자가 그 건물의 소유권을 취득한 경우에는 저당권자는 토지와 함께 그 건물에 대하여 경매를 청구할 수 있다고 하여야 할 것이다.

8. 물상보증의 목적물인 저당부동산의 제3취득자의 구상권

> [사안] A회사는 B캐피탈사와의 사이에 2001.3. 46억원을 대출받으면서 팩토링거래약정을 체결하였으며, A사의 대표이사인 김은 위 대출약정에 관하여 A사의 채무를 연대보증하였다. 박은 1999.6. B사와 사이에 체결한 포괄근저당권설정계약을 원인으로 하여 그 소유의 X부동산에 관하여 B사에게 채무자를 A사, 채권최고액을 2억원으로 하는 근저당권설정등기를 마쳐주었다. X부동산은 2007.3. 3. 최 앞으로 매매를 원인으로 하는 소유권이전등기가 마쳐지었다. 그 후 X부동산에 관하여 강제경매절차가 진행되어 매각되었고, 2008.4. 경매절차의 배당기일에서 근저당권자인 B사가 2억원을 배당받았다. 이에 X부동산에 대하여 근저당권의 실행으로 인하여 소유권을 잃은 최는 채무자 A사에 대한 구상권을 주장한다. (대법원 2014.12.24. 선고 2012다49285 판결)

[해결] 타인의 채무를 담보하기 위하여 저당권을 설정한 부동산의 소유자인 물상보증인으로부터 저당부동산의 소유권을 취득한 제3취득자는 그 저당권이 실행되면 저당부동산에 대한 소유권을 잃는다는 점에서 물상보증인과 유사한 지위에 있다고 할 것이다. 따라서 물상보증의 목적물인 저당부동산의 제3취득자가 그 채무를 변제하거나 저당권의 실행으로 인하여 저당부동산의 소유권을 잃은 때에는 물상보증인의 구상권에 관한 민법 제370조, 제341조의 규정을 유추적용하여, 물상보증인으로부터 저당부동산을 양수한 제3취득자는 보증채무에 관한 규정에 의하여 채무자에 대한 구상권이 있다.

- 공동저당의 기초법리

[판결요지] 민법 제368조는 공동저당의 목적인 여러 개의 부동산이 동시에 경매된 경우에 공동저당권자로서는 어느 부동산의 경매대가로부터 배당받든 우선변제권이 충족되기만 하면 되지만, 각 부동산의 소유자나 차순위저당권자 기타의 채권자에게는 어느 부동산의 경매대가가 공동저당권자에게 배당되는가에 대하여 중대한 이해관계를 가지게 되므로, 같은 조 제1항은 여러 부동산의 매각대금이 동일한 배당절차에서 배당되는 이른바 동시배당(同時配當)의 경우에 공동저당권자의 실행선택권과 우선변제권을 침해하지 않는 범위 내에서 각 부동산의 책임을 안분시킴으로써 각 부동산상의 소유자와 차순위저당권자 기타의 채권자의 이해관계를 조절하고자 하는 것이고, 같은 조 제2항의 대위제도는 동시배당이 아닌 공동저당 부동산 중 일부의 경매 대가를 먼저 배당하는 경우, 이른바 이시배당(異時配當)의 경우에도 최종적인 배당의 결과가 동시배당의 경우와 같게 하기 위한 것으로서 공동저당권자의 실행선택권 행사로 인하여 불이익을 입은 차순위저당권자를 보호하기 위한 규정이다. (대법원 2006.5.26. 선고 2003다18401 판결)

9. 공동저당권에서 후순위저당권자의 기대의 보호

[사안] A은행은 2002.3. 김과 박에게 금원을 대출하면서, 김과 박이 1/2 지분씩 공유하고 있던 X토지에 관하여 채무자 김 및 박, 채권최고액 22억원으로 된 A은행 명의의 근저당권설정등기를 마치었다. B은행은 2008.3. 김에게 10억원을 대출하면서, 그에 대한 담보로 X토지 중 김의 지분에 관하여 채권최고액 1억 3천만원으로 된 B은행 명의의 근저당권설정등기를 마치었다. 박 및 김은 2008.8. C회사와 사이에 X토지를 매매대금 26억원에 매도하되, X부동산 중 김의 지분은 C사가 경매절차를 통하여 취득하기로 하는 내용의 매매계약을 체결하였고, X부동산 중 박의 지분에 관하여는 2008.10. C사 앞으로 지분소유권이전등기가 경료되었다. X토지 중 김의 지분에 관하여 임의경매절차가 진행되어, C사가 이를 낙찰받아 그 매각대금을 완납하여 지분소유권이전등기를 마치었다. 한편 A은행은 2009.7. 제1순위 근저당권 중 박의 지분에 관한 근저당권을 포기하는 내용의 근저당권변경등기를 마치었다. 법원은 2009.8. 김의 지분의 매각대금에서 실제 배당할 금액 13억원을 A은행에게 배당하였고, 이에 B은행은 A은행에 대한 배당액 중 1억 3천만원에 대하여 이의를 제기한다. (대법원 2011.10.13. 선고 2010다99132 판결)

[해결] 채무자 소유의 수개 부동산에 관하여 공동저당권이 설정된 경우 민법 제368조 제2항 후문에 의한 후순위저당권자의 대위권은 선순위 공동저당권자가 공동저당의 목적물인 부동산 중 일부의 경매대가로부터 배당받은 금액이 그 부동산의 책임분담액을 초과하는 경우에 비로소 인정되는 것이지만, 후순위저당권자로서는 선순위 공동저당권자가 피담보채권을 변제받지 않은 상태에서도 추후 공동저당 목적 부동산 중 일부에 관한 경매절차에서 선순위 공동저당권자가 부동산의 책임분담액을 초과하는 경매대가를 배당받는 경우 다른 공동저당 목적 부동산에 관하여 선순위 공동저당권자를 대위하여 저당권을 행사할 수 있다는 대위의 기대를 가진다고 보아야 하고, 후순위저당권자의 이와 같은 대위에 관한 정당한 기대는 보호되어야 하므로, 선순위 공동저당권자가 피담보채권을 변제받기 전에 공동저당 목적 부동산 중 일부에 관한 저당권을 포기한 경우에는, 후순위저당권자가 있는 부동산에 관한 경매절차에서, 저당권을 포기하지 아니하였더라면 후순위저당권자가 대위할 수 있었던 한도에서는 후순위저당권자에 우선하여 배당을 받을 수 없다고 보아야 하고, 이러한 법리는 동일한 채권의 담보를 위하여 공유인 부동산에 공동저당의 관계가 성립된 경우에도 마찬가지로 적용된다고 보아야 한다. 또한 민법 제368조 제2항에 의하여 공동저당 부동산의 후순위저당권자에게 인정되는 대위를 할 수 있는 지위 내지 그와 같은 대위에 관한 정당한 기대를 보호할 필요성은 그 후 공동저당 부동산이 제3자에게 양도되었다는 이유로 달라지지 않는다. 즉 공동저당 부동산의 일부를 취득하는 제3자로서는 공동저당 부동산에 관하여 후순위저당권자 등 이해관계인들이 갖고 있는 기존의 지위를 전제로 하여 공동저당권의 부담을 인수한 것으로 보아야 하기 때문에 공동저당 부동산의 후순위저당권자의 대위에 관한 법적 지위 및 기대는 공동저당 부동산의 일부가 제3자에게 양도되었다는 사정에 의해 영향을 받지 않는다.

사안에서 김과 박이 공동채무자로서 A은행으로부터 차용한 대출금의 담보를 위하여 김과 박의 공유인 X부동산에 근저당권을 설정한 것이므로 김과 박의 각 공유지분에 대하여는 공동저당의 관계가 성립하였다. 김 지분에 관한 후순위 근저당권자인 B은행으로서는 김 지분에 관하여 먼저 경매가 이루어지는 경우 선순위 공동근저당권자인 A은행이 박 지분에 대한 경매대가에서 변제를 받을 수 있는 금액의 범위 내에서 A은행을 대위하여 박 지분에 관한 근저당권을 행사할 수 있다는 대위에 대한 정당한 기대를 가지고 있었고, 그러한 대위에 대한 기대는 C사가 박의 지분을 취득하기 전에 발생한 것인데, A은행이 경매절차 진행 중에 제1순위 근저당권 중 박 지분에 관한 근저당권을 포기함으로써 후순위 근저당권자인 B은행이 선순위 공동근저당권자인 A은행의 박 지분에 관한 근저당권을 대위행사할 수 있는 기대를 침해하였다. 또 B은행의 박 지분에 대한 이러한 대위에 관한 정당한 기대는 그 후 박의 지분이 제3자인 C사에게 양도되었다는 사정에 의해 영향을 받지 않는다. 결국 B은행의 배당이의청구는 정당하다.

10. 공동저당의 목적물이 채무자 소유와 물상보증인의 소유인 경우

[사안] 채무자 김 소유의 X토지와 물상보증인인 박 소유의 Y토지에 관하여 최 명의의 공동근저당권이 설정되어 있었고, X부동산에 관하여 그 후순위로 강 명의의 근저당권설정등기가 경료되어 있었는데, 최의 신청에 의하여 X토지와 Y토지에 대해 부동산임의경매절차가 진행되었다. 박은, 채무자 소유인 X부동산의 경매대가에서 공동근저당권자인 최에게 우선적으로 배당을 하고, 부족분이 있는 경우에 한하여 물상보증인 소유인 Y부동산의 경매대가에서 추가로 배당을 하였어야 할 것이라고 주장한다. 그러나 강은, 동시배당의 경우에는 경매법원이 각 부동산의 경매대가에 비례하여 안분한 금액을 공동근저당권자인 최에게 배당한 후, X부동산의 나머지 경매대가를 X부동산에 관한 후순위권리자인 강에게 순차로 배당한 것은 정당하다고 항변한다. (대법원 2010.4.15. 선고 2008다41475 판결)

[해결] 공동저당권이 설정되어 있는 수개의 부동산 중 일부는 채무자 소유이고 일부는 물상보증인의 소유인 경우 위 각 부동산의 경매대가를 동시에 배당하는 때에는, 물상보증인이 민법 제481조, 제482조의 규정에 의한 변제자대위에 의하여 채무자 소유 부동산에 대하여 담보권을 행사할 수 있는 지위에 있는 점 등을 고려할 때, "동일한 채권의 담보로 수개의 부동산에 저당권을 설정한 경우에 그 부동산의 경매대가를 동시에 배당하는 때에는 각 부동산의 경매대가에 비례하여 그 채권의 분담을 정한다"고 규정하고 있는 민법 제368조 제1항은 적용되지 아니한다고 봄이 상당하다. 따라서 이러한 경우 경매법원으로서는 채무자 소유 부동산의 경매대가에서 공동저당권자에게 우선적으로 배당을 하고, 부족분이 있는 경우에 한하여 물상보증인 소유 부동산의 경매대가에서 추가로 배당을 하여야 할 것이다.

[유제] A은행은 김에게 대출을 하면서 김 소유의 X부동산과 박 소유의 Y부동산을 공동저당의 목적으로 하여 각각 채권최고액 10억원의 1번 근저당권을 설정하였다. 후에 박은 Y부동산에 대하여 최에게 최고액 5억원의 2번 근저당권을 설정하여 주었다. 그 후 박의 Y부동산이 먼저 경매되어 A은행은 이로부터 채권전액을 회수하였다. 최는, 박이 김에 대하여 구상권을 취득함과 동시에 변제자대위에 의하여 김소유의 X부동산에 관한 1번 근저당권을 취득하였고 최는 박의 소유이던 Y부동산에 대한 후순위저당권자로서 박에게 이전된 1번 근저당권으로부터 우선변제를 받을 권리가 있다며, A은행을 대위하여 김에게 1번 근저당권 등기의 이전을 구한다. 그러나

김은 박에 대한 기존의 대여금채권으로 구상금채권을 상계하여 소멸되었다며 A은행을 상대로 1번 근저당권 등기의 말소를 구한다. (대법원 2017.4.26. 선고 2014다221777 판결)

[해결] 공동저당에 제공된 채무자 소유의 부동산과 물상보증인 소유의 부동산 가운데 물상보증인 소유의 부동산이 먼저 경매되어 그 매각대금에서 선순위공동저당권자가 변제를 받은 때에는 물상보증인은 채무자에 대하여 구상권을 취득함과 동시에 변제자대위에 의하여 채무자 소유의 부동산에 대한 선순위공동저당권을 대위취득한다. 그 물상보증인 소유의 부동산에 대한 후순위저당권자는 물상보증인이 대위취득한 채무자 소유의 부동산에 대한 선순위공동저당권에 대하여 물상대위를 할 수 있다. 이 경우에 채무자는 물상보증인에 대한 반대채권이 있더라도 물상보증인의 구상금 채권과 상계함으로써 물상보증인 소유의 부동산에 대한 후순위저당권자에게 대항할 수 없다. 채무자는 선순위공동저당권자가 물상보증인 소유의 부동산에 대해 먼저 경매를 신청한 경우에 비로소 상계할 것을 기대할 수 있는데, 이처럼 우연한 사정에 의하여 좌우되는 상계에 대한 기대가 물상보증인 소유의 부동산에 대한 후순위저당권자가 가지는 법적 지위에 우선할 수 없다.

11. 이른바 '누적적 근저당권'의 법리

[사안] 甲 저축은행은 2009.10.16. 乙 회사에 75억 원을 여신기간 만료일 2010.10.16., 이율 연 10%로 정하여 대출하였다. 김은 같은 날 이 대출금 채무에 대하여 97억원의 범위에서 연대보증하였다. 乙사와 김과 박은 같은 날 乙사가 甲은행에 대하여 현재 및 장래에 부담하는 채무를 포괄 담보하기 위하여 A, B, C 세 그룹의 근저당권을 설정하기 위한 각각의 계약을 체결하고, 甲은행 앞으로 해당 근저당권의 설정등기를 마쳤다. 당사자들은 공동근저당권으로 등기된 A그룹 근저당권 상호 간 및 B그룹 근저당권 상호 간을 제외하고는 각 근저당권 사이에 담보 범위가 중첩되지 않고 대출금 채권 전체를 누적적으로 담보할 의사로 각 근저당권을 설정하였다. 그 후 甲은행은 B그룹 근저당권에 기하여 김과 박 소유의 부동산의 협의취득 보상금에 물상대위권을 행사하여 대출금 일부를 변제받았고, 김은 자기 소유의 부동산에 관한 A그룹 근저당권의 실행을 연기하기 위하여 甲은행에 대출금 중 2억원을 대위변제하였다. 그 후 甲은행은 丙사에 대출금채권과 이를 담보하기 위한 A, B, C그룹 근저당권을 모두 양도하고 이전의 부기등기를 마쳤다. 그 후 최는 2010.9. 乙사에 대한 공사대금 채권을 담보하기 위하여 A, C그룹에 속한 건물들에

대하여 채권최고액 19억원의 근저당권설정등기를 마쳤다. 그 후 乙의 신청에 따라 진행된 근저당권의 경매절차에서 법원은 丙사에게 우선배당하고 나머지 금액을 모두 乙에게 배당하자, 김과 박은 이에 대하여 배당이의 소를 제기하였다. (대법원 2020.4.9. 선고 2014다51756, 51763 판결)

[해결] 당사자 사이에 하나의 기본계약에서 발생하는 동일한 채권을 담보하기 위하여 여러 개의 부동산에 근저당권을 설정하면서 각각의 근저당권 채권최고액을 합한 금액을 우선변제받기 위하여 공동근저당권의 형식이 아닌 개별 근저당권의 형식을 취한 경우, 이러한 근저당권은 민법 제368조가 적용되는 공동근저당권이 아니라 피담보채권을 누적적(累積的)으로 담보하는 근저당권에 해당한다. 이와 같은 누적적 근저당권은 공동근저당권과 달리 담보의 범위가 중첩되지 않으므로, 누적적 근저당권을 설정받은 채권자는 여러 개의 근저당권을 동시에 실행할 수도 있고, 여러 개의 근저당권 중 어느 것이라도 먼저 실행하여 그 채권최고액의 범위에서 피담보채권의 전부나 일부를 우선변제받은 다음 피담보채권이 소멸할 때까지 나머지 근저당권을 실행하여 그 근저당권의 채권최고액 범위에서 반복하여 우선변제를 받을 수 있다.

누적적 근저당권은 모두 하나의 기본계약에서 발생한 동일한 피담보채권을 담보하기 위한 것이다. 이와 달리 당사자가 근저당권 설정 시 피담보채권을 여러 개로 분할하여 분할된 채권별로 근저당권을 설정하였다면 이는 그 자체로 각각 별개의 채권을 담보하기 위한 개별 근저당권일 뿐 누적적 근저당권이라고 할 수 없다. 누적적 근저당권은 각 근저당권의 담보 범위가 중첩되지 않고 서로 다르지만 이러한 점을 들어 피담보채권이 각 근저당권별로 자동으로 분할된다고 볼 수도 없다. 이는 동일한 피담보채권이 모두 소멸할 때까지 자유롭게 근저당권 전부 또는 일부를 실행하여 각각의 채권최고액까지 우선변제를 받고자 누적적 근저당권을 설정한 당사자의 의사에 반하기 때문이다. 반면 누적적 근저당권은 공동근저당권이 아니라 개별 근저당권의 형식으로 등기되므로 채무자 소유 부동산의 후순위저당권자는 해당 부동산의 교환가치에서 선순위근저당권의 채권최고액을 뺀 나머지 부분을 담보가치로 파악하고 저당권을 취득한다. 따라서 선순위근저당권의 채권최고액 범위에서 물상보증인에게 변제자대위를 허용하더라도 후순위저당권자의 보호가치 있는 신뢰를 침해한다고 볼 수 없다.

사안에서 누적적으로 채권을 담보하기 위하여 자기 소유의 부동산을 담보로 제공한 김과 박은 변제자대위에 의하여 甲은행이 대출금 채권을 담보하기 위하여 보유하고 있는 A, C그룹 근저당권을 甲은행의 승계인인 丙사와 함께 행사할 수 있다. 나아가 김은 대출금 채권 전체에 대하여 연대보증인의 지위도 겸하고 있어 연대보증인의 지위에서도 A, C그룹 근저당권에 대해 변제자대위를 할 수 있다. 따라서 김과 박은 경매절차에서 A, C그룹 근저당권의 각 채권최고액 중 丙사가 우선변제받고 남은 금액이 있으면 자신들의 구상권의 범위에서 후순위근저당권자인 최에 우선하여 배당받을 수 있다.

12. 전세권저당권자의 물상대위권의 행사

[사안] 김은 박으로부터 X건물을 임차하면서 임대차보증금반환채권의 담보를 위하여 목적인 X건물에 2010.9.13. 전세금 1억원, 존속기간 2009.5.부터 2014.4.까지로 변경하는 전세권변경등기를 마치었다. A은행은 2010.9.14. 김에게 1억 5,000만원을 대출하면서 그 담보로 위 임대차보증금반환채권을 양도받고, 2010.9.20. 위 전세권에 관하여 채권최고액 1억원의 전세권근저당권설정등기를 마치었다. 김은 2011.6. 박과의 임대차계약을 해지하기로 합의하고 박에게 X건물을 인도하였고, 그 후 A은행이 소를 제기하여 임대차보증금의 반환을 구하자 박은 김에게 2010.4. 5,000만원, 2010.8. 2,000만원 합계 7,000만원을 대여하였다고 주장하면서 2012.7.6. 위 대여금채권을 자동채권으로 하여 상계한다는 항변을 하였다. A은행은 2012.7.5. 김의 박에 대한 전세금반환채권 중 8,000만원에 대하여 물상대위에 의한 채권압류 및 추심명령을 받았고, 위 결정이 2012.7.9. 박에게 송달되었다. A은행은, 위 전세권은 임대차계약에 기한 임대차보증금반환채권을 담보하기 위하여 설정된 것이고, 임대차보증금은 임대차계약에서 당연히 발생하는 임대인의 채권만을 담보하는 것이므로, 전세권설정자인 박은 임차인인 김에 대한 대여금채권으로 전세금반환채권에 대하여 물상대위권을 행사하는 A은행에 대하여 상계로 대항할 수 없다고 주장한다. 그러나 박은, 전세권근저당권이 설정된 때에 박의 김에 대한 대여금채권이 존재하고 그 채권의 변제기가 장래 발생할 전세금반환채권의 변제기와 동시에 또는 그보다 먼저 도래하는 경우에는 박은 위 대여금채권을 자동채권으로 하여 전세금반환채권과 상계함으로써 근저당권자인 A은행에게 대항할 수 있다고 항변한다. (대법원 2014.10.27. 선고 2013다91672 판결)

[해결] 전세권을 목적으로 한 저당권이 설정된 경우, 전세권의 존속기간이 만료되면 전세권의 용익물권적 권능이 소멸하기 때문에 더 이상 전세권 자체에 대하여 저당권을 실행할 수 없게 되고, 저당권자는 저당권의 목적물인 전세권에 갈음하여 존속하는 것으로 볼 수 있는 전세금반환채권에 대하여 압류 및 추심명령 또는 전부명령을 받거나 제3자가 전세금반환채권에 대하여 실시한 강제집행절차에서 배당요구를 하는 등의 방법으로 물상대위권을 행사하여 전세금의 지급을 구하여야 한다. 전세권저당권자가 위와 같은 방법으로 전세금반환채권에 대하여 물상대위권을 행사한 경우, 종전 저당권의 효력은 물상대위의 목적

이 된 전세금반환채권에 존속하여 저당권자가 그 전세금반환채권으로부터 다른 일반채권자보다 우선변제를 받을 권리가 있으므로, 설령 전세금반환채권이 압류된 때에 전세권설정자가 전세권자에 대하여 반대채권을 가지고 있고 그 반대채권과 전세금반환채권이 상계적상에 있다고 하더라도 그러한 사정만으로 전세권설정자가 전세권저당권자에게 상계로써 대항할 수는 없다.

그러나 전세금반환채권은 전세권이 성립하였을 때부터 이미 그 발생이 예정되어 있다고 볼 수 있으므로, 전세권저당권이 설정된 때에 이미 전세권설정자가 전세권자에 대하여 반대채권을 가지고 있고 그 반대채권의 변제기가 장래 발생할 전세금반환채권의 변제기와 동시에 또는 그보다 먼저 도래하는 경우와 같이 전세권설정자에게 합리적 기대 이익을 인정할 수 있는 경우에는 전세권설정자는 그 반대채권을 자동채권으로 하여 전세금반환채권과 상계함으로써 전세권저당권자에게 대항할 수 있다. 사안에서도 박의 대여금채권과 전세금반환채권의 변제기의 선후관계 등을 따져 상계의 허용 여부를 판단하여야 한다.

13. 근저당권의 의의

[사안] A사는 B은행으로부터 2013.7. 자동화시설자금으로 30억원을 대출받으면서 이를 위한 담보로 A사 소유의 X토지에 채권최고액 40억원인 1순위 근저당권설정등기가 설정되었고 이어서 중소기업자금으로 10억원을 대출받았다. 2015.11. A사와 B은행은 근저당권의 피담보채무에 중소기업자금 대출채무를 추가하기로 합의하였다. 그 후 B은행은 X토지에 관하여 근저당권 실행을 위한 경매를 신청하였고 법원은 채권최고액 전액을 B은행에 배당하였다. 이에 대하여 X토지에 대한 후순위저당권자인 C은행은 배당이의 소를 제기하여, 당사자 사이의 변경합의만으로는 근저당권 설정당시 피담보채무에 중소기업자금 대출채무가 포함될 수 없고, 근저당권의 피담보채무는 근저당권 설정일에 발생한 시설자금 대출채무에 한정되어야 한다고 주장한다. (대법원 2021.12.16. 선고 2021다255648 판결)

[해결] 근저당권은 피담보채무의 최고액만을 정하고 채무의 확정을 장래에 보류하여 설정하는 저당권이다(민법 제357조 제1항 본문). 근저당권을 설정한 후에 근저당설정자와 근저당권자의 합의로 채무의 범위 또는 채무자를 추가하거나 교체하는 등으로 피담보채무를 변경할 수 있다. 이러한 경우 위와 같이 변경된 채무가 근저당권에 의하여 담보된다. 후순위저당권자 등 이해관계인은 근저당권의 채권최고액에 해당하는 담보가치가 근저당권에 의하여 이미 파악되어 있는 것을 알고 이해관계를 맺었기 때문에 이러한 변경으로 예측하지 못한 손해를 입었다고 볼 수 없으므로, 피담보채무의 범위 또는 채무자를 변경할 때

이해관계인의 승낙을 받을 필요가 없다. 또한 등기사항의 변경이 있다면 변경등기를 해야 하지만, 등기사항에 속하지 않는 사항은 당사자의 합의만으로 변경의 효력이 발생한다. 피담보채무의 범위는 근저당권의 등기사항에 해당하지 않는다(부동산등기법 제48조, 제75조 제2항).

14. 근저당권에서 피담보채무의 확정

[사안] 김은 박과 주유소를 동업으로 운영하기로 하고, 박이 1994.4. A사로부터 석유류 등 제품을 독점적으로 공급받기로 하는 조건으로 금 10억원을 차용하였는데, 이에 대하여 김은 동업자로서 박의 A사에 대한 모든 채무를 연대보증하기로 하여 백지어음을 교부하였는데 그 존속기간이나 결산기는 정하지 않았다. 또 박의 A사에 대한 채무를 담보하기 위하여, 김 소유인 X부동산에 대하여 채무자 박, 근저당권자 A사, 채권최고액 20억원으로 하는 근저당권을 설정하였다. 김은 1996.2.15. A사에게 김이 박과의 주유소 동업관계에서 탈퇴하였음을 이유로 이후로는 박의 채무에 대한 김의 보증채무 등 일체의 채무가 해지·종결된다는 취지의 통지를 하였다. A사는 김이 해지의 의사표시를 한 날 이후에 발생한 박의 채무에 대해서도 연대보증인으로서 책임을 부담하며, 이 부분 채무도 근저당권의 피담보채무에 포함된다고 주장하나, 김은 근저당권의 피담보채무도 해지일을 기준으로 확정되어 1996.2.15. 당시 박이 A사에 대하여 부담하고 있는 채무만을 담보하는 보통의 저당권으로 변했다고 항변한다. (대법원 2002.2.26. 선고 2000다48265 판결)

[해결] 근저당권에서 피담보채무가 확정될 때까지의 채무의 소멸 또는 이전은 근저당권에 영향을 미치지 아니하므로, 근저당권설정자는 피담보채무가 확정된 이후에 그 확정된 피담보채무를 채권최고액의 범위 내에서 변제하고 근저당권의 소멸을 청구할 수 있다고 할 것이고, 피담보채무의 확정은 근저당권 설정계약에서 근저당권의 존속기간을 정하거나 근저당권으로 담보되는 기본적인 거래계약에서 결산기를 정한 경우에는 원칙적으로 존속기간이나 결산기가 도래한 때에 피담보채무가 확정된다고 할 것이지만, 이 경우에도 근저당권에 의하여 담보되는 채권이 전부 소멸하고 채무자가 채권자로부터 새로이 금원을 차용하는 등 거래를 계속할 의사가 없는 경우에는, 그 존속기간 또는 결산기가 경과하기 전이라 하더라도, 근저당권설정자는 계약을 해제하고 근저당권 설정등기의 말소를 구할 수 있다고 할 것이고, 존속기간이나 결산기의 정함이 없는 때에는 근저당권설정자가 근저당권자를 상대로 언제든지 해지의 의사표시를 함으로써 피담보채무를 확정시킬 수 있다.

사안에서 김의 해지통지는 박의 A사에 대한 채무를 담보하기 위하여 김이 A사와 사이에 체결한 계속적 보증계약 및 근저당권설정계약을 해지하고 그 피담보채무를 확정시키고자 하는 의사표시로 볼 수 있고, 그렇다면 김은 1996.2.15. 이전에 발생한 채무에 대해서만 연대보증인으로서 책임을 부담한다고 할 것이고, 근저당권의 피담보채무도 위 날짜를 기준으로 확정되어 보통의 저당권으로 변했다고 보아야 할 것이다.

15. 포괄근저당에서 피담보채무의 범위

[사안] A은행은 1998.3. B로부터 대출신청에 대한 담보로 김소유의 X부동산에 관하여 채무자를 B사, 채권최고액을 14억원으로 한 제1순위 근저당권설정등기를 경료받고, 국민주택기금으로 4억 4,400만 원을 대출하였다. A은행과 B사는 근저당권설정계약 당시 '포괄근담보'라는 제목아래 피담보채무로는 "채무자가 채권자(본·지점)에 대하여 현재 및 장래에 부담하는 어음대출, 증서대출, 당좌대출, 어음할인, 지급보증(사채보증 포함), 매출채권거래, 상호부금거래, 사채인수, 유가증권대여, 외국환거래 기타 여신거래로 말미암은 모든 채무, 신용카드거래로 말미암은 채무, 위 거래에 대한 보증채무, 위 거래로 말미암아 취득한 어음 또는 수표상의 채무"라는 내용이 인쇄되어 있었다. 그 후 B사는 1998.5. 운전자금이 필요하자 C보증사로부터 채권자를 A은행, 보증금액을 46억원으로 한 신용보증서를 발급받아 이를 담보로 A은행으로부터 45억 원을 일시에 대출받았고 그 후 1998.7.경 자금악화로 인해 부도를 내고 도산하였다. A은행은 X부동산에 대한 경매에서 국민주택기금 대출원리금 7억원, 운전자금 대출원리금 8억원 등 합계 15억원의 배당요구를 하였다. 경매법원은 22억원을 배당하면서 제1순위 근저당권자인 A은행에게 채권최고액인 14억원을, 제2순위 근저당권자인 박에게 나머지 8억원을 순차로 배당하였고, 박은, A은행 명의로 경료된 제1순위 근저당권은 B사의 A은행에 대한 국민주택기금 대출채무만을 담보하기 위해 설정된 것으로서 B사의 A은행에 대한 운전자금 대출채무는 제1순위 근저당권의 피담보채무에 포함되지 않는다며, A은행의 배당액 중 국민주택기금 대출원리금 7억원을 초과하는 금원에 대해 배당이의를 제기한다. (대법원 2003.3.14. 선고 2003다2109 판결)

[해결] 근저당설정계약서는 처분문서이므로 그 계약 문언대로 해석하여야 함이 원칙이지만, 그 근저당권설정계약서가 금융기관 등에서 일률적으로 일반거래약관의 형태로 부동문자로 인쇄하여 두고 사용하는 계약서인 경우에 그 계약 조항에서 피담보채무의 범위를 그 근저당권 설정으로 대출받은 당해 대출금채무 외에 기존의 채무나 장래에 부담하게 될 다

른 원인에 의한 모든 채무도 포괄적으로 포함하는 것으로 기재하였다고 하더라도, 당해 대출금채무와 장래 채무의 각 성립 경위 등 근저당설정계약 체결의 경위, 대출 관행, 각 채무액과 그 근저당권의 채권최고액과의 관계, 다른 채무액에 대한 별도의 담보확보 여부 등 여러 사정에 비추어 인쇄된 계약 문언대로 피담보채무의 범위를 해석하면 오히려 금융기관의 일반 대출 관례에 어긋난다고 보여지고 당사자의 의사는 당해 대출금 채무만을 그 근저당권의 피담보채무로 약정한 취지라고 해석하는 것이 합리적일 때에는 위 계약서의 피담보채무에 관한 포괄적 기재는 부동문자로 인쇄된 일반거래약관의 예문에 불과한 것으로 보아 그 구속력을 배제하는 것이 타당하다.

사안에서 B사가 1998.5. A은행으로부터 대출받은 운전자금은 그 금액이 45억원으로서 위 근저당권의 채권최고액을 상당히 초과할 뿐만 아니라, 운전자금에 대한 담보로 별도의 신용보증서를 발급받아 제출하였다는 점 등을 고려하면, 비록 '포괄근보증'이란 문구가 사용되었다 하더라도, 제1순위 근저당권은 B사의 A은행에 대한 국민주택기금 대출채무만을 담보하기 위해 설정된 것으로서 운전자금 대출채무는 제1순위 근저당권의 피담보채무에 포함되지 않는다고 보아야 한다.

16. 가등기담보권의 피담보채권의 범위

[사안] 김은 박으로부터 7천만원의 금원을 차용하면서 후에 1억원을 반환하기로 하고 이를 피담보채권으로 하는 박 명의의 소유권이전청구권가등기를 자기 소유의 X부동산에 하여 주었다. 그 후 X부동산에 관하여 최가 가압류를 하였다. 그 후 X부동산에 근저당권을 갖고 있던 강의 경매신청에 의해 부동산임의경매절차가 개시되었는데, 개시 전에 김과 박은 원금을 1억원, 이자 월 3%로 정하여 차용하는 차용증을 소급일자인 2006.6.로 작성하였고 집행법원에 2009.1. 원리금으로 2억원의 채권이 있다는 내용의 채권계산서를 제출하였다. 집행법원은 배당금액 4억5천만원 중 근저당권자인 강에게 2억5천만원, 박에게 나머지 2억원을 배당하였다. 이에 가압류채권자인 최는 자신의 채권액인 6천만원에 관하여 배당이의를 제기하면서 경매개시를 앞두고 차용증을 증액하여 소급하여 작성한 것은 부당하다고 주장한다. 그러나 박은, 채권자와 채무자가 가등기담보권설정계약을 체결하면서 가등기 이후에 발생할 채권도 가등기담보권의 피담보채권에 포함시키기로 약정하는 경우 가등기담보권의 존재가 가등기에 의하여 공시되어 후순위권리자로 하여금 예측할 수 없는 위험에 빠지게 하는 것이 아니므로, 가등기담보권의 피담보채권의 범위는 당사자의 약정 내용에 따라 결정되는 것이고, 따라서 가등기의 피담보채권은 가등기를 마칠 당시 박이 김에 대하여 가지고 있는 채권에 한정되는 것이 아니고, 박과 김의 약정에 의하

여 가등기 이후에 발생하는 채권도 포함시킬 수 있는 것이라고 항변한다. (대법원 2011.7.14. 선고 2011다28090 판결)

[해결] 채권자와 채무자가 가등기담보권설정계약을 체결하면서 가등기 이후에 발생할 채권도 후순위권리자에 대하여 우선변제권을 가지는 가등기담보권의 피담보채권에 포함시키기로 약정할 수 있고, 가등기담보권을 설정한 후에 채권자와 채무자의 약정으로 새로 발생한 채권을 기존 가등기담보권의 피담보채권에 추가할 수도 있으나, 가등기담보권 설정 후에 후순위권리자나 제3취득자 등 이해관계 있는 제3자가 생긴 상태에서 새로운 약정으로 기존 가등기담보권에 피담보채권을 추가하거나 피담보채권의 내용을 변경, 확장하는 경우에는 이해관계 있는 제3자의 이익을 침해하게 되므로, 이러한 경우에는 피담보채권으로 추가, 확장한 부분은 이해관계 있는 제3자에 대한 관계에서는 우선변제권 있는 피담보채권에 포함되지 않는다고 보아야 한다. 따라서 가등기 설정 후 목적물을 가압류함으로써 가등기에 관하여 이해관계를 가지게 된 최에 대한 관계에서 가등기의 피담보채권으로 추가, 확장된 부분은 우선변제권있는 피담보채권에 포함되지 않는다.

17. 가등기담보와 청산금의 지급

[사안] 김과 박은 1984.12.21. 박의 김에 대한 차용금 채무 금 4천만원의 채무를 담보하기 위하여, 김의 명의로 박 소유의 X주택에 관한 가등기를 경료하기로 합의하고, 금 5천만원을 피담보채무로 하되 X주택에 관하여 편의상 매매대금을 금 5천만원으로 하는 매매예약을 체결한 것처럼 하여 김 명의의 소유권이전청구권보전을 위한 가등기를 마쳤다. 그 후 김은 1985.5. 제소전화해절차를 밟아 그 조서에 기하여 1984.12.21. 매매를 원인으로 한 김 명의의 소유권이전등기를 마치었다. 박은, 채권자가 채권담보의 목적으로 부동산에 가등기를 경료하였다가 그 후 변제기까지 변제를 받지 못하게 되어 위 가등기에 기한 소유권이전의 본등기를 경료한 경우에는 김이 X주택에 대한 담보가등기 또는 양도담보권에 기하여 청산절차를 마치지 아니하는 한 X주택에 대한 소유권을 취득할 수 없다고 주장한다. 그러나 김은 가등기담보권 실행 전에 박의 최에 대한 선순위 가등기담보채무 2천만원을 대위변제하였고, 김이 박에게 가등기담보에 의하여 담보되지 아니한 별개의 금전채권 1천만원을 가지고 있는바, 이를 포함하여 정산하면 지급할 청산금이 존재하지 않으므로 김은 정당하게 X주택의 소유권을 취득하였다고 항변한다. (대법원 2002.6.11. 선고 99다41657 판결)

[해결] 가등기담보등에관한법률 제3조, 제4조의 각 규정에 비추어 볼 때 위 각 규정을 위반하여 담보가등기에 기한 본등기가 이루어진 경우에는 그 본등기는 무효라고 할 것이고, 설령 그와 같은 본등기가 가등기권리자와 채무자 사이에 이루어진 특약에 의하여 이루어졌다고 할지라도 만일 그 특약이 채무자에게 불리한 것으로서 무효라고 한다면 그 본등기는 여전히 무효일 뿐, 이른바 약한 의미의 양도담보로서 담보의 목적 내에서는 유효하다고 할 것이 아니고, 다만 가등기권리자가 가등기담보등에관한법률 제3조, 제4조에 정한 절차에 따라 청산금의 평가액을 채무자 등에게 통지한 후 채무자에게 정당한 청산금을 지급하거나 지급할 청산금이 없는 경우에는 채무자가 그 통지를 받은 날로부터 2월의 청산기간이 경과하면 위 무효인 본등기는 실체적 법률관계에 부합하는 유효한 등기가 될 수 있을 뿐이다. 그리고 가등기담보 채권자가 가등기담보권을 실행하기 이전에 그의 계약상의 권리를 보전하기 위하여 가등기담보 채무자의 제3자에 대한 선순위 가등기담보채무를 대위변제하여 구상권이 발생하였다면 이 구상권도 가등기담보계약에 의하여 담보된다고 보는 것이 상당하다. 또 가등기담보권자가 가등기담보등에관한법률 제3조에서 정한 담보권 실행의 통지를 채무자에게 하고, 후순위 권리자가 있는 경우에는 같은 법 제6조 제1항에서 정한 통지를 한 후 같은 법 제6조 제1항의 통지를 받은 후순위 권리자가 채권자에게 직접 권리를 행사한 바가 없고 또한 청산기간을 경과하게 되면, 채권자는 채무자에게 청산금을 변제할 수 있음은 물론, 채권자가 채무자에 대하여 가등기담보에 의하여 담보되지 아니한 별개의 금전채권을 가지고 있는 경우에는 이것을 자동채권으로 하여 채무자의 청산금채권을 상계할 수 있다.

제9강 동산 및 권리에 대한 물권

동산소유권의 취득(1) - 부합 /동산소유권의 취득(2) - 첨부와 부당이득의 보상 /소유권유보약정이 있는 동산의 처분의 효력 /반환청구권의 양도에 의한 선의취득 /동산양도담보권자의 물상대위/ 동산 이중양도담보계약의 효력 /유동집합물에 대한 양도담보의 효력이 미치는 목적물의 범위 /채권질권의 설정과 해지의 법률관계 /질권의 목적이 된 채권의 실행 /저당채권에 대한 질권의 설정과 부기등기/동산·채권담보법에 따른 집합동산에 관한 담보권 설정 /동산채권담보법에 따른 채권담보권의 법리

■ 동산 및 권리물권에 관한 판결들을 본다. 동산소유권의 법정취득원인 중에서 대표적으로 부합과 첨부의 경우를 다룬 판결을 본다. 동산소유권의 취득에서 핵심적인 법리는 제249조의 선의취득 제도가 될 것인데, 소유권유보약정이 있는 동산의 처분 등과 관련하여 문제되고, 또한 동산담보물권에 관한 분쟁에서도 필수적인 법리가 된다. 이중양도담보의 경우가 대표적이다. 유동집합물의 양도담보는 현대 동산거래에 있어 의미가 크다. 채권질권은 채권법상의 채권양도의 법리와 중첩되는데 그 이해를 돕는 판례들을 선별하였다. 끝으로 근래 제정된 동산·채권담보법의 해석에 관련된 판례들을 소개하였다.

1. 동산소유권의 취득(1) - 부합

[사안] 김은 박으로부터 X토지를 임차하여 유류판매업을 하기 위하여 그 위에 Y건물을 신축하고 또 이를 굴착하여 지하 4m 깊이에 탱크실을 만들고 그 안에 유류저장조를 넣어 고정하는 방식으로 매설하고 유류저장조는 지하 주유배관들을 통하여 지상의 주유기 등과 연결되어 주유소 영업에 사용되어 왔다. 그 후 김은 Y건물을 제외하고 유류저장조와 주유기 등만을 최에게 매도한 후에 박앞으로 Y건물에 관한 소유권이전등기를 마치었다. 박으로부터 X토지를 매수한 강은 유류저장조의 소유자

가 박이라는 전제하에 토양오염에 대한 손해배상책임을 묻는다. 그러나 박은 X토지와 Y건물의 소유권자일뿐 유류저장조의 소유권의 귀속자는 아니라며 배상책임을 부인한다. (대법원 2012.1.26. 선고 2009다76546 판결)

[해결] 1) 부합이란 분리 훼손하지 아니하면 분리할 수 없거나 분리에 과다한 비용을 요하는 경우는 물론 분리하게 되면 경제적 가치를 심히 감손케 하는 경우도 포함하고, 부합의 원인은 인공적인 경우도 포함하나, 부동산에 부합한 물건이 타인이 적법한 권원에 의하여 부속한 것인 때에는 민법 제256조 단서에 따라 그 물건의 소유권은 그 타인의 소유에 귀속되는 것이다. 다만 부동산에 부합된 물건이 사실상 분리복구가 불가능하여 거래상 독립한 권리의 객체성을 상실하고 그 부동산과 일체를 이루는 부동산의 구성 부분이 된 경우에는 타인이 권원에 의하여 이를 부합시켰더라도 그 물건의 소유권은 부동산의 소유자에게 귀속된다. 유류저장조는 매설 위치와 물리적 구조, 용도 등을 감안할 때 이를 토지로부터 분리하는 데에 과다한 비용을 요하거나 분리하게 되면 경제적 가치가 현저히 감소될 것으로 보여, X토지에 부합된 것으로 볼 수 있으나, 더 나아가 사실상 분리복구가 불가능하여 거래상 독립한 권리의 객체성을 상실하고 토지와 일체를 이루는 구성 부분이 되었다고는 보기 어렵고, 또한 유류저장조는 토지 임차인인 김이 그 임차권에 기초하여 매설한 것이라고 보아야 하므로 유류저장조는 민법 제256조 단서에 의하여 일단 그 설치자인 김의 소유로 남게 된다.

2) 유류저장조는 Y건물과는 별개의 독립된 물건이나, 건물의 소유자였던 김이 건물 자체의 경제적 효용을 다하게 하기 위하여 그에 인접한 지하에 설치한 것으로서 경제적으로 위 건물과 일체로서 이용되고 있다고 볼 수 있으므로, 유류저장조는 위 건물의 상용에 공하기 위하여 부속시킨 종물에 해당한다. 그러나 종물은 주물의 처분에 수반된다는 민법 제100조 제2항은 임의규정이므로, 당사자는 주물을 처분할 때에 특약으로 종물을 제외할 수 있고, 종물만을 별도로 처분할 수도 있다고 보아야 한다. 김은 건물을 제외하고 유류저장조와 주유기 등만을 최에게 매도하였으므로, 박이 건물 소유권을 취득하였다고 하여 종물인 유류저장조의 소유권까지 취득하였다고 할 수 없다.

2. 동산소유권의 취득(2) - 첨부와 부당이득의 보상

[사안] 김은 A사와 철강제품 공급계약을 체결하고, 1억원 어치의 철강제품을 A사에게 공급하였다. 공급계약 당시 김과 A사는, 물품대금으로 입금된 어음이나 수표가 지급기일에 정상 결제될 때까지 철강제품의 소유권은 매도인 김에게 있다는 내용

의 소유권유보에 관한 특약을 하였는데, 김은 아직까지 A사로부터 물품대금을 지급받지 못하고 있다. 한편 A사는 박으로부터 X공장 건물을 증축하는 공사를 도급받는 계약을 체결하였고 이행 과정에서 A사가 김으로부터 공급받은 철강제품은 모두 X공장건물의 골조공사 자재로 투입되었다. 김은 박에게 자기 소유의 철강제품이 박 소유의 건물 건축에 사용하여 부합되었다며 이에 대한 보상을 청구한다. (대법원 2009.9.24. 선고 2009다15602 판결)

[해결] 어떠한 동산이 민법 제256조에 의하여 부동산에 부합된 것으로 인정되기 위해서는 그 동산을 훼손하거나 과다한 비용을 지출하지 않고서는 분리할 수 없을 정도로 부착·합체되었는지 여부 및 그 물리적 구조, 용도와 기능면에서 기존 부동산과는 독립한 경제적 효용을 가지고 거래상 별개의 소유권의 객체가 될 수 있는지 여부 등을 종합하여 판단하여야 할 것이다. 김의 소유권 유보에도 불구하고 김 소유이던 철강제품이 공장건물들의 증축에 사용되어 공장건물들에 부합됨으로써 공장건물들의 소유자인 박이 이 철강제품의 소유자가 되었다.

민법 제261조에서 첨부로 법률규정에 의한 소유권 취득(민법 제256조 내지 제260조)이 인정된 경우에 "손해를 받은 자는 부당이득에 관한 규정에 의하여 보상을 청구할 수 있다"라고 규정하고 있는바, 이러한 보상청구가 인정되기 위해서는 민법 제261조 자체의 요건만이 아니라, 부당이득 법리에 따른 판단에 의하여 부당이득의 요건이 모두 충족되었음이 인정되어야 한다. 매매 목적물에 대한 소유권이 유보된 상태에서 매매가 이루어진 경우에는 대금이 모두 지급될 때까지는 매매 목적물에 대한 소유권이 이전되지 않고 점유의 이전만 있어 매수인이 이를 다시 매도하여 인도하더라도 제3자는 유효하게 소유권을 취득하지 못하므로, 계약관계에 의한 급부만을 이유로 제3자는 소유자의 반환 청구를 거부할 수 없고, 부합 등의 사유로 제3자가 소유권을 유효하게 취득하였다면 그 가액을 소유자에게 부당이득으로 반환함이 원칙이다. 다만, 매매 목적물에 대한 소유권이 유보된 경우라 하더라도 이를 다시 매수한 제3자의 선의취득이 인정되는 때에는, 그 선의취득이 이익을 보유할 수 있는 법률상 원인이 되므로 제3자는 그러한 반환의무를 부담하지 않는다. 사안에서는 비록 그 자재가 직접 매수인으로부터 제3자에게 교부된 것은 아니지만 도급계약에 따른 이행에 의하여 제3자에게 제공된 것으로서 거래에 의한 동산 양도와 유사한 실질을 가지므로, 그 부합에 의한 보상청구에 대하여도 선의취득에서의 이익보유에 관한 법리가 유추적용된다고 볼 수 있고, 따라서 박의 공장건물들에 부합된 철강제품의 소유권이 김에게 유보되어 있다는 사정을 박이 과실 없이 알지 못하였음이 인정되는 경우에는 박이 그 자재에 관한 이익을 보유할 법률상의 원인이 있다고 보아 부당이득에 의한 보상청구를 부정하여야 한다.

3. 소유권유보약정이 있는 동산의 처분의 효력

> [사안] 김은 기계제작업자 박으로부터 양말세팅기 1대를 1천8백만원에 매수하는 계약을 체결하고, 잔금 1천3백만원을 같은 해 7월부터 매월 1백만원씩 분할하여 지급하기로 하되 그 대금의 완제까지는 기계의 소유권을 박에게 유보하기로 하는 약정 아래 기계를 인도받았다. 그러나 김은 할부기간이 경과하도록 할부금 중 571만원을 지급하지 못하고 있었다. 한편 김은 이러한 할부금 연체사실을 알고 있는 최에 대하여 1천3백만원의 채무를 지고 있었는데 최에게 기계를 매각하여 위 채무금에 충당할 것을 부탁하면서 이를 인도하였다. 그런데 박은 최에게 알리지 아니하고 최의 공장마당에 있던 기계를 자신의 공장으로 옮겨갔다. 최는 김으로부터 그의 자신에 대한 채무의 이행에 갈음하여 기계를 양도받음으로써 또는 기계를 선의·무과실로 인도받아 선의취득함으로써 기계의 소유권을 취득하였다고 주장하고 박에 대하여 그 소유권의 침해를 이유로 그 시가 상당액의 손해배상을 구한다. (대법원 2010.2.11. 선고 2009다93671 판결)

[해결] 1) 소유권의 이전여부

동산의 매매에서 그 대금을 모두 지급할 때까지는 목적물의 소유권을 매도인이 그대로 보유하기로 하면서 목적물을 미리 매수인에게 인도하는 이른바 소유권유보약정이 있는 경우에, 매수인 앞으로의 소유권 이전에 관한 당사자 사이의 물권적 합의는 대금이 모두 지급되는 것을 정지조건으로 하여 행하여진다고 해석된다. 따라서 그 대금이 모두 지급되지 아니하고 있는 동안에는 비록 매수인이 목적물을 인도받았어도 목적물의 소유권은 약정대로 여전히 매도인이 이를 가지고, 대금이 모두 지급됨으로써 그 정지조건이 완성되어 별도의 의사표시 없이 바로 목적물의 소유권이 매수인에게 이전된다. 그리고 이는 매수인이 매매대금의 상당 부분을 지급하였다고 하여도 다를 바 없다. 그러므로 대금이 모두 지급되지 아니한 상태에서 매수인이 목적물을 다른 사람에게 양도하더라도, 양수인이 선의취득의 요건을 갖추거나 소유자인 소유권유보매도인이 후에 처분을 추인하는 등의 특별한 사정이 없는 한 그 양도는 목적물의 소유자가 아닌 사람이 행한 것으로서 효력이 없어서, 그 양도로써 목적물의 소유권이 매수인에게 이전되지 아니한다. 사안에서 설사 소유권유보매수인인 김이 최에 대한 채무의 이행에 갈음하여 기계를 최에게 인도함으로써 양도하였다고 하더라도, 그 양도는 대금을 모두 지급하지 아니하여 매매목적물의 소유권을 취득하지 못한 채로 행하여진 것으로서 무권리자가 한 것이어서 효력이 없다.

2) 선의취득여부

최가 기계를 김으로부터 평온·공연하게 양수하였다고 할 것이나, 최가 인도받을 당시 할부금 연체사실을 알고 있었다면, 최는 기계의 소유권이 여전히 소유권유보매도인인 박에게 유보되어 있지는 않은지에 관하여 조사·탐문하지 아니한 채로 이를 양도받은 것으로서, 그에게 고의는 없다고 하더라도 적어도 동산소유권의 양수에 있어서 양수인에게 통상적으로 요구되는 양도인의 양도권원에 관한 주의의무를 다하지 아니한 과실이 있다고 할 것이고 따라서 최의 선의취득 주장은 배척된다.

> [유제] 김은 X기계를 박에게 분할불로 매도하는 계약을 체결하면서 X기계를 먼저 인도하되 박이 대금을 모두 지급하기 전까지는 기계의 소유권은 김에게 속하는 것으로 약정하였다. 그러나 박은 대금 미완납의 상황에서 X기계를 최에게 매도하였고 다만 X기계는 계속하여 박이 임차하여 사용하고 있었다. 그 후 최의 채권자인 정이 X기계를 압류하자 김은 X기계는 자신의 소유라며 제3자이의 소를 제기한다. 그러나 정은, 최가 X기계를 인도받을 때에 박이 그 소유권을 완전히 취득하지 못한 상태에 있었다는 점을 알지 못한 데에 과실이 없었으므로 선의취득한 것이라고 항변한다. (대법원 1996.6.28. 선고 96다14807 판결)

[해결] 목적물이 매수인에게 인도되었다고 하더라도, 매도인은 대금이 모두 지급될 때까지 매수인뿐만 아니라 제3자에 대하여도 유보된 목적물의 소유권을 주장할 수 있다. 또한 최의 선의취득이 인정되기 위하여는 그 대상이 되는 동산을 선의, 무과실로 인도받아야 하되, 그 인도방법은 점유개정 이외의 방법으로 인도받아야 한다.

4. 반환청구권의 양도에 의한 선의취득

> [사안] A사는 B사가 제조하는 철강제품을 공급받아 판매하는 판매대리점 계약을 체결하고 영업을 하여 왔는데, 판매대리점 계약에는, "A사가 B사로부터 철강제품을 공급받아 그 소유권은 A사가 공급대금을 완납할 때까지 B사에게 유보되고 대금 완납시 비로소 A사에 이전된다"고 되어있다. A사는 C사에게 철판가공작업을 의뢰하여 현재 C사가 700톤의 철판을 보관하고 있다. 한편 A사는 채권자인 D사에게 빌린 자금을 갚지 못하게되자 A사가 C사에게 보관시킨 700톤의 철판을 D사에게 양도하기로 하고 이를 C사에게 통지하였다. 그 후 A사가 도산하여 미수 철판대금의 회수가 어려워진 B사는 D사에게 철판의 소유권이 자신에게 있음을 통지하였다. D

> 사는 B사의 통지를 받기 전까지는 철판의 소유권이 B사에게 유보되어 있다는 사실을 알지 못했고 알지 못한데 대하여 과실이 없었으므로 철판을 선의취득하였다고 주장하나, B사는, A사가 철판공급자인 B사와 상당한 규모의 외상거래를 해온 사실을 알고 있었고 A사가 부도가 임박한 상태에서 C사에 보관시켜놓은 거액의 철판 전부를 D사가 대물변제받은 사정 등을 고려할 때 D사가 자신의 무과실입증을 다하지 못하고 있다고 항변한다. (대법원 1999.1.26. 선고 97다48906 판결)

[해결] 양도인이 소유자로부터 보관을 위탁받은 동산을 제3자에게 보관시킨 경우에 양도인이 그 제3자에 대한 반환청구권을 양수인에게 양도하고 지명채권 양도의 대항요건을 갖추었을 때에는 동산의 선의취득에 필요한 점유의 취득 요건을 충족한다. 선의·무과실 요건에 관하여는 D사가 비록 소유권유보 사항은 몰랐다고 하더라도 B사에 조회하는 경우 소유권유보 사실을 쉽게 알 수 있었음에도 이러한 조치를 취하지 않은 채 통상의 방법에 의한 일반적인 거래라고 할 수 없는 경위로 취득하였다면 D사로서는 A사가 철판에 대한 처분권이 없음을 알지 못한 데 대하여 과실이 있다는 의심이 든다.

5. 동산양도담보권자의 물상대위

> [사안] A은행은 김에게 김소유 볼링장의 12개 레인에 따르는 기계설비 및 장비일체를 담보로 잡고 3억원을 대출해주었다. 김은 위 설비에 대하여 B보험사와 화재보험계약을 체결하였는데, 보험기간 중 화재가 발생하여 김은 B보험사에 대하여 2억원의 보험금채권을 갖게 되었다. A은행은 법원으로부터 채무자 김, 제3채무자 B보험사, 청구금액 2억원으로 하여 위 보험금청구권에 관하여 물상대위권 행사에 기한 채권압류 및 전부명령을 받았고, 이는 B보험사에 송달되었다. A은행은 B보험사에 전부금의 지급을 청구한다. (대법원 2009.11.26. 선고 2006다37106 판결)

[해결] 동산에 대하여 양도담보를 설정한 경우 채무자는 담보의 목적으로 그 소유의 동산을 채권자에게 양도해 주되 점유개정에 의하여 이를 계속 점유하지만, 채무자가 위 채무를 불이행하면 채권자는 담보목적물인 동산을 사적으로 타에 처분하거나 스스로 취득한 후 정산하는 방법으로 이를 환가하여 우선변제받음으로써 위 양도담보권을 실행하게 되는데, 채무자가 채권자에게 위 동산의 소유권을 이전하는 이유는 채권자가 양도담보권을 실행할 때까지 스스로 담보물의 가치를 보존할 수 있도록 함으로써 만약 채무자가 채무를 이행하지 않더라도 채권자가 양도받았던 담보물을 환가하여 우선변제받는 데에 지장이 없

도록 하기 위한 것인바, 이와 같이 담보물의 교환가치를 취득하는 것을 목적으로 하는 양도담보권의 성격에 비추어 보면, 양도담보로 제공된 목적물이 멸실, 훼손됨에 따라 양도담보 설정자와 제3자 사이에 교환가치에 대한 배상 또는 보상 등의 법률관계가 발생되는 경우에도 그로 인하여 양도담보 설정자가 받을 금전 기타 물건에 대하여 담보적 효력이 미친다고 보아야 할 것이다. 따라서, 양도담보권자는 양도담보 목적물이 소실되어 양도담보 설정자가 보험회사에 대하여 화재보험계약에 따른 보험금청구권을 취득한 경우에도 담보물 가치의 변형물인 위 화재보험금청구권에 대하여 양도담보권에 기한 물상대위권을 행사할 수 있다고 봄이 상당하다.

[유제] A사와 그 대표이사 김은 2009.9. B사에게, 배합사료 미수대금 10억원을 2009.10.까지 연대하여 변제하되, 이를 담보하기 위하여 김 소유의 축사에서 사육중인 산란계 450,000수, 중추 150,000수 등 합계 600,000수의 소유권을 점유개정의 방법으로 양도하는 내용의 양도담보부 금전소비대차계약 공정증서를 작성하였다. 김은 2009.7. C은행과의 사이에 위 축사에서 사육중인 가금류에 관하여 가축공제계약을 체결하였는데, 2010.7.2. 위 축사에 원인 미상의 화재가 발생하여 위 가금류가 폐사하였다. B사는 2010.7.16. 양도담보부 공정증서에 기하여 김이 C은행에 대하여 가지는 가축공제계약상의 공제금 채권 중 6억원에 관하여 채권압류 및 추심명령을 발령받았고, 이것은 2010.7.20. C은행에 송달되었다. 한편 A사는 2005.8. C은행과 사이에 여신거래약정을 체결하였고, 김은 2007.8. A사의 C은행에 대한 여신거래약정에 기한 채무를 한도액 미화 6,000,000달러로 정하여 근보증하였는데, C은행은 2010.4. A사의 채무 6억원을 대위변제함으로써 김에 대하여 동액 상당의 구상금 채권을 취득하였다. C은행이 2011.10. 위 구상금 채권을 자동채권으로 하여 상계의 의사표시를 하자, A사는 양도담보권에 기한 물상대위권 행사로 공제금 채권에 대하여 압류 및 추심명령을 얻어 공제금을 청구하는 것에 대하여 제3채무자인 C은행은 그 양도담보 설정 후 취득한 김에 대한 구상금 채권을 가지고 상계로써 대항할 수 없다고 항변한다. (대법원 2014.9.25. 선고 2012다58609 판결)

[해결] 동산 양도담보권자는 양도담보 목적물이 소실되어 양도담보 설정자가 보험회사에 대하여 화재보험계약에 따른 보험금청구권을 취득한 경우 담보물 가치의 변형물인 그 화재보험금청구권에 대하여 양도담보권에 기한 물상대위권을 행사할 수 있는데, 동산 양도담보권자가 물상대위권 행사로 양도담보 설정자의 화재보험금청구권에 대하여 압류 및 추심명령을 얻어 추심권을 행사하는 경우 제3채무자인 보험회사는 그 양도담보 설정 후 취득한 양도담보 설정자에 대한 별개의 채권을 가지고 상계로써 양도담보권자에게 대항할

수 없다. 그리고 이는 보험금청구권과 그 본질이 동일한 공제금청구권에 대하여 물상대위권을 행사하는 경우에도 마찬가지다.

6. 동산 이중양도담보계약의 효력

[사안] 양돈업을 영위하던 김은 박 또는 최로부터 양돈 사료를 공급받던 중 그 사료대금채무를 담보하기 위하여 각 점유개정의 방법으로 농장에서 당시까지 사육하고 있거나 장래에 사육하게 될 모든 돼지를 각각의 목적물로 하여, 먼저 2000.12.21. 최와 사이에 피담보채권액을 1억원으로 정한 유동집합물 양도담보계약을, 그 후 2002.1.28. 박과 사이에 피담보채권액을 2억원으로 정한 같은 양도담보계약을, 다시 2002.10.25. 최와 사이에 피담보채권액을 2억원으로 정한 같은 양도담보계약을 각 체결하면서, 그 각 채무불이행시 돼지에 대한 강제집행이 개시되더라도 이의가 없음을 인낙하는 취지의 공정증서도 함께 작성하였다. 그 후 김이 각 양돈 사료대금채무를 연체하자 먼저 최가, 다음으로 박이 돼지를 각 압류한 다음, 유체동산 경매절차에서 돼지가 1억 3천만원에 일괄 매각되었고 집행법원은 이를 최에게 모두 배당하기로 하는 내용의 배당표를 작성하였다. 이에 박은 자신도 적법하게 후순위 양도담보권을 취득하였으므로 최초의 양도담보계약에 따른 선순위 양도담보권자인 최로서는 실제 배당할 금액 중 그 양도담보계약에서 정한 피담보채권액의 범위 안에서만 후순위 양도담보권자인 박의 피담보채권액에 우선하여 배당받을 수 있을 뿐이라며 배당표 중 최에 대한 배당액을 1억원으로, 박에 대한 배당액을 나머지 3천만원으로 경정하여 줄 것을 청구한다. (대법원 2005.2.18. 선고 2004다37430 판결)

[해결] 금전채무를 담보하기 위하여 채무자가 그 소유의 동산을 채권자에게 양도하되 점유개정의 방법으로 인도하고 채무자가 이를 계속 점유하기로 약정한 경우 그 동산의 소유권은 신탁적으로 이선되는 것에 불과하여, 채권자와 채무자 사이의 대내적 관계에서는 채무자가 소유권을 보유하나 대외적인 관계에서의 채무자는 동산의 소유권을 이미 채권자에게 양도한 무권리자가 되는 것이어서 다시 다른 채권자와 사이에 양도담보설정계약을 체결하고 점유개정의 방법으로 인도하더라도 선의취득이 인정되지 않는 한 나중에 설정계약을 체결한 채권자로서는 양도담보권을 취득할 수 없는데, 현실의 인도가 아닌 점유개정의 방법으로는 선의취득이 인정되지 아니하므로 결국 뒤의 채권자는 적법하게 양도담보권을 취득할 수 없는 것이다. 사안에서 단지 점유개정의 방법으로 나중에 김과 사이에 돼지에 관하여 이중양도담보계약을 체결하였을 뿐인 박은 돼지에 대하여 적법하게 양도담보권을 취득한 것이 아니라 김의 일반 채권자에 불과한 것으로 볼 수밖에 없으며, 최가 2002.10.25.

김과 사이에 돼지에 관하여 다시 체결한 양도담보계약에 의하여 그들 사이의 최초의 양도담보계약에서 약정하였던 피담보채권액은 적법하게 증액된 것으로 보아야 한다.

한편, 동산을 목적으로 하는 유동집합물 양도담보설정계약을 체결함과 동시에 채무불이행시 강제집행을 수락하는 공정증서를 작성한 경우, 양도담보권자로서는 그 집행증서에 기하지 아니하고 양도담보계약내용에 따라 이를 사적으로 타에 처분하거나 스스로 취득한 후 정산하는 방법으로 현금화할 수도 있지만, 집행증서에 기하여 담보목적물을 압류하고 강제경매를 실시하는 방법으로 현금화할 수도 있는데, 만약 후자의 방식에 의하여 강제경매를 실시하는 경우, 이러한 방법에 의한 경매절차는 형식상은 강제집행이지만, 그 실질은 일반 강제집행절차가 아니라 동산양도담보권의 실행을 위한 환가절차로서 그 압류절차에 압류를 경합한 양도담보설정자의 다른 채권자는 양도담보권자에 대한 관계에서 압류경합권자나 배당요구권자로 인정될 수 없고, 따라서 환가로 인한 매득금에서 환가비용을 공제한 잔액은 양도담보권자의 채권변제에 우선적으로 충당하여야 하므로, 2002.10.25.자 양도담보계약에 의하여 최의 피담보채권이 적법하게 증액되었다면 그 환가로 인한 매득금액은 유일한 양도담보권자인 최에게 모두 배당되어야 한다.

7. 유동집합물에 대한 양도담보의 효력이 미치는 목적물의 범위

> [사안] A축협은 1997.12.10. X농장에서 돼지를 사육하고 있던 김과 사이에 이미 공급한 사료대금과 앞으로 공급할 사료대금 합계 3억원을 담보하기 위하여, 당시 김이 사육하고 있던 X농장 내의 돼지 전체인 3,000두의 소유권을 매매대금 3억원으로 정하여 A축협에 양도하되 점유개정의 방법으로 인도하고 김이 돼지를 계속 점유·관리하면서 A축협의 승낙을 얻어 처분하여 그 대금으로 사료대금을 변제하며, 항상 3,000두를 유지하기로 하는 내용의 양도담보계약을 체결하였다. 그 후 김은 자금사정이 악화되자 2000.12.1. 박에게 X농장에서 사육하고 있던 돼지 전체인 3,000두를 대금 3억원에 매도하였고, 박은 X농장의 돈사를 임차하여 여전히 같은 장소에서 돼지를 사육하다가 일부를 처분하고 남아 있던 돼지 770두를 2000.12.27. 최에게 대금 9천만원에 매도하였다. 최는 X농장의 돈사를 임차하여 매수한 돼지를 사육하기 시작하였는데, 2001.1.8. 강으로부터 돼지 840두를 1억 1,500만원에 매수하여 위 770두와 함께 사육하면서 돼지들의 자돈을 키우고 일부를 처분하기도 하고 새로운 돼지를 구입하기도 하는 일을 반복하여 현재 X농장에서는 3,000두 이상의 돼지가 사육되고 있다. A축협은 최가 X농장에서 사육하고 있는 돼지 중 당초의 양도담보계약에서 정한 수량에 해당하는 돼지 3,000두의 인도를 구한다. (대법원 2004.11.12. 선고 2004다22858 판결)

[해결] A축협과 김 사이의 양도담보계약은 일단의 증감 변동하는 동산을 하나의 물건으로 보아 이를 채권담보의 목적으로 삼는 이른바 "유동집합물에 대한 양도담보계약"에 해당하는 것으로서, 이 경우 양도담보권자가 담보권설정계약 당시 존재하는 집합물에 대하여 점유개정의 방법으로 점유를 취득하면 그 후 새로이 반입되는 개개의 물건에 대하여 그때마다 별도의 양도담보계약을 맺거나 점유개정의 표시를 하지 아니하더라도 하나의 집합물로서의 동일성을 잃지 아니한 채 양도담보권의 효력은 항상 현재의 집합물 위에 미치게 되고, 특히 사안과 같이 돈사에서 대량으로 사육되는 돼지를 집합물에 대한 양도담보의 목적물로 삼은 경우에는 그 돼지들은 번식, 사망, 판매, 구입 등의 요인에 의해 증감 변동하리라는 점이 당연히 예상되는 것이고, 이에 따라 양도담보설정자로서는 통상적으로 허용되는 범위 내에서 양도담보 목적물인 돼지를 처분할 수도 있고 새로운 돼지를 구입할 수도 있는데, 이 때 새로 반입되는 돼지에 대하여 별도의 양도담보계약을 맺거나 점유개정의 표시를 하지 않더라도 자동적으로 양도담보권의 효력이 미친다. 이러한 특징이 있는 유동집합물에 대한 양도담보의 목적인 집합물이 양도담보설정자로부터 제3자에게 양도된 경우에 양수인은 선의취득의 요건을 갖추지 못한 채 이러한 양도담보의 목적물인 돼지를 양수한 이상 그 양도담보권의 부담을 그대로 인수하는 것이어서, 양수인이 양수할 당시에 존재하던 집합물 내의 개별 동산뿐만 아니라 그 후 양수 당시의 동산으로부터 산출되거나 양수인이 새로 구입하여 반입한 동산에도 양도담보권의 효력이 미치게 된다.

그러나 양도담보권의 효력은 최가 애초에 양수한 X농장 내에 있던 돼지들 및 통상적인 양돈방식에 따라 그 돼지들을 사육·관리하면서 돼지를 출하하여 얻은 수익으로 새로 구입하거나 그 돼지와 교환한 돼지 또는 그 돼지로부터 출산시켜 얻은 새끼돼지에 한하여 미치는 것이지 최가 별도의 자금을 투입하여 반입한 돼지가 있다면 그 돼지에는 미치지 않는다고 보아야 한다. 다만, 사안과 같이 유동집합물에 대한 양도담보계약의 목적물을 최가 선의취득하지 못한 상태에서 그 양도담보의 효력이 미치는 목적물에다 자기 소유인 동종의 물건을 섞어 관리함으로써 당초의 양도담보의 효력이 미치는 목적물의 범위를 불명확하게 한 경우에는 최로 하여금 그 양도담보의 효력이 미치지 아니하는 물건의 존재와 범위를 입증하도록 하여야 한다.

8. 채권질권의 설정과 해지의 법률관계

[사안] 제3채무자인 甲 은행이 乙 주식회사와 丙 주식회사 사이의 예금채권에 대한 질권설정을 승낙하였는데, 질권자인 乙 회사가 甲 은행 지점에 모사전송의 방법으로 질권해제통지서를 전송하였고 甲 은행 직원이 질권해제통지서를 받은 직후 질권설정자인 丙 회사에 예금채권을 변제하였다. 이에 乙사는 민법 제353조 제1, 2항에

의하여 제3채무자인 甲 은행은 乙사에 예금을 지급할 의무가 있으며 '질권해제통지서'는 甲 은행을 수신인으로 한 것이 아니어서 甲 은행에 대한 효력이 없고 甲 은행을 선의의 제3채무자라고 볼 수도 없다고 항변한다. (대법원 2014.4.10. 선고 2013다76192 판결)

[해결] 지명채권을 목적으로 한 질권의 설정은 설정자가 민법 제450조의 규정에 의하여 제3채무자에게 질권설정의 사실을 통지하거나 제3채무자가 이를 승낙함이 아니면 이로써 제3채무자 기타 제3자에게 대항하지 못하고(민법 제349조 제1항), 그 경우 채권양도에 있어서의 승낙, 통지의 효과와 관련한 민법 제451조의 규정을 준용하고 있는데(민법 제349조 제2항), 채권양도인이 채무자에게 채권양도를 통지한 때에는 아직 양도하지 아니한 경우에도 선의인 채무자는 양수인에게 대항할 수 있는 사유로 양도인에게 대항할 수 있다고 규정한 민법 제452조 제1항 역시 지명채권을 목적으로 한 질권 설정의 경우에 유추적용된다고 할 것이다.

한편 지명채권의 양도통지를 한 후 그 양도계약이 해제 또는 합의해제된 경우 채권양도인이 그 해제를 이유로 다시 원래의 채무자에 대하여 양도채권으로 대항하려면 채권양수인이 채무자에게 위와 같은 해제 등 사실을 통지하여야 한다. 이러한 법리는 지명채권을 목적으로 한 질권설정 사실을 제3채무자에게 통지하거나 제3채무자가 이를 승낙한 후 그 질권설정계약이 해제, 합의해제 또는 합의해지된 경우에도 마찬가지로 적용된다고 보아야 한다. 따라서 제3채무자가 질권설정 사실을 승낙한 후 그 질권설정계약이 합의해지된 경우 질권설정자가 그 해지를 이유로 제3채무자에게 원래의 채권으로 대항하려면 질권자가 제3채무자에게 해지 사실을 통지하여야 하고, 만일 질권자가 제3채무자에게 질권설정계약의 해지 사실을 통지하였다면, 설사 아직 해지가 되지 아니하였다고 하더라도 선의인 제3채무자는 질권설정자에게 대항할 수 있는 사유로 질권자에게 대항할 수 있다고 봄이 상당하다. 그리고 위와 같은 해지 통지가 있었다면 그 해지 사실은 추정되고, 그렇다면 해지 통지를 믿은 제3채무자의 선의 또한 추정된다고 볼 것이어서 제3채무자가 악의라는 점은 그 선의를 다투는 질권자가 증명할 책임이 있다. 그리고 위와 같은 해지 사실의 통지는 질권자가 질권설정계약이 해제되었다는 사실을 제3채무자에게 알리는 이른바 관념의 통지로서, 그 통지는 제3채무자에게 도달됨으로써 효력이 발생하고, 통지에 특별한 방식이 필요하지는 않다.

사안에서 질권해제통지서에 통지의 상대방이 기재되어 있지 않았더라도 문서의 형식이나 기재 내용, 수신처 등에 비추어 통지의 상대방은 甲 은행이라고 볼 수밖에 없다면, 乙 회사가 질권해제통지서를 모사전송의 방법으로 甲 은행에 전송함으로써 질권설정계약 해지의 통지는 甲 은행에 도달하여 효력이 발생하였다고 할 것이므로, 아직 乙 회사와 丙

회사 사이에 합의해지가 되지 아니한 경우에도 선의인 甲 은행으로서는 丙 회사에 대한 변제를 乙 회사에도 유효하다고 주장할 수 있다.

9. 질권의 목적이 된 채권의 실행

> **[사안]** 김은 2000.4. 박으로부터 X빌딩을 임차하면서 박에게 임대차보증금 30억원을 지급하였다. A은행은 2000.7.12. 김에 대하여 일반자금대출로서 16억원을, 이율은 연 14%(연체이율은 연 25%), 변제기는 2001.7.2.로, 약정이자는 매월 지급하기로 약정·대출하면서 대출원리금채권을 확보하기 위하여 김의 박에 대한 임대차보증금 반환채권 중 설정액을 19억원으로 하는 질권계약을 체결하였으며, 박은 A은행에 대하여 질권설정을 승낙하고 김이 A은행에 대한 원리금의 지급을 지체하는 경우에는 질권자인 A은행의 청구일로부터 1개월 이내에 질권설정액 범위 내에서 무조건 우선 지급하며, A은행의 동의 없이는 임차인에게 임대차보증금을 반환하지 아니하기로 약정하였다. 그 후 김이 A은행에 대출원금 16억원 및 이자와 지연손해금 잔액 17,200,000원을 상환하지 아니하자, A은행은 2001.7.16. 박에게 채권질권의 실행을 통지하였다. (대법원 2005.2.25. 선고 2003다40668 판결)

[해결] 질권의 목적이 된 채권이 금전채권인 때에는 질권자는 자기채권의 한도에서 질권의 목적이 된 채권을 직접 청구할 수 있고(민법 제353조 제1항, 제2항), 채권질권의 효력은 질권의 목적이 된 채권의 지연손해금 등과 같은 부대채권에도 미치므로 채권질권자는 질권의 목적이 된 채권과 그에 대한 지연손해금채권을 피담보채권의 범위에 속하는 자기채권액에 대한 부분에 한하여 직접 추심하여 자기채권의 변제에 충당할 수 있다.

사안에서 A은행은 박에게 질권의 목적이 된 임대차보증금 반환채권 중 19억원을 한도로 하여 피담보채권인 김에 대한 원리금 1,617,200,000원과 이에 대한 2001.7.13.부터 약정연체이율인 연 25%의 비율에 의한 지연손해금의 상당액을 청구할 수 있다. 나아가 그 피담보채권의 범위가 질권의 목적이 된 19억원에 도달하는 시점 이후에는 그 피담보채권의 범위에 속하는 자기채권의 한도에서 질권의 목적이 된 채권인 19억원의 임대차보증금에 대한 지연손해금 등의 부대채권도 직접 청구할 수 있다.

10. 저당채권에 대한 질권의 설정과 부기등기

[사안] 甲 주식회사는 김 소유의 X건물을 2009.4. 임대차보증금 18억원에 2년간 임차하고 동액을 김에게 지급하였다. 甲 회사는 2009.10. 모회사인 乙 주식회사가 박에 대해 부담하는 사채금반환채무 30억원을 담보하기 위하여 김에 대한 임대차보증금 반환채권에 담보한도액 36억원으로 하는 근질권설정계약을 체결하였다. 그 후 甲 회사는 임대차보증금 반환채권을 담보하기 위하여 김 소유의 임대차목적물에 관하여 근저당권을 설정받았다. 그 후 甲 회사는 임대차해지를 원인으로 근저당권설절등기를 말소하였다. 박은, 채권에 질권을 설정한 후 그 채권을 담보하기 위하여 저당권이 설정되었다면 저당권의 부종성의 원칙에 따라 당연히 질권의 효력이 저당권에 미치고, 이 경우에는 부기등기를 요하는 민법 제348조도 유추적용되지 않으므로 甲 회사가 근질권자인 자신의 동의없이 근저당권설정등기를 말소한 것은 자신의 근질권을 침해하는 것이어서 그 방해배제청구로서 말소등기의 회복을 구한다. 이에 대하여 김은, 甲 회사와 김의 임대차계약 시 저당권설정에 관한 내용이 없었고, 박과 甲 회사의 근질권설정계약 시 저당권에 관한 내용은 전혀 없었던 점 등에 비추어 질권자인 박과 질권설정자인 甲 회사가 임대차보증금 반환채권만을 질권의 목적으로 하고 질권설정자가 질권자에게 제공하려는 의사 없이 근저당권을 설정받는 등 저당권이 질권의 목적이 되지 않는 사정이 있으며, 또한 박은 근저당권설정등기에 관하여 질권의 부기등기를 마치지 않았으므로 박의 질권의 효력이 근저당권에 미친다고 할 수 없다고 항변한다. (대법원 2020.4.29. 선고 2016다235411 판결)

[해결] 민법 제361조는 "저당권은 그 담보한 채권과 분리하여 타인에게 양도하거나 다른 채권의 담보로 하지 못한다."라고 정하고 있을 뿐 피담보채권을 저당권과 분리해서 양도하거나 다른 채권의 담보로 하지 못한다고 정하고 있지 않다. 채권담보라고 하는 저당권 제도의 목적에 비추어 원칙적으로 피담보채권의 처분에는 저당권의 처분도 당연히 포함된다고 볼 것이지만, 피담보채권의 처분이 있으면 언제나 저당권도 함께 처분된다고는 할 수 없다. 따라서 저당권으로 담보된 채권에 질권을 설정한 경우 원칙적으로는 저당권이 피담보채권과 함께 질권의 목적이 된다고 보는 것이 합리적이지만, 질권자와 질권설정자가 피담보채권만을 질권의 목적으로 하고 저당권은 질권의 목적으로 하지 않는 것도 가능하고 이는 저당권의 부종성에 반하지 않는다. 이는 저당권과 분리해서 피담보채권만을 양도한 경우 양도인이 채권을 상실하여 양도인 앞으로 된 저당권이 소멸하게 되는 것과 구별된다.

이와 마찬가지로 담보가 없는 채권에 질권을 설정한 다음 그 채권을 담보하기 위하여 저당권이 설정된 경우 원칙적으로는 저당권도 질권의 목적이 되지만, 질권자와 질권설정자가 피담보채권만을 질권의 목적으로 하였고 그 후 질권설정자가 질권자에게 제공하려는 의사 없이 저당권을 설정받는 등 특별한 사정이 있는 경우에는 저당권은 질권의 목적이 되지 않는다. 이때 저당권은 저당권자인 질권설정자를 위해 존재하며, 질권자의 채권이 변제되거나 질권설정계약이 해지되는 등의 사유로 질권이 소멸한 경우 저당권자는 자신의 채권을 변제받기 위해서 저당권을 실행할 수 있다.

한편 민법 제348조는 저당권으로 담보한 채권을 질권의 목적으로 한 때에는 그 저당권설정등기에 질권의 부기등기를 하여야 그 효력이 저당권에 미친다고 정한다. 저당권에 의하여 담보된 채권에 질권을 설정하였을 때 저당권의 부종성으로 인하여 등기 없이 성립하는 권리질권이 당연히 저당권에도 효력이 미친다고 한다면, 공시의 원칙에 어긋나고 그 저당권에 의하여 담보된 채권을 양수하거나 압류한 사람, 저당부동산을 취득한 제3자 등에게 예측할 수 없는 질권의 부담을 줄 수 있어 거래의 안전을 해할 수 있다. 이에 따라 민법 제348조는 저당권설정등기에 질권의 부기등기를 한 때에만 질권의 효력이 저당권에 미치도록 한 것이다. 이는 민법 제186조에서 정하는 물권변동에 해당한다. 이러한 민법 제348조의 입법 취지에 비추어 보면, '담보가 없는 채권에 질권을 설정한 다음 그 채권을 담보하기 위해서 저당권을 설정한 경우'에도 '저당권으로 담보한 채권에 질권을 설정한 경우'와 달리 볼 이유가 없다.

또한 담보가 없는 채권에 질권을 설정한 다음 그 채권을 담보하기 위해 저당권을 설정한 경우에, 당사자 간 약정 등 특별한 사정이 있는 때에는 저당권이 질권의 목적이 되지 않을 수 있으므로, 질권의 효력이 저당권에 미치기 위해서는 질권의 부기등기를 하도록 함으로써 이를 공시할 필요가 있다. 따라서 담보가 없는 채권에 질권을 설정한 다음 그 채권을 담보하기 위해 저당권이 설정되었더라도, 민법 제348조가 유추적용되어 저당권설정등기에 질권의 부기등기를 하지 않으면 질권의 효력이 저당권에 미친다고 볼 수 없다.

11. 동산·채권담보법에 따른 집합동산에 관한 담보권 설정

[사안] A은행은 2016.8.30. B사와 대출금채무를 담보하기 위해 「동산·채권 등의 담보에 관한 법률」에 따라 B사 소유의 동산인 강판에 관하여 채권최고액 564,000,000원, 존속기간 2021.8.30.까지로 정한 근담보권 설정계약을 체결하고, 같은 날 동산담보등기를 하였다. 등기기록에는 담보목적물에 관하여 '동산의 종류'란에 '집합동산: 강판', '보관장소/특성'란에 '주소, B사 공장 내', '기타사항'란에는

중량이 기록되어 있다. C사는 2020.5.21. B사 소유의 유체동산에 대하여 가압류결정을 받아 5.26. B사 공장에 있는 강판에 대하여 가압류집행을 하였다. 그 후 A은행은 동산담보권을 실행하기 위한 경매를 신청하였고, 2020.7.1. 위 강판에 대하여 압류집행을 거쳐 매각공고를 하였다. 그러자 C사는 법원이 기재된 중량을 초과하여 공장 내에 있는 강판 전부에 대하여 압류집행을 한 것은 동산담보권의 범위를 초과한 것이라며 압류집행의 취소를 구하는 이의신청을 한다. (대법원 2021.4.8.자 2020그872 결정)

[해결] 동산·채권 등의 담보에 관한 법률 제3조 제2항은 "여러 개의 동산(장래에 취득할 동산을 포함한다)이더라도 목적물의 종류, 보관장소, 수량을 정하거나 그 밖에 이와 유사한 방법으로 특정할 수 있는 경우에는 이를 목적으로 담보등기를 할 수 있다."라고 하여, 현재 보유하는 동산이든 장래에 취득할 동산이든 여러 개의 동산에 하나의 동산담보권을 설정할 때 목적물의 특정방법을 한정적으로 정하지 않고 유연하게 목적물을 특정할 수 있도록 하고 있다. 즉 여러 개의 동산을 종류와 보관장소로 특정하여 집합동산에 관한 담보권을 설정한 경우 같은 보관장소에 있는 같은 종류의 동산 전부가 동산담보권의 목적물이 된다. 사안에서는 강판의 추가나 교체, 변형이나 가공에도 불구하고 B사 공장내에 있는 전체 강판을 목적물로 하려는 의사의 합치가 있었고, 등기기록에 종류와 보관장소 외에 중량이 기록되었다고 하더라도 이는 목적물을 표시하는 데 참고사항으로 기록된 것에 불과하다고 해석된다.

12. 동산·채권담보법에 따른 채권담보권의 법리

[사안] 김은 2013.8.13. A사와 사이에 김의 A사에 대한 물품대금채권을 담보하기 위하여 A사의 B사에 대한 대상채권에 관하여 채권최고액 3억원인 담보권을 설정하기로 하는 계약을 체결하였고, 이에 따라 8.14. 담보권의 설정등기가 마쳐졌다. A사는 8.28. 박에게 이 채권을 양도하고, 10.1. B사에 내용증명우편으로 채권양도사실을 통지하였으며, 그 통지는 10.2. B사에 도달하였다. 위 담보권으로 담보된 김의 A사에 대한 물품대금채권이 2억 9천만원에 달하자, 김은 10.14. B사에 설정계약서 사본과 등기사항증명서 사본을 첨부하여 위 담보권의 설정사실을 통지하였고, 그 통지는 10.15. B사에 도달하였다. 그런데 B사는 10.31. 박에게 이 채권의 변제로 1억 8천만원을 지급하였다. 이에 김은 박을 상대로 B사로부터 변제받은 것에 대한 부당이득반환청구를 한다. 그러나 박은 김이 B사에 대한 청구를 포기하였는바 이로

써 김의 박에 대한 부당이득반환청구도 인정될 수 없다고 항변한다. (대법원 2016.7.14. 선고 2015다71856 판결)

[해결] 동산채권담보법에 의한 채권담보권자가 담보등기를 마친 후에서야 동일한 채권에 관한 채권양도가 이루어지고 확정일자 있는 증서에 의한 채권양도의 통지가 제3채무자에게 도달하였으나, 동산채권담보법 제35조 제2항에 따른 담보권설정의 통지는 제3채무자에게 도달하지 않은 상태에서는, 제3채무자에 대한 관계에서 채권양수인만이 대항요건을 갖추었으므로 제3채무자로서는 채권양수인에게 유효하게 채무를 변제할 수 있고 이로써 채권담보권자에 대하여도 면책된다. 다만 채권양수인은 채권담보권자에 대한 관계에서는 후순위로서, 채권담보권자의 우선변제적 지위를 침해하여 이익을 받은 것이 되므로, 채권담보권자는 채권양수인에게 부당이득으로서 그 변제받은 것의 반환을 청구할 수 있다. 그러나 그 후 동산채권담보법 제35조 제2항에 따른 담보권설정의 통지가 제3채무자에게 도달한 경우에는, 그 통지가 채권양도의 통지보다 늦게 제3채무자에게 도달하였더라도, 채권양수인에게 우선하는 채권담보권자가 제3채무자에 대한 대항요건까지 갖추었으므로 제3채무자로서는 채권담보권자에게 채무를 변제하여야 하고, 채권양수인에게 변제하였다면 이로써 채권담보권자에게 대항할 수 없다. 따라서 채권담보권자가 채권양수인보다 우선하고 담보권설정의 통지가 제3채무자에게 도달하였음에도, 그 통지보다 채권양도의 통지가 먼저 도달하였다는 등의 이유로 제3채무자가 채권양수인에게 채무를 변제한 경우에 채권담보권자가 무권한자인 채권양수인의 변제수령을 추인하였다면, 이러한 추인에 의하여 제3채무자의 채권양수인에 대한 변제는 유효하게 되는 한편 채권담보권자는 채권양수인에게 부당이득으로서 그 변제받은 것의 반환을 청구할 수 있다.

사안에서 채권담보권자인 김이 채권양수인인 박보다 우선하고 담보권설정의 통지가 제3채무자인 B사에 도달하였으므로, B사는 그 이후에 한 박에 대한 변제로써 김에게 대항할 수 없었으나, 김이 B사에 대한 청구를 포기함으로써 무권한자인 박의 변제수령을 추인하였다고 할 것이므로, 이러한 추인에 의하여 B사의 박에 대한 변제는 유효하게 되는 한편 김은 박에게 부당이득으로서 그 변제받은 것의 반환을 청구할 수 있다.

▌ 김 동 훈 ▌

▶ 저자 약력
• 법학박사 (독일 쾰른대학교)
• 현) 국민대학교 법과대학 교수

▶ 저서
• 『계약법의 주요문제』 국민대출판부 2000
• 『채권법연구』 국민대출판부 2005
• 『채권법연구(II)』 동방문화사 2014
• 『주석민법 제4판 [약관규제법]』 한국사법행정학회 2016
• 『민법의 이해 제3판』(공저) 동방문화사 2019

민법 판례노트[제2판] (사안 및 해결)

지은이 / 김 동 훈	초 판 / 2019. 8. 21
펴낸이 / 조 형 근	제 2 판 / 2022. 8. 20
펴낸곳 / 도서출판 동방문화사	

서울시 서초구 방배로 16길 13. 지층.
전 화 / 02)3473-7294   팩 스 / (02)587-7294
메 일 / 34737294@hanmail.net   등 록 / 서울 제22-1433호

저자와의
합의
인지생략

파본은 바꿔 드립니다.   본서의 무단복제행위를 금합니다.
정 가 / 29,000원   ISBN 979-11-89979-54-6 93360